WILHELM KAHLE

Evangelische Christen in Rußland und der Sovetunion

Ivan Stepanovič Prochanov (1869–1935)
und der Weg der Evangeliumschristen und Baptisten

ONCKEN VERLAG WUPPERTAL UND KASSEL

Gedruckt mit Unterstützung der Fritz Thyssen Stiftung

© 1978 Oncken Verlag Wuppertal und Kassel
Umschlaggestaltung: Ralf Rudolph, Ratingen
Gesamtherstellung: Breklumer Druckerei Manfred Siegel

ISBN 3-7893-7056-8

Iwan Stepanowitsch Prokhanoff
брат Иван Степанович Проханов
* 17. 4. 1869
† 6. 10. 1935

Inhaltsverzeichnis

ZEITTAFEL

Zum Leben Ivan Stepanovič Prochanovs und zur Geschichte des Bundes der Evangeliumschristen

1867   17. 8. Taufe des Nikita I. Voronin durch den Baptisten Martin Kalweit in der Kura bei Tiflis

1869   17. 4. Geburt Prochanovs in Vladikavkaz

1884   Einberufung einer Einigungskonferenz evangelischer Gruppen durch Oberst Paškov in Petersburg

1884   Ausweisung von Paškov und Korff aus Rußland

1884   Einberufung einer – ebenfalls erfolglosen – Einigungskonferenz in Novo-Vasil'evka in Südrußland

1887   17. 1. Taufe Prochanovs im Terek

1888   Übersiedlung Prochanovs zum Studium der Ingenieurwissenschaften nach Petersburg

1889ff. Herausgabe der illegalen hektographierten Zeitschrift »Beseda« durch Prochanov unter Mitarbeit des Bruders Aleksandr und des offiziellen Herausgebers Hermann Fast

1890ff. neben die Bezeichnung Paškovcy für die Gruppen der 1874ff. eingetretenen Erweckung im Petersburger Raum tritt die Bezeichnung »Evangel'skie Christiane«

1894   Gründung der Siedlung »Vertograd« auf der Krim durch Prochanov und andere

1899   18. 11. Gründung der russischen christlichen Studentenbewegung in der Buchhandlung Grothe in Petersburg

1905   9. 1. Gründung der Christlichen Jugend-Vereinigung, des späteren sogenannten »kleinen Bundes«, durch Prochanov

1905   Erste Allrussische Konferenz christlicher Jugend in Moskau – Oktober

1906   Gründung der Zeitschrift »Christianin« durch Prochanov, eine hektographierte Probenummer war bereits November 1905 erschienen
Vorbereitung zur Registrierung und Legalisierung der Prochanov-Gemeinde in Petersburg

1907   15. 1.ff. Konferenz von Baptisten, Evangeliumschristen, Neumolokanen über Fragen der Einheit und gemeinsame Stellungnahme zu Gesetzesentwürfen über kirchliche Rechte

1908 Registrierung der Prochanovschen sogenannten »Ersten Gemeinde« in St. Petersburg
I. Kongreß der Vorsteher der Kreise christlicher Jugend in Moskau 13. – 16. April
15. 8. Gründung eines Bundes evangelischer Gemeinden im Gouv. Ekaterinoslav
Eintritt von Prochanov in die durch Mennoniten-Brüder in Halbstadt gegründete Verlagsgesellschaft »Raduga« (Regenbogen), Erweiterung derselben

1909 Gründung des Allrussischen Bundes der Evangeliumschristen in Petersburg, verbunden mit einer Konferenz 25. 12. 1908 – 7. 1. 1909
14. – 19. 9. I. Bundeskongreß in Petersburg, weiterer Aufbau des Bundes der Evangeliumschristen

1910 1. Januar erstmalige Herausgabe der Wochenzeitung »Utrennjaja zvezda«
II. Kongreß des Bundes 29. 12. – 4. 1. 1911 in Petersburg, Annahme der Statuten, Vorlage des Glaubensbekenntnisses der Evangeliumschristen.

1911 Prochanov zum Vizepräsidenten des Baptistischen Weltbunds auf dem Weltkongreß in Philadelphia gewählt
Verschärfung der Auseinandersetzungen zwischen Evangeliumschristen und Baptisten

1912 III. Kongreß des Bundes 31. 12. 1911 – 4. 1. 1912 in Petersburg
Übereinkunft von Vladikavkaz zwischen Evangeliumschristen und Baptisten, infolge Nichtgenehmigung weiterer Kongresse der Baptisten und Evangeliumschristen erfolgt keine Bestätigung der Übereinkunft durch die leitenden Bundesorgane
17. 9. Gründung des Allrussischen Christlichen Studentenbundes in Linansaari bei Viborg

1913 Gründung einer Bibelschule in Petersburg

1914 Aufhebung der Schule, Behinderungen der Publizistik aller Bünde in den folgenden Kriegsjahren, Beschränkung der Tätigkeit der Bundesorgane

1916 Einleitung eines Prozesses der Staatsorgane gegen Prochanov

1917 Wiederbeginn der offiziellen Tätigkeit des Bundes, der Herausgabe von Schrifttum – 24. 3. erscheint Nr. 1 Utrennjaja zvezda

IV. Kongreß des Bundes 18. – 25. Mai in Petrograd
Neubeginn der Einigungsverhandlungen Baptisten – Evangeliumschristen

1918 V. Kongreß des Bundes in Moskau

1919 VI. Kongreß des Bundes in Petrograd zur Zeit der Judenič-Offensive im Herbst; Anwesenheit baptistischer Vertreter, Beschlüsse über weitere Zusammenarbeit

1920 In Ausführung dessen Verhandlungen von Vertretern beider Bünde im Januar
Mai/Juni – Vorkonferenz über den Zusammenschluß Evangeliumschristen/Baptisten
Herausgabe einiger Nrn. eines gemeinsamen Blattes »Bratskij Sojuz«, März ff.
Gründung des Dalnevostočnyj otdel' des Bundes in der Fernostrepublik, Sitz in Vladivostok
VII. Kongreß des Bundes in Moskau – gleichzeitig Kongreß der Baptisten 27. 5. – 6. 6.

1921 31. Januar Übereinkunft über die Verschmelzung der Bünde, 6. Jugendkonferenz des Bundes in Tver 5. Mai ff., Verhaftung Prochanovs und seiner Mitarbeiter, Einweisung in ein Arbeitslager
Stillstand der Einigungsverhandlungen, Zusammenarbeit gemeinsamer Hilfskomitees hält noch an
VIII. Kongreß des Bundes 15. – 25. 9. in Petrograd

1922 1. 10. Wiedereröffnung der »Biblischen Kurse«, der Predigerschule in Petrograd
im Herbst und Winter lebhafte ökumenische Bemühungen des Bundes

1923 Verhaftung Prochanovs und Haftzeit in Moskau, Auseinandersetzungen über die Militärdienstfrage
Teilnahme Prochanovs und anderer Evangeliumschristen und Baptisten am Baptistischen Weltkongreß in Stockholm
IX. Kongreß des Bundes (Petrograd) im Schatten der Auseinandersetzungen mit den staatlichen Organen über die Militärdienstfrage und Spannungen innerhalb des Bundes, 1. – 10. Sept.

1924 Reisen Prochanovs in die Tschechoslovakei, nach Deutschland, Danzig, Finnland
Ordination Prochanovs in Prag

1925 Mai 1925 bis November 1926 Aufenthalt Prochanovs in den USA und Kanada

1926 Änderungen der Bezirksunionen im Bund entsprechend den staatlichen Gebiets- und Verwaltungsreformen

25. 11.ff. X. (letzter) Kongreß des Bundes in Leningrad mit 507 Delegierten unter Leitung Prochanovs

1927 Visitationsreisen Prochanovs zumal nach Südrußland, dem Kaukasus und Sibirien

Druck von Bibeln, Gesangbüchern zur Versorgung der Gemeinden – bis Mitte 1928

1928 letzte, endgültige Ausreise Prochanovs aus der Sovetunion, zunächst zur Teilnahme am Baptistischen Weltkongreß in Toronto

Verlust der Vizepräsidentschaft im Baptistischen Weltbund

1929 neue Bestimmungen der RSFSR vom 9. April »Über religiöse Vereinigungen« lähmen in den folgenden Jahren die Arbeit des Bundes und der Gemeinden – Ende der Arbeit der Bibelschule im Herbst

wechselnde Aufenthalte Prochanovs in den USA, Kanada, Deutschland, Reisen nach Polen, Lettland, Frankreich, Bulgarien und in skandinavische Länder in den folgenden Jahren

1931 23. 8. Plenum des Allunionsrats des Bundes in Moskau, sogenannte »kleine Konferenz«; Jakov Židkov, bisheriger stellvertretender Vorsitzender wird Präsident des Bundes, Prochanov zum Ehrenpräsident ernannt

1931ff. trotz der beschränkten Neuzulassung der Bundesarbeit Verschlechterung der Lage in den Gemeinden, Rückgang der Mitgliederzahlen

Verlagerung der Wirksamkeit des Bundes von Leningrad nach Moskau, Wohnsitz von Židkov nunmehr auch Moskau

1935 Auflösung des Bundes der Baptisten unter dem Zwang der Verhältnisse – März. Der Bund der Evangeliumschristen besteht nominell weiter

6. 10. Tod Prochanovs in Berlin

1936 und 1937 Reorganisation der Auslandsgemeinden der Evangeliumschristen, A.M. Sarapik Nachfolger Prochanovs in der Auslandsarbeit

1938 Januar-Oktober 1944 nach Verhaftung Židkovs Michail Akimovič Orlov Vorsitzender des Bundes in der Sovetunion

1940 Erleichterung der Arbeitsbedingungen für verbliebene Mitarbeiter auf Bundesebene, Reise Orlovs und Andreevs in die baltischen Länder, Weißrußland, Westukraine

1941 erneute Reisen der oben genannten zur Eingliederung evangelischer Gemeinden und Gruppen

1941 Erleichterung der Arbeitsmöglichkeit für Gemeinden und verbliebene Restgruppen
Sammlungen unter Evangeliumschristen und Baptisten ergeben eine Summe von 80000 Rbl. zur Ausstattung eines Lazarettflugzeugs der Roten Armee

1944 Reisen Orlovs und Andreevs in die befreiten Gebiete
26.–29. Oktober Vereinigungskonferenz der Evangeliumschristen und der Baptisten mit insgesamt 47 Teilnehmern in Moskau, Gründung des Bundes der Evangeliumschristen und Baptisten, den Vorsitz übernimmt Jakov I. Židkov

1945 Augustkonferenz, Übereinkommen mit einem Teil der Pfingstgemeinden, Eintritt dieser in den Bund, Namensänderung: »Bund der Evangeliumschristen/Baptisten«

VORWORT

Die vorliegende Arbeit erwuchs aus längeren Bemühungen, Erscheinungen des ostslavischen Protestantismus in ihrer historischen Genesis zu erfassen. Die Bemühungen verdichteten sich zu dem Versuch, die Gestalt und den Weg Ivan Stepanovič Prochanovs darzustellen. Die Aufgabe war durch die zunächst unzulänglich erscheinende Quellenlage erschwert. Es wurde erforderlich, Archivbestände an mehreren Orten zu überprüfen, Bibliotheken aufzusuchen und mit Augenzeugen und Wissensträgern zu sprechen. Stationen dieser Suche waren unter anderen in den USA das Archiv der Mennonitengemeinden in North Newton/Kansas, New Yorker Bibliotheken und die Zentrale der Union russischer und ukrainischer Baptisten in Ashford/Connecticut. Stationen in Europa waren Bibliotheken und Archive in Helsinki, London, Moskau, Paris, Stockholm, Bromma/Schweden.

Die Forschungsreisen wurden durch die Hilfe der Fritz Thyssen Stiftung, der Deutschen Forschungsgemeinschaft und der Akademie der Wissenschaften der SSSR ermöglicht. Dafür habe ich Dank zu sagen. Mein Dank gilt darüber hinaus vielen, die mir bei der langanhaltenden Materialsuche freundlich geholfen haben. Von diesen Helfern und Anregern nenne ich stellvertretend Hilma Düring, Margarete Eisenberg, Adolf Klaupiks und Waldemar Gutsche. Ersteren habe ich für bereitwillige Vorbereitung von Archivarbeiten zu danken, Adolf Klaupiks für Sachgespräche und Hinweise – in der Erinnerung an den Aufenthalt in seinem Hause in Pennsylvanien. Dem in der Zwischenzeit verstorbenen Waldemar Gutsche, einem der großen Männer und Förderer des ostslavischen Protestantismus, danke ich für die Freundlichkeit, mit der er die Vorbereitungen zu dieser Arbeit begleitet hat. Die Drucklegung wurde durch Hilfen der Fritz Thyssen Stiftung und anderer Spender ermöglicht. Ihnen sage ich dafür aufrichtigen Dank.

Es bedarf eines kurzen Worts zur Themastellung, zu der Zusammenfügung des Titels »Evangelische Christen in Rußland und der Sovetunion« und des Versuchs, Leben und Werk Ivan Stepanovič Prochanovs darzustellen. Die Wege des ostslavischen Protestantismus in dem Zeitraum etwa vom letzten Jahrzehnt des 19. Jahrhunderts bis zum Ausgang des Zweiten Weltkriegs decken sich nicht mit den Wegen der Bünde der Evangeliumschristen und der Baptisten. Diese stellen gewiß einen gewichtigen Teil jener Wege dar. Zu einer umfassenden Geschichte aller Wege in diesem Zeitraum gehört aber auch die Geschichte der Neumolokanen, Adventisten, Pfingstgemeinden sowie die regionaler Sondergruppen ohne längeren Bestand. Ebensowenig deckt sich das Leben und Werk Prochanovs mit den Wegen der Evangeliumschristen und Baptisten. Prochanov ist einer in einer Reihe bestimmender Gestalten, die ebenso der biographischen und theologischen Erforschung bedürfen. Nach Ansicht des Verfassers unterliegt es jedoch keinem Zweifel, daß die Kenntnis Prochanovs deutlicher als die anderer unter seinen Zeitgenossen das Besondere der Entwicklung evangelischen Lebens in Rußland und der Sovetunion zu erhellen vermag, damit auch ein Verständnis für die Wege des ostslavischen Protestantismus erschließt. Unter diesem Vorzeichen ist die thematische Zusammenfügung einer allgemeineren Darlegung und der besonderen Darstellung des Lebens und Werks eines einzelnen vorgenommen.

Die Arbeit wird kritischen Fragen begegnen. Es besteht kein Zweifel, daß noch vieles, bisher ungenutztes Quellenmaterial erschlossen und bearbeitet werden müßte. Es ist ebenso wenig zweifelhaft, daß es noch der intensiven Arbeit vieler bedarf, um im gesamten Forschungsbereich der Geschichte des ostslavischen Protestantismus zu Ergebnissen zu gelangen, die den bei der Erforschung der Geschichte westlichen Kirchentums gültigen Maßstäben entsprechen. Hier münden Fragen nach Darstellung und Ergebnissen der vorliegenden Arbeit in den größeren Fragenkreis der Erfassung des Kirchentums in Osteuropa ein. Sie ist eine bislang von zu wenigen gesehene Aufgabe. Angesichts der Fülle der Forschungsaufgaben bedarf es der Mitarbeit eines größeren Kreises, als es bisher der Fall war. Dazu einzuladen, dafür andere zur kritischen Mitarbeit in einem kirchenhistorisch weitgehend unerschlossenen Bereich zu gewinnen, ist auch ein Ziel dieser Arbeit.

Wilhelm Kahle

I. Der Lebensweg Ivan Stepanovič Prochanovs

Auf dem alten Friedhof der Dreifaltigkeitsgemeinde im Bezirk Kreuzberg von Berlin befinden sich neben Gräbern bekannter Gestalten des alten Berlins und neben Gräbern solcher, deren Namen keiner mehr kennt, einige zusammenliegende Gräber, deren Grabsteine russische Inschriften tragen. Eine davon lautet: Ivan Stepanovič Prochanov, Osnovatel' i predsetatel' sojuza Evangel'skich Christian. Der Grabstein zeigt die Spuren der Eroberung Berlins im Jahre 1945; eine Gewehrkugel hat den Stein an der Stelle des Wortes »Osnovatel'«, Gründer, beschädigt. Die Schrift ist wieder nachgezogen worden. Freunde des Mannes, der hier ruht – Freunde aus Deutschland, aus den USA, aus der Sovetunion, die seit 1945 an das Grab herangetreten sind –, haben vielfach die Zerstörung des Wortes »Osnovatel'« auf ihre Weise gedeutet. Sie sagten: Nicht Ivan Stepanovič Prochanov war der Gründer des Bundes der Evangeliumschristen, der war Christus selbst, die verirrte Gewehrkugel habe dies nur unterstrichen.

Was zwischen den Jahreszahlen des Grabsteins vom 17. 4. 1869 und dem 6. 10. 1935 liegt, schließt nicht nur die Wege und Wanderungen eines einzelnen ein. Mit der Person des Mannes und mit dem gesamten Zeitraum ist ein Geschichtsabschnitt des ostslavischen Protestantismus bestimmt. Zwei Jahre vor Prochanovs Geburt wurde in der Kura bei Tiflis der erste Russe molokanischen Herkommens, Nikita Isaevič Voronin[1], durch den aus Litauen stammenden deutschen Baptisten Martin Kalweit getauft. Von diesem Jahr 1867 an rechnet der russische Protestantismus, rechnet auch der Bund der Evangeliumschristen/Baptisten seine Geschichte. Diese Geschichte des Protestantismus unter Russen, Ukrainern, Weißrussen, unter manchen anderen Nationen und Völkerschaften des russischen Reichs und der Sovetunion kann nicht ohne Ivan Stepanovič Prochanov geschrieben werden. Er war ein Mann der zweiten Generation. Der Protestantismus unter den Ostslaven ist durch ihn mitbestimmt worden, er hat ständig neue Anstöße durch Prochanov erfahren. Die Frömmigkeitsgeschichte der Gemeinden der Evangeliumschristen, der neben ihnen lebenden Baptisten und anderer Gruppen ist nicht verständlich ohne ihn.

---

[1] Voronin starb am 20. 5. 1905 in Rostov n/D.

Der auf dem Grabstein angegebene Geburtort Prochanovs, Vladikavkaz, und der Sterbeort Berlin umschließen zugleich ein russisches Schicksal. Sein Beginn lag in einer Familie des russischen Sektantstvo; in ihr waren die Erinnerungen an frühere Verfolgungen noch lebendig, als sie erneut in den neunziger Jahren Verfolgungen durchlebte. Berlin wurde nach vielen Wanderungen das Ende des Weges von Prochanov, nachdem er seit 1928 nicht mehr in der Sovetunion gelebt hatte, sondern in Europa und in Nordamerika unterwegs gewesen war.

Ivan Stepanovič Prochanov wurde am 17. 4. 1869 in Vladikavkaz als der älteste Sohn des wohlhabenden Molokanen Stepan Prochanov und seiner Frau Nina Vasil'evna geboren.[2] Als Angehörige des Bauernstandes hatten die Eltern in jungen Jahren im Gouvernement Saratov gewohnt.[3] Verfolgungen durch die russisch-orthodoxe Kirche und den Staat hatten sie 1862 von dort zur Auswanderung bewogen. Stepan Prochanov war damals 20 Jahre alt. Wie andere Molokanen vor ihnen und in den gleichen Jahren hatten sie sich in den Kaukasus begeben. Hier waren die Lebensbedingungen für Dissidenten von der Orthodoxen Kirche leichter, als es im übrigen Rußland der Fall war. Es gab hier molokanische Dörfer; in großen Städten wie Vladikavkaz, Baku und Tiflis lebten die Molokanen vielfach in eigenen Quartieren.

Prochanov hat sich über das, was ihn wesentlich beeinflußt hat, nur vereinzelt und kurz geäußert. Zu den Einflüssen, die er für die Bildung seines Charakters und seiner Ansichten für wichtig hielt, rechnete er den seines Vaters und des Molokanentums.[4] Die familiären- und Gruppenbindungen der Molokanen waren stark. Eine hohe Ethik und berufliche Tüchtigkeit zeichneten sie allgemein aus. Der Name der »Milchesser« war ihnen von orthodoxer Seite wegen des in deren Augen hervortretenden Merkmals gegeben worden, daß sie die großen Fasten nicht hielten, sondern Milch und Milchprodukte während der strengen Fastentage zu sich nahmen. Dieser äußerliche Zug war unwesentlich gegenüber den die Molokanen bestimmenden Zügе. Sie nannten sich selbst »geistliche Christen«. Die Bibel sahen sie als den alleinigen Wegweiser in allen Fragen des Lebens und des Heils an. Dabei traten in ihrer Vorstellungswelt alttestamentliche Züge hervor. So enthielten sich die Molokanen des Genusses von Schwei-

---

[2] Evangel'skaja vera, künftig E.V., 15/1933 S. 14.
[3] Nach Prochanovs Angaben in seiner Biographie »In the Cauldron of Russia«, künftig Cauldron, S. 29 in den Dörfern Kopenij und Zlastucha, Atkerskii Ravon.
[4] Cauldron S. 33.

nefleisch; einige Gruppen unter ihnen feierten auch den Sabbat an Stelle des Sonntags. In ihrer Lehre von den Sakramenten zeichnete sich ein spiritualisierendes Verständnis ab; Taufe und Abendmahl wurden symbolisch gedeutet. Das führte viele Molokanen dazu, die Taufe nicht zu üben. Dem reichen Ritual orthodoxer Kirchlichkeit stellten sie schlichte Formen gottesdienstlicher Versammlung gegenüber. Für viele von ihnen wurde der Weg ethischen Handelns und beruflicher Gewissenhaftigkeit der Weg zum Heil.

Von diesen Vorstellungen geprägt, schufen sich Prochanovs Eltern ihre neue Existenz. Als Ivan Stepanovič Schüler der höheren Schule in Vladikavkaz war, besaß der Vater eine Wassermühle am Ufer des Terek, dazu Barvermögen. Neben der Stadtwohnung besaß die Familie noch einen außerhalb der Stadt gelegenen großen Obstgarten mit einem Sommerhaus. Dieses Anwesen war so groß, daß dort dauernd ein Wächter lebte, während die Familie nur zeitweilig hier Quartier bezog. In seiner »Istorija religioznogo sektantstva« ordnete Klibanov in marxistischer Sicht Stepan Prochanov als Kaufmann unter die Vertreter des kapitalistischen Flügels des kaukasischen Sektantstvo ein. Doch rechnet er ihn nicht zur ersten Gruppe kapitalistischer Vertreter. Wie der Vater Vasilij Gurevič Pavlovs[5] habe auch Stepan Prochanov zu den anfänglich einfachen werktätigen Menschen gehört, die später wohlhabende Stadtbewohner wurden, ». . . die Familien Pavlov und Prochanov gehörten nicht zur Zahl der großen bourgeoisen Besitzer.«[6]

Das Molokanentum durchschritt von den siebziger Jahren an eine

---

[5] Vasilij Gur'evič Pavlov war der erste russische Absolvent des Baptistenseminars in Hamburg in den siebziger Jahren. Er wurde 1876 von Oncken ordiniert. Nach seiner Rückkehr nach Rußland wirkte er vor allem im Kaukasus und im Schwarzmeerraum. Seine Lebensdaten, zeitweiliger Aufenthalt in Rumänien, Wechsel der Wohn- und Wirkensorte, Verhaftungen und Verbannungen spiegeln die Situation des Protestantismus in Rußland wider. 1887 wurde er nach Orenburg verbannt. 1891 kehrte er nach Tiflis zurück. In der anhaltenden Verfolgung wich er eine Zeitlang nach Rumänien aus und diente dort unter deutschen Baptisten und Flüchtlingen aus Rußland. 1901 erfolgte seine Rückkehr nach Tiflis. 1907 ging er nach Odessa. Dort wurde Michael Danilovič Timošenko, Absolvent des Berliner Bibelschule, vgl. hier S. 214, sein Mitarbeiter im Dienst der Gemeinde von Odessa und bei der Herausgabe der Zeitschrift »Baptist«. Vorher war eine erneute Verbannung nach Orenburg erfolgt. Am Ende dieser zweiten Verbannung bestanden im Orenburger Bezirk drei durch ihn organisierte Gemeinden. Als langjähriger Präsident des Baptistenbundes wirkte er noch bis nach den Revolutionsjahren. Er erlag 1924 den Folgen eines Überfalls von Banditen auf einen Zug, mit dem er in den Süden Rußlands fuhr, im Alter von 70 Jahren – geb. 1854 in Voroncovka/Georgien.

[6] Klibanov, Istorija religioznogo sektantstva S. 191.

kritische Phase. Gegen eine spürbare Erstarrung des religiösen Lebens wandten sich einzelne Molokanen. Ihre Wege führten einerseits zu Versuchen einer molokanischen Reformation, andererseits führten sie auch in den Baptismus. Stepan Prochanov wurde Baptist, als solcher Mitglied des baptistischen Missionskomitees und zeitweilig der Leiter der Baptisten von Vladikavkaz.[7] Die dortige Gemeinde war in den siebziger Jahren durch Auswanderung eines Baptisten von Tiflis nach dort entstanden. Vasilij Pavlov, der langjährige Leiter des Baptistenbundes, berichtet, daß er Ende der siebziger Jahre in diese Stadt gekommen sei und einige Bewerber getauft habe.[8]

Ivan Stepanovič schloß 1887 das Gymnasium seiner Heimatstadt ab. Er war schon einige Male während seiner Schulzeit hervorgetreten. Auf einem Festakt seiner Schule wurde eines seiner Gedichte vorgetragen. Im Gefolge einer Preisaufgabe des örtlichen Bildungsvereins in Vladikavkaz erhielt er für seine Arbeit über das Thema »Lernen ist Licht – Nichtlernen ist Finsternis« den Preis zugesprochen.[9] Das Thema ist für die Fragestellungen der Jahre, in denen der Volksbildung in Rußland eine so große Bedeutung beigemessen wurde und um ihre Zielsetzung gerungen wurde, bezeichnend. Es weist Prochanov in den Zusammenhang vielfältiger Bemühungen unter der russischen Intelligenz hinein, daß er die gestellte Aufgabe aufgegriffen hatte.

Dem Ende der Schulzeit war ein Geschehnis vorausgegangen, das Prochanov selbst berichtet hat und das er seine Bekehrung nannte. Einem vereitelten Selbstmordversuch im November 1886 folgte am 17. Januar 1887 seine Taufe im Terek. Er war unter den Einfluß der Philosophie Schopenhauers geraten, die, vermittelt durch einen Lehrer, ihn und einige Mitschüler faszinierte. In einem Kreis, der sich gebildet hatte, las man Schopenhauer und Eduard von Hartmann. Dabei wirkte sich zusätzlich der Einfluß eines Lehrers stark aus, der buddhistisches Gedankengut propagierte. Nach Prochanovs Bericht beschloß der Leiter der Gruppe, das Leben durch den Tod zu überwinden, indem er versuchte, Selbstmord zu üben. Prochanov gelang es, ihm im letzten Augenblick eine Flasche mit Giftlösung, die er schon

---

[7] ebenda S. 191.
[8] V.G. Pavlov, Vospomijnanija ssylnago – in: Vladimir Bonč-Bruevič, Materialy, Vyp. 1 S. 2–24, hier S. 3. Pavlov nennt den Namen des Baptisten aus Tiflis – Bogdanov, er selbst weilte 1879 erstmalig dort.
[9] Nach Angaben eines von Walter Jack nach einem Artikel in der Utrennjaja zvezda überarbeiteten Aufsatzmanuskripts – SM.

angesetzt hatte, aus der Hand zu schlagen. Doch traten die gleichen Fragen wenig später auch an Prochanov heran, dem sinnlos erscheinenden Leben ein Ende zu setzen. Er berichtet: »In meinem Zimmer hing ein Gewehr, und ich dachte, daß dies eine Antwort auf meine Fragen sein könnte. Eines Abends kam ich von einem Treffen pessimistischer Freunde in sehr elender Verfassung nach Hause und beschloß alsbald, von diesem Gewehr Gebrauch zu machen, ›um das Leben zu überwinden‹. Auf meinem Heimweg schon versuchte ich mir den Eindruck vorzustellen, welcher durch mein Handeln hervorgerufen würde. Ich betrat mein Zimmer und zündete die Lampe an. Aber wie groß war mein Erstaunen, als ich auf die Stelle schaute, wo das Gewehr gewöhnlich hing, festzustellen, daß es verschwunden war! Später erfuhr ich, daß mein Vater, nach einer inneren Stimme handelnd, das Gewehr in einen anderen Raum gebracht hatte. Ich war überrascht, auf dem Tisch einen schmalen Streifen Papier zu finden, auf dem in Großbuchstaben die Frage geschrieben stand: ›Liebst Du Jesus Christus?‹ Diese Worte durchdrangen meine Seele. Mit einem Male erinnerte ich mich aller meiner vorhergegangenen geistlichen Erfahrungen.« Prochanov schildert dann weiter, daß er anschließend das Neue Testament aufschlug; dabei wurden ihm die Worte »Ich bin der Weg, die Wahrheit und das Leben« (Evgl. Johannes 14,6) und »Christus ist mein Leben und Sterben ist mein Gewinn« (Philipper 1,21) besonders wichtig. Er schließt hier an: »Natürlich war ich mit diesen Worten vorher vertraut gewesen, aber nun waren sie mir in einem neuen Licht enthüllt.«[10]

Prochanov war mit seiner nachfolgenden Taufe bewußt zu der Gruppe evangelischer Christen in seiner Stadt getreten, die bereits die Glaubenstaufe empfangen hatte. Über die Auffassungen in dieser Baptistengemeinde und ihre Prägung gibt es keine Einzelangaben. Erst 1884 war in Südrußland der erste Versuch zu einem Zusammenschluß von Gemeinden erfolgt, die die Glaubenstaufe übten. Die dabei sichtbar gewordenen Schwierigkeiten tun dar, daß diese Gemeinden, gewiß auch die in Vladikavkaz, nicht mit den Maßen streng organisierter und lehrhaft durchgebildeter baptistischer Gemeinden in Deutschland gemessen werden dürfen, ebenso wenig mit den Maßstäben, die für den anglo-amerikanischen Baptismus jener Zeit galten. Es war die Anfangszeit lehrhafter und organisatorischer Durchformung des Baptismus in Rußland; eine Fülle von Einflüssen wirkte

[10] Cauldron S. 47.

dabei auf Gemeinden ohne ausgebildete Prediger und ohne eigene Traditionen ein.

Prochanov stand aufgrund seiner guten Abschlußzeugnisse der Weg zum polytechnischen Institut in Riga und zur Moskauer landwirtschaftlichen Akademie offen. Er entschied sich jedoch dafür, sich um die Aufnahme beim Institut für Technologie in St. Petersburg zu bewerben. Diese Bewerbung war erst für die Aufnahme im Jahre 1888 möglich. Zur Vorbereitung der schwierigen Aufnahmeprüfungen blieb er noch ein Jahr in seiner Heimatstadt. Von den 1200 zur Aufnahme sich Bewerbenden konnten nur 200 aufgenommen werden. Prochanov bestand die Aufnahmeprüfungen unter den ersten fünf Bewerbern. Die Studien und die praktischen Arbeitsleistungen, die zum Studienabschluß hinzugehörten – 1890 im Eisenbahndienst bei Novorossijsk, 1892 auf einem Dampfer im Schwarzen Meer und im östlichen Mittelmeer – dauerten bis zum Jahre 1893. Dann schloß Prochanov seine Studien mit der Prüfung ab. Vom Frühjahr bis zum Juli des Jahres folgte noch eine praktische Arbeitszeit. Im August 1893 wurde ihm sein Diplom überreicht.

Prochanov übte seine erste selbständige berufliche Tätigkeit zunächst als Gehilfe des Direktors einer Zuckerfabrik im Gouvernement Černigov auf den Gütern des durch seine sozialreformerischen Intentionen bekannt gewordenen Nepljuev aus.[11] Aber die Tätigkeit in der Fabrik Nepljuevs dauerte infolge gegensätzlicher Auffassungen von Nepljuev und Prochanov nicht lange.[12] Schon im Februar 1894 nahm er eine neue Stellung in einem Stahlwerk für Marine-Panzerplatten in Kolpino bei St. Petersburg an.

Bereits während seiner Studienzeit in der Hauptstadt hatte sich Prochanov in den Dienst der evangelischen Kreise gestellt, die von der Erweckung der siebziger Jahre unter Lord Radstock und dem Gardeobersten Paškov[13] in Petersburg nachgeblieben waren, nachdem Paškov und Graf Korff[14] 1884 Rußland hatten verlassen müssen. Die Fürstin Sofija Lieven berichtet, daß sie Prochanov im Hause ihrer

[11] Cauldron S. 85.
[12] ebenda S. 86. – Über Nikolaj Ivanovič Nepljuev, den Gründer christlicher Arbeitsbruderschaften, in Prochanovs Sicht vgl. hier S. 457.
[13] Vasilij Aleksandrovič Paškov, aus sehr reicher Adelsfamilie, war als Gardeoberst aus dem Militärdienst ausgeschieden. Er wurde die bestimmende Gestalt des nach ihm benannten »Paškovizm«, der Erweckungsbewegung im Gefolge der Evangelisation Lord Radstocks in Petersburg 1874ff. Paškov wurde 1882 durch Georg Müller aus Bristol getauft.
[14] Modest Modestovič Korff, Sohn eines hohen russischen Beamten, der zuletzt Vor-

Mutter, dem Mittelpunkt evangelischen Lebens in St. Petersburg und Treffpunkt ausländischer Besucher, kennengelernt habe. Dort war er aber nur selten, »seine Tätigkeit vollzog sich in einem anderen Teil der Hauptstadt, unter Brüdern, die sich in kleinen Privaträumen versammelten.«[15] Die mit dieser Tätigkeit in evangelischen Kreisen verbundenen Aufgaben bestimmten immer stärker Prochanovs Weg, auch später in seiner Berufsausübung. Die wachsende Verfolgung der evangelischen Christen in Rußland, Prochanovs Verständnis, in einer Zeit zu leben, wie sie Apostelgeschichte 4 beschreibt, veranlaßten ihn zu einer Unterbrechung seiner beruflichen Tätigkeit. Prochanov gründete 1894 zusammen mit wenigen anderen, zu denen die Witwe des Dichters Nekrasov und Hermann Fast, ein Mennonitenbruder, gehörten[16], eine Siedlung auf der Krim, die den Namen »Vertograd«, der Garten, erhielt. Vertograd existierte nur kurze Zeit.[17] Unter den Gründen dafür nennt Prochanov erneute Verfolgungen, die sich diesmal auch auf seine Familie erstreckten. Der Vater wurde in den Süden des Kaukasus verbannt.

Wenig später fand sich Prochanov wieder in Petersburg ein. Die Arbeit an seiner Zeitschrift »Beseda« nahm ihren Fortgang.[18] Der Wille, den evangelischen Christen unter den Umständen der Zeit stärker als bisher zu helfen – dies ist seine Erklärung für den folgenden Schritt – führte ihn im Januar 1895 über Finnland, wo er sich bis zum März aufhielt, illegal in das Ausland. Sein Weg ging über Åbo, Stockholm nach Hamburg. Hier knüpfte Prochanov zu den deutschen

---

sitzender der gesetzgebenden Abteilung im Reichsrat war, wurde im Hofdienst tätig; er war Zeremonienmeister, zuletzt Hofmarschall. Nach seiner Ausweisung 1884 kehrte Korff nicht nach Rußland zurück.

[15] S. Lieven, Na zare evangel'skogo dviženija v Rosii – in: Prizyv Nr. 181–189, Paris o.J. S. 51.

[16] Nikolaj Alekseevič Nekrasov, 1821–1877, bedeutend geworden durch seine sozialkritischen prosaischen und poetischen Arbeiten. Vgl. Nekrassow, Gedichte und Poeme Bde. I/II, Berlin/Weimar 1965. Vgl. zu Fast hier S. 105.

[17] Das Experiment Vertograd hat seinen Niederschlag – allerdings ohne Einzelangaben – im Briefwechsel Lev Tolstojs mit Hermann Fast gefunden. Fast war anläßlich des Besuchs zweier Quäker in Rußland 1892/1893, die er auch zu Tolstoj begleitet hatte, mit diesem bekannt geworden. Er hatte Tolstoj am 13. 1. 1895 von Schwierigkeiten in der Arbeit unter Erwähnung von Erziehungsbemühungen an in der Nähe der Siedlung wohnenden Dorfkindern berichtet. Tolstoj sprach ihm am 1. Februar 1895 seinen Dank aus und Mut zu, dabei bezeichnete er die Erziehungsarbeit an den Kindern als einen gültigen gegenwärtigen Dienst an Gott (možet byt' nastojaščim služeniem bogu) – Polnoe sobranie sočinenij Tom 68 S. 25. An anderer Stelle nennt Tolstoj Fast einen »Baptisten« – Poln. sobr., ser. tret'ja, Tom 66, Moskau 1953.

[18] Vgl. hier S. 489.

Baptisten und Mennoniten-Brüdern Verbindungen an.[19] In all dieser Zeit waren seine brieflichen Verbindungen zu den Freunden in Rußland lebhaft geblieben.[20]

Von Hamburg aus führte ihn sein Weg weiter nach Paris. Dort studierte damals sein Bruder Aleksandr[21], der an der Universität in Dorpat begonnen hatte, Medizin; er hörte aber auch gleichzeitig theologische Vorlesungen in der Fakultät für protestantische Theologie. Auch Ivan Prochanov belegte kurze Zeit theologische Vorlesungen in Paris, dann aber siedelte er zu einem längeren Aufenthalt nach England über. Ein Jahr lang besuchte er das baptistische Stokes Croft-College in Bristol. Von dort wechselte er nach London zum New Congregational College über. Dieser Wechsel entsprang nach seinen Worten dem Wunsch, »in Kontakt zu anderen Denominationen zu kommen. Ich wünschte eine so umfangreiche Sicht über alle christlichen protestantischen Denominationen zu bekommen, wie es nur irgend möglich war.«[22] Auch von England aus führte er die Herausgabe seiner Zeitschrift »Beseda« weiter, nachdem durch den Weggang einer Mitarbeiterin in Stockholm diese Stadt als Verlagsort aufgegeben werden mußte. Die Einfuhr der Exemplare der Zeitschrift nach Rußland erfolgte weiterhin illegal.

Im Wintersemester 1896/97 ließ sich Prochanov in der theologischen Fakultät der Universität in Berlin immatrikulieren.[23] Im Sommersemester 1897 hörte er wieder theologische Vorlesungen in Pa-

---

[19] Nach dem bereits genannten Aufsatz von Walter Jack.

[20] Prochanov, Cauldron S. 96/97.

[21] Aleksandr St. Prochanov wirkte später als Arzt im Kaukasus. Bei der Behandlung eines Kranken zog er sich eine Sepsis zu, der er am 2. 4. 1912 in Tiflis erlag. Bedeutsam wurden seine Bemühungen um eine Reform des Molokantstvo; damit hat er den Weg seines Vaters und seines Bruders nicht mitbeschritten. Ende der neunziger Jahre entstand aufgrund seiner Initiative die »Gesellschaft gebildeter Molokanen«. Das Programm der Gesellschaft sah die Vereinigung der Intelligencija im Sektantstvo auf der Grundlage einer Weltanschauung vor, welche den Widerspruch von Religion und Wissenschaft in ein harmonisches Verhältnis verwandeln sollte. Dabei war als weitere Aufgabe an die Verwandlung des traditionellen, volkstümlichen Sektantstvo in eine religiös-philosophische Weltanschauung gedacht. Aleksandr Prochanovs Vorstellungen, die sich von seinem ursprünglichen Herkommen immer stärker entfernten, haben Widerspruch im evangelischen Lager herausgefordert. Vgl. Utrennjaja zvezda 14/1912 S. 4, 16/1912 S. 5, 22/1912 S. 5, ferner I. Malachova, Duchovnye christiane – Biblioteka »Sovremennye religii«, Moskau 1970 S. 97.

[22] Cauldron S. 97.

[23] ebenda S. 101. Nach seinen Angaben hörte er Adolf von Harnack in einer Vorlesung, die der späteren über »Das Wesen des Christentums« entsprach. Von anderen Professoren nennt er Pfleiderer mit einer Vorlesung über christliche Ethik.

ris.[24] Dort blieb er bis 1898, dann erreichte ihn im September des Jahres der Ruf eines Hilfskomitees für Duchoborcy.[25] Diese waren auf dem Weg von Rußland, wo sie den Dienst mit der Waffe im Heere verweigert hatten, nach Kanada. Eine Seuche, die auf einem der Transportschiffe ausgebrochen war, hatte einen Teil der Auswanderer gezwungen, längere Station in einem Lager auf Cypern zu machen. Prochanov leitete dieses Lager für einige Wochen, wurde selbst krank, genas und beschloß, nun endgültig nach Rußland zurückzukehren. Zum Jahresende 1898 gelangte er über Odessa wieder in sein Land. Wider Erwarten war die Rückkehr trotz seiner illegalen Ausreise einfacher, als er befürchtet hatte.

Damit war sein vierjähriger Aufenthalt im Ausland zum Abschluß gekommen. Prochanov hat nicht viel über sein Ergehen in diesen Jahren verlauten lassen. Er hat diese Zeit als Lehrjahre betrachtet. Dies findet seinen Niederschlag in gelegentlichen summarischen Feststellungen, etwa, als er ein Fazit seiner theologischen Bemühungen zog. Impressionen von Ländern, Städten und Studien fehlen in seinen schriftlichen Äußerungen. Die Dauer seines Auslandsaufenthalts weist darauf hin, daß Prochanov nach einem geordneten Studien- und beruflichen Werdegang recht unkonventionell seinen Weg weitergegangen war.

Nachdem er wieder russischen Boden betreten hatte, hielt er sich nur kurze Zeit in Vladikavkaz auf, dann folgte ein Besuch bei dem in den Transkaukasus verbannten Vater. Er war zusammen mit anderen verbannten Stundisten und Baptisten in dem armenischen Dorf Girjusy untergebracht.[26] Auch jetzt war für Ivan Stepanovič Prochanov noch keine legalisierte Arbeit unter evangelischen Gemeinden möglich. Eine gemeindliche Tätigkeit konnte vielfach nur geheim neben einem Hauptberuf ausgeübt werden. Prochanov folgte einem Angebot auf die Stelle des Direktorgehilfen der Bahnverwaltung, der die Überwachung der Lokomotiven der Eisenbahnlinie Riga-Orel im Ri-

---

[24] ebenda S. 102. Als ihm besonders eng verbundenen Professor mit starken Interessen für den russischen Protestantismus nennt Prochanov den Kirchenhistoriker Bonet-Maury.

[25] Nach Angaben von Jack 1929 unter Benutzung des Aufsatzes der Utrennjaja zvezda über Prochanov hatte ein Quäkerkomitee, das mit Lev Tolstoj zusammenarbeitete, Prochanov für die Tätigkeit in Zypern vorgeschlagen – Manuskript »Der nun sechzigjährige Prochanov«, anderer Titel »Ivan St. Prochanov, sein Leben und sein Wirken«.

[26] Vgl. hier S. 71 über die Situation der Verbannten in Girjusy. Nach seiner Freilassung lebte Stepan Prochanov wieder in Vladikavkaz, wo er 1910 starb. Seine Frau überlebte ihn, sie starb im Alter von 90 Jahren am 5. 8. 1932 in Moskau.

gaer Distrikt übertragen war. Er nahm Wohnung in Riga. Nach kurzer Tätigkeit bis zum Herbst 1899 wurde ihm eine Assistenz-Professorenstelle mit der Anwartschaft auf ein Ordinariat am Rigaer Polytechnischen Institut angeboten. Er nahm das Angebot an und blieb in dieser Stelle bis zum Jahre 1901. Eine Intervention des Ministeriums des Innern setzte seiner Tätigkeit am Institut ein Ende; Prochanov erschien als ein leitender »Stundist« für eine weitere Tätigkeit an der Hochschule untragbar. Im Herbst dieses Jahres übernahm er eine Tätigkeit in der Petersburger Filiale der amerikanischen Westinghouse Electric Company.[27] Kurze Zeit vorher, am 31. 8. 1901, hatte Prochanov geheiratet. Seine Frau, Anna Ivanovna Kazakova, war die Tochter eines evangelischen Christen in Tiflis. Prochanov schreibt von ihr: »Ich wünschte, von Gott eine solche Lebensgefährtin zu erhalten, die eine gute Christin von demütigem Charakter und mit einem hingabevollen Herzen war. Und Gott gab mir als Frau nicht nur eine gute Christin, sondern auch eine Frau, die einen engelhaften Charakter besaß, sehr schön war, reich und sehr gebildet. Sie konnte englisch, französisch und deutsch sprechen, darüber hinaus war sie musikalisch talentiert.«[28]

Im Alter von 32 Jahren kehrte Prochanov also in die Stadt zurück, die in der Folgezeit das Zentrum seiner religiösen Aktivitäten werden sollte. Eine Fülle von Aufgaben kam auf ihn zu, sowohl im Beruf als auch in der von ihm aufgenommenen gemeindlichen Tätigkeit. Im Rückblick berichtet Prochanov über die Jahre nach seiner Übersiedlung in die Hauptstadt: »Den ganzen Tag über, von 9 Uhr morgens bis 5 Uhr nachmittags, übte ich meine Arbeit als Ingenieur im Büro der Firma Westinghouse aus. Alle Abende bis zu später Stunde, die Feiertage ebenso waren für die religiöse Tätigkeit bestimmt. Ich besuchte Versammlungen, predige in den Gemeinden, führte Korrespondenz, dichtete Hymnen.«[29] Seinen Arbeitsstil charakterisiert er: »Die tägliche Gewohnheit, alle diese Dinge nach einem geschriebenen Programm zu tun, war sehr wertvoll in dieser Periode meines Lebens und meiner damaligen Aufgaben.« Gewöhnlich kam er erst gegen 1 – 2 Uhr nachts zu Bett.[30] Bei den Gruppen und Gemeinden, die

---

[27] Die Petersburger Filiale projektierte damals ein elektrisches Eisenbahnsystem für Petersburg–Cauldron S. 120. Prochanov hat seine berufliche und gemeindliche Tätigkeit oft damit charakterisiert, daß er in doppelter Weise Menschen gerettet habe, einmal durch die von der Firma hergestellten Bremsanlagen, zum andern durch seine Verkündigung.
[28] Cauldron S. 118.
[29] Cauldron S. 120.

er besuchte, handelte es sich um die gleichen Kreise, in denen er schon während seiner Studienjahre gearbeitet hatte. Das Gleichmaß dieses Lebens wurde zuweilen durch Geschäftsreisen unterbrochen. Eine dieser Reisen führte ihn zu einem längeren Aufenthalt in die USA.[31]

Für die Beurteilung der allgemeinen und politischen Situation zu Beginn des endgültigen Petersburger Aufenthalts von Prochanov ist die Überschrift bezeichnend, die er in seiner Biographie über den Lebensabschnitt von 1901 bis zur Revolution von 1905 setzte: »Zeichen besserer Zeiten«. Als Untertitel wählte er das Wort: »Frühlingsanfang im staatlichen Leben Rußlands«. Das biblische Wort Jesaja 12,12 im Vorspann unterstreicht diese Sicht: Der Morgen zieht herauf. In diesen Jahren faßte Prochanov vorhandene Gruppen evangelischer Christen zusammen, Kleinkreise vergrößerten sich durch missionarische Ausstrahlung. Es gelang Prochanov auch, ein Hymnenbuch drucken zu lassen – die erste Auflage seiner »Gusli« mit 20000 Exemplaren.[32] Dies war eine Ausnahme angesichts der bisherigen Praxis der staatlichen Stellen in ihrem Zensurgebaren. Zugleich war die erlangte Druckmöglichkeit ein Zeichen dafür, was alles trotz der Illegalität, in der nach wie vor gearbeitet werden mußte, möglich war. Versammlungen blieben verboten, Konferenzen wáren nicht erlaubt. Das, was trotzdem geschah, vollzog sich entweder in Unkenntnis der Behörden oder mit deren stillschweigender Zulassung.

Die regionalen Unterschiede im Verhalten der Behörden zu Evangelischen waren groß. Im allgemeinen waren bäuerliche Stundisten und Baptisten im Süden des Reichs stärkeren Verfolgungen ausgesetzt; ihre Arbeit vollzog sich dementsprechend unter vermehrten Erschwerungen. Dagegen verschafften die Beziehungen evangelischer Adelsfamilien in St. Petersburg zu Vertretern der Behörden den dortigen Evangelischen weitgehend ungestörte Arbeitsbedingungen. Sofija Lieven berichtet, daß in ihrem Elternhaus Versammlungen, allerdings in kleinem Kreise, ohne Schwierigkeiten abgehalten werden konnten. Dem entsprechen auch die Aussagen einer orthodoxen Beobachterin, die über ihre Eindrücke von diesen Versammlungen be-

---

[30] ebenda S. 159.
[31] ebenda S. 159. Anläßlich dieser Reise begegnete Prochanov in Chikago P.N. Miljukov. Dieser war, nachdem er Rußland verlassen hatte, zuerst Professor in Sofia geworden, dann hielt er sich in den USA auf. Im Revolutionsjahr 1905 kehrte er nach Rußland zurück; als Vorsitzender der Partei der konstitutionellen Demokraten wurde er 1917 Außenminister der Kerenskij-Regierung.
[32] Cauldron S. 122.

richtet hat. Dagegen stieß die evangelische Arbeit in Moskau ohne Rückhalt gewichtiger Personen fortgesetzt auf Behinderungen. Es war im ganzen Lande niemals klar, wann zeitweiliger und örtlicher Duldung ein Ende gesetzt und der Rechts- und Verbotsweg wieder mit ganzer Härte beschritten wurde.

Erst das Jahr 1905 brachte mit dem Toleranzedikt, dem Manifest über Gewissensfreiheit und den Verlautbarungen über die Errichtung eines konstitutionellen Systems eine Wende. Nunmehr war im Grundsatz der Raum für freizügige Arbeitsmöglichkeiten geschaffen. Verhaftete aus den evangelischen Gruppen wurden ebenso wie die Gefangenen anderer Gruppen und Kreise freigelassen, Verbannte durften zurückkehren. Wie andere in ihren Bereichen, nutzte auch Prochanov alle Möglichkeiten, die sich ihm von diesem Jahr an boten. Sein besonderes Interesse galt den Publikationsmöglichkeiten. Eine Probenummer der Zeitschrift »Christianin«, der Christ, wurde von ihm noch im Herbst vorbereitet; die Zeitschrift trat mit dem Januar 1906 ins Leben. Zur gleichen Zeit bemühte er sich unter nicht unbeträchtlichen Schwierigkeiten um die Registrierung und Legalisierung vorhandener Kreise und Gemeinden. Bereits zu Anfang des Jahres 1905 hatte er in Petersburg einen Kreis christlicher Jugend gegründet. Bemühungen der folgenden Zeit betrafen die Einrichtung biblischer Kurse für die Ausbildung von Predigern, Anregungen zur Zusammenführung vorhandener Gruppen in anderen Städten.

Aus den Petersburger Kreisen evangelischer Christen, innerhalb derer Ivan Venjaminovič Kargel[33] wirkte, entwickelte sich 1906 die durch Prochanov gegründete und registrierte sogenannte »Erste Gemeinde«. Kargel hatte das Erbe Radstocks, Paškovs, Bobrinskijs und Korffs weitergeführt. In der lockeren Art der Kontakte in der Hauptstadt war er der Prediger der um das Haus der Fürstin Lieven gescharten Gemeinde geworden. Hier im Hause wohnte er auch.[34] Die sogenannte »Erste Gemeinde« hatte ihre Bezeichnung daher, daß sie zuerst von den neugeschaffenen Möglichkeiten der Registrierung und Legalisierung Gebrauch gemacht hatte. Sie wurde Prochanovs Stammgemeinde, als in den folgenden Jahren auch die Registrierung verwandter Gemeinden in anderen Regionen und Städten erfolgte und gleichzeitig im Kontakt dieser Gemeinden untereinander die Gründung des Bundes der Evangeliumschristen in die Wege geleitet

[33] Vgl. hier S. 81ff.
[34] S. Lieven a.a.O. S. 42.

wurde. Der Registrierungsvorgang bei den verschiedenen Gemeinden erforderte nicht unbeträchtliche Zeit. Erst 1908 wurde die Registrierung der Petersburger Gemeinde endgültig abgeschlossen. Zu dieser Zeit wurden die Vorbereitungen für die erste Konferenz der verwandten und gleichgesinnten Gemeinden getroffen. Die Konferenz fand vom 25. 12. 1908 bis zum 7. 1. 1909 in St. Petersburg statt. Sie führte zur Gründung des Allrussischen Bundes der Evangeliumschristen. Prochanov übernahm von Anfang an die Leitung. Mit der Gründung des Bundes begann ein neuer Abschnitt in den schon älteren und lang andauernden Auseinandersetzungen um die Einheit des ostslavischen Protestantismus. Auf der einen Seite stand der um die Einheit nach seinen Vorstellungen bemühte Bund der Baptisten, auf der anderen Seite wurde Prochanov die Zentralgestalt.

In der Doppelung intensiver beruflicher Tätigkeit und kirchlichen Wirkens ging Prochanovs Leben in den folgenden Jahren weiter. Zwei Söhne wurden geboren, Jaroslav und Vsevolod.[35]. Die Wahl der Namen läßt auf ein besonderes Interesse für Namen und Gestalten der alten russischen Geschichte schließen, möglicherweise in einer Distanz zu den Namen von Heiligen der Orthodoxie. Der Lebenszuschnitt der Familie Prochanov entsprach dem des wohlhabenden Bürgertums. Besondere Aufmerksamkeit wurde der Erziehung der Kinder geschenkt. Sie besuchten das Gymnasium der deutschen Reformierten Gemeinde in St. Petersburg, nach Prochanovs Meinung eine der besten Schulen am Orte. Dort erlernten sie die deutsche Sprache. In Privatkursen trieben die Söhne Französisch. Von England wurde eine Erzieherin geholt, die im Hause Prochanov wohnte, damit die Söhne auch frühzeitig die englische Sprache erlernten. Der Lebensstandard der Verwandten Prochanovs im Kaukasus war recht hoch. Der Bruder Vasilij hatte nach dem Tode des Vaters den väterlichen Betrieb übernommen. Er entwickelte durch weiteren Ausbau die schon vorhandenen Vermögenswerte und rundete den Besitz nach vielen Seiten ab.[36]

Die eben erweiterten Möglichkeiten für evangelische Gemeinden

---

[35] Über Vsevolod siehe S. 32. Jaroslav wurde Naturwissenschaftler. Nach Studium und Teilnahme an wissenschaftlichen Exkursionen wurde er Dozent in Leningrad, später Professor in Samara.

[36] Cauldron S. 161. Vasilij Pr. entwickelte den Mühlenbetrieb, baute Brotfabriken und Hotels. Dazu kaufte er weite Ländereien auf ölhaltigem Boden und »wurde ein sehr reicher Mann; aber er verlor alles in der Revolution.« Vasilij Pr. emigrierte in der Revolution mit seiner Familie, er lebte in Frankreich, Deutschland und in den USA.

wurden bereits um 1910 wieder erheblich eingeschränkt. Das zweite Jahrzehnt des Jahrhunderts begann mit systematisch zunehmenden Erschwernissen durch die Behörden. Nach 1912 konnte kein Kongreß auf Bundesebene mehr stattfinden. Trotz jahrelanger Bemühungen war es nicht möglich gewesen, vor dem Jahre 1913 die Genehmigung für die Einrichtung biblischer Kurse zur Predigerausbildung zu erhalten. Als diese Genehmigung schließlich erteilt wurde, führte der Ausbruch des Weltkriegs zu einer erheblichen Zäsur. Die eben begonnene Ausbildungsarbeit wurde wieder verboten. Die Publikation von Zeitschriften wurde eingeschränkt oder untersagt, die Versammlungstätigkeit unterbunden. Nach einer summarischen Angabe über den Stand der Gesamtarbeit erfolgten allein schon im Jahre 1913 in 100 Fällen Verbote für Gemeinden, darunter vor allem die Einstellung von Versammlungen.

Prochanov wurde von den Maßnahmen in den Kriegsjahren persönlich betroffen. Er wurde 1916 unter Anklage gestellt, die Gründung einer revolutionären Organisation bewerkstelligt zu haben – diese Bewertung des Allrussischen Bundes der Evangeliumschristen zeugt von der kritischen Einstellung der Behörden in der Kriegszeit. Die ersten Prozeduren in diesem Verfahren wurden bereits eingeleitet, doch konnte Prochanov einer Verurteilung entgehen. Nach seinen Angaben wurde die Anklage nach der Ermordung Rasputins 1916 nicht weiter verfolgt.[37]

Erst das Jahr 1917 brachte für die Evangelischen die Lösung von den bisher aufgetretenen Erschwerungen. Es leitete die fruchtbarste Periode in der Wirksamkeit nicht nur der Evangeliumschristen, sondern auch der Baptisten sowie vieler anderer bisher unterdrückter Gruppen ein. Im Rückblick auf die Jahre von 1917 bis 1929 erscheint Beobachtern, vor allem solchen, die die Entwicklung bis in die jüngsten Jahre miterlebt haben, diese Zeit als die große Zeit des freien Wirkens und der missionarischen Betätigung. Erstmalig seit den Anfängen in den sechziger Jahren des 19. Jahrhunderts konnten sich nunmehr Evangelische unter Russen und Ukrainern frei bewegen. Bis zum Jahr 1921 führte Prochanov seine berufliche Tätigkeit weiter. Dann kam es zur Aufhebung des schon unter besonderen Auflagen arbeitenden privaten ausländischen Firmenbesitzes.[38] Prochanov stand nun ausschließlich in der Arbeit seines Bundes.

[37] Cauldron S. 169/170.
[38] E.V. 1–12/1936 S. 34.

Von den ersten Jahren nach der Oktoberrevolution war das Jahr 1919 ein besonderes Notjahr für die Petrograder Bevölkerung. Die Stadt war zeitweilig durch die Geschehnisse im Bürgerkrieg von ihren Versorgungsquellen abgeschnitten. Viele Menschen starben, ungezählte Tausende verließen die Stadt auf der Flucht vor dem Hunger. Auch Prochanovs Freunde rieten diesem, die Stadt zu verlassen. Er blieb, sandte jedoch seine Frau und die Söhne zu den Verwandten in den Kaukasus. Infolge der gestörten Verbindungen erfuhr er erst nach längerer Zeit, daß seine Frau noch vor Erreichung ihres Zieles einer Krankheit erlegen war.

Die folgenden Jahre waren nicht weniger unruhig. 1921 wurde Prochanov anläßlich einer Jugendkonferenz des Bundes der Evangeliumschristen in Tver verhaftet, ein mehrmonatiger Aufenthalt in einem Arbeitslager schloß sich an. Nach der Freilassung begannen Prochanovs intensive Bemühungen um den Durchbruch einer »nationalen Reformation« bis hinein in das Lager der Orthodoxie. Diesem ökumenisch geprägten Zeitabschnitt, der seinen Höhepunkt im Herbst und Winter 1922/1923 hatte, folgte die Auseinandersetzung von Partei und Staat mit den Bünden und Vereinigungen, deren Vertreter und Angehörige den Militärdienst mit der Waffe ablehnten. Zu ihnen gehörten auch die Evangeliumschristen. Die Auseinandersetzung zog sich mit besonderer Heftigkeit in den Jahren 1923/1924 hin, sie klang erst in der zweiten Hälfte der zwanziger Jahre ab. Prochanov wurde es jedoch ermöglicht, nach einer erneuten längeren Verhaftung mit Aufenthalt in einem Moskauer Gefängnis den Baptistischen Weltkongreß in Stockholm 1923 zusammen mit einer Delegation von Evangeliumschristen zu besuchen. Auch die Vertreter des Bundes der Baptisten waren in Stockholm anwesend.

Im Jahre 1924 reiste Prochanov nach Deutschland, in die Tschechoslovakei, Danzig, sowie nach Finnland.[39] In den Jahren 1925/1926 verließ er die Sovetunion zu einer ausgedehnten Reise nach Nordamerika.[40] Sie galt der Verbindungsaufnahme zu amerikanischen

[39] Nach Angaben von A. Jarcev, Sekta evangel' skich christian S. 48, dauerte die Reise in die Tschechoslovakai und nach Deutschland vom Januar bis Mai 1924. Bei dieser Reise besuchte Prochanov auch Danzig, wo er seinen Vortrag, vgl. hier S. 363, hielt. Prochanov hat sich auch offiziell in Helsinki aufgehalten. Das Vorwort zur Ausgabe der Duchovnye pesni im Kompassverlag Lodz ist vom »2. 5. 1924 in Helsinki« datiert.
Jarvec a.a.O. S. 48 erwähnt eine zweite Reise vom September bis zum November 1924 nach Deutschland.
[40] Die Reise Prochanovs in die USA dauerte vom 28. 2. 1925 bis zum 25. 11. 1926 – so Jarvec a.a.O. S. 48.

Kirchen und Bünden mit dem Ziel, die Versorgung des Bundes mit religiöser Literatur zu gewährleisten bzw. zu verbessern und von der Arbeit der Evangeliumschristen zu berichten. In der Mitte der zwanziger Jahre ermöglichten die Organe der Sovetunion kulturelle und religiöse Kontakte zum Ausland. Es ging der Sovetunion dabei um die Überwindung der Folgen des Bürgerkriegs, den Abbau von Vorurteilen und um die Aufnahme von Verbindungen, die das Wirtschaftspotential vergrößern halfen. Es liegen keine konkreten Angaben darüber vor, doch erscheint es denkbar, daß die Genehmigung des langen Aufenthalts von Prochanov im Ausland im Zusammenhang mit dieser neuen Politik zu sehen ist. Prochanov galt als loyal gegenüber der Sovetmacht. Vor vielen Kreisen konnte er von den Erfolgen des Evangeliums in der Sovetunion berichten, von den erweiterten Arbeitsmöglichkeiten der Evangeliumschristen und anderer Gruppen, verglichen mit den langen Behinderungen im zaristischen Rußland. Damit erfüllte Prochanov, der seit dem Baptistischen Weltkongreß von 1911 einer der Vizepräsidenten des Weltbundes war und dessen Wort nicht nur in den einflußreichen baptistischen Gemeinden der USA gehört wurde, eine Funktion, die der Sovetunion in ihrer Kontaktaufnahme zum Ausland nicht unwichtig war.

Als Prochanov anläßlich seiner großen Reise noch in den USA war, erreichte ihn die Mitteilung vom Tod des Sohnes Vsevolod.[41] Dieser war Student der Wirtschaftswissenschaften in Leningrad gewesen. Trotz seiner Jugend hatte er schon bei der Ausbildung der Prediger in den von seinem Vater eingerichteten Predigerkursen mitgewirkt. Vsevolod Ivanovič hatte in seiner Wohnung beim Hantieren mit einer Pistole tödliche Verletzungen erlitten. Prochanov kehrte im Herbst 1926 so frühzeitig zurück, daß er sich noch in die Leitung des im November stattfindenden X. Allunionskongresses des Bundes der

---

[41] Vsevolod Ivanovič Prochanov war der jüngere der beiden Söhne. Beim Hantieren mit einer Waffe löste sich ein Schuß, er starb am 23. 7. 1926 im Alter von 22 Jahren. Polizeiliche Untersuchungen gegenüber den in der Wohnung Anwesenden, auch der Braut, wurden eingestellt. Seine Beerdigung erfolgte am 26. 7. 1926 auf dem Smolensker Friedhof. Die Beisetzungsfeier wurde von Aleksandr Karev und Jakov Židkov durchgeführt. Vgl. Christianin 3/1927 S. 59–60, zum Ende von Vsevolod Iv. Prochanov. Er hatte Gesellschafts- und Finanzwissenschaften studiert und am 10. 10. 1925 seinen Abschluß an der Universität Leningrad gemacht. Bereits 1922 bis 1923 hatte er im Organisationskomitee des VSECH mitgearbeitet. In den biblischen Kursen unterrichtete er »Poligramota«, die Wissenschaft von den Grundlagen des staatlichen Aufbaus der SSSR. Ein Gedicht von ihm ist im Anschluß an den Aufsatz abgedruckt – S. 62. Zur Zeit des Todes befand sich Jaroslav in der Mongolei mit einer wissenschaftlichen Expedition.

Evangeliumschristen einschalten konnte. Der Kongreß begann am 25. November, er war nach seinem Ausmaß der bisher größte des Bundes; er wurde zugleich der letzte. Das Jahr 1927 war von organisatorischen Arbeiten erfüllt. Es war gleichfalls ein Reisejahr für Prochanov. Die wichtigsten Reisen führten ihn in die Ukraine und nach Sibirien, dorthin zur Organisierung der Gemeinden und zur Vorbereitung des groß angelegten Projekts einer evangeliumchristlichen Gemeinschaftssiedlung »Sonnenstadt«.

Prochanov brach im Jahre 1928 zu einer zweiten großen Reise nach Westeuropa und Nordamerika auf, um neben dem Besuch des Baptistischen Weltkongresses in Toronto die Verbindungen zu den Freunden im Ausland zur Erlangung von Hilfe für seine Arbeit zu festigen.[42] Er hatte nach langer Wartezeit die Genehmigung der Behörden für die für mehrere Monate vorgesehene Reise erhalten. Die sovetischen Behörden hatten offensichtlich von dem Verlauf der Reise 1925/1926 befriedigt Kenntnis genommen, Prochanov hatte sein besonderes Augenmerk Auswanderern aus Osteuropa zugewandt, die nun in Kanada und den USA lebten. Die neue Reise begann mit einem kurzen Aufenthalt in Deutschland und führte ihn dann zum Baptistischen Weltkongreß.

Prochanov kehrte nicht in die Sovetunion zurück. In den verfügbaren Berichten bleibt offen, was ihn zu dem Verbleib im Ausland bewogen hat; es bleibt ebenso offen, ob eine Rückkehr Prochanovs, wenn sie von ihm beabsichtigt worden wäre, von den sovetischen Behörden ermöglicht worden wäre. Er selbst hat sich nur kurz dazu geäußert: Danach verzögerte sich sein Aufenthalt auf Grund zahlreicher Rede- und Vortragsverpflichtungen. Er war im Herbst 1928 nach der Teilnahme am Kongreß nach Deutschland gekommen. Hier erreichten ihn die Nachrichten über die Verschärfung der sovetischen Religionspolitik – das Dekret der RSFSR »Über religiöse Vereinigungen« erschien im April 1929. Mit Prochanovs Worten: »Ich erhielt bald Briefe mit Rufen von leitenden Brüdern, die um Hilfe baten. Diese Appelle vervielfachten sich in dem Maße, wie die über sie kommenden Nöte wuchsen, und ich verstand dies, daß es der Wille Gottes sei, daß ich außer Landes bleiben und versuchen sollte, eine

---

[42] Prochanov berichtet in Cauldron S. 239, daß sich zum Abschiedsgottesdienst im Mai 1928 in der schwedischen St. Katharinenkirche 1500 Menschen versammelt hatten. Bis zum Verlassen der Sovetunion begleiteten ihn Freunde aus Leningrad. Auf dem Bahnhof in der Grenzstation Kingisepp wurde von den Begleitern und Angehörigen der dortigen Gemeinde ein Abschiedsgebet gesprochen.

fortgesetzte Hilfe für die Leidenden während der Zeit ihrer Schwierigkeiten zu organisieren.«[43]

Danach hat es sich um eine freie Entscheidung gehandelt. Falls ihm die Wiedereinreise verweigert worden wäre, hätte es nahe gelegen, diese Verweigerung als einen für alle einsichtigen Grund anzugeben. In den Reihen der Evangeliumschristen, auch in denen der Baptisten, sind damals Fragen laut geworden, die bis zu Vorwürfen gegen Prochanov reichten. Waldemar Gutsche berichtet, daß das Verbleiben Prochanovs im Ausland die Evangeliumschristen in Schwierigkeiten gestürzt habe.[44] Wenn Prochanovs Verbleiben im Ausland zunächst freiwillig war, so bedeutete dies freilich nicht, daß ihm nach Ablauf einiger Jahre die Genehmigung zur Wiedereinreise erteilt worden wäre. Für die Legalität seines Verbleibens im Ausland spricht mindestens bis zum Jahre 1931 die Tatsache, daß er bis dahin Präsident des Bundes der Evangeliumschristen in der Sovetunion blieb. Erst in diesem Jahr, als deutlich wurde, daß die Politik der verschärften Auseinandersetzungen von Partei und Staat mit den Kirchen anhalten würde, wählte ein ad hoc zusammengerufenes Arbeitsgremium des Bundes, das Plenum des Rats, Jakov Ivanovič Židkov, den bisherigen langjährigen Vizepräsidenten, zum Präsidenten. Man trug dabei aber gleichzeitig Prochanov die Ehrenpräsidentschaft an, die er auch annahm. Nach Prochanovs Worten erfolgte seine Ehrenbenennung durch das Wahlgremium einstimmig.[45] Diese Ehrenpräsidentschaft weist auf zweierlei hin: Zunächst auf die starken Bindungen, in der die Leitenden des Bundes zu Prochanov standen – sein Verbleiben im Ausland war für den Bund nicht so belastend gewesen; der nominell noch existierende Bund hatte ganz andere Sorgen angesichts der Verfolgungen, die über die Gemeinden mit zahlreichen Verhaftungen hinweggingen, als daß er eine alle Gemeinden bewegende Diskussion über den Verbleib Prochanovs hätte führen können. Zum anderen weist das Antragen der Ehrenpräsidentschaft darauf hin, daß in einer besonders schwierigen Situation des Bundes, in der dieser nichts gegen staatlichen Willen vornehmen konnte, Prochanov nicht als persona non grata angesehen wurde. Seine Bindungen an den von ihm gegründeten Bund, die Sorge für dessen Wohlergehen nötigten Prochanov dazu, sich im Ausland antisovetischer Äußerungen zu enthalten, sich für eine positive Sicht zweifelhafter Geschehnisse im Sinne

---

[43] Cauldron S. 252.
[44] W. Gutsche, Religion und Evangelium S. 150.
[45] Cauldron S. 151.

der sovetischen Regierungsstellen auszusprechen. Unter diesen Voraussetzungen war Prochanov im Ausland den sovetischen Stellen nützlicher als der nominelle Leiter einer zerschlagenen Kirchenorganisation innerhalb der Sovetunion.

Wenngleich die Jahre zuvor nicht ohne ständige Bewegung gewesen waren, so wurden die Jahre von 1928 bis zu seinem Tode ausgesprochene Wanderjahre. 1929 hielt er sich in Deutschland auf. Von dort aus machte er einige Reisen, eine davon führte ihn nach Kopenhagen, wo er mit einem Subkomitee des Exekutivkomitees des Lutherischen Weltkonvents, das dort tagte, zusammentraf. Die folgenden Daten sind zu nennen: Am 21. 2. 1930 traf er mit Professoren der Theologischen Fakultät in Marburg zusammen. Im März hielt er sich kurze Zeit in Riga auf, Anfang Juni reiste er nach Polen. Sein Standort war Berlin, von dort aus unternahm er auch verschiedene Fahrten nach Wernigerode, dem Sitz des Missionsbundes »Licht im Osten«. Im August machte Prochanov eine Kur in Kissingen.[46] Bereits 1929 hatten die Ärzte bei ihm eine Diabetes konstatiert.[47] Im Herbst 1931 fuhr er in die USA, dort wirkte er vor allem in New York und Chikago.[48] Der Aufenthalt dauerte bis zum Mai 1932.[49] Im Sommer dieses Jahres war er wieder in Berlin.[50] Ein Aufenthalt in Riga schloß sich an.[51] Im Oktober fuhr er wieder in die USA, dort hielt er sich in den östlichen Staaten auf.[52] Im Sommer 1933 war er wieder in Deutschland.[53] Ende dieses Jahres fuhr er erneut in die USA, ebenfalls besuchte er Kanada.[54] Im November 1934 verfaßte er in New York, wo er vorher wegen seiner Krankheit einen kurzen Krankenhausaufenthalt gehabt hatte,[55] sein geistliches Testament, er entwarf daneben die Pläne für die Weiterführung der Arbeit seines Bundes. Von Montreal aus trat Prochanov am 5. 7. 1935 die Reise nach Europa an. Über Frankreich, wo er sich kurze Zeit bei der Fürstin Sofija Lieven in Paris aufhielt und Vorträge hielt, kam er wieder nach Deutschland.[56]

---

[46] Nach Angaben in E.V. 1/1930 S. 9 war er am 21. 8. noch dort.
[47] E.V. 1–12/1936 S. 34.
[48] E.V. 3/1932 S. 10, S. 14.
[49] E.V. 12/1932 S. 22. Am 3. Mai war er auf dem Atlantik.
[50] E.V. 5/1932 S. 2.
[51] E.V. 15/1932 S. 21.
[52] E.V. 1/1933 S. 2, 2/1933 S. 3, S. 25.
[53] E.V. 8/1933 S. 3.
[54] E.V. 3/1934 S. 25, S. 2–3 ferner 6–7/1934 S. 16.
[55] E.V. 1–12/1936 S. 34.
[56] E.V. 1–12/1936 S. 25.

Seine Freunde stellten fest, daß sein Aussehen nicht gut war.[57] Der Teilnahme an einer Missionskonferenz in Berlin folgte vom 7. bis 23. September 1935 eine Reise zu den Evangeliumschristen in Bulgarien.[58]Eine Entzündung am linken Fuß, die ihn schon am 13. August befallen hatte und die trotz ärztlicher Untersuchung als ungefährlich erschien, stellte sich nach seiner Rückkehr nach Berlin als eine Gangräne, eine offene Diabetes, heraus. Prochanov wurde in das Berliner Martin-Luther-Krankenhaus gebracht. Sein Zustand verschlechterte sich von Tag zu Tag. Er starb am 6. Oktober. Die Totenmaske und der Abdruck seiner Hand, die damals angefertigt wurden, sind verloren gegangen. Seine Hinterlassenschaft an Aufzeichnungen, Entwürfen und Briefen, die von ihm zur Verbringung in die Sovetunion bestimmt worden war, blieb in Berlin. Sie wurde ein Opfer der Bombardierung der Stadt.

Als Ivan Stepanovič Prochanov beigesetzt wurde, waren in der versammelten Trauergemeinde keine bekannten Baptisten anwesend, sondern persönliche Freunde, Glieder der Gemeinde der Evangeliumschristen in Berlin, Angehörige von Missionskreisen aus der Allianz und aus der evangelischen Kirche. Die Beobachter damals haben in dieser Zusammensetzung der Trauergemeinde das Spannungsverhältnis verspürt, in dem sich die Baptisten zu Prochanov befanden, zu dem, der 17 Jahre lang einer der Vizepräsidenten des Weltbunds gewesen war. Prochanovs Bedeutung in der Geschichte des ostslavischen Protestantismus ist unbestritten, aber in vieler Hinsicht unklar. Sein Verhalten erscheint oftmals widersprüchlich; das gleiche gilt für die russischen Baptisten als Gegner und Partner der Evangeliumschristen zu seiner Zeit.

In seinem Testament hatte Prochanov verfügt, daß die Leitung des von ihm über den russischen Bund hinaus gegründeten Weltbundes der Evangeliumschristen in die Hände der Freunde gelegt werde, die dem Missionsbund »Licht im Osten« nahe standen. Er hatte in seiner Tätigkeit außerhalb der Sovetunion in den eigenen Kreisen nicht die Mitarbeiter gefunden, die sein Werk außerhalb der Sovetunion hätten weiterführen können. Dies war ein sehr fragwürdiges Werk gewesen, nicht zu vergleichen mit dem Aufbau und der Leitung seines Bundes in den Jahren zuvor; es war, als ob Prochanov der Boden ge-

---

[57] E.V. 1–12/1936 S. 34. Vl. Marcinkovskij spricht in seinem Lebensabriß von »oslab« – hinfällig.
[58] E.V. 1–12/1936 S. 35.

fehlt hätte, auf dem er noch erfolgreich und sinnvoll hätte wirken können.

Prochanov war zu Lebzeiten eine umstrittene Gestalt. Inzwischen ist er in die Reihe der unumstrittenen Väter des ostslavischen Protestantismus aufgenommen worden. Die jetzt Lebenden sehen ihn zusammen mit denen, die schon einen festen Platz hatten, Paškov, Korff, Radstock, Voronin, Rjabošapka[59], Pavlov. Vor Jahrzehnten war Prochanovs Stellung noch eine andere. Durch ihn und an ihm entzündeten sich Stürme und Erregungen. Für die einen war er der Feind der Einheit des Protestantismus in Rußland. Dies war das Urteil solcher, die sich den Protestantismus nur in strenger baptistischer Ausprägung vorzustellen vermochten. Es gab andere, die sich mit Prochanovs Umgang mit Politikern und mit der Politik im alten wie auch im neuen Rußland nicht befreunden konnten und gegen ihn den Vorwurf der Opportunität erhoben. Diesen paßte seine organisatorische Begabung nicht, die absolut herausgehobene Stellung in seinem Bund, jene sprachen scherzhaft freundlich von ihm als dem »vserossijskij Ivan Stepanovič«, damit auf die Bezeichnung des Bundes der Evangeliumschristen »VSECH« und Prochanovs werbende Haltung gegenüber allen und für alle anspielend.[60] Es gab solche, die ohne Feindseligkeit ihm gegenüber feststellten, daß er die Propaganda liebe und sich ins Licht der Öffentlichkeit zu rücken wußte. Wieder andere stellten fest – dies waren vor allem im westlichen Europa Lebende – daß sein Ruf nach materieller Hilfe für seinen Bund, für die Sache, mit der er sich identifizierte, etwas zu schrill und zu ungeschützt ertöne. Das hat ihn manche Freunde gekostet. Viele haben sich von ihm abgewandt; es ist nicht ersichtlich, ob die von diesen genannten Gründe immer die eigentlich ausschlaggebenden für sie gewesen waren. Auf der anderen Seite standen und stehen die, für die er der allezeit mit Dankbarkeit bedachte, geistliche Vater war und geblieben ist. Unter ihnen waren solche, die noch 20 Jahre nach seinem Tode daran dachten, seine leiblichen Reste zu exhumieren und nach dem von ihm geliebten Rußland zu überführen.

---

[59] Rjabošapka war einer der ersten Männer des Stundismus, der die Glaubenstaufe empfing. Geb. 1815, mußte er im Laufe der Verfolgungen in die Türkei flüchten, von 1898 an war er in Bulgarien. Dort starb er 1904, Verbindungen zu der Gemeinde in Ljubomirka waren bestehen geblieben.

[60] VSECH war die Abkürzung für die Bezeichnung des Bundes nach den Anfangsbuchstaben »Vserossijskij sojuz evangel'skich christian«, Allrussischer Bund der Evangeliumschristen. Im Russischen ist vsech Genetiv pluralis: alle (vse), aller.

II. Erscheinungen und Gestalten des ostslavischen Protestantismus

1. Vielfalt und Spannungen – eine Übersicht

Die Geschichte des ostslavischen Protestantismus ist lange Zeit dadurch bestimmt gewesen, daß seine verschiedenen Gruppen bei aller inneren Verwandtschaft und trotz Suche nach der Gemeinsamkeit nicht zu einer organisatorischen Einheit gelangen konnten. Neben äußeren Gründen lag die entscheidende Ursache in der Genesis des ostslavischen Protestantismus. Er bildete sich aus drei Strömen in zudem noch weit voneinander entfernten Räumen. Da war einmal die Erweckungsbewegung in St. Petersburg, weiter der Stundismus in der Ukraine und dann der Baptismus im Schwarzmeergebiet und im Kaukasus. Auf diese verschiedenen Ströme wirkten von den Anfängen an unterschiedliche Einflüsse ein. Im Petersburger Raum waren es Momente westlicher Erweckungs- und Heiligungsbewegung. Sie bestimmten städtische Kreise. In der Ukraine wirkten Formen und Inhalte des Frömmigkeitslebens deutscher lutherischer und reformierter Bauernkolonien auf die ersten evangelischen Russen und Ukrainer. Für diese Einflüsse stehen die Namen der beiden Pastoren Vater und Sohn Johann und Karl Bonekämper in Rohrbach, sowie Pastor Eduard Wüst in Neuhoffnung. Neben sie traten Einflüsse des Mennonitentums. Im Schwarzmeerraum, im Kaukasus führten baptistische und mennonitische Einflüsse in Verbindung mit molokanischen Traditionen zu besonderer Bestimmtheit.

Es erscheint geboten, die Entwicklungen im ostslavischen Protestantismus in rechten Proportionen zu sehen. Die Etiketten »molokanisch«, »mennonitisch«, »stundistisch«, »baptistisch«, »evangeliumschristlich«, »pfingstgemeindlich« reichen auf keinen Fall aus, um die Fülle und zugleich die Differenziertheit zu erfassen, die schon jeweils in jeder der einzelnen Gruppierungen vorhanden war. Was bei weitem Abstand wie eine Einheit erscheint, wird bei näherem Hinsehen zur komplexen Größe, historisch zu einer bewegten Geschichte interner Auseinandersetzungen und zugleich ständiger Kommunikationen mit anderen Gruppierungen.

Die Jahre von 1861/62 an, wenn man hier den Beginn des Stundismus ansetzt, die Jahre von 1867 an, wenn mit der Taufe des Nikita

Voronin bei Tiflis der Beginn des Baptismus in Rußland angesetzt wird, bis hin zum Jahre 1884 sind eine erste Etappe in der Geschichte des ostslavischen Protestantismus. Das Jahr 1884 war in mehrfacher Weise bedeutungsvoll. Es kam zu ersten umfassenden Bemühungen, eine Sammlung der verschiedenen Gemeinden und Kreise im gesamten Reichsgebiet durchzuführen, zugleich war es das Jahr, das mit einer Fülle von staatlichen Maßnahmen gegen die evangelische Bewegung einen neuen Abschnitt einleitete.[1] Dieser zweite Abschnitt reicht bis zum Jahre 1905. In dieser Zeit gab es bereits Vereinigungen, Bünde und leitende Personen. Die organisatorische Entwicklung in dieser Zeit ist nicht mit den Maßstäben des westlichen Protestantismus zu fassen. Alle Vereinigungen und Konferenzen waren mehr Zielvorstellung als reale Institutionen und Zusammenkünfte. Das Revolutionjahr 1905 leitete Möglichkeiten zu Vereinigungen, zu Konferenztätigkeit und zu Publikationen ein. Dieser Abschnitt, bis zum Jahre 1917 reichend, ist durch seine Gebrochenheit charakterisiert; dem Neubeginn, der mit den Edikten und Manifesten der Jahre 1905/06 eingeleitet wurde, folgte die Reaktion nach 1910. Der nächstfolgende Abschnitt der Geschichte des ostslavischen Protestantismus in der Sovetunion reicht von 1917 bis 1929, an seinem Ende durch das Dekret »Über religiöse Vereinigungen« bestimmt. Der dann folgende Abschnitt reicht bis zum Jahre 1944. Damals wurden die Reste der Gemeinden legalisiert und ein gemeinsamer Bund geschaffen.

Im März 1884 berief Oberst Paškov zusammen mit dem Grafen Modest Korff eine Konferenz nach St. Petersburg ein, zu der Gläubige aus ganz Rußland eingeladen wurden. Die Einladung erging an Stundisten, Baptisten, Mennoniten-Brüder, Molokanen, Duchoborzen und eine Gruppe, die einfach als »evangelische Christen« bezeichnet wurde. Die Konferenz sollte am 1. April beginnen, sie war für eine Dauer von acht Tagen vorgesehen. Sie begann auch am ge-

[1] In Kreisen des ukrainischen Protestantismus außer Landes ist in den fünfziger Jahren dieses Jahrhunderts ein Streit um den Beginn des Protestantismus in der Ukraine entstanden. Eine Gruppe ukrainischer Baptisten in den USA, an ihrer Spitze Zabko-Potapovič, stellte die These auf, daß in der Ukraine die Anfänge des Protestantismus, auch erste Taufen, vor dem Jahr 1867 lagen und Taufen bereits in den frühen fünfziger Jahren stattfanden. Grund für diese These gaben unklare Berichte, Antrieb dazu ist wohl ein gewisser ukrainischer Nationalismus in dieser Gruppe. Am Datum des Beginns des Baptismus in Rußland 1867 hält der größere Teil ukrainischer Baptisten fest – vgl. dazu Ivan A. Kmeta in: 100 – letnyj jubilej evangel'skich christian baptistov, hier vor allem: Kreščenie vzroslych do 1860 goda na Ukraine ne bylo, S. 56–58.

nannten Tage im Speisesaal des Paškov'schen Palais. Zu den Anwesenden gehörten unter anderen der baptistische Presbyter Onda aus Wolhynien, aus dem Süden nahmen teil Martin Kalweit, Ivan Venjaminovič Kargel, Ivan Rjabošapka, Michael Ratušnyj, der Mennoniten-Bruder Johann Wiehler, Vasilij Gur'evič Pavlov, von der deutschen Baptistengemeinde in Odessa A. Liebig, aus dem Ausland Friedrich Wilhelm Baedeker und Lord Radstock.[2]

Den Teilnehmern waren, »um keine Zeit zu verlieren«, sechs Fragen zugesandt worden.[3] Dr. Baedeker, ein Stundist aus Südrußland, der Evangelist Jakov Deljakov syrisch-nestorianischen Herkommens[4] und Ivan Kargel[5] hatten sie zusammengestellt. Es waren Fragen nach der möglichen gemeinsamen Basis der angesprochenen Gemeinden, nach dem Verbindenden ihres Glaubensguts, nach den Wirkensprinzipien örtlicher Gemeinden, nach der Taufe und der Feier des Abendmahls. Korff berichtet in seinen Erinnerungen über die Verhandlungen: »Wir nahmen an, daß die herbeigekommenen Brüder mit dem allen übereinstimmen könnten, aber wir hatten uns bedauerlicherweise darin geirrt. Besonders der Punkt über die Taufe erregte viel Streit.«[6] Die Vorlage für die Konferenz hatte dazu gelautet: »Wir erkennen die Taufe als göttliche Einsetzung an, in deren Vollzug der Gehorsam gegenüber dem Willen Gottes geübt wird. Wie sie vollzogen wird, ist freie Sache, dem Gewissen eines jeden überlassen, in Übereinstimmung mit seiner Erkenntnis des Wortes Gottes. Unterschiedliche Auffassungen in dieser Frage müssen in keinem Fall Anlaß zur Trennung werden.«[7]

Die Formel mit ihren betont irenischen Formulierungen weist darauf hin, daß ihre Verfasser schon bei der Redaktion derselben ver-

---

[2] Vielfach werden in Darstellungen auch die Vorgänge um die Tätigkeit der russischen Bibelgesellschaft unter Aleksandr I. in die Geschichte des russischen Protestantismus einbezogen. Dies trifft so nicht zu, da es keinen unmittelbaren Zusammenhang zwischen jenen und den in den sechziger Jahren anhebenden Geschehnissen gibt. Sie stellen eine selbständige Vorgeschichte dar.

[3] Bratskij Vestnik, künftig B.V. 1/1964 S. 21; ebenso V.G. Pavlov, Pravda o Baptistach – in: Baptist 44/1911 S. 346.

[4] Jakob Deljakovič Deljakov hieß ursprünglich Kasha Yagub.

[5] In einem Bericht »Pervyj s'ezd russkich verujuščich po voprosu o edinstve« in: B.V. 2/1946 S. 24–26, hier S. 25 wird Kargel ungenau als »Presbyter einer der Gemeinden der Baptisten in Petersburg« bezeichnet. Vgl. hier S. 81ff.

[6] Modest Korff, Am Zarenhof S. 59. Auch er nennt Kargel »Presbyter der deutschen Baptisten in Petersburg« und erwähnt, daß Paškov und er selbst an der Zusammenstellung der Konferenzfragen mitgewirkt hatten.

[7] Korff ebenda S. 59. Nach Pavlovs Angaben willigten die Baptisten nicht in die Teilnahme der als Kinder Getauften am Abendmahl ein – Pravda o Baptistach S. 346.

spürt hatten, welcher Zündstoff hier für eine Konferenz so verschieden gearteter Teilnehmer liegen könnte. Trotzdem blieb der interpolierenden Formel der Erfolg versagt. Ein Aufruf Radstocks am zweiten Konferenztag zur Einheit in Christus, nicht in Lehrsätzen, war zwar beeindruckend, doch vermochte er den Gegensatz in der Sache nicht zu überwinden. Die Zusamenkünfte der Konferenzteilnehmer wurden dann durch das Eingreifen der Polizei unmöglich gemacht. Diese führte sämtliche von außerhalb Petersburg stammenden Teilnehmer in der Nacht aus ihren Hotelunterkünften und schickte sie an ihre Wohnorte heim. Dieses Konferenzende leitete zugleich die Welle der Maßnahmen unter der Regierung Aleksandrs III. gegen den »Stundismus« im ganzen Lande ein. Noch im gleichen Jahr wurden Paškov und Korff aus Rußland verbannt. Paškov konnte noch einmal für kurze Dauer nach Rußland einreisen. Er starb 1901 in Paris, wo er seinen Wohnsitz genommen hatte. Korff nahm seinen Aufenthalt in der Schweiz; anläßlich eines Besuchs in Basel starb er am 9. 11. 1933 im Alter von 91 Jahren.

Von den Vorgängen dieser Petersburger Einigungskonferenz ist im allgemeinen nur die spektakuläre Seite bekannt, daß die Veranstalter am dritten Verhandlungstag auf ihre Gäste warteten, während diese bereits von der Polizei zum Bahnhof eskortiert worden waren. Das Eingreifen der Behörden hat das viel gewichtigere Geschehen zurücktreten lassen, daß die Konferenz schon nach zwei Tagen in eine Krise geriet, aus der kaum ein Weg herausführen konnte. Ein Eingreifen der Behörden und Polizeiorgane in den Ablauf von Konferenzen und Verhandlungen hat noch mehrmals in der Geschichte evangelischer Bünde stattgefunden. Es hätte in keinem Fall die Einheit der verschiedenen Gruppen im ostslavischen Protestantismus verhindern können, wenn das Bemühen um die Einheit auf allen Seiten kräftig und nachhaltig genug gewesen wäre, unter Aufgabe von für andere Beteiligte unzumutbaren Forderungen. Dies aber war nicht der Fall. Immer wieder sind es unbeschadet allen äußeren Drucks innere Gründe gewesen, die in kurzer Zeit nach hoffnungsvoll begonnenen Verhandlungen dazu führten, daß Kontakte abgebrochen wurden und an deren Stelle erneut Polemik trat. Dabei spielten wie ein Lauffeuer sich verbreitende Berichte über das Verhalten und die Äußerungen von Vertretern anderer Richtungen eine bedeutsame Rolle, daß Einigungsbemühungen zum Erliegen kamen.

Ebenfalls im Jahre 1884 erfolgte erstmalig die Gründung eines Bundes evangelischer Christen in der Ukraine. Es war die Union der russischen Baptisten, die auf der Konferenz von Novo-Vasil'evka vom 30. April bis 1. Mai entstand. Bei der Zusammenkunft an diesem Ort im Kreis Berdjansk, wo es eine molokanische Gemeinde gab, hatten diese Gemeinde, Mennoniten-Brüder und deutsche Baptisten Hilfestellung geleistet. Johann Wiehler, mennonitischer Herkunft, wurde der erste Präsident dieser Vereinigung. Der Kreis der 33 Teilnehmer der Konferenz, Mennoniten-Brüder, Baptisten, Stundisten und der Gäste von den Neu-Molokanen, war vielschichtig. Wenn auch der spätere Bund der Baptisten seine Kongresse von dieser ersten Zusammenkunft an zählte – im übrigen nicht durchgängig –, so muß doch der Vorstellung gewehrt werden, als ob es sich in Novo-Vasil'- evka um die Gründung eines Baptistenbundes gehandelt habe, wie er etwa in Deutschland bestand, der sich durch eine klare Lehrformulierung und durch Abgrenzungen auszeichnete. Das Verbindende für die Beteiligten war die persönliche Glaubenserfahrung; die Vorstellung der Glaubenstaufe hatte sich auf Grund baptistischer Einflüsse stark in den Vordergrund geschoben. Auf den noch offenen Charakter weist die Tatsache hin, daß verschiedene Bekenntnisse in den Gemeinden galten, welche Vertreter bei der Konferenz hatten, und Bekenntnisse auch nach diesem Datum formuliert wurden.[8]

Johann Wiehler, Vorsitzender der Vereinigung, blieb in Rußland nur bis 1886, dann wanderte er, bestimmt durch die wachsenden Beschwernisse für die Evangelischen, nach Rumänien aus. Er starb dort 1889 an den Folgen eines Unglücksfalls – er stürzte von einer Leiter. Neben der Wahl eines Vorsitzenden hatte die Konferenz noch einige konkrete Beschlüsse zu Fragen der Evangelisation gefaßt, einige der Teilnehmer verpflichteten sich zu evangelistischem Dienst. Im Gouvernement Cherson sollte Ratyšnyj vier Monate, im Raum Kiev Rjabošapka acht Monate arbeiten, im Kaukasus Vasilij Vasil'evič Ivanov ein Jahr, in Transkaukasien Vasilij G. Pavlov, in Ekaterinoslav zwei Brüder je zwei Monate, in Taurien zwei andere für vier Monate evangelisieren.[9] Zu den theologisch strittig bleibenden Fragen, die auf der Konferenz erörtert worden waren, gehörte die der Bedeutung der Fußwaschung. Johannes Wiehler war dafür, sie in den Katalog der

[8] Episkop Aleksij, Materialy, Nr. 300 S. 477ff., Nr. 306 S. 485–495, u.a. von Priestern aufgezeichnete Bekenntnisse und Glaubensregeln einzelner Dorfgemeinden.
[9] A. Karev, The Russian Evangelical Baptist Movement or Under His Cross in Soviet Russia S. 112. – Vgl. ferner Margaritov S. 210 sowie V.M. Skvorcov (Hrsgb.), Dejanija III. Vserossijskogo Missionerskogo S'ezda – Kazan' S. 122–124 Symbol evangel'skoj very.

Lehraussagen der verbundenen Gemeinden hineinzunehmen, Ivan Venjaminovič Kargel trat diesen Vorschlägen jedoch entgegen.

Die Vereinigung bestand in sehr loser Form in den Jahren der Verfolgung weiter. Nach Wiehler trat an ihre Spitze Dej Ivanovič Mazaev, ein ausgesprochener Baptist aus molokanischem Herkommen. Über ein Jahrzehnt waren eine organisatorische Aktivität des Bundes, die Zusammenfassung älterer und neuerer Gemeinden infolge der Stundistenverfolgung nicht möglich. Der Bund bestand auch nach der Art der sich ihm verbunden fühlenden Gemeinden mehr als Vorstellung denn als Realität. In einer älteren baptistischen Veröffentlichung ist zu Recht gesagt, daß es sich 1884 nur um Ansätze zu einer Union gehandelt habe, daß diese praktisch erst um 1905 zustandekam, »denn die Zeit der Verfolgung hatte eine festere Organisation unmöglich gemacht.«[10] In der Periode des Tauwetters, im Jahre 1903, konnte ein größerer Kongreß in Caricyn abgehalten werden. Damit begann die Geschichte eines nach Glaubenssätzen und organisatorischer Prägung eindeutigen baptistischen Bundes.

Die evangelische Bewegung in Rußland, die erst im Laufe der Zeit zu einer Bewegung des Baptismus wurde – Baptismus in weitem Sinne verstanden – ist nicht zu lösen von ihrem russischen Boden, von den dadurch bestimmten Voraussetzungen, ebenso wenig aber auch von den Besonderheiten baptistischer Entwicklung, die sich schon früher in vielen Ländern abgezeichnet hatten. Der baptistische Theologe Hans Luckey hat eindrücklich darauf hingewiesen, daß in den Ost-West- und in den West-Ost-Bewegungen des Baptismus verschiedene Elemente hervortraten. Nach Westen zogen die spannungsreichen Auseinandersetzungen des Calvinismus mit dem Arminianismus mit. Sie bestimmten das Erscheinungsbild des Baptismus in den USA, seine mannigfachen Schattierungen, räumlich vom Süden zum Norden, theologisch von einem massiven Fundamentalismus hin zu einem Liberalismus. Bei der Ostwanderung des Baptismus wanderten methodistisches Heiligungsverständnis und Momente der Erweckung des 19. Jahrhunderts aus deutschen Ursprüngen mit. Sie bestimmten in Osteuropa das Erscheinungsbild des Baptismus.[11] Als sich zu Anfang dieses Jahrhunderts der Baptistische

---

[10] Herbert Gudjons, Evangelisch-Reformatorische Bewegungen in Rußland. Unter besonderer Berücksichtigung der Entstehung und Entwicklung des Baptismus und des Stundismus. Hamburg 1933, Manuskript, S. 40.
[11] H. Luckey, Artikel »Baptisten« – in: Evangelisches Kirchenlexikon Bd. I Sp. 303–306.

Weltbund konstituierte, hatte er diese Spannungen in seinen Reihen auszutragen. Als der Evangeliumschrist Prochanov und der Baptist Nikolaj Vasil'evič Odincov Jakob Kroeker, dem Leiter des Missionsbundes »Licht im Osten«, im Herbst 1928 jeder für sich und beide tief enttäuscht von ihren Erfahrungen beim Weltkongreß in Toronto berichteten, standen sie unter dem Eindruck der bedeutsamen Unterschiede im Weltbaptismus, zugleich bestimmt durch den Weg, den der Baptismus in Rußland genommen hatte.

Er war unterschieden von der Art, wie er sich in anderen Ländern entwickelt hatte. Zugleich umfaßte er einen weiten Raum unterschiedlicher Auffassungen. Die wiederholten Einigungsbemühungen im ostslavischen Protestantismus, die sichtbar 1884 einsetzten, scheiterten allesamt. Erst 1944 kam es zu einer Einigung der Reste der alten Bünde der Evangeliumschristen und der Baptisten. In den folgenden Jahren schlossen sich eine Reihe von Pfingstgemeinden und andere selbständige Gruppen diesem Einigungswerk an, schließlich, im Jahre 1963, dann die deutschsprachigen Mennoniten-Brüder. Auch nach der so durchgeführten Vereinigung ist der Gesamtbund der Evangeliumschristen/Baptisten in seiner inneren Ausrichtung durchaus noch nicht einheitlich nach Theologie und Frömmigkeitsübung geworden. Bei näherem Hinsehen heben sich die einzelnen Gruppen in ihrer Prägung voneinander ab, auch wo ein friedliches Miteinander der einzelnen Gemeinden besteht.[12] Die große, 1961 einsetzende Spaltung im Bund, die sich aus unterschiedlichen Stellungnahmen zum Verhältnis der Gemeinden gegenüber staatlichen Einwirkungen und Bestimmungen entwickelte, bestätigt nur, wie offen und labil das Gefüge des Gesamtbundes ist.

Eine Grundursache für das spannungsreiche Nebeneinander früherer Zeiten und für das kritische Miteinander der letzten Jahrzehnte war der vorherrschende Subjektivismus im ostslavischen Protestantismus. Dieser Subjektivismus ist sowohl Ausdruck von Traditionen im freikirchlichen Protestantismus als auch ein Zeichen der radikalen Züge, die in der russischen Kirchen- und Geistesgeschichte wiederholt wahrnehmbar geworden sind. Er ist sicherlich auch in der Abwehr eines totalen, alles bis ins einzelne reglementierenden Verhaltens der herrschenden Staats- und Kirchenorgane im alten Rußland entstanden. Wie man den deutschen Pietismus soziologisch als eine

---

[12] Vgl. W. Kahle, Fragen der Einheit im Bunde der Evangeliumschristen/Baptisten in der Sovetunion – in: Kyrios 4/1968 S. 164–179.

innere Abwehr gegen das Gefüge des feudalen Absolutismus und des Reglements im 17. und 18. Jahrhundert anzusehen geneigt ist, so gilt mit noch größerem Recht, daß die Bewegungen und Gehalte des russischen Sektantstvo Entsprechendes andeuten: In ihrer Fülle sind sie Ausdruck der Individualisierung bedeutender Teile im ostslavischen Volkstum gegenüber einer durch Einheitsdenken und Einheitsnormen bestimmten russischen Staatlichkeit und Kirchlichkeit.

Der ostslavische Protestantismus stellt nach dieser Seite hin gesehen eine Teilerscheinung im russischen Sektantstvo dar. Die Bezeichnungen für seine verschiedenen Gruppen, »Stundisty«, »Paškovcy«, »Baptisty«, »Evangel'skie Christiane«, beziehen sich nicht zu allen Zeiten auf jeweils dieselbe Gruppe. Im Sinne deutlicherer Abgrenzung voneinander bezeichnen die Begriffe Baptisten und Evangeliumschristen die seit 1909 organisatorisch faßbaren Angehörigen zweier Bünde; im Jahre 1909 war es zur Gründung des Bundes der Evangeliumschristen gekommen. Aber noch in der orthodoxen Polemik späterer Jahre und auch im Sprachgebrauch blieben die älteren Bezeichnungen erhalten. Die Evangeliumschristen wurden als »Paškovcy« bezeichnet, für die Baptisten hatte sich seit den achtziger Jahren die Bezeichnung »Stundo-Baptisten« eingebürgert. Für die Evangeliumschristen ist wiederholt auch die Formel »Stundo-Paškovcy« zur Anwendung gekommen. Mit dem jeweiligen Hinweis auf die Zugehörigkeit beider Gruppen zum Stundismus versuchte man sie in enge Verbindung zum Stundismus als einer durch administrative und gerichtliche Maßnahmen zu verfolgenden Bewegung zu bringen.

Der alte Stundismus in der Ukraine war dogmatisch sehr offen gewesen. Auf ihn wirkten in der Folgezeit auf dem Weg über deutsche baptistische Gemeinden die Einflüsse Onckens, des Hauptes des deutschen Baptismus, ein, ferner das Gedankengut der Mennoniten-Brüder. So erhielt der Stundismus seine baptistische Prägung, zunächst erkennbar an der Übung der Glaubenstaufe. Dies bedeutete aber noch nicht, daß sich insgesamt dieser Onckensche Typus, sein Lehr- und Gemeindeverständnis schon überall durchsetzten. Dem Duktus der bestimmenden baptistischen Gestalten um die Jahrhundertwende und noch später, Mazaev, Pavlov, Stepanov, entsprach nicht das Gesamtbild der Gemeinden, in denen sie selbst tätig waren oder die sie selbst gegründet hatten. Eine orthodoxe Feststellung aus dem Jahre 1915 legt dafür Zeugnis ab, daß sich die Baptisten selbst nicht immer an ihre Glaubenslehre halten. [13]

Die intensive Verfolgung des »Stundismus« vom Jahre 1884 an hatte zudem in vielen Gemeinden, die die Glaubenstaufe übten, infolge der Inhaftierung oder auch der Flucht der Leitenden Unordnung bewirkt. Die Zahl der auch nur hinreichend theologisch Kundigen war sehr klein. Viele Gemeinden wurden das Opfer innerer Auseinandersetzungen, zum Teil ekstatischen Charakters.[14] Dazu gehört der Übergang mancher Evangelischen zu der Sekte der Mal'evancy, die eine Rückbewegung zu Formen eines ekstatischen Sektierertums orthodoxer Herkunft darstellt. Von den neunziger Jahren an wurde ferner der Einfluß von Allianzvorstellungen stärker, sie wirkten sich zunächst auf Gemeinden und Gemeinschaften in größeren Städten mit stärkeren ausländischen Kontakten und auf die im Umkreis dieser Städte gelegenen Gemeinden aus. Eine nicht unbedeutende Rolle spielte für die zunehmende Differenzierung die Verbreitung religiöser Literatur, die keinen ausgeprägten baptistischen Charakter hatte, sondern dem deutschen und englischen erwecklichen Schrifttum zugehörig war.

Kongresse und Tagungen baptistischer Prägung gewannen von der Jahrhundertwende an den Charakter von Auseinandersetzungen mit den bisher im gleichen Verbund lebenden Gemeinden nicht Onckenscher Prägung. Diese begannen sich nun zu formieren, gewannen eigene Gestalt und wurden, zunächst noch unabhängig voneinander, Zeichen neuer Gruppierungen im ostslavischen Protestantismus. Odincov nannte einen Kongreß, bereits im Jahre 1898 in Caricyn, bei dem es zu Erörterungen und Arbeitskontakten zwischen Baptisten und Paškovcy gekommen sei.[15] Dabei bildeten die Baptisten durchaus

---

[13] Missionerskoe Obozrenie, künftig M.O., 1/1915, Sektantstvo v 1914-m godu S. 107–116, hier S. 111.

[14] Jack berichtet: »Die Fälle, da ganze Kreise der Baptisten und Evangeliumschristen den Adventisten und Sabbatern als leichte Beute anheim fielen, sind hunderte. Ja, ich habe im Kaukasus auf der Station Pr. im Winter 1907/08 eine ganze Nacht mit Brüdern zu tun gehabt, die als Baptisten begonnen und beim Judentum mit vollzogener Beschneidung geendet. Alle meine Bemühungen, sie zur evangelischen Freiheit zurückzuführen, prallten an ihren gesetzlich gepanzerten Herzen ab. Zum Schluß verfluchten sie mich noch feierlich als einen ›Täter der Gesetzlosigkeit‹, wie die Stelle Matth. 7,23 in der russischen Übersetzung lautet.« – W. Jack, Licht und Schatten bei den Brüdern in Rußland Manuskript S. 5 – SM.
Über die Tätigkeit des ersten Reisepredigers im Bund der Evangeliumschristen, Persianov, anläßlich dessen Fahrten in das östliche Sibirien äußert sich Prochanov, Cauldron S. 152: »Viele Gruppen von Christen in diesem Gebiet nannten sich selbst Evangeliumschristen oder mit ähnlichen Bezeichnungen, aber sie waren unorganisiert und nicht miteinander vereinigt. Sie waren noch nie durch irgendjemanden aus Europa besucht worden und lebten ein sehr unvollkommenes (imperfect) religiöses Leben.«

noch keine geschlossene Gruppe. Es gab den Kampf um die Namensgebung. Dies war kein Kampf allein mit Außenstehenden, die das
Wort »Baptisten« nicht schätzten. Auseinandersetzungen zwischen
einer »russisch« genannten und einer durch deutsche baptistische
Einflüsse bestimmten Gruppe wirkten auf die Abstimmung über den
Namen des Bundes ein. Dabei obsiegte die Gruppe, die die Bezeichnung »Evangelische Christen-Baptisten« wünschte.[16] Der Vorsitzende des Bundes, Dej Ivanovič Mazaev, vermerkte 1908, daß sich einige Jahre zuvor unter Gemeinden eine besondere Gruppierung gebildet habe, die die Bezeichnung »Gläubige Evangelische Christen«
gewählt hatte und ihm selbst als dem Gesamtvorsitzenden die Eh-
renmitgliedschaft angeboten hatte.[17] Dies weist einmal mehr auf die
organisatorisch lockere und dogmatisch noch nicht abgeklärte Prägung des Bundes hin, zugleich auf die Unklarheiten unter solchen,
die sich Baptisten nannten oder teilweise gegen ihren Willen so genannt wurden.

Die Bildung einer Gruppe evangelischer Christen, von Allianzvorstellungen bestimmt und frühere Petersburger Traditionen aufgrei-
fend, zwang den ostslavischen Protestantismus zur Abklärung. Aus
dieser Gruppe entwickelte sich ein Bund Evangelischer Christen, der
allerdings erst vom Jahre 1909 an als Bund der Evangeliumschristen
zu bezeichnen ist. In der Auseinandersetzung mit diesem Bund gelangte der Bund der Baptisten zu festerer Prägung und organisatorischer Abgrenzung. Die Formulierung des baptistischen Glaubensbekenntnisses im Jahre 1906 hat teilweise dogmatische Prozesse der folgenden Jahre vorweggenommen. Das Jahr der Entstehung des Glaubensbekenntnisses ist im Zusammenhang mit der seit 1905 neuen
Rechtslegung zu sehen; es bedurfte nunmehr im Umgang mit den
Behörden präziser Selbstdarstellung.

Die Entwicklung der Evangeliumschristen vom Jahre 1909 an ist
entsprechend zu sehen. In den Vorjahren war die Sammlung derer erfolgt, die als »Evangelische Christen« eine andere Profilierung des
russischen und ukrainischen Protestantismus als die nach baptistischer Festlegung wünschten. Der Gründung der »ersten Gemeinde«
in Petersburg hatten Zusammenschlüsse in Kiev, Odessa, im Gou-

---

[15] Odincov in seinem Referat auf dem Kongreß der lettischen Baptisten in Riga 1926 –
SM.
[16] D.I. Mazaev, O s'ezde evangel'skich christian – in: Baptist 10/1908 S. 13–16, hier
S. 15.
[17] ebenda.

vernement Ekaterinoslav entsprochen. In Kiev war es bereits vor dem Kongreß von 1907, zu dem die Petersburger Gemeinde eingeladen hatte – vgl. hier S. 117ff. – zur Durchführung eines Rayon-Kongresses gekommen. Nach den Worten von Dej Mazaev war er erfolglos verlaufen. [18] Im Gouvernement Ekaterinoslav formierte sich 1907 ein »Bund evangelischer Christen«. [19]

Innerhalb dieser Jahrzehnte markiert das letzte Jahrzehnt des 19. Jahrhunderts die Zeit, in der Krisenerscheinungen im jungen ostslavischen Protestantismus sichtbar wurden. Das erste Jahrzehnt des neuen Jahrhunderts stellte ungefestigte Gemeinden vor Aufgaben, denen sie vielfach nicht gewachsen waren. Der sogenannte Jung-Stundismus am Jahrhundertende hatte die Auflösung bisheriger Formen, aber auch erste neue Einigungstendenzen gebracht; andererseits traten in der Bewegung ekstatisch schwärmerische Züge auf, die mehr in die alte russische Sektengeschichte hineinwiesen als auf genuin protestantische Tradition zurückgingen. Der Lebensweg Ivan Prochanovs, nicht anders als die Wege Pavlovs, Rjabošapkas und Johann Wiehlers, ist schließlich auch ein Zeichen für die krisenhafte Entwicklung im Protestantismus jener Jahre. Die unruhige Bewegtheit von Prochanovs Leben in den neunziger Jahren stellte sich zugleich als die Reaktion eines Aktivisten aus der bürgerlichen Intelligenz gegen die politische und geistige Entwicklung in seinem Land dar. Prochanovs Weg konnte damals bleibend in die Emigration führen. Das Jahr seiner Taufe hatte ihn nicht in den festen Zusammenhang einer baptistischen Gemeinde gestellt, wie sich nach späterem Verständnis baptistische Gemeinden zu betrachten pflegten. Für die Unruhe in seinem Leben, ein Abbild der Unruhe im gesamten Protestantismus dieser Zeit in Rußland, waren seine Studien in England, Deutschland und Frankreich sowie seine Sozialarbeit unter Duchoborcy auf Zypern bezeichnend. Was immer auch das Schicksal des Protestantismus in Rußland nach dem erhofften Ende der Verfolgungen sein mochte, es stand fest, daß eine Epoche zu Ende gegangen war. Die kritische Offenheit in Prochanovs Leben während der neunziger Jahre, sein Suchen nach Antworten an verschiedenen Orten weisen somit auch nicht nur auf ein persönliches biographisches Datum hin, sondern auf das veränderte Gefüge im gesamten ostslavischen Protestantismus.

[18] ebenda S. 14.
[19] L.N. Mitrochin, Baptizm S. 58ff.

Der Protestantismus war einesteils durch die Verfolgungsjahre gefördert worden, andererseits waren Fragen durch die Verfolgung verdeckt worden. Wie konnte die Barriere zwischen dem evangelischen, missionarischen Anspruch der wenigen Evangelischen und der Masse des Volkes durchbrochen werden? Wie konnte die Barriere zwischen dem evangelischen Selbstverständnis und den Vorstellungen der russischen Intelligenz niedergelegt werden, so daß es zu einem Eindringen evangelischen Guts in die führenden Kreise Rußlands käme? Zukunft hatte der Protestantismus nur, wenn er den Weg aus der bäuerlichen Abgeschlossenheit, aus kleinen Zirkeln mit einer gefühlsreichen Frömmigkeit, aus einem unzulänglichen Verhältnis zur Bildung finden konnte, wenn er die Fragen, die die russische Gesellschaft bestimmten, mitzudenken vermochte. Das Niederlegen von Barrieren erschien nur möglich, wenn man sich aus der Exklusivität von Heiligungszirkeln einerseits, aus der Enge bäuerlicher Gemeinden andererseits löste und die gesellschaftliche und theologische Konfrontation aufnahm.

Die damit verbundenen Fragen erscheinen als eigentlicher Inhalt der unruhigen Suche Prochanovs in den neunziger Jahren. Sie erklären auch seine Entwürfe und Modelle eines Lebens aus dem Evangelium; Prochanov entwickelte sie theoretisch und praktisch in den neunziger Jahren; im letzten Jahr seines Aufenthalts in der Sovetunion beschäftigten sie ihn ganz stark aufs neue. Zielsetzungen Prochanovs aus den zwanziger Jahren wie die, daß die Hälfte aller Mitglieder der Akademie der Wissenschaften von Evangeliumschristen zu stellen sei, sind nicht erst in der Auseinandersetzung mit dem kommunistischen Wissenschafts- und Bildungsverständnis erwachsen. Sie sind vielmehr bereits in jenen Jahren angelegt worden, als es ihm erstmalig um die künftige Gestalt der evangelischen Bewegung in Rußland ging.

Es erschien geboten, diesen summarischen Überblick über die Entwicklungen vorauszuschicken, die nach den ersten 25 Jahren protestantischer Strömungen unter Russen und Ukrainern eingesetzt hatten. Diese Entwicklungen sind im einzelnen noch sehr unklar und in allen Einzelzügen nicht immer nachweisbar. Lutherische, reformierte, pietistische Einflüsse wurden von den wirksameren des Baptismus abgelöst. Im Norden wirkte missionarisch, evangelistisch ein Allianzchristentum, dessen Hauptvertreter Engländer, Schweden und Deutsche waren. In der Ukraine blieben stundistische Gemeinden in ständiger Kommunikation mit Gemeinden lutherischer Prägung.

Hier wirkten anhaltend die Aktivitäten der Mennoniten-Brüder auf die sich bildenden russischen und ukrainischen Gemeinden ein. Im Schwarzmeergebiet prägten deutsche Baptisten, die aus den lutherischen Siedlungen hervorgegangen waren, die russischen Gemeinden mit. Voneinander sich lösende und wieder miteinander kommunizierende Gemeinden und Gruppierungen rangen um ihren zukünftigen Weg. Jede Gruppierung, bestimmt durch eine oder mehrere der genannten Denominationen, vermochte sich den Weg, den alle gehen sollten, nur als den Weg vorzustellen, den sie selbst zu gehen bereit war. Im Ringen der verschiedenen Ansichten stellte sich heraus, daß ein einziger Weg allein nicht zu gehen war. Es kam zu einem Nebeneinander, jedoch trafen die Wege aufeinander und entfernten sich wieder voneinander. Der Grund dafür war nicht allein der Unterschied in dogmatischen und gemeindetheologischen Fragen; die Profilierung bestimmender Gestalten auf der einen wie der anderen Seite trug zur Unmöglichkeit schneller Einigung bei. In alles spielte die ungleiche Entwicklung hinein, zugleich der unterschiedliche soziale Status unter den Protestanten vom Kaukasus über die Ukraine bis hin zum Petersburger Raum. Das Werben um die Einheit, die Suche nach Kontakt und zugleich teilweise sehr schroffe verbale Auseinandersetzungen bis hin zur Anathematisierung kennzeichnen die Entwicklungen in der folgenden Periode des ostslavischen Protestantismus.

2. Mennonitische Einflüsse auf den ostslavischen Protestantismus

Die Mennonitengemeinden in Südrußland wurden von der Mitte des 19. Jahrhunderts an von zunehmender Unruhe erfüllt. Sie stand in Zusammenhang mit den Auswirkungen der Erweckung in Südrußland, die mit dem Namen Eduard Wüsts gekennzeichnet ist. Sie war ferner durch deutsche baptistische Einflüsse mitbestimmt, in Verbindung mit den Missionsreisen Onckens. Mit alldem verband sich eine Kritik am System der mennonitischen Bauerngemeinden. Die Entwicklung führte schließlich zur Abspaltung der sogenannten Mennoniten-Brüder. Unter ihnen fanden sich die Erweckten und die Kritiker der bisherigen Verhältnisse zusammen. Sinnfälliges Zeichen ihrer Besonderheit war die Übung der Taufe, die sie nach baptistischer Weise nunmehr vollzogen.[1]

Einige ihrer ersten Prediger, darunter der bekannt gewordene Abraham Unger, waren durch Oncken ordiniert worden.[2] Die Verbindung mit Oncken, die die mennonitische Brüdergemeinde in Einlage aufgenommen hatte, führte nicht zu der möglichen Verschmelzung mit den in Südrußland entstehenden baptistischen Gemeinden deutscher Nationalität. Sie entsprach an sich den Intentionen Onkkens und schien sich auch eine zeitlang abzuzeichnen.[3] Der Wille, bei aller Verwandtschaft zum neuen Baptismus Onckenscher Prägung die Besonderheiten und Rechte mennonitischer Gemeinden festzuhalten, wurde schließlich stärker. Der Geschichtsschreiber der Mennoniten-Brüdergemeinden, P.M. Friesen[4], berichtet über die Erörterungen dieser Fragen. Danach erschien es einem der beteiligten Pre-

---

[1] Die Brüdergemeinden übten die baptistische Form der Taufe im Gegensatz zu den nunmehr als »kirchlich« bezeichneten alten Mennoniten-Gemeinden. Deren Taufform, mit der kein völliges Untertauchen verbunden war, wurde von den Mennoniten-Brüdern jetzt als die »trockene« Taufe bezeichnet. Die Entstehung der Mennoniten-Brüdergemeinden ist mit der Bildung einer ersten Gemeinde in Gnadenfeld im Jahre 1860 anzusetzen.

[2] P.M. Friesen, Die Alt-Evangelische Mennonitische Brüderschaft in Rußland (1789–1910) S. 382, § 200 über die Wirksamkeit Johann G. Onckens. Die Ordination von Abraham Unger als Ältester und einiger anderer als Diakone erfolgte am 18. 10. 1869. Am gleichen Tag wurde Karl Benzien als Prediger für eine benachbarte Baptistengemeinde ordiniert, »die sich aus Brüdern nicht mennonitischer Abstammung auf der Ansiedlung Tschornoglas gebildet hatte.«

[3] ebenda S. 383 im Reisebericht von Oncken.

[4] Friesens Arbeit ist eine wertvolle Quellensammlung zur Geschichte des Mennonitentums, es mangelt ihr jedoch an systematischem Zusammenhang. Das von Friesen gesammelte Archivmaterial, aufbewahrt im Hause der mennonitischen Familie

diger im Chortitza-Bezirk besser, »wenn wir uns gänzlich von den Baptisten trennten, damit wir nicht unserer Rechte verlustig gingen . . . Es gab besonders häufige und scharfe Debatten darüber, daß die Baptisten das Schwert bekennen, was wir für Unrecht halten; sie dagegen behaupten, der Obrigkeit aus Not untertan zu sein, sei ihre Pflicht.« Die Fortführung dieser Angaben läßt in die denkbaren Möglichkeiten einer Zusammenarbeit von Mennoniten-Brüdern und Baptisten blicken: Der Sprecher fand bei einem der Prediger Zustimmung, »Br. Unger dagegen glaubte, daß wir mit den Baptisten Hand in Hand gehen können, ohne von unseren Rechten getrennt zu werden.« Ein vermittelnder Vorschlag sah vor, »die M.Brd. und die Baptisten könnten ja zwei Gemeinden bilden, wenn sie auch die geistliche Gemeinschaft und das Brotbrechen miteinander hätten. Dieses ließen sich die Brüder beider Gruppen gefallen und die Angelegenheit wurde so geregelt.«[5]

Der Standpunkt, die Sondergestalt mennonitischer Gemeinden zu bewahren, wurde auch nicht geändert, als durch das Gesetz vom 27. 3. 1879 die Baptisten offiziell als eine zugelassene protestantische Gemeinschaft anerkannt wurden. In einzelnen Gebieten blieben Differenzen aber nicht aus. In der Region von Chortitza kam es zu einem Streit der Mennoniten-Brüdergemeinde von Einlage mit den zuständigen Behörden, die diese Gemeinde einfach den Baptisten zugerechnet hatten. Hiergegen erhoben die Mennoniten-Brüder bei den übergeordneten Stellen Einspruch. Das Ministerium des Innern ordnete in einer Verfügung vom 6. 3. 1880 an, daß die Mitglieder der Mennoniten-Brüder »als geborene Mennoniten, ebenso, wie die Glieder der älteren Mennoniten-Gemeinden, als Mennoniten anerkannt und geduldet werden.«[6] Es blieb nicht bei dieser einen Klärung im Jahre 1880. Noch 1896 wurden erneut Klarstellungen über die Rechtsstellung der Mennoniten-Brüder als Mennoniten erforderlich.[7] Die

---

Isaak in Simferopol, ist in der Revolutionszeit durch Machno-Truppen vernichtet worden – nach einer Mitteilung von Frau Nepraš, Ashford/Con.
Auch die jüngere Arbeit von A. H. Unruh, Die Geschichte der Mennoniten-Brüdergemeinde, ist nicht der Gefahr entgangen, in der Stoffülle den inneren Zusammenhang zu kurz kommen zu lassen.

[5] Friesen S. 383/384.

[6] Friesen S. 398/399 führt die Unklarheiten auf Auseinandersetzungen zwischen Mennoniten-Brüdern und Mennoniten zurück: »Dadurch waren die Gegner der Gemeinde wieder zuschanden geworden und hatten keine Ehre eingelegt. Die Molotschnaer mennonitische Behörde hatte darin klüger gehandelt und der Sache mehr auf den Grund gesehen.«

[7] Friesen S. 399ff.

Spannungen zwischen den älteren Mennoniten-Gemeinden, den sogenannten »kirchlichen« Mennoniten, und den Mennoniten-Brüdergemeinden hatten dazu beigetragen. Nur die vielhundertjährige Einübung im Kontakt und im theologischen Gespräch, dazu das tradierte Bewußtsein der Besonderheit seit altersher führten schließlich dazu, daß die beiden Gruppierungen des Mennonitentums in Rußland auf der höheren Ebene einer gesamtmennonitischen Bruderschaft ihre Einheit bewahren konnten. Die Weiterführung und Erhaltung bisheriger Rechte, vor allem in der Frage des Militärdienstes, waren von wesentlicher Bedeutung.

Ein aus Deutschland kommender Beobachter, Pastor Ernst Klein, Mitarbeiter von Pastor Lepsius, der eine Arbeit unter den »Evangelischen Christen«, Neu-Molokanen im Raum von Astrachanka, aufgenommen hatte, machte im ersten Jahrzehnt des 20. Jahrhunderts bemerkenswerte Feststellungen über das Verhältnis von Mennoniten und Baptisten. Es ist dabei in Rechnung zu stellen, daß seine Gewährsleute Neu-Molokanen waren: »Ganz neu war es mir, daß ein scharfer Gegensatz zwischen den von altersher hier eingesessenen Mennoniten und den Baptisten besteht und zwar obwohl beide Großtäufer sind. – Die kleinen Eigenarten der Mennoniten, die das ›Schwert und den Eid verneinen‹, spielen dabei keine Rolle. Wohl aber der Punkt, daß in den wohlgeordneten mennonitischen Gemeinden die Wassertaufe nicht zur Glaubenstaufe gemacht wird. Man wagt bei ihnen nicht zu behaupten, daß jeder Getaufte darum schon ein Wiedergeborener sei. Man hat sich genötigt gesehen, die jungen Leute vielfach ›auf Hoffnung‹ zu taufen. Man konnte und wollte sie nicht der Schande aussetzen, daß sie ungetauft bleiben, wenn sie ein gewisses Alter erreicht haben. Man steht dabei der Taufe mit ähnlichen Empfindungen gegenüber, wie wir etwa der Konfirmation . . .«[8]

Friesen sah die Positionen differenzierter, vermutlich auch, weil er sich bei dem nachfolgenden Urteil auf Mennoniten-Brüder beschränkte, während Klein das Mennonitentum insgesamt vor Augen hatte. Es gab keine namhaften Befürworter einer völligen Verschmelzung. Von den achtziger Jahren an, angesichts der sich verschärfenden staatlichen Maßnahmen, stand für die Mennoniten-Brüder zu vieles an Rechtspositionen auf dem Spiel. Friesen stellte im Blick auf die Mennoniten-Brüdergemeinde in Einlage fest: »Es ist üb-

---

[8] Ernst Klein, Russische Reisetage S. 22.

rigens auch nie der Verkehr mit dem Baptismus ganz abgeschnitten
worden: Benutzung baptistischer Literatur, der Hamburger Predigerschule – alle Missionare der Mennoniten-Brüdergemeinden Rußlands in Indien sind Hamburger Schüler, – Predigerbesuche von baptistischer Seite, sowie auch solche Besuche von Mennoniten-Brü-
der-Predigern bei den Baptisten, wenn auch viel zu selten – auch
Spenden für Bedürfnisse der Baptisten – alles das hat nie ganz aufgehört. Gottlob.«[9]

Diese differenzierte Beziehung fand auch ihren Ausdruck in der
Frage, die missionarisch verantwortlich denkende Mennoniten-Brüder sich stellten, wie sie der Verpflichtung gegenüber russischen
Evangelischen gerecht werden wollten. Viele Bitten um Hilfen, um
Predigtdienst, um die Durchführung von Taufen wurden von Russen
und Ukrainern an sie herangetragen. Vieles entzieht sich einer Darstellung, weil es nur selten schriftlich festgehalten wurde. Aber die
Reihe greifbarer Beispiele, angefangen von Abraham Unger und Johann Wiehler bis hin zu Männern der zwanziger Jahre dieses Jahrhunderts, läßt die fortgesetzten Bemühungen und Hilfen zwar nicht
aller Mennoniten-Brüder, aber doch profilierter Gestalten unter ihnen erkennen.[10] Unger hatte bereits Russen und Ukrainer getauft,
unter ihnen am 11. Juni 1869 Efim Zimbal. Dieser taufte im April
1870 Ivan Grigor'evič Rjabošapka, einen der Väter des Stundismus.
Rjabošapka wiederum wurde der Täufer von Michail Timofeevič Ratušnyj, der ebenfalls für die Gemeindebildungen der evangelischen
Russen und Ukrainer wichtig wurde[11]. Die Geschichte der evangelischen Gemeinden ist somit von ihren Anfängen an mit dem Mennonitentum verbunden gewesen.

Eine der bedeutsamen Gestalten späterer Einwirkung und Zuwen-
dung war Adolf Abramovič Reimer, mütterlicherseits der Enkel Mar-

[9] Friesen a.a.O. S. 447.
[10] Bondar, Sekta mennonitov v Rossij S. 184 zitiert aus dem Blatt »Friedensstimme«:
»Wir hatten schon in diesem Jahre 1910 einen besonders großen Segen, als sich viele
in Varvenkova zum Herrn bekehrten. Unter den Russen in Varvenkova wirkt der
Hlg. Geist, wenn auch nach unserer Auffassung langsam. Bei einem Bruder Goluba
haben die russischen Brüder am Sonntag ihre Versammlung. Wie groß wird erst die
Freude sein, wenn wir imstande sind, in Varvenkova ein schönes Bethaus für die
russischen Brüder errichten zu können. In diesem Jahre sind 11 Brüder für die Arbeit unter dem russischen Volk abgeordnet . . . Der Bruder M.I. Djačkov arbeitete
mit großem Segen drei Monate in Moskau und Petersburg. Der Bruder Fetler in Petersburg müht sich Tag und Nacht.«
[11] Die Tauffolge ist für die entstehenden Gemeinden von großer Wichtigkeit gewesen,
entsprechend der Bedeutung, die die Folge bei der Ordination von Presbytern erlangt hatte. Vgl. hier S. 66.

tin Kalweits, der 1867 den Molokanen Nikita Voronin in der Kura getauft hatte und damit Anstoß zur Gründung baptistischer Gemeinden im Kaukasus gegeben hatte. Reimer begann 1902 eine evangelistische Tätigkeit unter Russen an der Moločna. Im Rahmen dieser Tätigkeit kam es zur Sammlung einer kleinen russischen Gemeinde in Tiege. »Es war im Mai 1905, als 5 junge gläubige Geschwister aus der Mennoniten-Brüdergemeinde am Ort in einer Nacht im Orlover Schulhaus die Bekehrten: 4 russische Arbeiter und die russische Magd des Lehrers, prüften und dann des Nachts ca. 2 Werst hinter dem Dorfe im Flusse tauften. Nachdem sie zurückgekehrt, fand die Aufnahme und das Abendmahl statt und 5. Uhr a.m. eilte ein jeder heim.«[12] Diese kleine Schar wurde später zu einer baptistischen Gemeinde.

Im Jahre 1906 legte Reimer sein Amt als Lehrer nieder, er war von nun an in ganz Rußland auf Missionsreisen unterwegs. Seine Arbeit wurde von einem Kreis von Mennoniten-Brüdern getragen, der sich freieren Allianzvorstellungen erschlossen hatte. Nicht alle Mennoniten-Brüder waren mit der erfolgten Ausweitung seiner Tätigkeit einverstanden gewesen. Später fand Reimer durch seine Mitarbeit im von Mennoniten-Brüdern gegründeten Verlag »Raduga« in Prišib Kontakt zu Prochanov, der 1908 in den Kreis der Herausgeber eingetreten war. Die regelmäßige Herausgabe eines russischen Abreißkalenders, die Übersetzung fremdsprachiger evangelistischer Traktate ins Russische machten ihn in weiten Kreisen bekannt. Als Ivan Stepanovič Prochanov vor dem Ersten Weltkrieg in Petersburg Bibelkurse eröffnete, wurde Reimer bei der Durchführung dieser Arbeit sein erster Mitarbeiter. Nach der Revolution wirkte er noch in Gemeinden des Kiever Raums. Der Flecktyphus raffte ihn 1921 hinweg.[13]

P.M.Friesen, der bereits erwähnte Historiker, war eine Zeitlang in Odessa als Prediger in der Baptistengemeinde tätig. Bei seiner vorzüglich genannten Kenntnis der russischen Sprache ergab sich daraus eine bedeutsame Einwirkung auf den ostslavischen Protestantismus in einem seiner Schwerpunktgebiete.[14] Den Charakter der Arbeit von Angehörigen fremder Bekenntnisse unter Russen, immer an der

---

[12] H.H. Goossen, Adolf Reimer S. 17.
[13] A.H. Unruh berichtet S. 269, daß in der Bürgerkriegszeit der Vater von Adolf Reimer erschossen wurde, ebenso der über achtzigjährige Martin Kalweit 1918. Dieser hatte noch bis zuletzt deutschen und russischen Baptistengemeinden im Kaukasus als Prediger gedient.
[14] A.H. Unruh S. 326.

Grenze der Legalität, vielfach bereits vom Gesetzgeber her gesehen illegal, kennzeichnet ein Bericht des Mennoniten-Bruders Gerhard Peter Froese. Dieser hatte von dem Prediger H. Braun, dem Kassierer der Mennoniten-Brüder-Konferenz für die Äußere Mission, die auch für die russische Mission und die Mission in Bulgarien zuständig war, Teilaufgaben übernommen, und zwar innerhalb des Aufgabengebiets der russischen Mission. »Wir nannten die Mission unter den Russen aus Vorsicht ›Evangelisation‹.«[15] Innerhalb von zwei Jahren nach der im Juni 1906 erfolgten Berufung Froeses hatte das Komitee für den russischen Arbeitszweig neun Prediger angestellt. Dabei bestand nicht die Absicht, Russen zu Mennoniten zu machen, der Gedanke der umfassenden Evangelisation blieb bestimmend. Verteilung von Neuen Testamenten und Traktaten, die von Mennoniten-Brüdern durch Sammlung aufgebracht worden waren, erfolgte in den von Froese erwähnten Beispielen durch mennonitische Mühlenbesitzer, bei deren Mühlen sich immer viele russische Bauern einfanden. Die Schilderung der Folgen der Unterlassung der Anmeldung einer Versammlung beim zuständigen Polizeichef im Jahre 1909 gibt Einblicke, wie auf der unteren und regionalen Ebene die Toleranz- und Religionsfreiheitserlasse der Jahre 1905/1906 in der Praxis durch die Behörden vielfach sabotiert worden sind.[16]

Heinrich J. Enns wurde Nachfolger in der evangelistischen Arbeit von Adolf Reimer. Während des Ersten Weltkriegs leistete er Sanitätsdienst in Petrograd ab und nahm mit Ivan Kargel und Prochanov Verbindung auf. Enns starb früh, er war aus seiner engeren Heimat in Südrußland vertrieben worden und hatte sich dann im Kaukasus aufgehalten und dort gewirkt. Ein anderer der Mennoniten-Brüder, die bedeutsam für die Entwicklung ostslavischer Gemeinden geworden sind, war Heinrich P. Sukkau; er wirkte im Gouvernement Samara. Nach einem Bericht von Auswanderern aus der Sovetunion in den zwanziger Jahren war Sukkau zum Bezirksältesten von rund 90 Gemeinden und Kreisen russischer evangelischer Christen berufen worden.[17]

Ein bemerkenswertes Unternehmen evangelistischer Arbeit unter Russen und Ukrainern wurde die 1917 gegründete Zeltmission. Ihre

---

[15] Vgl. Unruh S. 258ff. – Nach einem Protokoll der Konferenz der Mennoniten-Brüdergemeinden 14. – 16. 9. 1918 erfolgte die Umbenennung der russisch-bulgarischen Mission jedoch erst zu diesem Zeitpunkt – Unruh S. 318.
[16] Unruh S. 259ff.
[17] Es ist nicht gesagt, ob es sich um Baptisten oder Evangeliumschristen gehandelt hat.

Leiter waren der 1890 geborene Mennoniten-Bruder Jakob Dyck und der Lette Jaskevič. Mit ihnen zusammen hatte sich eine Gruppe von 26 Mitarbeitern in diese Arbeit gestellt, Mennoniten, Juden, Russen. Dyck und drei seiner Mitarbeiter wurden bei der Durchführung ihrer Arbeit 1919 von Machno-Truppen ermordet.

Die Bemühungen einzelner Mennoniten-Brüder um die Evangelisierung von Russen und Ukrainern hatten zumal vor dem Ersten Weltkrieg nicht die Zustimmung in allen Mennoniten-Brüdergemeinden gefunden. Als Johann Wiehler als einer der ersten den Gedanken der Mitverantwortung der Mennoniten für die Menschen ihrer Umwelt aussprach, folgte die Konferenz der Mennoniten-Brüder seinen Anregungen zu dieser Arbeit nicht. Er begann selbständig zu wirken, indem er neu entstehenden russischen Baptistengemeinden half.[18] Für Adolf Reimer galt das gleiche, daß viele ihm nicht zu folgen bereit waren. Doch kam es sonderlich in den Kriegs- und Revolutionsjahren zu einem Durchbruch des Verantwortungsbewußtseins. Auf einer Konferenz der vereinigten Mennoniten-Brüdergemeinden vom 14. bis 16. September 1918 in Vasil'evka bei Char'kov wurde die Mitverantwortung für russische und ukrainische evangelische Christen eindeutig ausgesprochen. Die Konferenz faßte finanziell weitgehende Beschlüsse über den Druck von Neuen Testamenten in russischer Sprache; die Aufbringung der Kosten für den Druck von 150–200000 Testamenten mit Psalmenanhang wurde geplant. Aus dem Protokoll der Konferenz geht ferner hervor, daß seit dem Frühjahr 1917 50000 russische Bibeln von der Britischen Bibelgesellschaft gekauft und bereits verteilt worden waren. Die zuständige Kommission für Schriftenmission erhielt von der Konferenz freie Hand, zur Erfüllung ihrer Aufgaben Anleihen aufzunehmen und Verträge zu schließen.[19] Die Anstellung von Reisepredigern für den Dienst in russischen Gemeinden wurde von der Konferenz gleichfalls beschlossen.

Die nachfolgende Zeit des Bürgerkriegs ließ die Pläne nicht im vorgesehenen Umfang zur Realisierung gelangen. Aber durchgeführte Hilfen dieser und späterer Jahre entsprachen ihnen in der Intention.[20]

[18] Nach einem Zitat von P.M. Friesen bei Unruh S. 265/266.
[19] A.H. Unruh S. 318/319.
[20] Mennoniten-Brüder unter der Leitung von A.J. Toews gründeten am 6. 4. 1920 in Alexandertal/Gouv. Samara den Verein »Majak« (Leuchtturm). Nach seinem ersten hektographierten Mitteilungsblatt betrachtete sich der Kreis der leitenden Mitarbeiter als Teil des »Weltmissionsbundes ›Licht im Osten‹«, ein Zeichen früh ansetzender Verbindungen zwischen der Arbeit, die in Wernigerode begonnen hatte,

Enge Kontakte zwischen Mennoniten-Brüdern, Evangeliumschristen und Baptisten reichen über die Revolutionsjahre hinaus. Jakob Wall arbeitete 1925 bis 1927 unter russischen Baptisten in Sibirien, er trieb außerdem Mission unter den Ostjaken.[21] Der »Christianin« hob die Zusammenarbeit von Evangeliumschristen und Mennoniten-Brüdern in Tjumen hervor; in dem Bericht wurde J.J. Peters erwähnt, er hatte ostjakisch erlernt und trieb ebenfalls Mission.[22] Die mennonitische Zeitschrift »Unser Blatt« berichtete im Oktober 1925 vom Dienst zweier Mennoniten-Brüder-Prediger in »Samara und Uljanovsk (Simbirsk) bei den russischen Geschwistern.« . . . »Je mehr man in die Kreise der russischen Geschwister hineinschaut, je mehr sieht man die Notwendigkeit der Arbeit, sieht das große Erntefeld und die geringe Zahl der Arbeiter . . .«[23] Aus den gleichen Jahren stammen Berichte über Sängerfeste in Mennonitengemeinden, bei denen Chöre russischer evangelischer Gemeinden mitwirkten.[24] Einwirkungen des Mennonitentums auf den russischen Protestantismus hatten sich nicht nur im Bereich mennonitischer Siedlungen und durch die Tätigkeit von Predigern an festen Plätzen vollzogen. Durch den bei den Mennoniten üblichen Reisedienst von Predigern zur Versorgung der jungen Mannschaft der Forstcorps, in denen die Mennoniten ihren Ersatzdienst für die Militärdienstpflicht ableisteten, und durch Besuche auch abgelegener mennonitischer Kleinsiedlungen hatten sich immer neue Kontaktmöglichkeiten mit einzelnen Evangelischen, Kreisen und Gemeinden ergeben.

In der Person Jakob Kroekers werden Verbindungen zwischen Mennonitentum, russisch-ukrainischen Gemeinden des Südens und Einflüssen der Petersburger Erweckungsbewegung sichtbar. Sie ge-

---

und missionarischen Bemühungen im Innern der Räterepublik. Im Mitteilungsblatt ist von drei Hauptzweigen der Arbeit des Majak-Bundes Bericht gegeben, von der missionarischen Arbeit unter Mordwinen vom Raum Samara aus, von der diakonischen Arbeit in Moskau, die Strukturen einer Stadtmission aufwies und sich auch der Altenpflege annahm, schließlich von der Arbeit in Turkestan, wo kirgisische Kinder versorgt und erzogen werden sollten. In einer weiteren Mitteilung heißt es: »Von unseren Arbeitern erwarten wir, daß sie keine konfessionelle . . . Werbearbeit tun und ihre Zeit nicht mit Auseinandersetzungen über diese Punkte verschwenden, sondern daß sie Werbearbeit für Jesum tun und Ihn zum Mittelpunkt und Ziel ihrer ganzen Tätigkeit machen.« – Die Entstehung des Christlichen Vereins Majak S. 22. Über die Arbeit der durch den Verein gegründeten Bibelschule vgl. S. 481.

[21] Unser Blatt, Oktober/November 1925, zitiert bei A.H. Unruh S. 351ff., S. 367.
[22] Christianin 6/1924 S. 41.
[23] Unruh S. 350.
[24] ebenda S. 350ff.

ben zugleich ein anschauliches Bild, auf welche Weise die immer noch bestehende Regionalisierung des ostslavischen Protestantismus zugunsten umfassender Kommunikationen durchbrochen wurde. Jakob Kroeker, der spätere Gründer des Missionsbundes »Licht im Osten«, der auch durch zahlreiche Auslegungen alttestamentlicher Bücher bekannt geworden ist, stammte aus einer Mennoniten-Brüdergemeinde. Er war zuerst Lehrer in einer Mennoniten-Brüdergemeinde geworden. In den neunziger Jahren besuchte er vier Jahre das Baptistenseminar in Hamburg. Er wollte Missionar werden. Sein Gesundheitszustand erlaubte ihm diesen Dienst nicht, er trat in den Reisedienst der Mennoniten-Brüdergemeinden Südrußlands. Während dieser Zeit lernte er auf der Krim Stundisten kennen und wirkte bei ihren Zusammenkünften mit.

Bei dieser Tätigkeit empfing er durch Friedrich Wilhelm Baedeker, der von England kommend regelmäßig die russischen Gefängnisse besuchte und mit dem Kreis der Petersburger Evangelischen auf das engste verbunden war, wichtige Anregungen. Sie wirkten sich in einer größeren Offenheit und besserem Verständnis für die Existenz anderer evangelischer Gruppen aus. Er schildert den Einfluß Baedekers auf seinen Weg: »Er war es, der uns in engste Fühlung mit den russischen Stundistenbrüdern und dem erwachten Geistesleben innerhalb des Petersburger Hochadels brachte. Durch ihn persönlich und durch das, was ich in Petersburg in diesen Kreisen miterleben durfte, habe ich Anregungen empfangen . . . Hier lernte ich zum ersten Male den Bruder im Licht des Werkes Gottes sehen, das sich in ihm vollzieht, und nicht im Licht einer kirchlichen Dogmatik.«[25] Baedekers Einfluß und Anregungen haben sich nach Kroekers Worten bis auf die Gründung des Missionsbundes nach Ende des Krieges und die fortdauernden Kontakte ausgewirkt, in denen Kroeker und sein Kreis in Deutschland, Holland und der Schweiz zu den Vertretern des ostslavischen Protestantismus in den zwanziger und dreißiger Jahren standen.[26]

[25] Maria Kroeker, Ein reiches Leben S. 51; parallel in Kroekers Vorwort zur deutschen Ausgabe von Latimers Baedeker-Biographie »Ein Bote des Königs« S. 9. Hier heißt es noch: »Hier (in Petersburg – W.K.) dämmerte mir zum erstenmal die Ahnung auf, daß die uns in Christus gebrachte Erlösung unendlich mehr bedeutet als nur ein ›Seligwerden‹, sondern daß ihr tiefstes Wesen der vertraute, kindliche Umgang in Gott ist im Geist Jesu Christi. Von da ab erschloß sich auch mir eine Kirche Christi, die in ihrem innersten Wesen keine konfessionellen Schranken kennt und deren Leben das Christus-Leben in uns ist.«

[26] vgl. hier S. 95ff.

Jakob Kroeker war im Frühjahr 1905 Gast auf einer Konferenz, die von der Fürstin Lieven in St. Petersburg einberufen worden war. Seine Schilderung der Vorgänge des Ostermorgens im Hause Lieven ist nicht nur eindrücklich wegen ihres Symbolgehalts, sondern auch wichtig im Hinblick auf die Verbindungen, die zwischen dem nördlichen und südlichen Zweig der vielfältigen evangelischen Bewegung in Rußland entstanden waren, ohne daß sie schon feste organisatorische Formen gefunden hatten. »Fürstin Lieven bestellte unerwartet alle für 6 Uhr in den Saal. Am Ostermorgen um 6 Uhr waren alle Konferenzteilnehmer im Schloß beisammen. Da kam die Fürstin in den Saal, weiß gekleidet, mit der Fürstenkrone auf dem Haupt, in ihren zitternden Händen das kaiserliche Edikt. Sie las es vor. Ein unbeschreiblicher Augenblick! Bevor die Glocken läuteten und die Öffentlichkeit erfuhr, welch freie Botschaft verkündet werden sollte, lagen wir auf den Knien und dankten Gott für diese Freimachung des geknechteten russischen Volkes. Besonders gedachten wir der Befreiung der vielen in der Verbannung lebenden Brüder und Schwestern.«[27]

Es war geboten, am Beispiel Jakob Kroekers das komplexe Gefüge der Einflüsse aufzuzeigen, die sich sowohl auf das Mennonitentum als auch auf den Protestantismus unter Russen und Ukrainern auswirkten. Mennonitische Tradition, die südrussische Erweckung nach der Mitte des 19. Jahrhunderts, die Onckensche Prägung im Hamburger Seminar, Allianzgedanken im Sinne Baedekers fanden zusammen. Dazu kamen neuere Geschehnisse, die für das Mennonitentum und durch es vermittelt wieder für andere wichtig wurden. Zu ihnen gehörten die Vorgänge und die Bedeutung der großen Erweckung in Wales. Sie führten Anfang des Jahrhunderts zu manchen Erörterungen über die Fülle des Geistes und die Geistesgaben. Es waren Fragen, die in den mennonitischen wie in den baptistischen und evangeliumschristlichen Gemeinden lebhaft besprochen wurden.[28]

Unter dem Einfluß von Allianzvorstellungen englischer und deutscher Herkunft haben die Fragen nach der offenen oder geschlossenen Abendmahlsfeier, die sehr eingehend später in den russischen Gemeinden erörtert wurden, die Mennoniten-Brüder bewegt. Theologisch ist der Fragenkreis in den größeren Problemkreis der Gestalt der Gemeinde und der Notwendigkeit einer Abgrenzung von der Welt

[27] Maria Kroeker, Ein reiches Leben S. 60/61.
[28] ebenda S. 28ff.

und einer als weltförmig verstandenen Kirchlichkeit einzuordnen. Die Auseinandersetzungen um diese Fragen im Mennonitentum Rußlands waren mitbestimmt durch die Spannungen zwischen »kirchlichen« Mennoniten und den Mennoniten-Brüdern, ob man noch eine Einheit bilde, ob nicht vielmehr die Mennoniten-Brüder sich schon vom Mennonitentum gelöst hätten. In einer Erklärung an die russische Regierung, die dieser aber nicht mehr vorgelegt werden konnte – 1916/1917 –, betonten ihre Urheber, Mennoniten-Brüder, ihre Einheit mit dem gesamten Mennonitentum. Sie wiesen auf die Unterschiede des mennonitischen Weges im geschichtlichen Ablauf hin. Zur Frage der Zulassung zum Abendmahl heißt es: »Was Zulassung zum heiligen Abendmahl betrifft, so herrschte in den letzten 10 Jahren nicht volle Einigkeit in der Mennoniten-Brüdergemeinde. Einige Gemeinden erlauben Gästen, die Glieder anderer Gemeinden sind, zum Abendmahl zu kommen,[29] z.B. die schon erwähnte Marientaler (Samarisches Gebiet) und die allergrößte Mennoniten-Brüdergemeinde an der Molotschna – Rückenau (Bezirk Berdjansk, Taurisches Gebiet). In der letzteren Gemeinde wurde die Frage der Zulassung der nicht durch die Untertauche getauften Mennoniten lange und heiß erwogen, und im Mai 1903 wurde auf der Zusammenkunft der Vorsitzenden aller Mennoniten-Brüdergemeinden im Dorfe Waldheim beschlossen, einzelnen Gliedern das Recht einzuräumen, mit gläubigen Christen anderer Konfessionen am Abendmahl teilzunehmen.[30] Dieser Beschluß brachte unbestreitbar die faktische Vollziehung der Annäherung der Glieder beider Gruppen zueinander zum Ausdruck; es befriedigte jedoch nicht alle, weil gerade die Frage der Zulassung der ›Alt‹-Mennoniten zum Abendmahl bei den Mennoniten-Brüdergemeinden nicht erlaubt war. Unterdessen vermehrte sich die Zahl der Zulassungsverteidiger sehr rasch. Infolgedessen kam diese Frage mehr denn einmal auf und wurde zuletzt 1914 – 1915 endgültig entschieden, in bestimmtem Sinne, d.h. in der Rückenauer Mennoniten-Brüdergemeinde wurden ›Alt‹-Mennoniten

[29] Das Wort »kommen« ist hinzugefügt, es fehlt im vorliegenden Text.
[30] Eine »Gast-Abendmahlsgemeinschaft« mit Baptisten hatten die Molotschnaer Mennoniten-Brüdergemeinden bereits 1876 beschlossen; hier war eine bereits vorher geübte Praxis unter dem Einfluß der durch Chrischona vermittelten Gedanken der Heiligungsbewegung unter Pearsall Smith sanktioniert worden. – Friesen S. 408. Dieser berichtet S. 425 von ähnlichen Festlegungen am Kuban in der Gemeinde Friedensfeld. Das dort gegebene Gemeinde- und Abendmahls-Gastrecht erstreckte sich auf 24 Angehörige der Baptistengemeinde Michailovka: »In schweren Gemeindezuchtfällen, besonders bei eventuellem Ausschluß wird der Älteste der Baptistengemeinde oder sein Vertreter zur Verhandlung eingeladen.«

von nun an zum Abendmahl zugelassen. Andere Mennoniten-Brüdergemeinden lassen prinzipiell nur solche Personen zum Abendmahl zu, die nach ihrer Ordnung getauft waren, und nach dieser Auffassung werden also nur Glieder anderer Mennoniten-Gemeinden
zum Abendmahl zugelassen, die durch die Untertauche getauft waren.«[31]

Der Inhalt dieser Erklärung erscheint wie eine Zusammenfassung
der Streitigkeiten über die Zulassung zum Abendmahl, die die russischen und ukrainischen Gemeinden erfüllt haben. Baptisten nahmen
eine schroffe Stellung zur Frage der Nichtzulassung ein. Die Allianzgemeinden im Norden Rußlands und die aus ihnen erwachsenden
evangeliumschristlichen Gemeinden waren für die Zulassung nicht
auf baptistische Weise Getaufter aufgeschlossen. In den Mennoniten-Brüdergemeinden haben die Fragen keine einheitliche Antwort
gefunden. Trotz eindeutiger Zugehörigkeit zur Gemeinschaft der
Mennoniten-Brüder haben einzelne Gemeinden, die in den USA und
in Kanada entstanden sind, noch heute verschiedene Praktiken bei der
Zulassung zum Abendmahl.[32]

Es steht außer Zweifel, daß die Einflüsse der Mennoniten-Brüder
auf die Entwicklung des ostslavischen Protestantismus bedeutsam
gewesen sind. Unruh hat in seiner Geschichte der Mennoniten-Brüdergemeinden die Frage nach dem Umfang mennonitischer Wirksamkeit unter Russen und Ukrainern gestellt. Bei seinen Antworten
hat er offensichtlich nicht nur Aktivitäten einzelner hier genannter
vor Augen, sondern auch das Widerstreben ganzer Gemeinden, sich
allzu sehr wegen der möglichen Gefährdung des mennonitischen
Rechtsstatus in eine missionarische Tätigkeit im Lande einzulassen.
Unruh fragt: »Hätten die Mennoniten mehr für das geistliche Wohl
der Russen tun können? Wir antworten bestimmt ›Ja‹!

[31] Erklärung, verfaßt von Heinrich J. Braun, Geistlichem Lehrer der Molotschnaer
Mennoniten-Brüdergemeinde, Oktober 1916, in der Übersetzung bei Unruh S.
301–308, hier S. 306. Die Erklärung konnte bis zur Februarrevolution nicht mehr
den alten russischen Behörden überreicht werden.
[32] Vgl. dazu A.H. Unruh in den Angaben über einzelne Gemeinden. Zu Gemeinden,
bei denen das Abendmahl offen ist für alle Wiedergeborenen, aber nicht für Ungetaufte, gehört Munich in North-Dacota. In anderen Gemeinden ist das Abendmahl
für alle Wiedergeborenen ohne die ausgesprochene Bedingung der Taufe offen (Sawyer, North-Dacota S. 446). In der Gemeinde Hooker/Oclahoma ist das Abendmahl »offen für alle Gläubigen« (S. 465). Die Bedingungen sind in der Gemeinde
Bessie/Oclahoma verschärft: »offen für alle durch die Untertauche Getauften, die
mit der Heimatgemeinde auf gutem Fuß stehen« (S. 458). Die Gemeinde in Hender-
son/Nebraska folgt der Art der Gemeinde in Sawyer (S. 452). Die Gemeinde in
Nord-Enid/Oclahoma hat keine Regel, läßt praktisch aber nur Getaufte zu (S. 462).

1) Man hätte im Rahmen des Gesetzes mehr für die kulturelle Ausbildung der Arbeiter tun können.

2) Man hätte im Rahmen des Gesetzes auch mehr christliche Literatur verteilen können.

3) Man hätte die Baptisten und evangelischen Christen mit Hilfsmitteln mehr unterstützen können, um ihre Arbeit produktiver machen zu können.

4) Man hätte in unseren Schulen auch die russische Bibelsprache mehr pflegen können, um die persönlichen Arbeiter in der Kenntnis der russischen Sprache zu stärken.

5) Man hätte die Bibelschule in Petersburg durch Geldmittel stärken können.

Wir müssen es uns ehrlich eingestehen, daß wir unser wirtschaftliches, kulturelles und geistliches Wohl gesucht haben, und haben nicht genug ›der Stadt Bestes‹ gesucht, in der wir wohnten.«[33]

Die Härte dieser Antworten kennzeichnet ein häufig anzutreffendes mennonitisches Selbstverständnis. Der Inhalt der Hinweise auf ungenutzte Möglichkeiten des Wirkens unter Evangelischen in Rußland hebt jedoch nicht das auf, was an Intentionen bedacht und an Wegen begangen worden ist.[34] Die Gebenden haben Antworten erhalten, die verdeutlichen, daß ihr Einsatz nicht umsonst gewesen war. In einer Reihe von Fällen wurden Mennoniten auch zu Empfangenden. Der Mennonitengemeinde in Melitopol war im Winter 1923/1924 wegen nicht rechtzeitiger Anmeldung gemäß dem für sie festgelegten Statut ihr Bethaus fortgenommen worden. »Wer nun das Verlangen hatte, das Wort Gottes zu hören, ging in das Versammlungshaus der russischen evangelischen Christen. Wenn hin und wieder mennonitische Prediger Melitopol besuchten, stellte die Gemeinde der russischen evangelischen Christen ihr Lokal in den Zwischenstunden für Gottesdienste in deutscher Sprache (speziell für Deutsche) zur Verfügung. Wir anerkennen das stets freundliche Entgegenkommen der russischen evangelischen Christen und sagen ihnen unser dankbares ›Vergelts Gott‹.«[35] Von der Petrus-Gemeinde

---

[33] Unruh S. 264. Er schließt hier an: »Viel Arbeit ist aber unter den Russen auch im Verborgenen getan worden, die erst später in Büchern und Zeitungen bekannt geworden ist.«

[34] Dazu gehört auch die Entstehung russischer Mennoniten-Brüder-Gemeinden. Unruh S. 684, 693ff. berichtet über sie, in der kanadischen Provinz Saskatschewan vor allem.

[35] Bericht des Kirchenvorstands der Melitopoler Mennoniten-Gemeinde – in: Unser Blatt 2/1925 S. 28.

am Om/Sibirien berichtete »Unser Blatt«, die von den staatlichen Behörden für alle mennonitischen Gruppierungen zugelassene Zeitschrift, daß unter drei vorhandenen mennonitischen Richtungen im Bereich der Gemeinde kein Prediger vorhanden war. »Sie hatten kürzlich russische Brüder zu Gaste gehabt, die ihnen mit dem Worte Gottes gedient hatten.«[36] Berichte über gemeinsame Veranstaltungen von Mennoniten und Evangeliumschristen finden sich verschiedentlich.[37]

Frühzeitig waren die Kontakte Prochanovs mit dem Kreis der Herausgeber des »Familienfreundes« und anderer Schriften in Südrußland erfolgt. Die nunmehr beginnende Arbeitsgemeinschaft wurde sachlich gegliedert. Prochanov nahm die Verlagsarbeit mit russischen Schriften in die Hand. Von ihm stammte der Name »Raduga« für den Verlag: »Als ein Symbol unserer Aktivitäten – eine ruhige friedevolle Arbeit nach der Flut und dem Sturm der Revolution von 1905.«[38] Prochanovs Urteil aus dem Jahr 1933 unterstreicht die guten Beziehungen; er äußert sich, daß die Brüdergemeinden den Evangeliumschristen sehr ähnlich seien.[39] Das gute Verhältnis auf Bundes- und örtlicher Ebene zwischen Mennoniten-Brüdern und Evangeliumschristen wurde anläßlich der Bundeskonferenz der Mennonitengemeinden Rußlands vom 13. bis 18. Januar 1925 in Moskau unterstrichen. Drei Vertreter der Moskauer Gemeinde der Evangeliumschristen, unter ihnen Andreev, begrüßten die Konferenz und verlasen das Begrüßungstelegramm des Rates des Bundes, unterschrieben von Prochanov, Židkov und Bykov.[40]

---

[36] Unser Blatt 6/1926 S. 129.
[37] Bericht von Heinrich Voth »Über unsere Missionsreise zu den Geschwistern am Flusse Ob« – in: Unser Blatt 1/1927 S. 16–18, ferner auch im Protokoll S. 6, siehe hier Anm 40, Unser Blatt 1/1925 S. 4/5.
[38] Prochanov, Cauldron S. 149.
[39] ebenda S. 148.
[40] Protokoll der Bundeskonferenz der Mennoniten-Gemeinden Rußlands vom 13. – 18. Januar 1925 in Moskau – Manuskript, Hiebert Collection-8, Mennonite Archives North Newton/Kansas.

3. Baptistische Einflüsse und Prägungen

Der Baptismus hatte in Kurland, Polen und in Südrußland deutsche Lutheraner erfaßt. Die erste deutschsprachige Baptistengemeinde im Inneren Rußlands entstand 1869 in Alt-Danzig, in der Nähe des heutigen Kirovograd. Johann Gerhard Oncken war ihr Gründer; eine der bedeutendsten Gestalten des deutschen Baptismus in Rußland, der auch zum Geschichtsschreiber der südrussischen baptistischen Gemeinden wurde, Johann Pritzkau, war der erste Leiter dieser Gemeinde.[1] Schon vorher hatten sich deutsche Baptisten in Polen zu selbstständigen Gemeinden zusammengeschlossen. Es blieb nicht aus, daß die Herkunft der Baptisten aus lutherischen Gemeinden diese in heftige Auseinandersetzungen führte. Auch nach der Legalisierung der Baptistengemeinden in Rußland blieben die Spannungen bestehen. Für die jungen baptistischen Gemeinden erschien das Verhalten mancher lutherischer Pastoren und Gemeinden wie eine Verfolgung der Baptisten. Dies bestimmte lange Zeit die Blickrichtung und innere Einstellung. Erst als die lutherischen Pastoren und Gemeinden erkannten, daß sie es beim Baptismus in Polen, in Südrußland, in Wolhynien und an der Wolga mit einer festen, bleibenden Größe in zudem noch begrenztem Umfang zu tun hatten, ergab sich ein Verhältnis des sehr abständlichen Nebeneinanders. Neben Deutschen formierten sich auch Esten und Letten in baptistischen Gemeinden.

Taufen von ehemals Orthodoxen blieben zunächst unbeachtet. Erst im Laufe der Jahre nahmen sich kirchliche Stellen und staatliche Behörden der Fragen an, die mit dem verbotenen Ausscheiden von Orthodoxen aus ihrer Kirche gegeben waren. Am 27. 3. 1879 hatten die Baptisten das Recht der freien Religionsausübung in Rußland erhalten. Aber dieses Recht galt nur für die Baptisten aus den Völkern der nichtorthodoxen Minderheiten des Landes. Es bezog sich dem nationalen Herkommen nach praktisch auf Deutsche, Esten, Letten und Finnen, soweit diese außerhalb Finnlands wohnten. Die Finnen des Großfürstentums Finnland unterstanden eigenen finnischen Gesetzen, die die Fragen der Zugehörigkeit zu religiösen Vereinigungen regelten.

Lodz wurde zum Vorort des deutschsprachigen Baptismus im ge-

---

[1] Johann Pritzkau, geb. 1842 in Alt-Danzig, gest. 1924 ebendort. Er schrieb die »Geschichte der baptistischen Gemeinden in Südrußland«.

samten russischen Reich. Neben dem zweiten Vorort Odessa entwikkelte sich Riga zu einem weiteren Schwerpunktort des Baptismus. Lodz bot sich zur Durchführung von Gesamtaufgaben deshalb an, weil hier eine starke deutschsprachige Baptistengemeinde bestand. Sie war finanziell stark, sehr aktive Fabrikanten des Lodzer Industriegebiets gehörten zu ihr. Die Gemeinde nahm auch das erste Seminar für deutsche Baptisten im Russischen Reich auf.[2]

Johann Gerhard Oncken hatte den Baptistengemeinden in Polen, in Wolhynien und in Südrußland seinen Stempel aufgeprägt. Der am 26. Januar 1800 geborene Deutsche war in Schottland erzogen worden. Die dortigen calvinistischen Einflüsse hatten ihn bestimmt, sie wirkten sich weiter aus, nachdem er mit einigen anderen in der Elbe bei Hamburg 1834 getauft wurde. Oncken wurde zum Vater des deutschen Baptismus mit seinem Schwerpunkt in Hamburg. Er bestimmte die Entwicklung des späteren deutschen Baptistenbundes wie auch die Lehrinhalte des durch ihn in Hamburg gegründeten Seminars. Durch seine Missionsreisen nach Osteuropa wurde er ebenso einer der Väter des Baptismus im Russischen Reich.[3] Waldemar Gutsche, der sowohl dem Bereich des deutschen als auch dem des osteuropäischen Baptismus angehörte, hat Onckens Verständnis dargelegt an der Stellung zum Abendmahl und damit auch die Motive, die die baptistischen Gemeinden aus den verschiedenen Nationalitäten in

---

[2] Vgl. hier S. 464.

[3] Baptistisches Selbstverständnis wird in einem Artikel »Unsere Presbyter« gleichsam in Sukzession der Presbyter sichtbar: »Alle unsere baptistischen Presbyter in Rußland führen ihren Anfang von dem bekannten Prediger Presbyter Oncken in Hamburg her, welcher im Jahre 1834 die Handauflegung von dem Presbyter, Professor der Theologie der amerikanischen Baptistenkirche Sears erhielt. Oncken ordinierte (rukopoložil) für Rußland zwei Presbyter: V.G. Pavlov aus Tiflis und Abraham Henrichovič Unger im Gouvernement Jekaterinoslav, in der Kolonie Kikkas, im Jahre 1869. Unger ordinierte Ivan Ivanovič Wiehler, aus der Kolonie Halbstadt, Taurisches Gouv. im Jahre 1872. Wiehler ordinierte Fedor Prochorovič Balichin, aus dem Dorf Astrachanka, Taurisches Gouv. im Jahre 1886, und andere russische Presbyter und Vorsteher (nastavnikov).« Die Sukzessionsfolge wird von Balichin aus weiter gezogen, er ordinierte unter anderen Prokop Evgenievič Ebsjukov 1898, Ivan Akimovič Rybalka 1902, Daniel Fomič Kabag 1902, Gregor Antonovič Kolosarov 1903, Polykarp Petrovič Maslov 1903, Foka Prokof'evič Makarenko 1903, Dimitrij Petrovič Kovalenko 1903, Ivan Stepanovič Somnikov 1904, Semen Avramovič Veličuk 1905.
Der Artikel erschien im »Baptist« 1907 Nr. 1 S. 20—21, die Angaben hier S. 21. Die lange Folge der Namen amtierender Presbyter ist zugleich eine Bestätigung ihres Amtes und der Herkunft ihres Amtes. Dies wird noch durch die Fortsetzung des Artikels in mehreren Folgen unterstrichen. Pavlov ordinierte vier namentlich genannte Presbyter (2/1907 S. 10), V.V. Ivanov führte 11 Presbyter ein (4/1907 S. 17/18), Dej I. Mazaev weitere 8 Presbyter (5/1907 S. 12).

Rußland prägten: »Dann kam das geschlossene Abendmahl, das Oncken daraus ableitete, daß die Vorbedingung zur Taufe der Glaube sei, und daß Glaube und Taufe nicht voneinander zu trennen seien. Da aber Kinder und Unbekehrte nicht glauben können, so sind sie auch im wahren Sinne nicht getauft und können aus diesem Grunde zum Abendmahl nicht zugelassen werden, da nirgends im Neuen Testament die Rede ist, daß Ungetaufte am Abendmahl teilgenommen haben. Das bedeutete praktisch die Abtrennung von anderen gläubigen Gruppen und Grüppchen nach innen. Dies erschien manchmal hart zu sein, doch war es gerade die Ursache, daß in dem vieltönigen Chor der Stundistenbewegung die volle Konsequenz gezogen wurde und die Posaune klare Töne gab, die nicht überhört werden konnten von all denen, die die Gemeinde suchten und darüber Klarheit wünschten. Hier war Vermischung und Täuschung schwer möglich, und der Weg, der zum Leben führte, war wieder biblisch schmal geworden.«[4]

In dem nach Gutsches Worten »vieltönigen Chor der Stundistenbewegung« war die Stimme des Baptismus laut geworden. Aber auch andere Stimmen versuchten, die Vieltönigkeit zu überwinden. Die Vorstellungen einer Allianztheologie wirkten nicht nur auf den Stundismus, sondern auch auf Gemeinden ein, die dem äußeren Bild nach sich bereits für den baptistischen Weg entschieden hatten. Zu denen, die für das offene Abendmahl und damit für die offene Gemeinde eintraten, gehörten Georg Müller in Bristol, der auch Rußland besuchte, Lord Radstock und Friedrich Wilhelm Baedeker. Mit ihnen wirkten Gedanken des Darbysmus und Vorstellungen der Plymouth-Brethren auf den russischen Baptismus ein. Die Fragen waren dadurch noch komplexer, daß nur Teile des Weltbaptismus in der Deutlichkeit, wie sie Oncken betont hatte, die geschlossene Gemeinde und das geschlossene Abendmahl forderten. Im Baptismus der westlichen Welt rangen verschiedene Auffassungen miteinander. Die Frage, ob eine baptistische Gemeinde offen oder geschlossen sein sollte, stand im historischen Zusammenhang der Erweckungsbewegungen des 19. Jahrhunderts sowie der Erörterungen über die mis-

---

[4] Waldemar Gutsche, Westliche Quellen des russischen Stundismus S. 41. Vgl. dazu auch G. Liebert, Geschichte der Baptisten in Russisch-Polen S. 267; Gutsche zitiert daraus am gleichen Ort.
Auch in Deutschland war das Onckensche Verständnis nicht unwidersprochen geblieben. Der Mitarbeiter Onckens, G. W. Lehmann, war für das offene Abendmahl eingetreten.

sionarischen Wege. Sie war jedoch nicht nur von praktischer Bedeutung, sondern mit tiefgreifenden theologischen Bedenken verbunden. Die geschlossene Gemeinde war von einem anderen Gemeindeverständnis bestimmt. Sie war rigoros, ihr Verzicht auf Zulassung Ungetaufter zum Abendmahl bedeutete eine strenge Abschließung gegenüber der Außenwelt.[5]

Im westlichen Baptismus waren die Stimmen derer, die sich für das offene Abendmahl, für die offene Gemeinde einsetzten, zahlreicher. Ivan Stepanovič Prochanov nahm am Zweiten Baptistischen Weltkongreß 1911 in Philadelphia nicht teil. Er hatte jedoch einen kurzen Bericht mit dem Titel »Revival in Russia« vorgelegt.[6] Darin bestimmte er auch die verschiedenen Zweige der umfassenden Erweckungsbewegung in Rußland, er nannte die »Evangelischen Christen-Baptisten«, die »Evangeliumschristen« sowie die »Christen, getauft auf den evangelischen Glauben«. Neben diesen namentlich genannten Gruppen aber vermerkte er noch allgemein »etc.«. Dies weist auf die offene Situation der gesamten Bewegung hin. Als Verbindendes für alle genannten Gruppen bezeichnete er, daß sie nur aufrichtige Gläubige zur Gemeinde zulassen, »nachdem diese ihre Umkehr bekannt und die Taufe empfangen haben.«[7] Im folgenden bestimmte Prochanov dann die Evangeliumschristen als »offene Baptisten« (open Baptists).

Dieser Selbstbezeichnung vom Jahre 1911 waren Entwicklungen vorausgegangen, die noch näher darzustellen sind – vgl. hier Kap. III. Für die Baptistengemeinden in Südrußland und im Kaukasus ist der unterschiedliche Gang nach ihrer Entstehung bezeichnend. Relativ günstig waren die Bedingungen in den deutschen Baptistengemeinden. Sie genossen die Freiheiten, die ihnen das Gesetz von 1879 ein-

---

[5] Auch in England und Wales waren die Bedingungen unterschiedlich. Im Südosten und in den Midlands hielten die meisten Gemeinden das offene Abendmahl, im Norden und in Wales wurde das geschlossene Abendmahl gehalten.
Dabei kam es zuweilen auch in kurzer Folge zu geteilten Entscheidungen. Die Baptistengemeinden im Großraum von Stockholm schlossen 1913 Lewis Pethrus, den Initiator schwedischer Pfingstgemeinden, mit seiner Gemeinde am 28. April aus ihrer Vereinigung aus, »weil sie auch Gläubiggetaufte, die keiner Baptistengemeinde angehörten, zum Abendmahl zuließen. Gerade diese Praxis wurde übrigens sechs Jahre später von der Bundeskonferenz gutgeheißen.« – Alfons Siegel, Lewis Pethrus und die Pfingstbewegung in Schweden – in: Die Gemeinde Nr. 23 vom 8. 6. 1975 S. 6–8, hier S. 7.
[6] The Baptist World Congress 19. – 25. 6. 1911 Philadelphia, Record of Proceedings S. 439–441, J.S. Prokhanoff, Revival in Russia.
[7] ebenda S. 440.

räumte. Es fehlte ihnen vielfach an eigenen Traditionen, sie bildeten sich erst langsam heran, außerdem waren die Gemeinden durch die negative Beziehung zum Luthertum gefährdet. Es gab auch baptistische Gemeinden, deren Glieder von verschiedenem Herkommen waren. Die Gemeinde in Spat auf der Krim bestand aus ehemaligen Mennoniten-Brüdern, Lutheranern, lutherischen Separatisten; die Gemeinde lebte jedoch im größeren Verband einer Mennoniten-Brüdergemeinde. Auch an anderen Orten in Südrußland geschah es, daß wie in der Entstehungszeit des Baptismus sich eine junge baptistische Gemeinde von einer Mennoniten-Brüdergemeinde Amtshandlungen ausrichten ließ.

Zunächst hatte es viele Kontakte zwischen den zahlreichen deutschen Baptisten und russischen und ukrainischen Baptisten gegeben. Eine Veränderung der Beziehungen zwischen den Gruppen trat von 1890 an ein. Bis dahin hatten die gut organisierten deutschen Baptisten den russischen und ukrainischen baptistischen Kreisen und Gemeinden manche Hilfestellung in Lehre, Verkündigung und praktischen Erörterungen gegeben. Differenzen wurden von Beobachtern auf die Unterschiede des Nationalcharakters zurückgeführt. »Das deutsche Element regelte dadurch, daß es strenge Ordnung in die Sache brachte, die russische Unordentlichkeit; das geordnete und frisch betriebene Evangelisationswerk zeitigte herrliche Früchte.«[8] Dieses Urteil stammte von einem Russen, der selbst von der Orthodoxie den Weg zum Protestantismus gefunden hatte und im Auftrag der Orient-Mission in Rußland tätig war, Aleksandr I. Stefanovič. Er hatte im bulgarischen Heer gedient, war als Hauptmann ausgeschieden und wieder nach Rußland zurückgegangen, wo er als Evangelist wirkte. Die Änderung in den Beziehungen der verschiedenen Volksgruppen in den baptistischen Gemeinden führt Stefanovič auf die Trennung der Volksgruppen zurück: »Um diese Zeit (1890) schied das deutsche Element aus. Anlaß zu dieser Trennung gaben einige Mißverständnisse zwischen den russischen und deutschen Brüdern. Der Deutsche ist ein Mann der strengen Ordnung, der Russe nach seiner Anlage unordentlich. Die Mißverständnisse erwuchsen auf dem Boden der nationalen Charakterverschiedenheit.«[9]

Die deutschen Baptisten sahen sich zunehmend heftigen Vorwürfen ausgesetzt. Sie hatten es mit der in der russischen Presse wach-

[8] A.I. Stefanowitsch, Die Maljowantzi – Hefte zum Christlichen Orient No. 5 Berlin 1904 S. 1/2.
[9] ebenda S. 1/2.

senden polemischen Haltung gegenüber Deutschland und den Deutschen zu tun. Die Wirtschaftskraft und Landkäufe der Deutschen in Südrußland wurden ständig als Beispiel dafür angeführt, daß Deutschland sich gleichsam einer fünften Kolonne bediene und russischen Boden bereits aufkaufe und sogar Russen zu einem deutschen Glauben verführe. Dieser Vorwurf traf nicht so sehr die lutherischen und katholischen Deutschen, die sich einer bewußten Einwirkung auf die russische Bevölkerung enthielten; er traf aber die missionarisch unter Orthodoxen tätigen Baptisten. Dies bedeutete zugleich die Infragestellung des Rechtsstatus, den die Baptisten aus den völkisch-konfessionellen Minderheiten 1879 erhalten hatten. Es zeichnete sich eine ganz ähnliche Entwicklung ab wie bei den Mennonitenbrüdern, die um ihren mennonitischen Status besorgt blieben. Stefanovič charakterisiert diese Situation: »Dem doppelten Druck – von Seiten der lutherischen Pastoren wegen Separation und von Seiten der russischen Regierung wegen Propaganda unter der russischen Bevölkerung, [10] – hielten die deutschen Baptisten nicht stand. Da versprach die russische Behörde, die Verfolgungen gegen sie einzustellen und stellte ihnen sogar Schutz gegen die lutherischen Pastoren in Aussicht unter der Bedingung, sich von den russischen Baptisten zu trennen und denselben den Zutritt zu ihren Versammlungen nicht mehr zu gestatten. Die Aussicht auf Freiheit war für die Deutschen so verlockend, daß sie sich von den Russen trennten.«[11]

Nach Stefanovič' Kenntnis der Sachlage waren die Folgen dieser Separierung für die russischen Baptisten schwerwiegend. Ihre leitenden Presbyter und Prediger waren außer Landes gegangen, eine Reihe von ihnen hielt sich in Rumänien auf, andere hatten Gefängnisstrafen abzusitzen oder waren in Verbannungsgebieten. Es fehlte den Gemeinden an Leitung und Ordnung. »In den Gemeinden ging alles drunter und drüber. Es traten neue, in der Heiligen Schrift nicht bewanderte Personen auf. In den Gemeinschaften war man unzufrieden. Die tüchtigeren Brüder hörten wegen der Unordnung auf, die Versammlungen zu besuchen; die weniger tüchtigen kehrten allmählich in den Schoß der orthodoxen Kirche zurück.«[12]

Das düstere Bild, das Stefanovič entwirft, ist sicherlich recht summarisch, Aussagen anderer aber bestätigen Einzelzüge. Ivan Venja-

---

[10] Zahlreiche deutsche Baptisten wurden bestraft, eine Reihe von ihnen in den Kaukasus verbannt, Reichsdeutsche wurden ausgewiesen.
[11] A.I. Stefanowitsch, Die Maljowantzi S. 2.
[12] ebenda S. 2.

minovič Kargel ist ein unverdächtiger Beobachter. Er besuchte um die Jahrhundertwende zusammen mit Friedrich Wilhelm Baedeker Verbannte im Kaukasus, besonders in Girjusy, wo sich zahlreiche Stundisten und Baptisten befanden. Über den geistlichen Zustand dieser Verbannten äußerte er sich, daß er nicht war, wie er hätte sein sollen. Nach den ersten schweren Wochen und Monaten der Überführung von einem Gefängnis zum andern und der schließlichen Ankunft in Girjusy waren Ermüdungserscheinungen aufgetreten, Gleichgültigkeit hatte sich mancher Verbannter bemächtigt. Kargels Gewährsmann berichtete ihm: »Dann . . . sind die Streitigkeiten über die verschiedenen Ansichten eine schwere Krankheit unter uns. Wir sind hier etliche zwanzig Verbannte, die meisten sind Baptisten, andere Stundisten, noch andere Sabbatisten und Molokanen. Sobald die einen mit den anderen zusammentreffen, gibt es Zwist, und oft so, daß einer den anderen nicht sehen möchte. Sogar die aus Liebe uns zugesandten Unterstützungen werden Ursache des Unfriedens bei der Verteilung . . .« Am folgenden Tag kam es zu einer Begegnung Baedekers und Kargels mit einer größeren Zahl Verbannter. Baedeker begann, »alles zu rügen, was wir von ihnen wußten . . . Sie staunten, daß wir, aus Rußland kommend, doch wußten, wie es mit ihnen stand, aber keiner stritt ab, daß dem so wäre.« Baedeker ging dann zur Austeilung der mitgebrachten Gaben über. »Er fragte sie, ob denn alle Verbannten hier seien. Da stellte es sich heraus, daß man nur den Baptisten die Einladung hatte zukommen lassen, von den anderen war niemand da. Das war ein harter Schlag, ein Beweis der Lieblosigkeit gegen Kinder Gottes, die anderer Ansicht sind, bewies ihnen der Doktor. Sie entschuldigten jedoch ihr Verfahren damit, daß die anderen nicht stillgeschwiegen, sondern die Versammlung überall ausposaunt hätten.«[13]

Dieser Ausschnitt aus dem Leben der Verbannten mit ihren starken Spannungen untereinander steht aller verklärenden Martyrologie entgegen. Die auf einen gemeinsamen Grund zurückgehende Bewegung zerfloß in viele Einzelströme, bei denen der persönliche Einfluß des einen oder anderen nicht unbedeutend war. Die deutschen Baptisten in Südrußland formierten sich in einer eigenen Vereini-

[13] Ivan V. Kargel, Zwischen den Enden der Erde S. 206–209.
Kargel berichtet weiter, daß nun Baedeker die Verteilung der Gaben ordnete, »indem er die Höhe für jeden einzelnen festlegte. Darüber gab es eine Debatte und Widerspruch. Aber Baedeker bestand darauf aus Sorge, daß man es wie bisher halten würde und wies auch für die Abwesenden die Gaben genau zu.« – S. 209.

gung, die nach 1905 die Bezeichnung »Südrussische Vereinigung der Baptisten-Gemeinden« trug. Ebenso bildete sich eine wolhynische Vereinigung deutschsprachiger Baptisten. Besondere Vereinigungen entstanden auch in den baltischen Provinzen. In all diesen Vereinigungen bestanden Ordnungen, wurden Wahlen durchgeführt und gab es Statuten, auf die man sich im Verkehr mit den Behörden beziehen konnte, wenngleich dies im Einzelfalle auch erschwert war. Auf russischer Seite gab es nichts dem Vergleichbares oder höchstens Versuche dazu. Wo von Konferenzen zwischen 1884 und dem Anfang des Jahrhunderts die Rede ist, handelte es sich um Begegnungen einzelner, die sich im besten Fall als Abgeordnete von Einzelgemeinden wußten. Bei den Entfernungen der Gemeinden voneinander, angesichts fehlender Traditionen und bei dem Ausfall der wenigen theologisch gebildeten Prediger in Gefängnis- und Verbannungszeiten war es verständlich, daß die geistlich lebendigen und vielfach verwaisten Gemeinden immer wieder vor der Gefahr der Spaltung standen. In vielen Berichten ist dem Ausdruck gegeben. Über den hier schon genannten Mennoniten-Bruder Heinrich P. Sukkau heißt es, daß er von einer russischen Gemeinde gerufen wurde, »er solle gleich herkommen, bei ihnen sei eine große Zerrüttung in der Gemeinde. Das war bei den Russen in den Gemeinden nichts Neues; jeder Neubekehrte wollte gleich Missionar, Lehrer oder gar Leiter sein.«[14] Auch in einem Bericht über Heinrich J. Enns, auf spätere Vorgänge sich beziehend, heißt es: »Unter viel Beschwerden und Gefahren hat er die russischen Gemeinden dann besucht in der Nähe und in der Ferne, wobei er besonders beflissen war, die vielen Streitigkeiten in den Gemeinden zu schlichten. Die russischen Gemeinden waren jung und unerfahren in der Gemeindearbeit, zudem hatten sie keine geistlich ausgebildeten Prediger und Leiter, und da gab es infolgedessen manche Schwierigkeiten.«[15]

Bereits Ende der siebziger Jahre war es zu einer größeren Spaltung gekommen, die nicht bei einer Unruhe innerhalb der Gemeinden stehen geblieben war. Im Gouvernement Kiev hatte sich eine baptistische Gruppe unter der Leitung eines nicht weiter bekannten Jakob Koval' formiert, sie umfaßte bald einen großen Teil der dortigen Baptisten. Nach der Darstellung Klibanovs wies die Gruppe molokanische Züge auf; außerdem wehrte sie sich gegen die Vorherrschaft von

[14] A.H. Unruh S. 270.
[15] ebenda S. 273/274.

Ältesten und betonte die Leitung der Gemeinde durch den Geist, hierin pfingstgemeindliche Auffassungen vorwegnehmend. Nach dem Ende der achtziger Jahre ist über die weitere Existenz der Gruppe nichts verlautet. Zu dieser Zeit bildete sich aus ganz anderen Motiven heraus, wiederum im Gouvernement Kiev, die Gruppe um Kondratij Mal'evannyj. Er schritt im Jahre 1890 zur Gründung einer eigenen Gemeinde. Dadurch kam er wohl seinem Ausschluß aus den baptistischen Reihen zuvor. Die nun entstehende Sekte der Mal'evancy zeigte viele Momente, die auf den baptistischen Einfluß hinwiesen, aber auch in die Geschichte des russischen Sektentums im 18. und 19. Jahrhundert hineingehören. Besonders deutlich war das ekstatische Moment bei ihnen ausgeprägt. Stefanovič versteht die Bildung der Sekte als eine der Folgen der Krisis des Baptismus in der Zeit der Verfolgung unter Aleksandr III.[16]

Die Entstehung eigengeprägter, nicht in das baptistische Schema passender Gemeinden, die auch die Bezeichnung Baptisten ablehnten und sich, nicht durchgängig, freie Gemeinden oder evangelische Gemeinden nannten, ist ein weiterer Differenzierungsprozeß. Er weist auf Allianzvorstellungen und die Gedankenwelt der Brüderbewegung hin und greift umlaufende Kritik am Baptismus auf.[17] Eine solche Kritik richtete sich gegen Erscheinungen im Leben baptistischer Gemeinden, gegen Vorbehalte, die man dort vielfach gebildeten Predigern entgegenbrachte, ferner gegen Formen der Frömmigkeitsübung. Es herrschte in vielen Gemeinden die Vorstellung, daß jeder, der in der Versammlung das Wort ergriff, »unter dem unmittelbaren Einfluß des Heiligen Geistes stehe und also alles, was er spricht, echtes Gottes-Wort und der Heiligen Schrift gleich zu achten sei . . . Jedermann, sogar der jüngste Proselyt, der sich bekehrt, d.h. der ge-

---

[16] A. Stefanowitsch, Die Maljowantzi.
Nach A.I. Klibanov, Istorija religioznogo sektantstva v Rossii S. 219 hatte die Gruppe auch Angehörige in den Gouvernements Cherson, Minsk und in der Stadt Nikolaev. Nach behördlichen Angaben gab es 1916 noch 2000 Mitglieder. Die Zahl der Glieder und der von ihnen ausgehende Einfluß in den neunziger Jahren war wesentlich größer gewesen.

[17] Die Theologie der Brüderkreise und die von ihnen ausgehende Bewegung war vielerorten zu einer konkurrierenden Größe für den Baptismus geworden. Auch in Deutschland waren Auseinandersetzungen erfolgt. Georg Müller hatte 1843 in Stuttgart gewirkt, aus seinen Anregungen heraus war es zur Gründung eines Brüderkreises gekommen, dies führte zur Spaltung der Stuttgarter Baptistengemeinde. Vorkommnisse solcher Art standen vor den Augen der russischen Baptisten in ihrer weitgehend durch den deutschen Baptismus und dessen Erfahrung bestimmten Tradition in ihrem Widerstand gegen die Ausweitung der Petersburger Erweckung und der Neuansätze von Prochanov auf ganz Rußland.

weint hat, ist das Werkzeug des Heiligen Geistes, wenn er aufsteht und in der Versammlung redet . . .«[18] Dies wird nicht in allen Gemeinden so gewesen sein; an Plätzen, an denen es Prediger gab, ist der Willkür gewehrt worden.

Unschwer sind in diesem Gesamtbild auch Eintragungen aus orthodoxer Tradition feststellbar, nicht anders als bei den Negativreaktionen auf orthodoxe Züge der Umwelt. »Was die Bekehrung betrifft, so herrscht die falsche Meinung, daß man in der Versammlung wenigstens einmal mit Tränen beichten müsse. Das Weinen nennt man die Bekehrung. Daher ist bei den Versammlungen in Rußland immer viel Weinen mit lautem Bekennen der Sünden; dabei spricht man mit aller Umständlichkeit von seinen Sünden . . . immer mit schrecklichem Seufzen . . .«[19] Die Theologie der Tränen, die in den orthodoxen Kirchen des Ostens so bedeutsam geworden war, schlägt hier wieder durch. Penthos und Katanyxis waren von den griechischen Vätern her mit ihrer sichtbaren Ausdrucksform der Tränen auch im russischen Mönchtum und in der durch dieses bestimmten Volksfrömmigkeit wirksam geworden. Gegenüber allem formalen Ritualismus und bloßer Erfüllung kirchlicher Verpflichtungen hatte die auch das Laientum prägende Haltung des in Reue unter Tränen lebenden Frommen die Vorstellungen von aufrichtiger, persönlicher Frömmigkeit beeinflußt. Zwar hatte es auch im Pietismus des Westens, im Herrnhutertum der baltischen Provinzen und in Brüderkreisen des Luthertums in Rußland die Frömmigkeit der Tränen gegeben, so daß Einflüsse sich auch von hier aus auswirken konnten. Doch erscheinen die Verbindungslinien von orthodoxen Frömmigkeitsformen verständlicher und näher; die Frömmigkeit Tichons von Zadonsk mit ihren starken Nachwirkungen, die Frömmigkeit Feofans

---

[18] A.I. Stefanowitsch, Aus der Arbeit unter den Stundisten S. 19.
»Zuweilen braucht man starke Nerven, um die ganze Versammlung bis zum Ende zu ertragen. Bei der Bekehrung ist das Weinen conditio sine qua non. Man traut dem nicht, der niemals in der Versammlung geweint hat. – ›Hast Du Dich schon bekehrt?‹ – fragte der alte Bruder den jüngeren, – (muß man verstehen, ›hast du schon in der Versammlung geweint?‹) – ›Noch nicht,‹ – antwortet der junge Proselyt – ›Noch nicht? Oh du armer, armer Sünder!‹ sagt der Ältere und sieht dabei auf den Jüngeren wie ein Korporal in der Regimentskaserne auf den eben gekommenen jungen Rekruten. – Von der christlichen Gemeinde meint man, sie bestehe aus den gläubigen getauften Leuten; damit glaubt man mehr an die mechanische Vereinigung untereinander, als an die organische der Glieder mit dem Haupte Jesus Christus und dadurch untereinander.« – S. 19. Vgl. zur Theologie der Tränen Irenée Hausherr, Penthos, Rom 2. Aufl. 1960.
[19] ebenda S. 18.

des Klausners, als eines Zeitgenossen im 19. Jahrhundert, der Einfluß der Übersetzungen und Auszüge aus der Philokalia erscheinen als prägende Vorbilder dieser Haltung, die Stefanovič in den Versammlungen angetroffen hatte.

Die Feststellung ist wiederholt getroffen worden, daß die Gemeinden aus Gliedern bestehen, »die in der Wahrheit unbefestigt sind.«[20] Kritik aus den Reihen des ostslavischen Protestantismus richtete sich auch gegen die in vielen Gemeinden festzustellende Abneigung gegen theologische Arbeit und Gelehrsamkeit. Stefanovič sprach von einem »schrecklichen Haß gegen die Bücher«.[21] Hier war die Kritik derer, die selbst gebildet waren oder sich doch bemühten, die Verbindung von Glauben und Wissen zu schlagen, am stärksten herausgefordert. Sozial gesehen fand sich die Abneigung gegen Wissen und Gelehrsamkeit in baptistischen Bauerngemeinden, die größere Aufgeschlossenheit unter Protestanten dagegen in Städten und deren Einzugsgebiet.[22] Zu lebhaften internen Auseinandersetzungen führte auch die Praxis der Kindererziehung. In manchen bäuerlichen Gemeinden des Südens sah man Kinder als »eine Art von Heiden (an), die an allem Christlichen: Wort, Kinderlehre, Predigt, Gebet, Abendmahl usw. kein Teil haben dürfen. Die Eltern beteten daher nicht mit den Kindern, hatten keine Hausandacht mit den Ihren, wollten ganz im Gegensatz zu den Mennoniten kein Interesse daran haben, ihre Kinder im Glauben zu erziehen. Der Heilige Geist werde zu seiner Zeit alles Nötige bei den Kindern erwecken. Infolgedessen vernachlässigten hin und wieder baptistische Gemeinden nicht bloß die religiöse Schulbildung ihrer Jugend, sondern schließlich auch die Schule überhaupt.«[23] Es ist geboten, diese Aussagen nur für gewisse Regionen und einzelne Gemeinden gelten zu lassen. Zur gleichen Zeit, im ersten Jahrzehnt des neuen Jahrhunderts setzte in anderen baptistischen Gemeinden

---

[20] Stefanowitsch, Aus der Arbeit unter den Stundisten S. 18.

[21] ebenda S. 19. Auf die Empfehlung geistlicher bzw. theologischer Literatur neben der Bibel wurde Stefanovič die Antwort eines Ältesten zuteil: »Ach nein, antwortete er, alle Bücher sind sehr vom Teufel. Oft merkt man auch den größten Haß gegen alles, was den Eindruck der Gelehrsamkeit trägt. ›Du sprichst ziemlich gut, aber gelehrt‹.«

[22] ebenda S. 18; Baptist 19/1910, Umschlagseite nach S. 152 nennt die baptistischen Gottesdienste in größeren Städten Rußlands. Es sind Petersburg (3 Stellen), Moskau, Oranienbaum, Odessa, Nikolaev, Char'kov, Kiev, Sevastopol, Rostov n/D, Baku, Tiflis, Balašev, Omsk, Berdjansk, Kerč, Caricyn, Bežiza. Der gesamte asiatische Raum ist mit einer Gemeinde, das nördliche Rußland mit den Petersburger, Moskauer und Oranienbaumer Gemeinden genannt, während die Masse im Süden ansässig ist.

[23] Klein, Russische Reisetage S. 22/23.

eine intensive Bemühung um die Sonntagsschulen ein. Vor allem der in England in einem baptistischen Seminar ausgebildete Wilhelm Fetler[24] hat in der Baptistengemeinde in Petersburg für die Jugendarbeit Besonderes geleistet. Er griff damit Anregungen auf, die sowohl aus den evangeliumschristlichen Gemeinden stammten als auch von den englischen Vorbildern hervorgegangen waren.

Es wäre ein ebenso schwieriges Unterfangen, die Gemeinden gläubig bekehrter Getaufter mit den Maßstäben des binnendeutschen oder des westlichen Baptismus erfassen oder aus Lehrformeln und Resolutionen erheben zu wollen, wie sich die Lebensform einer evangelischen Gemeinde in den ersten Jahrzehnten des Reformationsjahrhunderts aus reformatorischen Hauptschriften, aus dem großen und kleinen Katechismus Martin Luthers, erheben läßt. Dazu gehören auch die Visitationsprotokolle der Zeit, die Berichte Außenstehender, mögen diese nun wohlwollende oder kritische Beobachter gewesen sein. Dazu gehören die Forderungen in den Predigten und die Darlegung aus den Gemeinden. Dies gilt auch für die Beurteilung des Alltagslebens baptistischer Gemeinden bis über die Jahrhundertwende hinaus. Es gab so viele Typoi dieses gemeindlichen Lebens, wie sich Gemeinden aus verschiedenem Herkommen gebildet hatten.[25]

[24] Wilhelm Fetler war eine der farbigsten, aber auch schillerndsten Gestalten des osteuropäischen Protestantismus. Der gebürtige Lette erhielt seine Predigtausbildung 1903–1907 im baptistischen Spurgeon-College in London. Nach seiner Rückkehr im Juni 1907 nach Rußland begann er in Petersburg zunächst seine Tätigkeit als Prediger der dortigen, nicht zahlreichen lettischen Baptisten. Später weitete sich seine Arbeit zu der Bildung einer umfassenden Baptistengemeinde im Hauptstadtbereich aus. Kurz vor dem Weltkrieg hatte die Gemeinde 12 Predigtplätze in Petersburg. Unter seiner Wirksamkeit nehmen die Einrichtung eines Sonntagsschulwesens, die Einrichtung einer Studentenmission, bei der sich jeden Mittwoch 700–800 Studenten der verschiedensten Universitäten und Schulen versammelten, sowie die Errichtung des »Dom Evangelija«, eines Versammlungs- und Gemeinschaftshauses in Petersburg, den größten Raum ein.
Fetler verließ Anfang des Krieges das Land, wirkte später in Amerika, dann als Leiter einer Baptistengemeinde in Riga. Von hier gingen starke Ausstrahlungen in den gesamten lettischen Raum wie auch nach Polen aus. Sein späterer Weg führte Wilhelm Fetler, der bereits vorher den Vornamen Vasilij angenommen hatte, erneut in die USA. Dort wirkte er als Evangelist unter dem Namen Vasilij Malov. Die Urteile über Fetler/Malov bewegen sich von schwärmerischer Zustimmung bis zu schroffer Ablehnung. Dem aktiven Mann, der vieles anpackte und der dabei auch Originalität bewies, fehlte die Stetigkeit des Handelns. Dies hatte ihn in seinen Planungen und missionarischen Arbeiten nach dem Ersten Weltkrieg bei vielen suspekt gemacht. Es kam hinzu, daß er als Einzelgänger sich auf die Dauer mit anderen nicht zu gemeinsamer Arbeit bei missionarischen Aufgaben zusammenfinden konnte.
[25] Frühzeitig erfolgten auch Übergänge in andere selbständige Gruppierungen. Trifon Osipovič Chlistun, zuerst Baptist, gründete eine eigene Gruppe ekstatischen Charakters, die »Chlistuny«.

Die Herkunft aus lutherischen und reformierten Gemeinden im Baptismus unter Deutschen, Esten und Letten hatte Animositäten gegen die Pastoren, gegen deren Amtsbegriff hervorgebracht, dadurch wurden auch slavische Baptistengemeinden beeinflußt. Die Herkunft aus der Orthodoxie führte zu Reaktionen gegen das Priestertum und die hergebrachten Formen der volkstümlichen Frömmigkeitsübung. Die Herkunft aus dem Molokanentum warf wieder andere Fragen auf, sie hingen mit dem gesetzlichen Verständnis molokanischer Gruppen zusammen. Die Isolierung weiter Räume hatte ein Übriges bewirkt; oft ohne Kommunikationen untereinander waren Gemeinden entstanden, deren Anspruch, »evangelisch« zu sein, ihrer Glaubenssubstanz kaum entsprach.[26]

Über den wenig lehrhaft geprägten Aufbruch des Stundismus und der daraus entstehenden Gemeinden hatten sich regional unterschiedlich und in ungleicher Stärke baptistische Einflüsse und Ordnungsprinzipien geschoben. Dies gibt das Recht, von den so geformten Gemeinden als Gemeinden eigener baptistischer Prägung zu sprechen. Ein Vierteljahrhundert der Verfolgungen und Behinderungen bewirkte, daß die verschiedenen Traditionen nicht geordnet und stetig zusammenwachsen konnten. Die eigentliche Gestaltannahme baptistischer Gemeinden war einer späteren Zeit vorbehalten. Dabei handelte es sich um einen Selektionsprozeß, ergab sich eine Verengung vorhandener Einflüsse. Dieser Prozeß war gebunden an eine ausreichende Zahl von ausgebildeten Predigern und an die Möglichkeiten freier Entfaltung. Dies konnte erst nach 1905 eintreten, allerdings aufgrund der dann noch sich auswirkenden Behinderungen auch nur im begrenzten Maße.

---

[26] Cauldron S. 152, vgl. hier S. 46 Anm. 14.

4. Die Nachfolge der Petersburger Erweckung

Der eigene Charakter der durch Lord Radstock, Oberst Paškov, Graf Bobrinskij, Graf Korff, die Familien Gagarin und Lieven herbeigeführten Petersburger Erweckung, hatte sich auch in den als zweitrangig verstandenen Formen des gemeindlichen Lebens niedergeschlagen. Angehörige der Adelsgesellschaft, die Träger großer Namen waren durch das Erleben der ersten Stunde charismatisch geprägt. Bei großer Liberalität gegenüber allen Formen kam es ihnen entscheidend auf die Inhalte an. Diese Inhalte der Erweckung reichten von der Bekehrung und Heiligung des einzelnen sowie der Christusnachfolge hin zu Bildungsaufgaben und zu einer offenen evangelischen Sozialarbeit. Diese fand ihren Ausdruck in den Arbeitsaufgaben einer Stadt- und Studentenmission, in der Veröffentlichung von Schrifttum, in Volksspeisungen und in einer auf das Praktische gerichteten Bekämpfung der Volkslaster. Beziehungen zu Gruppen, die gegen den Alkoholmißbrauch auftraten, ergaben sich. Die einige Jahre bis zur Verbannung Paškovs erschienene Zeitschrift »Russkij rabočik« – Der russische Arbeiter – war für die sozialen Tendenzen der von einem Mitarbeiterkreis unter Paškovs Führung betriebenen Arbeit bezeichnend. Eine Fülle kleinerer Schriften und Traktate legte Zeugnis für die evangelistisch-missionarischen Bemühungen des Petersburger Kreises ab. Titel solcher Schriften weisen auf die Verwandtschaft mit englischer Erweckungsliteratur des 19. Jahrhunderts hin: »Wirst du gerettet werden oder zugrundegehen?« – »Betest du?« – »Das erste Gebet der Jessika.« – »Hirt und Herde.« – »Jesus von Nazareth kommt.« – »Frohe Kunde.« usw.[1]

Wenn bei aller grundsätzlichen Kritik des gesamten Weges der evangelischen Bewegung in der neueren marxistischen Forschung Paškov ein Philantrop genannt wird, so spricht dies für den nachwirkenden Eindruck seiner Tätigkeit und ein positives Verständnis seiner sozialen Intentionen. Die Weite, die der Petersburger Erweckung zu eigen war, blieb nicht nur auf die Männer und Frauen der ersten Stunde beschränkt, sie prägte nachhaltig auch die spätere Petersburger Gemeinde.[2] Die theologischen Wurzeln der Petersburger Erwek-

---

[1] Margaritov, Sergij, Istorija russkich mističeskich i racionalističeskich sekt' nennt S. 205/206 insgesamt 53 solcher Schriften und Traktate.

[2] Jack berichtet, daß Männer wie Paškov im Grunde keine Freikirche wollten . . . »Ich selbst kenne aus den ersten Jahren meines Dienstes in Rußland noch russische

kung waren weit verästelt. In der Hauptsache gehören sie dem englischen Raum an. Radstock, der Initiator der Erweckung in den siebziger Jahren, wußte sich durch Georg Müller in Bristol bestimmt. Mit dessen Name ist zugleich ein Abschnitt in der Geschichte der Auseinandersetzungen unter Darby, seinen Anhängern und den Plymouth-Brüdern bezeichnet. Auf der einen Seite stand J. N. Darby mit seinem immer exklusiver gewordenen Verständnis der Gemeinde, auf der anderen Seite standen Georg Müller und dessen Schwager A. N. Groves. Georg Müllers bedeutsamste Schöpfung, die Errichtung von Waisenhäusern, griff die Vorbilder auf, die er während seines Studiums in Halle aus dem Werk August Hermann Franckes gewonnen hatte.

Georg Müller übte hinwiederum Einfluß auf Friedrich Wilhelm Baedeker aus. Dieser war in Witten an der Ruhr geboren und in jungen Jahren nach England gezogen. Dort knüpfte er Beziehungen zu den Männern und Frauen der Erweckungsbewegung an.[3] Nach seinen eigenen Worten erlebte er 1866 durch seine Bekehrung die Wende seines Lebens. In den siebziger Jahren begann er mit eigener Evangelisation. Zum erstenmal kam er 1877 nach Petersburg, durch Lord Radstock in die Adelskreise der beginnenden evangelischen Bewegung eingeführt. Von da an war Baedeker regelmäßig auf langen Reisen im ganzen Reich unterwegs. Die Genehmigung, die er von den zentralen Behörden erhalten hatte, alle Gefängnisse des Landes besuchen zu dürfen, bestimmte seine Tätigkeit. Er wurde der Evangelist der Gefängnisse und Zuchthäuser.[4] Mathilde Wrede hatte ihn bei ihrer Begegnung in Finnland auf die Arbeit unter den Gefangenen hingewiesen.

Baedeker ist eine bezeichnende Gestalt für eine Allianztheologie, der es darauf ankam, die Grenzen zwischen einzelnen Gruppen und Denominationen, die er durchaus sah, durchlässig zu machen. Das bedeutete eine Relativierung jener Gruppen, denen es entscheidend auf bestimmte organisatorische und symbolische Kennzeichen des Christseins ankam. Eine Gestalt, die von ähnlichen Anschauungen

Gemeinschaften, die ihre Kinder treuherzig vom Priester taufen ließen und an keine Trennung dachten. Aber man zwang sie dazu.« – Dein Reich komme 10/1933 S. 225.

[3] Nach der Biographie R.S. Latimers, Ein Bote des Königs, erfolgte Baedekers Bekehrung in Weston-super-Mare, anläßlich einer Evangelisationsversammlung, die der Earl of Cavan veranstaltete und die von Lord Radstock geleitet war.

[4] Vgl. R.S. Latimer, im englischen Original 1907; vgl. ferner J.V. Kargel, hier S. 71, 82ff.

geprägt war, war der Schotte Melville, der schon lange vorher als Bibelkolporteur im Auftrag der Britischen und Ausländischen Bibelgesellschaft in Rußland gewirkt hatte; seine Tätigkeit währte 6o Jahre. Nach 1884 wurden die Häuser Gagarin und Lieven vermehrt zur Anlaufstelle für Besucher aus dem Ausland und dementsprechend auch zur Vermittlerstelle der verschiedenen evangelischen und missionarischen Programme, die mit den Besuchern verbunden waren. Die Fürstin Vera Gagarin war eine geborene Pahlen, aus Kurland stammend. Ihre Mutter war eine Russin, die Tochter des Dekjabristen Černičev-Kruglikov. Ihr Vetter war Oberst Paškov, ihre Base die Frau des Generaladjutanten E. J. Čertkova.[5] Anläßlich eines ihrer Aufenthalte in England erlebte sie Ende der sechziger Jahre ihre Bekehrung. Die Begegnungen, die sie dabei hatte, ermöglichten erst die Wirksamkeit Lord Radstocks 1874 in Petersburg. Sie eröffnete ihm den Zugang zur Petersburger Gesellschaft. Sie starb 1922 in Petrograd in dem von ihr im Rahmen ihrer Sozialarbeit gegründeten Krankenhaus. Dort hatte sie nach der Enteignung ihres Vermögens ein Unterkommen gefunden.

Das Leben in den evangelischen Kreisen Petersburgs während der siebziger und achtziger Jahre hat manche Darstellung erfahren und auch vielfältigen literarischen Niederschlag gefunden, nicht zuletzt im Werk Lev Tolstojs.[6] Nachdem man sich an die Sensation von Versammlungen frommer Adelsfamilien mit ihren Dienstboten und Kutschern und Arbeitern aus Petersburg gewöhnt hatte, auch Paškov und Korff ausgewiesen worden waren, war es stiller um die Bewegung geworden. Die persönliche Einschaltung des Zaren Aleksandr III., daß man »die Witwen«, nämlich die Fürstin Gagarin und die Fürstin Lieven, unbehelligt lassen möchte, ermöglichte die Pflege der Kreise, die in den Zeiten der Erweckung gewonnen worden waren, ohne daß man großen organisatorischen Ehrgeiz hatte.

Baedekers Aufzeichnungen[7] über Andachtsstunden im Haus des Grafen Bobrinskij – das genaue Jahr ist nicht angegeben – zeigen, daß die Petersburger Kreise oder doch Gruppierungen in ihnen einen sehr viel anderen Charakter hatten als die bäuerlichen Erweckten in der

[5] Elizaveta I. Čertkova war die Schwägerin von Paškov.
[6] Lev Tolstoj hat in seinem Roman »Auferstehung« 1894 ein sehr kritisches Bild von Baedeker gezeichnet, vgl. Polnoe sobranie L.N. Tolstogo t.32, Voskresenie S. 1889–90, 1895–96, 1898–99, Jubilejne izdanie 1928ff. Vgl. dazu Latimer S. 194, Franz Heinrich Philipp, Tolstoj und der Protestantismus S. 73ff. sowie Edmund Heier, Religious Schism in the Russian Aristocracy – Radstockism and Pashkovism.
[7] Radstock war 1876 zum letzten Mal in Rußland, Baedeker erstmalig 1877.

Ukraine und im Kaukasus.[8] Die Versammlung mit Gästen zu den Andachtsstunden im Hause Bobrinskij begann jeden Sonnabend um 20 Uhr. Latimer berichtet, nach Baedekers Ansprache »habe man aus allen Teilen des Saales einen eigentümlich schabenden Laut gehört und einen Schwefelgeruch gespürt. Was war das? Die Damen zündeten nur die Streichhölzer für ihre Zigaretten an als Vorbereitung zu einer Unterhaltung über die Ansprache, die man soeben gehört. Das war Landessitte. Graf Bobrinskij fühlte aber doch, daß die Themata und Interessen der Versammlung eigentlich zu heilig waren, um sie mit Tabaksduft zu vermengen. Darum bat er seine werten Gäste, sich darin Selbstverleugnung aufzuerlegen. Sein Vorschlag ward allgemein angenommen. Nur eine alte Gräfin protestierte kläglich: Sie sei zu alt, um ihre kleine Schwäche zu opfern. So erhielt sie die Erlaubnis, nach Herzensbegehr schaben und schmauchen zu dürfen.«[9]

Dieser kleine Einzelzug ist nicht kennzeichnend für das Leben aller Hauskreise und Gruppierungen, die in der Hauptstadt zusammenkamen, sich vereinigten und auch wieder voneinander lösten. Aber die Kritik der Strengen, vor allem der bäuerlichen Baptisten des Südens, mußte sich an dieser ungewohnten Weise der Verbindung von erwecklicher Verkündigung und Verhalten feudaler Kreise entzünden. Solche Kritik wurde in den Vorwürfen gegenüber Ivan Venjaminovič Kargel laut, dem man vorwarf, er habe das, was für ihn früher im Einvernehmen mit den Baptisten des Südens gültige Wahrheit war, zugunsten der Fürstenhäuser aufgegeben.[10]

Kargel wurde um die Jahrhundertwende der Prediger der Petersburger Gemeinde, die ihren Rückhalt nach wie vor bei den Familien Gagarin und Lieven hatte. Nach Aussagen der Töchter Kargels war die Familie Kargel schottischer Herkunft. Die Daten der Übersiedlung nach Rußland lagen im Dunkeln, jedenfalls schon Generationen zurück. Kargel war in einer deutschen Kolonie des Südens groß geworden und dort auch nach seinen eigenen Aussagen zum Glauben gekommen.[11] Der um 1845 Geborene war der Sohn eines deutschen

---

[8] Von 1871–1874 Verkehrsminister, erregte er in der Öffentlichkeit besonderes Aufsehen, als er auf der Großen Moskauer Ausstellung 1877 sich als Bibelkolporteur betätigte.

[9] R.S. Latimer S. 76.

[10] W. Gutsche, Westliche Quellen des russischen Stundismus S. 67.

[11] Den Angaben über Kargel liegen Sofija Lieven, Kratkij očerk žizni i dejatel'nosti brata I.V. Kargel – in: E.V. 1/1940 S. 8–10, hier S. 8; ferner W. Gutsche, Westliche Quellen des russischen Stundismus S. 66ff. zugrunde.

Vaters und einer armenischen Mutter.[12] Er wirkte zunächst in deutschen Baptisten-Gemeinden Südrußlands, trat dann als einer der Leiter der Konferenz von Novo-Vasil'evka vom 30. 4. bis 1. 5. 1884 hervor. Später verließ er Rußland und war wie viele andere der leitenden Männer in Rumänien und Bulgarien tätig. In dieser Zeit erwarb er durch die Annahme der türkischen Staatsbürgerschaft einen türkischen Paß. Dieser erleichterte ihm später nach seiner Rückkehr nach Rußland Arbeitsmöglichkeiten in den verfolgten Gemeinden. Ende der achtziger Jahre war er vorübergehend in Petersburg, übersiedelte dann nach Finnland, wo er sich etwa 10 Jahre aufhielt. Sofija Lieven, die diese Angaben macht, waren die Gründe für den langen Aufenthalt in Finnland unbekannt.

Der Weg Kargels von Südrußland nach Petersburg, wo er nach dem Willen der verbliebenen »Paškovcy« die Gemeinde betreuen sollte, hatte nicht nur eine räumliche Veränderung für ihn bedeutet. Dieser Weg führte ihn auch von baptistischer Prägung zu der offenen Haltung, die den Petersburger Evangelischen zueigen war. Es war der Weg hin zum Allianzverständnis der »offenen Brüder«. Seine baptistischen Freunde haben es Kargel zuweilen übel genommen, daß er in den die baptistischen Gemeinden bewegenden Fragen zu einer anderen Haltung gelangt war. »Daß er die Reihen der Baptisten verließ und in Petersburg Allianzmann wurde, konnten nicht alle seine früheren Mitarbeiter verstehen.«[13] Kargel hat diesen Weg selbst gedeutet. Dabei weisen seine Angaben deutlich auf seine Herkunft aus Rußland hin. Als einmal die Frage erörtert wurde, ob man Außenste-

---

[12] Nach Gutsches Angaben stammte Kargel ursprünglich aus Bulgarien und habe auf diese Weise seinen türkischen Paß nach Rußland mitgebracht. Den Angaben von Sofija Lieven ist hier der Vorzug zu geben, daß Kargel aufgrund seiner Tätigkeit Rußland in Richtung Bulgarien verlassen hatte – Lieven, Kratkij očerk S. 8, später habe Kargel seine türkischen Staatsangehörigkeit zugunsten der russischen wieder aufgegeben.
W. Gutsche, Westliche Quellen S. 66 macht die Angabe über Kargels Mutter.
Kargel, Zwischen den Enden der Erde, Vorwort S. VIII berichtet über sich selbst, daß er 1869 in Tiflis bekehrt worden sei, 1873 an einer Konferenz in Klippenfeld (Moločna) teilgenommen habe, von diesem Zeitpunkt an setzte seine Tätigkeit ein, zuerst in Wolhynien, ab 1875 in Petersburg, um missionarisch unter Deutschen zu arbeiten. 1877 machte er, der nach seinen Angaben damals nur unzulänglich russisch sprach, Bekanntschaft mit russischen Brüdern. 1880 erfolgte seine Heirat, zugleich der Umzug nach Bulgarien, wo er 4 Jahre blieb, um dann wieder nach Petersburg zurückzukehren. Die Ausweisung von Päskov und Korff ließ ihn in der Leitungsarbeit allein.
[13] W. Gutsche, Westliche Quellen S. 67, vgl. im gleichen Zusammenhang Anm. 10 von S. 81.

henden, noch nicht Getauften die volle Teilnahme am gemeindlichen Leben ermöglichen solle, stimmte er dem zu unter Hinweis auf seinen eigenen Werdegang: Als er noch nicht wiedergeboren gewesen sei, habe er doch schon im Chor seiner Ortsgemeinde gesungen, die Worte der Lieder, die er damals sang, hätten ihm das Bewußtsein seiner Sündhaftigkeit erschlossen und ihm so den Weg zur Taufe und Wiedergeburt eröffnet.[14]

Als Prediger der Nachfolgegemeinde aus Paškovs Zeiten stand Kargel in enger Verbindung zu den ausländischen Gästen, die bei den Familien Gagarin und Lieven verkehrten. Die Versammlungen fanden im Palais der Familie Lieven in der Belaja Morskaja statt. Als dieses Haus von der Familie aufgegeben wurde, übersiedelte die Gemeinde 1910 in ein Gebäude auf dem Stoljanyj Pereulok. Dort blieb sie unter dem Namen der sogenannten »zweiten Gemeinde« noch bis in die Revolutionsjahre hinein bestehen. Im Volksmund hießen die Glieder der Gemeinde noch lange Zeit »Paškovcy«, auch die Bezeichnung »Radstockcy« wurde für sie verwandt. Als Selbstbezeichnung bürgerte sich in den neunziger Jahren der Name »Evangelische Christen« ein.[15] Der schwedische Baptist Byström unterschied im ersten Jahrzehnt des 20. Jahrhunderts in Petersburg Baptisten, Evangeliumschristen, einen Kreis von sogenannten »freien Christen« und die Brüder von der Prägung der Plymouth-Brüder unter Ivan Venjaminovič Kargel.[16]

In den Hungerjahren Petrograds, 1919 – 1921, übersiedelte Kargel auf das Land; er folgte einer Einladung der Fürstin Gagarin auf ein Landgut. Später, als auch hier, im Gouvernement Tula, die Lebensbedingungen immer schwieriger wurden, wurde Kargel Prediger einer Gemeinde von Evangeliumschristen im Gouvernement Kursk. Auch das war nicht die letzte Station des über Siebzigjährigen. Er half in anderen Gemeinden aus, schließlich noch in Sumy; unter diesen Gemeinden waren auch baptistische. Zeitweilig führte ihn sein Weg nach Leningrad zurück. Dort wirkte er in den biblischen Kursen für die Ausbildung der Prediger des Bundes der Evangeliumschristen als Exeget mit. Ein Bild, das den Rat des Bundes der Evangeliumschristen 1928 darstellt, zeigt auch ihn unter den Anwesenden.[17] Die letzten

---

14 Sofija Lieven, Kratkij očerk S. 8.
15 Vgl. auch Klibanov, Istorija S. 233.
16 J. Byström, Sadd och Skörd, Stockholm 1916 über die Entwicklung der Baptisten in Petersburg S. 88–95, hier auch S. 81.
17 E.V. 1936 S. 23.

Jahre seines Lebens liegen im Dunkel. Er starb in der Ukraine 1937 oder 1938.[18]

Ivan Venjaminovič Kargel war ein Prediger der Heiligung. Das Urteil Waldemar Gutsches erscheint wichtig. Er meint, daß es unter seinen Zeitgenossen einzig Kargel gelungen sei, das rechte Maß der Abwendung von der Welt und der Hinwendung zu Christus gegenüber einem gesetzlichen Verständnis zu finden: »Das ist auch immer wieder zur Not der russischen und ukrainischen Gemeinde geworden, umso mehr, als auch unter den Predigern nicht immer volles Verständnis für die bessere Seite der Heiligung zu finden war. Die Gemeinde in Petersburg, in der Dr. Baedeker und besonders Kargel tätig waren, hat wohl den vollen Sinn der Heiligung am besten begriffen. . .«[19] Sofija Lieven, die ihn schon als Kind im Hause ihrer Eltern kennengelernt hatte, empfand an ihm seine Strenge und zunächst auch eine gewisse Enge. Sie ergänzt aber diese Eindrücke ihrer jungen Jahre durch die Aussage: »Wieviel Güte, Selbstaufgabe und welche Weite der Seele war doch in den letzten Tagen seines Lebens spürbar.«[20]

Kargel war nicht der Mann der Organisation, darin Ivan Stepanovič Prochanov und dem baptistischen Prediger in Petersburg, Wilhelm Fetler, unähnlich. Er war der bedeutende Prediger und Schriftausleger. Über den Kreis seiner Hörer hinaus hat er durch zahlreiche Veröffentlichungen stark auf alle protestantischen Kreise eingewirkt.[21] Kargels wiederholte Tätigkeit als Dolmetscher Baedekers auf Reisen durch Rußland und Sibirien fand einen weiteren Niederschlag in den Berichten, die er darüber gab. Versammlungen, in denen er diese Berichte gab, waren oft überfüllt und führten Menschen außerhalb der von ihm betreuten Gemeinde zusammen. Es gab daneben aber auch Gemeindeversammlungen, die zahlenmäßig nicht so gut besucht waren, in ihnen »belehrte er die Brüder und besprach sich zuweilen mit ihnen.«[22]

---

[18] Kargels Töchter, die ihn betreuten, wurden verhaftet. Sofija Lieven bemerkt, daß Kargel, sollte er selbst noch verhaftet worden sein, dann doch bald wieder freigekommen sei.
Gutsches Angaben über die Lebensdaten Kargels, Westliche Quellen S. 67, »ungefähr 1845–1933« sind zu berichtigen.

[19] Gutsche, Westliche Quellen S. 127.

[20] Sofija Lieven – in: E.V. 1/1940 S. 9.

[21] Besonders häufig gelesen wurden seine Schriften »V kakom ty otnošenii k duchu svjatomu?«, »Ruf' moavitjanka«, »Christos osvjaščenie naše«, »Svet iz teme« (32 Predigten 1908).

[22] Sofija Lieven – in: E.V. 1/1940 S. 10.

Bei aller Würdigung Kargels wurde der später wirksam werdende Prochanov doch auf den Weg der ihm notwendig erscheinenden Organisation im Petersburger Raum gedrängt. Ihn bewog dazu das Verständnis, daß es über die Pflege und Betreuung kleiner Kreise hinaus doch aus missionarischen Gründen der Ausweitung und des organisatorischen Aufbaus bedürfe. Ein Bericht von Stefanovič kennzeichnet, sicher sehr scharf gezeichnet, die Situation der Petersburger Evangelischen an der Wende des 20. Jahrhunderts. Er macht zugleich deutlich, daß Kargel, wenngleich er als eine geistliche Autorität galt, doch kaum die auseinanderstrebenden und unterschiedlichen Kräfte im Petersburger Protestantismus zu binden vermochte. Stefanovič bemerkt, daß die Verkündigung des Evangeliums in Petersburg fast ganz frei sei, daß es jedoch wegen der politischen Unruhen unmöglich sei, in großen Versammlungen zusammenzukommen, er »mußte mit den kleinen zufrieden sein. Solche stundistischen Kreise gibt es dort sehr viele, die sind in der ganzen Stadt zerstreut. Aber alle stehen in brüderlicher Gemeinschaft. Einmal in jeder Woche kommen die Presbyter und die Leiter zusammen, um von den laufenden Fragen der Evangelisationsarbeit zu sprechen. Bis jetzt ist die Petersburger Gemeinde noch einig, aber man hört schon Stimmen der Unzufriedenheit, besonders darüber, daß sich einzelne Sekten[22a] von den anderen absondern; über die Ursachen dieser Absonderung werde ich einiges sagen. Man ist unzufrieden damit, daß die Leiter der Gemeinde nichts unternehmen für die Evangelisation anderer russischer Orte. In dieser Beziehung ist diese Gemeinde wie ein Fräulein, das sich zum ersten Ball in weiß kleidet und sich vor der Berührung ihrer schmutzigen kleinen Brüder fürchtet, damit ihr weißes Kleid keinen Flecken bekommt. Der Einfluß der Gemeinde in der Stadt wächst stetig. Ihr droht weniger Gefahr von außerhalb als von innerhalb. Geistlicher Hochmut, Selbstgerechtigkeit und Vertrauen auf den falschen Grundsatz, daß die Wiedergeburt eine völlige Umwandlung der Menschennatur ist und nicht ein stetiges Lebensverhältnis mit dem Haupt unseres Heils – das sind leider die innern Feinde der Gemeinde in Petersburg.«[23]

Der aufschlußreiche Bericht, 1902 erschienen, läßt die Spannun-

---

[22a] Wahrscheinlich sinnentstellt übersetzt, es handelt sich um eine Gruppe oder Gruppierung.

[23] A. Stefanowitsch, Aus der Arbeit unter den Stundisten S. 16. Svensson verglich 1907 die Gemeinde Kargels: »Ihre Grundsätze sind ungefähr dieselben wie diejenigen der Freigemeinden in Schweden.« Konferenzbericht 1907 S. 9/10.

gen anklingen, die sich in der in Einzelkreisen über die Stadt hinweg verteilten Gemeinde zeigten: Separatistische Züge auf der einen, kritisches Bemühen auf der anderen Seite standen einander gegenüber. Es ist anzunehmen, daß die Vertreter jener zweiten Richtung den Bemühungen Prochanovs, nachdem er in Petersburg seinen endgültigen Wohnsitz genommen hatte, besonderes Interesse entgegenbrachten. Die dabei erfolgende Aufteilung der Gemeinde ging zunächst ohne großes Aufheben vor sich, sie war begünstigt durch die vielen Kleinkreise, die nicht immer genügend Kontakt miteinander gehabt hatten.[24] Sofija Lieven kennzeichnet die Entwicklung: »Ich weiß nicht, wann und wie dies geschah, aber eines Tags erfuhren wir, daß die Gemeinde, die durch Ivan Stepanovič geleitet wurde, begann, sich die erste zu nennen, die durch Ivan Venjaminovič Kargel geleitete die zweite Gemeinde. Danach fuhren sie fort nebeneinander zu existieren, aber schon unabhängig die eine von der anderen.« Das Nebeneinander wird charakterisiert: »Bruder Kargel bemühte sich hauptsächlich, die Gläubigen in der Kenntnis des Herrn und seines Wortes zu vertiefen, Bruder Ivan Stepanovič Prochanov rief dagegen seine Glieder zur tätigen Teilnahme am gesellschaftlichen Leben auf.«[25]

Die Gemeinde Kargels ist später in der größeren Gemeinde der Evangeliumschristen in Petrograd aufgegangen. Sachliche Gegensätze waren nicht ausgeprägt, es handelte sich um Schattierungen derselben Grundvoraussetzungen, die noch bei den Gemeinden bestanden hatten. Der starke Wechsel in der Petrograder Bevölkerung, die Auswanderung vieler in andere Gouvernements oder auch ins Ausland, auch die Tatsache, daß die Kargelsche Gemeinde durch den Fortgang Kargels längere Zeit verwaist war, haben diesen Prozeß der Assimilierung beschleunigt.

Nicht nur in Petersburg, auch an anderen Orten hatten sich Differenzierungen unter den Evangelischen ergeben, sie wurden bereits in den neunziger Jahren deutlicher sichtbar. Die Entstehung freier evangelischer Gemeinden, die sich nicht als baptistische Gemeinden verstanden, ging auf verschiedene äußere Ursachen zurück. Im Norden und in Mittelrußland wirkten sich Einflüsse der Petersburger

---

[24] Angaben aus dem Jahre 1909 sprechen von 12 Stellen, an denen in Petersburg Versammlungen stattfanden. Die Angabe ist nicht exakt, da offen bleibt, ob auch andere evangelische Gruppen darin einbegriffen sind. Vermutlich handelt es sich um Evangeliumschristen, nach Angaben in: Der christliche Osten 1909 S. 174.
[25] S. Lieven, Duchovnoe probuždenie S. 106.

Adelsfamilien auf ihren Gütern aus. Dies führte zur Bildung evangelischer Kreise und Gemeinschaften des Petersburger Typs. Die Familien Gagarin und Bobrinskij hatten Güter im Gouvernement Tula, die Familie Čertkov im Gouvernement Voronež. Paškov hatte auf seinen Gütern ebenfalls Andachtsversammlungen eingerichtet gehabt. Korff hatte unter Stundisten in den Gouvernements Kiev, Poltava, Char'kov, Ekaterinoslav gewirkt.[26]

Nicht nur auf diesem unmittelbaren Weg gelangten die Petersburger Einflüsse nach außen; auch durch die zahlreichen Fremden, die sich gelegentlich in Petersburg aufhielten, und durch Soldaten, die dort dienten, wurden Anregungen weitergetragen. Im Süden des Landes war es auf andere Weise zur Heranbildung von Gruppen und Gemeinden gekommen, die sich nicht als baptistische Gemeinden im engeren Sinn empfanden. Die Ursachen, die dazu geführt hatten, waren verschiedener Art. Es mochte sich im einen Fall um eine überzeugende Begegnung mit dem Christentum der Allianzvorstellungen, mit sogenannten freien Brüdern, handeln; im anderen Fall waren es einfach Streitigkeiten in Gemeinden des baptistischen Typus gewesen, die zur Bildung einer freien Gemeinde geführt hatten. Die Erweckung der sechziger, siebziger Jahre, die durch die Nöte der achtziger und neunziger Jahre durchgegangen war, formierte sich zusehends deutlicher in zwei Strömen. Der eine nahm die baptistischen Gemeinden auf, in dem anderen, noch unterschiedlich im einzelnen, waren Gruppen von darbystischer Prägung über ausgesprochene Allianzgemeinden hin zum Neu-Molokanentum lose verbunden.

Auch diese Formierung nahm, örtlich verschieden, eine ungleiche Entwicklung. In den frühen neunziger Jahren hatte es Spannungen in Petersburg gegeben, sie klangen um 1900 bereits ab. Berichte darüber bemerken, daß es sogar zu einer vertieften Arbeitsgemeinschaft kommen werde. In Odessa gab es strenge Baptisten und »Freibrüder«; von ihnen heißt es, daß sie getrennt existieren.[27] Auch in Sevastopol auf der Krim bestand eine solche Trennung. Das gleiche war in Char'kov und Nikolaev der Fall. Von Char'kov heißt es, daß dort auch noch eine darbystische Versammlung bestand, die an Besonderheiten festhielt, nachdem sie vorher mit den freien Brüdern verbunden gewesen war. Einige Methodisten in Char'kov hatten keine eigene Zu-

---

[26] Plotnikov S. 58.
[27] A. Stefanowitsch, Aus der Arbeit unter den Stundisten – Bericht über meine erste russische Reise 1900 S. 10.

sammenkunft, sondern hielten sich zu den schon genannten Gemeinden.

Die Beziehungen zwischen den verschiedenen Gemeinden an einem Ort waren unterschiedlich, sie konnten feindselig sein. Besucher, die sich in Sevastopol bei den Freibrüdern aufhielten, mußten damit rechnen, daß die strengen Baptisten mit ihnen nichts zu tun haben wollten.[28] In Sevastopol war es andererseits 1899 anläßlich einer Gerichtsverhandlung gegen vier evangelische Gläubige zu Äußerungen gekommen, die die deutliche Unterscheidung vom Baptismus besagten. In der Verhandlung war für die vier ein Freispruch erfolgt, »die entschieden die Bezeichnung ›Stundisten‹ ablehnten und sich nur ›Evangelische Christen‹ nannten. Auch den Namen ›Baptist‹ lehnten sie ab, obwohl sie als Erwachsene die Taufe in der Form des Untertauchens erhalten hatten.«[29] Stefanovič bemerkte, daß in der Gemeinde dieser freien Christen in Simferopol anteilmäßig viele getaufte Juden waren; der Prediger dieser Gemeinde war ein jüdischer Schmied. In dem gleichen Bericht stellte Stefanovič fest, daß bei den Baptistengemeinden im Gouvernement Cherson und am Kuban ein Rückgang festzustellen sei. Aus allianzchristlicher Sicht heißt es: ». . . die Baptisten machen einen weniger guten Eindruck, da sie die Tauffrage allen andern voranstellen und vielfach nicht in Liebe mit den anderen Gotteskindern zusammenhalten.« Diese Feststellung ist mit dem Hinweis auf die Vorgänge verbunden, die zur Entstehung der Malevancy geführt hatten; von den freien Gemeinden wird gesagt: »Aber die Arbeit der Freibrüder, deren Zentralstelle in Petersburg ist, nimmt einen guten Fortgang.«[30] Der Ausdruck »Zentralstelle«, der auf eine feste Organisation schließen läßt, ist für diesen Zeitraum noch nicht zutreffend, das Wort macht aber deutlich, daß sich die freien Gemeinden des Südens durch die Prägung des Protestantismus in der Hauptstadt bestimmt wußten.

Neben denen, die schon eindeutig hier oder dort Partei genommen hatten, gab es andere, die sich zu keiner der vorhandenen Gruppen zählten, auch wenn sie zu einer Gemeinde gehörten. Als einer der wichtigsten Vertreter ist Vasilij Nikolaevič Ivanov, ein Ukrainer, zu nennen, er war mit einer Nichte des durch seine Bibelmission bekannt gewordenen Syrers Jakov D. Deljakov verheiratet. Walter Jack

[28] ebenda S. 12.
[29] J. Warns, Rußland und das Evangelium S. 127.
[30] Stefanowitsch, Aus der Arbeit unter den Stundisten – Bericht über meine erste russische Reise 1900 S. 15.

bezeichnet ihn als »durch und durch Allianzmann«. . . »wohl einer der christlichsten unter den wenigen Rußlands. Er liebte alle, die den Namen Christi nennen, ohne den Unterschied der Parteifärbung.«[31] Als Ivanov am 29. 11. 1908 in Char'kov starb, richtete die Char'kover Baptistengemeinde die Trauerfeiern aus. Den Bericht darüber sandte sie dem Blatt Prochanovs zu, dem Bratskij Listok, wo der Bericht erschien, ein Zeichen, daß der beginnenden Absonderung voneinander auch Wege zueinander entsprachen.[32]

[31] W. Jack – in: Der christliche Orient 1909 S. 133–135, hier S. 134. Ivanov gilt als der erste Chronist der evangelischen Bewegung. Jack hat zwei große Truhen mit Dokumenten bei ihm gesehen, die als Unterlagen für die Auseinandersetzungen der Evangelischen mit der Wirksamkeit der kirchlichen und staatlichen Stellen dienten.
[32] Bratskij Listok, künftig B.L. 3/1909 S. 10/11. – Die Spannungen in dieser Gemeinde führten 1909 zur Aufteilung in Baptisten und Evangeliumschristen – J. I. Židkov, Vozniknovenie Char'kovskoj obščiny Evangel'skich Christian-Baptistov – in: B.V. 6/1948 S. 58–59.
Zu den Vorgängen in der Übergangszeit gehört auch die Bitte der Baptistengemeinde in Kriničersk um Hilfe für den Bau ihres Versammlungsraumes, die von B.L. 7/1907 S. 3 abgedruckt wurde.

5. Einflüsse ausländischer Gruppen und Missionswerke

Auf die Entwicklung der Gemeinden, auf Unterschiede und Spannungen hatten von Anfang an ausländische und fremde Einflüsse eingewirkt. Sie verstärkten sich von den siebziger Jahren an, sie erhielten noch einen anderen Charakter, als im Ausland sich Vereine und Werke bildeten, die in ihrer Arbeit die Evangelisation Rußlands, die Unterstützung evangelischer Gemeinden aufnahmen. Diese Einflüsse vermittelten theologische Impulse, waren mit materiellen Hilfen verbunden, förderten die Organisation von Gemeinden auch durch Gestellung ausländischer Mitarbeiter und Missionare für diese. Sie bereicherten insgesamt das Erscheinungsbild des ostslavischen Protestantismus. Diese Aktivitäten hatten teilweise einen die Spannungen lockernden Einfluß, indem sie Maßstäbe neu setzten, teilweise aber vermehrten sie noch vorhandene Differenzen.

Aktivitäten waren mit den Bemühungen englischer, deutscher und schwedischer Missionskreise verbunden. Sie bildeten das Rückgrat mancher auch in anderen Ländern aufkommenden Interessen für evangelische Arbeit in Rußland. Eine nicht unbedeutende Rolle spielten bei solchen Bemühungen gelegentliche Besuche maßgeblicher evangelischer Christen aus dem Ausland. Lord Radstock, Johann Oncken, Georg Müller, Friedrich Wilhelm Baedeker sind hier noch einmal zu nennen. Im Frühjahr 1899 besuchte John Mott, der Generalsekretär des Christlichen Studenten-Weltbundes, Finnland, um in Helsinki über den Aufbau einer Studentenbewegung im Großfürstentum Besprechungen zu führen. Bei dieser Gelegenheit kam es zur Begegnung mit dem finnländischen Baron Paul Nikolay. Dies war die Geburtsstunde der christlichen Studentenvereinigung in Rußland. Mott besuchte Petersburg, wenig später kam auch der Sekretär der Deutschen christlichen Studentenvereinigung, Witt, nach dort, ferner Karl Heim. Erste Kreise von Studenten sammelten sich. Baron Nikolay wurde der tätige Leiter und Förderer der Arbeit. Nicht nur in Petersburg, sondern auch in anderen Universitätsstädten sind viele Studenten durch die Vereinigung geprägt worden. Zu ihnen gehörten nicht nur Protestanten, sondern auch Orthodoxe. Einer davon war Vladimir Filiminovič Marcinkovskij.[1] Er übernahm 1913 als Sekretär die Arbeit, die sich inzwischen ausgeweitet hatte, aus den Händen

---

[1] Gutsche nennt ihn dem Herkommen nach »einen orthodoxen Allianzmann« – nach persönlicher Mitteilung.

Nikolays. Für die Initiatoren der Arbeit mit den Studenten war es unter den besonderen politischen Verhältnissen Rußlands wichtig, Verbindendes zu betonen. Dies hatte auch die Tätigkeit von Baron Nikolay auf anderen Arbeitsfeldern in Finnland und Petersburg bestimmt.[2]

Es wäre eine Verkürzung der Linien, wollte man die von außen wirkenden Einflüsse entweder als deutsche oder als englische charakterisieren. Gewiß haben beide Bereiche theologischer Bemühungen einen bedeutenden Anteil an der Gestaltwerdung des russischen Protestantismus. Nicht unbeträchtlich und noch weitgehend unberücksichtigt sind schwedische Einwirkungen, sowohl aus dem schwedischen Baptistenbund als auch aus schwedischen Allianzkreisen. Aus Freunden einer evangelischen Arbeit in Rußland bildete sich 1903 ein Missionskomitee, in dem schwedische Lutheraner und Vertreter offener Kreise auf Allianzbasis zusammenwirkten. Es war das »Kommittén för evangelisk mission i Ryssland«, das 1925 den neuen Namen »Sällskapet för Evangelii utbredande i Ryssland« annahm.[3]

Die Arbeit des Komitees umfaßte die Evangelisation durch schwedische Mitarbeiter und durch Literatur, die Unterstützung von Predigern russischer Gemeinden und die Ausbildung dieser Prediger. Unter den aus Schweden gesandten Missionaren haben Johannes Hoijer[4] und Johannes Svensson[5] besonders wichtige Arbeit geleistet. Ihre Tä-

---

[2] Vgl. W.Ph. Marzinkowskij, Christus und der russische Student, Wernigerode 1937; ferner Greta Langenskjöld, Paul Nikolay, Helsingfors 1921; vgl. auch K. Heim, Ich gedenke der vorigen Zeiten S. 76–88 über seine Besuche in Finnland und Rußland als Reisesekretär der Christlichen Studentenvereinigung.

[3] Abgekürzt nach den Anfangsbuchstaben der Benennung seit 1925 ist die Gesellschaft häufig »SEUR« apostrophiert worden. 1947/1948 wurde sie in »Slaviska Missionen« umbenannt.
Vgl. Elis Düring, hier Literaturverzeichnis, ferner die Zeitschrift »Ljus i Oster« sowie Berichte des Komitees.

[4] N.F. Hoijer, geb. 1858 in Svanskog/Schweden, erhielt seine Ausbildung unter anderem auch in London. 1880 erfolgte seine Aussendung nach Rußland als erster Missionar durch Svenska Missionsförbundet. Er reiste bis nach Asien und war auch an dem Einsatz des »Schwedischen Magazins«, eines Missionshandelsunternehmens in Tiflis beteiligt. Hilfen für seine Arbeit gaben ihm Mittel aus schwedischen und englischen Allianzkreisen. Nach Aufenthalt in seiner Heimat kehrte er 1904 nach Rußland zurück. Durch seine Initiative bildete sich dort ein Missionskomitee, dem Baron Nikolay, Oberst Offenberg, Staatsrat Maksimovskij und Kargel angehörten, – vgl. C.W. Gillén, Tidsbilder och Minnen fran Ryssland S. 6ff.

[5] Johannes Svensson war einer der bedeutenden Anreger evangelischen Lebens in Rußland im Dienst der schwedischen Komitees. Er war, wie auch aus seinem Bericht über die Konferenz 1907 hervorgeht, mit allen Gestalten des ostslavischen Protestantismus vertraut. 1919 kam er nach Deutschland und wirkte in Lägern, Emigrantengemeinden sowie in der beginnenden Arbeit von »Licht im Osten« in Wernige-

tigkeit in Schwerpunktgemeinden von St. Petersburg und Moskau und ihre persönlichen Verbindungen zu den leitenden Personen des russischen Protestantismus erlangten eigenes Gewicht. Durch ihre Kontakte wurden sie Vermittler, in manchen Fällen Ratgeber. Bei den Entscheidungen, die bei wichtigen Begegnungen und auf Konferenzen herbeigeführt wurden, waren sie beteiligt. Die baptistischen Gemeinden waren von der Hilfsleistung des schwedischen Komitees nicht ausgeschlossen. Da sie aber in ihrer eigenen Organisation Verbindungen aufzunehmen pflegten, ergab es sich, daß die begrenzten Hilfen, die vom schwedischen Komitee gegeben werden konnten, den evangelischen Gemeinden zugute kamen, die ohne organisatorische Verbindungen zur Außenwelt bestanden. Das Komitee wandte frühzeitig den evangelischen Neu-Molokanen seine Hilfe zu. Ihr Zentrum war in Astrachanka, am Nordrand des Asovschen Meeres. Walter Jack, der Rektor einer evangelischen Ausbildungsstätte in Astrachanka wurde, empfing Gehalt vom schwedischen Komitee, obwohl er formal im Dienst der deutschen Orientmission von Johannes Lepsius stand.[6] Diese Konstruktion macht deutlich, wie offen die Arbeit des schwedischen Komitees war, ein enges landsmannschaftliches Denken lag ihm fern. Eine evangelische Gemeinde in Moskau hatte sowohl von den Schweden als auch deutschen Missionskreisen Hilfen erfahren. Die Gemeinde wurde von Johannes Svensson betreut. Ihr Leiter war Anfang 1907 N. J. Jakovlev, dessen Mitarbeiter war Ivan Verbickij[7], von dem eine kurze Glaubenslehre der Gemeinde erarbeitet wurde; hier wurde die Kindertaufe geübt, nicht ohne Einflüsse von schwedischer Seite. Nach Svenssons Mitteilungen hatte die Gemeinde in wenigen Jahren einen beachtlichen Aufschwung genommen, 1907 zählte sie 200 feste Mitglieder, ihre bisherigen Räumlichkeiten reichten nicht mehr aus.[8] Neben anderen wirkte in Petersburg

rode. 1923 ging er nach Finnland. Im Alter übersiedelte er nach Schweden, wo er am 11. 11. 1936 starb. – Dein Reich komme 1937 S. 19.

[6] Später, nach dem Ersten Weltkrieg, stand Jack weiter im Dienst der schwedischen Gesellschaft, die für seine Bezüge aufkam, sein Arbeitsplatz dagegen war in der Leitung des Missionsbundes »Licht im Osten«.

[7] Verbickij, aus Odessa stammend, war jüdischen Herkommens. Finanzielle Hilfen wurden ihm zunächst von einem dänischen Missionskomitee zuteil. Als dieses nicht mehr über genügend Mittel verfügte, führten schwedische Missionskreise die Unterstützung Verbickijs weiter.

[8] Neben den alten Räumen, die die Gemeinde beibehielt, mietete sie zusätzlich stundenweise einen Saal mit 500 Plätzen. Die Kosten der einmaligen Benutzung von zwei Stunden Dauer betrugen 15 Rbl., J. Svensson, De evangeliska christnas Konferens S. 20–22.

Die Moskauer Gemeinde erhielt 1909 ihre Legalisierung mit allen Rechten – Jahres-

I. A. Nyman, ein von Svenska Missionsförbundet angestellter Missionar. Er arbeitete unter Finnen und Schweden, die in die Hauptstadt kamen, er nahm sich hauptsächlich der zur See Fahrenden an. Aber er war auch Kontaktperson für manche Russen, die ihn aufsuchten und sich von ihm beraten ließen.[9]

Eine gezielte, wenngleich beschränktere Einwirkung auf den russischen Protestantismus ist auch von Seiten des Bundes der Baptisten in Schweden ausgegangen. Das Komitee für äußere Mission des Schwedischen Baptistenbundes unterstützte den Prediger O. E. Signeul, der von 1900 an in einer schwedisch-deutschen Baptistengemeinde in Petersburg wirkte.[10] Zur gleichen Zeit war dort in einer deutschen Baptistengemeinde der Prediger Arndt tätig; 1907 begann außerdem Wilhelm Fetler seine Arbeit in der Hauptstadt, als er die Leitung einer schon vorhandenen kleinen lettischen Gemeinde übernahm. Signeuls Arbeit war auf Schweden, Finnen und Deutsche ausgerichtet, sie trat nach außen nicht sehr in Erscheinung. Glieder seiner Gemeinde gingen zudem zu den beiden anderen Gemeinden über, von denen die Wilhelm Fetlers besondere Bedeutung gewinnen sollte. Sie wurde durch ihn eine russischsprachige Gemeinde und aufgrund der beeindruckenden Persönlichkeit Fetlers und dank seines ideenreichen Einsatzes die erste große vielbeachtete baptistische Gemeinde des Nordens. Durch das Zustandekommen des Ersten Baptistischen Weltkongresses 1905 in London, verbunden mit der Gründung des Bapti-

bericht 1910 Svenska Missionsförbundet S. 7. Über das Leben dieser Gemeinde heißt es, daß samstags um 16 Uhr sowie Sonntagnachmittag für alle offene Versammlungen waren, während am Sonntagvormittag Gottesdienst nur für Gläubige war. Die Gemeinde hatte damals zwei Räume zur Verfügung, jeder für 300 bis 400 Personen ausreichend, ein dritter Saal war vorgesehen. Nach dem Bericht wären 50 Säle zweckmäßig. Eine von zwei mitarbeitenden »Bibelfrauen«, die Traktate und Bibelteile verteilten bzw. verkauften, hatte die Erlaubnis, die Gefängnisse zu besuchen. Ein Filial der Gemeinde hatte sich in der Umgebung Moskaus, in Jolkina, gebildet.

9 Svensson a.a.O. S. 24/25.

10 Der Verwaltung des Archivs des Schwedischen Baptistenbundes in Bromma beim Bethel-Seminar danke ich für die Ermöglichung der Einsichtnahme der Akten. Nach Angaben von J. Byström, Sadd och Skörd S. 81 ging O.E. Signeul, geb. 1858, 1891 nach Petersburg. Nach dem Fortgang des baptistischen Predigers Schieve nach Deutschland übernahm 1895 Signeul leitend zwei baptistische Versammlungen, eine schwedische, die andere war eine russische. Doch war Dienst zusätzlich in lettischer, estnischer und finnischer Sprache erforderlich. Als 1901 Fr. Arndt vom Hamburger Komitee für das deutsch-russische Unionskomitee nach Petersburg kam, blieb Signeul noch die finnische und schwedische Arbeit, während Arndt Esten, Letten und Deutsche bediente. Byström erwähnt S. 96 Signeuls Zusammenarbeit mit Wilhelm Fetler.

stischen Weltbundes und durch den 1908 abgehaltenen ersten Europäischen Kongreß der Baptisten wurden vermehrt die Blicke auf die Aufgaben in Rußland gelenkt.

In Deutschland hatte sich die durch Johannes Lepsius[11] gegründete Orientmission der Nöte angenommen, vor die viele Christen, besonders Armenier, in der Verfolgung im türkischen Reich gestellt waren. Nach ihren eigenen Angaben war der Zweck und das Ziel der Orientmission »die Wiedergeburt des Orients auf dem Grunde des Evangeliums«. Um 1900 kam es zur Ausweitung der Aufgaben des kleinen Missionswerkes auf den russischen Raum. Nach dem Jahre 1905 wurde in Moskau eine Arbeitsstelle für Evangelisation errichtet, in Astrachanka das Seminar. Die Ortswahl war vorgenommen worden, weil hier, in einem Ort von 4 500 Einwohnern, die meisten Molokanen waren, eine weitere, einige hundert Menschen umfassende Gruppe waren Neu-Molokanen, die sich bereits stärker evangelischen Einflüssen erschlossen hatten. Sie war die örtliche Basis für die nach 1905 entstandene Konferenz von Astrachanka. Die Orientmission hatte Walter Ludwig Jack, einen reformierten Theologen, als Ausbilder an das aufzubauende Seminar nach Astrachanka gesandt. Das Seminar, das sich unter anderem die Aufgabe der Lehrerausbildung gestellt hatte, konnte nur kurze Zeit arbeiten. Es mußte aufgrund behördlicher Maßnahmen seine Arbeit 1911 einstellen. Jack blieb jedoch im Lande; der Weltkrieg setzte seiner Tätigkeit ein Ende, er wurde als Zivilgefangener in den Norden Rußlands verbannt. Erst im Frühjahr 1918 konnte er Rußland verlassen.

In Berlin hatte die Orientmission ein kleines Seminar für die Predigerausbildung von Russen geschaffen, die in den ersten Jahren des neuen Jahrhunderts vereinzelt nach Deutschland gelangt waren. 1905 wandten sich einige der im Missionshaus der Orientmission in Potsdam aufgenommenen Russen an den Leiterkreis der Orientmission mit der Bitte, die Glaubenstaufe zu empfangen. Die Orientmission verweigerte ihnen die Erfüllung dieses Wunsches. Spannungen wurden unvermeidlich, die abschlägig Beschiedenen wandten sich an den baptistischen Missionsinspektor Mascher in Steglitz. Damit eröffnete sich ihnen der Weg zu andern Kreisen in Deutschland, die auch das Ziel hatten, evangelischen Russen zu helfen. Dies waren sowohl Baptisten als auch Allianzchristen und Gruppen von freien

---

[11] Johannes Lepsius, Sohn des Ägyptologen, 1858–1926 war zeitweilig – 1884 – Pfarrer in Jerusalem. Er gründete 1897 die Deutsche Orientmission.

Evangelischen. Hier waren Planungen einer Hilfe für den Protestantismus in Rußland noch nicht zum Abschluß gelangt, als die drei Russen, die mit der Orientmission nun zerfallen waren, ihre Bitte um die Glaubenstaufe äußerten. Die neuen Anforderungen beschleunigten die Überlegungen und Entscheidungen. Am 11. 4. 1905 trat in der Wohnung der Großnichte des Feldmarschalls Blücher, Antonie von Blücher, die eine freie evangelische Gemeinde gegründet hatte, eine Gruppe an den Fragen Interessierter zusammen. Zu ihnen gehörten Friedrich Wilhelm Baedeker[12], General von Viebahn.[13] Missionsinspektor Mascher, ferner der baptistische Missionsinspektor F. W. Simoleit[14], Freiherr von Thümmler[15], Freiherr von Thiele-Winkler[16] und der Publizist Bernhard Kühn.[17] Das Ergebnis dieser Besprechung war die Gründung einer Bibelschule. Über ihre Arbeit und Entwicklung ist an anderer Stelle zu berichten.[18]

Einflüsse des Mennonitentums auf den russischen und ukrainischen Protestantismus sind hier bereits erwähnt worden. Sie fanden in der Person Jakob Kroekers einen bezeichnenden Ausdruck. Seine Wirksamkeit im Felde des osteuropäischen Protestantismus vollzog sich in zwei Ebenen: Bis zu seiner Übersiedlung nach Deutschland 1911 war er einer der Gründer und Leiter des Verlags »Raduga« mit Sitz in Halbstadt in Taurien. Dem Leitungsgremium gehörten Mennoniten-Brüder an. Kurz nach der Gründung schloß sich auch Ivan Stepanovič Prochanov dem Gesellschaftergremium an. Prochanov bot sich auf diese Weise eine verlegerische Basis, da die Raduga durch eine Reihe gut gehender Publikationen, beispielsweise den »Christlichen Familien-Kalender« und durch Druck von Erbauungsliteratur eine gute Position gewonnen hatte. Für die Raduga bedeutete der Eintritt Prochanovs, daß sie im Petersburger Raum Fuß fassen konnte; eine eigens eingerichtete Buchhandlung in Petersburg vertrieb ihre Publikationen.

Der zweite Abschnitt von Kroekers Wirksamkeit ist nach dem Ende

---

[12] Er war damals 82 Jahre alt, er starb am 9. 10. 1906.
[13] Einer der Gründer der deutschen Gemeinschaftsbewegung.
[14] Herausgeber des Berichtsbandes »Erster Europäischer Baptisten-Kongreß« Berlin 1908.
[15] Mitglied der Blankenburger Allianz-Konferenz.
[16] Bruder von Eva von Thiele-Winkler.
[17] Damals Herausgeber des »Deutschen Allianzblattes«.
[18] Vgl. hier S. 465. – Die Hilfen, die von den freien Gemeinden in Deutschland den Gemeinden in Rußland erwiesen wurden, erstreckten sich in Sonderheit auf die Ausbildung von Predigern. Darüber hinaus ergaben sich bleibende Kontakte zwischen Helfern und Ausgebildeten.

des ersten Weltkriegs mit der Gründung des Missionsbundes »Licht dem Osten« gekennzeichnet. Der Missionsbund wurde wenig später bereits in »Licht im Osten« umbenannt. Diese Umbenennung, so berichtet Gutsche, sei auf Wunsch Prochanovs vorgenommen worden.[19] Tatsächlich entsprach ein solcher Wunsch Prochanovs Vorstellungen; er betonte die Eigenständigkeit des Protestantismus im Osten und sah den Osten nicht als ein Missionsgebiet des Westens an. Einer der engstenMitarbeiter Jakob Kroekers wurde Pastor Walter Jack. Noch im Jahr seiner Freilassung aus der Verbannung war er als deutscher Feldprediger nach Südrußland zurückgekehrt, dann nach dem Ende des Krieges wieder nach Deutschland gelangt.[20] Neben dem Mennoniten-Bruder Kroeker[21] und dem reformierten Pastor Jack wurde der durch die Petersburger Erweckung bestimmte Graf Pahlen einer der Mitarbeiter in den ersten Jahren der Bundestätigkeit. Nachdem Professor Marcinkovskij, der Nachfolger Baron Nikolays in der russischen Studentenbewegung, 1923 aus der Sovetunion ausgewiesen worden war, gehörte er als Orthodoxer, der jedoch die Glaubenstaufe empfangen hatte, dem Vorstand des Missionsbundes an. Andere Angehörige des Leiter- und Freundeskreises stammten aus der kirchlichen Gemeinschaftsbewegung, aus dem Gnadauer Verband, dem Blankenburger Zweig der Evangelischen Allianz und der Süddeutschen Mennoniten-Konferenz.

Kroeker hat die Anliegen der Arbeit des Bundes damit beschrieben, daß dieser niemals den Versuch gemacht habe, neue Gemeinschaften zu gründen, sondern seine Hilfe ausschließlich bereits vorhandenen Gruppen erwiesen habe.[22] Die Richtlinien der Arbeit des Bundes, die aus den zwanziger Jahren stammten, sind auch für den Geist der Zusammenarbeit bestimmend gewesen, in dem die Kontakte zwischen Kroeker und Prochanov nach 1905 geprägt waren. »Dem Wesen nach sind wir bisher in unserer reichen und mannigfaltigen Tätigkeit nicht

[19] Vgl. W. Gutsche, Westliche Quellen S. 108.
[20] Vgl. »Dein Reich komme« 7/1931 S. 219.
[21] Jakob Kroeker über sich selbst: »Die Gemeinde, der ich nach meiner theologischen Ausbildung zunächst diente und heute noch gelegentlich diene.« – in: Unsere Mitarbeit im Reiche Gottes – »Dein Reich komme« 7/1931 S. 195ff., hier S. 195.
[22] Die Gründung des Missionsbundes erfolgte am 6. 2. 1920. Kroeker ließ sich bei der Gründung und in der späteren Arbeit davon bestimmen, zu allen Volks- und Freikirchen Ja zu sagen. Er führte dafür an: »Der große und weltbekannte Baptistenprediger Spurgeon in London soll einmal gesagt haben, wenn er wüßte, wo eine wirklich reine Gemeinde wäre, dann würde er sich dieser gleich anschließen; aber er wäre sie eben nicht mehr rein.« Dies bedeutete Anerkennung der Einheit in der Mannigfaltigkeit und Vielfältigkeit – Dein Reich komme 1937 S. 142.

von dieser Grundeinstellung abgewichen. Durch sie sahen wir uns bestimmt in unserer Arbeit für Rußland und in unserer Mitarbeit hier in Deutschland. . . Wir sehen unseren Dienst nur als eine Mitarbeit an dem Aufbau der von Gott durch die Geschichte gegebenen Kirchen, Gemeinden und Gemeinschaften an. Soweit es Menschen zu beurteilen möglich ist, haben wir die verschiedenen Kreise in Rußland unterstützt und in Deutschland in Kirchen und Gemeinden gedient ›ohne Nebengedanken‹. Wir sahen das Reich Gottes überall, in dem, was Gott hatte wirken können, und nicht in dem, was der Mensch für Gott wirkte. Was uns mit der ganzen Kirche Christi verbindet, sind nicht Erkenntnisfragen, sondern Geisteswirkungen.«[23]

Wenngleich Vladimir Filiminovič Marcinkovskij für die Organisation des Protestantismus wenig Bedeutung gehabt hat, so ist sein Einfluß auf einen Teil der Gebildeten und auf Arbeitsanliegen der Evangeliumschristen bedeutsam gewesen. Er war 1884 in einer bäuerlichen Familie in einem wolhynischen Dorf geboren worden. Nach dem Abschluß des Gymnasiums in Grodno nahm er seine philologisch-philosophischen Studien an der Petersburger Universität auf. Dort kam er mit Baron Paul Nikolay in Verbindung. Als das entscheidende Jahr seines Lebens hat er später das Jahr 1904, seiner Begegnung mit Christus, bezeichnet. Vor dem Beginn der hauptamtlichen Tätigkeit für die Studentenbewegung war er als Gymnasiallehrer für russische und allgemeine Literatur, schließlich auch an seiner eigenen alten Schule in Grodno tätig. Daneben war er Direktor der Gefangenenfürsorge im staatlichen Dienst. 1919 wurde er als Professor für Ethik an die neu errichtete Universität in Samara berufen. Zusammen mit einer großen Zahl von Vertretern der bürgerlichen Intelligenz, die 1922/23 aus der Sowetunion ausgewiesen wurden – zu ihnen gehörte auch Sergej Bulgakov –, verließ er das Land. Marcinkovskij zog zuerst nach Prag, wohnte später in Derman im polnischen Wolhynien und siedelte schließlich nach Palästina über. Er starb dort 1972.

Marcinkovskij ist eine Beispielgestalt für viele in Rußland, die Anregungen aufnahmen, auch solche weitergaben, ohne daß sie von einer bestimmten Gruppe als die ihren angesprochen werden können. Er »ist trotz seiner Glaubenstaufe nicht formell aus der griechisch-orthodoxen Kirche ausgetreten und hat sich bisher keiner Freikirche

---

[23] Jakob Kroeker, Unsere Mitarbeit im Reiche Gottes – in: Dein Reich komme 7/1931, S. 196/197.

angeschlossen, obwohl er dogmatisch den Evangeliumschristen wohl am nächsten steht.«[24] Marcinkovskijs Anschauungen sind am besten aus seinen »Zapiski verujuščego – iz istorii religioznogo dviženija v Sovetskoj Rossii«[25] zu ersehen, dem Bericht über die Arbeit unter Studenten, die Diskussionen und Auseinandersetzungen nach 1917. Seine theologischen Vorstellungen sind am deutlichsten den bis heute immer wieder aufgelegten Schriften zu entnehmen, denen Vorträge vor einem akademischen Publikum zugrundeliegen, unter ihnen »Wissenschaft und Religion«[26], »Das Wesen des Christentums«, »Der Sinn des Leidens«, »Der Sinn des Lebens.« Sie weisen ihn als einen theologischen Denker aus, dem es um die Begegnung von Christentum und Gesellschaft geht, modern positiv zu nennen, erfüllt von dem Elan, der auch anderswo die christliche Studentenarbeit in den ersten Jahrzehnten des zwanzigsten Jahrhunderts bewegte.

Marcinkovskij trat zunächst für Reformen in seiner orthodoxen Kirche ein. Sie hatten unterschiedlichen Charakter. Er berichtet, daß er, einmal in einem Gottesdienst um Mithilfe gebeten, das Evangelium dabei nicht kirchenslavisch, sondern russisch verlas. Dies brachte ihn in diesem Teilgebiet in die Nähe solcher Reformer, die sich für die Ablösung der Liturgiesprache einsetzten. Aber seine Anliegen gingen darüber hinaus. In vielem stimmte er dem zu, was Vladimir Fr. Ern, Aleksandr Elchaninov und Sergej Bulgakov forderten, »daß die volle Gerechtigkeit Christi im persönlichen und sozialen Leben in der Kirche zum Ausdruck kommen müßte.«[27] Dem entsprechen kritische Äußerungen zum Sobor der russisch-orthodoxen Kirche 1917, bei dem Tichon zum Patriarchen gewählt wurde.[28] Er emp-

---

[24] ebenda S. 197.
Marcinkovskij zitiert Pavlov, nachdem er zuvor berichtet hatte, daß beide Bünde ihn zur Mitarbeit eingeladen hatten. Pavlov hatte vor Marcinkovskijs Taufe gesagt: »Als man den berühmten Dr. Baedecker einmal fragte, zu welcher Kirche er gehöre, antwortete er nichts, sondern zeigte mit der Hand zum Himmel. Damit wollte er seinen Glauben bekennen an die himmlische, unsichtbare Kirche, deren Mitglieder zerstreut sind in den verschiedenen Kirchen und Gemeinschaften. So halten Sie es scheinbar auch . . .« – Gott-Erleben S. 285/286.

[25] In Prag 1929 erschienen. Die deutsche Ausgabe »Gott-Erleben in Sowjet-Rußland« in der Übertragung von Walter L. Jack erschien bereits 1927.

[26] Eine 3. Auflage von »Nauka i religia« (Wissenschaft und Religion) erschien herausgegeben durch W. Eschuk 1955 in New York. Bei dieser Schrift handelt es sich um die Wiedergabe einer Vorlesung, die zunächst in Samara, dann auch in Moskau 1919–1922 gehalten wurde.

[27] Marcinkovskij, Gott-Erleben S. 31.

[28] ebenda S. 37ff. Marcinkovskij schildert S. 38, wie einer der Sprecher in der Ver-

fand die Tätigkeit des Sobor als »eine rein konservative. Von irgendwelcher schöpferischen oder reformatorischen Arbeit war keine Rede.«[29]

Wie viele andere trat Marcinkovskij für die Trennung von Kirche und Staat ein.[30] Er gelangte zu der Auffassung, daß die Kirche zur Taufe Erwachsener zurückzukehren habe. Zu diesem Fragenkreis verfaßte er im Winter 1919/20 eine Denkschrift, die er Patriarch Tichon überreichte.[31] Anläßlich einer Missionskonferenz der mennonitischen Siedlung Alexandertal im September 1920 vollzog Marcinkovskij den Schritt zur Glaubenstaufe. Der Mennonitenprediger Jakob Töws führte die Taufe durch. Marcinkovskij berichtet: »Des Morgens, die Sonne war kaum aufgegangen, empfing ich die Taufe in den tiefen Wassern des Steppenflusses. Der Rubikon einer neuen Periode für mein Innenleben war überschritten. Dabei schloß ich mich keiner Gemeinde an und erklärte auch nicht meinen Austritt aus der Orthodoxen Kirche, obwohl ich natürlich aufgehört hatte, zu den wirklich ›orthodox Gläubigen‹ zu gehören.«[32]

Marcinkovskij hat seine Gedanken zur Tauffrage in einer Schrift »Die Taufe der Herangewachsenen und die Rechtgläubigkeit« ausgesprochen. An anderer Stelle, anläßlich eines Vortrags in Samara nach seiner Konfession befragt, ob er Orthodoxer oder Baptist sei, antwortete er entsprechend: »Ich war Mitglied der Orthodoxen Kirche und arbeitete in derselben. . . Aber als ich die Fragen der Wiedergeburt der Kirche studierte, stieß ich auf den Punkt der Wiedergeburt der einzelnen ihr angehörenden Glieder. Hier mußte ich mich von der Lehre der gegenwärtigen Orthodoxie trennen.«[33] Den offiziellen Schritt zu den Evangeliumschristen hat Marcinkovskij nicht vollzo-

---

sammlung, der die Arbeit der Kirche anhand von Evgl. Joh. 15 darzustellen versuchte, aus der Versammlung heraus aufgefordert wurde »zur Sache, zur Sache« zu reden. »Der Alte schaut sich betroffen um im Saal, sammelt sich aber wieder und fährt fort, aus dem Evangelium vorzulesen. Die Proteste werden immer stärker und heftiger . . .«

[29] ebenda S. 39 im Bericht über den zweiten Besuch der Konzilsversammlung. »Nach dem Urteil eines der Konzilsteilnehmer, des Professors O., den ich persönlich darüber gesprochen hatte, bestand die Bedeutung des Konzils darin, daß es in schweren Zeiten der Kirche die Gläubigen geeinigt und zusammengeschlossen hat.« Marcinkovskijs obiges Urteil wendet sich gegen diese Wertung.

[30] ebenda S. 69.

[31] ebenda S. 108ff.

[32] ebenda S. 117. Vgl. hier S. 98, Anm. 24.

[33] ebenda S. 119. Marcinkovskij sieht seine Auffassung aus den Schriften der Kirchenväter und im Taufritus der Kirche bestätigt. Vgl. V. Demidov, Otpoved' sektantu . . . in orthodoxer Sicht der Position von Marc . . .

gen. Mit Prochanov verbanden ihn aber viele gemeinsame Anliegen. Er hatte diesen 1905 in Petersburg kennengelernt, traf ihn dann in Moskau später wieder. Ihre Wege begegneten sich erneut in Prag, Berlin, Wernigerode und bei Reisen in Polen.

Beide Männer beschreiben in ihren Aufzeichnungen und Erinnerungen, wie sie im April 1923 einander im Hauptgebäude der politischen Polizei in Moskau begegneten. Prochanov traf, von Petrograd kommend, zusammen mit seinem Sekretär Dubrovskij zu einem Verhör in der Dienststelle ein; Marcinkovskij erhielt im selben Raum anläßlich der Ausweisung aus der Sovetunion eben seine Papiere. Von seiner letzten Begegnung mit Prochanov berichtete Marcinkovskij in dem Nachruf, den er auf Bitten der Freunde von »Licht im Osten« in der »Evangel'skaja vera« veröffentlichte. Im Sommer 1935 waren die beiden bei gemeinsamer Vortragsarbeit in Berlin zusammengetroffen. In einer Pause zwischen zwei Vorträgen kam es zu einem Gespräch »über die Zukunft der evangelischen Bewegung«. Marcinkovskij berichtet: »Ich wandte mich gegen eine übermäßige Ausweitung einer äußerlich-organisatorischen Arbeit und erinnerte daran, daß auch eine Erschöpfung durch seine unaufhörliche Korrespondenz und seine persönliche Teilnahme an der Arbeit so vieler Gemeinden eingetreten sei. Dabei wandte ich mich auch gegen die Gefahren der Zentralisation. Kann denn die Einheit des Geistes nicht auch ohne formale äußere Vereinigung erreicht werden? fragte ich ihn. Ich wies ihn, als auf ein Beispiel, auf die Reihen der sogenannten ›freien‹ Brüder hin, als eine Reaktion gegen die Organisierung. . . Was nun? Auch bei diesen Brüdern ist eine eigene Ordnung. Es würde gut für uns sein, wenn wir alle zusammen wären. Man muß beiden Extremen entgehen; der Einheit ohne Freiheit und der Freiheit ohne Einheit. Das Ideal der Kirche ist die Einheit und die Freiheit, erwiderte mir Ivan Stepanovič.«[34]

Das Gespräch der beiden spricht Wichtiges über das Kirchenverständnis Marcinkovskijs und Prochanovs aus. Marcinkovskij war der Mann der freien Anregungen nach allen Seiten hin. Prochanov versuchte, Freiheit und Einheit organisatorisch zu verbinden. Dies unterscheidet wohl zutiefst die beiden Männer, zwischen denen wenig theologisch-dogmatische Unterschiede bestanden. Die nicht zu überhörenden Monita Marcinkovskijs in seinen Äußerungen sind nicht nur auf ihn beschränkt geblieben. Es gab noch andere, zumal in der

[34] E. V. 1936 S. 24.

Petersburger Arbeit der Jahre vor dem ersten Weltkrieg, die organisatorischen Bemühungen kritisch gegenüberstanden und die zwangsläufig entstehende Konfrontation verschiedener Bünde nicht mitzutragen bereit waren.

Als 1934 Prochanov sein geistliches Testament niederschrieb, nannte er unter denen, die nach seinem Tode die Leitung des Bundes im Ausland übernehmen sollten, auch Vladimir Filiminovič Marcinkovskij, und zwar als stellvertretenden Vorsitzenden. Ein Vermerk in der ersten gedruckten Wiedergabe des Testaments 1936 besagt, daß sowohl Marcinkovskij wie sein von Prochanov ebenfalls für die Leitungsaufgaben vorgesehener Bruder Vasilij geantwortet hätten, daß sie aus verschiedenen Gründen nicht die Möglichkeit hätten, an Leitungsaufgaben im Bunde teilzunehmen.[35] Es liegen keine Angaben vor, welche besonderen Gründe Marcinkovskij zur Ablehnung bewogen haben. Man wird in der Annahme nicht fehlgehen, sie in der Linie des Gesprächs vom Sommer 1935 zu sehen. Marcinkovskijs innere Einstellung zu den Anliegen der Evangeliumschristen hatte sich in dieser Zeit nicht verändert. Noch 1940 arbeitete er in der Evangel'skaja vera mit.[36]

Ein anderes Wirkungsfeld ausländischer evangelisch-missionarischer Bemühungen öffnete sich von der Februarrevolution an. Eine Anzahl von Mitarbeitern der amerikanischen YMCA nahm Tätigkeiten in Rußland auf. Ihre Ausweisung erfolgte nach dem Oktober 1917. Doch hatte infolge der politischen Verhältnisse diese durch die Sovetorgane veranlaßte Ausweisung nur begrenzten Erfolg, einige wichen zur tschechischen Legion aus, andere nach Vladivostok, das sich in der Zeit des Bürgerkriegs und der Fernost-Republik zum »Stabsquartier« kirchlicher Arbeit »als eine der Waffen des Antikommunismus« entwickelte.[37] Im Großraum um Vladivostok entwickelte neben Vertretern anderer religiöser Gruppierungen der USA, »von den Columbusrittern bis zu den Theosophen«, der Kreis dieser amerikanischen Missionare, unter ihnen viele Baptisten, eine umfangreiche Tätigkeit.

Sie erstreckte sich auf die Organisation evangelischer Gemeinden, auf die Entwicklung von Sonntagsschulen amerikanischen Stils, auf

[35] ebenda S. 61.
[36] ebenda, in der Nummer 1/1940 findet sich ein Beitrag von ihm.
[37] Diesen und den folgenden Angaben ist die Arbeit von N. M. Balalaeva, Konterrevoljucionnaja dejatel'nost, zugrundegelegt, hier S. 139, S. 140.

die Organisierung von Sportclubs wie auch auf kulturelle Arbeit. Im Jahre 1919 gab es im Fernost-Gebiet auf diese Weise 33 baptistische Sonntagsschulen mit 209 Lehrern, dazu 10 »Instrukteuren«. In Blagoveščensk hatte der dort gegründete Christliche Verein junger Männer 130 Mitglieder. Zeitweilig bestand in Vladivostok ein Bibelinstitut zur Ausbildung von Gemeindearbeitern. Die Drucktätigkeit war rege, an Zeitschriften gab es den »Vestnik christianskogo sojuza molodych ljudej«, die »Golos christianskoj molodeži«, den »Majak«. Die Blätter der Evangeliumschristen und Baptisten wurden ebenfalls mit amerikanischer Hilfe gedruckt. Zusätzlich wurden Bibeln und Bibelteile aus finnischer Produktion, aus dem Druckhaus Sortavaala[38] eingeführt. Die finanziellen Aufwendungen, die von den amerikanischen Helfern für die Arbeit im Dalnyj Vostok aufgebracht wurden, werden auf sechs Millionen Dollar veranschlagt.[39]

Auf evangelischer Seite waren eine Reihe bekannter Presbyter und Pastoren in diesem Raum tätig, zu ihnen gehörten Robert Fetler, Jakov Jakovovič Wiens[40], N. I. Pejsti[41], außerdem wirkten die Baptisten amerikanisch-schwedischen Herkommens Olson und Lindstedt. Mit der Wiedereinverleibung der Fernost-Republik in den Verband der Räterepublik fanden diese Aktivitäten ein Ende und wurde das gemeindliche Leben auf die bereits andernorts geltenden Maßstäbe zurückgeführt. Die Vorgänge amerikanischer Missiontätigkeit gehören anders als die bisher skizzierten in eine spätere Zeit hinein. Es ist im einzelnen nicht meßbar, welche Tiefenwirkungen von den Aktivitäten der amerikanischen Gruppen ausgegangen sind. Die Wirksamkeit von »Lehrern« in Sonntagsschulen, von »Instrukteuren«, wie es pädagogisch überzogen heißt, und der Einsatz von Finanzmitteln müssen gewogen werden.

Es bleibt der Tatbestand, daß nicht nur Einflüsse aus dem Freikirchentum, aus Allianzgruppen des Westens am Werk gewesen sind, sondern, daß auch der amerikanische Protestantismus eine begrenzte Zeit von Osten her auf den fernöstlichen ostslavischen Protestantismus eingewirkt hat. Dabei stieß er auf Bevölkerungsgruppen,

[38] Über dessen Aktivitäten vgl. W. Kahle, Geschichte der evangelisch-lutherischen Gemeinden S. 174.
[39] Balalaeva S. 144. – Im Zusammenhang mit ausländischen Finanzhilfen wird von verschiedenen Berichterstattern immer die japanische Choosen-Bank in Charbin als Leitstelle genannt, u.a. von Tichomirov, Baptizm S. 58.
[40] Wiens war zunächst in Samara tätig gewesen, dann in Kanada, nach seiner Rückkehr 1919 wirkte er hier und später im östlichen Sibirien.
[41] Vgl. hier S. 198.

unter denen der Anteil von Angehörigen des alten und neuen Sektantstvo an der Gesamtbevölkerung größer als in anderen Räumen Rußlands war.

Die Wege Marcinkovskijs, Kroekers, Wiens', auch die ungenannter russischer Kriegsgefangener im Ersten Weltkrieg[42] durch deutsche Läger und evangelistische Beeinflussung durch freikirchliche Aktivisten machen deutlich, wie differenziert der ostslavische Protestantismus von seinen Anfängen an war und lange geblieben ist. Neben den Hauptströmungen hatten die Adventisten bereits Fuß gefaßt, Methodisten bemühten sich von Estland her um eine Ausweitung. Von ihrem englischen Hauptquartier aus hatte die Heilsarmee Helsinki als Brückenkopf für ihr in Rußland aufzubauendes Werk ersehen. Im Neuland der evangelischen Bewegung konnten und mußten Persönlichkeiten vom Rang eines Lords Radstock, Onckens, Paškovs, eines Barons Nikolay, Pavlovs und Prochanovs tiefere Furchen ziehen, als es in einem anderen Boden hätte der Fall sein können. Das Wirken jedes einzelnen in seiner persönlichen Prägung wurde schon zu einem theologischen, nach dem Verständnis anderer zu einem Unterschiedliches ausschließenden Programm. Verursacht durch einen Subjektivismus, der mit einem Bekehrungserlebnis, einem bewußten und radikalen Christsein verbunden war, bestand eine starke Neigung, alles von dem eigenen Weg zum evangelischen Glauben, von den persönlichen Erfahrungen her zu verstehen und zu beurteilen. Eine häufig widersprüchliche Gestalt des gemeindlichen Lebens von einem Ort zum anderen war die Folge dieser Radikalität des »Entweder-oder«.

Es kam hinzu, daß theologische Fragestellungen des westlichen Freikirchentums, die in ganz anderen Traditionen eingebettet waren und dementsprechend auch einen anderen Stellenwert hatten, in den traditionslosen, jungen evangelischen Gemeinden Rußlands eine andere Bedeutung erlangten und zu neuen, vielfach heftigen Reaktionen führten. Deshalb konnten in Rußland auch aufgrund der starken emotionalen Momente Bewegungen eruptiver als die in theologisch verwandten Gruppen und Kirchen des Westens werden. Die jungen evangelischen Gemeinden holten gleichsam in wenigen Jahrzehnten die vierhundertjährige Kirchengeschichte des protestantischen Westens nach. Die Geschichte der Spannungen, die sich entwickelten, war eine Auswirkung der Traditions- und Geschichtslosigkeit.

[42] Vgl. hier S. 469.

Die Bildung durch ein Allianzchristentum bestimmter Gemeinden war dabei eine echte Alternative in der protestantischen Geschichte der beiden letzten Jahrzehnte des 19. Jahrhunderts geworden. Gegen Formlosigkeit auf der einen Seite und ein gesetzlich und eng wirkendes Verständnis in baptistischen Gemeinden des Südens auf der anderen bot sich der Allianzweg an. Beobachter haben immer wieder darauf hingewiesen, daß zwischen den baptistischen Gemeinden in Südrußland und Allianzgemeinden, die auch im Süden, aber zunächst mehr im Norden entstanden, soziologische Unterschiede bestanden. Die Baptistengemeinden waren weitgehend Bauerngemeinden, die ersten Allianzgemeinden entstanden in Städten. Bei erheblichem kulturellem und kommunikativem Gefälle zwischen Stadt und Land waren die Allianzgemeinden für viele Anliegen aufgeschlossener als die bäuerlich starren Baptistengemeinden.[43] Die schnelle Ausbreitung baptistischer Gemeinden hatte sich um 1890 verlangsamt und an Kraft verloren. Einstweilen noch ohne feste Gestalt und Verbindung untereinander wurden in den neunziger Jahren Gemeinden auf Allianzbasis zu einem ernstzunehmenden Faktor. Die Angaben über sie sind spärlich. Paškovcy, die sehr ungenaue Sammelbezeichnung für solche Gemeinden, gab es von der zweiten Hälfte der achtziger Jahre an in den Gouvernements Tver, Tula, Jaroslav, Moskau, Tambov, Nižnyj Novgorod, Samara, Olonec.[44] In diese Gemeinden des nördlichen und mittleren Rußlands strahlten zunächst die Petersburger Einflüsse aus. Auch im Schwarzmeergebiet entwickelten sich Gemeinden mit gleichen Anliegen.

---

[43] K. Plotnikov, Istorija i obličenie russkogo sektantstva, konstatiert S. 59, daß die Evangeliumschristen stärker als andere protestantische Gruppen vom Einheitsstreben erfüllt seien.
[44] Vgl. Klibanov, Istorija S. 190.

III. Das Ringen um die Einheit des ostslavischen Protestantismus

1. Bemühungen bis zum Jahre 1907

Der Charakter der Gemeinden mit Allianzprägung war nicht festgelegt. Neben solchen ihrer Angehörigen, die die Glaubenstaufe empfangen hatten und sie auch für andere forderten, gab es die, die wohl schon im Glauben getauft waren, aber Kindertaufe und Glaubenstaufe als Wahlmöglichkeit offen ließen, wieder andere, die die Kindertaufe ausdrücklich in ihre Glaubenslehre aufgenommen hatten. Dies war in der Moskauer Gemeinde noch nach 1910 der Fall, in der I. Verbickij die »Veroučenie evangel'skich christian priemljuščich detskoe svjatoe kreščenie« formuliert hatte.[1]

Prochanov trat, aus dem Kaukasus kommend, in die sehr offene und für neue Anliegen aufgeschlossene Welt Petersburgs ein. Im Kaukasus hatte er das Nebeneinander vielfach unverbundener Gruppen kennengelernt. Hier, in Petersburg, war er stärker, als es dort der Fall gewesen war, zum Austragen unterschiedlicher Auffassungen und zum Ausgleich genötigt. Über Leben und Tätigkeit des Studenten Prochanov liegen keine Berichte vor. Doch weisen die einzelnen Nummern der von ihm herausgegebenen Zeitschrift »Beseda« darauf hin, daß Prochanov sich nicht mit dem Leben einzelner Hauskreise begnügte. Er bemühte sich vielmehr, die Kreise, die er vorfand, an die großen, die Kirche und die Gesellschaft bewegenden Fragen heranzuführen. Artikel, die er aufnahm oder selbst veröffentlichte, legen dafür Zeugnis ab.

Einer der ersten Weggefährten bei dieser Arbeit wurde Hermann Fast. Der 1860 geborene Mennoniten-Bruder war, als Prochanov nach Petersburg kam, Erzieher in einer Adelsfamilie. Prochanov und Fast begegneten einander in den evangelischen Kleinkreisen der Hauptstadt. Fast wurde Mitarbeiter bei der Redaktion der Beseda. Er übernahm später die Herausgabe der Zeitschrift, während Prochanov nach wie vor für den Inhalt zuständig blieb. Aus Prochanovs späteren Berichten geht hervor, unter welcher Gefährdung Fast in seiner Wohnung zusammen mit seiner Frau, der Schwester eines Revolu-

---

[1] Moskau 1913, vgl. hier auch S. 92.

tionärs der siebziger Jahre, die Arbeit an der Beseda durchführte.[2] Prochanov hat Fast anläßlich seines Todes im Jahre 1935 einen Nachruf gewidmet. Darin betonte er, daß der aus einer mennonitischen Siedlerfamilie stammende Fast »von ganzem Herzen und mit allen Kräften« seine Tätigkeit »der Ausbreitung des Evangeliums unter dem russischen Volk« gewidmet habe.[3]

Die Beseda, nach dem Untertitel ein »Organ der evangelischen Christen« war von dem Willen zur Einigung aller Evangelischen bestimmt. Dabei waren die Einigungsbestrebungen, die zugrunde lagen, weniger auf eine formale Einheit ausgerichtet. Es ging um die Allianz, um den Bund derer, die sich an die Schrift, den Glauben und als dessen Grundlegung an das Sühneopfer Christi, gebunden wußten.[4] Der Kreis der Mitarbeiter war weit gezogen. Es gehörten Baptisten dazu, sogar Tolstojaner, die doch mit einer solchen Christologie nichts zu schaffen hatten. Prochanovs Allianzvorstellungen in dieser weiten Prägung werden durch einen seiner Aufsätze im Jahrgang 1896[5] der Beseda unterstrichen, den er der Jubiläumskonferenz der Evangelischen Allianz in London 1896 widmete.

Anläßlich seines Aufenthalts in England nahm er an dieser Konferenz teil. Der Berichtsband »Jubilee of the Evangelical Alliance 1896« enthält die Ansprache, die der 27jährige Prochanov auf der Konferenz gehalten hatte.[6] Friedrich Wilhelm Baedeker hatte ihn der Konferenz als einen jungen Stundisten vorgestellt. Das war sachlich eine ungenaue Bezeichnung; sie entsprach aber dem offenen Sprachgebrauch der Zeit, nach dem die Angehörigen der verschiedenen evangelischen Gruppen auch über den Bereich der Ukraine hinaus, soweit sie verfolgt waren, als Stundisten bezeichnet wurden. Prochanov sprach dann über das Thema »Die evangelische Allianz und die religiöse

---

[2] Der Name der Frau Fasts wird von Prochanov mit Goranevič angegeben. Sofija Lieven erwähnt in Duchovnoe probuždenie S. 23ff. einen Revolutionär Gorenovič, der später Evangeliumschrist wurde. Es handelt sich möglicherweise um den gleichen Namen.
Als Prochanov zur Gründung der Kommune Vertograd auf die Krim übersiedelte, verlegte auch Fast seinen Wohnsitz dorthin. Als die Kommune sich auflöste, verließ Fast noch im selben Jahr 1894 Rußland. Zuerst in Rumänien lebend, zog er nach Kanada weiter, wo er blieb. Dort nahm er sich auch der dorthin übergesiedelten Duchoborcy an. Prochanov berichtet noch von einer gelegentlichen Begegnung mit Fast anläßlich einer seiner Reisen nach Kanada.
[3] E.V. 7–9/1935 S. 27 – G.I. Fast – Posmertnoe slovo.
[4] Vgl. A. Klibanov, Istorija S. 223.
[5] Hrsgb. des Berichts über die Konferenz war Arnold, London 1896.
[6] Arnold S. 310–313.

Freiheit«. Dabei führte er unter anderem aus, daß für einen Stundisten oder für einen Armenier[7] jetzt über religiöse Freiheit zu sprechen bedeute, als ob ein Hungernder über Nahrung rede, ohne sie zu haben. Am Ende der jetzigen Zeit werde jedoch der Sieg stehen, weil Gott sich selbst seiner Sache annehme. Prochanovs Dank galt dann dem Vorsitzenden der Konferenz, Dr. Naville, der zusammen mit einer Delegation der Evangelischen Allianz beim Zaren Aleksandr III. für die Beendigung der Stundistenverfolgungen eingetreten war. Zwar sei dieser Schritt, sich für die Verfolgten einzusetzen, ohne Erfolg geblieben, doch hätte er eine Stärkung des Durchhaltewillens der Verfolgten bewirkt. Die Kunde davon hatte abgelegenste Orte Rußlands erreicht; auch liberale Blätter hatten sich den Erörterungen darüber erschlossen. Alle diese Geschehnisse, äußerte sich Prochanov, seien sehr bedeutsam, »weil sie Zeichen für eine erwachende öffentliche Meinung sind und weil sie zeigen, daß der alte Kampf zwischen Licht und Finsternis begonnen hat, in Rußland die literarischen Kreise zu bewegen.«[8] Prochanovs Schlußworte waren ein Aufruf, daß die Christen im Westen Europas in ihrer Aufmerksamkeit nicht nachlassen sollten: »Christen betet für Rußland! Betet für die, die Verfolgung leiden! Betet für die Kinder Gottes und besonders für Herrn Pobedonoscev, auf den all die Verfolgungen in Rußland zurückgehen. Betet für die Verfolgten!«[9]

Die kurze Ansprache Prochanovs enthält einen Zug, der in seinen Äußerungen der späteren Zeit häufig und betont hervortreten sollte – sein Achtgeben auf die Stimme anderer, nicht-religiöser Kreise, der Wille, in Kontakt mit politisch-gesellschaftlichen und Gruppen des kulturellen Lebens zu sein. Die folgenden Jahre in Prochanovs Leben waren noch Wanderjahre, erst von 1901 an, dem Jahr seiner endgültigen Niederlassung in Petersburg, konnte er bisher Erfahrenes aus dem In- und Ausland realisieren. Das Anliegen, die isolierten oder gar auseinanderstrebenden Gruppen des russischen Protestantismus vereinen zu helfen, blieb in dieser Zeit bestimmend.

Die Gründung der »ersten Gemeinde« bedeutete die Schaffung eines Instruments, um seinen Zielvorstellungen im Verein mit anderen Nachdruck zu verleihen. Noch vor deren staatlicher Legitimierung trat Prochanov im August 1906 mit einem Aufruf zur Gründung eines »Russischen Evangelischen Bundes« hervor. Das umfangreiche

---

[7] Es war die Zeit der Armenierverfolgungen in der Türkei, deshalb der Hinweis.
[8] Arnold S. 312.
[9] ebenda S. 313.

Schreiben, das 1908 noch einmal im »Bratskij Listok«, der selbständigen Beilage zum »Christianin«, Prochanovs 1906 erschienener Zeitschrift, wiedergegeben wurde, hat den Charakter einer Denkschrift. Es setzt mit einer Schilderung der Lage Rußlands ein und betont angesichts der als kritisch verstandenen Situation ein Haupterfordernis: Ungeachtet der von Prochanov betonten Notwendigkeit politischer und ökonomischer Reformen erscheint als Hauptaufgabe die Erneuerung des religiösen Lebens des russischen Volkes. Erst durch sie können andere Aufgaben zur Erfüllung gelangen. Eine solche Erneuerung erhielt im Westen Europas die Bezeichnung »Reformation«. Bedauerlicherweise wird »Reformation« immer, fährt Prochanov fort, in dem engen Sinne verstanden, den es im historischen Ablauf im Westen und auch im Blick der Russen auf Fremde und Siedlungen von Fremden reformatorischen Herkommens im Lande erhalten hat. Wir, meint Prochanov, verstehen diese Reformation als Erneuerung tiefer und breiter zugleich, wir verstehen sie als die »geistliche Erneuerung des Volkslebens«. Sie erwächst, das betont er ausdrücklich, aus der Selbständigkeit des russischen Geistes.

Werkzeug der Erneuerung soll ein Bund sein, als ein vereinigtes Zentrum für die praktische Arbeit, ein Bund, der die russischen gläubigen Christen vereint. Im nun folgenden zweiten Teil faßt Prochanov die Aufgaben des Russischen Evangelischen Bundes zusammen. Die sechs namentlich genannten Aufgaben reichen von der Unterstützung geistlicher Erneuerung in der russisch-orthodoxen Kirche auf der Grundlage des Evangeliums über eine umfassende Verbreitung der evangelischen Botschaft (Mission, Erziehung, Jugendarbeit, biblisch-theologische Wirksamkeit in Unterricht und Arbeitskreisen zur Einrichtung von Versammlungszentren), das einheitliche Handeln evangelischer Christen, den Kampf für ein rechtlich geordnetes öffentliches Leben bis hin zur Entfaltung aller lebendigen Elemente der russischen Bevölkerung. Damit verbindet das Programm Reformation und Landesreform. Beide sind aufeinander bezogen, ihre Aufgaben sind nicht voneinander zu lösen.

Der dritte Abschnitt des Aufrufs handelt von den »Grundlagen des Russischen Evangelischen Bundes«. Mitglieder können einzelne Personen sein, für die folgendes feststeht:

1) Die Geistgewirktheit der Heiligen Schrift und ihre hinreichende Wegweisung.
2) Das Recht und die Freiheit der Bibelauslegung.
3) Die Dreieinigkeit und Untrennbarkeit Gottes.

4) Der Sündenfall des Menschen.

5) Die Tatsachen, die im zweiten Artikel des Glaubensbekenntnisses über Christus ausgesagt sind.

6) Die alleinige Mittlerschaft Christi zwischen Gott und den Menschen.

7) Die zeugnishafte Zusammengehörigkeit von Glaube und Handeln.

8) Das allgemeine Priestertum der Gläubigen nach dem Typos der Person des Hohen Priesters Christus.

9) Der Gehalt des dritten Artikels des Glaubensbekenntnisses.

Der Schlußsatz dieses Teils lautet: »In allen noch verbleibenden Fragen des christlichen Glaubens und in der Besonderheit der Beziehung äußerer Erscheinungsformen des Glaubens und des kirchlichen Lebens wird allen Gliedern des Bundes vollständige Freiheit eingeräumt.«[10]

Ein weiterer Abschnitt behandelt dann die Mittel zur Durchsetzung der Tätigkeit des Bundes. Hier werden die finanziellen Fonds genannt, in der Aufteilung nach den Arbeitsgebieten Mission, Publikation, Bildung und Erziehung, Diakonie, Baufragen. Die äußere Organisation des Bundes, soweit sie im Aufruf umrissen ist, verdient besondere Beachtung. Der »Bund ist nicht ein Bund von vereinigten Kirchen in einem allgemeinen kirchlichen Aufbau«. Er ist vielmehr »ein Bund einzelner Gläubiger, die sich auf der Grundlage der im Vorhergehenden beschriebenen Hauptpunkte des Glaubens und in der Tätigkeit für die Erreichung der vorstehend angegebenen Ziele vereinigt haben.«[11] Die Mitgliedschaft einzelner schließt jedoch nicht aus, daß ganze Gemeinden dem Bund angehören können, »doch werden sie in solchem Falle als Gruppen von einzelnen Gläubigen zu betrachten sein.« Die Frage des organisatorischen Aufbaus von Gemeinden und die äußere Struktur bleiben in jedem Fall Angelegenheit der einzelnen Kirchen und Gemeinden, aus deren Reihen Glieder dem Bund angehören werden.

Nach den im Aufruf entwickelten Vorstellungen wird im Laufe der Zeit der Bund aus sich heraus einen Rat als Leitungsgremium entwickeln, es heißt aber ausdrücklich: »Dieser Rat wird ausschließlich die Bedeutung eines vollziehenden und beratenden Organs haben, er wird keine andere Bedeutung erlangen.«[12] Zur temporären Durch-

[10] B.L. 10/1908 S. 4.
[11] ebenda S. 5.
[12] ebenda S. 5.

führung erster Aufgaben und als Anlaufperson für diejenigen, die den Willen haben, dem Bund anzugehören, wird Oberst Chr. von Offenberg genannt, als interimistischer Sekretär fungiert Ivan Stepanovič Prochanov. Die in dem Aufruf genannten neun Punkte, die als Voraussetzung der Mitgliedschaft zu gelten haben, entsprechen in der Zahl und weitgehend im Inhalt den Punkten der Grundlagenerklärung, die die erste Versammlung der Allianz 1846 in London festgelegt hatte.[13] Es ist verständlich, daß dem entsprechend in einem weiteren Abschnitt »Der allgemeine Charakter des Russischen Evangelischen Bundes« auch auf diese Parallelen eingegangen wird: Die Evangelische Allianz (Evangel'skij sojuz) im Westen hat sich die Vereinigung evangelischer Wirksamkeiten zum Ziel gesetzt; in der Gegenwart sind es zwei Hauptanliegen, die sie bestimmten – die größere Einheit unter den Christen und die Abwehr von Glaubensverfolgung. Die Aufgabenstellung des Russischen Evangelischen Bundes wird eine umfassendere sein; der Bund wird dazu auch die Besonderheit der Bedingungen in Rußland und seinen russischen Charakter betonen. Dies wird ihn dazu veranlassen, im gegebenen Falle in wichtigen Momenten des nationalen Lebens im Namen seiner Mitglieder seine Stimme zu erheben; dies bezieht sich auf gesellschaftliche Fragen und Positionen. Der Aufruf schließt mit Fragen an die Leser, der unterzeichnende Prochanov erbittet dazu Antworten. Die kurzen Fragen sind eine Zusammenfassung des Inhalts des Ganzen, sie legen das Ja zur Einheit, zu den Aufgaben des Bundes und zu seiner Organisationsform nahe.[14]

Ende 1906 fanden sich in St. Petersburg Ivan Venjaminovič Kargel, Baron Nikolay, Staatsrat Maksimovskij[15], Oberst Offenberg, Prochanov und der schwedische Missionar Hoijer zu einer erneuten kurzen Mitteilung an die Öffentlichkeit zusammen. Sie gaben bekannt, daß sich ein Petersburger Kreis zusammengefunden hatte, den Russischen Evangelischen Bund gegründet und aus sich heraus einen temporären Vorbereitungsrat gebildet habe, um die Arbeit anlaufen zu lassen. Der Kreis der Gründungsmitglieder war entscheidend durch die Petersburger Evangelischen bestimmt. Deren Offenheit, die von Kennern des Petersburger evangelischen Lebens immer wieder her-

---

[13] Vgl. Artikel »Allianz« von E.Chr. Achelis in: R.E. III. Aufl. Bd. 1 S. 376–381 mit Text der Grundlagenerklärung S. 377/378.
[14] B.L. 10/1908 S. 7/8.
[15] Maksimovskij war leitender Beamter im Gefängniswesen Rußlands. Er fiel 1908 einem Attentat zum Opfer.

vorgehoben worden ist[16], war die Voraussetzung des gesamten Unternehmens.[17] Die Unterzeichner der Mitteilung vom Jahresende verstanden sich jedoch ausdrücklich nicht als der endgültig zu wählende Rat des Bundes, für dessen Zusammensetzung mindestens zehn Personen vorgesehen waren. Die Beschreibung der Arbeit entsprach dem im Aufruf vom August Gesagten. Es wird noch einmal unterstrichen, daß der Bund kein Bund von Kirchen, sondern von einzelnen (otdelnych) gläubigen Personen sei; ferner wird die Forderung nach der Einrichtung von finanziellen Fonds für die verschiedenen Aufgabenbereiche evangelischen Lebens erhoben.

Es liegt eine Reihe schriftlicher Äußerungen solcher vor, die anläßlich der Bundesgründung persönlich angesprochen waren. Der Mennoniten-Bruder Johann Isaak gab am 1. 10. 1906 der Hoffnung Ausdruck, daß auch die deutschen Baptisten im Bund mitwirken würden. P. M. Friesen verzichtete in einem Schreiben vom 10. 1. 1907 aus Simferopol zwar auf eine formale Mitgliedschaft, wünschte aber alles Gute. Johannes Svensson sprach in einem Schreiben vom 25. 1. 1907 seine Zustimmung zur Bundesgründung aus.[18] Die Konstitution des Bundes wurde durch die staatlichen Instanzen am 16. Mai 1908 bestätigt. Fürst Lieven stellte in einem Bericht die Bedeutung der Gründung und Anerkennung des Bundes heraus. Vor einem englischen Gremium äußerte er sich, daß die Genehmigung ein »sehr bedeutsamer Schritt in der Geschichte der Religionsfreiheit« in Rußland sei. Das Recht der Allianz auf Grund der Bestätigung, nunmehr Versammlungen durchführen zu können, wird als wichtiges Geschehnis betrachtet. Als die zweite Seite der Bedeutung der Arbeitsaufnahme

[16] W. Jack, I.St. Prochanov, sein Leben und sein Wirken – Manuskript Blatt 5: »Von Anfang an hat die Petersburger Gemeinschaft sich durch Weitherzigkeit in bezug auf alle Kinder Gottes ausgezeichnet. Ihre Versammlungen standen allen aufrichtig gläubigen Jüngern Jesu von Herzen weit offen.« – SM

[17] Zu den Gründungsmitgliedern des Russisch-Evangelischen Bundes, der seine staatliche Genehmigung am 16. 5. 1908 erhielt, gehörten neben Prochanov, Geheimer Staatsrat A.M. Maksimovskij, die Tochter des Generals der Infantrie V.M. Maksimovskaja, Baron P.N. Nikolay, Witwe des Ehrenbürgers O.M. Maslenikov, Ivan Venj. Kargel, Bauer S.A. Alekseev, Anna Ivanovna Prochanova, die Tochter des Wirklichen Staatsrats N.N. von Krause, Kaufmann A.D. Petersen, die Tochter des Podporučnik S.P. Ostaf'ev, die Frau des Staatsrats A.K. Irkov, die Tochter des Staatsrats A.I. Peuker, Wirklicher Staatsrat F.K. Pistolkors, der aus Finnland gebürtige T.F. Stranberg, die Tochter des Generalmajors E.K. Pistolkors, der deutsche Missionar F.A. Arndt, Missionar I.A. Judanov, Bauer I.S. Gromov, Baron F.A. Stackelberg, A. Neumann, der preußische Missionar I.F. Grote, die Frau des Obersten Offenberg.

[18] Vgl. B.L. 1/1909 S. 6ff., dort weitere Zuschriften.

wird gesehen: »Die russischen evangelischen Vereinigungen sind nicht nur räumlich verstreut, sie gehören auch verschiedenen Denominationen an. Sie sind meist ohne wirklich hervortretende Führer und deshalb verfallen sie leicht in den Fehler der Enge. Der Geist wahrer Evangelischer Allianz war bislang sehr wenig in Rußland bekannt, weil es keine Verbindung zwischen einigen der Glaubensrichtungen des Nordens, Südens, Ostens und des Westens Rußlands gab. Die Allianz ist jetzt ein Mittel, sie zu verbinden.«[19]

Als Fürst Lieven seinen Bericht gab und so hochgemut die Einigung beschwor, hatte die tatsächliche Entwicklung schon einen ganz anderen Verlauf genommen. Ein im Januar 1907 in Petersburg stattgefundener Kongreß kennzeichnet den Verlauf der Geschehnisse im protestantischen Lager.[20] Zwar war die Allianz ins Leben getreten, aber sie hatte nicht die Kraft gehabt, alle Gruppen zu vereinen. Sie war auf die Zustimmung von Gemeinden und Personen beschränkt geblieben, die schon vorher einer Öffnung der evangelischen Gruppen zueinander aufgeschlossen gewesen waren. Die Allianz vermochte dagegen nicht die Schranken niederzulegen, die die Baptisten von ihr trennten. Unter den den Aufgaben der Allianz Zustimmenden hatte es zwar auch Baptisten gegeben, im Gründungskomitee hatte der reichsdeutsche, in Petersburg als Prediger wirkende Baptist Arndt mitgearbeitet. Die Stellung der deutschen Baptisten im Süden Rußlands zur Allianz war dagegen anders, ebenso die der russischen Baptisten in ihrer Mehrzahl. Auch ihnen stellte sich die Frage nach der Einheit der Evangelischen. Sie erblickten den Weg dahin nicht in der Weise der Allianz, sondern in der entschiedenen Übernahme baptistischer Prinzipien durch alle.

Die Genesis der baptistischen Gemeinden hatte dem Baptismus zumal in Südrußland härtere Züge mitgegeben, als er sie in anderen Ländern hatte oder aber in der Frühzeit des englischen Baptismus zuvor gehabt hatte. Die Existenz der Minderheit schloß diese vielfach aus dem Zusammenhang mit der Umwelt aus. Sie verstärkte die Exklusivität, in der man sich auch innerhalb des selbstgewählten Freiraums bewegte. Dies bestimmte auch das Verhältnis von Baptisten zu anderen protestantischen Gruppierungen. Wo es um das Heil, um die biblische Ordnung der Gemeinde ging, konnte es nichts Unwesentliches geben. Mochte man die Entwicklungen in der insgesamt abge-

---

[19] Evangelical Alliance, British Organization, Annual Report 1910 S. 27.
[20] Vgl. hier S. 117ff.

lehnten orthodoxen Kirche mit Abstand und Gleichmut betrachten, da es sich bei ihr nach der Auffassung vieler Evangelischer um eine untaugliche Kirche und um eine verlorene Schar handelte, so war ein entsprechender Gleichmut gegenüber anderen protestantischen Gruppierungen und neu aufkommenden Formen evangelischer Existenz nicht möglich. Dies wirkte sich auf die Stellung zum Allianzgedanken und zu ersten Allianzkreisen aus. Der Aufruf der Petersburger vom August 1906, der so viele Fragen außer den in den neun Punkten genannten Grundlagen als unverbindlich offen ließ, mußte auf Widersprüche stoßen.

Die Stellung des Baptismus zur Evangelischen Allianz war auch zuvor nicht in allen Ländern einheitlich gewesen, sie muß zudem unter einem doppelten Aspekt gesehen werden. Einesteils waren die Baptisten »stets eifrige Förderer der Allianz gewesen.«[21] Baptisten hatten zu den Initiatoren der Allianzbewegung sei 1846 gehört. Doch verstand man gerade im deutschen baptistischen Bereich und unter den von diesem Beeinflußten die Mitwirkung in der Allianz als das Ja zur Einigkeit von Christen im Geiste. Man war nicht bereit, durch Überspringen der Grenzen bestehender Denominationen eine organisatorische Einheit vorwegzunehmen, »die Sonderlehren zu verwischen und eine unheilvolle Religionsmengerei zu schaffen.«[22] Aus der Sicht des Baptismus in Deutschland um die Jahrhundertwende ergab sich: »Die Allianzbestrebungen dürfen in die Lehren und Einrichtungen der bestehenden Kirchengemeinschaften nicht eingreifen und auch diese nicht auflösen, um ›eine Herde und ein Hirt zu werden‹, sondern sie haben nur die Einheit im Geiste durch das Band des Friedens zu pflegen und die Einheit des Leibes Christi zur sichtbaren Darstellung zu bringen.«[23]

Mit diesem Verständnis war die Abgrenzung von denen vollzogen, die in der Allianz eine Aufhebung von Begrenzungen anstrebten und Unterscheidungslehren gering achteten. Im Jahr des Petersburger Kongresses hielt einer der maßgebenden deutschen Baptisten in Südrußland, Fr. Brauer aus Neu-Danzig, auf der Konferenz der deutschen südrussischen Vereinigung der Baptisten ein Grundsatzreferat.

[21] Joseph Lehmann, Geschichte der deutschen Baptisten Bd. 2 S. 270.
[22] ebenda. S. 271. Lehmann fährt fort: »Als auf der großen Allianzversammlung zu Berlin 1857 der Engländer Cairns mit großer Begeisterung und unter dem Beifall der Menge mitteilte, daß in England und Amerika eine gewisse Überbrückung der Kluft zwischen den Calvinisten und Arminianern stattgefunden habe, ist wohl kein Baptist gewesen, der sich am Händeklatschen beteiligt hat.«
[23] ebenda S. 271/272.

Er behandelte darin eingehend Fragen der Allianzbewegung und des Verhältnisses zu dieser. Wenngleich nicht aus dem Kreis russischer und ukrainischer Baptisten kommend, müssen Brauers Äußerungen doch für den gesamten Baptismus in Rußland als bezeichnend verstanden werden. Brauers Ausführungen erscheinen teilweise wie eine Auseinandersetzung mit den Geschehnissen des Januarkongresses.

Brauer skizzierte zunächst die Bewegung: »Die Allianz nennt sich mit Vorliebe, wie das auch viele andere Gemeinschaften gerne tun, die Evangelische Allianz. Sie bildet vorläufig noch keine geschlossene Gemeinde, was aber, wenn nicht alle Anzeichen täuschen, nicht mehr lange auf sich warten lassen wird. . . Ihre Losung lautet nicht wie bei uns Baptisten: ›Ein Herr, Ein Glaube, Eine Taufe.‹ Sie verfolgt auch nicht das Ziel, die Gläubigen zu vereinigen im Gehorsam gegen Gott und Gotteswort, sondern sie will sie vereinigen in der Liebe zu einander. Auf ihrer Fahne hat sie meistens Joh. 17,21: ›Auf daß sie alle eins seien.‹ Die Erklärung, die sie diesem Ausspruch des Herrn gibt, lautet: ›In der Hauptsache Einigkeit, in Nebensachen Freiheit und in allem anderen Liebe.‹ Die Allianzleute sehen keine sichtbare Gemeinde Christi, sondern die unsichtbare; daher ist es ihnen gleich, ihrem Grundsatz gemäß: ›In allem Nebensächlichen Freiheit‹, in welcher christlichen Gemeinschaft sie äußerlich stehen und was die Menschen sonst glauben.«

Brauer hat hier wohl, ohne es ausdrücklich zu erwähnen, den »Christianin«, die Zeitschrift Prochanovs vor Augen, der die Formel der Einigkeit, der Freiheit und der Liebe schon auf seinem Titelblatt zum Leitthema des Inhalts gemacht hatte. Brauer fährt nach weiteren Darlegungen fort: »Unsere strikte Stellung zum ganzen Worte Gottes ist ihnen (den Allianzleuten – W.K.) zu eng und diesen Damm wünschen sie zu durchbrechen. Und weil sie, wenigstens die Allianzleute in Rußland, diese Versuche ernstlich machen, so reden wir schon öfter von Allianzgefahr und müssen uns in Position stellen. Ich habe fast keinen Allianzmann gesprochen, der mir nicht gesagt hätte, die Baptisten und gläubigen Mennonitengemeinden sind in Formen erstarrt und verknöchert. . .« Brauer wertet diese Bezeichnungen als einen Versuch, den Baptisten »die Lust an den göttlichen Gemeindeordnungen zu beeinträchtigen.« Im folgenden nimmt er kritische Einwände auf, um die baptistischen Gemeinden zu notwendiger Überprüfung fehlerhafter Verhaltensweisen anzuregen. Aufschlußreich erscheinen seine Feststellungen, daß die Allianz meist aus gläubigen intelligenten Menschen bestehe. »Wie es mir scheint, sind ihnen die Grenzen einer biblischen Gemeinde zu unbequem und darum wollen sie sie trotz biblischer Lehre gar nicht sehen auf Erden. Die konfessionellen Grenzen sind bei ihnen mit dem Blute von Golgatha verwischt.«[24]

Dieser letzte Satz macht die ganze Härte der Positionen deutlich, in denen man sich in Rußland bewegte. Verständnis und Toleranz füreinander, schon im Westen trotz langer grundsätzlicher Anerkennung nicht immer einfach zu üben, waren in der Konfrontation, in der man Jahrzehnte gelebt hatte, nicht einfach zu gewinnen: Dem Tod Christi auf Golgatha entspricht das Bekenntnis zu ihm, die konfessionelle Abgrenzung, nicht aber die Auflösung dieser Grenzen, die zugleich als Grenzen zwischen Wahrheit und Lüge erscheinen.

Brauers Referat ist in der Wiedergabe eine Anmerkung beigefügt. Sie verdeutlicht, daß man sich auch in dem Hörerkreis um Differenzierung bemüht hatte: »Ein lieber Bruder, der zugegen war und die Allianzidee vertritt, meinte, die Ev. Allianz in Deutschland vertrete nicht den Standpunkt der russischen Allianzgemeinschaft, die hier eigentlich eine darbystische Färbung angenommen hat. Übrigens betonte er auch, was wir immer wieder gehört haben, daß Gott durch die Allianz viel Gutes ausgerichtet hat und daß von ihrem Leibe Ströme lebendigen Wassers fließen. Hieraus folgert er ihre Existenzberechtigung und Richtigkeit ihrer Anschauung.« In einer kurzen Antwort heißt es jedoch: »Die Lehren der heiligen Menschen können uns die Lehre des dreimalheiligen Gottes nicht ersetzen.«[25]

Die Äußerungen auf der Konferenz der Süd-Russischen Vereinigung geben Einblick in die Spannungsverhältnisse und die Aktualität der Fragen der Beziehung von Baptismus und Allianz. Es hatte sich bereits in den Vorjahren auf beiden Seiten zuviel an Besorgnissen und Belastungen angehäuft, als daß schnelle Entscheidungen und kurzfristige Verhandlungen hätten Abhilfe schaffen können. Für jede der Gruppen erschien die andere als eine festgefügte Größe. Für die Baptisten als die ältere Gruppierung mußte das Vordringen von Allianzgemeinden sich zu einer Gefährdung ihrer Positionen entwickeln. Diese Beurteilung wurde durch eine zusätzliche organisatorische Frage verschärft; jede Gruppe warf der anderen vor, daß sie viele der

[24] Protokoll der Konferenz der Süd-Russischen Vereinigung der Baptisten-Gemeinden 11. bis 14. 5. 1907 in Neu-Danzig S. 34.
[25] ebenda S. 35.

ihr Angehörigen aus den eigenen Reihen gewonnen habe. So hat es Hoijer schon auf dem Januarkongreß in Petersburg gesehen: »Wenige von ihnen (im Lager der Baptisten – W.K.) sind zuverlässige Baptisten, viele wollen sogar den Namen ganz und gar abschütteln. . . Das kommt daher, daß die Fische nicht aus dem See, sondern aus anderen Wassern genommen sind. Komitees, die ich für die freie Mission gegründet habe, haben die Baptisten verschluckt, aber jetzt können sie sie nicht verdauen. Es geht ihnen vielleicht so wie dem Fisch, der den Propheten Jona verschluckt hatte. Er muß ihn nach drei Tagen wieder ausspeien. Warte nur, diese Brüder haben das freie Christentum geschmeckt, und sie waren eins mit allen, die von Gott geboren sind.«[26] Dem standen von Anfang an die Klagen der Baptisten, sonderlich Dej Mazaevs gegenüber, daß die sich formierenden Gemeinden der evangelischen Christen ihre Angehörigen durch Eindringen in baptistischen Gemeinden gewonnen hätten und ihren Aufbau mit der Zerstörung baptistischer Gemeinden bewerkstelligten.

Bereits in den Jahren vor 1905 hatten allerorten auch unter den Baptisten lebhafte Bemühungen um Kontakte aller evangelischen Gemeinden eingesetzt. Die Baptisten, als Bund organisatorisch noch ungeformt und auch noch nicht legalisiert, hatten bereits 1903, frühere Treffen waren vorausgegangen, in Caricyn einen Kongreß abgehalten. Daran hatten auch Vertreter einer Kiever evangelischen Gemeinde teilgenommen, die ausdrücklich als Nicht-Baptisten bezeichnet wurden. Der Kongreß hatte festgelegt, daß die evangelischen Christen des Allianztypus zum Abendmahl in baptistischen Gemeinden zugelassen werden sollten. Diese Übereinkunft beendete im Einzelfalle den Streit, der von den Tagen der durch Paškov und Korff abgehaltenen Petersburger Konferenz an gewährt hatte und durch die Beschlüsse von Novo-Vasil'evka noch betont worden war.

Die Regelung bestimmte außer der Kiever Gemeinde auch andere, sich ihr anzuschließen. Namentlich wird die Gemeinde von Konotop genannt. Der baptistische Kongreß von 1905 in Rostov n/D war von besonderer Wichtigkeit für die Organisation und Geschichte des Baptismus. An ihm nahmen mit beschließender Stimme Vertreter der Petersburger evangelischen Gemeinde teil, es waren G. M. Mat'eev und V. I. Dolgopolov. Sie spielten in der späteren Prochanovschen

---

[26] Svensson S. 27. Er schließt hier, die Worte Hoijers bestätigend an: »Ein freier Vogel im Bauer ist nicht so leicht zu zähmen, wie einer, der im Bauer geboren ist.« Vgl. hier S. 121.

Gemeinde eine bedeutsame Rolle. Die Mitwirkung dieser Gäste mit beschließender Stimme ist rechtlich unklar geblieben. Schon kurze Zeit später war sie Anlaß heftiger Polemiken von Seiten Dej Mazaevs, des Vorsitzenden des Bundes der evangelischen Christen-Baptisten. Er äußerte die Ansicht, daß die Teilnahme von Vertretern von Allianzgemeinden auf dem Kongreß von Caricyn die Vorbereitung der Vereinigung aller Gemeinden zu einem einheitlichen Bund bedeutet habe, während der Kongreß von 1905 den Abschluß der Einigung erbracht habe. Auf diesem Kongreß wurde »einmütig von allen« die Bezeichnung »Evangelische Christen-Baptisten« angenommen.[27]

Dieser Auffassung, die Dej Mazaev im Verlauf der Streitigkeiten 1911 in der Zeitschrift »Baptist« noch einmal geäußert hatte[28], traten Prochanov und seine Freunde entgegen: »Auf diesen Kongressen fand nach Ihrer Meinung durch die Teilnahme der St. Petersburger Gemeinde der Evangeliumschristen der Anschluß an Ihren Bund statt. Nach eingehender Prüfung der Frage kommen wir auf der Grundlage der Dokumente in dieser Angelegenheit zu einer anderen Sicht. . . Eine faktische Vereinigung hat in Caricyn weder stattgefunden noch konnte sie überhaupt stattfinden, weil dort Vertreter der Evangeliumschristen nicht anwesend waren. Waş nun die Kongresse in Rostov n/D anbetrifft (1904, 1905, 1906), so nahmen an ihnen in der Eigenschaft von Gästen mit beschließender Stimme Vertreter der St. Petersburger Gemeinde der Evangeliumschristen teil. Doch auch dort fand praktisch keine Vereinigung statt, wie es das dabei angefertigte Protokoll dartut. . . Eine tatsächliche Vereinigung konnte auch deshalb nicht stattfinden, weil die Petersburger Gemeinde immer für die Einheit eintrat als die Einheit freier und autonomer Gemeinden.«[29]

Diese Rückblicke Mazaevs auf der einen, Prochanovs auf der anderen Seite erweisen, daß die Mißverständnisse, die sich 1903, 1905, 1906 ergeben hatten, nicht hatten geklärt werden können. Eine Einladung, die von der Petersburger evangelischen Gemeinde im Dezember 1906 zu einer von ihr im Januar 1907 zu veranstaltenden Konferenz ausgesprochen wurde, spricht gegen die Sicht Mazaevs, daß man zu einer vollen Einigkeit im Jahre 1905 gelangt sei. Hinter dieser Einladung stand Ivan Stepanovič Prochanov, neben ihm die Männer, die den Aufruf zur Gründung des Russischen Evangelischen

---

[27] Baptist 34/1911 S. 268.
[28] Aufsatz »Ne ta doroga« – in: Baptist 34/1911 S. 268–269.
[29] Plotnikov S. 62.

Bundes unterschrieben hatten. Die Einladung erging an Baptisten, Allianzgemeinden und Neu-Molokanen. Handhabe, die verschiedenen evangelischen Gruppen an einen Tisch zu bringen, bot der Vorschlag der Einladenden, über einen Gesetzesentwurf der Regierung zur Regulierung des Lebens und der Organisation von Gemeinden des Sektantstvo zu einer einheitlichen Meinungsbildung zu gelangen. Das eigentliche Ziel, das sich die Veranstalter gesteckt hatten, war allerdings die Einheit des russischen Protestantismus auf der Basis des Aufrufs vom August 1906.

Die Bedeutung des Kongresses war allen Beteiligten und Beobachtern bewußt. Svensson stellte mit Recht den Kongreß in Beziehung zu dem vor 23 Jahren in Novo-Vasil'evka gescheiterten Versuch der Einigung. Plotnikov, der Verfasser eines vielfach benutzten orthodoxen Handbuchs über Sekten, nannte 1914 den Kongreß sogar den All-Sekten-Kongreß (obščesektantskij s'ezd).[30] Auch Jakov I. Židkov, der spätere langjährige stellvertretende Vorsitzende des Bundes der Evangeliumschristen, nach 1944 bis 1966 der erste Präsident des Bundes der Evangeliumschristen/Baptisten, stellte den Kongreß in die Reihe der bedeutsamen Geschehnisse auf dem Weg zur Einheit.[31]

Die Quellen über die Vorgänge bei diesem Kongreß fließen reichlicher, als es gemeinhin der Fall in der Geschichte des ostslavischen Protestantismus ist. Von verschiedenen Seiten her gesehen ergibt sich ein aufschlußreiches Bild über das Gefüge des russischen Protestantismus zu dieser Zeit. Aussagen, zum Teil auch ausführliche Berichte, liegen von Walter Jack, Johannes Svensson, von den Evangeliumschristen im »Bratskij Listok« und damit von dessen Herausgeber Prochanov, von Dej Mazaev und Jakov Židkov vor. Alle zusammengenommen ergeben die Dimensionen dieser Konferenz, die gewöhnlich nur beiläufig und kurz erwähnt wird.[32]

[30] Zitiert N. Čepurin, Obzor sektantskoj literatury S. 22–23.
[31] J. I. Židkov, Na putjach edinstva – in: B.V. 3/1957 S. 52ff.
[32] Ein Jahrzehnt zuvor hatte Prochanov bei der Jubiläumskonferenz der Evangelischen Allianz dem gleichen Gedanken umfassender Einheit bereits Ausdruck gegeben. Friedrich Wilhelm Baedeker hatte seine Worte eingeleitet: »Hier ist ein lieber Bruder anwesend, mein lieber junger Freund, Herr Prochanov, der selbst ein Stundist ist. Sein Vater ist auf gleiche Weise behandelt worden. Ich sah die Mutter und die Familie in ihrem Heim und später sah ich seinen Vater an seinem Verbannungsort . . .« Prochanov sagte u.a.: »Ich freue mich sehr darüber, Ihnen im Namen aller russischen Stundisten herzlichen Dank auszusprechen . . . Die Verfolgten sind auf dem Weg zur Einheit: . . . sie vereinigen sich all in einen Leib, in eine Union, welche ich mit keinem anderen Wort bezeichnen kann als die Evangelische Allianz in Rußland.« Er schloß mit dem Wunsch, daß eine solche internationale Konferenz wie hier in London auch in Petersburg oder Moskau stattfinden könne.

Die Einladung zur Konferenz hatte folgenden Text: »An die Gemeinde Gottes in . . . Geliebte Brüder im Herrn. Die Gemeinde der Evangelischen Christen in Petersburg hat unter Gebet und Mitwirkung des Heiligen Geistes einige Versammlungen abgehalten aus Anlaß des neuen, höchsten Orts gegebenen Ukazes vom 17. Oktober 1906 über die Errichtung von Gemeinden. Sie ist dabei zu dem Ergebnis gekommen, daß keine Gemeinde für sich in dieser Frage einen endgültigen Beschluß fassen soll, sie geht alle evangelischen und christlichen Gemeinden in ganz Rußland gemeinsam an. Dies wird auch dadurch bestätigt, daß mehrere Gemeinden sich mit der Frage an uns gewandt haben, ob es nicht am Platze wäre, diese wichtige Angelegenheit gemeinsam mit den Brüdern aus den einzelnen Gemeinden zu entscheiden.

Um diesem Wunsch entgegenzukommen, haben wir beschlossen, uns in St. Petersburg am 15. Januar (neuer Stil 28. Jan.) 1907 zu versammeln. Wir laden Sie ein, falls Sie es für notwendig erachten, einen Bruder aus ihrer Gemeinde zu entsenden, mit uns an dieser Arbeit teilzunehmen. Es wäre gut, wenn die Fragen in Ihrer örtlichen Gemeinde vorgeprüft würden, bevor ein Bruder zu unserer gemeinsamen Konferenz abgesandt wird, zum gemeinsamen Beschluß in der vorliegenden Frage, d.h. zum Besten unserer geistlichen Einrichtungen Vorschläge zu machen, die das neue Gesetz betreffen.

Außerdem ist es wünschenswert, daß keine Einzelgemeinde irgendein Gesuch unter Bezugnahme auf das neue Gesetz einreicht, bevor nicht die Frage in St. Petersburg behandelt wird.« Unterschrieben hatten im Auftrag der evangelischen christlichen Gemeinde in St. Petersburg A. J. Ivanov, C. Alekuev, V. J. Dolgopolov mit Datum vom 26. Dezember 1906.[33]

Der Kongreß begann am Montag, 15. Januar, und dauerte bis zum 19. Januar. Fürstin Lieven hatte den großen Saal ihres Hauses an der Moika Nr. 43, in der Nähe der Isaak-Kathedrale, für die Verhandlungen zur Verfügung gestellt. Die Teilnehmer des Kongresses aus den verschiedenen Gebieten Rußlands saßen in Blöcken. Es gab die Petersburg-Bank, die Rostov-Bank und andere. Öffentliche Gottesdienste, Gemeindeveranstaltungen, bei denen die Gäste von außerhalb

33 Johannes Svensson, hier in alter Rechtschreibung Swensson, De ewangeliska kristnas Konferens i St. Petersburg den 28. jan. – 5. febr. 1907, hier S. 4–6. Die Übersetzung aus dem Schwedischen ins Deutsche verdanke ich Frau Margarete Eisenberg, Bromma/Schweden.

mitwirkten, bezogen die Evangelischen Petersburgs in die Kongreßarbeit mit ein. Für Jack stellte sich die innere Aufteilung nach dem
Schema eines Parlaments von rechts bis links dar, als die Rechte bezeichnete er die Baptisten, die »Petersburger Brüder« erschienen ihm
als Zentrum, die Neu-Molokanen, mit denen er sich durch seine Arbeit in Astrachanka verbunden wußte, als die Linke.

Die Baptisten waren unter der Leitung von Dej. J. Mazaev mit 40
Vertretern anwesend. Für die 40 Gemeinden der evangelischen
Neu-Molokanen, die sich im Süden um ihren Mittelpunkt Astrachanka gebildet hatten, waren 5 Vertreter anwesend. Ihr Sprecher
war G. S. Zacharov, der Sohn des Seniors dieser Gemeinden. Unter
den anwesenden Petersburgern waren Baron Nikolay, Staatsrat Maksimovskij, Oberst Offenberg sowie Prochanov. Ivan Venjaminovič
Kargel fungierte als Präsident. Nach Svenssons Angaben erschien er
als ein älterer Mann »mit einer schwachen Gesundheit, und als Vorsitzender war er vielleicht nicht der allerbeste, er war vielleicht
manchmal zu gütig, so daß er die Situation nicht immer beherrschte.«[34] Auch Jack hatte den Eindruck, daß Kargel seiner Aufgabe nicht
gewachsen war; er ließ sich durch die Baptisten praktisch sehr bald die
Leitung der Versammlung aus der Hand nehmen, ohne sie jedoch
ganz aufzugeben.

Zu ihrem stellvertretenden Vorsitzenden hatte die Versammlung
Dej Mazaev gewählt. Er stammte aus einer Molokanenfamilie in
Chasov-Jurta, in der Dagestanskaja Oblast'/Sibirien. Der 1885 baptistisch Getaufte hatte nach Wiehlers Fortgang 1886 Leitungsfunktionen übernommen, ein Zeichen, daß er trotz seiner jungen Zugehörigkeit zur Gemeinde aus dem Kreis der anderen herausragte. Das
Amt des Vorsitzenden des Bundes der Baptisten hat Mazaev mit kurzen Unterbrechungen bis 1922 bekleidet. Er starb am 20. Mai 1922 in
Sibirien, wohin er nach langjährigem Aufenthalt in Südrußland, vor
allem in Rostov n/D, verzogen war. Die Familie Mazaev – neben Dej
Ivanovič war noch sein Bruder Gavriel führend in der baptistischen
Arbeit tätig – gehörte zu den großen Besitzern unter den Baptisten. In
der Geschichtsschreibung des Bundes der Evangeliumschristen/Baptisten erscheint er als eine bestimmende Gestalt der mittleren Generation, der Organisator des Bundes der Baptisten und der erste
Schriftleiter des seit 1907 erscheinenden »Baptist«. Seine intellektuellen Fähigkeiten verschafften ihm bei aller Härte in den Auseinan

[34] Svensson S. 10.

dersetzungen um die Gestalt des Baptistenbundes und mit anderen Gruppen den Beinamen des baptistischen »Salomo«.[35]

Svensson zeichnete sein Bild auf der Konferenz von 1907: »Seine Figur ist groß und stattlich, der Schädel ist kahl, der graumelierte Bart deckt sowohl die Brust als auch den unteren Teil des Gesichts. Er ist ein guter Redner, klug und gewandt (!), und er ist ein Baptist von Kopf bis Fuß. Er beherrschte diese Konferenz und war ihr eigentlicher Vorsitzender.«[36] Eine weitere Aussage Svenssons unterstreicht seine kritische Sicht Mazaevs, nachdem es zum Auszug der Neu-Molokanen gekommen war: »Mazaev schien jetzt der einsame Diktator zu sein. Wenn er nur wollte, flogen 80, 90 Hände bei den Abstimmungen empor. Die Abstimmenden reckten nämlich beide Hände auf, um noch sicherer zu erscheinen. Und von nun an sah es nicht mehr nach einer Allianzkonferenz aus, sondern nur nach einer Baptistenkonferenz, denn von den wenigen, die einer anderen Meinung waren, sagte keiner ein einziges Wort oder hob eine Hand auf zur Gegenrede oder zum Protest. Man fühlte, daß man in Rußland war, wo der Despotismus seinen Stempel, seine Prägung auf alle und alles setzte. Der, der die Macht hat, regiert und kümmert sich nicht um das, was andere fühlen und denken. Beschluß folgte auf Beschluß, man erledigte eine Frage nach der anderen.«[37]

Die Konferenz hatte unter positiven Vorzeichen begonnen. »Am Anfang ging alles mit Lust und Leben vor sich und sah so vielversprechend aus. Aber als man zum Paragraphen 3[38] im Gesetz kam, – die Regelung der Mitgliedschaft – da wurden die Meinungen geteilt. Die Baptisten verlangten, daß die Gemeindeglieder sich selbst anmelden sollten, und nachher sollten sie angenommen werden, falls die Gemeinde es für gut befand.« Der Streit entbrannte über der Frage der

[35] Vgl. A.V. Karev, Jubilejnyj doklad – in: B.V. 4/1967 S. 8ff., hier S. 14.
Die unterschiedliche Weise von Dej Mazaev und Vasilij Pavlov, ihres Gemeinde- und Arbeitsverständnisses, ist derart charakterisiert worden, daß Mazaev die evangelistische Ausrichtung, dies in der Hauptrichtung auf Molokanen betonte, während sich unter Pavlov mehr das eigentliche Onckensche Verständnis abzeichnete.
[36] Svensson S. 10.
[37] ebenda S. 14/15.
[38] Der Gesetzentwurf bestimmte in Artikel 3 als solche, die zu einer Gemeinde gehörten: 1) die, welche durch ihre Unterschrift zur Bildung und Registrierung mitgewirkt hatten, 2) solche, die den freien Entschluß äußerten, zu einer solchen Gemeinde zu gehören, und schließlich 3) solche, die im Geburtsregisterbuch der Gemeinde eingetragen waren. Die Baptisten wollten nur gelten lassen, daß willentliche Erklärung und damit verbundene Akte zur Mitgliedschaft in einer Gemeinde führten. – Vgl. B.L. 2/1907 S. 10ff. mit dem Text des Entwurfs und den dazu geäußerten Wünschen.

Taufe und deren Bedeutung für die Gliedschaft in der Gemeinde. Der kaiserliche Ukaz sah vor, daß die Kinder zu der Konfession ihrer Eltern gehören sollten und damit auch deren Gemeindezugehörigkeit hatten. Jack berichtet: »Hiergegen erhob nun die baptistische Rechte Protest: die Kinder seien Heiden und würden erst durch Bekehrung und Taufe Gemeindeglieder. Der Punkt müsse also gestrichen werden. Dagegen wandte die Linke, die kindertaufenden Molokanen ein, daß dieser Punkt bestehen bleiben müsse, denn 1) sei er wahr und vernünftig, da die Kinder gläubiger Eltern weder Pravoslaven (Russisch-Orthodoxe) noch Heiden, sondern durch den Glauben der Eltern geheiligte Christen seien und 2) habe er für 40 von ihnen vertretene evangelische Gemeinden seine Gültigkeit. Der sehr gute Vermittlungsvorschlag des Zentrums (der Petersburger Brüder) ›die Kinder gehören zur Gemeinde, aber aktive Glieder werden sie erst, wenn die Gemeinde sie für reif erklärt‹, wurde durch die baptistische Majorität abgelehnt. Nunmehr erfolgte die Abstimmung: Gehören die Kinder zur Gemeinde? – 5 ja, 10 enthalten sich, 50 nein – also ›sic volo, sic jubeo‹ nein! –«[39]

Dieser Entscheidung am zweiten Tage des Kongresses, 16. Januar, waren lebhafte Erörterungen vorausgegangen. Sie hielten auch noch nach der Abstimmung an. Jack berichtet, daß man den Riß noch einmal habe heilen wollen, indem man den ganzen Punkt strich, dafür den vorangegangenen erweiterte, um den Neu-Molokanen – Jack spricht von presbyterianischen Molokanen – entgegenzukommen. »Diese hatten ihre Ansicht in einem Memorandum zu Protokoll gegeben. Es war etwas scharf und wohl auch durch dies letztere Entgegenkommen in etwa überholt. Man erklärte, das Memorandum nicht annehmen und dem Protokoll nicht beifügen zu können, obwohl sogar zwei Baptisten darauf hinwiesen, daß man verpflichtet sei, alles, auch den größten Unsinn zu Protokoll zu nehmen. Darauf erklärten unsere Freunde, die presbyterianischen Neu-Molokanen, eine ge-

---

[39] W. Jack, Zwei Konferenzen in Petersburg – in: Der christliche Orient 1907 S. 36–41, hier S. 38/39.
Jacks Bericht ist bereits am 25. 2. (7. 3. n.St.) 1907 abgefaßt worden. Der Titel des Jackschen Berichts hängt damit zusammen, daß Jack an einer sehr kleinen Konferenz teilgenommen hatte, die für ihn besonders erfreulich gewesen war. Es hatte sich um eine Zusammenkunft am Montag, 15./28. 1. 1907 mit lutherischen Pastoren, die an Hilfen für die evangelische Bewegung unter Russen interessiert waren, gehandelt. Jack nennt S. 39 als Anwesende »außer uns dreien 2 Amtsbrüder aus der deutsch-lutherischen Kirche, 2 Amtsbrüder aus der schwedisch-lutherischen Kirche und 2 Amtsbrüder aus der finnisch-lutherischen Kirche.«

meinsame Weiterarbeit für unmöglich und besuchten die Konferenz nicht weiter.«[40].

Die Wirkung dieses Schrittes war für alle Teilnehmer der Konferenz, zumal die, die für eine vermittelnde Position eingetreten waren, belastend. Svensson berichtet, daß Hoijer infolge der Geschehnisse dieses Verhandlungstages erkrankte, »mehrere Male brach er in Weinen aus. So hatte er niemals die Baptisten behandelt, wie sie jetzt ihre Brüder behandelten.«[41] Svensson empfand: »Oh, wie ich unter dem Geschehenen litt!«[42] Nachfolgende Versuche einer Vermittlung blieben erfolglos. An ihnen waren Svensson, Hoijer und Jack beteiligt. Ivan Venjaminovič Kargel war in persönlichen Gesprächen der Genannten mit ihm nicht bereit, die Eintragung des Minderheitsvotums zuzulassen, obwohl Jack darauf hinwies, daß es Gesetz und Sitte in der ganzen zivilisierten Welt sei, »daß ein Protokoll alles enthalten muß, nicht nur das, was die Majorität wünscht.«[43] Kargel setzte dem, aus den russischen Verhältnissen heraus verständlich, das formale Argument entgegen, daß der Regierung kein Protokoll mit verschiedenen Wünschen vorgelegt werden könne.

Die Taurische Bank blieb leer, an den öffentlichen Abendveranstaltungen nahmen die neu-molokanischen Delegierten zwar noch teil, doch reisten sie schließlich frühzeitig ab. Es gelang der Konferenz noch, eine gemeinsame Erklärung zu verabschieden. Sie ist dem Minister für die Inneren Angelegenheiten zugeleitet worden. Auf die Erarbeitung der Vorschläge zum Gesetzentwurf folgte zuvor die Erörterung der Frage, wie sich die Teilnehmer der Konferenz und die Absender der Petition an das Ministerium des Innern benennen sollten. Dabei brachen erneute Spannungen auf. Mazaev vertrat lebhaft den baptistischen Vorschlag, daß sich alle Baptisten nennen sollten. Dem stand der andere Vorschlag entgegen, sich als »Evangelische Christen« zu bezeichnen. Ein vermittelnder Vorschlag empfahl »Evangelisch-christliche Baptisten«. Auf dem Umweg über die Bezeichnung »Evangelische Christen-Baptisten« wurde schließlich die Selbstbezeichnung »Baptisten und Evangelische Christen« angenommen.[44]

Kern all dieser Auseinandersetzungen war letzten Endes die Tauf-

[40] Jack, Zwei Konferenzen S. 39.
[41] Svensson S. 13.
[42] ebenda S. 13.
[43] ebenda S. 13/14.
[44] Svensson S. 26. – Er berichtet von einem weiteren Zwischenspiel in der Namenswahl S. 26. Das an den Minister des Innern gerichtete Schreiben mit den Vorschlä-

frage. Jack hatte in dieser Frage Spannungen vorausgesehen. Sein Urteil als Parteigänger der Neu-Molokanen über die Baptisten war sehr scharf: »Daß die Gegensätze hier aufeinanderplatzen würden, war mir von vorneherein klar, denn es war gar nicht die Absicht der baptistischen Gruppe, eine brüderliche Zusammenarbeit zu fördern.«[45] Hinter Jacks Urteil standen sowohl eigene Erfahrungen als auch Erfahrungen, die der Leiter der Orientmission, Lepsius, anläßlich einer Besuchsreise nach Astrachanka und der Teilnahme an einer neu-molokanischen Konferenz gemacht hatte. Mazaev, der sich in einem Nachbarort aufhielt, hatte damals die Konferenzteilnehmer in das baptistische Bethaus seines Ortes eingeladen. Die Einladung wurde angenommen. Aber plötzlich erhielten die Neu-Molokanen die Mitteilung, daß die Gemeinde der Baptisten in Streit geraten sei, ob Kindertäufer zu ihnen Zutritt haben sollten. Die Teilnehmer verzichteten von sich aus auf den Besuch der Gemeinde. Lepsius folgte noch allein einer Einladung von Mazaev in die Gemeinde, wobei er über Taufe und Glaube sprach. Über Mazaev lautet sein Urteil: »Er ist augenscheinlich ein kluger und tatkräftiger Sektenführer.«[46]

Jack war in seinem Urteil durch diese und andere Geschehnisse offensichtlich negativ bestimmt. In abschließenden Worten faßt er das Ergebnis des Kongresses zusammen: »So endete dieser erste Versuch im großen Stil, eine Allianz der gläubigen evangelischen Russen zu Stande zu bringen, mit eklatantem Mißerfolg. Die Schuld liegt auf allen Seiten, dennoch muß betont werden, daß der gute Wille bei den Molokanen vorhanden war, bei den konsequenten Baptisten aber von vornherein fehlte. Die Mittelpartei war zu schwach und stand zu sehr unter dem Bann der Baptisten und ihres Führers.«[47] Svensson berich-

gen zum Gesetzentwurf spricht vom Kongreß der »Baptisten und Evangelischen Christen« – vgl. B.L. 2/1907 S. 9.

[45] Jack, Zwei Konferenzen S. 37.
Vgl. ferner hier S. 471 über das Seminar in Astrachanka sowie zahlreiche Mitteilungen in »Der christliche Orient«.

[46] Lepsius, Bericht über Astrachanka 1905 – in: Der christliche Orient 1906 S. 14/15, hier S. 14. Lepsius' Einstellung zu den russischen Baptisten, gewiß auch Vorbehalte der Neu-Molokanen diesen gegenüber sind durch folgende Aussage gekennzeichnet: »So war der Versuch, wenigstens in diesen Festtagen die Einmütigkeit des Glaubens zum Ausdruck zu bringen, kläglich am baptistischen Fanatismus gescheitert.« S. 15.

[47] Jack, Zwei Konferenzen S. 39.
Jacks ungefärbter Bericht ist offenbar auf Widerspruch gestoßen. Er nahm in einer späteren Folge der Zeitschrift »Der christliche Orient – 1907 S. 64 – zu seinem Konferenzbericht Stellung: »Jetzt sehe ich die Sachen ruhiger und erkläre, daß die Form hätte weniger scharf sein können.« Der ersten Vehemenz, in der Jack seinen Bericht

tet noch von dem Versuch der Gründung eines Missionskomitees, das die umfassenden Aufgaben eines Missionsbundes aller Evangelischen haben sollte. Dem Vorschlag, der von den Petersburgern eingebracht wurde, lag das Programm des Russischen Evangelischen Bundes zugrunde. Für Svensson erschien der Vorschlag als so breit projektiert, daß »alle wirklich Gläubigen darin Raum finden.«[48] Der von Mazaev schnell erarbeitete Gegenvorschlag sah vor, daß ein solcher Bund nur eine Arbeit unterstützen solle, die von Predigern geleistet werde, die die Glaubenstaufe empfangen hätten und eindeutig Baptisten seien. Das Projekt scheiterte. »Beide Vorschläge wurden diskutiert und beide führten zu dem gleichen Resultat: Es wird zwei Bünde geben, einer von freien Christen und ein baptistischer Bund.«[49] Svensson schloß hier an: »Es ist noch zu früh, über diese beiden Schößlinge zu reden. Die Zukunft wird erweisen, was sowohl aus dem einen als auch dem anderen werden wird. Die beiden zu vereinen, erwies sich als eine Unmöglichkeit.«[50]

In deutlichem Widerspruch zu Jacks Eindrücken und Svenssons ausführlicherem Bericht über Erfolg und Mißerfolg der Konferenz steht die Sicht, die Mazaev in einem Aufsatz in der Zeitschrift »Baptist« 1911 gegeben hat. Ihm erschien noch in diesem Jahr der Kongreß als ein wirklicher Einigungskongreß, aus dessen Verlauf sich auch rechtliche positive Folgerungen ergaben: »Im Jahre 1907 nahmen einige der hervortretenden Vertreter der Baptisten an einem in Petersburg durch die Petersburger Gemeinde der evangelischen Christen einberufenen Kongreß tätigen Anteil; im Verlauf vieler Tage arbeiteten sie zum gemeinsamen Nutzen zusammen. Hier erlangte unsere Einigung ihren faktischen Ausdruck auch darin, daß alle Vorsteher der Baptisten mit den evangelischen Christen am heiligen Abendmahl teilnahmen sowie zu anderem gemeinsamen Handeln zusammenfanden.«[51]

Der offizielle Bericht über den Kongreß ist im »Bratskij Listok« 2/1907 wiedergegeben. Er enthält in großer Ausführlichkeit Berichte über Grußworte und Ansprachen, nennt die Namen aller Teilnehmer; doch ist es von den Absichten der Petersburger her verständlich,

---

verfaßt hatte, ist es zu verdanken, daß ein solcher nichtretouchierter Eindruck von der Arbeit des Kongresses erhalten geblieben ist.

[48] Svensson S. 27/28.
[49] ebenda S. 28
[50] ebenda S. 28.
[51] Baptist 34/1911 S. 268/269 – Ne ta doroga.

daß die Spannungen und das Scheitern des Kongresses nicht sichtbar werden.[52]

[52] Eine glättende Sicht kommt auch im Aufsatz Jakov I. Židkovs »Na putjach edinstva« – B.V. 3/1957 – zum Ausdruck. Židkov spricht nur von der gesetzgeberischen Arbeit des Kongresses, wobei er alle Teilnehmer nach der ihm vorliegenden Quelle des Bratskij Listok nennt. Der Kongreß ist ihm ein einheitlicher Kongreß der Evangelischen mit bestimmter Zielrichtung.
Nach Intention der Initiatoren des Kongresses war die Ausrichtung der Gesetzesarbeit nicht das Ausschlaggebende gewesen. Židkovs glättende Sicht hat ihren Sinn darin, in der schwierigen Aufbauphase des Bundes der Evangeliumschristen/Baptisten das Verbindende »auf den Wegen der Einheit« zu betonen, Negatives zurücktreten zu lassen – ein Anliegen, das immer wieder im Organ des Bundes, dem Bratskij Vestnik, sichtbar wird.

2. Das Ringen um die Einheit im Zeichen der getrennten Bünde

Svenssons Vorhersage: »Es wird zwei Bünde geben, einer von freien Christen und ein baptistischer Bund« sollte sich noch im Laufe des Jahres 1907 erfüllen. Während der Bund der Baptisten seine organisatorischen Bemühungen um die Zusammenführung der lose nebeneinander stehenden Baptistengemeinden fortführte,[1] bildete sich im Gouvernement Ekaterinoslav im Süden des Landes ein Bund von freien Gemeinden. Über die Aktivität dieses Bundes auf regionaler Ebene ist wenig verlautet. Die in ihm vereinigten Gemeinden traten 1908 und im April 1909 zu Kongressen zusammen, das eine Mal in Odessa, das andere Mal in Ekaterinoslav.[2] »An ihrem letzten Kongreß in der Stadt Ekaterinoslav wurde beschlossen, den nächsten Kongreß im September des gleichen Jahres 1909 abzuhalten, jedoch schon in St. Petersburg (14. – 26. September 1909) mit der offiziellen staatlichen Erlaubnis. Dieser Kongreß nun erlangte die Bezeichnung des 1. Allrussischen Kongresses der Evangeliumschristen.«[3]

Eine kurze Mitteilung besagt, daß Prochanov an die Spitze des 1907 im Süden gegründeten Bundes getreten war. Die Quellenlage erschwert die Klärung der Vorgänge bei der Gründung. War die Gründung des regionalen Bundes eine spontane Aktion einiger im Gouvernement gelegener Gemeinden, und waren diese Gemeinden dann an Prochanov herangetreten, um ihn als den schon bekannt gewordenen Befürworter eines Bundes freier Gemeinden zu gewinnen? Oder

---

[1] Im Mai 1907 fand eine Konferenz baptistischer Gemeindevorsteher in Rostov n/D statt – Baptist 2/1907 S. 20.

[2] Im Jahre 1908, vermutlich am 15. August, fand in Odessa ein Kongreß sich formierender freier Gemeinden statt, – nach Mitteilung im Christianin, übernommen vom »Baptist«, nahmen daran Vertreter von 10 Gemeinden teil, Baptist 10/1908 S. 13–16, hier S. 13; vgl. ferner E.V. 1–12/1936 S. 26. Domašovič S. 202/203 nennt die Gemeinde in Ekaterinoslav die erste Gemeinde der Evangeliumschristen in der Ukraine, zusammgesetzt aus unzufriedenen Baptisten.

[3] Zitiert nach N. Čepurin a.a.O. S. 22–23 aus dem Erwiderungsschreiben Prochanovs an Dej Mazaev und den 3. Baptistenkongreß 25. 9. 1911, Datum 23. 9. 1911. Am 6. 12. 1908 hatte die Gründung der Vereinigung mit zunächst insgesamt 8 Gemeinden stattgefunden – E.V. 1–12/1936 S. 26.
Zwischen 1907 und 1911 erfolgte nach Angaben Mazaevs die Gründung von Gemeinden der Evangeliumschristen in Odessa, Rostov n/D, Majkop, Kiev und »an anderen Orten«, – in: Baptist 34/1911 S. 269. –
Neben den Gemeindegründungen dieser Zeit erwähnt er ebenda S. 268/269 das Vorhandensein freier Gemeinden im Jahre 1903 in Kiev, Konotop und an anderen Orten – cf. Čepurin S. 16.

hatte Prochanov das Vorhandensein freier Gemeinden im Gouvernement Ekaterinoslav benutzt, um auf regionaler Ebene zu erproben, wie sich eine umfassendere Bundesgründung auf Reichsebene anlassen würde? War die Gründung auch nur aus dem Grund erfolgt, weil im Gouvernement Ekaterinoslav die Schwierigkeiten bei der staatlichen Anerkennung und Registrierung geringer als anderswo waren? Auf diese Fragen gibt es derzeit keine Antwort.

Die Reaktionen der Baptisten auf diese Erstgründung und ihre weitere Entwicklung waren vielschichtig, je nach der Prägung der Gemeinden und der sie bestimmenden Gestalten. Es waren Baptisten gewesen, die in Rußland die ersten Schritte zu einer Organisation evangelischer Christen unter Russen und Ukrainern getan hatten. Der breit angelegte und oft zerfließende Stundismus hatte durch sie Konturen erhalten. Es traf die Männer des Baptismus, die in den jahrelangen Kämpfen mit einer feindlichen Umwelt ein starkes Selbstbewußtsein entwickelt hatten, recht schwer, daß mit einem Male neben sie eine verwandte Gruppe trat, die mit bestimmtem Anspruch auf verbindliche Organisation und die Einheit des russischen Protestantismus auftrat. Ihre Empfindungen mochten dabei denen orthodoxer Priester und Bischöfe entsprechen, die von den sechziger Jahren an hatten feststellen müssen, daß die formale orthodoxe Einheit ukrainischer und russischer Dörfer zerbrach, nicht vom Altgäubigentum und Sektentum orhodoxer Provenienz her, mit denen man schon 200 Jahre und länger gelebt hatte, sondern von Vertretern einer anderen großen christlichen Konfession. Das findet seinen Ausdruck in der häufig von Baptisten verwandten Argumentation, daß man der ältere Bund sei, daß alle Neugruppierungen im russischen Protestantismus eigentlich nur Loslösung von der alten Einheit seien, die durch Baptisten bestimmt war, mochte diese angesichts ständiger baptistischer Organisationsschwierigkeiten auch noch in schwachen Anfängen stehen.

Prochanov und seine Freunde stellten baptistischen Vorwürfen entgegen, daß mit geringem zeitlichem Abstand voneinander zwei selbständige, rechtlich unabhängige Bünde entstanden seien. Damit wies er den baptistischen Anspruch zurück, daß er als Spalter einer vorfindlichen Einheit gehandelt habe. Dieser Vorwurf ist noch lange nach den Geschehnissen der Jahre 1907 bis 1909 gegen ihn erhoben worden. Nikolaj Odincov[4], damals der Leiter des Bundes der Bapti-

---

[4] Zu den ersten vom Petersburger Missionskomitee vgl. S. 91ff. unterhaltenen Mis-

sten, äußerte sich am 8. November 1926 in der Zionskirche in Riga/Lettland vor lettischen Baptisten über diese Fragen in seinem Referat »Die Lage des Gotteswerkes in Rußland«: »Aber der Feind der Einheit des Gottesvolkes schlummerte nicht. Am 15. August 1906 trennte der Ingenieur-Technologe I. S. Prochanov, der bis dahin auf der Seite der Sache gestanden hatte, die Gemeinde, wobei er die Abwesenheit des Leiters der Petersburger Gemeinde, I. V. Kargel, ausnutzte (zuvor schon hatte er dies im Jahre 1890 ebenso gemacht, als er noch Student des Petersburger Technologischen Instituts war). Im Jahre 1908[5] gründete er in Ekaterinoslav einen neuen Bund, für den er mit einem Eifer, der einer besseren Sache würdig gewesen wäre, aus den baptistischen Gemeinden Ausgeschlossene oder aus irgendwelchen Gründen mit dem Wirken des früher gegründeten Bundes Unzufriedene warb.«[6]

Prochanov stellte sich die Sachlage anders dar: »Ich richtete meine Aufmerksamkeit auf die Frage der Organisation der gesamten evangelischen Bewegung. Zu dieser Zeit waren die evangelischen Kirchen und Gruppen in Rußland untereinander in keiner Weise vereinigt; außerdem bestand ein Mangel an Organisation auch innerhalb der einzelnen Gemeinden. In vielen Fällen gab es in den Gruppen mehr Verwirrung als Ordnung, und selbst die evangelische Gemeinde von St. Petersburg bildete keine Ausnahme.«[7] Auf dem 1. Kongreß des neuen Allrussischen Bundes vom 14. bis 26. September 1909 waren 18 Gemeinden vertreten, allesamt Stadtgemeinden oder doch um die nachstehenden Orte zentrierte – St. Petersburg, Moskau, Char'kov, Ekaterinoslav, Aleksandrovsk, Melitopol, Simferopol, Sevastopol, Feodosija, Odessa, Kovel', Nikolaevsk, Kronstadt, Gatčina, Samara, Choltjansk, Novo-Nikolaevsk, Svjatyj-Lucsk.[8] Diese Gemeinden waren durch insgesamt 22 Teilnehmer am Kongreß vertreten.[9] Die

sionaren gehörte neben Stefanov auch Odincov. Das Komitee war 1909 legalisiert worden – vgl. C.W. Gillén, Tidsbilder och Minen fran Ryssland S. 12.

[5] Odincov hatte bereits am 15. 10. 1926 auf dem Kongreß der lettischen Baptisten in Riga einen Lagebericht gegeben. Darin nannte er als Jahr der Trennung 1907: »Im Jahre 1906 trat Prochanov in Petersburg auf, und es kam zu einem Zerwürfnis in der Gemeinde, deren Leiter der von allen hochgeachtete Bruder Kargel war. Und im Jahre 1907 wurde ein neuer Bund im Gouvernement Ekaterinoslav mit Bruder Prochanov an der Spitze gegründet.« Nach einer von Svensson vorgenommenen Übersetzung aus dem Russischen ins Schwedische – SM. Das Blatt der letttischen Baptisten »Schuru« hatte ebenfalls diesen Bericht wiedergegeben.
[6] Baptist 1/1927 S. 20–22, hier S. 20–21. Vgl. hier S. 193ff.
[7] Prochanov, Cauldron S. 149.
[8] B.L. 11/1909 S. 1ff., hier S. 5.
[9] Der Kongreß fand im Gebäude der Evangeliumschristen Na Fontanke 94 statt, Teil-

Berichte besagen, daß Einzelpersonen und eine ganze Anzahl weiterer Gemeinden dem Kongreß Grüße gesandt hatten und damit ihre Verbundenheit mit den Zielen des neuen Bundes bekundeten.[10] Im Jahre 1908 gab es eine Reihe sich eben erst organisierender und jüngst registrierter Gemeinden in den Gouvernements Kiev, Taurien, Stavropol, Char'kov, Cherson, Ekaterinoslav.[11]

Fragen des Gemeindelebens, der Jugendarbeit und der künftigen Wirksamkeit des Bundes bestimmten die Arbeit des Gründungskongresses. Organisatorisch waren die Gemeinden, die Delegierte entsandt hatten, von dem Wunsch nach einer kollegialen Gemeindeleitung bestimmt. Theologisch standen sie in unterschiedlichem Abstand zu baptistischen Gemeinden ihrer Umgebung. Dieser Abstand mochte geringfügig sein. Die Glaubenstaufe wurde von vielen dieser Gemeinden anerkannt, jedoch wurde im Gefüge der Lehrvorstellungen der Taufe in ihren Folgerungen für die Gemeindezugehörigkeit und die Teilnahme am Abendmahl nicht die Bedeutung wie in den baptistischen Gemeinden beigemessen. Schließlich waren auch einige dieser Gemeinden durch die Ablehnung der Atmosphäre baptistischer Gemeinden zu ihrer Existenz gelangt. Dies wird von Baptisten behauptet und für eine Reihe von Gemeinden von evangeliumschristlicher Seite nicht bestritten – als Beispiel dafür wurde die Gemeinde in Elisavetgrad genannt, eine Gründung von mit ihrer Gemeinde unzufriedenen Baptisten.

Alle diese Gemeinden fühlten sich aber in der Beurteilung der kirchlichen und gesellschaftlichen Gesamtsituation weitgehend einig. Es kam ihnen auf das Hineinwirken in die Öffentlichkeit an. Lehrstreitigkeiten traten zurück; sie hatten das Bild des ostslavischen Protestantismus nach außen bisher oft negativ bestimmt. Ein auswärtiger Beobachter des ersten Kongresses vom Jahre 1909 faßte seine Eindrücke dementsprechend zusammen: »Man fragt nicht nach der offiziellen Zugehörigkeit zu einer Gemeinschaft, nach Lehrprägungen früherer Zeiten, man sah ab von allem Trennenden und ließ alles individuell Gewordene und Ausgestaltete gelten – alle suchten

veranstaltungen außerdem im Saal des Fonar und im Saal der Schule der Reformierten Gemeinde Mojka Nr. 38.
Eine Fotografie der Teilnehmer des Kongresses findet sich in B.L. 12/1909 bei S. 2.
[10] Schriftliche Grüße lagen von I.V. Kargel, N.J. Jakovlev/Moskau, P.M. Friesen/Sevastopol, V.V. Ivanov, dem lettischen Baptisten Inkis und dem Mennoniten-Bruder Isaak/Tiege, Taurien vor – B.L. 11/1909 S. 2–4.
[11] Bericht von I. Kusnerov – B.L. 3/1909 S. 5–10, hier S. 9.

die Lebensaufgaben des Tages zu erfassen, zu retten, und zu bauen.«[12]

Der zweite Kongreß trat vom 29. Dezember bis zum 4. Januar 1911 in St. Petersburg zusammen. Vor diesem Kongreß war es zum Anschluß weiterer Gemeinden an den Bund gekommen. Das Übergewicht städtischer Gemeinden vor den ländlichen hatte auch darin seinen Grund, daß nach dem Gesetz vom 13. Oktober 1906 über die nichtorthodoxen religiösen Gemeinschaften es in den Städten leichter war, die Legalisierung und Registrierung von Gemeinden zu erlangen. Aus dem Kreise der für eine Gemeindegründung Interessierten mußten 50 Personen ihre Unterschrift für die Gründungsanträge leisten. Auf dem Lande wurden der Durchführung des Gesetzes teilweise erhebliche Schwierigkeiten in den Weg gelegt. Es kam hinzu, daß in bäuerlichen Gemeinden weit weniger Rechtskundige als in den Städten vorhanden waren. Die Wirksamkeit der Bundesleitung in St. Petersburg wurde in großem Maße zu einer Rechtshilfe für solche, die sich zu Gemeinden zusammenschließen wollten. Auf vielen Seiten des Bratskij Listok sind Hinweise auf die Rechtslage enthalten, Beschwerden gegen die Verweigerung der Registrierungen abgedruckt. Prochanov veröffentlichte in diesem Zusammenhang eine Broschüre, die alle gültigen Rechtsbestimmungen enthielt, soweit sie für die Gemeinden von Belang waren.[13]

Der zweite Kongreß sollte die Aufgabe haben, die Statuten des Bundes festzulegen und die Glaubenslehre der Gemeinden zu bestimmen. Die Gründung eines biblischen Instituts zur Ausbildung von Predigern sollte vorbereitet werden. Unter Ziffer 5 der Tagesordnung standen Rechtsfragen für Evangliumschristen, unter Ziffer 6 Leitungsfragen in den Gemeinden. Unter Ziffer 7 schließlich wurde die Beziehung der Gemeinden des Bundes zu verwandten Glaubensrichtungen angesprochen.[14] Die Verhandlungen führten zu der Entscheidung über die Selbstbezeichnung. Man entschied sich für »Evangel'skie christiane«. Bei der Angabe der Konfession in Dokumenten und Pässen sollte die Bezeichnung »Evangel'skij« verwandt werden.

Die Frage der Bezeichnung und Selbstbezeichnung evangelischer Christen in Rußland hatte bis dahin schon eine lange Geschichte ge-

---

[12] P. E. Althausen/Steglitz, Der erste Kongreß russisch evangelischer Christen – in: Der christliche Orient 1909 S. 183–184, hier S. 184.
[13] Vgl. Prochanovs Zusammenstellung »Zakon i vera« Petersburg 1910.
[14] Baptist 52/1910 S. 413/414.

habt. Es war zu häufigem Streit gekommen. Auch nach der Bestimmung der Selbstbezeichnung durch den zweiten Kongreß hielten die Streitigkeiten an. Sie betrafen jedoch hauptsächlich das baptistische Lager. Es erscheint geboten, für die Angehörigen des neuen Bundes vom Jahre 1909 an die Bezeichnung »Evangeliumschristen« zu verwenden. Für die seit dem 15. August 1906 bestehende »erste Gemeinde« in Petersburg könnte die Bezeichnung »Evangeliumschristen« der Intention nach auch schon gelten. Prochanov hatte 1895 in seiner Beseda einen Aufsatz veröffentlicht, worin er sich mit den möglichen Bezeichnungen für den Protestantismus in Rußland auseinandersetzte. Dabei hatte er an allen bekannten Bezeichnungen Kritik geübt, mochten es nun die der Baptisten, Paškovcy, Evangelischen Christen und Stundisten sein. Er hatte sich dann schließlich für »Biblejskie christiane«, »Biblische Christen« entschieden. In späteren Polemiken wurde dieser Aufsatz von baptistischer Seite hervorgeholt und Prochanov der Vorwurf gemacht: ». . . ganz und gar eindeutig spricht er (der Artikel – W.K.) von dem ewigen Suchen nach irgendeiner neuen, alle Gläubigen vereinenden Bezeichnung.«[15]

Schon vor Beginn des zweiten Kongresses war zu seiner Vorbereitung angeregt worden, daß Gemeinden bis zu 100 Gliedern von einem Delegierten vertreten sein sollten. Lag die Zahl der Gemeindeglieder zwischen 100 und 200, so war ein weiterer Delegierter vorgesehen, entsprechend jeweils für jedes neue angefangene Hundert. In der Vorplanung war angegeben worden, daß Gäste ohne Stimmberechtigung in unbegrenzter Zahl zugelassen werden sollten.[16] Die Statuten, die der Kongreß verabschiedete, der Ustav, nahmen diese Regulierungen auch endgültig auf.

Der Ustav des Bundes der Evangeliumschristen ordnete in 25 Paragraphen, die auf 8 Kapitel verteilt waren, die Tätigkeit des Bundes.[17]

I Ziel und allgemeiner Charakter des Bundes §§ 1–4
II Grundlagen der Mitgliedschaft §§ 5–10
III Bundeskongresse und Rat §§ 11–17
IV Über die Beziehungen der Gemeinden untereinander §§ 18–20
V Mittel des Bundes §§ 21–22
VI Verwaltung der Bundesabteilungen § 23
VII Revision der Bundesangelegenheiten § 24
VIII Über die Aufhebung und Liquidation des Bundes § 25

---

[15] Baptist 1/1925 S. 23.
[16] B.L. 11/1910 S. 12.
[17] Christianin 6/1924 S. 71–73.

Eine Bemerkung zum Paragraph 1 stellt fest, daß zum Bund auch solche Gemeinden gehören können, die nicht das gleiche formulierte Glaubensbekenntnis haben, wenn dieses nur nicht der Glaubenslehre der Evangeliumschristen widerspreche. Dieser Passus erscheint als eine wichtige Absichtserklärung; sie ermöglichte es Gemeinden, im Sinne der von Prochanov früher ausgesprochenen Allianzvorstellungen zur umfassenden Einheit aller Evangelischen in Rußland, den Weg in den Bund anzutreten, auch wenn keine letzte Übereinstimmung bestand. Der Passus ist auch deshalb bemerkenswert, weil er verdeutlicht, daß die Bekenntnisformulierung im russischen Protestantimus von der einzelnen Gemeinde, allenfalls von einem Kreis von Gemeinden ausgegangen war. Auf dieser Grundlage konnten sich erst Bekenntnisformulierungen größerer Bünde entwickeln. Auch der Paragraph 10 ist mit der Bestimmung, daß auch Einzelmitgliedschaft im Bunde möglich sei, um Sympathisierenden den Weg frei zu machen, für das Prochanovsche Anliegen bezeichnend. Paragraph 11, der die Vertretung durch die Delegierten regelte, sah weiter vor, daß ein Delegierter auch von anderen zur Stimmabgabe bevollmächtigt werden konnte, wenn diese als gewählte Vertreter ihrer Gemeinden an der Kongreßteilnahme verhindert waren. Dies war eine Möglichkeit, befürchteten Behinderungen der Kongreßarbeit durch die Behörden zu begegnen. Doch sollte eine Einzelperson nicht für mehr als vier Delegierte insgesamt bevollmächtigt werden, Ausnahmen sollten einer besonderen Regelung unterliegen. Paragraph 12 bestimmte die Durchführung und Leitung der Kongresse des Bundes. Der Kongreß wählt aus seiner Mitte den Vorsitzenden für die Leitung der Verhandlungen, zwei Vertreter, einen Sekretär und dessen Vertreter. Organisationsfragen und praktische Fragen werden mit einfacher Mehrheit entschieden. Bei dogmatischen und geistlichen Fragen bedarf es einer Zweidrittelmehrheit. Bei Stimmengleichheit entscheidet die Stimme des Vorsitzenden.

Die Protokollführung wird eingehend bedacht: Die Unterschrift des Kongreßprotokolls hat durch den Vorsitzenden, seine beiden Vertreter und den Sekretär zu erfolgen. Diejenigen aus der Mitte des Kongresses, die den Wunsch dazu haben, können das Protokoll ebenfalls mitunterschreiben. Aufgabe des Kongresses ist die Wahl des Rats des Bundes, sie erfolgt für den Zeitraum von drei Jahren. Dem Rat gehören ein Vorsitzender, zwei Vertreter des Vorsitzenden, ein Sekretär, dessen Vertreter, ein Kassierer, und dessen Vertreter an, ferner zwei in Petersburg wohnende Mitglieder des Bundes und zwei außerhalb der Hauptstadt wohnende Mitglieder, die, wenn sie in der Hauptstadt anwesend sind, beschließende Stimme haben.[18]

Enger gefaßt als der Rat ist das Präsidium, seine Funktionen sind ebenfalls im Paragraphen 14 geordnet. Es besteht aus dem Vorsitzenden, einem Vertreter des Vorsitzenden, dem Kassierer, dem Sekretär. Das Präsidium ist bei Anwesenheit des Vorsitzenden und zweier seiner Mitglieder bereits beschlußfähig. Für alle weiterreichenden und gewichtigen Verhandlungen ist nach Paragraph 16 jedoch der Rat entscheidend. Ratsbeschlüsse müssen nach Paragraph 17 mit Stimmenmehrheit zustandekommen; die Protokolle der Ratssitzungen sind durch alle anwesenden Teilnehmer zu unterschreiben.

Die Rechte der Gemeinden sind in den Paragraphen 18ff. festgelegt. Jede Gemeinde bewahrt in ihrem inneren Leben, ihrem Aufbau, in der Wahl der Presbyter, Diakonen und anderer für besondere Aufgaben völlige Selbständigkeit; sie entscheidet über Annahme und Ausschluß von Mitgliedern.[19] Im Fall von Unklarheiten kann sich nach Paragraph 19 eine Gemeinde an den Rat des Bundes wenden, doch ist auch dessen Entscheidung nicht anders als ein brüderlicher Rat anzusehen. Bei Streitfällen zwischen Gemeinden beruft der Rat eine Kommission von 3 Presbytern nicht beteiligter Gemeinden, um den Streitfall lösen zu helfen – Paragraph 20. In Revisionsfragen ist dem Kongreß eine besondere Vollmacht gegeben: Mit einem Viertel der Stimmen kann der Kongreß jederzeit eine außergewöhnliche Revision fordern.

Durchgängig tritt in den Statuten die Hoheit der Gemeinde hervor, dementsprechend auf der Seite der Bundesorgane Rat, Hilfe und Empfehlung. Dies ist auch von anderer Seite betont worden: »Jede Gemeinde hat ihre volle innere Selbständigkeit und Unabhängigkeit bewahrt. Das Glaubensbekenntnis schließt alle zur Einheit zusammen. Das gesetzgebende Organ bilden die allrussischen Bundestagungen, wobei auch deren Beschlüsse nur die Bedeutung eines brüderlichen Rats für die einzelnen Gemeinden haben.« Walter Jack, von

---

[18] Im Text des Ustavs steht statt Petersburg Leningrad. Dies ist ein Zeichen dafür, daß es sich, entsprechend der Veröffentlichung 1924, um einen veränderten Text gegenüber dem von 1910/1911 handelt.

[19] Prochanov beschrieb Mitte der zwanziger Jahre die gemeindliche Arbeit, daß jede Gemeinde (Kirche) wenigstens 2 Prediger oder Missionare habe, demnach nicht weniger 8 000 aktive Mitarbeiter – bezogen auf 4 000 Gemeinden in der Sovetunion – A new religious Reformation S. 63.
Im Ustav ist nicht die erst nach 1917 wirksam gewordene Distrikteinteilung ausgesprochen.

dem diese Aussage in der Entfaltung und Übersetzung eines großen Berichts der Zeitung Utrennjaja zvezda anläßlich Prochanovs Jubiläum stammt, vermerkt hier ausdrücklich, daß es dabei um die Abwehr aller Hierarchie ginge.[20]

Die Arbeit des zweiten Kongresses war gut vorbereitet, so daß die Vorlagen nur wenige Veränderungen zu erfahren brauchten. Die Lesung der Statuten nahm den 30. und noch einen Teil des 31. Dezembers in Anspruch. An diesem Tag begann schon die Lesung der Glaubenslehre. Dogmatische Fragen wurden noch nicht entschieden, ebenso besondere Fragen zur Ehe und zum Halten der Sonn- und Feiertage. Sie sollten dem nächsten Kongreß vorgelegt werden. Er wurde für das Jahresende 1911 vorgesehen. Ein Bericht im Baptist mit Angaben über den abgelaufenen Kongreß betont: »Alle Delegierten, die zum Kongreß gekommen waren, lebten und erhielten volle Verpflegung und Unterkunft kostenlos im Gemeinschaftshaus der Evangeliumschristen.«[21] 47 Delegierte und 14 Gäste waren anwesend gewesen. Die Delegierten vertraten insgesamt 36 Gemeinden oder Gemeinschaften.

Auch die zu Anfang des Kongresses durchgeführten Wahlen erfolgten präzise. Vorsitzender und stellvertretender Vorsitzender des Kongresses wurden in geheimer Abstimmung gewählt – Prochanov und Schoenemann aus Simferopol; in offener Abstimmung wurden zu Sekretären Efimov, Belousov, Mirošničenko und Košelev gewählt. Der Kongress erhielt Grüße von der Bibelschule in Berlin, vom lettischen Baptistenbund, vom Leiter der Neu-Molokanen, Zacharov, der zugleich Duma-Abgeordneter war, Grüße kamen auch von Baron Uexküll und Dej Mazaev.

Der zweite baptistische Weltkongreß 1911 in Philadelphia setzte für die Geschichte des jungen Bundes der Evangeliumschristen ein bemerkenswertes Datum – Ivan Stepanovič Prochanov wurde zum Vizepräsidenten gewählt. Dem Antrag des Bundes der Evangeliumschristen auf Zugehörigkeit zum Weltbund war vorher entsprochen worden. Der Vorstand stimmte der Mitgliedschaft am 31. März 1911 zu. Prochanov war in Philadelphia nicht anwesend gewesen, er hatte nur ein kurzes Referat eingesandt. Im Gegensatz dazu war die Vertretung der russischen Baptisten stark. Unter anderen war Vasilij G.

[20] Manuskript Walter Jack – SM. Das Manuskript basiert auf den Angaben einer Jubiläumsausgabe der Utrennjaja zvezda.
[21] Baptist 6/1911 S. 46. – Baptist 4/1911 S. 29ff. sprach von 50 Anwesenden aus Moskau, Kiev, Jalta, Simferopol und anderen Orten.

Pavlov einer der Repräsentanten des Bundes der evangelischen Christen-Baptisten. Die Wahl Prochanovs zu einem der Vizepräsidenten wirft viele Fragen auf. Auf der einen Seite standen die Vertreter der russischen Baptisten, eine Reihe zum Teil heftiger Zeitschriftenartikel hatte die Spannungen zwischen Baptisten und Evangeliumschristen deutlich gemacht. Mazaev, in Philadelphia ebenfalls nicht anwesend, hatte den baptistischen Bund durch schwierige Jahre hindurch geführt; an ihm und an Pavlov vorbei wurde Prochanov in das hohe Ehrenamt des Vizepräsidenten berufen. Im Bund der Baptisten war um 1910 eine Krise ausgebrochen. Sowohl Vorsitz des Bundes als auch die Schriftleitung des »Baptist« wechselten von Mazaev zu Pavlov, von diesem wieder zu jenem zurück – Pavlov gründete 1913 in Odessa sein eigenes Organ, das »Slovo istiny«. Die Wahl eines der beiden Männer in eine Ehrenposition des Weltbundes wäre wie eine Parteinahme des Weltbaptismus für den Gewählten erschienen. Dem konnte sich der Weltbaptismus nicht aussetzen. Andererseits aber war es geboten, die Gemeinden in Rußland, auf die sich während der Verfolgungen die Augen so vieler gerichtet hatten und deren Position auch nach 1905 noch so viel in rechtlicher Hinsicht zu wünschen übrig ließ, durch einen sichtbaren Akt auszuzeichnen. Dies führte zur Wahl Prochanovs. Seine Begegnungen mit Vertretern des anglo-amerikanischen Baptismus während der neunziger Jahre und auch bei seinen Geschäftsreisen im ersten Jahrzehnt des neuen Jahrhunderts hatten die Wahl erleichtert. Er hatte seine wesentlichen Anregungen in England erhalten, während die Vertreter des südrussischen Baptismus durch den deutschen Baptismus geprägt waren.

Ende 1911, vom 31. 12. 1911 bis zum 4. 1. 1912, trat der dritte Kongreß des Bundes der Evangeliumschristen wiederum in Petersburg zusammen.[22] Der Grundaufbau des Bundes war abgeschlossen, die Zahl der Gemeinden und Angehörigen war gewachsen. Nach zwei Seiten hin ergaben sich Schwierigkeiten. Die Behörden waren in ihren behindernden Maßnahmen wieder härter geworden. Auf der anderen Seite blieb die Beziehung zum Bund der Baptisten ungeklärt. Zwei kontroverse Bünde auf Landesebene waren auf Weltebene geeinigt.

[22] Auf dem Kongreß waren 167 Personen anwesend, von denen 91 als Delegierte der Gemeinden bezeichnet wurden. Außer Russen und Ukrainern waren Moldovanen, Osseten und ein Krimtatar anwesend. – Utr.zv. 1/1912 S. 4.
Der Kongreß wählte Prochanov zum Vorsitzenden, zu seinem Stellvertreter Kargel. Unter den namentlich genannten Gästen waren M.T. Ratušnyj, 81 Jahre alt, und I.T. Losev, Bauer aus Tambov und Mitglied der 1. Duma. – Utr.zv. 2/1912 S. 1.

Zusamen mit der Organisierung des Bundes war der Aufbau einer Jugendorganisation erfolgt. Die Berichte darüber machen deutlich, daß es sich nicht um bloße Heranziehung des Nachwuchses handelte, sondern daß in diesen Kreisen der christlichen Jugend intensive Bildungsarbeit geleistet wurde. Sehr bald erwuchsen aus diesen Kreisen die leitenden Mitarbeiter des Bundes. Organisatorisch zeichnete sich dieselbe Entwicklung ab wie auf der Ebene der Bünde. Die erste Konferenz »der Vorsitzenden der Kreise der christlichen Jugend« vom 13. bis 16. April 1908 in Moskau war als eine alle evangelische Gruppierungen umfassende Konferenz gedacht, sie wurde so auch durchgeführt. Die Jugendkreise gingen in den folgenden Jahren den Weg ihrer Bünde, von 1909 an wurden die Konferenzen solche des »Bundes der christlichen Jugend«. Die Konferenzen von 1908 bis zum Beginn des Krieges umfaßten nur wenige Teilnehmer. Ein Bild, das dem Bericht über die Konferenz von 1908 beigefügt ist, zeigt zwanzig Delegierte im Alter zwischen 20 und 30 Jahren.[23] Auch die Gruppen, die sie vertraten, waren Gruppen älterer Jugendlicher. Die Altersgruppierung hielten die Kreise des Bundes der christlichen Jugend auch in den folgenden Jahrzehnten bei. Gesondert von ihrer Arbeit vollzog sich auf der Ebene der Gemeinden die Kinderarbeit in Sonntagsschulen nach englischem Vorbild und in Kindergruppen.

Prochanov hat sehr stark die Notwendigkeit selbständiger und verantwortlicher Arbeit der Jugendkreise innerhalb der Gemeinde und auf Bundesebene befürwortet. Auch dort, wo nur 5 oder 6 jüngere Leute in einer Gemeinde waren, hielt er es für erforderlich, daß sie sich zu einer eigenen Gruppe formierten, ihren Leiter wählten und ihr Arbeitsprogramm selbst festlegten.[24] Aus anderen Äußerungen zu Gruppierungen in den Gemeinden geht hervor, daß er damit eine Aktivität derjenigen fördern wollte, die durch die Teilnahme an den offiziellen Zusammenkünften der Gemeinde sich nicht ausgelastet fühlten. In den Abteilungen der Petersburger Gemeinde wurden frühzeitig entsprechende Kreise für junge Mädchen geschaffen. Sie bildeten aktive Gemeindekader, in denen Bildungsaufgaben und missionarischer Einsatz sehr ernst genommen wurden. Sie formierten sich dementsprechend auch zu einem nicht unwesentlichen Teil aus Schülern und Studenten.

Die Gemeinden der Evangeliumschristen haben mit der Einrich-

---

[23] B.L. 4/1908 S. 1ff., Bild bei S. 2.
[24] Prochanov, Cauldron S. 156.

tung solcher Kreise älterer Jugend grundsätzlich nichts Neues geschaffen. Im Petersburger Protestantismus kannten die Paškovcy der achtziger und neunziger Jahre Jugendkreise und legten Wert auf die Arbeit unter Schülern und Studenten.[25] Neu und anders war nun die Breite, in der über den Petersburger Raum hinaus solche Kreise gebildet wurden, ebenso die Aufgabenstellung, die die Evangeliumschristen unter Prochanovs Führung den Kreisen der Jugend zuwiesen. Der »Molodoj vinogradnik« – der junge Weingärtner –, das von Prochanov als selbständige Beilage zum Christianin gegründete Jugendblatt, war Ausdruck der neuen Interessenlage. Prochanov nannte den Molodoj vinogradnik »das Organ für Information, Aufbau und ein Mittel, unsere Jugend im organisierten christlichen Leben einzuüben.«[26]

In der Jugendarbeit der Evangeliumschristen trat bereits bei der Vorbereitung des zweiten Kongresses des Bundes der christlichen Jugend erstmalig Jakov Ivanovič Žetkov hervor, Prochanovs späterer Stellvertreter. Er war 1887 an der Wolga geboren. Nach seiner Umsiedlung nach Petersburg im Jahre 1902 kam er in den Kreis der Petersburger evangelischen Jugend. Er gehörte fernerhin dem Kern der Petersburger Gemeinde an, als Mitglied des Chors, dann auch als dessen Leiter. Im Jahre 1912 war er der Leiter der Jugendorganisation in der Hauptstadt. Im folgenden Jahr übersiedelte Jakov Ivanovič in das heimatliche Wolgagebiet. Dort, an der mittleren Wolga mit Wohnsitz in Caricyn, wirkte er elf Jahre als regionaler Leiter im Bund der Evangeliumschristen. 1924 zog Žetkov erneut nach Leningrad. Nun begannen die Jahre der engsten Kontakte mit Prochanov. »Diese gesegnete Zusammenarbeit dauerte bis zum Frühjahr 1928, als Ivan Prochanov um der Gottesarbeit willen (po delu Božemu) ins Ausland ausreiste.«[27] Ein wesentlicher Teil der Tätigkeit Žetkovs auf Bundesebene bestand in der Verlags- und Editionsarbeit, in der Mitleitung der 1922 neu eingerichteten biblischen Kurse zur Predigerausbildung, im stellvertretenden Vorsitz des Bundes, wobei durch die häufige Abwesenheit Prochanovs die Hauptverantwortung bei ihm lag.

In den programmatischen Äußerungen Prochanovs aus den Jahren 1906 bis 1909 waren die Allianzvorstellungen stark ausgeprägt gewe-

[25] Vgl. Sofija Lieven, Duchovnoe probuždenie.
[26] Prochanov, Cauldron S. 189.
[27] Vgl. Aleksandr V. Karev, Jakov Ivanovič Žetkov – in: B.V. 1/1967 S. 51–54, hier S. 51.

sen. Die den Baptisten so wichtigen Fragen der Glaubenstaufe, der Handauflegung nach der Taufe und der Gemeindeordnung waren im Aufruf des Gründungsgremiums des Russischen Evangelischen Bundes nicht erwähnt; sie wurden vielmehr zu den allen Gemeinden und Christen freien Stücken gerechnet. Diese Positionen wurden in den Verhandlungen und Verlautbarungen von der Gründung des Bundes der Evangeliumschristen an geändert. Es traten Formulierungen hervor, die bisher bei der Aufzählung der notwendigen Glaubenswahrheiten gefehlt hatten, wie die »Die im Glauben Getauften«. Dieser Begriff zielte eindeutig auf das baptistische Verständnis hin.

Das Programm eines Russischen Evangelischen Bundes war von Prochanov unverändert 1908 gedruckt worden. Bis zu dieser Zeit waren nach außen hin die Positionen des Aufrufs nicht verlassen worden. Vom Jahre 1905 bis zur Gründung des Bundes der Evangeliumschristen aber hatten sich Entwicklungen vollzogen, die zu einer kritischen Überprüfung der Positionen durch Prochanov und seine Freunde führen mußten. Das Reservoir an Gliedern des im Aufruf vorgesehenen Bundes mochte groß sein. Praktisch aber spielte sich die organisatorische Erörterung unter den bereits 1905/1906 organisierten Gruppen ab. Das waren Baptisten, die zahlenmäßig nicht sehr starken Neu-Molokanen, die Petersburger Gemeinde der Evangeliumschristen, dazu weitere Gemeinden im Inneren des Landes, die von einem Jahr zum andern zum Bund der Evangeliumschristen hinzutraten. Die Evangelische Allianz im Westen Europas hatte sich immer auf starke Kräfte in den evangelischen Großkirchen, in Landeskirchen und Freikirchen stützen können, die für ihre Anliegen aufgeschlossen waren. Unterscheidungsfragen zwischen den einzelnen Freikirchen spielten, wo ihre Glieder an Allianzbemühungen teilnahmen, nicht die Rolle, die ihnen in Rußland bei ganz andern Voraussetzungen kirchlichen Lebens und der unvermittelten Konkurrenz weniger Gruppen zukommen mußte.

Sollte ein Bund in Rußland zum Leben kommen, war er unausweichlich vor die Aufgabe dogmatischer Fixierungen gestellt. Es konnte mit den Baptisten nach Lage der Dinge kein enges Zusammenwirken geben, wenn die für diese so entscheidende Frage der Glaubenstaufe ausgeklammert blieb. Nun war es nach der Organisation der meisten evangelischen Gemeinden als Gemeinden baptistischer Prägung verständlich, daß die Frage nach der Glaubenstaufe starkes Gewicht bekam. Das Programm vom Jahre 1906, erwachsen aus der Kritik des bisherigen evangelischen Weges in Rußland und genährt durch die Hoffnungen auf den großen protestantischen Durchbruch im russischen Volk, war davon ausgegangen, die Baptisten als eine profilierte Gruppe unter anderen möglichen Gesprächspartnern zu betrachten. Entgegen den hoch gesteckten Hoffnungen der Jahre 1905, 1906 erwies sich in den folgenden Jahren, daß außer den Baptisten kaum Gesprächspartner übrig blieben, es sei denn, man hätte das Selbstgespräch im breiten Kreis der Petersburger und verwandter Gemeinden im Lande geführt.

Die Baptisten stellten Prochanov das Thema für das Zustandekommen und die Entwicklung einer größeren evangelischen Vereinigung. Prochanov nahm die Fragen, die damit gestellt waren, auf, er beantwortete sie mit der Hinzielung auf die baptistischen Positionen. Vom allgemeinen Allianzprogramm zum Programm der Einheit in der Glaubenstaufe waren die Schritte folgerichtig. Einheit, dies war Prochanovs Überlegung, ließ sich nicht mit den erhofften, aber nur wenigen tatsächlich vorhandenen Christen vom Typ des Allianzprogramms erreichen. Einheit mußte real mit denen gesucht werden, die weitgehend den ostslavischen Protestantismus prägten, die Einheit mußte mit den Baptisten gesucht werden.

Die Nötigung zum Gespräch mit den Baptisten, zum Eingehen auf deren Fragen und Forderungen bewirkte im Zuge langjähriger Erörterungen, daß der Bund der Evangeliumschristen immer stärker baptistische Züge annahm. Diese Feststellung ist von verschiedenen Seiten getroffen worden. Die Veränderung eines Allianzbundes zum Baptismus hin war schließlich auch die Voraussetzung dafür, daß der Bund der Evangeliumschristen 1911 in den Baptistischen Weltbund aufgenommen wurde. Darüber heißt es bei Pavlov: Die Aufnahme der Evangeliumschristen in den Weltbund erfolgte »ungeachtet der anderen Bezeichnung auf Grund der Anerkennung der Prinzipien.«[28] Auf dem II. Kongreß 1910 war einstimmig beschlossen worden, »als Mitglieder der Gemeinschaft nur solche Christen aufzunehmen, die sich bewußt zum Glauben der Evangeliumschristen bekennen und in reifem Alter die Taufe annehmen.«[29]

Russisch-orthodoxe Beobachter haben den Wandel in den Grundsätzen des Bundes ebenfalls wahrgenommen. Plotnikov äußerte sich

[28] V.G. Pavlov im Bericht über den Zweiten Weltkongreß im »Baptist« 32/1911 S. 256.

[29] Zitiert aus »Der Botschafter«, Erscheinungsort Berdjansk, Nr. 13 vom 11./24. Februar 1911 S. 3. Der Bericht ist wahrscheinlich aus der Odessaer Zeitung übernommen.

in seinem Handbuch darüber, daß die Paškovcy die Kindertaufe aufgaben und die Erwachsenentaufe annahmen: Für ihn war dieser Schritt ein Zeichen einer Täuschung; die Paškovcy taten ihn nicht aus Überzeugung, sondern aus taktischen Erwägungen. Ihre Absicht sei, das einfache Volk bequemer und erfolgreicher für ihre Sekte gewinnen zu können; sie verstünden, daß ohne Formen das geistlich nicht reife Volk einer Glaubenslehre allein nicht folge. Aber, so meinte Plotnikov, auf der Grundlage ihres Glaubens halten die Paškovcy weder die Kindertaufe noch die Taufe der Erwachsenen für nötig. Er konstatierte gleichfalls die veränderte Einstellung des Bundes der Evangeliumschristen in den Fragen der Ordination der Presbyter.[30]

Die Baptisten hatten diese Entwicklung zu ihren Positionen hin ebenfalls genau registriert. Auf dem Kongreß des Baptistenbundes 1911 bemerkte Semen P. Stepanov,[31] als über die Frage einer Verbindung zwischen den beiden Bünden gesprochen wurde: »Die Evangeliumschristen haben bereits die baptistische Lehre über die Ältesten angenommen, welche sie nicht lange zuvor noch als unannehmbar verworfen haben. In jedem Falle haben wir es nicht nötig, zu ihnen zu gehen.«[32] Deutsche und englische Beobachter haben die Entwicklung der Evangeliumschristen auch wahrgenommen. Der ihnen wohlgesinnte Walter Jack äußerte sich: »In der Tauffrage früher ziemlich frei, sind sie in den letzten Jahren immer mehr baptistisch geworden.«[33] Rushbrooke, der Generalsekretär des Baptistischen Weltbundes, konstatierte in einer Zusammenfassung, daß die allgemeinen Positionen der Petersburger Evangelischen zunächst denen entsprachen, die von den Plymouth-Brüdern des offenen Zweigs eingenommen wurden. »In späteren Jahren wurde die Bewegung unter dem Namen der »Evangeliumschristen« definitiv baptistisch. . .«[34] Der bedeutsamste Gewährsmann für den Wandel der Anschauungen ist schließlich Prochanov selbst. Jahre später hat er zu Waldemar Gutsche gesagt, man werde ihm einst dafür dankbar sein, daß er Gruppen und Gemeinden von unklarer Prägung auf einen baptistischen Weg geführt habe.[35]

[30] Plotnikov S. 62ff.
[31] Semen Prokov'evič Stepanov, Bruder des Liederdichters Vasilij P. Stepanov, war der Herausgeber des »Drug Molodeži« und wirkte hauptsächlich in Moskau. Er starb am 27. 5. 1916.
[32] Zitiert nach Klibanov, Istorija S. 237.
[33] W. Jack, Evangelische Strömungen, S. 11.
[34] J.H. Rushbrooke, Vasili Pavlov: A Russian Baptist Pionier – in: The Baptist Quarterly 1932–1933 S. 361–367, hier S. 363.
[35] W. Gutsche, Westliche Quellen S. 99.

Dies trifft im Endergebnis zu. Aber die Frage bleibt, ob dieser Weg von Anfang an Prochanovs freier Weg gewesen ist, oder ob er auf ihn nicht wegen des Fehlens anderer kompetenter Gesprächspartner im Protestantismus Rußlands gedrängt worden ist. Der Entwicklungsstand der mit Prochanov verbundenen Gruppe und schließlich der Gemeinden im Bund forderte zudem eine stärkere Profilierung.[36] Die Glaubenstaufe als sinnfälliger Ausdruck des baptistischen Weges wurde über den Kreis der baptistischen Gemeinden hinaus konsequenter Ausdruck des persönlichen Glaubens. Ältere russisch-orthodoxe Vorstellungen bekräftigten das Verständnis der Glaubenstaufe als Manifestation des neuen Lebens. In den Petersburger Adelskreisen hatte man bis zur Jahrhundertwende vielfach bei einer spiritualisierenden Herzensfrömmigkeit ohne sichtbare Schritte und Übertritte stehen zu bleiben vermocht. In der am Ende des ersten Jahrzehnts im neuen Jahrhundert sich wieder verschärfenden Situation für die Evangelischen im Lande abseits der Petersburger besonderen Traditionen und in der Auseinandersetzung der großen Gruppen im evangelischen Lager war diese Offenheit nicht mehr möglich. Man war zu Scheidungen und Entscheidungen genötigt. Prochanov hat diese Situation erkannt. Zum II. Kongreß hatte die Regelung der Tauffragen gehört, dem III. Kongreß lag dann folgerichtig eine Schrift über die Handauflegung und die Ordination der Presbyter als Arbeitsunterlage vor. Auf dem IV. Kongreß vom 18. bis 25. Mai 1917 in Petrograd wurde dann mitgeteilt, daß die Petrograder Gemeinde den Inhalt dieser Schrift positiv aufgenommen habe, und daß es nun in der Gemeinde bereits zwei Presbyter gebe, die durch Handauflegung ordiniert worden seien. In der Angabe dessen ist vermieden, von der baptistischen Weise der Ordination zu sprechen, vielmehr ist von der Weise des Apostels Paulus die Rede. Den durch ihre Delegierten auf dem Kongreß vertretenen Gemeinden wurde empfohlen, es in dieser Frage nach dem Maß ihres geistlichen Herangereiftseins zu halten.[37]

Obwohl das Gespräch über die Einheit nicht abriß, sich in den folgenden Jahren sogar verstärkte, konnten Evangeliumschristen und Baptisten nicht zusammenkommen. Es bedurfte erst des staatlichen

[36] W. Jack, Evangelische Strömungen S. 11 bemerkt: »Ihre Gemeindeorganisation leidet stellenweise an einem ungesunden Demokratismus und Subjektivismus, der da und dort Unordnung und Spaltung hervorruft. Wo allerdings eine geistig überragende Persönlichkeit, wie in Petersburg, sich durchzusetzen weiß, tritt dieser Schaden nicht offen zutage.«
[37] Otčet IV. Kongreß 1917 S. 42.

Einwirkens auf die Reste der Bünde und Gemeinden nach ihrer Zerschlagung in den dreißiger Jahren, um die bislang Getrennten zusammenzuführen. In oft unklarem Gespräch und vielfach unzulänglichen Bemühungen häufte sich auf beiden Seiten Verbitterung; grundsätzliche Bedenken, Beschwernisse der einen wie der anderen Seite machten beiden Partnern immer wieder den endgültigen Zugang zueinander unmöglich. Die Baptisten sahen auf das Wachsen der Evangeliumschristen, auf die zuweilen robuste Art, wie Glieder von ihnen zum anderen Bund herübergeholt wurden. Bei der Klage darüber war man freilich ähnlicher Praktiken, die man selbst geübt hatte, nicht eingedenk.

In den Verhandlungen bis 1917 zeichnete sich auf baptistischer Seite neben der Betonung theologischer Positionen immer sehr stark das Verlangen ab, die Fragen bisherigen Wechsels von einzelnen und von Gemeinden zu dem anderen Bund rechtlich zu klären. So verständlich dieses Interesse an der Aufarbeitung früherer Fehlhandlungen war, so war es doch nicht geeignet, der Einheit weiterzuhelfen. Es setzte an die Stelle zukunftweisender Intentionen den Streit um Rechtspositionen. Mochten von Prochanov und den evangeliumschristlichen Gemeinden Fehler begangen worden sein, so wiesen ihre Planungen doch in die Zukunft. Der Bund der Evangeliumschristen betonte die Notwendigkeit, einen Schlußpunkt unter Vergangenes zu setzen. Von 1917 an änderte sich die Art und Weise der Argumentation – auch die Baptisten sprachen nicht mehr von der Erledigung alter Vorgänge, sondern von den künftigen Aufgaben. Diese neue Gesprächsführung blieb freilich durch das Mißtrauen jedes der Partner gegenüber dem anderen belastet.

Die Geschichte der getrennten Bünde ist in eigentümlicher Weise zugleich auch die Geschichte der Einigungsbemühungen. Von Anfang an erscheint hierbei Ivan Stepanovič Prochanov als der aktive Partner, mit ihm der Bund der Evangeliumschristen. Rufend, werbend, beschwörend gar ist der Inhalt vieler Aufforderungen, die von jedem Kongreß der Evangeliumschristen an die Baptisten gerichtet wurden. Die Baptisten erscheinen als die Vorsichtigen, die Abwehrenden, immer darauf pochend, daß sie selbst die älteren seien; eine Vereinigung der Baptisten mit den Evangeliumschristen könne nur in dem Falle stattfinden, daß sich die Evangeliumschristen an den Bund der Baptisten anschließen.[38]

[38] Vgl. A. Klibanov, Istorija S. 237.

Der Aufruf zur Gründung des Russischen Evangelischen Bundes war bereits ein Ruf zur Einheit im ostslavischen Protestantismus. Im Namen des zur Zeit stattfindenden ersten Kongresses in Petersburg richteten Prochanov und seine Freunde an den Bund der Baptisten ein Schreiben. Darin wurden erneut Vorschläge über einen praktischen Versuch zur Einigung gemacht. Die Einrichtung eines Gebetstages spielte eine Rolle, er sollte auf den Karfreitag gelegt werden, vom Vorabend 18 Uhr bis zum nächsten Abend zur gleichen Zeit. Der Tag sollte mit vollständigem Fasten begangen werden. Der zweite Vorschlag sah die Einrichtung eines Bibelinstituts in Petersburg vor, der dritte die Zusammenarbeit bei der Verbreitung von Literatur, hierbei wurde die »Raduga« erwähnt. Der vierte Vorschlag behandelte die Zusammenfassung der christlichen Jugendarbeit. Nachdem noch einmal die Notwendigkeit des Zusammenrückens der beiden Bünde betont wurde, wurde der Vorschlag gemacht, zwei Baptisten zu benennen, die einem Einigungskomitee angehören sollten, das die Arbeit weiterzuführen habe.

Ein Schreiben mit gleichem Gedankengut wurde entsprechend an den Bund der Evangelischen Christen (Presbyterianer), die Neu-Molokanen, gerichtet. Es unterrichtete von den Beschlüssen des ersten Kongresses der Evangeliumschristen vom 14. bis 19. September 1909 und rief die Neu-Molokanen auf, sich den durch den Bund der Evangeliumschristen getroffenen Maßnahmen und geäußerten Vorschlägen nicht zu verschließen. Der eschatologische Duktus, daß die Stimme des nahenden Bräutigams laut werde, erscheint in den Schlußzeilen des Briefs deutlich betont: »Wie wichtig, daß er uns nicht schlafend antrifft, sondern wachend, wirkend für ihn in der Liebe zueinander und in der vollen Einheit des Geistes. Möchten wir ihn betend anrufen: ›Ja komm, Herr‹!«[39]

Ein weiterer Brief wurde auch an Dr. Simons, den Superintendenten der methodistischen Gemeinden in Rußland, gerichtet.[40] Deren Gemeinden lagen hauptsächlich im Bereich des estländischen Gouvernements. Der Brief an den Bund der Baptisten wurde auftragsgemäß von Jakov Jakovovič Wiens, dem Delegierten der Gemeinde in Samara, dem Kongreß der Baptisten übermittelt. Dieser Kongreß trat nur wenige Tage nach dem Kongreß der Evangeliumschristen in Rostov n/D zusammen. Der Brief wurde jedoch auf dem Kongreß nicht

[39] B.L. 11/1909 S. 24, cf. Baptist 20/1909 S. 13–14.
[40] B.L. ebenda S. 24, der Brief ist nicht veröffentlicht, sondern hier nur erwähnt.

erörtert. Dies geht aus einem Schreiben Prochanovs an den Baptistenbund hervor, das er diesem 1910 übersandte.[41] Danach war der Brief von Dej I. Mazaev wohl entgegengenommen worden; er war aber nicht in einer der regulären Sitzungen des Kongresses den Versammelten zur Kenntnis gebracht worden, sondern anläßlich einer besonderen Zusammenkunft. Prochanov erwähnte dies ohne Vorwürfe. Aber aus seinen Worten wird doch deutlich, daß er die Behandlung des Angebots seines Bundes als der Sache unangemessen empfand, zumal bei der besonderen Zusammenkunft kein Beschluß zu der Frage der Vorschläge gefaßt wurde, das Ganze auch nicht protokolliert wurde und Gespräche der Teilnehmer sich nur auf den Teilbereich der Stellungnahme zu aus dem Bund Ausgetretenen erstreckt hatten.

Prochanov wiederholte 1910 noch einmal seine und seines Bundes Vorschläge, teilweise in erweiterter Ausführung. Dies galt zumal für den Plan der Errichtung eines gemeinsamen Bibelinstituts für »Evangelische« (dlja Evangelistov), für russische Baptisten, für die Mennoniten-Bruderschaft, für deutsche und lettische Baptisten. Prochanov verwies dazu auf entsprechende gemeinsame Seminare verschiedener Gruppen; er nannte das Seminar in Rochester/USA. Er bemerkte: »Dort wird der größte Teil des Wissensstoffes in der allgemeinen Landessprache (englisch) gelehrt, für die Deutschen gibt es besondere Abteilungen, wo einige Fächer in deutscher Sprache gelehrt werden. Unser künftiges Bibelinstitut kann auf solche Weise organisiert werden, daß die Unterweisung der allgemeinen Fächer. . . in russischer Sprache vor sich geht; für die deutschen und lettischen Brüder mögen noch besondere Abteilungen vorhanden sein, in welchen in ihren eigenen Sprachen einige Fächer unterrichtet werden, wie beispielsweise ihre Literatur, Geschichte und die gegenwärtige Beziehung zu ihren Nationalitäten.«[42]

Prochanov schlug weiter vor, bereits einige Schritte zur Errichtung eines solchen Instituts zu tun. Er hatte schon eine Genehmigung zum Aufbau von Zweijahreskursen bei den Behörden erbeten. Diese Kurse sollten nach ihrem Auslaufen in das dann eingerichtete neue Institut einmünden. Prochanov machte schließlich noch den Vorschlag, falls

[41] Veröffentlicht im Baptist 46/1910 S. 366–367.
[42] ebenda S. 367. – Dieser Plan erscheint als ein beachtlicher Versuch, die sprachlichen Unterscheidungen, die auch solche der nationalen Minderheiten waren und unter Baptisten zu ungleicher Entwicklung in den verschiedenen Vereinigungen geführt hatten, zu überwinden.

der bevorstehende Kongreß des baptistischen Bundes nicht zur Erörterung aller aufgeworfenen Fragen kommen könne, daß er doch auf jeden Fall zur Stellungnahme hinsichtlich der Weiterführung der Gespräche und der Festlegung der Vertreter für das von beiden Bünden einzurichtende Arbeitskomitee kommen möchte. Dem Schreiben ist die Bedeutung abzuspüren, die Prochanov dem Projekt der Einigung beimaß; sein Tenor ist eindrücklich.

Der »Baptist« hat Prochanovs Schreiben veröffentlicht. Dies läßt darauf schließen, daß die Leiter des Baptistenbundes die öffentliche Kenntnisnahme für geboten erachteten. Es ist nicht auszuschließen, daß der Bund sich durch das Echo, das Prochanov mit seinen Vorschlägen in der Öffentlichkeit gefunden hatte, unter Pression gesetzt fühlte. Prochanov richtete an den in Petersburg vom 1. bis 9. September 1910 tagenden Baptistenkongreß am 8. September ein weiteres Wort; es war ein erneuter Aufruf zur Vereinigung der Bünde. Auch Ivan Venjaminovič Kargel hatte den Kongreß begrüßt.[43] Die Antwort des Kongresses auf Prochanovs Anregungen war ablehnend. Semen Stepanov setzte sich als einer der maßgebenden Teilnehmer des Kongresses mit den Vorschlägen Prochanovs auseinander. Er riet zur Ablehnung. Dabei bestand er auf der formalen Behandlung der Angelegenheiten. Nach seiner Auffassung war die Einigung 1903 in Caricyn eingeleitet, in Rostov n/D 1905 vollzogen worden. Die wünschenswerte Einigung bedeutete für Stepanov Rückkehr in das vollzogene Einigungswerk. Er berichtete von seiner Tätigkeit 1909 in Petersburg, wobei ihm die Evangeliumschristen einen unfreundlichen Empfang bereitet hätten. Auch Wilhelm Fetler sprach sich gegen die vorgebrachten Einigungsvorschläge aus. Zwischen Baptisten und Evangeliumschristen könne es nur eine geistliche Gemeinschaft (duchovnoe obščenie), nicht aber eine praktische Vereinigung (praktičeskoe soedinenie) geben. Fetler ging dabei soweit zu sagen: »Der Baptismus und die Evangeliumschristen sind prinzipiell unterschieden, sie verfolgen vollkommen andere Ziele.«[44] Auf dem Kongreß wurde auch darauf hingewiesen, daß die Evangelische Gemeinde in St. Petersburg, die 1905 die Berechtigung erhalten habe, sich als Gemeinde im Baptistenbund nicht »baptistisch« nennen zu brauchen, dem Bund im gleichen Jahr für seine Missionsaufgaben 500 Rbl. überwiesen habe.

[43] Baptist 39/1910 S. 309.
[44] Čepurin S. 21.

Die einstimmige Antwort des Kongresses auf die Vorschläge der Evangeliumschristen brachte zum Ausdruck, daß die Baptisten auf die Rückkehr der Evangelischen Christen in ihren Bund warteten, mit Ausnahme derer, die sich aus baptistischen Gemeinden entfernt hatten oder aus diesen ausgeschlossen worden waren. Nach Auffassung der Delegierten des Kongresses war durch die Protokolle früherer Konferenzen auch der künftige Weg klar gezeichnet. Es konnte keine Vereinigung zweier Bünde, sondern die dazu noch eingeschränkte Rückkehr der Mitglieder eines jüngeren Bundes in einen älteren Bund geben.

Es mag als Besonderheit festgehalten werden, daß wiederum der »Baptist« in drei aufeinanderfolgenden Ausgaben den Verlauf des um die Jahreswende 1910/1911 folgenden zweiten Kongresses der Evangeliumschristen wiedergab. Von dem Anspruch des vorausgegangenen Kongresses der Baptisten her erscheint die Berichterstattung folgerichtig: Der ältere und größere Kreis von Gemeinden nimmt interessiert das, was sich in einem kleineren Kreis vollzog, für den man sich zuständig wußte, zur Kenntnis. Die schon beim ersten Kongreß entschiedene Frage der Selbstbezeichnung wurde nach den Berichtsworten im »Baptist« noch einmal aufgegriffen. Es ging um die Entscheidung zwischen Evangel'skie christiane, Evangelisty, Evangel'skie christiane-baptisty. Dies zeigt die Offenheit der Teilnehmer des Kongresses, es macht zugleich deutlich, wie ungeformt der junge Bund zu diesem Zeitpunkt war. Im Bericht wird der Ablehnung der letzten der Bezeichnungen Raum gegeben. Ein Mitglied des Kongresses sprach sich deutlich aus, »daß die Evangeliumschristen ihre Aufgabe sehr viel breiter angelegt als die Baptisten verstehen; bei diesen ist alles sehr eng, und in einigen Punkten stimmen sie nicht mit den Evangeliumschristen überein.« Diesem durch Sperrung im Schriftbild hervorgehobenen Satz ist im Bericht angeschlossen: »Schade, es wurde nicht ausgesprochen, in welchen Punkten.«[45]

Der Kongreß nahm in einer seiner Sitzungen auch Erklärungen zur Einheitsfrage entgegen. Die Antwort des Kongresses der Baptisten vom Herbst des Jahres wurde als unbefriedigend empfunden, zumal es zu den wesentlichen Anliegen der Errichtung eines gemeinsamen Instituts keine Äußerung gegeben hatte, ebensowenig zu der Errichtung eines gemeinsamen Arbeitskomitees. Etwas karikierend ver-

[45] Baptist Nr. 4–6/1911, hier 4/1911 S. 30.
  B.L. 12/1910 S. 12/13 berichtet von einem Gottesdienst der Petersburger Gemeinde, in dem sowohl Zacharov als auch Dej Mazaev als Gäste predigten.

merkt hier der Bericht: »Ich aber sage, ›spricht Prochanov‹, ob sie wollen oder nicht wollen, es ist notwendig und letzten Endes muß es erfüllt werden. Auf die Mennoniten rechnen wir nicht, weil es ihnen unmöglich ist, sich zu diesem Komitee zusammenzuschließen, niemand von ihnen will es auch.« Dann fuhr Prochanov mit der besseren Nachricht über die in Riga beim Kongreß der lettischen Baptisten erfolgte Übereinkunft fort.

Hier hatte es 1910 ein besonderes Intermezzo im Bemühen um die Einheit gegeben. Der Bund der lettischen Baptisten hatte zu seinem vom 9. bis 11. November 1910 stattfindenden Kongreß Prochanov und seinem Bund eine Einladung gesandt. Vorsitzender der lettischen Baptistenvereinigung war zu dieser Zeit J. Inkis. Prochanov und Mat'eev, Kassierer des Bundes der Evangeliumschristen, folgten der Einladung und nahmen an den Sitzungen des 11. November teil. Der Tagungsordnungspunkt 12 des Kongresses sah vor: »Über die Beziehungen der lettischen Baptisten zu den russischen Evangeliumschristen.« Die Versammelten beschlossen, diesen Punkt wegen der Kürze der den Besuchern zur Verfügung stehenden Zeit vorzuziehen. Inkis teilte mit, daß schon ein Jahr zuvor die Evangeliumschristen sich schriftlich an das Komitee des lettischen Bundes mit dem Vorschlag gewandt hatten, eine Vereinigung von Evangeliumschristen, Baptisten und Mennoniten herbeizuführen. Dabei waren auch konkrete Einzelziele genannt worden.

Prochanov konnte nun vor den Versammelten seine Vorstellungen entwickeln. Er beschrieb zunächst die Lage der evangelischen Gruppen in Rußland als der der alttestamentlichen Gemeinde zur Zeit des Nehemia entsprechend – Bauen und Kämpfen zugleich. Dann entwickelte er in Anlehnung an seine früheren Vorschläge die folgenden Schritte. Kein einzelner Bund sollte seine Selbständigkeit aufgeben, aber jeder Bund solle Vertreter zu einem gemeinsamen Komitee nominieren. Dieses Komitee solle alle die repräsentieren, die die Glaubenstaufe übten, seine Äußerungen und Vorschläge sollten in völliger Freiheit auf den Kongressen der einzelnen Bünde diskutiert und beurteilt werden.

Prochanov wies zu diesem Ziel, einem vorläufigen Ziel, drei von ihm schon mehrfach angeregte Möglichkeiten auf: 1) die Einrichtung eines einheitlichen Gebetstages für den Gedanken der Einheit, er empfahl dazu den Karfreitag; 2) die Herausgabe eines einheitlichen Organs in russischer Sprache, das die Einheit propagieren sollte, die Organe der einzelnen Bünde brauchten nicht aufgegeben zu werden;

3) die Errichtung des Bibelinstituts zur Ausbildung von Predigern.
Alle Vorschläge, so meinte Prochanov, seien auf Vorläufigkeit abgestimmt und ließen den einzelnen Bünden notwendige Freiheit.

Mat'eev schloß dem noch einige Worte an. Die Fragen einiger der Rigaer Kongreßteilnehmer zeigten Aufgeschlossenheit für das Projekt. Auf die Frage, ob in Gemeinden verschiedener Bünde an einem Ort der gemeinsame Gang zum Abendmahl oder der eines Gemeindegliedes bei einer anderen Gemeinde möglich sei, antwortete Prochanov, daß dies zwischen Evangeliumschristen und russischen Baptisten bereits geübt werde, doch seien auch Fälle einer Verweigerung des Abendmahlgangs durch die eine oder andere Gemeinde bekannt geworden, hier ergebe sich eine Aufgabe für das zu schaffende Komitee. Inkis äußerte seine Befriedigung über die entwickelten Vorstellungen, meinte jedoch einschränkend, daß das Werk nicht so schnell durchzuführen sei. »Je wichtiger die Angelegenheit ist, umso langsamer wird sie sich verwirklichen lassen.«[46] Der Kongreß nahm dann einstimmig die Resolution an: »Der Kongreß der lettischen Baptisten in Riga stimmt mit dem Vorschlag der Evangeliumschristen in Rußland überein, ein allgemeines Komitee aus allen Bünden derer zu bilden, die im Glauben getauft sind. Er wählt aus seiner Mitte dafür zwei Brüder.« J. Inkis und J. A. Frey wurden zu Vertretern der lettischen Baptisten-Vereinigung in dem zu gründenden Komitee gewählt.[47]

Diese Ansätze machen deutlich, daß die Reaktionen auf Prochanovs und seines Bundes Bemühungen im Baptismus des Russischen Reichs unterschiedlich waren. Der russische Bund der Baptisten war kein Reichsbund, in dem die Baptisten aller Nationalitäten im Reich zusammengeschlossen gewesen wären. Die nationalen Baptisten-Vereinigungen bewahrten neben der russischen Vereinigung ihre Selbständigkeit, ihre Entscheidungen waren nicht durch einseitige Rücksichtnahmen auf die russischen Baptisten bestimmt.

Auf Seiten des Bundes der Evangeliumschristen blieb das Angebot der Einigung bestehen. Die Resolution des II. Kongresses des Bundes zur Frage der Einheit lautete: »Was die Frage unserer Beziehungen zu verwandten Glaubensbekenntnissen anbetrifft, so bevollmächtigt der

---

[46] Nach der Darstellung in B. V. 5/1946 S. 32–34 »Iz istorii evangel'sko-baptistskogo dviženija v SSSR«. Die Übertragung der Zitate aus dem lettischen Baptistenblatt ist ohne Seitenangabe im russischen Text vorgenommen.
[47] ebenda S. 34.
Nach Angabe Prochanovs im Brief vom 23. 9. 1911 an den Kongreß der russischen Baptisten, zitiert bei Čepurin a.a.O. S. 23, erfolgte die offizielle Zustimmung der lettischen Baptisten am 13. 11. 1910.

Kongreß den Rat des Bundes, auch in Zukunft im Geist der Vorschläge zu wirken, die vom I. Kongreß 1909 an gemacht worden sind, und, wenn dies nötig erscheint, schriftlich den bereits dem Bund der Baptisten gemachten Vorschlag zu wiederholen.«[48]

Auf baptistischer Seite hatte sich der Widerstand gegen die Fortführung der Gespräche eher versteift. Die wahrnehmbare Veränderung in den theologischen Grundlagen des Bundes der Evangeliumschristen bestärkte widerstrebende Baptisten, noch weitere Entwicklungen abzuwarten.[49] Eine Streitfrage, die immer größere Dimensionen gewann, schob sich vor alle theologischen Erörterungen und Grundsatzgespräche – es ging um die Einstellung gegenüber solchen, die die Gemeinde eines Bundes verlassen und sich der Gemeinde des anderen angeschlossen hatten. Die Fragen danach wurden immer aufs neue von den Baptisten aufgeworfen. Einzelne Baptisten hatten ihre Gemeinden verlassen und sich Gemeinden der Evangeliumschristen angeschlossen oder diese auch mit gegründet. Dies führte zu ständigen Mißhelligkeiten auf örtlicher und regionaler Ebene. Bei der Bedeutung, die den einzelnen Gemeinden im Baptistenbund zukam, hatten die Leitenden im Bund auf die zahlreichen Fälle, in denen sich Gemeinden durch die Existenz einer neu entstandenen evangeliumschristlichen Gemeinde belastet fühlten, Rücksicht zu nehmen. Es gab auch den umgekehrten Weg von den Evangeliumschristen zu den Baptisten. Prochanov hat, um baptistischen Bedenken entgegenzukommen, im Rahmen der Verhandlungen der späteren Jahre sogar geäußert, daß die Bewegungen herüber und hinüber sich etwa die Waage hielten. Dies mag für gewisse Zeiten zutreffen, nicht jedoch für die Gründungsjahre des Bundes und die der ersten Kongresse. Die Zahl der von den Baptisten zu den Evangeliumschristen Übertretenden war größer.

Die Baptisten waren die Betroffenen. Die Erörterungen über die Übertretenden sind in den Verhandlungen der Kongresse, aber auch in Anreden und Grußadressen zum Audruck gekommen. V. V. Ivanov vom Bund der Baptisten hatte 1909 an den ersten Allrussischen Kongreß der Evangeliumschristen die Frage gerichtet, wie dieser es künftig mit den aus dem Baptistenbund Ausgeschiedenen oder Ausgeschlossenen halten wollte, wenn diese bei den Evangeliumschristen Aufnahme suchten. In einer der über Jahre hindurch erfolgenden

---

[48] Baptist 6/1911 S. 46.
[49] Vgl. hier S. 141 mit den Äußerungen von Stepanov.

Anworten gaben Alekseev, Prochanov, Mat'eev und Židkov ausführliche Stellungnahmen ab. Am 1. September 1910 schrieben sie, daß das Ausscheiden eines Angehörigen einer Gemeinde und der Übergang von Gliedern eines Bundes in einen anderen unter dem Vorzeichen der persönlichen Gewissensfreiheit anzusehen sei. Das staatliche Manifest der Gewissensfreiheit decke sich mit der Stellungnahme Christi. »Dieser nötigte niemanden; als viele von ihm weggingen, sagte er nur kurz: wollt ihr auch weggehen? – damit gab er zu verstehen, daß die Jünger jederzeit frei waren, ihn auch zu verlassen. In den evangeliumschristlichen Gemeinden ist es Praxis, daß von Eintretenden, die früher zu einem anderen Bund gehörten, eine Erklärung verlangt wird. Sie ist eine Feststellung der Gemeinde, aus der der Bewerber gekommen ist: ›Der . . . war Mitglied der . . . Gemeinde vom . . . an und ist auf seinen persönlichen Wunsch aus der Zahl der Mitglieder der . . . Gemeinde mit Wirkung vom . . . ausgeschieden. Die Gemeinde wünscht ihm Gottes Segen.‹«[50]

»Wenn der Austritt ohne Beschwernis vor sich gegangen ist, trifft die Gemeinde Maßregeln in Hinblick auf die Person des Austretenden, damit bei dem Austritt die ausscheidende Person sich mit denen versöhnt, die es angeht. Ungeachtet dessen muß der Text der Erklärung wie oben angegeben sein. Die Gemeinde darf sich nicht so erniedrigen, daß sie sich auf irgendeine Weise an einem ausscheidenden Mitglied wegen dessen Ausscheidens zu rächen versucht.«[51] Die Unterzeichner kündigten weiter an, daß auf ihrem nächsten Kongreß eine Vorlage eingebracht werden solle: »Die Glieder der Gemeinden haben das Recht des freien Austritts aus den Gemeinden oder des freien Übergangs in andere Gemeinden; es sei denn, daß sie sich irgendwelcher Taten schuldig gemacht haben, die auf der Grundlage der klaren Anweisung des Wortes Gottes durch einen Ausschluß zu büßen sind. Ohne Verzug sind ihnen Bescheinigungen über das freie Ausscheiden mit dem Hinweis auf die Makellosigkeit ihres christlichen Lebens in der Zeit ihrer Zugehörigkeit zu der Gemeinde auszuhändigen, dies unabhängig davon, zu welcher Glaubensrichtung die Betreffenden überzugehen wünschen.«[52]

---

[50] B.L. 9/1910 S. 22/23.
[51] ebenda.
[52] Baptist 45/1911 S. 358. Zum Abschluß des Schreibens wird eine in dem Schreiben der Petersburger Gemeinde der Evangeliumschristen ausgesprochene Bitte um Berichtigung einer Angabe im »Baptist« unter Hinweis auf falsche Darstellungen in der Utrennjaja zvezda zurückgewiesen.

Die Antwort des Bundes und die Planung für Austretende betonten zugleich die Freiheit des einzelnen wie die Verantwortung der Gemeinden. Der Verfahrensweg, den Prochanov und seine Freunde begehen wollten, war geeignet, den Baptisten eine ähnliche Regelung nahezulegen. Hierbei waren jedoch die baptistischen Gemeinden verwundbarer als die der Evangeliumschristen, bei denen offensichtlich die Gefahr von Verlusten durch Austritte weniger bedacht wurde. Die strengeren Lebens- und Gemeindeordnungen brachten die Gemeinden und den Bund der Baptisten in eine von Anfang an schwierigere Situation. Es hatte auch nicht an Mißhelligkeiten und Ungeschicklichkeit bei der Durchführung der Gemeindezucht und der Vornahme von Ausschlüssen in baptistischen Gemeinden gefehlt, entsprechend nicht an dem Widerspruch von Betroffenen und deren Freunden und ihrem Anhang. Das Fehlen an Predigern, der oftmals unzulängliche Bildungsstand der wenigen, die zu viele Gemeinden zu versorgen hatten, sowie der Mangel an Traditionen taten ein Übriges, daß die Fragen, die die Ausscheidenden aufwarfen, ein zu großes Gewicht erhielten.

Für die Baptisten waren Kontakte zum Bund der Evangeliumschristen unmöglich, ehe nicht die Frage der aus baptistischen Gemeinden Ausgeschiedenen und in evangeliumschristlichen Gemeinden nunmehr Tätigen geklärt würde. Die Wahl zweier baptistischer Vertreter in das vorgesehene Komitee »erscheint ganz und gar unmöglich«. Der Bund der Baptisten bestehe nun schon 12 Jahre, heißt es in dem Schreiben des Bundes, das der Öffentlichkeit zugängig gemacht wurde. Auftretende Fragen zwischen dem lettischen und dem deutschen Baptistenbund und den Mennoniten-Brüdern könnten ohne weiteres im normalen Zugang aufeinander geklärt werden, in brüderlicher Liebe und christlichem Umgang zwischen den Verwaltungen der interessierten Bünde. Was die Beziehungen von Baptisten und Evangeliumschristen betrifft, so bestehe angesichts des Verhaltens der Prediger und vieler Glieder der Evangeliumschristen – daß sie in die Gemeinden der Baptisten einbrächen – keine Notwendigkeit, ein gemeinsames Komitee einzurichten. Es bedürfe nur des einfachen brüderlich-christlichen Verhältnisses zueinander. Bemerkenswert erscheint die in dem Schreiben ausgesprochene Tatsache, daß es nach baptistischer Ansicht eine Reihe von Gemeinden gab, die sich noch nicht für einen der Bünde entschieden hatten. Für sie galt die auf dem baptistischen Kongreß ausgesprochene Erklärung, daß solche Gemeinden, die den Willen zur Zusammenarbeit mit dem Baptistenbund äußerten, von der Bezeichnung »Baptisten« entbunden wurden. Die baptistischen Gemeinden wurden aufgefordert, nicht in diese Gemeinden fälschlich hineinzuwirken, vielmehr mit ihnen zusammenzuarbeiten. Übertrittswillige aus diesen Gemeinden sollten von dem Schritt abgehalten werden.

Diese Entscheidung galt für eine nicht weiter faßbare Zahl von Gemeinden, die jedoch ständig weiter schrumpfte. Das Hervorheben dieser mit den Baptisten zur Zusammenarbeit bereiten evangelischen Gemeinden klammerte die Existenz eines Bundes der Evangeliumschristen aus; es konnte deshalb der Situation, wie sie tatsächlich bestand, nicht gerecht werden. Der offene Brief des Bundes der Baptisten sieht für schriftliche Beziehungen zwischen den Leitungen der beiden Bünde keinen Raum. »Wir hoffen, daß ihr Brüder uns versteht und auch unseren Bund und unsere Kongresse durch ähnliche Anträge künftig besser nicht belasten werdet.«[53]

In den Jahren 1910 bis zur Mitte 1912 gelangte die Polemik auf einen Höhepunkt. Aus den Aufsätzen und Mitteilungen im »Christianin« und im »Bratskij Listok« ist wenig über den Stand der Beziehungen zwischen den beiden Bünden zu erfahren. Hier tritt immer sehr stark das Werben um die Einheit hervor. Es ist zu Recht immer wieder von anderen festgestellt worden – Walter Jack gehörte dazu –, daß in den evangeliumschristlichen Publikationen jener Jahre keine Polemik feststellbar ist. Anders war es in den Organen der Baptisten. Die Existenz von Evangeliumschristen wurde von baptistischen Gemeinden vielfach bereits als eine polemische Äußerung verstanden, deshalb ist die Zahl polemischer Gegen-Äußerungen von baptistischer Seite beträchtlich. Infolgedessen sind die baptistischen Äußerungen zur Erhellung der Beziehungen zwischen den Bünden und für das Aufzeigen von Spannungen sehr viel ergiebiger.[54] Freilich sind diese Äußerungen sehr kritisch zu werten, spricht sich doch vielfach in ihnen eine verkürzende Sicht und mangelnder Abstand aus.

Die Utrennjaja zvezda hatte in ihrer Ausgabe 22/1911 über den Baptistischen Weltkongreß in Philadelphia berichtet. Der Baptist polemisierte heftig über diese Berichterstattung, in der das Wort »Baptisten« weitgehend ausgeschaltet war – der Bericht hatte von den »im Glauben Getauften« gesprochen.[55] Dann erschien, zeitlich mit nur

---

[53] ebenda.
[54] Zu Spannungen innerhalb des Baptistenbundes vgl. hier S. 136, 158, 177.
[55] In der Utrennjaja zvezda 27/1911 war die Mitteilung enthalten, daß der Bund der Evangeliumschristen künftig dem Baptistischen Weltbund angehören werde. Es

geringem Abstand, ebenfalls im Jahre 1911 Dej Mazaevs Aufsatz »Ne ta doroga« – Nicht dieser Weg.[56] Mazaev erhob darin die bisher schwersten Vorwürfe gegen die Praxis der Evangeliumschristen; der Aufsatz ist durch Einzelangaben zur Entwicklung der Spannungen wichtig[57]: Die positive Entwicklung aller verschieden geprägten Gemeinden unter der Führung des Bundes der Baptisten wurde vom Jahre 1907 an gestört. Unter den Evangelischen tauchte ein Mensch auf, der »ihnen ohne jegliche Einschränkung seine Dienste anbot; ›folgt mir, ich werde euch führen‹. Diejenigen von den evangelischen Christen, welche in der Arbeit mit uns noch nicht vereinigt hatten, machten sich auf und gingen hinter dem neuen Führer her, aber die, die schon in der Einigung mit uns Fortschritte gemacht hatten, wenn sie auch eingeschüchtert oder beunruhigt wurden, zerrissen wenigstens den Bund nicht und fuhren in der gemeinsamen Arbeit nach der bisherigen Weise fort.«[58]

Von diesem Zeitpunkt an, so stellte es sich Mazaev dar, »begann bei den Evangeliumschristen eine neue Aera, in einem neuen Geist und in einer neuen Richtung. Die Bezeichnung ›Baptisten‹, die durch den Kongreß von 1905 zur Bezeichnung der evangelischen Christen geworden war, wurde ausgestrichen . . . Es entstand ein neuer Bund, es begannen hier und dort dessen eigene Verkündiger zu erscheinen. Aber bedauerlicherweise trieben sie weniger Verkündigung, als daß sie unter Baptistenbrüdern agitierten, um neue Gemeinden aus diesen zu gründen.« Mazaev fährt fort, daß auf diese Weise Gemeinden der Evangeliunschristen in Südrußland entstanden. Die Entwicklung von Gemeinden, Gemeinschaftsarbeiten, Jugendkreisen, über die der »Christianin« berichtete, so sah es Mazaev, war nicht auf Grund echter Ausweitung nach außen, sondern vielmehr durch die Gewinnung von Baptisten vor sich gegangen. Als Unterschiede zwischen den Gemeinden im Süden, die die baptistische Taufe angenommen hatten, und denen in der Nachfolge »des gesegneten und unvergeßlichen Zeugen Vasilij Aleksandrovič Paškov« erblickte Mazaev Fragen des Aufbaus der Kirche, des Presbyteramts sowie Differenzen über das Recht der Teilnahme am Abendmahl von solchen, die noch nicht die Taufe empfangen hatten.[59]

hieß hier: »Von nun an gehören die Evangeliumschristen zum Bestand des Weltbundes der nach frühen Beispielen im Glauben getauften Christen wie auch die Evangelischen Christen-Baptisten.«
[56] Baptist 34/1911 S. 268–269.
[57] Vgl. hier S. 128ff.
[58] Baptist 34/1911 S. 269.

Dej Mazaevs Aufsatz »Ne ta doroga«, in dem er alle bisher geäußerten Vorbehalte gegenüber den Evangeliumschristen zusammenfaßte, war nur einer aus der Reihe entsprechender.[60] Den Äußerungen Mazaevs standen solche von evangeliumschristlicher Seite gegenüber. Für evangeliumschristliches Selbstbewußtsein spricht die Tatsache, daß die Utrennjaja zvezda 40/1911 im Zusammenhang der verstärkten Auseinandersetzungen eine Sprachregulierung vorschlug: Man solle nicht von den Beziehungen der Evangeliumschristen zu den Baptisten sprechen, vielmehr von den Beziehungen der Baptisten zu den Evangeliumschristen.[61] Dies weist auf ein sehr kräftiges Selbstverständnis hin; der junge Bund der Evangeliumschristen fühlte sich stark genug, seine eigene Position zur Grundlage möglicher Diskussionen zu machen.

In einem baptistischen Artikel heißt es, daß sich in Mariupol eine gute Zusammenarbeit aller Evangelischen ergeben hatte. »Die Evangeliumschristen beschlossen, zusammenzuarbeiten und einmütig auch Christus zu folgen, doch unter einer Bedingung – wenn Ivan Stepanovič Prochanov es erlaube.« So also, heißt es weiter, schrieben sie diesem einen Brief, auf dessen Beantwortung sie lange warten mußten. »Als die Antwort schließlich eintraf, war es wie im alten Rom, wo vor den Augen der Bevölkerung statt des erwarteten Brotes nicht Getreide aus einem Ägypterschiff ausgeladen wurde, sondern Sand für den Zirkus des Nero. So wie die Enttäuschung jener war auch die in der Gemeinde, als der Brief von Prochanov verlesen wurde.« In dieser Weise, mit persönlichen Angriffen gegen Prochanov und Persianov, den Reiseprediger des Bundes der Evangeliumschristen, geht der Aufsatz weiter. Er endet mit einer Klage über einen

---

[59] ebenda, vgl. auch Cepurin S. 16.
[60] Stationen der Auseinandersetzung – nach der Auswertung durch den Orthodoxen Čepurin – sind in zeitlicher Folge einige Artikel im »Baptist« und »Christianin«. Er nennt Dej I. Mazaevs »Ne ta doroga« (Baptist 34/1911), Fetlers Rede auf dem Baptistenkongreß 1910, in der er entgegen Mazaevs Auffassung die Gewichtigkeit der Unterschiede zwischen Baptisten und Evangeliumschristen betonte und nur eine geistliche Gemeinschaft, nicht aber eine praktische Vereinigung für möglich hielt (Čepurin S. 20), den Aufsatz »Presvyter ili sovet« (Baptist 6/1912, Čepurin S. 30ff.), den Aufsatz in der Utrennjaja zvezda 1/1912 »Über die Liebe und die Einigung«. »Die Einigung der Gemeinden« (Utrennjaja zvezda 17/1914) zeigt nach Čepurins Ansicht die beiderseitige Verhärtung der Positionen: Zur Einigung gehört volle Übereinstimmung sowohl in dogmatischen wie in kultischen und administrativen Fragen. Schließlich werden noch die Äußerung V.A. Lopuchins »Geistliche Einheit« und die von Vladimirov »Über die Einheit« in »Slovo istiny« 1913, 1914 angeführt.
[61] Berichtet nach Čepurin S. 24.

gewissen Ermatov, der zur Klärung von Fragen in die beunruhigte Gemeinde von Prochanov gesandt worden war, ohne von diesem hinreichend unterrichtet worden zu sein.[62] Die labile Haltung einzelner Gemeinden, die von einem Bund zum anderen wechselten, spielte ferner eine Rolle, Vorgänge in den Gemeinden Pjatigorsk und Rostov werden namentlich erwähnt.[63] Die publizistischen Erörterungen auch von Seiten Mazaevs hörten nicht auf. In seinem Aufsatz »Presvytery ili sovet« – Presbyter oder Rat – richtete er einen Angriff auf das Verständnis der Evangeliumschristen, die für eine kollektive Leitung der Gemeinde eintraten.[64]

Das große Thema der Einheit ließ beide Seiten nicht ruhen. In der Utrennjaja zvezda erschien ein Artikel »Über die Liebe und die Einheit«. Im gleichen Blatt wurde die Frage nach der Vereinigung der Kirchen gestellt.[65] In Pavlovs »Slovo istiny« wurde nach der »Geistlichen Einheit« gefragt;[66] bereits vorher war hier dieser Frage nachgegangen worden, unter anderem in einem Aufsatz »Über die unterschiedlichen Auffassungen und die Einheit«.[67] Auch Lord Radstock nahm in einem Brief an Wilhelm Fetler Stellung, den dieser im »Gost'«, der von ihm gegründeten Zeitschrift, veröffentlichte. Er beschwor die von Christus gewünschte Einheit, ohne daß er auf die äußere Einigung der Bünde, wie dies Mazaev forderte, einging – ein Zeichen seines anderen Einheitsverständnisses.[68]

Die Positionen, die Mazaev gegenüber Prochanov und den Evangeliumschristen, einnahm, entsprachen nicht der Stellungnahme aller Baptisten. Immer wieder wurde die literarische und rhetorische Konfrontation durch Äußerungen eines offenen, ja freundlichen Mitein-

[62] Baptist 18/1912 S. 14–16, Nečto o Evangel'skich Christianach.
[63] ebenda.
[64] Baptist 6/1912, Angabe nach Čepurin S. 30/31.
  Für die Empfindungen, die sich aus der Polemik ergaben, spricht die folgende, auf einen früheren Zeitraum bezogene Äußerung: »Uns gläubigen jungen Leuten war es schwierig in den ersten Jahren, die Ausgaben der Zeitschrift ›Baptist‹ zu lesen (1907–1909), als Dej I. Mazaev Herausgeber war. Er war ein sehr begabter und besonders gesegneter Arbeiter auf Gottes Ackerfeld, aber zuweilen trat er mit polemischen Aufsätzen gegen die Evangeliumschristen und andere Richtungen des neuen Glaubens hervor. Er war besonders bemüht, die Linie des sogenannten reinen Baptismus innezuhalten; wie viele Gläubige waren erfreut, als die Herausgeberschaft der Zeitschrift ›Baptist‹ in die Hände des hochkultivierten Bruders V.G. Pavlov und später in die des Bruders V.V. Ivanov überging.« – B.V. 3/1957 S. 61/62.
[65] Utrennjaja zvezda 37/1914, nach Čepurin S. 80.
[66] Slovo istiny 37/1914.
[67] ebenda 25/ und 33/34 1914 – nach Čepurin S. 80.
[68] Brief 3./16. 12. 1913, veröffentlicht im »Gost'« 4/1914, hier nach der Wiedergabe bei Čepurin S. 84/85.

anders abgelöst. Dies vollzog sich zumeist auf örtlicher Ebene, es hat verständlicherweise nicht immer einen publizistischen Niederschlag gefunden. Manche dieser aufgeschlossenen Begegnungen sind jedoch überliefert worden. Die Baptistengemeinde in Kriničersk bat im Bratskij Listok um Hilfe für den Bau ihres Bethauses.[69] Der Bericht der Char'kover Baptistengemeinde 1908 anläßlich des Todes von Vasilij N. Ivanov hat hier schon Erwähnung gefunden.[70] Fetler wie auch Mazaev wurden mehrfach ohne Polemik im Bratskij Listok genannt. Der »Baptist« veröffentlichte 1909 Anzeigen auf seiner Umschlagseite, die empfehlend auf die Zeitschrift »Christianin« sowie auf Prochanov'sche Liedsammlungen hinwiesen.[71] Im Jahre 1910 nahm er im Textteil auch eine Bekanntmachung über die neuerschienene Utrennjaja zvezda auf.[72] Desgleichen übernahm er Mitteilungen aus dieser Zeitung über die Verfolgung von Evangeliumschristen in Alupka auf der Krim.[73] Der Bericht über den Kongreß des Baptistenbundes vom 1.–9. September 1910 nahm im Bratskij Listok weit mehr Raum ein als im »Baptist«.[74] Ende 1910 schließlich waren Zacharov von den Neumolokanen und Dej Mazaev Gäste der Petersburger Gemeinde der Evangeliumschristen. Dabei predigten sie auch in der engeren Versammlung der Gläubigen.[75] Wiederum nahm an der Grundsteinlegung des baptistischen Doms Evangelija in Petersburg am 8. 9. 1910 anläßlich des baptistischen Kongresses auch Prochanov teil. In einer Rede »rief er alle zum einheitlichen Handeln bei der Erfüllung des Gotteswerkes auf (k ob'edineniju v dele Božiem)«. Auch Kargel war dabei anwesend.[76]

Im Bund der Baptisten waren die Auffassungen zur Frage möglicher Kontakte mit den Evangeliumschristen geteilt. Dies stand im Zusammenhang mit den allgemeinen Unterschieden in den Auffassungen über den Weg des Bundes. In einem mit N.O.[77] gezeichneten Bericht über den Kongreß des Baptistenbundes im Jahre 1910 in St. Petersburg findet sich die folgende Darstellung: »Mit jeder Sitzung

---

[69] B.L. 1907.
[70] B.L. 3/1909 S. 10–11.
[71] Baptist 24/1909, 3. Umschlagseite.
[72] Baptist 8/1909 letzte Textseite.
[73] Baptist 10/1910 S. 78.
[74] B.L. 9/1910 S. 11–24; 10/1910 S. 1–24.
[75] B.L. 12/1910 S. 12–13, wo Mazaev als ehemaliger Präsident und ehemaliger Schriftleiter des »Baptist« genannt wird.
[76] Bericht über den Baptistenkongreß 1910 in: Baptist 39/1910 S. 309.
[77] N (ikolaj) O (dincov) ?

werden jetzt die beiden Hauptströmungen sichtbar: eine deutsche, als deren Vorsteher Pavlov, der seine baptistische Ausbildung in Hamburg erhielt, und Fetler zu gelten haben, – eine russische, als deren am meisten hervortretender Vertreter S. Stepanov (der Ältere) erscheint . . . Fetler hat den Vorschlag gemacht, von der Bezeichnung des Statuts, – aus drei Worten bestehend – Evangelische Christen-Baptisten – nur das letztere bestehen zu lassen. Die russische Partei widersetzte sich, und nach lebhaften Debatten blieb mit 56 Stimmen gegen 26 die ganze volle Bezeichnung. Das deutsche ›Baptist‹ allein klingt nicht so voll für ein russisches Ohr und Verständnis.«[78]

Die Stellungnahmen zu den Evangeliumschristen sind gewiß nicht auf die obigen Gruppierungen zu verteilen. Aber die »Hauptströmungen« bedeuteten auch entsprechend dem in ihnen zum Ausdruck kommenden Selbstverständnis unterschiedliche Meinungsbildung gegenüber verwandten Gruppen. Dej Mazaev war der Vertreter jener Gruppierung, die von den Evangeliumschristen theologisch und organisatorisch ein völliges Einschwenken auf die baptistischen Prinzipien forderte. Eine andere Auffassung, als sie Mazaev hatte – sie war in dem Kreis um Pavlov vorhanden –, mußte deren Vertretern nicht auf jeden Fall die Kontaktaufnahme mit den Evangeliumschristen leichter erscheinen lassen. In der Gruppe um Pavlov und Timošenko sah man auch die Schwierigkeiten einer Einigung.[79]

Im Hinblick auf den Tagungsordnungspunkt 8 des für den Herbst 1912 geplanten Kongresses des Baptistenbundes – er beinhaltete die Regelung der Beziehungen zu den Evangeliumschristen – schrieb der Presbyter Balichin, daß man die Verbindung aufnehmen solle, Strittiges solle in Freundlichkeit geklärt werden, »jedoch nicht zum Schaden des Wortes Gottes.«[80]

Im gleichen Jahr kam es schließlich auch zu einer Begegnung Prochanovs mit Dej Mazaev und dem Presbyter Stepanov in Vladikavkaz. Angesichts der Heftigkeit der bisher geführten Polemik war dies erstaunlich. Prochanov hatte im Herbst 1911 die Positionen abgesteckt: Die erwünschten Einigungsverhandlungen werden auf der Basis zweier selbständiger, rechtlich unabhängiger Bünde geführt

[78] Baptist 38/1910 S. 304.
[79] Klibanov, Istorija S. 245–247 erwähnt einen Brief Michail Timošenkos an Vasilij G. Pavlov vom Juli 1916, in welchem dieser die Notwendigkeit der Auseinandersetzung mit der Gruppe um Mazaev erwähnt, zugleich aber befürchtet, daß auch aus den Kontakten mit Prochanov nichts Brauchbares herauskommen werde.
[80] Baptist 14/1912 S. 11, eingesandt. F. Balichin war zuletzt Presbyter in Astrachan. Er starb dort 1920 am Typhus – Blagovestnik 12/1920 S. 207.

werden müssen; die rechtliche Selbständigkeit der Evangeliumschristen ist durch ihre Zugehörigkeit zum Baptistischen Weltbund unterstrichen.[81]

Es ist zu vermuten, daß diese organisatorische Lage und die daraus sich ergebende Nötigung Mazaev zu der Verhandlung in Vladikavkaz bewogen hatten. Es entzieht sich der Darstellung, inwieweit Baptisten aus Amerika und England auf die Annäherung der beiden Bünde eingewirkt haben. Im englisch-amerikanischen Raum war man mit der Existenz verschieden geprägter baptistischer Unionen und Bünde vertraut, die besondere Schwerpunkte setzten. Unterschiede zwischen Bünden hatten im englisch-amerikanischen Baptismus keinen ausschließenden Charakter. Die Anerkennung zweier Bünde in Rußland durch den Weltbaptismus mußte dagegen die ganz andere politisch-gesellschaftliche Struktur des Landes, die religiöse und kirchliche Entwicklung, die so ungleich gegenüber der in der westlichen Welt war, bedenken. Zwei Bünde bestanden; hatte der junge ostslavische Protestantismus Platz für mehrere Bünde unter dem Dach des Baptistischen Weltbundes? Diese Frage gab dem Ringen beider Seiten seine besondere Schärfe. Mit den organisatorischen Fragen waren zugleich die nach der theologischen Grundlegung gestellt.

In Vladikavkaz kam es zu einer Übereinkunft über die Bildung eines gemeinsamen Komitees. Sie wurde jedoch von der Lösung der Frage nach den aus einem der Bünde ausgetretenen, ausgeschiedenen und übergetretenen Gemeindegliedern abhängig gemacht.[82] Das Zusammentreten maßgeblicher Personen beider Bünde war gegenüber den Spannungen der Vorjahre ein Erfolg. Er wurde jedoch durch erneute Unklarheiten im Jahre 1913 wieder in Frage gestellt. Schwerer noch wogen die Behinderungen, denen beide Bünde durch die staatlichen Behörden vermehrt ausgesetzt wurden. Es wurde den Bünden nach 1912 unmöglich gemacht, Kongresse abzuhalten. Dabei wären diese allein in der Lage gewesen, Übereinkünfte Leitender zu den von allen anerkannten Entscheidungen der Bünde werden zu lassen.

---

[81] Vgl. Čepurin S. 22–23.
[82] Die Übereinkunft von Vladikavkaz sah vor, daß solche Glieder aus den Gemeinden beider Bünde zu entlassen seien, welche nicht geordnet aufgenommen worden waren. – Vgl. Slovo istiny 1/1917 S. 14.

3. Weiterführende Bemühungen um die Einheit nach der Februarrevolution

Erst nach der Februarrevolution 1917 wurde die Durchführung von Kongressen der Bünde wieder möglich und damit auch eine hinlängliche Information und Beteiligung der Gemeinden an den anstehenden Fragen. Bereits im April des Jahres trat der Bundeskongreß der Baptisten in Vladikavkaz zusammen, der Bund der Evangeliumschristen vom 18. bis 25. Mai in Petrograd. Der Rat des Bundes der Evangeliumschristen hatte ein Schreiben an den Kongreß der Baptisten gerichtet, es wurde durch fünf offizielle Sprecher des Bundes persönlich übermittelt.[1]

Das Schreiben enthielt bereits früher geäußerte Vorschläge zur Gründung eines Einigungskomitees, weiter war die Durchführung von Aufgaben, die beide Bünde angingen, angesprochen. Organisatorisch bedeutungsvoll war der weitere Vorschlag im Schreiben, daß Vertreter des Baptistenbundes vom Bundeskongreß in Vladikavkaz beauftragt werden sollten, sich sofort nach Petrograd zu begeben, um die Vorbereitungsarbeiten für eine größere Zusammenkunft baptistischer und evangeliumschristlicher Delegierter mit durchzuführen.

Dementsprechend war die Planung des Kongresses der Evangeliumschristen festgelegt. Als eigentlicher engerer evangeliumschristlicher Kongreß (častnyj s'ezd) sollte ein Teil des Kongresses vom 18. bis 20. Mai dienen. Die Tage vom 21. bis 25. Mai waren als gemeinsamer Kongreß (obščij s'ezd) für die evangeliumschristlichen und die baptistischen Delegierten vorgesehen, von denen eine große Zahl erwartet wurde. Die umfangreiche Protokollniederschrift dieses Kongresses wird von einer kurzen Darstellung »Resultate des Kongresses« eingeleitet. Es heißt hier, daß der Verlauf des Kongresses in seinem besonderen Teil die Erwartungen übertroffen habe. Anders ist das Urteil über den vorgesehenen allgemeinen Kongreß, der sich mit der Einheit und Einigung der beiden Bünde zu befassen hatte. »Der Rat hatte erwartet, daß viele Vertreter der baptistischen Gemeinden kommen würden und der bevorstehende Kongreß den Charakter eines Gründungskongresses angenommen hätte, daß die Brüder Baptisten in Übereinstimmung mit dem Brief des Rates an den Vladikavkazer Kongreß vom 15. April das Hintanliegende vergessen würden

---

[1] Der Brief ist im Otčët des IV. Kongresses S. 50–54 mit Datum 15. 4. 1917 wiedergegeben.

und insgesamt zum Kongreß (nach Petrograd – W.K.) kommen würden. Aber es geschah anders. Auf ihrem Kongreß wollten sich die Brüder Baptisten nicht nur erinnern, sondern sogar von neuem . . . die Übereinkunft von Vladikavkaz aus dem Jahre 1912 hervorholen und auf die Erfüllung ihrer Punkte dringen. Mit dem Gefühl brüderlicher Nachsicht faßte der Kongreß (der Evangeliumschristen – W.K.) unabhängig von der angemerkten speziellen Vladikavkaz-Übereinkunft den Beschluß, den Gemeinden zu raten, alles mit Liebe zu bedecken und allen, die sich früher von den Evangeliumschristen getrennt und sich baptistischen Gemeinden angeschlossen hatten, zu vergeben – wenn sie auch schon nicht entschuldigt sind. Was nun die früher von den baptistischen Gemeinden Abgetrennten und zu den Evangeliumschristen Übergetretenen angeht, so beschloß der Kongreß, den Gemeinden den Rat zu erteilen, den Betreffenden den Vorschlag zu machen, bei den Gemeinden, aus denen sie ausgetreten waren, um Vergebung zu bitten. Dabei ist es erforderlich zu bemerken, daß die Zahl derer, die sich auf die eine oder die andere Weise von ihren Gemeinden getrennt haben, proportional identisch ist. Damit wird die Frage nach den Getrennten ein für allemal entschieden; man braucht zu ihr nicht mehr zurückzukehren.«[2]

Diese Zusammenfassung spricht in ihren erneuten Vorschlägen zur Einigung zugleich den Mißerfolg der Planung aus, nach der ein Einigungskongreß sich an den besonderen Evangeliumschristenkongreß anschließen sollte. Zwar hat das Protokoll die vorgesehene Aufteilung des Kongresses beibehalten, tatsächlich aber hat es sich um einen evangeliumschristlichen Kongreß gehandelt, zu dem in den letzten Tagen vereinzelte baptistische Vertreter hinzutraten. Das Protokoll weist unter der Bezeichnung »Allgemeiner Kongreß« für die Tage vom 21. bis 25. Mai fünf Tagesordnungspunkte auf. »I. Erklärung über die Ziele der Einberufung des Kongresses; II. Die Rechtslage der nationalen (narodnych) religiösen Gemeinden; III. Dogmatische Fragen. 1. Über die Handauflegung, 2. Über das Abendmahl, 3. Über die Leitung der Gemeinden; IV. Über die Einstellung zu einer Gründungskonferenz usw.; V. Über ein vereinigtes Komitee entsprechend dem Vorschlag der Kongresse der Evangeliumschristen auf der Grundlage der Freiheit, der Gleichheit und der Selbständigkeit der Bünde.«[3]

[2] Otčët S. 8.
[3] ebenda S. 6.

Die evangeliumschristlichen Delegierten, die das Schreiben des Bundes vom 15. April 1917 dem Kongreß in Vladikavkaz überreicht hatten, waren auf kühle Distanz gestoßen. Man hatte sie zum Teil auch nicht als »Brüder«, sondern als »Herren« angesprochen. In der Sache der Einigung war man in Vladikavkaz während des Kongresses nicht weiter gekommen. Man hatte beschlossen, auf der Regelung von 1912 zu beharren und davon alle weiteren Entscheidungen abhängig zu machen. Mit diesem Bescheid hatten sich die Delegierten der Evangeliumschristen nach Petrograd zurückbegeben, und an ihn gebunden waren schließlich die Vertreter des baptistischen Bundes zum Kongreß nach Petrograd gekommen, Michail Danilovič Timošenko, Arkadij Egorovič Alechin, Gerasim Davidovič Zulin, Pavel Vasil'evič Pavlov, der Sohn Vasilij Gur'evič Pavlovs, und Petr Ivanovič Skorochogov.[4] Die Delegation war in ihrer Zusammensetzung ein Abbild der unterschiedlichen Gruppierungen, die im Bund der Baptisten bestanden. Pavel V. Pavlov betonte in seinem Grußwort vor dem Kongreß die Herzlichkeit des Empfangs, die ihm in Petrograd zuteil geworden war. Er stellte diese Herzlichkeit in Gegensatz zu dem Empfang, der den Delegierten der Evangeliumschristen auf dem baptistischen Kongreß in Vladikavkaz bereitet worden war. Nachfolgend gab er zu Beschlüssen, die in Vladikavkaz gefaßt worden waren, einige Erklärungen. Er bat seine Hörer, dem nicht zu großes Gewicht beizulegen, was in diesen Beschlüssen der erstrebenswerten Einheit widrig erscheine. Er schloß hier an: ». . . denn bei uns haben sich zwei Richtungen herausgebildet, von welchen unbedingt die siegen wird, welche als ein überzeugter Parteigänger der Einheit aller Kinder Gottes erscheint.«[5]

Ganz anders war der Tenor der Ausführungen Alechins. Er meinte, daß die Evangeliumschristen gewiß etwas Besonderes darstellten. Als Beweis dafür nannte er ihre Entwicklung von den achtziger Jahren an. Dies griffen die Sprecher in der Diskussion zustimmend auf, als ein spätes baptistisches Eingeständnis des besonderen Weges der Evangeliumschristen und als ein Novum gegenüber dem, was in den letzten Jahren immer wieder von Dej Mazaev geäußert worden war, daß sich die Evangeliumschristen aus dem Baptismus und seiner Einheit gelöst hätten. Ebenso heftig aber war die Ablehnung von Alechins Auffassung, »daß die Evangeliumschristen nur ein Fluß (seien), der sich in das Meer des Baptismus ergießen muß.«[6]

---

[4] ebenda S. 54/55.

Dieser Spannungsbereich im Bund der Baptisten hat auch in späteren Jahren bestanden. Dies erklärt, weshalb neben Äußerungen schroffer Ablehnung auch solche der Suche nach Kontakten stehen und weshalb das Gespräch nicht abgerissen ist. Bei aller dogmatischen Strenge, die die baptistischen Gemeinden charakterisierte, war doch sehr viel Freiheit im organisatorischen Miteinander. Vasilij Vasil'evič Ivanov hatte 1910 im »Baptist« einen bemerkenswerten Aufsatz »Über den Bund« geschrieben. Seine aufschlußreichen Darstellungen machen deutlich, wie ungeformt der Zusammenschluß der Gemeinden im Bund der Baptisten war. Obwohl dieser nun schon seit 1884 (nach anderer Aussage 1899) bestand, hatte er noch keine endgültige Form gefunden. Deshalb forderte Ivanov einen Bund, weil dieser allein imstande sei, sich der über die Kräfte einzelner Gemeinden hinausgehenden Aufgaben anzunehmen. »Ohne ihn muß das Werk der Mission erliegen, viele Gemeinden sind ohne ihn zum geistlichen Tode verdammt, weil es ihnen an Hilfen in der Verkündigung und an Kontakten fehlt. Die isolierten Gemeinden aber weichen zwangsläufig von der gesunden Lehre ab und fallen dem Sektierertum zum Opfer. Ohne einen Bund werden die Baptisten in Rußland niemals zu der Kraft, die sie darstellen sollten.«[7]

Ivanov sprach also von dem Bund der Baptisten als einem erst anzustrebenden Ziel; dies charakterisiert die Nöte des rechtlich bereits bestehenden Bundes. Der Verwirklichung der Forderungen Ivanovs stand hauptsächlich das Vorurteil der Gemeinden gegen ein übergreifendes Organ gegenüber. Nach deren Auffassung stand es in der Gefahr, herrschen und bestimmen zu wollen. Diese Vorstellungen, kräftig genährt durch bäuerliche Eigenwilligkeit und Mißtrauen gegen ein fernes leitendes Gremium, sind altes kongregationalistisches Erbe. Es hat den Baptismus in seiner ganzen Geschichte begleitet. Ivanov war der Auffassung, daß die Sorgen der Gemeinden unbegründet seien, die Vertreter des Bundes in dessen Konferenzen seien doch die Abgeordneten der Gemeinden selbst. Er folgerte daraus, daß das leitende Bundesorgan nicht so etwas wie ein dirigierender Synod oder wie ein römischer Papst werden könne. Ivanov war bei seiner

---

[5] ebenda S. 56.

[6] ebenda S. 56.

[7] Baptist 50/1910 S. 399.
V.V. Ivanov war mehr als 30mal arretiert gewesen. Eine zeitlang hatte er den »Baptist« redigiert. – Vgl. hier S. 66 Anm. 3. Er starb am 28. 1. 1919. – B.V. 5/1947 S. 49.

Verteidigung eines wirksamen Bundes wohl auf die in Gemeinden geäußerten Gedanken eingegangen. In der Abwehr eines neuen evangelischen Synods, nachdem man dem alten eben entronnen war, sprach sich der radikale Wille in den Gemeinden aus, die Freiheit und Hoheit der Gemeinde auch gegen Leitende in Bundesorganen zu verteidigen.[8]

Diese Situation, die 1917 und noch später für den Bund der Baptisten ebenso bestand, erklärt die umfangreiche Erörterung denkbarer Möglichkeiten einer Einigung während der Kongreßtage 1917 in Petrograd. Es wurden vier Möglichkeiten aufgewiesen: 1) Der Bund der Evangeliumschristen schließt sich ohne Vorbehalte dem Bund der Baptisten an; 2) der Bund der Baptisten schließt sich ohne Vorbehalte dem Bund der Evangeliumschristen an; 3) den Gemeinden zu raten, aus dem einen und dem anderen Bund auszutreten und ohne Bünde zu leben; 4) die spezielle Übereinkunft von Vladikavkaz 1912 zu erneuern. Hinter der dritten aufgewiesenen Möglichkeit, ganz ohne Bünde zu leben, steckte mehr als nur ein Denkspiel. Gemeinden, wie sie Ivanov vor Augen hatte, gab es überall im Lande, sie waren auch nicht nur auf den Bund der Baptisten beschränkt. Der Kongreß verwarf die vier Möglichkeiten.[9] Stattdessen wurde beschlossen, den alten Plan erneut aufzugreifen, durch ein Einigungskomitee vorbereitende Arbeiten zu einer teilweisen, dann immer umfassenderen Bemühung gemeinsamer Wirksamkeit tun zu lassen.[10] Der Kongreß bestimmte ferner fünf Vertreter aus seiner Mitte für die Mitarbeit im zu schaffenden Komitee, das von einer ebensolchen Anzahl von Baptisten beschickt werden solle. Erneut sollte dann der Weg eines gemeinsamen Kongresses beschritten werden. Dieser Kongreß sollte auf der Grundlage der Freiheit und Gleichheit einberufen werden. Der Kongreß äußerte angesichts aller Schwierigkeiten die Hoffnung, daß nicht später als bis Weihnachten 1917 ein wirklicher allgemeiner Kongreß in Moskau einberufen werden solle.

Die Planungen der ersten Hälfte des Jahres 1917 konnten in der Folge nicht realisiert werden. Am 29. September war eine Sitzung des je fünf Mitglieder umfassenden Komitees aus beiden Bünden vorgesehen. Die baptistischen Vertreter waren jedoch nicht erschienen. Der für die Zeit vom 28. 12. 1917 bis zum 2. 1. 1918 vorgesehene gemeinsame Kongreß der Bünde kam sowohl infolge mangelnder Vor-

---

[8] ebenda S. 399.
[9] Otčët S. 75–78.
[10] ebenda S. 8.

bereitung als auch aufgrund politischer Geschehnisse nicht zustande.[11]

Obgleich auf der Ebene der Bundesorgane eine durch viele ernsthafte Gründe bedingte Verzögerung der Verhandlungen und eine Erschwerung der Kontakte eintrat, gab es auf örtlicher und regionaler Ebene Fühlungnahmen und Entwicklungen, die deutlich machten, daß die Fragen der Einheit nicht nur Fragen der Leitenden waren. Im Schwarzmeer-Gouvernement und in der Kuban-Oblast' traten Gemeinden aus beiden Bünden zu Kongressen zusammen. Der erste Kongreß fand hier am 24. April 1918 statt. Man war in der Beurteilung der Gesamtlage einig, daß jetzt nicht die Zeit für große weiterführende Arbeiten im Einigungswerk sei, jedoch zu den angeknüpften Kontakten. Die gleichen Gemeinden – insgesamt 14 – traten zu einem weiteren Kongreß unter der Bezeichnung von »vereinigten Gemeinden« am 7. Oktober 1918 zusammen.[12]

Prochanov hat diese Angaben in der »Utrennjaja zvezda« gemacht, gleichsam als Beispiel für Aktivitäten, denen Gemeinden in anderen Regionen nacheifern sollten. Im Spätwinter/Frühjahr 1919 war nach seiner Auffassung noch kein allgemeiner Kongreß möglich. Aus Sibirien kamen keine Nachrichten, Gleiches galt für andere Landesteile.[13] Die Bünde der Evangeliumschristen und der Baptisten waren weitgehend regionalisiert, die Beziehungen der Zentralen zu den Regionen und Gemeinden immer erneut unterbrochen.[14]

Ende 1918, Anfang 1919 war es zu Verhandlungen und zu Abmachungen auch zwischen den Petrograder Gemeinden der Evangeliumschristen und der Baptisten gekommen. Die Abmachungen waren auf baptistischer Seite am 14. 12. 1918 bestätigt worden, auf evangeliumschristlicher Seite am 18. 2. 1919. Eine zweite gemeinsame Erklärung beider Gemeinden war durch die Evangeliumschristen am 23. 9. 1919 bestätigt worden, die Bestätigung durch die baptistische Gemeinde stand am Jahresanfang 1920 noch aus.[15]

In der ersten Entschließung wurden gemeinsame Versammlungen der Gemeinden vorgesehen. Dazu gehörten auch Abendmahlsfeiern.

---

[11] Vgl. Utr. zv. 17/1917 vom 3. 11. S. 6; dort auch der Aufruf an die evangelischen Gemeinden, Vertreter zum o.a. Kongreß abzuordnen.
[12] ebenda 2/1919 S. 3 mit Benennung der Gemeinden.
[13] ebenda 3/1919 vom 1. 3. 1919 S. 1.
[14] Utr. zv. 4/1919 berichtet jedoch von regionalen Aktivitäten, u.a. von einem Kreiskongreß in Voronež vom 14./27. – 16./29. 9. 1918.
[15] Nach Angaben des »Bratskij sojuz« Nr. 1/1920 vom März war die Bestätigung noch nicht erfolgt – S. 8.

Ein Komitee von 6 Brüdern, 3 aus jeder Gemeinde, sollte anstehende Fragen klären. Übereinkünfte in einzelnen Sachgebieten sollten zunächst für ein Jahr Gültigkeit haben. Dann hatte im Einzelfalle eine Neuberatung zu erfolgen. »Die Gemeinden sind frei, diese Übereinkunft aufzugeben oder weiter nach ihr zu handeln. In jedem Fall müssen beide Gemeinden dies so vollziehen, daß es ohne gegenseitige Erregung der Gemeindeglieder geschieht.«[16] Unterzeichner der Entschließung waren Prochanov, A. V. Karev, K. Bogdanov auf evangeliumschristlicher Seite, I. N. Šilov, I. Kruzkov und V. Efimov auf baptistischer Seite. Die zweite gemeinsame Entschließung präzisierte einige Punkte. Der gemeinsame Rat, der obščij sovet oder auch die Soedinennoe soveščanie, das zuvor noch Komitee genannte Gremium, sollte mit seinen 6 Mitgliedern unter Hinzuziehung von Kandidaten für jedes Mitglied jeweils drei Jahre amtieren. Seine Beschlüsse erlangten Verbindlichkeit durch die Zustimmung der Gemeinderäte oder durch Zustimmung von allgemeinen Versammlungen der Gemeinden. Weiter wird die Forderung erhoben, daß ein entsprechender Rat auch baldmöglichst für das Zusammenwirken der beiden Bünde geschaffen werden möchte. Es bestand Einigkeit darüber, daß Brotbrechen, Taufe und Trauung nicht nur durch die Mitwirkung von Presbytern unter Handauflegung gültig seien, sondern auch beim Vollzug durch einfache nichtordinierte Gemeindeglieder im Auftrag der Gemeinde (po poručiniju) gültig vollzogen seien. Taufen und Trauungen, die ohne Auflegung (vozložnija) der Hände erfolgen, haben die gleiche Kraft und Geltung. Das Brotbrechen in viele kleine Einzelstücke ist ebenso gültig wie das Brechen von zwei, drei Stücken und größeren Teilstücken. Die Abmachung nimmt auf die unterschiedlichste Praxis der beiden Gemeinden Rücksicht. Sie trug der Tatsache Rechnung, daß in der evangeliumschristlichen Gemeinde trotz ihrer inzwischen erfolgten Annäherung an baptistische Praktiken Elemente der Petersburger Erweckung mit ihrer starken Betonung der Gleichheit aller Christen und der Ablehnung eines besonderen Amtsbegriffs weiter wirksam waren.

Die Übereinkunft sollte zunächst bis zum 1. 1. 1922 gelten. Leitendes Motiv in allen Punkten der Zusammenarbeit war, daß das, was nicht zum Kern der Errettung der Menschen gehöre, nicht Hindernis auf dem Wege zur Einigung sein solle. Dieser von keiner Seite bestrittene Grundsatz war jedoch im Verhältnis der beiden Bünde durch

[16] ebenda S. 8.

die Betonung des Presbyteramtes und des Festhaltens an gottesdienstlichen Formen auf baptistischer Seite problematisch. Dem gültigen Grundsatz stand entgegen, daß nach Auffassung der Evangeliumschristen auf baptistischer Seite zu vieles den Charakter des zur Errettung Notwendigen und des damit Ausschließlichen angenommen hatte.

Die gleichen Vertreter, die schon die erste Übereinkunft auf der Petrograder Ebene erzielt hatten, hatten auch diese zweite unterschrieben.[17] Eine »Izveščenie vsem obščinam Evangel'skich Christian i Baptistov v Rossii« – Ot Petrogradskogo obščego soveta Evangel'skich i Baptistov, eine Mitteilung des Petrograder gemeinsamen Rats der Evangeliumschristen und der Baptisten, machte Einzelangaben über die erfolgten Bemühungen. Alle Gemeinden im Lande wurden aufgerufen, dem Petrograder Beispiel nachzueifern. Prochanov trat hier als Vorsitzender, Šilov als sein Stellvertreter in der Ratsarbeit auf.[18]

Auf dem VI. Kongreß der Evangeliumschristen waren Pavel V. Pavlov und Šilov als beratende Gäste anwesend. Der im Oktober 1919 stattfindende Kongreß begrüßte die zur Einigung eingeleiteten Maßnahmen und bestimmte die fünf Mitglieder für das künftige gemeinsame Komitee auf der Ebene der Bünde. Am 17. Oktober wurde noch nachträglich zu diesem Komplex ein weiterer Beschluß verabschiedet: Von den 5 Mitgliedern sollten 4 aus Petrograd, einer aus Moskau sein. Weitere 5 Delegierte des Kongresses wurden benannt, um zusätzlich bei Entscheidungen des »Temporären Allgemeinen Rats« von besonderer Wichtigkeit zugegen zu sein, auf jeden Fall aber bei dessen erster konstituierenden Sitzung. Es ist nicht deutlich, wie es zu diesem Nachbeschluß gekommen ist, ob auf Anraten der baptistischen Gäste, die nach der Struktur ihres Bundes immer Wert darauf legen mußten, viele interne Gruppierungen zu vertreten, oder nach dem Wunsch von Delegierten des Kongresses, die eine Verstärkung der Petrograder Positionen durchsetzen wollten, denn zu dem Nachbeschluß hatte auch gehört: »Der beständige Aufenthaltsort des allgemeinen Rats muß in Petrograd sein.«[19] Die beiden baptistischen Gäste versprachen, dafür einzutreten, daß die Vertreter aus ihren Gemeinden berufen würden, »damit der gemeinsame Rat sich versammelt und in kürzester Zeit zu arbeiten beginnt.«[20]

[17] ebenda S. 8.
[18] ebenda S. 8–9.
[19] ebenda S. 9. Vgl. ferner Utr.zv. 1/1920 S. 2–5.
[20] Utr. zv. 1/1920 S. 3.

Die von beiden Bünden bestellten Unterhändler traten im Januar 1920 in Petrograd zusammen. Ein Bericht über den Verlauf der Zusammenkunft erhellt die Schwierigkeiten, unter denen sich in dieser Zeit das Leben in der Räterepublik vollzog. Draußen war 20 Grad Kälte, im Verhandlungsraum fehlte es an Heizmaterial, man saß in Mänteln. Infolge der Störungen im Verkehrswesen war von den außerhalb Petrograds wohnenden Evangeliumschristen nur Michail A. Orlov erschienen. Von den baptistischen Unterhändlern war zunächst kein auswärtiger anwesend, auch hierbei waren fehlende Reisegenehmigungen und Verkehrsschwierigkeiten die Ursache gewesen. Erst am dritten Tage konnte noch Pavel V. Pavlov aus Moskau sich zu dem außer Orlov nur aus Petrogradern zusammengesetzten Gremium hinzugesellen.[21] Solche Arbeitsbedingungen und das Fehlen oder verspätete Eintreffen von Teilnehmern – es hat nicht nur für diese Zusammenkunft gegolten – sind für die Beantwortung der Frage wichtig, wieso Verhandlungen zur Einheit so lange dauerten, immer wieder von neuem aufgenommen werden mußten, warum Punkte, die für einen umgrenzten Teilnehmerkreis erledigt schienen, für andere erneut zum Streitgegenstand wurden.

Die Zusammenkunft in Petrograd wurde am 19. Januar 1920 beendet. Von diesem Tage ist auch die erzielte Übereinkunft datiert; die »Položenie o vremennom Vserossijskom Obščem Sovete Evangel'skich Christian i Baptistov«, die Festlegung über den Temporären Allrussischen gemeinsamen Rat der Evangeliumschristen und Baptisten, umfaßt 17 Punkte.[22] Eine Anmerkung zum Gesamttext besagt, daß in allen Punkten – bis auf Punkt 10 zu den Fragen der Durchführung von Taufe, Abendmahl und Trauung – Einigung erzielt werden konnte. Hier stellten beide Seiten einvernehmlich ihren Dissensus fest. Im Resultat blieben diese Äußerungen hinter den Beschlüssen der Petrograder Gemeinden zurück. Die in Punkt 10 niedergelegte baptistische Auffassung war, daß Taufe, Trauung und Abendmahl durch ordinierte Presbyter zu vollziehen seien, andere Regelungen seien als Ausnahme anzusehen. Die evangeliumschristliche Seite stellte in ihrer eigenen Äußerung zu Punkt 10 fest, daß beide Weisen gleichberechtigt nebeneinander stünden. Immerhin waren beide Verlautbarungen hierzu so formuliert, daß sie für weitere Überlegungen Raum ließen, zumal auch, wie schon in der Übereinkunft der Petro-

---

[21] Bratskij sojuz 1/1920 S. 7.
[22] ebenda S. 3–5.

grader Gemeinden, die verschiedenen Weisen des Brotbrechens als gleichwertig anerkannt wurden.

Allgemeinen Äußerungen in den Punkten 1 und 2 und Angaben über das Verhältnis des Rats zu den Bünden in Punkt 3 folgt in einem mehrfach unterteilten Punkt 4 die Angabe der Bereiche, auf die sich die Aufmerksamkeit beim Einigungswerk zu erstrecken habe – auf die regionalen Probleme, auf die Sachfragen in Bildung, Jugendarbeit und Kindererziehung, die sozialen und gemeinwirtschaftlichen Fragen, auf das Chor- und Musikwesen, Druck- und Verlagswesen, Finanzfragen und Fragen der Verwaltung bei der Arbeit des Rats. Die Sachgebiete der Mission und der geistlichen Leitung aller Gemeinden sind ausdrücklich der Regelung nach der Vereinigung der Bünde vorbehalten.

Sobald der zunächst vorläufige Rat endgültigen Charakter haben wird, kann er ein eigenes Druckorgan schaffen, die Mittel dazu werden von beiden Bünden aufgebracht. Obwohl nun der Rat nicht über eine Vorläufigkeit hinaus gelangt ist, erschien schon zwei Monate nach der Übereinkunft von 1920 der »Bratskij sojuz«. Sein Erscheinungsort Petrograd sowie die Häufung von Beiträgen von evangeliumschristlicher Seite zeugen davon, daß Prochanov und der Bund der Evangeliumschristen Hauptträger des Organs bei seiner Gründung gewesen sind. In den Punkten 7 und 8[23] ist eine Regelung für die Fragen der Behandlung Ausgetretener angesprochen. Die 6. Resolution des IV. Kongresses der Evangeliumschristen 1917 ist hierbei zugrundegelegt, ein Erfolg für die evangeliumschristliche Sicht in dieser so sehr belasteten Frage.

In die Unruhe, die in beiden Bünden herrschte, lassen die folgenden Punkte blicken. In Punkt 9 heißt es, daß Namensänderungen der Gemeinden derzeit nicht sinnvoll erscheinen, die Presbyter sind dementsprechend anzuhalten. Zwar können Gemeinden von einem zum anderen Bund wechseln – Punkt 11 –, doch ist es besser, wenn sie in der derzeitigen Situation bei ihrem Bund bleiben. Wo an einem Ort eine evangeliumschristliche und eine baptistische Gemeinde sind, können sie sich jedoch schon vereinigen. Auch Einzelglieder können zu anderen Gemeinden übergehen – Punkt 12. Fragen Ausgeschlossener regelt der Punkt 13: Sie können nur mit Genehmigung der bisherigen Gemeinde in einer anderen Gemeinde aufgenommen wer-

---

[23] Zu Punkt 8: Die Ziffer ist wohl versehentlich im Druck ausgefallen, das unter Punkt 7 Formulierte ist in die Punkte 7 und 8 aufzuteilen.

den; ein erfolgter Ausschluß ist durch die Gemeinde den Nachbargemeinden anzuzeigen.

Die Kanzelgemeinschaft wird konstituiert. Es soll nichts verlautet
werden, was erneut zu Unruhe oder zu Uneinigkeit führt – Punkt 14.
Die Punkte 15 bis 17 regeln Interna des Rats. Er umfaßt 10 Mitglieder, deren Vollmacht bis zu den vorzusehenden gleichzeitigen Kongressen der Bünde bzw. bis zum Einigungskongreß reicht. Die Zahl
seiner Mitglieder kann notfalls auf 20 erhöht werden. Dieser Punkt
nahm in abgeschwächter Form das Anliegen des VI. Kongresses der
Evangeliumschristen vom Jahre 1919 auf. Aus dem Rat heraus erfolgt
die Wahl seines Vorsitzenden, des Stellvertreters, zweier Beisitzer
und eines Sekretärs. Die einfache Stimmenmehrheit entscheidet; in
nicht näher bezeichneten wichtigen Fragen wird die Zweidrittel-
Mehrheit vorgesehen. Als Arbeitssitz des Rats ist Petrograd bestimmt.[24]

Die Mitglieder des Vorläufigen Rats hatten angesichts der vielen
noch offenen Fragen, auch im Hinblick auf die schwierige Kommunikation zu und in den Gemeinden, noch eine weitere Erklärung verfaßt, die »Bratskie sovety-ukazanija dlja ustanovlenija i podderžanija
pravilnych otnošenij meždu obščinami Evangel'skich Christian i Baptistov«, Brüderliche Ratschläge und Anweisungen für die Einleitung
und die Durchführung geordneter Beziehungen zwischen den Gemeinden der Evangeliumschristen und Baptisten.[25] Hier waren Ver-
haltensregeln und Ratschläge enthalten sowie künftige Planungen
aufgezeichnet. Wieder wurde darauf hingewiesen, daß die Fragen der
Bezeichnung der Gemeinden unwichtig seien. Wo es am gleichen Ort
verschiedene Gemeinden gebe, sollten drei Regeln gelten: 1) Annäherung, Teilhabe am Ergehen der anderen; 2) Schaffung von Über-
einkünften nach dem Muster der Petrograder Gemeinden; 3) Die
schließliche Einigung und Bildung einer einheitlichen Gemeinde. Bei
diesen vorzusehenden Wegen wurde zu großer Behutsamkeit aufgerufen. Vor organisatorischen Entscheidungen solle die geistliche Annäherung stehen. Bedeutsam erscheint der Rat, in einer Stadt nicht
eine einzige vereinigte Gemeinde, sondern über den Bereich der Stadt
hinweg mehrere vereinigte Gemeinden zu bilden, um neue funktio-
nale, regionale Aufgaben zu geben. Das leidige Kapitel der Ausschlüsse von Gemeindegliedern wurde noch einmal aufgegriffen: Es

[24] Bratskij sojuz 1/1920 S. 5. Als Anschrift ist angegeben: Pr. Volodarskogo (ehemals
Litejnyj) Dom 33, Kvartir 2–a.
[25] ebenda S. 5–6.

hat ungeordnete Ausschlüsse gegeben. Kommissionen haben hier Klärungen herbeizuführen. Führt die Arbeit der aus den jeweiligen Gemeinden gebildeten Kommission zu keinem Erfolg, so sollen sich die Gemeinden an den gemeinsamen Rat auf Bundesebene wenden. Dieser wird dann Brüder aus Nachbargemeinden als Helfer zur Schlichtung bitten. Die Gemeinden werden zugleich darauf hingewiesen, daß sie sich unmittelbar des Dienstes erfahrener Brüder aus anderen Gemeinden bedienen möchten. Schließlich folgte der Rat, politische Fragen nicht in diese Erörterungen der Gemeinden mit einzubeziehen, offensichtlich ein Hinweis darauf, in der politischen Situation des Jahres keine voreiligen politischen Äußerungen zu tun.

Den Ratschlägen des neu gebildeten Rats folgten Entwürfe für die Durchführung der das Einigungswerk weiterführenden Kongresse der Bünde, die in einen einheitlichen Kongreß übergeleitet werden sollen. Die Entwürfe sind das eine Mal als ein Kongreßprogramm im Falle der Aufrechterhaltung zweier rechtlich weiter getrennter Bünde unter einem gemeinsamen Rat, das andere Mal als Programm für einen vollständig vereinigten Bund entworfen.[26] Das Leitwort für das erste Programm lautete »soedinenie«, Zusammenschluß, für das zweite Programm »slijanie«, Verschmelzung. Diese Offenheit für verschiedene Entwicklungen im Einigungswerk war angemessen, sie entsprach der Sorge, daß sich gegen eine völlige Verschmelzung Widerstände ergeben würden. So war der Entwurf des ersten Programms eine Alternative, im Falle von Ablehnung doch eine engere Zusammenarbeit und weiterführende Verbindung erzielen zu können. In einem Brief an die evangeliumschristlichen Gemeinden haben Prochanov, Mat'eev und Kapalygin diesen Bedenken Rechnung getragen. Dem Hinweis auf die unablässigen Bemühungen zur Einheit, die der Bund seit 1909 unternommen hatte, folgt der Ausdruck der Hoffnung auf die Verwirklichung der Planung: »Wir wissen nicht, wie diese Einung weitergehen wird (ob'edinenie). Es kann der Fall eintreten, daß sie nicht die Früchte bringen wird, wie wir es möchten; sie kann sich als nicht so einfach erweisen, wie wir es erwarten. Aber in jedem Falle ist der Anfang gemacht. Der Anfang einer guten Sache ist bereits die Hälfte der Sache selbst.« Die Delegierten der Gemein-

---

[26] ebenda S. 6–7: Pervaja programma Vserossijskogo obščego s'ezda Evangel'skich Christian i Baptistov v gor. Moskve s 27–go maja po 6–e junja 1920 na slučaj prinjatija sposoba soedinenija dvuch somostojatel'nych sojuzov pri posredstve Obščego Soveta . . . Vtoraja programma . . . po slučaj prinjatija sposoba slijanija dvuch sojuzov v odin sojuz.

den für den vom 27. Mai bis 6. Juni 1920 vorgesehenen Kongreß werden weiterhin gebeten, für das Gelingen Fürbitte zu tun.[27]

Die beiden Kongresse traten zum vorgesehenen Termin in Moskau zusammen. Konferenzräume bot das Bethaus auf dem Malyj Golovinyj Pereulok.[28] Die Delegierten jedes Bundes hatten unabhängig von denen des anderen ihre eigenen Verhandlungen. In Abständen traten sie zu gemeinsamen Sitzungen zusammen, dabei wurden die mit den Einigungsfragen gegebenen dogmatischen und praktischen Fragen erörtert. Die Kongreßarbeit der Baptisten war durch zwei Umstände behindert, einmal durch ihre Zusammensetzung, das andere Mal durch heftige Vorstöße interner baptistischer Gruppen. Von den 62 anwesenden baptistischen Delegierten wurden räumlich nur die baptistischen Gemeinden aus 24 europäischen Gouvernements der Räterepublik vertreten. Neben Vertretern der Gemeinden aus anderen europäischen Gouvernements der Räterepublik fehlten die Delegierten der sibirischen Gemeinden und des Fernen Ostens. So konnte es nicht ausbleiben, daß Kritiker der Vereinbarungen des baptistischen Kollegiums mit dem Bund der Evangeliumschristen immer auch auf diese Sachlage unzureichender Repräsentation der Gemeinden hinwiesen.[29]

Auf einer der ersten gesonderten Sitzungen des baptistischen Kongresses wurde den Versammelten eine Grundsatzerklärung der Evangeliumschristen zur Kenntnis gebracht. Darin hieß es: »Von Anfang seiner Tätigkeit an hat der Bund der Evangeliumschristen den Brüdern Baptisten nicht einfach die Einheit vorgeschlagen, sondern vielmehr eine Einheit auf der Grundlage von Freiheit und Gleichheit, damit in einer Einheit nicht nur die Vorstellung einer Vereinigung für möglich gehalten würde, wobei sich doch leicht eine Seite durch die andere unterdrückt fühlen könnte, eingeschränkt in ihrer eigenen Freiheit oder gar meinend, daß sie Wesentliches für ihre Seele verlören. . .«[30]

Diese Erklärung bedeutete die Wiederaufnahme alter evangeliumschristlicher Anliegen im Umgang mit den baptistischen

---

[27] ebenda S. 7.

[28] Vgl. B.V. 3/1957 S. 63.

[29] In anderem Zusammenhang heißt es im Vorwort zu den Protokollen und Materialien des 26. Allunionskongresses der Baptisten der SSSR vom 14. – 18. 12. 1926, daß dieser Kongreß praktisch der erste Kongreß nach dem von 1917 in Vladikavkaz sei, der diesen Namen zu Recht trage. Dann folgen die o.a. Zahlenangaben über den Kongreß von 1920, entsprechende über den von 1921.

[30] B.V. 1/1964 S. 22.

Gemeinden – die Bewahrung innerer Freiheit gegenüber einer schroffen Durchsetzung dogmatischer und gemeinderechtlicher Positionen. Die Übergabe dieser Erklärung zur Zeit des Kongresses weist aber auch darauf hin, daß die Evangeliumschristen die Sorge von baptistischen Delegierten beheben wollten, die ihrerseits nun meinten, daß sie im Umgang mit den straffer geleiteten und einheitlicher agierenden Evangeliumschristen ihre für sie unaufgebbaren Besonderheiten einbüßen müßten.

In den gemeinsamen Sitzungen der Delegierten gelangte man zur Übereinkunft in einer Reihe von Fragen. Der Name des vereinigten Bundes sollte lauten: Allrussischer Bund der Evangeliumschristen und Baptisten. Petrograd sollte Bundessitz werden. Eine zentrale Bundesstelle sollte außerdem in Moskau bestehen bleiben. Für sie war die Bezeichnung »Moskauer Abteilung« vorgesehen. Sowohl in Petrograd als auch in Moskau sollten Kollegien arbeiten. Ihre Besetzung war derart gedacht, daß Vertreter der baptistischen Seite dem Petrograder Kollegium beitreten sollte, entsprechend Vertreter der Evangeliumschristen dem bisherigen Moskauer baptistischen Kollegium. Dabei war an jeweils zwei Vertreter gedacht. Eine Abgrenzung verschiedener Geschäftsbereiche für die Petrograder und die Moskauer Abteilung war vorgesehen. Die Moskauer Abteilung sollte die Verhandlungen führen, die auf der Ebene der Hauptstadt mit den staatlichen Zentralbehörden anstanden, sich ferner allgemeiner zivilrechtlicher Fragen, der Fragen des Militärdienstes und der Aufgaben des Publikationswesens annehmen. Es wurde weiter ins Auge gefaßt, daß zur Entscheidung in besonders wichtigen Fragen beide Kollegien mit ihren insgesamt acht Mitgliedern zusammenzutreten hätten, um zu einer gemeinsamen Urteilsbildung zu gelangen.

Die Planung sah weiter vor, daß darüber hinaus ein aus 24 Mitgliedern bestehendes Präsidium gebildet werden solle, je 12 Mitglieder aus den beiden Bünden. Die Auswahl dieser 12 Präsidiumsmitglieder sollte auf dem nächsten Kongreß jedes Bundes, der noch getrennt stattfinden würde, erfolgen. Damit war die paritätische Besetzung nach dem Herkommen gewährleistet. Alle wichtigen Entscheidungen dieser noch selbständigen Bundeskongresse sollten zur Erleichterung des Gesamtvorhabens in gegenseitiger Übereinstimmung erfolgen. Nach Ablauf von zwei Jahren sollte die bisherige Gliederung nach Bünden und selbständigen Kongressen entfallen; auch künftig anstehende Wahlen ohne Unterscheidung von Baptisten und Evangeliumschristen sollten dann gemeinsam erfolgen.

In den dogmatischen Fragen des Presbyteramts, der Handauflegung, des Vollzugs der Taufe und der Teilnahme am Abendmahl war es zu keiner Einigung gekommen. Beide Seiten bestanden auf ihrem Verständnis. Aus der Sicht der endlich 1944 vollzogenen Einheit urteilt Motorin in persönlicher Kenntnis der dargelegten Vorgänge, daß die Erörterung dieser dogmatischen Fragen nicht den Disputen gleichzusetzen sei, die Jan Hus mit seinen katholischen Widersachern geführt habe, sondern eher an die Auseinandersetzungen zwischen dem Patriarchen Nikon und dem Protopopen Avvakum erinnere. Dies ist in der Sprach- und Vorstellungswelt protestantischer Russen ein sehr hartes Urteil; es bedeutet Buchstabe, Gesetz, Formalismus gegenüber einem zu forderndem geistlichen, evangelischen Verständnis.[31]

In den praktischen Fragen, obwohl die Ergebnisse hinter den Planungen zurückgeblieben waren, bedeutete die Arbeit der beiden Kongresse einen Fortschritt gegenüber den Bemühungen und Stellungnahmen der früheren Jahre. Dies haben auch die Teilnehmer empfunden. Vasilij Gur'evič Pavlov betete zur Einleitung der Konferenzarbeit mit den Worten Simeons: »Nun lässest Du Deinen Diener in Frieden hinfahren . . .« Dies führte zu starker Bewegung und zu Tränen unter den Versammelten. Der Weg der Trennung und der Widersprüche schien zu Ende gegangen, als Prochanov auf Pavlov zutrat, ihm die Hand reichte, sie dann einander küßten und die ganze Versammlung die Hymne sang »Za evangel'skuju veru, za Christa my postoim«.[32]

Die Kongreßarbeit, die Erörterungen der Fragen in größeren Gremien waren nur ein Teil der Bemühungen um die Einheit. Ein anderer Teil waren Kontakte sowohl auf der Ebene der Bundesleitungen als auch auf örtlicher Ebene, ferner ein umfangreicher Briefwechsel und die Besprechungen in den Bundesorganen. In der Sitzung des Kollegiums des Bundes der Baptisten am 17. 9. 1920 wurde der »Briefwechsel mit dem Bund der Evangeliumschristen zur Frage der Vereinigung« behandelt.[33] Hier wurde bereits kritisch nach der Ausführung der Planung gefragt. Die Einigungsformeln hielten den

---

[31] B.V. 1/1964 S. 22. Es heißt hier: »Wie schade, daß das geistliche Verständnis vieler unter uns noch nicht von der Herrschaft des ›Buchstabens‹ und der Vorurteile frei war, welche daran hindern, die wirkliche Tiefe des Gotteswortes zu erfassen.«
[32] ebenda. – Vgl. hier S. 569.
[33] Protokoll der Sitzung, Tagesordnungspunkt 64. – Archiv Nepraš. Die Zählung der Tagesordnungspunkte erfolgte fortlaufend über die Sitzungen hinaus, daher die hohen Zahlen.

praktischen Schwierigkeiten nicht stand. Die Planung war vernünftig im Blick auf die Zeiten und die Übergangsbestimmungen, die man vorgesehen hatte. Dagegen war die Einteilung des Leitungsgremiums in zwei Abteilungen mit getrennten Geschäftsbereichen an verschiedenen Orten fragwürdig, auch wenn als Ziel die Verklammerung von jeweils zwei Evangeliumschristen und zwei Baptisten gesehen war. Die Geschäftsverteilung mußte zu unüberbrückbaren Schwierigkeiten führen, dies hätte sich bei einer Realisierung des Vorhabens bald herausgestellt. Die Entscheidung zugleich für Petrograd und Moskau als Leitungssitze war zu sehr auf den derzeitigen Stand bezogen. In Petrograd verfügten die Evangeliumschristen über eine ausgebaute Verwaltung und eine starke Gemeindebasis. Obwohl Moskau der offizielle Sitz des Bundes der Baptisten geworden war, war dieser Bund dort viel weniger präsent, als es die Evangeliumschristen in Petrograd waren. Der Bundessitz der Baptisten hatte oft gewechselt, Rostov n/D und Odessa waren die zeitweiligen Leitorte gewesen. Nach der Struktur des Bundes gab es eine in ihren Befugnissen eingeschränkte Leitung, deren Personen mehrfach gewechselt hatten. Im Bund der Evangeliumschristen mit der starken örtlichen Basis Petrograds war Prochanov die bestimmende Gestalt.

Dies alles bestimmte die Erwägungen auf beiden Seiten; hinzu kam die politische Unsicherheit in den Jahren des Kriegskommunismus, in denen die Machtverhältnisse vielfach noch instabil erschienen und vielen nicht klar war, in welche Richtung die Intentionen der Regierung in Moskau gehen würden. Das Aufgehen von Petrograder Funktionen, die bisher bei den Evangeliumschristen gelegen hatten, in Funktionen der künftigen »Moskauer Abteilung« mußte die Planung für die Petrograder bedenklich erscheinen lassen, auch wenn die Einheit für Prochanov und seine Freunde ein Ziel war, das ihnen auch Opfer auferlegte. Prochanov konnte nicht daran denken, einen Wechsel von Petrograd nach Moskau vorzunehmen. Dazu bedurfte er zu sehr der gemeindlichen Basis, die ihm die vielen Abteilungen der Petrograder Großgemeinde boten, auch wenn sie derzeit durch Hunger und Stadtflucht sehr reduziert war. Gab es für den beweglichen Mann, der noch 1930 im Wiedenester Gästebuch als Wohnsitz »Leningrad, New York, Berlin« angab, außer seinem Glauben etwas Bestimmendes, so war es seine Bindung an die Stadt, in der er sein Wirken begonnen hatte und mit deren Gemeinden er durch so viele Geschehnisse verknüpft war. Den klar umrissenen Aufgaben einer vorgesehenen Moskauer Abteilung der vereinigten Bünde, Aufgaben mit einem erheblichen Gewicht in der politischen Situation, standen nicht vergleichbare Funktionen der künftigen Petrograder Abteilung gegenüber. Hier blieben die Kontakte zu den Gemeinden auf theologischer und praktischer Basis, jedoch ohne das Gewicht, das sie in der Verbindung der organisatorischen und politischen Fragen, die auf die Moskauer Abteilung zukamen, haben würden.

Eine Arbeit, die immer als ganze und umfassend zu tun war, war nicht zu leisten, wo es Entfernungen zwischen gleichwertigen Zentren wie zwischen Petrograd und Moskau gab. Eine sinnvolle Arbeit war nur an einem Ort möglich, an dem auch ständig alle Mitglieder des Leitungsgremiums in täglichem Kontakt miteinander standen. Nach der durch die politischen Veränderungen geschaffenen Lage war Moskau der gegebene Ort für die Zentrale. Von den gewachsenen Gemeinden her hätte Petrograd den Vorrang gehabt. Für Evangeliumschristen und Baptisten ergab sich eine ganz ähnliche Situation wie die, in der sich die Lutheraner befanden. Für deren kirchliche Organisation warf der politische Wechsel von Petrograd nach Moskau auch schwierige Fragen auf, die das Persönliche der leitenden Männer berührten. Die Tatsache, daß in der reorganisierten lutherischen Kirche gewichtige Vollzugsfunktionen bei den Leitenden in Petrograd verblieben, führte zu Jahre anhaltenden personalen und sachlichen Spannungen.[34]

Die Verhandlungen und Arbeitskontakte über die Durchführung der Einigung wurden weitergeführt. Aus einer Zusammenfassung der Ergebnisse des ergänzenden Briefwechsels des Rats der Evangeliumschristen mit dem Baptistischen Kollegium in Moskau ergab sich, daß der Fortgang der Einigung davon abhinge, daß in der Petrograder Abteilung als nächster Schritt die gemischte Besetzung durchgeführt werden müsse.[35] Am 31. 1. 1921 wurde auf einer Sitzung von Vertretern beider Bünde, die in Petrograd stattfand, eine erneute Entschließung gefaßt. Nach den nur sehr kurzen Angaben über diese Zusammenkunft ist vor allem über die Durchführung des gemeinsamen Kongresses beider Bünde gesprochen worden. Der Kongreß sollte noch im gleichen Jahr stattfinden, die Zeit war vom 12. bis 20. Juni vorgesehen. Die Organe der beiden Bünde veröffentlichten zur Kenntnis der Gemeinden den Wortlaut der Übereinkünfte, die man vom Sommer 1920 bis zum Januar 1921 erzielt hatte. »Slovo istiny«

[34] Vgl. W. Kahle, Geschichte der evangelisch-lutherischen Gemeinden in der Sovetunion 1917–1938 S. 85ff.
[35] Protokoll Kollegiumssitzung 17. 9. 1920 unter Vorsitz von P.V. Pavlov.

hatte seine Hinweise mit dem Aufruf verbunden: »Zu diesem Kongreß müssen Männer gesandt werden, geisterfüllt und von dem Willen für die Einheit beseelt, solche, die voll Eifer brennen, sich auf dem Ackerfelde zu bemühen.«[36]

Es kam nicht zur Durchführung des Kongresses. Die Verhaftung und der Lageraufenthalt Prochanovs in Tver war nur einer der Gründe dafür. Im Bund der Baptisten hatten sich auch erhebliche Schwierigkeiten ergeben. Hier rangen mehrere Gruppen miteinander. Dej I. Mazaev, I. Savel'ev und G. Zulin richteten am 25. 6. 1921 einen Zirkularbrief an die baptistischen Gemeinden. Der Brief enthielt heftige Anklagen gegen das seit einigen Jahren bestehende baptistische Kollegium. Er sprach diesem die rechtliche Grundlage ab und wandte sich scharf gegen die Kontakte, die mit den Evangeliumschristen aufgenommen worden waren. Heftige Angriffe wurden dabei auch gegen die Evangeliumschristen und einzelne ihrer Vertreter gerichtet. Der Bericht über den Vorstoß der Gruppe um Mazaev vermerkt, daß unter den Baptisten eine Spaltung entstanden sei, daß im Süden des Landes Vereinigungen von Baptisten bestünden, die mit dem Kollegium in Moskau nichts zu tun haben wollten.[37] Diese Geschehnisse nötigten die für eine Einigung aufgeschlossenen Baptisten zur vorsichtigen Abschätzung der einander widerstreitenden Gruppen. Die Polemik des Mazaev-Kreises war angetan, bei manchen, die nicht Parteigänger der alten Führungsgruppe um Mazaev waren, Vorbehalte gegen die Einigung zu verstärken.

In den wenigen Äußerungen über das Nichtzustandekommen des Kongresses von 1921 werden verschiedene Gründe genannt. Sie schließen einander nicht aus. Die »Evangel'skaja vera« nennt als ersten Grund die Nichterlangung der staatlichen Genehmigung für die Durchführung des Kongresses, als zweiten die Verhaftung Prochanovs in Tver und der sich daran anschließende mehrmonatige Aufenthalt im dortigen Arbeitslager. In anderen Äußerungen spielt die Nichtgenehmigung durch die staatlichen Behörden keine Rolle. Auch die Schwierigkeiten in den folgenden Jahren im Einigungswerk werden nicht auf staatliche Maßnahmen zurückgeführt, obwohl sich dies leicht als Grund vor der Öffentlichkeit im In- und Ausland angeboten hätte. Auch die Verhaftung und der Aufenthalt im Arbeitslager konnten nur zu einer Verschiebung der zeitlichen Planung führen.

---

[36] Slovo istiny 1/1921 S. 7.
[37] Nach einem Bericht in Utr.zv. 1–2/1922 S. 4 – Ob edinstve s brat'ami baptistami.

Entscheidend waren die anderen Gründe, die nicht ausgesprochen sind, aber doch immer mitklingen, wo von Mißerfolgen des Einigungswerks jener Jahre gesprochen wird: Die beiden Partner waren noch nicht in der Lage, zu einem bleibenden Übereinkommen zu gelangen. Die Schwierigkeiten, die sich in der Beurteilung des Übergangs von einem Bund zum anderen ergeben hatten, waren noch nicht überwunden. Das Mißtrauen der in einem Kollegium nicht ohne Spannungen zusammenarbeitenden leitenden Baptisten gegenüber dem ausschließlichen Leiter des Bundes der Evangeliumschristen war nicht geschwunden. Auf baptistischer Seite blieben die Meinungen geteilt. Die einen sprachen sich für eine vorsichtige Annäherung aus, andere, nicht unbedeutende Gruppierungen lehnten ein Zusammengehen nach wie vor ab. Ausdruck dieser mancherlei Stellungnahmen im Bund der Baptisten sind Worte im Slovo istiny, daß gerade Hinweise auf ungesetzliche Machenschaften von Evangeliumschristen, auf trennende Ausschreitungen gegenüber Baptisten als Grund einer notwendigen Annäherung der bisher Getrennten gesehen werden müßten.[38] Die Einheit ist nach diesem Verständnis nicht das Ergebnis abschließender Klärungen in bisher unterschiedlichen Stellungnahmen, sondern eher die Möglichkeit, besser mit den bisherigen Schwierigkeiten fertig zu werden. So heißt es folgerichtig weiter: »Der am 12. 6. 1921 in Petrograd zusammengerufene Allrussische Kongreß der Baptisten und der Evangeliumschristen wird zu einer noch größeren Verstärkung der Sache der Einheit beitragen.«[39]

Über den Fortgang der Einigungsbemühungen in der zweiten Jahreshälfte 1921 berichtet eine Aufzeichnung über den Kongreß des Baptistenbundes, der vom 30. 10. – 3. 11. 1921 in Moskau stattfand. Die Aufzeichnung sieht die Vorgänge in baptistischer Sicht, offensichtlich sind auch differenzierte Geschehnisse in summarischer Form wiedergegeben, sodaß Fragen nach wichtigen Einzelheiten offenbleiben. In dem Bericht, von Pavel Vasil'evič Pavlov verfaßt, heißt es: »Was nun die Vereinigung mit den Evangeliumschristen betrifft, so kann, wie dies aus den Vorlagen ersichtlich ist, die dem Kongreß durch das Kollegium gegeben worden sind, den Baptisten jetzt niemand mehr den Vorwurf machen, daß sie nicht die Einigung mit den Evangeliumschristen wollen. Angesichts des Auftrags, der dem Kol-

---

[38] Slovo istiny 1/1921 S. 7.
[39] ebenda.

legium durch den vergangenen Kongreß gegeben wurde, eine Übereinkunft über die technische Einigung der Bünde zu erzielen, unterschrieb das Kollegium mit dem Rat des Bundes der Evangeliumschristen am 25./31. Januar d.J. eine Übereinkunft über die volle technische Verschmelzung; ihre Einzelheiten sind seinerzeit veröffentlicht worden. Die Übereinkunft unterlag freilich, das ist sicher, der Entscheidung des Kongresses. Aber kraft der ausgesprochenen Vollmachten konnte sie bis zum Zusammentritt des Kongresses an die Öffentlichkeit gelangen.« Dieser Passus weist darauf hin, daß sich im Kongreß bereits Stimmen erhoben hatten, die die Veröffentlichung der Übereinkunft beanstandet hatten. Pavlov fährt fort: »Nach der festen Überzeugung vieler Brüder gab die Übereinkunft dem Bund der Evangeliumschristen alle Vorteile. So wurde zum Beispiel als Zentrum Petrograd vorgesehen, wo sich konzentriert die hauptsächlichen Kräfte des Bundes der Evangeliumschristen befinden, währenddem sich in Moskau, wo sich das baptistische Zentrum befindet, nur zweitrangige Zweige der Arbeit entwickelt hatten (otvodilis). Auf diese Weise wurde aber von Seiten der Baptisten alles getan, was nur möglich erschien, damit man den Evangeliumschristen in dem Ziel der Erlangung der wünschenswerten Einheit näher kam.«[40]

Es heißt weiter, daß der Kongreß der Baptisten die Tatsache konstatieren mußte, daß die Evangeliumschristen in die ihnen dargebotene Hand der Baptisten nun nicht einschlugen. Pavlov weist im folgenden auf Briefe des Rats des Bundes der Evangeliumschristen vom 13. und 14. Juli 1921 hin, die an das Kollegium des Baptistenbundes gerichtet waren, ferner auf eine Erklärung des Rats der Evangeliumschristen vom 19. Oktober an den Kongreß des Baptistenbundes. Er nennt das letztgenannte Schreiben eine »offizielle« Erklärung, sowohl in den Schreiben als in dieser Erklärung sei zum Ausdruck gebracht gewesen, daß die Frage der Vereinigung noch nicht als endgültig entschieden zu betrachten sei. Die Bünde seien bisher selbständig geblieben, sodaß man tatsächlich nur von der Klärung einiger technischer Details der Vereinigung bisher sprechen könne, aber ihrem Charakter nach nicht von der Einigung selbst.

Nach den Angaben des Berichts wiesen die Evangeliumschristen darauf hin, daß die volle Vereinigung nur durch einen gemeinsamen

[40] Kratkij otčët o vserossijskom s'ezde Baptistov, sostojavšemsja v Moskve s 30 oktjabrja po 8 nojabrja 1921 goda – in: Slovo istiny 5–6/1921 S. 37–46, hier vor allem S. 39.

Kongreß von Evangeliumschristen und Baptisten vorgenommen werden könne. Pavel V. Pavlov schloß hier von sich aus an, daß diese Bedingung den baptistischen Kongreß der Möglichkeit beraube, die zu Anfang des Jahres unterschriebene Vereinbarung zu prüfen und beschlußmäßig zu seiner eigenen zu machen. Deshalb, so heißt es weiter, beschränkte sich der Kongreß auf den Beschluß, auch künftig mit den Evangeliumschristen vollen brüderlichen Umgang (obščenie) zu haben; er fühlt sich mit den Evangeliumschristen geistlich eins, der Übergang aus einer Gemeinde in die andere, von Bund zu Bund ist frei.

Pavel V. Pavlov sprach am Ende seines Berichts die Hoffnung aus, daß die Steine, die noch auf dem Weg der Einigung lägen, wenn nicht heute, so doch morgen weggeräumt würden, zumal schon andere weggeräumt seien. Der Vorgang der abschließenden Einigung erschien nach diesen Worten in unbestimmte Ferne gerückt. Die Entscheidung des baptistischen Kongresses im Herbst 1921 ist einerseits durch den Willen derer bestimmt, denen die Einigungsregelungen zu weitgehend erschienen, andererseits durch die Rücksichtnahme auf Gruppierungen, die die derzeitige Struktur des Bundes der Baptisten und dessen Weg in Frage stellten.[41]

Neben der Planung für die Durchführung einer Gesamteinigung und neben Äußerungen sich verstärkender Zurückhaltung hatten die beiden Bünde auf wichtigen Teilgebieten ihrer Arbeit Übereinkommen getroffen. Eines bezog sich auf die gemeinsame Regelung von Hilfsmaßnahmen, die Verteilung von Hilfssendungen aus dem Ausland. Das zweite Übereinkommen betraf die gemeinsame Einrichtung und Verwaltung einer in Petrograd neu zu errichtenden Bibelschule.[42] In beiden Arbeitszweigen handelte es sich um die Wiederaufnahme von Anliegen, die schon um 1910 bei der Erörterung gemeinsamer Aufgaben eine Rolle gespielt hatten.[43]

Für die Hilfsmaßnahmen an bedürftigen Evangeliumschristen und Baptisten sowie einen weiteren nicht näher bestimmten Personenkreis wurde eine gemeinsame Kommission gebildet. Sie bestand aus je vier Vertretern beider Bünde; sie sollten für ein Jahr ihre Aufgabe

---

[41] Vgl. hier S. 177. In Slovo istiny 1/1921 S. 7 sind diese internen Spannungen angesprochen. Nach der Ansicht des Kollegiums gab es Kreise und Gemeinden im Baptistenbund, die die Beschlüsse des letzten Kongresses ihres Bundes als nicht gültig ansahen und zur Regelung der Einigung eine schroff ablehnende Haltung einnahmen.
[42] Vgl. hier S. 476.
[43] Vgl. hier S. 145ff.

erfüllen. Der Vorsitzende der Kommission sollte im Wechsel aus jedem Bund in jeder Sitzung neu gewählt werden. Für besondere Aufgaben war die Bildung einer Unterkommission vorgesehen; deren Vorsitz war durch Festlegung der Hauptkommission geregelt. Um Hilfsmaßnahmen zu ordnen, damit keine Streitigkeiten aufkommen konnten, sollten alle Gaben, die jedem der Bünde zuteil wurden, der Hauptkommission mitgeteilt werden. Diese sollte dann über die Verwendung eine Entscheidung treffen. Aller Briefwechsel, alle sonstigen Dokumente sollten die Unterschriften von Vertretern beider Seiten tragen. Die Übereinkunft in acht Punkten, vermutlich vom Ende des Jahres 1920 stammend, trug die Unterschriften von P. V. Pavlov und M. D. Timošenko einerseits, von Prochanov und A. L. Andreev andererseits.[44]

Der vorläufige Rat der beiden Bünde hatte sich bereits auf seiner konstituierenden Sitzung im Januar 1920 mit den Fragen der Verteilung von Hilfsgütern für die hungernden Großstadtgemeinden der beiden Bünde befaßt und einen Aufruf an die ländlichen Gemeinden erlassen. Die Gemeinden im Povol'zskie, Priural'skie, in Sibirien mit relativ guter regionaler Versorgungslage waren darin besonders angesprochen. Es wurde die Bitte geäußert, daß alle angesprochenen Gemeinden gemeinsam und in gleicher Weise den hungernden Gemeinden der großen Städte unbeschadet ihrer Bundeszugehörigkeit helfen möchten.[45]

Weder aus dem Übereinkommen über die Biblischen Kurse noch aus dem über die Ordnung von Hilfsmaßnahmen wird offenes Vertrauen zueinander sichtbar, das Mißtrauen erscheint vielmehr groß. Ein juristischer Perfektionismus, der alle Fehler ausschalten wollte, war in den Formulierungen am Werk. Er wird auch aus gelegentlichen Äußerungen in den Sitzungen des Kollegiums des Baptistenbundes sichtbar. Aufmerksam wurden Schwierigkeiten registriert, die sich auf regionaler und örtlicher Ebene im Neben- und Miteinander verschiedener Gemeinden ergaben.

Die noch offenen Fragen in den Verhandlungen der Jahre 1919 bis 1922 erschienen für viele in den Reihen beider Bünde bereits abgeschlossen und beantwortet. Dies war nicht nur ein Mißverständnis schlecht unterrichteter und von den Zentren fern abgelegener Ge-

---

[44] Die vorliegende Ausfertigung aus dem Bestand des Kollegiums des Baptistenbundes trägt noch die Unterschrift von Levindanto als Sekretär – Archiv Nepraš.
[45] Vgl. Bratskij sojuz 1/1920 S. 9/10 mit Angaben über Lieferungen und Schwierigkeiten bei der Verteilung in Moskau und vor allem Petrograd.

meinden. Die Vorstellung, daß Entscheidungen endgültig getroffen seien, wurde auch durch Äußerungen Leitender bestätigt. I. N. Šilov schrieb an Robert Fetler, den Bruder seines Vorgängers in der Petrograder Arbeit, Wilhelm Fetler, nach Vladivostok, wo jener in der damaligen selbständigen Fernost-Republik die baptistischen Gemeinden betreute: »In Moskau hatten wir einen Allrussischen Kongreß der Baptisten und der Evangeliumschristen. Bei dieser Gelegenheit vereinigten sich beide Bünde unter der Bezeichnung ›Allrussischer Bund der Baptisten und Evangeliumschristen‹. An der Spitze dieses Bundes werden zwei Räte stehen, – einer in Petrograd, der andere in Moskau.«[46] Eine solche auch publizierte Äußerung, die anzustrebende Ergebnisse vorwegnahm, trug dazu bei, daß Gemeinden ohne hinreichende Informationen ihrerseits Einigungen durchführten. Man blieb nicht in der Erwartung endgültiger Erklärungen der Bundesleitungen nebeneinander stehen. Dies entsprach allerdings auch dem Beispiel der Petrograder Gemeinden, das durch die Entscheidungen vom Januar 1920 als rechtens bestätigt worden war.

Die Angaben über solche Vereinigungen auf regionaler Ebene, über den Wechsel von Gemeinden eines Bundes zum anderen sind nicht sehr präzise. Es ergibt sich jedoch aus ihnen, daß diese Bewegungen im ganzen Land eintraten. Jarcev erwähnt die Vereinigung baptistischer und evangeliumschristlicher Gemeinden in der Ukraine zu einem einheitlichen Körper. Hier habe es gemeinsame Statuten gegeben für etwa 154000 Angehörige beider Bünde.[47] Es ist nicht weiter vermerkt, ob diese Vereinigung lange bestanden hat. Vorgänge in den Gemeinden von Kiev sind Gegenstand der Erörterungen im baptistischen Kollegium gewesen. Die große Flucht- und Wanderungsbewegung in den Jahren des Bürgerkriegs hatte einzelne Baptisten und Evangeliumschristen in Orte verschlagen, ·in denen es nur eine Gemeinde des anderen Bundes gab oder wo man sich der lebendigeren Gemeinde anschloß. Dies war leicht möglich, da bei der so unterschiedlichen Prägung von Gemeinden in einem Bund die Verschiedenheiten für von außen Herantretende gegenüber dem, was sie aus ihrem eigenen Gemeinde- und Bundesleben mitbrachten, kaum nennenswert erschienen. Auf solche Weise hielt sich in der Zeit seines Aufenthalts in Orenburg Waldemar Gutsche, in seiner baptistischen Grundhaltung fest geprägt, zu der Gemeinde der Evangeliums-

[46] Blagovestnik 11/1920 S. 181.
[47] Jarcev, Sekta evangel'skich christian 4. Aufl. S. 41.

christen am Ort, weil es im Orenburger Stadtbereich zu jener Zeit keine baptistische Gemeinde gab.[48]

Die Vereinigung der beiden Gemeinden in Kiev zu einer »Gemeinde der im Glauben getauften Christen« beschäftigte das baptistische Kollegium in Moskau in seiner Sitzung vom 7. 7. 1922. Es lagen ihm ein offener Brief sowie Materialien zur Verteidigung der Vereinigung vor, die aus Kiev stammten. Das Kollegium nannte die dort vollzogenen Schritte erfreulich, äußerte aber zugleich die Ansicht, daß sie auf Bundesebene keine Bedeutung haben könnten.[49] Schon zuvor waren auf regionaler Ebene in der Ukraine gemeinsame Kongresse vorausgegangen. An dem am 21./22. 5. 1920 stattfindenden Rayonkongreß im Gouvernement Ekaterinoslav nahmen aus 34 Gemeinden 52 Vertreter teil. 27 dieser Gemeinden gehörten zu den Evangeliumschristen, 6 waren baptistisch, eine weitere Gemeinde war jüdischen Herkommens (obščina evreev evangelistov.)[50] Es ist nicht ersichtlich, in welchem Zusammenhang dieser regionale Kongreß mit der von Jarcev behaupteten größeren ukrainischen Einigung stand, ob er als eine Vorbereitung dazu mit gedient hat.

In seiner Sitzung vom 10. 8. 1922 stellte das baptistische Kollegium fest, daß man nicht gleichzeitig beiden Bünden angehören könne. Dies war die Stellungnahme zu der Verschmelzung (slijanie), die die beiden den verschiedenen Bünden angehörigen Gemeinden in Vitebsk vorgenommen hatten.[51] Auch in Vologda schlossen sich die Gemeinden zusammen. Das baptistische Kollegium äußerte sich am 27. 12. 1921 dazu. In Vologda stand ein Prediger zur Ordination an. Das Kollegium beschloß, I. N. Šilov zu bitten, sich in nächster Zeit dorthin zu begeben und die Ordination durchzuführen. Von Seiten des Kollegiums bedeutete dies nicht die Sanktionierung der in Vologda getanen Schritte. Der Beschluß brachte eher zum Ausdruck, daß das Kollegium die baptistischen Einflüsse in der nunmehr vereinten Gemeinde nicht zurückdrängen lassen wollte; dazu konnte die Ordination durch einen Vertreter des Bundes eine Hilfe sein.[52] Aus

---

[48] Nach einer persönlichen Mitteilung Waldemar Gutsches.

[49] Protokoll der Kollegiumssitzung Nr. 33 vom 7. 7. 1922 – Archiv Nepraš.

[50] Slovo istiny 1–2/1921 S. 11.

[51] Im Protokoll der Kollegiumssitzung Nr. 41, Ziffer 209 vom 10. 8. 1922 – Archiv Nepraš.
Nach Angaben von J. Tarasjuk, der 1921 in Vitebsk tätig war, hatte die dortige evangeliumschristliche Gemeinde 15 Glieder; bis zum Frühjahr 1925 erfolgten in ihr 185 Neutaufen. – Mitteilungen aus der Bibelschule Wiedenest Nr. 4/1926 S. 2/3.

[52] Die Gemeinde der Evangeliumschristen in Vologda hatte bereits 1907 etwa 160 Glieder – B.L. 10/1907 S. 5.

dem Protokoll der gleichen Sitzung geht hervor, daß ausländische Vertreter baptistischer Hilfskomitees, die in dieser Zeit im osteuropäischen Raum tätig waren, über die Vorgänge bei den Einigungsprozessen informiert worden sind. Es ist offen, in welchem Maße diese Vertreter die Urteilsbildung des baptistischen Kollegiums bestimmt haben.[53]

Von einer weiteren Einigung auf regionaler Ebene berichtet der gebürtige Mennonit Cornelius Martens. Im Kaukasus fand 1920 eine »Friedenskonferenz von Evangeliumschristen und Baptisten« statt. Nach Martens' Aussagen kam sie zu konkreten Ergebnissen: »Man bestimmte Prediger, um die Gemeinden zu besuchen und die Vereinigung praktisch zu verwirklichen und etwaige Streitigkeiten zu schlichten.«[54] Auch Martens wurde in die Reihe dieser ausgewählten Prediger berufen. Er reiste zwei Monate umher, schlichtete, berief Älteste und ordinierte Gemeindeleiter.[55]

Diese Angaben sind nur einzelne Beispiele stattgehabter Kontakte. Die auf der politischen und religiösen Ebene noch nicht entschiedene Situation, unterschiedliche Schritte in Gemeinden und den Leitungsorganen, die oftmals nur für Teile des Bundes und begrenzte Räume im Lande sprechen konnten, sind bezeichnend für die Entwicklung in den Jahren des Bürgerkriegs und den ersten zwanziger Jahren. Dies traf ebenso für die anderen Kirchen und Religionsgemeinschaften zu. Der einsetzende Stabilisierungsprozeß vollzog sich nicht so schnell und so eindeutig, daß er nicht immer wieder teils unterbrochen, teils überlagert worden wäre. Die Entwicklung der Stellungnahmen in den Kollegiumssitzungen des Baptistenbundes verdeutlicht, daß sich die Meinungen im Leitungskreis veränderten, daß andererseits aber das leitende Gremium einstweilen mehr zu konstatieren als zu entscheiden hatte.

Die Erörterung der Fragen zur Einheit wurde durch Vorgänge erschwert, die mit der Problematik primär nichts zu tun hatten. Dazu gehörten die Auseinandersetzungen um Loyalitätserklärungen gegenüber dem Staat und die immer mehr Aufmerksamkeit beanspruchende Entscheidung über die Ableistung der Militärdienstpflicht für Evangeliumschristen und Baptisten. Der ökumenische Versuch der Evangelisierung Rußlands, den Prochanov im September 1922 in sei-

---

[53] Unter den vom Kollegium Informierten wird Dr. Hull genannt – Protokoll der Kollegiumssitzung vom 27. 12. 1921 – Archiv Nepraš.
[54] C. Martens, Unter dem Kreuz S. 68.
[55] ebenda S. 68.

184

nem »Evangel'skij klič«, dem »Evangelischen Ruf«[56] unternahm und der in das Feld der orthodoxen Gruppierungen hineinführte, war auch dazu angetan, unter strengen Baptisten Mißtrauen zu erwekken. Die damit verbundenen Aktionen Prochanovs sind im Zusammenhang der sichtbar gewordenen Verzögerungen in den Einheitsverhandlungen mit den Baptisten zu sehen. Es bleibt offen, ob es Ungeduld war, die ihn zu dieser Zeit den Weg ökumenischer Kontakte beschreiten ließ, oder ob er das Verständnis hatte, durch seine Schritte hin zu den anderen Konfessionen die Verhandlungen mit den Baptisten erneut wieder in Gang zu bringen.

Der Einigung abgeneigte Baptisten konnten bereits an Äußerlichkeiten der Aktionen Prochanovs und des Bundes der Evangeliumschristen Anstoß nehmen. Als Absender des Evangelischen Rufs, der an die oberste kirchliche Verwaltung der Orthodoxen Kirche und die Gruppe »Lebendige Kirche« gerichtet war, zeichnete die »Svobodnaja Narodnaja Evangel'skaja Cerkov/Vserossijskij Sojuz Evangel'skich Christian«, die freie evangelische Volkskirche trug neben diesem Teil ihrer Bezeichnung auch noch den alten Namen. Aber für Baptisten war die Frage wichtig, was zur Verwendung dieser neuen Selbstbezeichnung geführt hatte, nach allem, was sich in den Jahren nach 1917 im Feld von Politik, Gesellschaft und Kirchen ereignet hatte.

Schon 1917 war, verständlich im Revolutionsjahr, im Zeitraum zwischen der Februarrevolution und der Oktoberrevolution das Wort »frei« sowie die Bezeichnung »Volk, volkstümlich« als Ausdruck des Selbstverständnisses im Bund häufig gebraucht worden. Die nunmehr umlaufende Selbstbezeichnung konnte darauf schließen lassen, daß die Evangeliumschristen ungesichert auf die Sprachregulierungen in der Öffentlichkeit und Wünsche von Partei- und Regierungsstellen eingegangen waren. Wie alle religiösen Gruppen, sahen sich auch die Baptisten verstärkt mit den Forderungen der staatlichen Behörden nach betonten Loyalitätserklärungen konfrontiert. Die Namensänderung beim konkurrierenden Bund bot Anlaß, Prochanov und seinem Bund vorzuwerfen, daß sie, die an sich schon immer in sehr großer Nähe zum politischen Leben gestanden hatten, in einer kritischen Situation gemeinsame Interessen der Bünde zugunsten kurzfristiger Vorteile im politischen und administrativen Bereich preisgäben. Dabei mochte die Erinnerung mitschwingen, daß in einer anderen prekären Situation 1916 Prochanov vor Gericht erklärt hatte,

---

[56] Vgl. hier S. 539ff

daß das Ideengut seines Bundes im englischen religiösen Bereich wurzele, d.h. dem Gedankengut des politischen Verbündeten zugeordnet sei. In der Kriegshysterie war andererseits den Baptisten wiederholt vorgeworfen worden, daß ihre Wurzeln in der deutschen Religiosität lägen. Die Bezeichnung der »Freien evangelischen Volks-Kirche« wird auch in den Sitzungen des Moskauer baptistischen Kollegiums erwähnt, ohne daß sie in den vorliegenden Protokollen kritisch erörtert wurde. Die Erwähnung in den Protokollen macht deutlich, daß die neue evangeliumschristliche Selbstbezeichnung, von der sich die Evangeliumschristen wieder gelöst haben, zumindest über ein halbes Jahr im Gebrauch war.[57]

Die niemals leichten Einigungsbemühungen hatten durch den Vorstoß des Kreises um Dej I. Mazaev im Sommer 1921 eine bedeutsame Erschwerung erfahren. Um die Wende von 1922/1923 sind dann auf der regionalen Ebene neuere Einheitskonferenzen zum Stillstand gekommen und begann die Auflösung bisher erfolgter Vereinigungen. Dies ist nicht ohne inneren Schaden für die Entwicklung in beiden Bünden abgegangen. Dieser Schaden war besonders auf der örtlichen Ebene fühlbar, wo man täglich gefordert war. Dies zeigt das Beispiel der von den Evangeliumschristen zu den Baptisten übergegangenen Gemeinde in Sevastopol[58], ebenso die Geschichte der baptistischen Gemeinde in Kazan', die 1921 den umgekehrten Weg gegangen war. Die Folge dieses Schritts war die Verstärkung der Spannungen zwischen den Bünden.[59]

Bis zum Baptistischen Weltkongreß 1923 in Stockholm war man in den Fragen der Einigung nicht weitergekommen, ja, es waren so viele neue Schwierigkeiten aufgetaucht, daß man über den Stand vom Jahre 1920 zurückgeworfen war. Rushbrooke, der Generalsekretär des Baptistischen Weltbundes, hatte sich sehr für die Teilnahme der Delegationen beider Bünde in der Sovetunion eingesetzt. Seine Bemühungen galten in Sonderheit auch Prochanov, der mehrere Monate im Moskauer Gefängnis Verhören ausgesetzt war. Rushbrooke hatte den sovetischen Regierungsstellen mündlich und schriftlich zum Ausdruck gebracht, daß der Stockholmer Kongreß kein irgendwie geartetes politisches Ziel verfolge. »Sein Ziel ist ein rein religiöses. Bei uns Baptisten gibt es keine internationalen kirchlichen Mach-

---

[57] Kollegiumssitzung vom 24. 11. 1922 Nr. 52 Ziffer 269, – Kollegiumssitzung vom 7. 4. 1923 Nr. 66, Protokolle Archiv Nepraš.
[58] Vgl. hier S. 187.
[59] Vgl. hier S. 193.

torgane,. . . keine Hierarchie – die Bedeutung unseres Kongresses und seine Beschlüsse sind rein religiös-sittlicher Art. . .«[60].

Die Delegation des baptistischen Bundes konnte an den Verhandlungen in Stockholm zeitgerecht teilnehmen. Die Delegation der Evangeliumschristen mit Prochanov dagegen traf erst zu den Schlußsitzungen ein, durch verspätete Ausreisegenehmigungen verursacht. Am Schlußtag des Kongresses kam es zu einer durch die Kongreßleitung befürworteten Sonderkonferenz der Delegierten beider Bünde aus der Sovetunion. Von evangeliumschristlicher Seite waren Prochanov, Pelevin, Andreev, Bykov, Koloskov zugegen, von baptistischer Seite Timošenko, Šilov, S. V. Belousov, A. P. Kostjukov, J. Ch. Mordovin. Beide Gruppen trugen ihre Beschwernisse und Vorwürfe vor. Von den baptistischen Teilnehmern wurden Hinweise auf die Aufnahme Ausgeschiedener durch die Evangeliumschristen gegeben, ferner auf den Kampf gegen den Namen »Baptisten«; weiter wurde der Vorwurf erhoben, daß die Evangeliumschristen die getroffenen Vereinbarungen nicht eingehalten hätten. Gegenklagen der Evangeliumschristen richteten sich gegen Widerstände gegenüber der anzustrebenden Einigung im baptistischen Lager. Die Baptisten hielten schließlich Prochanov den Text eines Schreibens vor, das er anläßlich des Übergangs der alten evangeliumschristlichen Gemeinde in Sevastopol zu den Baptisten an sie gerichtet hatte. Hier hatte es geheißen: »Was denkt Ihr Euch dabei, eine der ältesten Gemeinden unseres Bundes, zu dem uns fremden (čuždyj) Bund der Baptisten überzugehen . . .?« Schließlich schlug man Prochanov vor – alles nach baptistischer Darstellung –, Stellung zu seiner Äußerung, die er getan habe, zu nehmen: »›Ich werde nicht eher sterben, bis ich über den Leichnam der baptistischen Organisation hinweggeschritten bin.‹ Darauf erfolgte von Seiten Prochanovs keine Antwort.«[61]

Ein offener Bruch konnte vermieden werden. Beide Seiten nahmen den Rat von amerikanisch-baptistischer Seite an, in Arbeitsvorhaben gemeinsam zu handeln, solange es keine Vereinigung zu einem einzigen Bund gebe; dies erfordere keine Namensänderung der Bünde und vermeide ein endgültiges Auseinanderbrechen. Der

---

[60] Protokolle des IX. Allunionskongresses der Evangeliumschristen in Petrograd 1923 S. 21. Die Bemühungen Rushbrookes sind hier dem Kongreß zur Kenntnis gebracht.
[61] Baptist 2/1925 S. 10; zu dem Prochanov vorgeworfenen Satz »Ja ne umru do tech por, poka ne perešagnu trup baptistskoj organizacii« vgl. hier S. 191, auch zitiert bei Tichomirov, Baptizm i ego političeskaja rol' S. 57.

Evangeliumschrist Pelevin schloß noch Fragen an. Die erste lautete, ob es in Amerika Gemeinden gebe, die sich Evangeliumschristen nennen. Die Antwort lautete: Ja, aber das seien andere als Baptisten. Die zweite Frage war, wie die amerikanischen Ratgeber wünschten, daß sich die Bünde im Falle ihrer Vereinigung nennen sollten. Die Antwort war: »So wie alle, d.h. Baptisten.« Pelevin fragte weiter, was daraus folge, wenn sie bei ihrer Bezeichnung Evangeliumschristen bleiben würden. Nach einigem Schweigen erwiderte man, daß dies als denkbar erscheine (čto že eto ne plocho). Pelevin fuhr fort: »Aber wenn wir uns nun Evangeliumschristen und Baptisten nennen würden?« Dies wurde als schlechter empfunden, denn das Wort »und« würde immer die Existenz zweier Gruppierungen zum Ausdruck bringen. Die letzte Frage Pelevins lautete: »Wie schaut Ihr auf uns Evangelische (Evangel'skich), wie auf Brüder oder wie auf Freunde?« Darauf erfolgte die Antwort: »Wir schauen auf Euch wie auf unsere eigenen Brüder, darin machen wir keinen Unterschied.«[62]

Pelevins Fragen waren Ausdruck der Unklarheit, was man von den stärksten Gruppen des Weltbaptismus in den Fragen der Vereinigung an Hilfen und Antworten zu erwarten habe. Die Antworten waren bestimmt, aber sie schlugen die Tür zu weiteren Verhandlungen nicht zu. Das Bewußtsein der Besonderheit evangeliumchristlicher Existenz im Rahmen des Weltbunds klingt in den Fragen Pelevins an. Das Ergebnis der Sonderkonferenz in Stockholm hatte in der Bildung eines erneuerten gemeinsamen Rats von je fünf Mitgliedern bestanden zu dem Ziel, beide Bünde bestehen zu lassen, aber, wie es vorgeschlagen worden war, Arbeitsvorhaben zu koordinieren.

Der IX. Kongreß der Evangeliumschristen im September 1923 hatte neben seinen wichtigen Entscheidungen in der Frage der Beziehungen des Bundes zu den Staatsorganen und vor allem in der Militärfrage[63] die Stockholmer Ergebnisse vorliegen. Er bestätigte nach einem Arbeitsbericht Prochanovs die Beschlüsse in einer Resolution zur Einheit. Darin stellte der Kongreß »mit aufrichtiger Befriedigung« fest, daß inzwischen auch zwei gemeinsame Kommissionen der Bünde ihre Arbeit aufgenommen hatten, die eine zur Organisation von Hilfsmaßnahmen, die andere für die Durchführung der Biblischen Kurse in Petrograd. Der Kongreß äußerte den Wunsch, daß die Frage der Einheit doch in möglichst kurzer Zeit entschieden wer-

---

[62] ebenda S. 10.
[63] Vgl. hier S. 400ff.

den möchte. Er hatte darüber hinaus die in Stockholm zurückgesteckten Ziele, wobei die amerikanischen Baptisten Hilfestellung geleistet hatten, bestätigt, gab aber den fünf bereits in Stockholm benannten Vertretern und den Kandidaten des Bundes in der gemeinsamen Hauptkommission, Prochanov, Mat'eev, V. I. Bykov, V. T. Pelevin und A. L. Andreev, sowie I. I. Kapalygin, A. V. Karev, M. A. Orlov, V. E. Egorov und I. I. Sudarev unbegrenzte Vollmacht auch für weitergehende Einigungsmöglichkeiten.[64] Der Kongreß betonte damit eine Linie, die der Bund, vertreten durch den Rat, bereits vorher eingenommen hatte, daß alle Fragen der Einigung aufgrund der vorausgegangenen Verhandlungen und der Zustimmung beider Bünde zu ihnen nunmehr in äußerster Präzision durch die Verhandlungskommission festzulegen seien. Auf baptistischer Seite dagegen wurde immer wieder die Forderung laut, daß alle Arbeitsergebnisse als Materialien der Entscheidungen zu gelten hätten, die von einem oder mehreren Kongressen des baptistischen Bundes zu treffen seien. Der evangeliumschristlichen Seite, einig in ihrem Rat und in ihren Kongressen, bestimmt durch die Persönlichkeit Prochanovs, standen auf baptistischer Seite Gruppierungen mit widersprüchlichen Auffassungen über den einzuschlagenden Weg gegenüber, Differenzen, die sachlich und personell nicht eindeutig ausgetragen wurden und auch in den folgenden Jahren Verhalten und Wahl der Leitenden beeinflußten.

Die Sonderkonferenz der Vertreter aus der Sovetunion anläßlich des Weltkongresses in Stockholm hatte bereits die teilweise erheblichen Differenzen zwischen den beiden Bünden sichtbar gemacht, das Achtgeben des einen auf den anderen, das mißtrauische Aufgreifen mündlicher und schriftlicher Äußerungen, die Gefährdung, in die das Einigungswerk durch übereilte und falsche Maßnahmen auf örtlicher Ebene geriet. Die Beziehungen verschlechterten sich weiter, sie waren jedoch 1923, 1924 noch nicht einheitlich negativ. Ivan Kmeta, einer der jüngeren leitenden Baptisten in der Ukraine, von 1926 an auch Mitherausgeber des »Baptist Ukrainy«, sprach in einem Brief 1924 aus Kiev an Prochanov seine Freude darüber aus, daß die Zeitschrift »Christianin« wieder erscheinen konnte. Er gab der Hoffnung Ausdruck, daß nichts Prochanovs fernere Wirksamkeit hindern möchte. Dann schlug er vor: »Können Sie nicht in der Zeitschrift eine Seite für die periodische Einrückung von Materialien in anderen

---

[64] Protokoly § 15, Resoljucija S'ezda o edinstve S. 15/16.

Sprachen (als der russischen – W.K.) der Völker der SSSR anweisen?« Auch die folgenden Grüße sprechen von einer aufgeschlossenen, das Gemeinsame betonenden Haltung. Prochanov wiederum hat diesen Brief auszugsweise im Christianin veröffentlicht.[65]

Auch in der Folgezeit hat es nicht an Zeugnissen einer über die Spannungen hinausreichenden Verbundenheit der Bünde gefehlt. Je größer die Orte waren, in denen Gemeinden beider Bünde wirkten, umso eher gelang es den Gemeinden, zwar rechtlich selbständig, Verbindungen zu halten, einander zu besuchen und bei musikalischen Veranstaltungen auch zusammenzuwirken.[66] Ende 1924 verschärfte ein Schritt Prochanovs in der angespannten Situation, in der sich viele Gemeinden und viele einzelne Evangeliumchristen und Baptisten im Zusammenhang mit den staatlichen Forderungen der Ableistung der Militärdienstpflicht befanden, vorhandene Spannungen. Als Vizepräsident des Baptistischen Weltbundes sprach Prochanov gegenüber den baptistischen Gemeinden in der Sovetunion den Wunsch aus, daß Verhandlungen zwischen dem Weltbund und den ihm in der Sovetunion angeschlossenen Bünden nachrichtlich über ihn laufen sollten. Dies widersprach allen Regeln, die sich in der zwanzigjährigen Geschichte des Weltbunds entwickelt hatten.

Der Titel des Vizepräsidenten, deren es immer eine ganze Anzahl gleichzeitig gab, war ebenso eine Anerkennung baptistischer Unionen auf Landesebene wie auch des persönlichen Einsatzes des Gewählten. Die Wahl zum Vizepräsidenten konnte auch eine Hilfe des Weltbaptismus für einen bedrängten Bund sein, dem man in seinen Auseinandersetzungen eine stärkere Position geben wollte. Die Vizepräsidentschaft schloß die von Prochanov gewünschten rechtlichen Funktionen einer Zwischeninstanz für zwei Bünde nicht ein. Die Beweggründe Prochanovs zu seinem Schritt sind nicht klar ersichtlich. Es hat sich sicherlich nicht um eine Einschaltung in Lehrfragen gehandelt. Vermutlich ging es Prochanov darum, zu einer besseren Ordnung der Hilfen zu gelangen, die vom Weltbund oder von baptistischen Einzelbünden für Gemeinden in der Sovetunion geleistet wurden. Bei allen Kirchen im Lande, die in diesen Jahren von ihren Schwesterkirchen Hilfen empfingen, zeigten sich schwere Mißstände

---

[65] Christianin 6/1924 S. 39.

[66] Dies wird z.B. aus Moskau berichtet, wo Baptisten und Evangeliumchristen gemeinsam Konzerte an neutralem Ort durchführten. Nach einer Mitteilung von W. Gutsche legte der baptistische Presbyter in Moskau, Stepanov, Wert auf ein friedliches Miteinander.

bei deren Durchführung. Es fehlte an der notwendigen Koordination. Solche, die es verstanden, Kontakte aufzunehmen und zu pflegen, erlangten zuweilen aus den durchaus nicht hinreichenden Hilfeleistungen einen unverhältnismäßig hohen Anteil. Bei Prochanov mochte die Hoffnung mitsprechen, daß dem Bund der Evangeliumschristen als Mitgliedsbund im Baptistischen Weltbund ein hinreichender Anteil der Gesamthilfe zukomme, die in die Sovetunion gelangte. Dies war ein verständliches Anliegen angesichts des Potentials, das zur Hilfe für den Baptismus im Lande bereit stand. Die Evangeliumschristen konnten sich als eine isolierte Gruppe nur auf verhältnismäßig kleine Gemeinschaften und Missionsbünde in Deutschland, Schweden und den USA stützen. Prochanovs Schritt war dann auch eine Kritik an den letzten Endes unwirksam gebliebenen Arbeiten des gemeinsamen Komitees für Hilfsleistungen.[67]

So organisatorisch sinnvoll Prochanovs Schritt auch sein mochte, so hatte er doch in einer Zeit wachsender gegenseitiger Kritik äußerst negative Folgen. Er brachte gleichsam das Gefäß zum Überlaufen, von nun an hörte die Verhandlungsbereitschaft im Kollegium des Baptistenbundes auf. Mit dem Wiedererscheinen des »Baptist« 1925 wurde die Polemik nunmehr auch publizistisch vorgetragen. In diese Zeit fiel die Veröffentlichung der hier schon erwähnten Angaben über die Sonderkonferenz in Stockholm, über Prochanovs Bemerkung über den Leib der baptistischen Organisation.[68] Für den Grad der Erregung auf baptistischer Seite ist ein Ausdruck bezeichnend, den Klibanov erwähnt: die Benennung des Rats des Bundes der Evangeliumschristen als eines Bordells.[69] Auf dem Ersten geistlichen Kongreß der Baptisten in Omsk gab V. S. Stepanov einen Bericht über die Entwicklung der Petersburger Kargelschen Gemeinde und Prochanovs Tätigkeit in zwanzig Jahren. Der Bericht fand im »Baptist« ebenfalls Aufnahme und signalisiert die offene Feindseligkeit, die ausgebrochen war und sich mit Schwerpunkt gegen Prochanov

[67] Die Erörterungen über Hilfsmaßnahmen hatten bereits in den Verhandlungen vom Januar 1920 in Petrograd eine Rolle gespielt. Es ging um die Frage der gerechten Verteilung für die Hungernden beider Bünde in den Hauptstädten, von Lebensmitteln, die von Gemeinden im Orenburgschen aufgebracht worden waren. An diese Gemeinden ging erneut die Aufforderung, daran zu denken, daß, als bei ihnen vor Jahren Hungersnot gewesen war, die städtischen Gemeinden geholfen hatten. Vgl. Bratskij sojuz 1/1920 S. 10, wo die Stärke der Petrograder zu den Moskauer Gemeinden beider Bünde wie 62 % zu 38 % angegeben ist.

[68] Baptist 2/1925 S. 10 vgl. hier S. 187.

[69] A. I. Klibanov, Istorija religioznogo sektantstva v Rossii S. 237, ferner auch Kovnackij S. 9. – Dom terpimosti.

richtete.[70] Nach den Worten des Berichts erschien Prochanov in der Zeit nach seiner endgültigen Niederlassung in Petersburg den dortigen Baptisten als ein erstarrter Christ, der sich am Leben der Gemeinde nicht beteiligte. Aufkommende Unzufriedenheit unter der Jugend in der Kargelschen Gemeinde, von denen sich Vertreter an ihn gewandt hatten, machte sich Prochanov zunutze. Er wirkte schließlich als Spalter. Stepanov zitierte Kargel, der Prochanov als einen »fleischlich gesinnten Menschen« bezeichnet habe. Aber die nun in Petersburg begonnene Arbeit sei Prochanov noch zu klein gewesen, deshalb habe er einen neuen Bund gegründet; er habe dazu Unzufriedene gesucht, von denen es immer genügend gab.[71]

S. V. Belousov veröffentlichte ebenfalls im »Baptist« einen längeren Aufsatz – Trjasunstvo –, in dem er auf die Anfänge ekstatischer und pfingstlicher Erscheinungen in Rußland einging. Nach seinen Worten traten sie im ostslavischen Protestantismus erstmalig in Tiflis 1914 auf.[72] Dorthin waren zwei Prediger gelangt, die auch Aufnahme in der Baptistengemeinde gefunden hatten und zum Predigtdienst herangezogen wurden. Bei ihrer Ankunft in Tiflis hatten sie eine Empfehlung von Prochanov vorgewiesen. Als der Leiter der Gemeinde an der Verkündigung eines von beiden Anstoß nahm und sich dieserhalb mit einer Rückfrage an Prochanov wandte, sei ihm von diesem die Antwort zuteilgeworden, daß beide, Maslov und Stepanov, Trjasny-Chlysty seien. Für die Leser des Aufsatzes war dieser Bericht Belousovs in einer Zeit starker pfingstgemeindlicher Missionstätigkeit nur zu deutlich: Empfehlungen von Prochanov sind leichtfertig, gefährlich für eine Gemeinde, es ist auf die kein Verlaß, die über eine solche Empfehlung verfügen.[73]

Die Entwicklung der baptistischen Gemeinde in Kazan' hat 1925 die Meinungsbildung der baptistischen Gremien besonders bestimmt. An Stelle der 1921 zu den Evangeliumschristen übergegangenen Gemeinden, war nach Vorbereitung 1925 eine neue baptistische Gemeinde gegründet worden. Nach Ansicht der baptistischen

---

[70] Der Bericht auf dem Kongreß wurde am 14. 6. 1925 gegeben. Er fand im »Baptist« 6–7/1925 S. 38ff. Aufnahme.
[71] ebenda S. 39.
[72] Baptist 2/1925 S. 15–20, hier S. 15. Belousovs Angaben über das erste Auftreten von Pjatidesjatniki sind ungenau, tatsächlich traten diese, über Helsinki vorstoßend, wo es bereits 1913 eine eigene Gemeindeorganisation gab, erstmalig im Petersburger Großraum auf. Hier werden allgemein die Jahre 1909–1913 angegeben, vgl. Klibanov, Istorija S. 248–249.
[73] ebenda S. 15.

Leitungsorgane waren dabei große Fehler gemacht worden, man hatte auf ausgeschiedene Glieder der evangeliumschristlichen Gemeinde und auf jüngst noch Orthodoxe zurückgegriffen. Dies führte zu Schwierigkeiten, die »Reichsgottesarbeit« (delo Božie) konnte nicht erfolgreich voranschreiten. Der Rat der Baptisten traf daraufhin am 31. 5. 1926 die Entscheidung, die eben erst gegründete Gemeinde zu liquidieren und eine neue, auf persönliche Heilsaneignung gegründete Gemeindearbeit aufzubauen. Die offenbar weitreichenden Folgen der Fehlgründung wurden in Zusammenhang mit der vormaligen Spaltertätigkeit der Evangeliumschristen gesehen.[74]

Das Bild des Aufeinanderzuschreitens zweier Bünde war wieder in das Gegenbild der Zerwürfnisse und Spaltung verwandelt worden. Nikolaj Odincov gab anläßlich einer Reise nach Lettland und der Teilnahme am Kongreß der lettischen Baptisten am 15. 10. 1926 einen Lagebericht. Hier heißt es über Prochanovs Wirken und den getrennten Weg der Bünde: »Brüder, es fällt mir schwer zu sagen, daß solch eine Zersplitterung und solch ein Streit für niemanden anderen als für den Teufel angenehm ist. Ich bitte Gott, die Gläubigen in allen Ländern vor jeglichen Zersplitterungen zu bewahren, denn diese sind ein großes Hindernis für das Fortschreiten des Reiches Gottes.«[75]

Neben der Wiedergabe dieser Äußerungen im Blatt der lettischen Baptisten berichtete auch der »Baptist« ausführlich über Odincovs Ausführungen. Es heißt hier, daß er für den in Ekaterinoslav gegründeten neuen Bund »mit einem Eifer, der einer besseren Sache würdig gewesen wäre, aus den baptistischen Gemeinden Ausgeschlossene oder aus irgendwelchen Gründen mit dem Wirken des früher gegründeten Bundes Unzufriedene warb. Dies geschah durch von ihm ausgesandte Agenten mit dem Ziel, Wirren und Spaltung in die Gemeinden unseres Bundes hineinzutragen, hier und dort alle überredend, daß die Bezeichnung ›Baptisten‹ unbiblisch sei. Er verabscheute dabei keineswegs das Prinzip ›der Zweck heiligt die Mittel‹, damit nur sein Traum erfüllt würde, noch zu seinen Lebzeiten den durch ihn zu Staub vernichteten Leichnam des Bundes der Baptisten zu sehen. Dies geschah unbeschadet der Tatsache, daß er selbst 1889 in einer baptistischen Gemeinde in Vladikavkaz zum Glauben gekommen war, ungeachtet auch dessen, daß er baptistische Eltern hatte und sein

---

[74] 26–oj Vsesojuznyj S'ezd Baptistov SSSR 14. – 18. 12. 1926 S. 38/39.
[75] Der vorliegende Text entstammt einer Übersetzung aus dem Schwedischen. Der schwedische Text stammt von Johannes Svensson nach dem Blatt der lettischen Baptisten »Schuru«.

Vater alle Schrecken der Verbannung im Transkaukasus für sein Festhalten an der Lehre der baptistischen Prinzipien erlitten hatte . . .« Odincov erwähnte weiter, daß er der baptistischen Formel »ein Herr, ein Glaube, eine Taufe« den Ausspruch Augustins für den neuen Bund, der auch als »Bund freier Baptisten« gegenüber ausländischen Baptisten bezeichnet worden sei, gegenübergestellt habe: »In der Hauptsache Einheit, im Nebensächlichen Freiheit, und in allem Liebe. Dabei stellte er die Definition dessen, was als Hauptsache, und dessen, was als Nebensache zu verstehen sei, der persönlichen Betrachtung eines jeden frei, was nur zu Streit und Mißverständnissen in diesen Sachfragen führen kann. Dies ist nach meiner Meinung die wahre geistliche Physiognomie der durch Prochanov geleiteten Bewegung, ihr gegenwärtiges Erscheinungsbild.« Odincov sah den Bund der Evangeliumschristen als eine Zufluchtstätte all derer an, »die den Boden unter den Füßen verloren haben, die in ihrem persönlichen Leben hoffnungslos in unfruchtbare Anstrengungen verstrickt sind, das Entscheidende vom Zweitrangigen zu unterscheiden.« Odincov schloß, daß Liebe den unheilvollen Streit zu überbrücken vermöchte, »aber leider gibt es im Bund Prochanovs keine Anzeichen für das Vorhandensein von Liebe.«[76]

Gleichzeitig mit diesen Äußerungen, ihnen zum Teil vorausgehend, waren Schritte erfolgt, die das Zerwürfnis offiziell bestätigten. Vom 29. Juni bis zum 6. Juli 1925 war Rushbrooke bei der Leitung des Bundes in Moskau.[77] Es kann als sicher gelten, daß dabei auch über den Streit der Bünde gesprochen worden ist. Am Ende des Jahres kam es zur endgültigen Scheidung. Am 5. Dezember trat das Plenum des baptistischen Leitungsgremiums zusammen. Bei den Verhandlungen über die Beziehungen der Bünde wurde die recht hohe Zahl von 80 Streitfällen mit Gemeinden der Evangeliumschristen genannt, sie bezog sich allein auf die Zeit vom 1. Juli des Jahres an. Namentlich wurden die Gemeinden von Irkutsk, Samara, Saratov, Tambov, Sludjansk, Antipovsk, Alma-Ata, Tatarsk, Moršansk, Groznyj, Cyransk und Ščeglovsk erwähnt.[78] Die Streitfälle wurden in folgender Weise charakterisiert: »1) Die Annahme von solchen, die sich von uns ent-

---

[76] Baptist 1/1927 S. 20–22, hier S. 20–21. Im Anschluß an die letzten Worte heißt es: »Möge der Herr auch Lettland vor dem traurigen Anblick einer Spaltung der Kinder Gottes bewahren.« Nach weiteren Angaben hat Odincov seinen Bericht in der Zionskirche in Riga am 8. 11. 1926 gegeben.
[77] Baptist 4–5/1925 S. 29, ferner Zapiski zasedanij plenuma S. 27.
[78] Zapiski S. 26.

fernt haben, durch die Evangeliumschristen in ihren Gemeinden und die Bildung neuer Gemeinden aus solchen (Ausgeschiedenen – W.K.) unter ihrer Bezeichnung. 2) Die Verbreitung von Verleumdungen (kleveta) über die Baptisten durch sie (die Evangeliumschristen – W.K.). 3) Das Aussäen von Unruhe (smuta) und Zwietracht in den Reihen der Glieder der baptistischen Gemeinden. 4) Ihre Arbeit zur Zerstörung unserer Gemeinden und eine Menge anderes. –«

Unter den Beschlüssen der vorbereitenden Sitzung des Kollegiums, die das Plenum übernahm, heißt es zu Punkt 10 »Über die Beziehung zu I. St. Prochanov und seinem Bunde«: »Nachdem der Bericht des Präsidiums entgegengenommen worden ist, ebenso die Mitteilungen aus den Orten, ergibt sich, daß 1) das Leningrader leitende Zentrum des sich selbst ›Evangeliumschristen‹ nennenden Bundes seine ganze Energie und seine Mittel wie bisher (po prežnemu) nicht für die Sache der Evangelisation, welche doch seine eigentliche Aufgabe wäre, sondern für die Zerstörung der Gemeinden der Baptisten einsetzt, daß es, auch wenn ihm dies nicht gelingt, sich in seinen Bemühungen nicht von anstößigen Mitteln fernhält; 2) daß der in den Reihen der Evangeliumschristen eingetretene Raskol und die Abgrenzung der bewußtesten Elemente (in Moskau und an anderen Orten)[79] vom Prochanov'schen Bund ein erfreuliches Kennzeichen der unter ihnen eingetretenen heilsamen Ernüchterung und des Verständnisses ist, auf welche verderblichen Wege sie das Leningrader Zentrum führt; 3) daß im Ausland unter den Brüdern Baptisten mit hinreichender Genauigkeit die negative Rolle Prochanovs für die baptistische Sache in der SSSR deutlich geworden ist und empfunden wird, daß er Boden verliert – brüdert er sich doch schon mit Organisationen an, die den Baptisten fremd sind, wie z.B. mit Kindertäufern (detokreščencami) und anderen, so beschließt das Plenum: 1) Allen Baptisten-Gemeinden zu empfehlen, zur Predigt und zu allen Veranstaltungen in den Gemeinden keine Prediger aus der Zahl derer zuzulassen, die sich selbst Evangeliumschristen nennen und keine Verbindung mit dem durch Prochanov geleiteten Leningrader Zentrum zu halten. 2) Auf Grund seines Verhaltens, nicht zuletzt durch seine Verbindungsaufnahme mit den Baptisten-Gemeinden am 31. 12. 1924, als er aufrief, daß die Gemeinden in allen ihren Nöten sich an ihn wenden sollten, damit das baptistische Zentrum übergehend, hat Prochanov sein Amt eines Vizepräsidenten des Baptistischen Welt-

[79] Vgl. hier S. 258.

bundes zum Nachteil der baptistischen Sache in der SSSR mißbraucht. Dementsprechend beschließt der Bund, an das Vollzugskomitee des Weltbundes der Baptisten mit dem Vorschlag heranzutreten, Prochanov von seinem Amt als Vizepräsident abzulösen. Er beschließt ferner 3), daß in allen Gemeinden der Herr im Gebet angerufen werde, damit er allen aufrichtigen Gotteskindern, die sich Evangeliumschristen nennen, die Augen für die wahre Sachlage in ihrem Bund öffne und daß er sie befreien möchte von den Leitenden, die nicht die Ehre (slavy) Gottes suchen.« Das Protokoll, unterschrieben von G. D. Zulin, A. P. Kostjukov, I. K. Vjazovskij, I. A. Goljaev, N. V. Odincov und anderen, trägt die Unterschrift von Jakov Jakovovič Wiens, der einst als Leiter der Gemeinde der Evangeliumschristen in Samara zum Führungskreis der Evangeliumschristen gehört hatte und Mitbegründer ihres Bundes gewesen war. Nach dem Kriege war Wiens leitender Presbyter der baptistischen Gemeinden im östlichen Sibirien geworden.

Prochanov befand sich zur Zeit dieses Beschlusses des Baptistenbundes nicht in der Sovetunion, sondern auf seiner über eineinhalb Jahre dauernden Reise in den USA und in Kanada. Der Anklagepunkt, daß er Verbindung zu dem Baptismus fremden Kirchengemeinschaften aufgenommen hatte, bezog sich darauf, daß Prochanov tatsächlich in den USA mit den Disciples of God Verbindung aufgenommen hatte. Grund dafür war sein Versuch, von diesen finanzielle Hilfen für seinen Bund zu erbitten. Dies war durch Querverbindungen zwischen den Disciples und amerikanischen Baptisten bekannt geworden und auf dem Weg über Vertreter baptistischer Hilfsstellen in Osteuropa den russischen Baptisten zur Kenntnis gelangt. Diese Verbindungen waren für die immer auf Eigenständigkeit bedachten russischen Baptisten ein weiterer Anlaß, die baptistische Position Prochanovs und des gesamten Bundes der Evangeliumschristen in Frage zu stellen. Von baptistischer Sicht her fügten sich Prochanovs Kontakte mit orthodoxen Gruppen und die neuerlichen Verbindungen in den USA zusammen.

Es hatte schon mehrfach in den Jahren von 1907 bis 1925 Spannungen gegeben, die doch nach kurzer Zeit durch neue Kontakte aufgelockert worden waren. Die Entscheidung des baptistischen Plenums, nunmehr die Beziehungen ganz aufzugeben und den Weltbund um die Abberufung Prochanovs als Vizepräsident zu ersuchen, hatte größeres Gewicht als alle bisher sichtbar gewordenen Streitfälle. Die baptistischen Aktionen und Reaktionen blieben dabei nicht unbe

rührt von den personellen Auseinandersetzungen im Bund. Pavel V.
Pavlov war aus dem Leitungsgremium vor dem Zusammentritt des
Plenums ausgeschieden. Als Grund wurde Unzufriedenheit mit I. A.
Goljaev genannt, als Anlaß galt Pavlovs schlechter Gesundheitszu-
stand. Goljaev schied bereits im September 1926 aus der Leitung des
Bundes aus. Die als Grund angegebene Arbeitsunfähigkeit war nicht
allein ausschlaggebend.[80]

---

[80] Vgl. 26–oj s'ezd, Rechenschaftsbericht S. 28ff., hier S. 29.

4. Theologische Positionen der Auseinandersetzung – die Beziehungen der Bünde bis zum Jahre 1944

Das große Thema der beiden Bünde, die Einheit und die Voraussetzung der Einheit, hatte wieder einmal eine konträre Zuspitzung erfahren. »Es ist unmöglich, Einheit mit solchen zu erwarten, die ihrem Glaubensbekenntnis und Geist nach weit voneinander entfernt stehen.« So hatte es in der Zeit der organisatorischen Bemühungen um die Einheit nach 1920 der Presbyter der Baptistengemeinde in Nikolsk Ussurijsk am Amur, Pejsti, formuliert.[1] In einem Artikel »Der Unterschied zwischen den Baptisten und den sogenannten ›Evangeliumschristen‹«, erschienen im Blagovestnik, hatte er die umlaufenden Bedenken gegenüber den Evangeliumschristen zum Ausdruck gebracht.[2] Sie geben ein anschauliches Bild für die Fragen, die man aneinander richtete. Nach Pejstis Aussagen ist die Grundlage für den Glauben der Baptisten der ganze Lehrgehalt der Heiligen Schrift. Hier aber machen die Evangeliumschristen Abstriche: »Die Evangeliumschristen z.B. halten die Handauflegung für unnötig bei der Aufnahme der Glieder in die Gemeinde, trotzdem im letzten Kapitel des Epheser-Briefes im ersten und zweiten Verse von ihr klar und deutlich geschrieben ist, in derselben Rangordnung wie auch von Taufe und Bekehrung.«[3] Als ein anderer wesentlicher Unterschied zwischen Baptisten und Evangeliumschristen wird die Wertung der

---

[1] Pejsti stammte aus dem westlichen Rußland, er war schon vorher hervorgetreten.

[2] Die folgenden Zitate aus dem Aufsatz von Pejsti sind einem von Walter Jack stammenden Manuskript »Licht und Schatten bei den Brüdern in Rußland« entnommen. In diesem Manuskript hat Jack den Aufsatz von Pejsti, der mir nicht im Original vorliegt, verarbeitet. Jack zitiert nach Nr. 3 und 4 des Blagovestnik, nicht nach dem Jahr. Vermutlich ist der Artikel 1922 erschienen. Jacks Manuskript – 6 S. – SM.

[3] Manuskript S. 2. Für Pejstis Positionen sprechen auch die vorausgehenden Zeilen: » . . . aus dem oben angeführten Text des Wortes Gottes (Matth. 5, 18,19) sehen wir, wie wichtig es ist, die ganze Lehre des Evangeliums zu halten, denn für ein Jota kann man schon der kleinste im Himmelreiche genannt werden. An der letzten Stelle ist gesagt, daß Gott sogar einen solchen ausschließen wird aus dem Buch des Lebens und der heiligen Stätte.«
Pejsti fährt fort: »Noch besser spricht für die Notwendigkeit der Handauflegung das Beispiel des Paulus. Wir lesen, daß, als er auf dem Wege nach Damaskus sich bekehrt hatte und in die Stadt gekommen war, Ananias ihn nicht nur getauft hat, sondern ihm auch die Hände aufgelegt hat, wie Apg. 9,17 geschrieben steht. Einige erklären es so, daß ihm hier die Hände aufgelegt seien für den Aposteldienst. Jedoch wenn wir die Apg. genau studieren, so sehen wir im 13. Kap., daß ihm zum zweiten Male die Hände aufgelegt wurden und diesmal für den Aposteldienst. Ich meine, mehr Beweise für die Notwendigkeit der Handauflegung sind nicht nötig.«

Organisation bezeichnet. »Die sichtbare Kirche Christi muß genau nach dem Vorbilde organisiert sein, das Jesus und seine Apostel im Evangelium gegeben haben. Der Aufbau der Gemeinde der Evangeliumschristen beruht auf folgender Ordnung: Die erste Person in der Gemeinde ist bei ihnen der Vorsitzende, dann kommt der Presbyter, dann der Bruderrat, der an Stelle der Diakonen steht. Was können wir Baptisten in bezug auf eine solche Organisation sagen? Als ich einmal eine Mitgliedskarte der Petrograder Gemeinde der Evangeliumschristen sah, war ich ganz erstaunt, daß als erste Unterschrift auf ihr ›der Vorsitzende‹ fungierte. Wir können das Amt eines Vorsitzenden in jedem beliebigen Verbande dulden, meinetwegen im ›Verbande des russischen Volkes‹ oder im Verbande der Schuster oder Zimmerleute usw., aber auf keinen Fall in der Gemeinde Christi. Der einzige Vorsitzende in der Kirche der Baptisten ist Christus, wie geschrieben steht: ›Christus, das Haupt der Gemeinde‹ Eph. 3,23.«[4]

Für das baptistische Verständnis des Amtes in der Gemeinde und damit auch für langjährige Kontroversen mit den Evangeliumschristen sind die nachfolgenden Ausführungen Pejsti's aufschlußreich. In Beantwortung der Frage, ob Paulus und seine Gehilfen nur Presbyter eingesetzt hätten, heißt es ». . . er seinerseits kann sich Mitarbeiter bezeichnen, die sich dem Presbyter unterzuordnen haben, gleichzeitig aber für diesen Dienst durch Stimmenmehrheit in der Gemeinde ›genehmigt‹ sein müssen. Zu ihnen gehören in erster Linie die Diakonen oder Diener, deren Hauptfunktionen die materielle Seite der Gemeinde ist. Eine andere Praxis und Organisation sehen wir im Evangelium nicht, und darum verwerfen wir auch alle, selbst die besten Methoden, wenn sie von Menschen erdacht, aber nicht in der Bibel zu finden sind.«[5]

Dies war die Wiederholung der alten Positionen, die von Anfang an baptistische und evangeliumschristliche Praxis unterschieden haben. Für die Zeit aufschlußreich, hatte sich nach Pejstis Meinung ein weiterer Unterschied deutlicher herausgebildet – die verschiedenartige Einstellung von Evangeliumschristen und Baptisten zum politischen Leben des Landes. »Als Kirche und Gemeinde mengen wir uns überhaupt in keine Politik, denn wir kennen die bittere Erfahrung aus der Kirchengeschichte seit Konstantin dem Großen. Damals gab die Kirche dem Staat den kleinen Finger, er aber nahm die ganze Hand. So

---

4 Manuskript S. 2.
5 ebenda S. 2.

wurde die Kirche ein Kampfesorgan in der Hand derer, die Macht hatten. Der Übergang des Christentums zur Staatsreligion war ein ganz allmählicher. Damals, als man mit dem Staate zu spielen begann, sah man noch nicht die kommende Gefahr, die darin liegt, daß, wenn die Kirche eine Staatskirche wird, sie aufhört, eine christliche zu sein.«[6] Dies liegt im Rahmen baptistischer Staatskritik, als das Besondere erscheint, daß die Vorwürfe gegen die falsche Wege gehende Kirche auf Prochanov und den Bund der Evangeliumschristen übertragen werden.

Die Auffassungen Pejstis vom politischen Handeln charakterisieren in ihrer Ausschließlichkeit nur einen Teil der baptistischen Gemeinden, in denen es viele Äußerungen zur politischen Existenz der einzelnen und der Gemeinden gegeben hatte. Pavel V. Pavlov hatte in der ersten Ausgabe des »Slovo istiny« die »Političeskija trebovanija baptistov« – die politischen Forderungen der Baptisten vorgetragen. Er nannte die nachfolgenden Einzelforderungen Grundforderungen; damit brachte er zum Ausdruck, daß ihnen ein ausgeführtes Netz konkreter politischer und rechtlicher Einzelheiten zuzuordnen sei. Die zwölf Grundforderungen waren:

1. Errichtung einer demokratischen Republik mit einem Abgeordnetenhaus.

2. Freiheit der Versammlungen, Vereinigungen, Freiheit von Rede und Druck.

3. Trennung der Kirche vom Staat.

4. Staatliche Registrierung der Eheschließung.

5. Abschaffung der Todesstrafe für alle Zeiten.

6. Unantastbarkeit der Person und Wohnung.

7. Gleiches Recht für alle Bürger ohne Unterschied des Glaubens und der Nationalität.

8. Freiheit der Ausübung des Gottesdienstes und der Verkündigung für alle religiösen Denominationen, die nicht der allgemeinen Moral zuwiderhandeln und den Staat nicht gefährden.

9. Aufhebung aller Gesetze, die Strafen wegen einer Religionszugehörigkeit verhängen.

10. Anerkennung der Legalität von Eheschließungen, bei denen zwei Zeugen mitgewirkt haben.[7]

---

[6] ebenda S. 3.
[7] Dies bezog sich auf Eheverhältnisse, die aufgrund orthodoxer Widerstände noch nicht anerkannt worden waren.

11. Freiheit des Übergangs von einem Glaubensbekenntnis zu einem anderen ohne jegliche Begrenzung, gültig vom 12. Lebensjahr an.

12. Recht der juristischen Person für religiöse Gemeinden und Bünde von Gemeinden. [8]

Pavlovs detaillierte politische Forderungen machen deutlich, daß Pejsti nur für einen Teil der Baptisten sprach, wenn er politische Abstinenz propagierte. Doch ist der Zeitabstand beider Aussagen zu beachten. Pavlovs Äußerungen vom Frühjahr 1917 gehörten in die Zeit der großen Erwartungen, Pejstis Vorstellungen waren schon von der Desillusionierung bestimmt, die Bürgerkrieg, Hunger und politische Übersteigerungen herbeigeführt hatten. Dieser Ernüchterung entsprach eine Äußerung in der Utrennjaja zvezda vom Jahr 1919, daß die Evangeliumschristen jeder Politik gegenüber fremd seien (čuždie vsjakoi politiki), daß sie sich auf Kongressen ausschließlich mit Fragen der Auslegung des Evangeliums und dem Aufbau eines geistlichen Lebens in ihren Gemeinden beschäftigten. [9]

Eine solche absolut erscheinende Aussage läßt darauf schließen, daß in beiden Bünden die Zeit ungeschützter politischer Aussagen und politisch-sozialer Forderungen zu Ende gegangen war. Das politische Wort war zur Belastung geworden, es führte in der gegebenen Situation in Zusammenhänge, denen man lieber auswich. Das in der Utrennjaja zvezda konstatierte kirchlich-meditative Leben der Evangeliumschristen war der Versuch, einen Freiraum zu schaffen, in den man glaubte, sich zurückziehen zu können. Andererseits zeigen die Behauptungen sowohl Pejstis als auch in der Utrennjaja zvezda, wie wenig konkret Gemeinden durch die eindeutigen politischen Äußerungen Pavlovs oder durch Prochanovs Parteigründung berührt worden waren. Zwei, drei Jahre nach diesen Geschehnissen war in der völlig verwandelten Situation des ausklingenden Bürgerkriegs die politische Leidenschaft vergessen, die einmal Baptisten und Evangeliumschristen bestimmt hatte, wenn sie überhaupt den Gemeinden außerhalb Moskaus und Petrograds bewußt geworden war.

Neben den Parallelen im politischen Verständnis der Bünde im Revolutionsjahr gab es andere, bleibende Streitfragen; dazu gehörten

---

[8] Slovo istiny 1/1917 S. 3–4.
[9] Utrennjaja zvezda 3/1919 S. 1.
Zurückhaltend hinsichtlich der politischen Betätigung ist auch die Entschließung des V. Allrussischen Kongresses der christlichen Jugend in Petrograd 3.–6. Januar 1918 – Otčet S. 30, Ziffer 39.

die Fragen des Gemeindeverständnisses, der Stellung der Verantwortlichen in der Gemeinde, der Ordination der Ältesten, die Frage der unterschiedlichen Taufpraxis und des Verhältnisses von Gemeinden und Bund zu anderen christlichen Gruppen. Zu den zwischen den Bünden anstehenden Fragen rechnete Karev aus dem Rückblick der Jahre nach 1945 Fragen der Eheschließung, der Vollmacht zur Austeilung des Abendmahls und auch der Mitwirkung bei Taufgottesdiensten. In den Einigungsbeschlüssen der Jahre 1944/1945 wurde die Übereinstimmung darin gefunden, daß diese Dienste nur durch ordinierte Presbyter vollzogen werden durften. In Fällen ausgesprochener Notlage sollten Nichtordinierte sie mit Erlaubnis der Gemeinde vollziehen dürfen. In der Frage der Handauflegung und des Gebets über den Getauften im Taufakt wurde die Übereinkunft getroffen, die schon 1920 gefunden worden war, daß die Handauflegung geübt werden solle, wo es sich um einen oder zwei Täuflinge handele; waren mehr als zwei Täuflinge anwesend, sollte an Stelle der Handauflegung die Handerhebung über den Täuflingen erfolgen.[10]

Hinter den nur geringfügig erscheinenden Lehrunterschieden und strittigen Fragen der Praxis, die immer wieder bei den Versuchen einer Übereinkunft zwischen den Bünden nicht befriedigend gelöst werden konnten, stand ein anderes Grundverständnis auf beiden Seiten. In Äußerungen von Beobachtern der Bünde ist wiederholt angeklungen, daß Baptisten gemeinhin als eng, Evangeliumschristen im Vergleich zu ihnen als aufgeschlossener verstanden wurden. Diese Unterscheidung stand im Zusammenhang mit einem anderen Gemeinde- und Weltverständnis in den Bünden. Die Äußerungen von Lutheranern in der Sovetunion sind dafür aufschlußreich. Sie empfanden den Unterschied der beiden Bünde, wenn sie deren Wesen zu beschreiben versuchten oder Stellung zu ihnen nahmen. In vielen Fällen fanden Lutheraner, deren Gemeinden zerstört worden waren, auf der Suche nach gottesdienstlicher Versorgung weit eher den Weg zu den Evangeliumschristen als zu den Baptisten.[11]

Immer wieder wurden die Positionen verschoben, die Gemeinden ließen sich weithin nicht in die von den Polemikern bereit gehaltenen Schablonen einpressen. Waldemar Gutsche hielt sich 1920/1921 in Orenburg auf. In der Stadt von rund 80000 Einwohnern gab es eine

---

[10] Vgl. die englische Wiedergabe der Geschichtsdarstellung von Karev S. 178.
[11] W. Kahle, Geschichte der evangelisch-lutherischen Gemeinden S. 450ff.

rund 100 Glieder umfassende Gemeinde der Evangeliumschristen. Eine baptistische Gemeinde gab es im Stadtgebiet von Orenburg nicht. Gutsche hielt sich zu der evangeliumschristlichen Gemeinde. Das Abendmahl wurde in dieser Gemeinde geschlossen gefeiert, während in der evangeliumschristlichen Gemeinde von Taškent auch Gäste zugelassen wurden, die nicht Evangeliumschristen waren. Dieses Beispiel der Taškenter Gemeinde wirkte sich während Gutsches Aufenthalt in Orenburg auf die dortige Gemeinde aus. Die Gemeinde hielt auch den Brauch, über einem Täufling das Gebet zu sprechen, wie es baptistischer Weise entsprach; begehrte ein Täufling, daß es so gehalten wurde, wurde dem stattgegeben.[12] Nach Gutsches Auffassung war diese Gemeinde von Evangeliumschristen eine baptistische Gemeinde, in der es im Vergleich zu anderen nur geringe Abweichungen gab.

Aufmerksam wurden in der Gemeinde Fragen der Ordnung bedacht; darüber kam es zu Streitigkeiten zwischen den Ältesten und dem Gemeinderat. Die Frage war, ob nicht ein Gemeinderat mit leitenden Funktionen unbiblisch sei, weil diese doch von den Presbytern wahrzunehmen seien. Damit waren die Diskussionen um die Gemeindeleitung, die in den baptistischen Gemeinden so rege geführt worden waren, aufs neue aufgegriffen.[13] Alle Differenzpunkte zwischen Baptisten und Evangeliumschristen klingen in den innerhalb dieser Gemeinde gestellten Fragen an. Die evangeliumschristlichen Gemeinden übten ansonsten die Taufe ohne das nachfolgende Gebet um den Heiligen Geist. Dazu führte sie das Verständnis, daß der Getaufte in der Wiedergeburt bereits den Heiligen Geist empfangen habe. Aber wie das Beispiel der Orenburger Gemeinde zeigt, waren die Auffassungen auch in dieser Frage, deren Bedeutung so sehr von baptistischer Seite betont wurde, fließend geworden. Ganz entsprechend zeigte sich dies auch bei der viel erörterten Frage in der Gemeinde, ob es notwendig der Ordination eines Presbyters bedürfe.

Jenseits aller tradierten Unterscheidungslehren vollzog Prochanov einen gewichtigen Schritt: Am dritten Märzsonntag 1924 ließ er sich in einem Gottesdienst der tschechischen Baptistengemeinde in Prag ordinieren. Teilnehmer und Mitordinierende in diesem Gottesdienst waren Prediger der tschechischen Brüderunität. In der Verbindung

---

[12] Diese Möglichkeit war auf Betreiben der Jugendkreise in der Gemeinde festgelegt worden.
[13] Die Angaben über die Orenburger Gemeinde verdanke ich einer persönlichen Unterrichtung durch Waldemar Gutsche.

dieser Teilnehmerkreise war der Bogen von den vorreformatorischen Anfängen in der slavischen Welt, von der Gestalt des Jan Hus zu den vor Prochanov stehenden Aufgaben der Einigung mit den baptistischen Gemeinden geschlossen.

Prochanovs Ordination macht deutlich, daß er bereit war, dem baptistischen Verständnis der Ordination für den Dienst des Presbyters und die Gemeindeleitung Folge zu leisten. Der Schritt unterstrich die Einigungsbemühungen, an denen Prochanov noch immer festhielt, obwohl bereits Abkühlung zwischen den beiden Bünden eingetreten war. Prochanov hat seine Ordination nicht von russischen Baptisten erbeten. Nach Lage der Dinge hätte dies nicht zur Einigung zweier gleichberechtigter Bünde beigetragen, es hätte vielmehr wie ein Akt der Selbstaufgabe des einen Bundes gegenüber dem anderen gewirkt. Prochanovs innere Beziehung zu der Gestalt von Hus und seinem geistlichen Erbe ließen ihn die Ordination durch tschechische Baptisten und durch unmittelbare Erben der hussitischen Reformation wählen.

Der Ordinationsakt vollzog sich unbemerkt von der Öffentlichkeit. Bei der Ordination waren nur die ordinierenden Prediger sowie die von der tschechischen Brüderunität Geladenen anwesend.[14] Prochanov hat im gleichen Jahr in einem Gespräch mit Waldemar Gutsche die Bedeutung der Hus-Tradition für seinen Gang nach Prag betont. Bei diesem Gespräch hat Prochanov auch die hier bereits berichtete

[14] Die ordinierenden baptistischen Prediger waren Josef Tolar, Franz Pokorny, Dr. Heinrich Prohaska, Josef Nowotny. Die Namen der Teilnehmer aus der Brüderunität sind dem Gewährsmann des folgenden, Dr. Josef Hovorka, nicht bekannt. Hovorka half am gleichen Märzsonntag Prochanov bei der Durchführung eines anderen Gottesdienstes in der Baptistenkapelle in Prag bei der Übersetzung der Predigt aus dem Russischen ins Tschechische; er war damals Student im baptistischen Seminar. Sein Bericht lautet: »Im Seminar wurde dann unter uns Studenten über diese Ordination diskutiert. Ich kann mich nicht mehr daran erinnern, ob wir erfahren hatten, welche Prediger von der tschechischen Brüder-Unität zu dieser Ordination eingeladen worden waren. Wir fanden aber nichts Befremdliches in der Tatsache, daß sie eingeladen wurden. Wir wußten, daß er (Prochanov – W.K.) von dem Wunsch beseelt war, daß es einmal zu der Verbindung von den zwei Strömungen in der Soviet-Union – von den Baptisten und Evangeliumschristen – kommen sollte. Und so wünschte er einfach auch bei seiner Ordination, die Beteiligung zweier Strömungen verwirklicht zu sehen. Und außer Baptisten kam in Prag nur die tschechische Brüder-Unität in Frage . . . Es existierte die Möglichkeit, daß auch eine andere Gruppe von Predigern zur Ordination Prochanovs eingeladen werden konnte, und er hat diese Möglichkeit einfach ausgenutzt. In seiner Heimat hätte er nur von den Baptistenpredigern ordiniert werden können, da die Evangeliumschristen die Ordination noch nicht ausübten, aber sie einführen wollten.« – Auszug aus einem Schreiben von Josef Hovorka an Waldemar Gutsche, von diesem mir freundlicherweise zur Verfügung gestellt.

Bemerkung gemacht, daß er eine Bewegung unklarer Inhalte in das Flußbett des Baptismus geleitet habe. [15] Gutsche fügt dieser wichtigen Aussage von sich aus an: »An der Wahrheit dieser Feststellung ist kaum zu zweifeln.« [16]

Prochanovs schon damals bekannt gewordener Schritt zur Ordination, der in einer gottesdienstlichen Feier in der Leningrader Gemeinde nach seiner Rückkehr bestätigt wurde, hätte den Abschluß der Auseinandersetzungen zwischen den Bünden bedeuten können, wenn die Streitpunkte zwischen ihnen nur dogmatischer Art gewesen wären. Dies geschah nicht. Bei den schlechten Informationsmöglichkeiten unter den Gemeinden war man einerseits nicht in der Lage, Prochanovs Schritt auszuwerten, andererseits aber fehlte es auch den Leitenden im Baptistenbund an der Bereitschaft, ein abschließendes, lösendes Wort zu finden. Dies hing mit den vielen Spannungen innerhalb des Baptistenbundes zusammen; Spannungen hatten sich auch innerhalb des Bundes der Evangeliumschristen enwickelt. Sie hatten durch die noch darzustellenden Auseinandersetzungen um die Fragen des Wehrdienstes mit der Waffe eine Verschärfung erfahren. In beiden Bünden hatten sich Fronten gebildet. Es standen einzelne und Gemeindegruppen ihren Leitungsorganen gegenüber, denen Schwäche im Umgang mit staatlichen Stellen vorgeworfen wurde. Dies war nicht die Stunde, da man über die bislang trennenden Grenzen hinaus vorbehaltlos hätte Kontakte aufnehmen können. Das baptistische Kollegium stand in der Frage des Waffendienstes der Mehrheit des Kongresses gegenüber.

Im Bund der Baptisten waren selbst ältere Fragen noch nicht gelöst, die von den Kongressen vor dem Ersten Weltkrieg bereits entschieden worden waren. Der Kampf um die Bezeichnung »Baptisten« hatte angehalten, er war auch durch evangeliumschristliche Einwirkungen lebendig geblieben. Die Gegner dieser Bezeichnung wandten ein, daß das Wort unverständlich, unrussisch sei und deshalb Russen nichts bedeuten könne; es sei der Mission im Wege. Die Befürworter hielten dem entgegen, daß ein so gebräuchlicher Vorname wie »Pavel« auch aus dem Griechischen stamme und ohne Bedenken gebraucht würde. Der Widerspruch gegen die getroffene Festlegung der Bundesbezeichnung blieb bestehen. Prochanov zitierte auf dem IV. Kongreß der Evangeliumschristen 1917 ein Schreiben der baptistischen Ge-

---

[15] W. Gutsche, Westliche Quellen S. 99. Es heißt hier weiter: »Was als Unterschied geblieben ist, wäre der Name und das Missionskomitee.«
[16] ebenda S. 99.

meinde von Schlüsselburg, darin hatte sich diese kritisch über die Bezeichnung »baptistisch« geäußert.[17] Innere Kritik und von außen an die Baptisten gerichtete Fragen förderten einander. Pavel V. Pavlov hatte beide Gruppen von Kritikern vor Augen, als er sich noch 1925 im »Baptist« in einem Artikel »Über die Bezeichnung ›Baptist‹« aussprach. Der Behauptung, daß das Festhalten der Baptisten an ihrem Namen der Bewahrung eines alten Mantels zu vergleichen sei, stellte er entgegen: »Wir fühlen schon einige Jahre an uns eine Berührung durch eilfertige Hände, welche unseren alten in allen Kämpfen erprobten Mantel von uns nehmen wollen, und er hält doch.«[18]

Hinter einem mit formal philologischen Argumenten geführten, mit nationalrussischen Gründen angereicherten Streit standen tiefere Bedenken. Sie kreisten um die Fragen evangelischer Wirksamkeit überhaupt und um die Bedeutung dieser Wirksamkeit für eine mögliche Wandlung im gesamten Volk. Prochanov und die, die zu ihm gefunden hatten, hatten diese Fragen vernehmlich ausgesprochen. Die Kritik am baptistischen Weg war jedoch durch ihn nicht eingeleitet worden, wie es ihm seine Gegner wiederholt vorgeworfen haben. Mit Prochanovs Auftreten und mit der Gründung des neuen Bundes ist vielmehr schon vorher latent vorhandene innerevangelische Kritik laut und organisatorisch wirksam geworden.

Beobachtern und Kennern der beiden Bünde, die zugleich die Bewegungen der Evangeliumschristen zu den baptistischen Prinzipien hin konstatiert hatten, erschienen die Unterschiede zwischen den Bünden geringfügig. Johannes Warns, Mitbegründer der Berliner, später nach Wiedenest verlegten Bibelschule, sah seit seiner Rußlandreise 1911 und der Teilnahme am damals stattfindenden Kongreß der Evangeliumschristen zwischen diesen und den Baptisten »in dogmatischer Beziehung kein(en) Unterschied von Bedeutung.«[19] Er erblickte auch keine nennenswerten Differenzen in der Taufpraxis, die doch von anderen betont wurden.[20] In einer Darstellung von »Dein Reich komme« heißt es als Meinungsäußerung des Missionsbundes »Licht im Osten« noch 1927, daß die evangeliumschristlichen Gemeinden einen an den Darbysmus gemahnenden Charakter hätten, daß sie jedes besondere geistliche Amt ablehnten. Aber auch hier

---

[17] Otčet IV. Kongreß S. 62/63.
[18] P.V. Pavlov, O sebe i drugich – in: Baptist 1/1925 S. 12.
[19] Johannes Warns, Rußland und das Evangelium S. 107. Warns' Urteil ist deshalb wichtig, weil die Beziehungen der Bibelschule zu den Evangeliumschristen eng blieben.
[20] ebenda S. 107, vgl. auch S. 112.

wird weiter der Unterschied zu den Baptisten als geringfügig angesehen, Lehrunterschiede bestünden nicht, bei den Evangeliumschristen sei nur eine größere innere Freiheit und Duldsamkeit zu spüren.[21]

Im Zusammenhang dieser Sicht aus den Reihen des Missionsbundes steht das Urteil seines Leiters Jakob Kroeker: »Der Allrussische Verband der Evangeliumschristen ist der eine große Zweig innerhalb der russischen Erweckungsbewegung, dessen Präsident J. St. Prochanov ist. Die Bewegung ging hervor aus jenen Kreisen, die sich von Anfang an innerhalb der russischen Erweckungsbewegung aus inneren Gründen nicht entschließen konnten, sich den russischen Baptistengemeinden, die in der ersten Zeit stark führend waren, anzuschließen . . . Soweit wir beide (Ströme) in ihrer dogmatischen Grundanschauung verstehen, besteht in beiden Geistesrichtungen kein wesentlicher Unterschied. Sie sind beide in ihrem praktischen Gemeindebau mehr freikirchlich orientiert, nur daß die Evangeliumschristen freier in bezug auf die Taufe und das Heilige Abendmahl stehen. Sie lassen auch Glieder anderer ihnen bekannten Kirchen und Gemeinschaften als Gäste ohne weiteres an ihren Abendmahlsfeiern teilnehmen.«[22]

Waldemar Gutsche hat sich in seinem »Westliche Quellen des russischen Stundismus« in großer Sachkenntnis und auf Grund persönlicher Erfahrungen mit den ihm vertrauten Leitenden beider Bünde um eine Antwort auf die Frage nach dem Unterschied beider Gruppen bemüht. Er kommt zunächst zu dem Ergebnis, daß der aus baptistischen Traditionen hervorgehende »Prochanov durch sein Hineintauchen in die Bewegung im Norden eine freiere Anschauung« gewann, »die sich darin äußerte, daß er den Namen dieser Bewegung ›Evangelische Christen‹ und ihre Ablehnung des Oncken'schen Baptismus und seiner Ordnungen anfänglich respektierte.«[23] Diese Aussage Gutsches gehört in den Zusammenhang einer Synopse Vasilij G. Pavlovs und Prochanovs, auf deren gemeinsames molokanisches Herkommen er hinweist.[24] Die Gründe für das Scheitern der Einigungsbemühungen sieht Gutsche letztlich als personalbedingt[25] an. »Die

---

[21] Dein Reich komme 1927 S. 23.
[22] Jakob Kroeker in: Dein Reich komme 7/1931: Unsere Mitarbeit im Reiche Gottes S. 195ff., hier S. 202/203.
[23] W. Gutsche, Westliche Quellen S. 99.
[24] ebenda S. 99.
[25] Dies ist auch die Auffassung von I. Kmeta – nach einer persönlichen Mitteilung. Wo es Unterschiede gab, wurden diese grundsätzlich und vertieft gesehen und theologisch stilisiert.

letzte Lösung drohte immer an den führenden Persönlichkeiten und an der Linie, die sie innehielten, zu scheitern. Die ›Ehe‹ kam nicht zustande, weil beide Partner Männer sein wollten, so sagte es einer der baptistischen Unterhändler; und er hat ziemlich den Nagel auf den Kopf getroffen.«[26]

Dieser Sicht entspricht in einer Kurzform die Antwort auf die Frage nach den Gründen der Trennung sowie dem wiederholten Scheitern der Einigungsbemühungen, die ein alter Evangeliumschrist gegeben hat, als er von dem »Krieg der Generale« sprach. In diesen Krieg seien die anderen, die Kleinen mit hineingezogen worden.[27] Dieses Bild erscheint treffend; es hätte jedoch keinen Krieg der Generale gegeben, wenn nicht in den Gemeinden allerorten viele sich in dieser Auseinandersetzung lebhaft engagiert hätten. Viele andere aus den Reihen der Bünde haben Antworten auf diese Fragen zu geben versucht. Diese Antworten erscheinen vielfach gebrochen. Rücksichtnahme auf Personen, Bedenken wegen der befürchteten Erschwerung der Lage für die Bünde und ihre Glieder, vielfach auch nicht genügender sachlicher und zeitlicher Abstand von den Geschehnissen sind dafür Ursache. Es muß ferner gesehen werden, daß Beteiligte der Geschehnisse, die noch in der Arbeit des vereinigten Bundes der Evangeliumschristen/Baptisten nach 1944 tätig wurden, ihre Darstellungen immer als einen Beitrag zur erreichten und zur bewahrenden Einheit des einen Gesamtbundes entwarfen, äußerten oder niederschrieben. Diese Darstellungen insgesamt sind lückenhaft geblieben. Schon die staatliche Zensur ist ein Hindernis für ausführliche Darstellungen innerhalb der Sovetunion aus den Reihen des Bundes. Positive Seiten der Geschehnisse erhalten eine relativ ausführliche Darstellung rationalen Charakters, Negativa dagegen werden kurz mit einem Wort der Bibel oder aus der Predigtsprache wiedergegeben, wenn nicht gar durch Auslassung von Jahreszahlen und Geschehnissen ganz auf Darlegung und Wertung verzichtet wird. Das Jubiläumsheft des »Bratskij Vestnik« sprach aus Anlaß des achtzigjährigen Bestehens der evangelischen Bewegung im Jahre 1947 von der einheitlichen Bewegung, die in drei Räumen, »in der Ukraine, in Transkaukasien/Tiflis und in Petersburg« entstand. »Ihrem Wesen nach war diese Bewegung eine einheitliche russische religiöse Reformation, was die nahezu völlige Gleichartigkeit ihrer Glaubenslehre sowie der spätere

[26] W. Gutsche, Westliche Quellen S. 99.
[27] Nach Aussage eines Staršij presviter gegenüber dem Verfasser.

Zusammenschluß der drei Richtungen zu einer einzigen machtvollen evangelisch-baptistischen Bewegung bestätigt.«[28] In dieser Sicht der Betonung der Einheit werden die Verschiedenheiten eingeordnet: »Die drei in Rußland entstandenen Strömungen . . . stellten ihrem Wesen nach verwandte religiöse Bewegungen dar, entwickelten sich aber geraume Zeit nebeneinander her. Doch schon von Anfang an und besonders in der letzten Zeit strebten die Gläubigen nach Vereinigung . . .«[29]

Der Ende 1971 verstorbene Generalsekretär des Bundes der Evangeliumschristen/Baptisten, Aleksandr Karev[30], der als ehemaliger Evangeliumschrist, als Schüler und enger Mitarbeiter Prochanovs durch diesen bestimmt worden war, entwickelte sich nach 1944 zum Historiker des vereinigten Bundes. Seine Äußerungen im »Bratskij Vestnik« unterliegen den Gesetzen sowjetischer Publizistik und dem, was in Sonderheit für religiöse Gruppen zu gelten hat. Hat man dies vor Augen, so bleibt dennoch vieles von seiner Darstellung wichtig.[31] Das Persönliche tritt in seiner Darstellung zurück; die damit verbundenen Angaben persönlicher Schwächen und Fehler hätten in den Gemeinden und im Gesamtbund nur zu lebhaften Debatten geführt. Karev weist mit Recht darauf hin, daß für die Geschichte eines jeden der beiden Bünde auch dessen Ansatz von Bedeutung war. »Worin

---

[28] Das Obige, enthalten in dem Aufsatz »Aus der Geschichte der russischen evangelisch-baptistischen Bewegung in der UdSSR« ist zitiert nach der Wiedergabe und Übersetzung bei Günther Wirth, Evangelische Christen in der Sowjetunion, Berlin 1955 S. 15–21, hier S. 17.

[29] ebenda S. 21.
Marzinkowskij, Gott-Erleben in Sovet-Rußland S. 285/286 sieht das Verhältnis der beiden Bünde: »Leider haben sie sich noch nicht völlig geeinigt zu tätiger gemeinsamer Arbeit. Beide haben mich eingeladen, ihrem Bunde beizutreten, ich aber stehe brüderlich zu beiden, denn ich sehe keinen Unterschied bei ihnen und möchte auch nicht eine weitere Trennung befördern.«

[30] Aleksandr Vasil'evič Karev, geb. 20. 12. 1894 in Petersburg, war Schüler der deutschen St. Annen-Schule. Er studierte dann am Polytechnischen Institut ebenda und erlebte nach vorangegangener Gemeindearbeit 1913 seine Bekehrung, 1914 erfolgte seine Taufe. In den Jahren 1919 bis 1922 diente er in der Roten Armee, in der Folgezeit war er im Rat des Bundes der Evangeliumschristen tätig. 1930 übersiedelte er nach Moskau, wo er weiterhin auf Bundesebene tätig war. Nach Ableistung einer längeren Haftstrafe in der zweiten Hälfte der dreißiger Jahre und nach vorübergehender Tätigkeit im Verlagswesen begann er von 1942 an mit dem Neuaufbau gemeindlicher Arbeit. – Vgl. B.V. 1/1972 S. 50–53; ferner M.P. Cernopjatev, Moi vospominenija – in: B.V. 6/1974 S. 68–69.

[31] A.V. Karev, Istorija Evangel'sko-Baptistskogo dviženija v Rossii – in: B.V. 3/1957 S. 5–51, 4/1957 S. 5–39; ferner existiert eine vervielfältigte englische Übersetzung: The Russian Evangelical Baptist Movement – or Under His Cross in Soviet Russia, Translation by P. Lomen Evansville/Indiana O.J. 186 p. + 7 p. Appendix.

lag der Unterschied zwischen den beiden Bünden? Wenn wir uns daran erinnern, daß die Baptisten Südrußlands eng mit den Baptisten in Deutschland verbunden waren, und daß sie von diesen ihre ganze wesentliche Organisation und ihre Ordnung empfangen hatten, unter anderem die Handauflegung auf jeden Getauften, und daß der Bund der Evangeliumschristen durch Ivan Stepanovič Prochanov gegründet wurde, der in England, im Bristoler Baptisten-College ausgebildet worden war und sein Verständnis der allgemeinen Ordnung von den Baptisten in England empfangen hatte und dies auf die Gemeinden der Evangeliumschristen in Rußland übertragen hatte, dann sind wir imstande, sehr gut die Unterschiede als auch das Verbindende der beiden Brüderbünde zu verstehen. Bekanntermaßen wird die Handauflegung auf die Neugetauften unter den Baptisten Englands und denen der USA nicht geübt. Prochanov, der diesen Brauch unter den Baptisten in England nicht gesehen hatte, führte ihn auch nicht in die Praxis der Evangeliumschristen ein.«[32]

Dieser Erklärungsversuch Karevs kann gewiß nicht alle Unterschiede erklären, aber er erscheint für einen Teil der vorhandenen Differenzen zwischen den Bünden bemerkenswert. Zu der Prägung, die Prochanov in England selbst erfahren hatte, müssen die englischen Einflüsse gesehen werden, die über St. Petersburg sich auswirkten. Hermann Melville, Lord Radstock, Georg Müller, Friedrich Wilhelm Baedeker sind nur die hervortretenden Namen, die englische Einflüsse signalisieren. Zu ihnen gehört eine nicht geringe Zahl Adliger, die durch Aufenthalte in England mitbestimmt worden waren, wie die Fürstin Gagarin. Als Prochanov zu seiner Verteidigung bei den gegen ihn gerichteten Anklagen der Staatsfeindlichkeit 1916 darauf hinwies, daß sein Bund von englischen Anregungen bestimmt worden sei, nicht von deutschen, brachte er die Sachlage zwar im mißverständlichen Zusammenhang, doch richtig zum Ausdruck.

---

[32] Nach der englischen Ausgabe S. 125/126. Karev erwähnt hier zustimmend die Schrift Rushbrookes »Baptists in the USSR – Some Facts and Hopes«, in der dieser den erklärenden Vergleich macht, daß die Baptisten den South Baptists in den USA entsprächen, die Evangeliumschristen dagegen den North Baptists, diese aufgeschlossener, jene strenger.
Auf dem zweiten Europäischen Baptistenkongreß in Stockholm vom 6. – 13. Juli 1912 waren die Evangeliumschristen durch den Reiseprediger des Bundes, Persianov vertreten. Er erklärte: »Wir evangelischen Christen begannen das Werk 40 Jahre zuvor durch den Dienst eines Engländers, des Lords Radstock. Von St. Petersburg aus verbreitete sich das Evangelium nach Süden.« – Slovo istiny 7/1913 S. 87.

Auch orthodoxe Beobachter konstatierten frühzeitig die Spannungen unter den evangelischen Gruppen im Lande und die zwischen den beiden Bünden. Bei der Frage nach den Gründen dafür gaben sie die alte orthodoxe Antwort, daß Trennungen ihre Ursache in der mangelnden Rechtgläubigkeit, im Sektengeist hätten – der sich von der Wahrheit der Kirche lösende Geist muß zwangsläufig in der Spaltung und Zersetzung enden. Diese oft wiederholte Definition war mit einem hohen theologischen Selbstgefühl der Orthodoxie verbunden. Sie brachte vielfach aber orthodoxe Theologen um die Verpflichtung, sich eingehender um Charakter und Verhaltensweisen einzelner Gruppen zu bemühen, Fehler im eigenen kirchlichen Leben zu erkennen und eine brauchbare Gegenposition gegen missionarische Vorstöße jener Gruppen aufzubauen.

Bemerkenswert erscheinen auch die marxistischen Bemühungen, die theologischen und soziologischen Erscheinungen der Existenz verwandter und doch miteinander streitender Bünde zu erfassen.[33] Die Beobachtung des Versuchs einer Anpassung an veränderte Verhältnisse sowohl in der bürgerlichen wie in der sozialistischen, auf dem Weg zum Kommunismus befindlichen Gesellschaft spielt dabei eine besondere Rolle.[34] Eine immer wieder sich erneuernde Modernisierung theologischer und ideologischer Aussagen wird konstatiert. Diese Anliegen prägen die Auseinandersetzungen zwischen einem theologischen Fundamentalismus und einem Modernismus. Um 1900 standen die evangelischen Sekten gegen das Alte, gegen die Orthodoxie. Aleksandr Stepanovič Prochanov mit seinem Versuch der Aufhebung des Gegensatzes von älterer Existenzweise der Sekten zu moderner Weltanschauung wird für den Bereich des Molokantstvo als eine Beispielgestalt für einen solchen Modernisierungsversuch angesehen.[35]

Ivan Stepanovič Prochanov seinerseits reklamiert den »Evangelismus« ganz entsprechend als die neue Weltanschauung (mirovozzrenie). Damit wird ein Arbeitsprinzip einer Versöhnung von Religion

---

[33] Vgl. hier S. 349ff. über die marxistisch-leninistische Religions- und Sektenkritik.
[34] Auch die Wirksamkeit der Initiativniki und des Rats der Kirchen in ihrem Kampf für das Recht religiöser Jugenderziehung 1961ff. wird hier eingegliedert: Es handele sich um den Versuch, mit der Überalterung und damit dem Stillstand des Lebens baptistischer Gemeinden angesichts einer sich verjüngenden Gesellschaft fertig zu werden.
[35] Filiminov, Tradicii . . . – in: Voprosy naučnogo ateizma vyp. 2/1966. S. 248/249; vgl auch Klibanov, Istorija S. 175.

und Wissenschaft in den anstehenden Fragen der Zeit zugrundegelegt.[36] So viel Mühe auch darauf verwandt werden mag, ist es ein unmögliches Beginnen. Religion in allen Formen, auch in der von den evangelischen Sekten propagierten des »reinen Bibelchristentums« ist Feind des Sozialismus. Das Mißverständnis, von »modernistischen« Vertretern im protestantischen Sektantstvo genährt, daß es eine Übereinkunft geben könne, muß bei den Sektanten beseitigt werden.[37] Zum Mißverständnis dieser Sachlage tragen Vorstellungen wie die bei, daß Jesus der erste Proletarier und Kommunist gewesen sei,[38] daß die urchristliche Gemeinde Vorläufer der sozialistischen Gesellschaft sei, daß es einen christlichen Sozialismus geben könne.

Dem modernistischen Typus, im Bund der Evangeliumschristen weitgehend beheimatet, aber auch unter Baptisten nicht ohne Erfolge, stehen Äußerungen eines im baptistischen Lager festzustellenden Fundamentalismus gegenüber. Anläßlich der Beobachtung dieser Vorgänge erwähnt Zarin die Aussage eines russischen Baptisten, daß unter den Baptisten der SSSR eine besondere Handschrift unter der Bezeichnung »Die Tragödie des russischen Baptismus« umlaufe. Danach seien alle kapitalistischen Kreise im Weltbaptismus, auch alle Wohlhabenden zum Lager des Modernismus gehörig.[39] Nach diesen Feststellungen gab es auch im evangeliumschristlichen Lager Parallelen. Auf einem Kreiskongreß in Mcensk sei geäußert worden, wie gut es sei, daß die Grenzen der SSSR geschlossen seien, damit nicht modernistische Literatur, die kleingläubige Brüder vom Weg der Wahrheit abzuwenden vermöchte, ins Land komme.[40]

Für die Zeit vom Ende des Jahres 1925 bis zur Durchführung des Weltkongresses in Toronto und über die dreißiger Jahre liegen wenig Nachrichten über die Beziehung der beiden Bünde vor. Die offiziellen Kontakte der Leitenden waren unterbrochen, auf der Ebene der Gemeinden gab es von der Konfrontation bis zur Zusammenarbeit alle Formen der Begegnung. Wie in den ersten Jahren der Gründung bei-

---

[36] Filiminov ebenda S. 245ff. unter Hinweis auf Utr. zvezda 24/1914.
[37] N. Dück, Das Sektentum und der sozialistische Aufbau S. 5/6.
[38] Balalaeva, Antisovetskaja dejatel'nost S. 35; ferner W. Wogau und N. Dück, Das Sektantentum S. 7.
[39] Zarin P.. Raskol sredi Baptistov i ego pričiny – in: Antireligioznik 1/1931 S. 12–15, hier S. 12/13. – Hier liegt eine innere Verwandtschaft zu Prochanovs Brief vom Jahr 1928 vor – vgl. hier S. 190; ob auch formale Abhängigkeit besteht, vermag nicht gesagt zu werden.
[40] ebenda S. 14.

der Bünde und getrennter Gemeinden erwachten Reaktionen und kritische Äußerungen immer wieder dort, wo Angehörige von einer Gemeinde zu anderen wechselten und die alten Vorwürfe über ungute Praktiken aufs neue geäußert wurden.

Der Bericht des späteren Bevollmächtigten des Bundes der Evangeliumschristen/Baptisten für den Bezirk Nordkaukasus, Kornauchov, im Bratskij Vestnik über die Kontakte in den zwanziger, dreißiger Jahren ist zwar bestimmt von dem im Bratskij Vestnik immer wieder betonten Willen zur Einheit, doch gibt er in seinem Sonderfall wichtige Einzelangaben. Kornauchov war seit 1912 Evangeliumschrist, Teilnehmer am Kongreß von 1917, seine Frau war Baptistin. Er gibt an, daß er zwischen den Kriegen in evangeliumschristlichen und baptistischen Gemeinden gedient hatte. Auf der Suche nach der Einheit begegnete ihm im Transkaukasus eine Gruppe von Gemeinden, die sich die »Kinder Gottes« nannten und betonten, die Einheit gefunden zu haben. Bei näherer Prüfung mußte er feststellen, daß sie nicht die Einheit der beiden Bünde gebracht hatten, sondern ein Drittes darstellten. Das führte ihn dazu, sich weiter um die Einheit der beiden Bünde und evangeliumschristlicher und baptistischer Gemeinden zu bemühen.[41] Kornauchovs Angaben reichen bereits in die Zeit hinein, in der beide Bünde durch die Erschütterungen der Jahre nach 1929 hindurchgegangen waren und, auch wenn die Leitungen noch nominell bestanden, keinen Einfluß auf die Gemeinden im Lande nehmen konnten. In diesen Jahren von 1932 an fanden sich schon noch verbliebene Evangeliumschristen und Baptisten auch in anderen Gemeinden des Landes zu gemeinsamen Versammlungen zusammen, wenn dazu überhaupt noch eine Möglichkeit bestand. Die Streitigkeiten der Jahre vor dem Ersten Weltkrieg, die Auseinandersetzungen in den ersten zwanziger Jahren gehörten der Vergangenheit an. Die Männer in beiden Bünden, die sich abgrenzend, polemisch und auch die Einheit auf ihre Weise suchend, dabei engagiert hatten, waren gestorben oder in Gefängnissen und Lägern inhaftiert. Die Lebensbedingungen der späten dreißiger Jahre stellten neue Aufgaben.

Odincovs Bericht in Riga 1926[42] muß ein anderer gegenübergestellt werden, der das Verhältnis der beiden Bünde weiter zu erhellen vermag. Es ist ein Bericht von Walter Jack über ein Gespräch, das er mit Prochanov anläßlich dessen Reise zum Weltkongreß von Toronto

---

[41] Bratskij Vestnik 6/1946 S. 39–42, hier S. 41.
[42] Vgl. hier S. 193ff.

in einem Berliner Hotel geführt hatte.[43] Prochanovs Äußerungen in der detaillierten Wiedergabe bei Jack lassen auf erhebliche Differenzen und Führungskrisen im Bund der Baptisten schließen. Jack hatte Prochanov nach dem Ergehen des Baptistenbundes gefragt. Dieser antwortete: »Ihr wißt ja, daß ich zu ihnen sympathisch stehe, und doch muß ich leider verschiedene betrübende Dinge erleben. Der Baptistenbund hat sich in eine ganze Reihe von autonomen Gruppen aufgelöst, vielfach infolge Zank und Streit unter den Führern. In Moskau sind die Leitungen zweier Bünde: Odincov von der sogenannten Föderation der Baptisten und Timošenko vom sogenannten Zentralverband. Beide bekämpfen sich und gehen sogar so weit, daß sie sich bei der Regierung gegenseitig verklagen.«[44]

Prochanov hat diese Behauptung nicht durch Beispiele belegt. Das Kollegialsystem, das der Bund der Baptisten in Ablösung des Präsidialsystems seit 1919 eingeführt hatte, war offensichtlich wenig effektiv. Deshalb hatte man beschlossen, wieder zur Leitung durch ein Gremium unter einem festen Vorsitzenden zurückzukehren. Gleichzeitig aber hatte man den einheitlichen Bund in einer Reihe selbständiger Republik- und Regionalbünde aufgegliedert. Dies war mit der Absicht geschehen, die Gemeinden in den einzelnen Republiken und Regionen beweglich und besser reaktionsfähig zu machen, anders als es von einer entfernten einheitlichen Zentrale aus in der ständig wechselnden Situation möglich war. Bei diesen Umgliederungen waren aber auch persönliche Konflikte unter den Leitenden im Bund mit am Werk gewesen.[45]

Im gleichen Gespräch wurden die Kämpfe im Bund der Baptisten von Prochanov noch einmal unterstrichen. Jack hatte nach dem Schicksal der Ausbildungskurse der Baptisten in Moskau gefragt. Prochanov antwortete ihm, daß die Bibelkurse nach seiner Kenntnis im Frühjahr 1928 geschlossen worden seien. Er fuhr fort: »Der Grund ist mir unbekannt. Leider wirken die Zankereien der Bapti-

---

[43] Bericht über das Gespräch Jack/Prochanov 7./8. Juli 1928 in Berlin, Manuskript 13 S. – SM.

[44] ebenda S. 13.
In einem Sendschreiben an die Evangeliumschristen in der Sovetunion, geschrieben am 8. 10. 1926 in New York, kurz vor seiner Rückkehr in die Sovetunion, nennt Prochanov verschiedene christliche Kirchen; einzig die Baptisten werden mit dem Beiwort »die Brüder Baptisten« bezeichnet. – SM, Eingänge 1926 A–Ö.

[45] Timošenko war Anfang der zwanziger Jahre verhaftet worden und hatte eine Gefängnisstrafe verbüßt. Nach seiner Freilassung bereitete seine Wiedereingliederung in das Leitungsgremium Schwierigkeiten.

stenbrüder nachteilig auf das ganze Werk. Ihr braucht ja nur ihre Zeitschrift ›Der Baptist‹ zu lesen, da seht ihr gleich, wie sie sich gegenseitig bekämpfen und auch auf unseren Bund schimpfen.«[46] Jack schließt hier im Bericht von sich aus an: »Hierin hat der Bruder allerdings Recht. Mit tiefer Betrübnis bemerken wir dies bereits seit geraumer Zeit . . .«[47]

Prochanov wurde auf dem dann folgenden Kongreß des baptistischen Weltbundes als Vizepräsident nicht wiedergewählt. Nach 17jähriger Vizepräsidentschaft hätte diese Entscheidung nichts Verletzendes zu haben brauchen. Die Art und Weise, wie diese Nichtwiederwahl zustandekam, war aber auf die Schritte des Baptisten-Bundes in der Union zurückzuführen. Die Informationen, die von dort her an baptistische Vereinigungen des Weltbundes gegangen waren, hatten eine Klimaverschlechterung bewirkt, die Prochanov wohl auch als Unfreundlichkeit im Umgang mit ihm während der Tage in Toronto verspürte. In diesem Zusammenhang erscheint Jacks Bericht wichtig: Prochanovs Äußerungen über den Bund der Baptisten erscheinen frei von Animosität, sie machen sogar den Eindruck einer Überlegenheit, die sich nicht nur aufgrund der bedauerlichen Spannungen im Bund der Baptisten, sondern auch aus der Einschätzung der Stärke seines eigenen Bundes ergab; er hielt ihn zahlenmäßig für stärker als den Bund der Baptisten.[48]

Vom Bund der Baptisten waren in Toronto Odincov und Ivanov-Klyšnikov anwesend. Weder Prochanov noch Odincov hatten ein Referat gehalten, dies blieb dem in der baptistischen Bundesleitung nachgeordneten Ivanov-Klyšnikov vorbehalten. Offensichtlich hatte

---

[46] Bericht S. 13.

[47] ebenda S. 13.
Den Angaben dieses vertraulichen Berichts von Jack ist Glauben zu schenken. Wenngleich er nicht die Äußerungen Prochanovs während des in russischer Sprache geführten Gesprächs schon festgehalten hatte, so weist doch die Wiedergabe der Äußerungen Prochanovs, die begleitende Angabe, wie Prochanov seine Antworten auf 11 vorbereitete Fragen Jacks gab, auf die Zuverlässigkeit der Aufzeichnungen hin. Es ist ferner zu bedenken, daß das Gespräch Jacks mit Prochanov offen geführt wurde, wie es ihrer langjährigen Beziehung seit über zwei Jahrzehnten entsprach.
Jack schließt auf die Nennung der Namen Odincovs und Timošenkos und ihrer Gegensätze an: »Dies tut mir persönlich besonders leid, denn beide Brüder stehen uns in Wernigerode nahe. Odincov war einmal der Verwalter über das Gut Ssergeijekoje, das der Fürstin Gagarin gehörte und hat im Fernen Osten vor dem Kriege eine große Erweckungsbewegung hervorgerufen. Timošenko war vor 25 Jahren in Berlin mein Schüler, als die erste Gruppe der Stundistenbrüder das Seminar der Deutschen Orientmission besuchte.«

[48] ebenda S. 13.

man die beiden Vorsitzenden der miteinander streitenden Bünde bewußt nicht in das Rednerprogramm mit hineingenommen. Auf Prochanovs Seite hatte der für ihn enttäuschende Verlauf der Verhandlungen in Toronto eine kritische und zugleich heftige Überprüfung der Positionen im Weltbaptismus zur Folge. Nicht nur in der Sovetunion, auch im nordamerikanischen Baptismus hatten sich in den zwanziger Jahren heftige Auseinandersetzungen abgespielt. Theologen, die von liberalen Vorstellungen und der Arbeitsweise der historisch-kritischen Theologie geprägt waren, standen Fundamentalisten gegenüber. Zu den Neuerern gehörte auch der Prediger der Gemeinde, der John Rockefeller angehörte. Rockefeller war schon Jahrzehnte vorher nicht nur in baptistischen Gemeinden, sondern weit darüber hinaus eine Gestalt geworden, an der sich Kritik entzündete. Ursache dafür waren die wirtschaftliche Machtstellung, die er besaß, und die daraus resultierenden politischen Einflüsse. Er war zu einer Symbolfigur der Verbindung von Christentum und Kapital geworden. Prochanov faßte unter dem Eindruck der ihn enttäuschenden Vorgänge in Toronto seine kritischen Bemerkungen über den Weg des gesamten Baptismus in einem Brief zusammen, in dem sowohl die Gestalt Rockefellers und die wirtschaftlichen Verflechtungen baptistischer Gemeinden als auch ein theologischer Modernismus in wichtigen amerikanischen baptistischen Gemeinden behandelt wurden.

Prochanov richtete diesen Brief an den Führungskreis im Bund der Evangeliumschristen. Der Brief fand – ob von Prochanov beabsichtigt, bleibe dahingestellt – seinen Weg zu der größeren Öffentlichkeit der evangeliumchristlichen Gemeinden und damit auch in die allgemeine Öffentlichkeit der Sovetunion. Sein Inhalt mochte den politischen Kräften, die vom Jahre 1928 an, verstärkt seit 1929, den Kampf mit den religiösen Kräften in der Sovetunion verschärft aufnahmen, hochwillkommen gewesen sein. Die Bedeutung des Briefes mag von Baptisten, die sich durch ihn besonders getroffen wußten, überschätzt worden sein; im Zuge der Auseinandersetzungen und antireligiösen Maßnahmen hat er keine auslösende Bedeutung gehabt. Die Kenntnis der mit Prochanovs Brief zusammenhängenden Vorgänge blieb den Baptisten im Ausland nicht verborgen, er führte zu einer weiteren Erschwerung der schon gespannten Beziehungen zwischen Prochanov und den Evangeliumschristen einerseits und dem Baptistischen Weltbund andererseits. Noch vorhandene Kontakte wurden spärlicher. Erst gegen Ende 1932, Anfang 1933 ergab sich die Gelegenheit eines Gesprächs des Generalsekretärs des Baptistischen

Weltbundes mit Prochanov. Anläßlich einer Zusammenkunft des Administrativen Unterkomitees des Weltbundes am 27. 1. 1933 in London wurden die Verfolgungen der baptistischen Gemeinden in der Sovetunion erörtert und auch von dem Gespräch mit Prochanov Mitteilung gemacht.[49] Man nahm dort den Bericht über das Gespräch entgegen, ohne nach dem Protokoll zu einer abschließenden Äußerung zu gelangen. In den nach Toronto folgenden Jahren gelang es beiden Seiten nicht mehr, die Beziehungen wieder zu ordnen. In seinem Bemühen, Hilfen für den Bund der Evangeliumschristen in der Sovetunion und für einige Gemeinden von Evangeliumschristen in Amerika und in Mittel- und Südosteuropa zu gelangen, blieb Prochanov auf kleinere Gruppen und Missionsgesellschaften außerhalb des Baptismus angewiesen. Sie vermochten nicht, dem Bund in der weltwirtschaftlichen Krisensituation zu Anfang der dreißiger Jahre die Mittel zur Verfügung zu stellen, deren es für wirksame Hilfen bedurft hätte. Die baptistischen Bünde, auch ohne Arbeitsgemeinschaft mit Prochanov, waren in ihren Hilfsmöglichkeiten ebenfalls sehr eingeschränkt, wenn diese auch weitaus größer als die Prochanov helfender Gruppen waren. In den Jahren nach 1928 sind alle Vorbehalte, die schon früher gegen das Wirken Prochanovs und gegen das Festhalten seines Bundes an seiner Bezeichnung (in Abwehr der Bezeichnung »Baptisten«) bestanden hatten, verstärkt wirksam geworden. Prochanov blieb auf diese Weise während der letzten Jahre seines Lebens isoliert. Der Mann, zu dessen Versammlungen einst Tausende gekommen waren, fand während seiner Aufenthalte in den USA und in Deutschland zu den baptistischen Gemeinden insgesamt keinen Zugang mehr. Zwar blieben Einzelkontakte erhalten, aber auch solche, mit denen er noch von früher her verbunden gewesen war, konnten ihm nicht mehr seinen Wunsch erfüllen, in größeren Versammlungen das Wort zu ergreifen.[50]

Es bestand von Seiten der anderen auch keine Nötigung mehr zu einem Gespräch mit ihm, anders, als diese in der Sovetunion einst im täglichen Mit- und Nebeneinander der beiden Bünde bestanden hatte. Prochanov und der Bund der Evangeliumschristen waren einst auswechselbare Begriffe gewesen. Prochanov im Ausland und der Bund der Evangeliumschristen in der Sovetunion waren im Bewußt-

[49] Minutes of the Administrative Sub-Committee meeting on Thursday 27th January 1933 at the Offices of the Alliance, London – 8 a) Persecutions . . . b) The Rev. I.S. Prokhanoff.
[50] Dank einer Information von Herrn Pastor Adolf Klaupiks Quakertown/Pa.

sein derer, die die Zusammenhänge besser kannten, auseinandergetreten. Auf der einen Seite stand Prochanov, immer isolierter, bei kühnen Plänen ohne eine organisatorische und finanzielle Basis, abhängig von Vortragsarbeit und kleinen Missionswerken. Auf der anderen Seite stand der Bund der Evangeliumschristen, der einem von außen her nicht abwehrbaren Prozeß der Vernichtung ausgesetzt wurde. Sowohl Prochanov als der Bund waren aber auch organisatorisch in der Toronto folgenden Zeit vom Baptistischen Weltbund organisatorisch getrennt.

Dem Bund der Baptisten in der Sovetunion erging es politisch nicht anders als dem Bund der Evangeliumschristen. Aber der Weltbaptismus fühlte sich mit dem Baptistenbund verbunden, anders als mit dem Bund der Evangeliumschristen, der personifiziert in der Gestalt Prochanovs als Störenfried und zusätzliche Belastung für die baptistische Wirksamkeit in Rußland und in der Sovetunion erschien. Prochanov erschien zudem den Baptisten, losgelöst von der Basis seines Bundes und ohne starke, ihn tragende Kreise im Ausland, als ein Feldherr ohne Heer. Als er im Oktober 1935 starb, wurde in den baptistischen Blättern, wenn überhaupt, nur sehr kurz die Meldung vom Tode Prochanovs gebracht. Die damit verbundenen Worte des Nachrufs deuten den weiten Bereich an, in dem sich baptistisches Urteil bewegen konnte.

James Henry Rushbrooke schrieb in den »Baptist Times« als Generalsekretär des Weltbundes: ». . . Prochanov war ein Mensch von großem Einfluß. Als ein Verfasser russischer Hymnen wird er lange in Erinnerung bleiben. Im Prinzip war er ein Baptist und eine zeitlang Student im Bristol College. Vor einigen Jahren – 1921, wenn ich mich recht erinnere – unterzeichnete er eine Übereinkunft für die Vereinigung des Bundes der Evangeliumschristen mit dem Bund der Baptisten in Rußland. Die Übereinkunft basierte auf der Tatsache, daß die Mitglieder beider Bünde in Lehre und Verhalten völlig übereinstimmten. Aber jede Bemühung, dieses Schema zu realisieren, brach zusammen. Man ist verpflichtet hinzuzufügen, sie brach zusammen wegen der unnötigen Schwierigkeiten, die durch Herrn Prochanov selbst verursacht wurden. Man ist heute geneigt, die Fehler dieser starken Persönlichkeit (strong man) zu vergessen und sich an ihn zu erinnern als einen, der in den Tagen des Zarismus kühn und geschickt ein evangelisches und baptistisches Zeugnis in Rußland abgelegt hat und durch die Zeit des Kriegs und der Revolution hindurch ein großes Werk vollbrachte. Seine Gefangensetzung durch die sovetische Regierung hat wohl seinen Geist gebrochen. Außerhalb Rußlands tat er sein Äußerstes, durch Komplimente gegenüber der Sovetregierung,[51] um Sympathie für seine Glaubensbrüder im Lande zu gewinnen, aber in der Atmosphäre der UdSSR konnte er nicht arbeiten und deshalb blieb er außer Landes.«[52]

Dies heißt mit dürren Worten, daß seit den Vorgängen im Jahre 1923 Prochanov ein anderer geworden, daß ein Bruch in seinem Leben eingetreten sei. Aus Prochanovs Aussagen und denen anderer ist nicht deutlich geworden, unter welchen Auflagen er die Freilassung aus dem Moskauer Gefängnis erlangt hat, in dem er 1923 mehrere Monate festgehalten wurde. Er erlangte wenig später nach der Freilassung sogar die staatliche Genehmigung, am Kongreß des Baptistischen Weltbundes in Stockholm teilzunehmen. Für Rushbrookes Äußerungen spricht die Tatsache, daß Prochanov die Genehmigung zu verhältnismäßig vielen und langen Reisen erhielt, als ob ihn die Regierung für ungefährlich hielt, er aber seinerseits sich dem Leben in der Atmosphäre der Sovetunion möglichst häufig zu entziehen suchte. Die derzeit vorhandenen Unterlagen berechtigen jedoch nicht dazu, solche Möglichkeiten schon als Realität anzusehen.

In seiner zurückhaltenden Art bemerkte Waldemar Gutsche, über zwanzig Jahre nach Rushbrookes Nachruf, daß in einer recht ausführlichen Lagedarstellung Prochanovs Einzelheiten über Vorgänge des Jahres 1923 fehlen. Anderen drängte sich die Vermutung auf, daß Prochanov unter Pressionen gesetzt wurde, denen er erlegen sei. Im eigenen Lager stieß die Erklärung, die 1923 von leitenden Evangeliumschristen und auch von Prochanov zur Frage des Dienstes mit der Waffe abgegeben wurde, auf Widerspruch. Im baptistischen Lager wurde Prochanovs Schritt, die Billigung der staatlichen Anforderung einer Loyalitätserklärung, als ein Verrat an der gemeinsamen Position verstanden. Soweit Gutsches Äußerungen.[53] Bezeichnender noch erscheinen Gutsches Aussagen aus dem Jahre 1935 in der Zeitschrift »Majak«. Sie stellen den Gegenpol zu Rushbrookes Worten dar: »Das russische evangelische Ackerfeld (niva) verlor einen Menschen, dessen Einfluß im Laufe der letzten 35 Jahre bedeutsam war.«

---

[51] Jarcev berichtet S. 49, daß Prochanov anläßlich seines Aufenthalts in den USA 1925–1926 die Gründung einer »Gesellschaft der Freunde der Sovetunion« mit vorbereitet habe.

[52] Baptist Times 7. 11. 1935 S. 820/821. Rushbrookes Ausführungen umfassen nur noch wenige Zeilen darüber hinaus. Eine kurze Mitteilung war am 24. 10. 1935 im gleichen Blatt S. 776 vorausgegangen.

[53] Gutsche, Religion und Evangelium S. 101/202.

Dann folgt – neben der von Prochanovs Freunden veröffentlichten offiziellen Todesanzeige mit dessen Bild – eine kurze Skizze der Stationen von Prochanovs Leben. Gutsche gestand Prochanov zu, daß er den Weg von den Allianzkreisen zu den Prinzipien des Baptismus gegangen sei und viele auch auf diesen Weg geführt habe. Gutsches Worte erscheinen zukunftweisend, weil er spätere Entwicklungen im ostslavischen Protestantismus gegen alle damalige Verhärtung der Positionen vorausnahm. Gutsche schloß mit den Worten eines Gedichtes von Nadson: »Sagt mir nicht: Er ist gestorben – er lebt. Mag auch der Opfertisch zerstört sein – das Feuer glüht noch. Mag auch die Rose abgeschnitten sein – noch blüht sie. Mag auch die Harfe verstummt sein – ein Akkord hallt noch nach.«[54]

Im Zusammenhang der Differenzen zwischen Prochanov und Baptisten in der Sovetunion und in aller Welt werden Äußerungen Prochanovs in seinem geistlichen Testament Beachtung finden müssen. Die Veröffentlichung für ein größeres Publikum erfolgte 1936, die Abfassung war Ende 1934 in New York erfolgt. Prochanov schrieb hier, daß alle künftige Tätigkeit der Evangeliumschristen in durch Christus bestimmtem Geiste zu erfolgen habe. Dies ist im Hinblick auf die ungeklärten Beziehungen zu den Baptisten gesprochen: »Es ist erforderlich, sich darum zu bemühen, daß die Zusammenarbeit vor allem mit denen, die uns nach ihrer Herkunft verwandt sind, den Baptistenbrüdern und anderen, enger werde. In der Zeit des Höhepunktes unserer Tätigkeit in Rußland haben wir Versuche unternommen, zur Aufrichtung einer aufrichtigen Zusammenarbeit mit den Brüdern Baptisten zu gelangen. Diese Versuche waren nicht von einem vollen Erfolg gekrönt. Aber es ist nötig, sie zu erneuern; es kann dann geschehen, daß Gott das Gelingen dazu gibt.«[55]

In den gleichen Zusammenhang gehören Äußerungen Prochanovs, die das Verhältnis von einer anderen Seite aus angehen. Es handelt sich um das Gewirr der Verdächtigungen, mit denen auf beiden Seiten operiert worden war. So schreibt er: »Einige, die nicht gänzlich die Glaubenstaufe gutheißen, behaupteten, daß ich selbst eine Neigung zum Baptismus habe, andere dagegen, die einen besonderen Eifer für die Taufe der Erwachsenen bekunden, behaupteten steif und fest, daß ich gesagt hätte, daß ich nicht sterben möchte, solange ich nicht über den Leichnam des Baptismus hinweggeschritten

[54] Majak 11–12/1935 S. 13ff.
[55] E.V. 1936 S. 61.

sei, was ich doch schließlich niemals gesagt habe.«[56] Der Widerspruch erscheint nicht lösbar, noch Klibanov zitiert diesen Ausspruch als von Prochanov getan.[57]

Das Für und Wider in den baptistischen und evangeliumschristlichen Lägern um die Gestalt und Bedeutung Prochanovs bestimmten nicht den Weg, den beide Bünde in der Sovetunion gehen mußten. Der antireligiöse Kampf, der in den Verfügungen vom 29. 4. 1929 seinen verschärften administrativen Ausdruck gefunden hatte, traf wie die alten Kirchen nun auch den Sektantstvo, der sich im Vergleich zu diesen noch größerer Freiheit erfreut hatte. Die Organisation beider Bünde wurde eingeschränkt, wenn nicht in Regionen ganz zerschlagen. Nach der Ansicht des »Bezbožnik«, des Blattes des Gottlosenverbands, hatten Mitte 1931 die Spannungen im Sektantstvo nachgelassen.[58] Dies war bei den scharfen Restriktionen, denen alle gemeindliche Tätigkeit unterlag, bei den Verhaftungen und Verurteilungen zahlreicher Prediger und Ältester und angesichts der Zerschlagung vieler Gemeinden und Gruppen verständlich. Wo die eine oder andere Gruppe von Evangeliumschristen oder Baptisten keinen Versammlungsraum mehr hatte, rückte man auch zusammen und benutzte gemeinsam einen Versammlungsraum zu verschiedenen Zeiten, solange die Gemeindeorganisationen noch bestanden.[59] Wo die örtlichen Organisationen zerschlagen waren, geschah es auch, daß man gemeinsam zusammenkam.[60] Doch war das nicht zu häufig der Fall, da Versammlungen größeren Umfangs immer schwieriger zu bewerkstelligen waren; die Zahl der vorhandenen Räume sank ständig weiter ab. Es blieb dann nur noch die Möglichkeit – und auch dieses wurde immer gefährlicher –, sich in Hauskreisen zusammenzufinden, die den Rahmen eines Besuchs von Gästen in einer Privatwohnung nicht überstiegen. Eine Ausnahme davon bildeten noch die Gemeinden der größeren Städte. Auch hier bestanden jedoch nicht mehr als je eine Gemeinde jedes der beiden Bünde, und dies auch nicht auf Dauer.

[56] ebenda S. 63; vgl. hier S. 187.
[57] Klibanov, Istorija S. 237.
[58] Bezbožnik Nr. 39/169 vom 20. 7. 1931.
[59] Brief von Manja Motorin an Walter Jack 26. 11. 1930. Das Gemeindehaus der Evangeliumschristen in Novosibirsk wurde von Baptisten und Adventisten mitbenutzt. – SM.
[60] Putincev, Političeskaja rol' . . . S. 376 bestätigt den Zusammenschluß von Gemeinden. – N.S. Zlobin, Sovremennyj baptizm i ego ideologija S. 98 bemerkt, daß 1929 die Vereinigung der Gemeinden in Rjazan erfolgt sei, »wegen des falschen Wegs der Führenden« erfolgte 1930 erneute Trennung.

Diese Situation war nicht dazu angetan, daß sich das besondere Bewußtsein der Zusammengehörigkeit der Angehörigen beider Bünde weiter hätte entwickeln können. Die Durchsetzung mancher Gemeinden mit Polizeispitzeln war vielen bekannt. Dies hielt von Aktivitäten über das Maß stiller Zusammenkünfte in größeren Gemeinden hinaus ab. Die bewegten Jahre der Durchführung des Ersten Fünfjahrplans, der Kollektivierung und des Hungers in weiten Gebieten waren zudem der Entwicklung eines geordneten Lebens in den Gemeinden hinderlich, zumal viele Tausende ihre Wohnsitze verlegten. Neuansätze in der Arbeit eines jeden Bundes und zu einem vertieften Zusammenleben konnten sich hierbei schwerlich entwickeln. Eine Einzelangabe macht gegenüber den Erwartungen größerer Einheit in jener Zeit die Wirklichkeit deutlich: In Krasnodar hielt ein Missionar, der zu keinem der Bünde gehört hatte, einen Gottesdienst für Baptisten, Evangeliumschristen und Lutheraner. Hier hatten zuerst die Evangeliumschristen ihren Betraum verloren, dann die Baptisten. Beide waren mit den Lutheranern zu einer Einigung über die Mitbenutzung von deren Kirche gekommen. »Die Kluft zwischen Baptisten und Evangeliumschristen ist immer noch nicht ganz überbrückt. Die Evangeliumschristen sind entgegenkommend und lassen auch Glieder der Baptistengemeinden an ihren Abendmahlsfeiern teilnehmen. Die Baptisten ihrerseits aber schließen sich vollständig ab.«[61]

Die Erschwerung des Lebens der Gemeinden nahm zu. In der Zeit der Kirov-Affäre mit ihren verschärften polizeilichen Nachforschungen und Maßnahmen wurde die noch in geringem Umfang in Moskau bestehende Zentrale des Baptistenbundes geschlossen, ihre Räume wurden versiegelt. Das geschah im März 1935. Ilja Goljaev,[62] der die Stelle Odincovs nach dessen Verhaftung als ein schon alter Mann eingenommen hatte, befand sich zu dieser Zeit schon nicht mehr in Moskau. Vor seinem Weggang hatte er noch die Mahnung ausgesprochen, wenn auch die Gottesdienste in der noch bestehenden baptistischen Moskauer Gemeinde, die von dem Armenier Čelabaev als Presbyter betreut wurde, nicht mehr möglich sein sollten, dann doch noch Hausversammlungen kleiner Kreise zu halten. Die

---

[61] Wiedergabe eines mündlichen Berichts von Paul Beer, den dieser am 3. 10. 1931 Walter Jack gegeben hat. Beer hatte Anfang der zwanziger Jahre missionarisch unter Ostjaken gearbeitet. – SM.

[62] Ilja Andreevič Goljaev, geb. 1859, war 50 Jahre Presbyter der Gemeinde in Balašov. Er starb am 14. 9. 1942 in Taškent.

Evangeliumschristen hatte es nicht so schwer wie die Baptisten getroffen; Reste ihrer zentralen Organisation blieben noch bestehen. Nach den Worten von Michail Akimovič Orlov, der nach Židkovs Verhaftung amtierender Präsident des Bundes der Evangeliumschristen geworden war, ging die Mehrzahl der Angehörigen des Bundes der Baptisten schon in der zweiten Hälfte der dreißiger Jahre zum Bund der Evangeliumschristen über.[63] Doch muß diese Aussage recht gewogen werden. Praktisch war der Bund der Evangeliumschristen, wenn auch nicht offiziell aufgelöst, doch nicht in Leitungsfunktionen existent. Außer Orlov war nur noch Andreev, der zum leitenden Kreis gehört hatte, nicht verhaftet und verurteilt.

Der Ausbruch des Krieges 1941 schuf noch keine grundsätzliche Änderung, wohl aber die Voraussetzungen zu künftiger neuer Tätigkeit. In der Anspannung der Kriegsgeschehnisse mochte die Sovetunion nicht auf die Mitwirkung all derer verzichten, die in Freiheit zu Hause, an der Front oder noch in Lägern zum Erfolg im Kriege beitragen konnten. Das schuf die Voraussetzung zu langwährenden Überlegungen und schließlich zur Freilassung noch lebender Mitglieder der Leitungsgremien der beiden Bünde. Im Mai 1942 wandten sich Ilja Goljaev und N. A. Levindanto, der dem Kollegium des Baptistenbundes bereits zu Anfang der zwanziger Jahre als Sekretär gedient hatte, »als Vertreter der baptistischen Bruderschaft an den Allrussischen Bund der Evangeliumschristen, an das legal existierende Organ des Bundes der Evangeliumschristen mit dem Vorschlag, die Vormundschaft (opeka) und Fürsorge (zabota) ebenso für die Gemeinden der Baptisten zu übernehmen, wie er sich um die Gemeinden der Evangeliumschristen bemühte. Dieser Vorschlag wurde durch die Brüder des VSECH mit großer Freude aufgenommen. Und so begann die Zusammenarbeit.«[64] Doch waren schon vorher politisch bestimmte Kontakte Orlovs und Andreevs zu Baptisten in den baltischen Staaten und in den von der Sovetunion 1939 übernommenen ostpolnischen Gebieten erfolgt.[65] Ende Mai 1942 wandte sich bereits »›VSECH i B‹ im Namen aller russischen Brüder und Schwestern an die Welt mit einem Aufruf gegen den Faschismus.«[66] Orlov, der dies in seinem Bericht vor dem Einigungskongreß des Jahres 1944 mitteil-

---

[63] Bericht N. A. Orlov vor der Unionskonferenz 26. 10. 1944 – B. V. 1/1945 S. 12ff., hier S. 15.
[64] ebenda S. 17.
[65] Vgl. hier S. 272.
[66] Bericht Orlov S. 17.

te, vermerkte außerdem, daß die nun amtierenden Leitenden in der Arbeitsgemeinschaft von Evangeliumschristen und Baptisten in den folgenden Kriegsjahren gemeinsame Reisen in die von den sovetischen Truppen befreiten Gebiete unternahmen, sie galten auch den Zielen der Einigung. In den Rahmen dieser Aktivitäten gehört auch eine in den Gemeinden erfolgte Sammlung, aus deren Ertrag ein Sanitätsflugzeug der sovetischen Luftwaffe »Dobryj Samaritan« (Der barmherzige Samariter) aufgebracht und ausgestattet wurde.

Von Sendschreiben an die sich wieder formierenden Gemeinden mit der Aufforderung zu Fürbitten für den Sieg der Roten Armee war fernerhin in Orlovs Bericht die Rede.[67] Dann kam der Einigungskongreß vom 26. – 29. Oktober 1944. Er war durch den Willen der Sovetmacht ermöglicht und bestimmt worden. Die an ihm teilnehmenden 45 Delegierten aus Gemeinden in Moskau, Leningrad, der Ukraine, Weißrußlands, des Kaukasus, Sibiriens, des westlichen Wolgaraumes, der Krim und Kazachstans[68] waren bis auf wenige Ausnahmen in Gefängnissen und Lägern gewesen. Die Sehnsucht nach der Einheit, die von 1884 an evangelische Christen verschiedener Gruppen bewegt hatte, wurde nun erfüllt. Diese Einheit war in jenem Jahre 1944 nicht der Abschluß eines selbständigen und frei gewählten Weges. Aber der durch politische Konstellationen bedingten Ermöglichung einer Einigung mochte sich keiner der Angesprochenen entziehen. Der Kongreß konnte kaum hinlänglich vorbereitet sein oder doch nur durch einen kleinen Kreis der Teilnehmer. Von diesen hatten einige erst wenige Tage zuvor in Arbeitslägern, in denen sie eine Haftzeit verbüßten, den Marschbefehl nach Moskau erhalten; sie sollten sich dort melden, alles weitere würden sie dann erfahren. Die Synchronisation des Einigungskongresses mit staatlichen Interessen und der Einrichtung eines Amtes ist deutlich; im Juni 1944 war die Errichtung des Rats für die religiösen Angelegenheiten beim Rat der Volkskommissare der SSSR unter dem Vorsitzenden Ivan Vakimovič Polianskij erfolgt.

Von nun an begann die Geschichte eines vereinigten Bundes. Die Kongresse von 1884, von 1907, 1920 und 1921, in denen es um die Einheit evangelischer Gruppen gegangen war, waren damit zu Wegzeichen eines nunmehr abgeschlossenen Weges geworden. Es mußte aber allen Beteiligten klar sein, daß auch das 1944 erreichte Ziel nur

---

[67] ebenda S. 18. Von Daten dieser Sendschreiben werden der 14. 7. 1942, 7. 2. 1943 und 6. 2. 1944 genannt.
[68] B.V. 3/1957 S. 65. Die Orts- und Republikangaben sind nur summarisch.

ein Durchgang sein konnte. Dies galt nicht nur für die Beteiligten, die die Geschichte der äußeren und inneren Vorbehalte gegeneinander selbst mitgeprägt und mitbestimmt hatten. Die Generation Prochanovs und die noch Älteren, die bei den Entscheidungen der frühen zwanziger Jahre eine Rolle gespielt hatten, lebten nicht mehr. Die Jüngeren konnten unbelasteter von den persönlichen Spannungen, die sich an den Sachfragen einmal entzündet hatten, ihre Entscheidungen treffen. Inhaltlich führte auch nichts über die Positionen, die 1921 schon gewonnen worden waren, hinaus. Die Položenie o Sojuze evangel'skich christian i baptistov, die Festlegung über den Charakter des neuen Bundes, bestimmte unter anderem in ihren zehn Punkten, daß die innere Umschrift des Siegels des Bundes lauten solle: »Ein Herr, ein Glaube, eine Taufe«, (Ziffer 4). Ziffer 7 bestimmte: »Alle Gemeinden der Evangeliumschristen und Baptisten müssen nach Möglichkeit ordinierte Presbyter und Diakone haben, entsprechend den Gottesworten: Tit. 1,5; Acta Ap. 6,1–2 und 1. Tim. 3,1.«

Hier waren die baptistischen Grundpositionen wie auch schon in der Ziffer 4 betont. Aber die Worte »nach Möglichkeit« schränkten den Umständen entsprechend die Grundaussagen ein. Gleichfalls war dies auch in der Ziffer 8 der Fall: »In jeder Gemeinde (obščina) werden Taufe, Brotbrechen und Trauung durch ordinierte Presbyter durchgeführt. Doch können im Fall der Abwesenheit solcher die Amtshandlungen auch durch nichtordinierte Glieder der Gemeinden durchgeführt werden, freilich nur mit Genehmigung der Kirche (cerkov)«. Unter der Ziffer 9 wurde bestimmt: »Taufe und Trauung, seien sie mit Auflegung der Hände (c vozloženiem ruk), seien sie ohne Auflegung der Hände auf die Getauften und Getrauten durchgeführt, haben dieselbe (Rechts)Kraft. Doch wird für die Herstellung der vollen Einheit in der Praxis der Versammlungen (cerkvej) empfohlen, Taufe und Trauung mit Handauflegung durchzuführen . . .« Wo mehr als zwei Täuflinge gleichzeitig vorhanden waren, war die Emporhebung der Hände (podnjatie ruk) statt der Handauflegung gestattet, beides aber unter Benutzung des von den Baptisten geforderten Gebets. Die Bestimmungen der Ziffer 9 wiesen in die Zukunft und regelten gleichzeitig die Gültigkeit der in beiden Bünden bisher geübten wichtigen Handlungen.[69] Hier hatten die baptistischen Vertreter nachgegeben, weil evangeliumschristliche Handlungen in der Vergangenheit legitimiert wurden.

[69] B.V. 3/1957 S. 64/65.

Die Einigungsformeln waren auf die Praxis abgestimmt. Noch Jahre später erschien den Leitenden im vereinigten Bund die Herstellung der inneren Einheit nach dem äußeren Vollzug der Einigung als entscheidende und immer wieder genannte Aufgabe. Diese Aufgabe war noch durch die 1945 erfolgte Einigung des Bundes der Evangeliumschristen und Baptisten mit einem großen Teil der Pfingstgemeinden, der Pjatidesjatniki, vergrößert worden.[70] Jakov Ivanovič Židkov wünschte, daß der Tag doch käme, da »wir nicht mehr unterscheiden können, wer Evangeliumschrist, wer Baptist und wer Christ des evangelischen Glaubens[71] sei.«[72] Die Namensgebung des Bundes der Evangeliumschristen und Baptisten – erst nach der Aufnahme der pfingstlichen Christen des evangelischen Glaubens in den Bund lautete seine Bezeichnung Evangeliumschristen/Baptisten – hatte nach Židkovs Auffassung ihr Schwergewicht bei der Bezeichnung »Christen«. Das Wort »Evangelisch« spricht davon, daß »diese Christen ihre christliche Existenz nicht nach menschlichen Überlieferungen ausrichten, mögen diese auch noch so alt sein, sondern einzig nach dem Evangelium Jesu Christi. Das Wort ›Baptist‹ spricht davon, daß diese Christen die Wassertaufe nur im Glauben empfangen, nicht aber im Kindesalter.«[73] Dies ist eine der Formeln, in denen die erreichte Einheit charakterisiert wurde. Die ständige Betonung der Einheit in den folgenden Jahrzehnten weist darauf hin, daß sie keineswegs selbstverständlich geworden war. Die Darlegung dieser Entwicklung geht über den zu behandelnden Zeitraum hinaus.

Die Angaben über Stärke und Anzahl der Gemeinden sowie über die Gesamtzahl der Mitglieder des Bundes der Evangeliumschristen wie auch des Bundes der Baptisten sind sehr unterschiedlich. Einmal werden, zumal in der Frühzeit der Bünde, Zahlen der getauften Glieder genannt, zum anderen aber werden auch Zahlen von Taufanwärtern und von Sympathisanten mit erfaßt. Die Zahlenangaben sind weiterhin unterschiedlich, jeweils auch nach ihrer Herkunft, seien sie aus dem staatlichen Bereich, seien sie aus den Gemeinden selbst. Die Zahlen der staatlichen Verwaltung bis zum Jahre 1917 erscheinen recht exakt, erfassen sie doch Zehner- und Einerzahlen. Aber diese

---

[70] Vgl. hier S. 255ff.
[71] Christiane evangel'skoj very war die Selbstbezeichnung des Bundes der Pfingstgemeinden.
[72] J. I. Židkov, Uglublenie edinstva v našich rjadach – in B.V. 4/1946 S. 15–16, hier S. 16.
[73] ebenda.

Genauigkeit ist nur scheinbar. Die schnelle Fluktuation in den Stadtgemeinden, die vielfach auch nicht von alten Ortsansässigen gebildet waren, nötigt zur Zurückhaltung vor detaillierten Angaben über Gemeinden dieser Bereiche. In vielen Fällen waren die Zahlenangaben schon nach kurzer Zeit überholt. Sie basierten auf den Feststellungen örtlicher Polizeibehörden. Dabei spielten sehr verschiedene und oft gegenteilige Momente mit, etwa der Ehrgeiz, möglichst wenig Sektierer in den Orts- und Bezirksgrenzen zu haben[74], der Wille, den Einsatz von Polizeiorganen und getroffene Maßnahmen gewichtiger erscheinen zu lassen, auch das Bemühen, möglichst viele Sektierer durch ihre zahlenmäßige Erfassung aufgespürt zu haben. Vergleichsweise gelten hierbei dieselben Schwierigkeiten, die auch die Zählungen der Altgläubigen in Rußland bestimmt haben.[75]

Bei den Angaben über die Zugehörigkeit einzelner zu Gemeinden sowie von Gemeinden zu Bünden muß für lange Zeit der schwebende Charakter der Assoziationen und Vereinigungen, ferner der oft wenig exakte Sprachgebrauch bei der Benennung von Baptisten, Stundisten, Paškovcy. Stundo-Paškovcy und Evangeliumschristen beachtet werden. Unter diesen Voraussetzungen sind Zahlenangaben, zum Teil für die gleichen Jahre widersprüchlich, zu bewerten. Aus den Jahren nach 1905 liegen Zahlenangaben aus den baptistischen Vereinigungen vor. Am ersten Baptistischen Weltkongreß in London vom 11. bis 19. Juni 1905 nahmen unter anderen Vasilij G. Pavlov, damals in Tiflis, und der Baron Uexküll aus Estland als Schatzmeister der sich zusammenschließenden Vereinigungen der Baptisten in Rußland teil. In seinem Grußwort bezifferte Pavlov die Zahl der in Rußland vorhandenen Baptisten auf etwa 20000.[76] Es handelt sich hier um Baptisten russischen Volkstums. Baron Uexküll nannte in seinem Bericht eine Zahl von 23000 vom Staat anerkannten Baptisten, eine Zahl von weiteren 20000, die ihre Legalisierung durch den Staat noch nicht erhalten hatten.[77] Die beiden Zahlenangaben entsprechen einander. Bei den 23000 Baptisten handelt es sich um die deutschen, in geringerer Zahl estnischen und lettischen Baptisten. Die von Pavlov genannten, Russen und Ukrainer, warteten in diesem Jahr auf ihre

[74] Vgl. H. Dalton, Der Stundismus in Rußland S. 47 über falsche, weil zu geringe Zahlenangaben.
[75] Dalton a.a.O. S. 59 nennt 1896 2 Millionen als Glieder und Anhänger des Stundismus.
[76] Record of Proceedings – The Baptist World Congress London 1905 S. 7/8.
[77] ebenda, Baptist Work in Russia S. 182–184, hier S. 192.

Legalisierung. Die Gesamtzahl von 43 000 Baptisten entspricht auch einer für das Jahr 1908 genannten Zahl von 25 266 deutschsprachigen Baptisten im gesamten russischen Reichsgebiet, hier war aufgrund der Liberalisierung eine stärkere Entwicklung erfolgt.[78] Uexküll gab 1905 eine Zahl von 137 anerkannten Gemeinden an, ferner 414 Missionsstationen (Mission Churches). Sie waren in 5 Assoziationen, eine südliche, westrussische, polnische, lettische und estländische gegliedert.

In Berlin fand 1908 der erste Europäische Baptistenkongreß statt. Pavlov sprach in seinem Bericht von 131 Gemeinden, die von 442 Predigern bedient wurden. An Gliedern der Gemeinden nannte er 6000. Der auffällige Unterschied zur weit höheren für 1905 genannten Zahl resultiert daraus, daß Pavlov 1908 sich sehr streng auf die dem Russischen Bund angehörigen Gemeinden konzentriert hatte. Eine Reihe von Gemeinden war diesen Weg noch nicht gegangen. Außerdem spielten schon stärker als zuvor die theologischen Unterscheidungen, die im folgenden Jahr zur Gründung des Bundes der Evangeliumschristen führten, mit hinein.[79] Zahlen aus dem Bereich dieser Gemeinden sind kaum zu ermitteln. Schon zu Anfang des Jahrhunderts war eine spürbare Bewegung wahrnehmbar. Prochanov hatte die Jahre von 1903 bis 1905 als »Zeichen besserer Zeiten« charakterisiert.[80] Zwischen 1905 und 1908 hatte sich dann eine schnelle Entwicklung vor allem in großstädtischen Gemeinden vollzogen. Als sich 1907 dann erstmals Gemeinden unter Prochanovs Anregung im Gouvernement Ekaterinoslav zusammenschlossen, wurde ihre Zahl mit 8 angegeben, ohne daß Mitgliederzahlen genannt wurden.

[78] Wilhelm Hörrmann, Hundert Jahre deutschsprachige Baptisten in Rußland – in: Die Gemeinde 43/1969 S. 5–7, hier S. 7.
[79] Erster Europäischer Baptisten-Kongreß Berlin 1908, Hersgb. F.W. Simoleit, V.G. Pavlov, Entwicklung und Stand des Baptismus in Rußland S. 205–217. Es heißt hier: »Es gibt Gemeinden, die mit uns auf dem gleichen Boden stehen, aber sie wollen nicht Baptisten genannt werden.«
[80] Prochanov, Cauldron S. 129.

Die folgende Aufstellung enthält Vergleichszahlen für Evangeliumschristen und Baptisten:

	Evangeliumschristen	Baptisten
1860		881
1905	20804[82]	86538[83]
1911	31000[84]	115000[85]
1912	30716[86]	114652[87]
	100000	Evangeliumschristen und Baptisten[88]
1917	150000	– 200000 Evangeliumschristen und Baptisten[89]
1922	250000	100000[90]
1923	2000000[91]	

1925 mehr als 1000000 auf den Glauben getaufter Glieder in mehr als 8000 Gemeinden; einschließlich der Besucher der Versammlungen und Sympathisanten »kommt man auf zehn Millionen«[92].

1925		3200 Gemeinden und 3700 Predigtstellen[93]
1927		6500 Gemeinden[94]
		500000[95]
1928	2000000[96]	2000000[97]
1928		200000[98]

81 Mitrochin, Baptizm S. 51, nur für Livland; S. 59 nennt er für das Gouvernement Cherson im Jahre 1875 1546 Baptisten, ebenda für 1881 3336 Baptisten.
82 Mitrochin, S. 61, siehe dort auch die Anmerkungen.
83 ebenda S. 65.
84 Klibanov, Istorija S. 234, als Russen werden davon 29988 bezeichnet.
85 ebenda S. 234, davon 48000 Deutsche, Letten, Esten.
86 Mitrochin S. 61, S. 65.
 Ganz anders sind die Angaben von Persianov für das Jahr 1912, die er als Vertreter des Bundes der Evangeliumschristen auf dem 2. Europäischen Baptistenkongreß 6. – 13. Juli 1912 in Stockholm machte. Er sprach von 7000 Mitgliedern des Bundes. Der Widerspruch der Zahlen erklärt sich möglicherweise daraus, daß Persianov feste Mitglieder zählte, während die Zahl von Mitrochin auch Bewerber und Sympathisanten bzw. Familienangehörige einschließt. – Slovo istiny 1/1913 S. 13; 7/1913 S. 87.
87 Mitrochin, S. 65.
88 Günther Wirth, Evangelische Christen in der Sovjetunion S. 23, – eine Wiedergabe von Angaben des B.V. 5/1947. Dem entspricht auch eine Angabe des Baptisten Stepanov für 1910, die von rund 100000 Baptisten redet, vgl. Mitrochin S. 65.
89 Mitrochin S. 65.
90 Gunnar Westin, Der Weg der freien christlichen Gemeinden durch die Jahrhunderte S. 280.

Die widersprüchlichen Zahlenangaben, zumal Ende der zwanziger Jahre, beruhen offensichtlich auf Anwendung verschiedener Maßstäbe. Größere Zurückhaltung bei Zahlenangaben übten die Baptisten, entsprechend ihren Erfassungsprinzipien. Prochanov war mit seinen Zahlenangaben großzügiger, ihm kam es auf den sich abzeichnenden Trend, den Umfang, der dem Bund gestellten Gesamtaufgaben an. Ganz übersteigert erscheinen die Angaben von Wilhelm Fetler, der in den zwanziger und dreißiger Jahren die größten Zahlen für die evangelischen Bünde genannt hatte. Abweichend erscheinen auch die Angaben über das Verhältnis von Evangeliumschristen und Baptisten. Während 1928 Prochanov die Stärke seines Bundes für größer als die der Baptisten hielt, bezeichnete er fünf Jahre später die Stärke von Evangeliumschristen und Baptisten für 1928 gleich.[99] Von baptistischer Seite wurde wiederholt betont, daß der baptistische Bund mehr Glieder umfasse. Am Auffälligsten erscheinen die beträchtlichen Unterschiede bei den baptistischen Zahlenangaben von der Mitte der zwanziger Jahre an bis 1928. Odincov hatte in Riga am 8. 11. 1926 von 500000 Gliedern in 6500 Gemeinden gesprochen. Mit den Kindern und Sympathisanten kam er auf eine Schätzzahl von 1,5 Millionen Baptisten.[100] Zwei Jahre später nannte er 200000 Baptisten, von denen 80000 in der Ukraine ansässig waren.[101] Es waren in

1920–1922 hatte sich die große Erweckungsbewegung vollzogen. Im Gouvernement Cherson, bislang schon einem der Schwerpunktgouvernements der evangelischen Bewegung, waren 1921 500 Gemeinden entstanden – Walter L. Jack, Rußlands Heimsuchung, 1922 S. 12.

[91] W. Gutsche, Religion und Evangelium S. 117 in der Wiedergabe des Aufrufs 1923 in der Izvestija 12. 8. 1923.

[92] Wl. Ph. Marzinkovskij, Gott-Erleben . . . S. 193.

[93] Mitrochin S. 74.

[94] ebenda S. 74.

[95] ebenda S. 74.

[96] Bericht Prochanovs vor der Konferenz des polnischen Bundes 1933 – Dein Reich komme 1/1934 S. 20.

[97] Die Zahl ist eine Schätzzahl Prochanovs im gleichen Bericht, in dem er etwa die gleiche Zahl für Baptisten wie für die Evangeliumschristen genannt hatte.

[98] Nikolaj Odincov nach dem Weltkongreß in Toronto bei einem Vortrag vor der Vereinigung russisch-ukrainischer Baptisten in Nordamerika – vgl. auch Gutsche, Westliche Quellen S. 68.

[99] Dein Reich komme 1/1934 S. 20.

[100] Vgl. Baptist 1/1927 S. 21, ferner Manuskript 15. 10. 1926 – SM.

[101] Vgl. W. Gutsche, Westliche Quellen S. 68.
Auf dem Baptistischen Weltkongreß in Toronto hatte Ivanov-Klyšnikov für den russischen Bund 4000 Gemeinden und Gruppen, 900 Prediger, 5000 Predigtplätze, 400 eigene Gebäude, 800 angemietete Räume genannt – The Work and Tasks of Baptists in the USSR, Record of Proceedings S. 77.

diesen Jahren keine Bewegungen im Bund gewesen und keine staatlichen Eingriffe erfolgt, die die Stärke der Mitglieder plötzlich so tief hätten absinken lassen. Vermutlich bedeuteten die Zahlenangaben Odincovs 1928 in den USA, daß er alles vermeiden wollte, was bei beginnender Verschärfung des antireligiösen Kampfs als eine provokante religiöse Erfolgsmeldung hätte erscheinen können. Erfolg oder Zuwachs zu melden, war nur angetan, staatliche Maßnahmen schneller und schärfer herauszufordern.

In den Jahren nach 1928 sanken die Zahlen der Glieder in beiden Bünden erheblich ab. Für die dreißiger Jahre sind keine statistischen Materialien greifbar. Die Zahlen der fünfziger und sechziger Jahre für den Gesamtbund bewegen sich auch als Schätzung immer wieder auf einer Höhe von 500000 getauften Gliedern. Wie weit Zahlenangaben, die eine Minderung dieses Bestandes beinhalten, auch nur Projektion antireligiöser Wunschvorstellungen sind oder auf exakten Unterlagen beruhen, kann nicht beantwortet werden.

In beiden Bünden hat es immerzu ein sehr gebrochenes Verhältnis zu Zahlenangaben und Zählungen gegeben. Odincov hatte 1926 in Riga berichtet, welchen Schwierigkeiten sich die Bundesorgane gegenübersahen, wenn sie eine Reihe von Gemeinden um exakte Angaben baten. Ihm war dann die Antwort schon zuteilgeworden, ob er wie David mit seiner Zählung Gottes Zorn auf seine Gemeinde kommen lassen wolle.[102] In einer solchen Bemerkung sind Bedenken enthalten, wie sie auch im Darbysmus des Westens ihren Ausdruck gefunden haben. Angesichts des Widerstrebens aus den Gemeinden gegen Zählung und Registrierung sind auch die Zahlen von Delegierten, die die Gemeinden zu regionalen oder Bundeskongressen zu entsenden hatten, zu wenig ergiebig, um von ihnen einen Rückschluß auf Gesamtmitgliederzahlen zu vollziehen. Der einschlägige Paragraph 11 des Ustavs des Allrussischen Bundes der Evangeliumschristen läßt großen Spielraum offen, seine Bestimmungen lassen einen Rückschluß von den Teilnehmerzahlen auf die Stärke des Bundes insgesamt nicht zu.[103] Eine Gesamtangabe aus dem Jahre 1928 nennt

---

[102] Vgl. Anm. 100; ferner Ulrich Kunz, Viele Glieder – Ein Leib, 1. Aufl. 1953 über die »Christliche Versammlung« S. 227/228. Aus einem Brief an den o.a. Herausgeber: »Die Zahl derer, die im In- und Ausland seit 120 Jahren mit uns diesen Weg gehen, können wir nicht angeben, weil wir uns in dem Wunsche, vor Gott demütig und gering zu bleiben, nicht zählen.«

[103] Obščie osnovanija ustava vserossijskogo sojuza evangel'skich christian (V.S.E.Ch.) – in: Christianin 6/24 S. 71–73, hier S. 72. Vgl. auch hier S. 133.

schließlich 4500 Gemeinden und Gruppen mit 9000 Predigern.[104] Eine neuere Schätzung bezieht sich auf das Stärkeverhältnis beider Bünde. Danach waren die Baptisten am Vorabend der Revolution dreimal stärker als die Evangeliumschristen, dagegen waren die Evangeliumschristen 1929 eineinhalbmal so zahlreich wie die Baptisten.[105]

[104] Prochanov, Triumph of the Gospel in the Heart of Russia S. 14.
[105] G. S. Ljalina, Socialno-istoričeskie i idejnye predposylki . . . S. 19. Das Anwachsen der Evangeliumschristen wird hierbei auf die Modernisierungsversuche des Sektantstvo durch Prochanov zurückgeführt.

IV. Die Entwicklung des Bundes der Evangeliumschristen in der Sovetunion und in den ausländischen Abteilungen

1. Die Entwicklung vom Bürgerkrieg bis zur Verschärfung der staatlichen Religionspolitik 1928/1929

Der Bürgerkrieg hatte die Glieder der evangeliumschristlichen und baptistischen Gemeinden wie alle Bürger des Landes hart getroffen. Der Tod von Prochanovs Frau, Anna Ivanovna, 1919 war nur ein winziges Zeichen der Wogen von Krankheit, Hunger und Tod, die über das Land zogen. Von 1500 festen Angehörigen der Gemeinde der Evangeliumschristen in Petrograd waren im Jahre 1919 nur noch etwa 200 vorhanden, die anderen waren Krankheiten oder dem Hunger erlegen, oder sie waren geflüchtet. Im Dezember dieses Jahres war Prochanov aus der Leitungsgruppe des Bundes noch der einzige, der in Petrograd anwesend war.[1] Ganz entsprechend lagen die Verhältnisse bei der Gemeinde Kargels und der Baptistengemeinde im Dom Evangelija in Petrograd. Von den 1500 Seelen im Jahre 1917 waren nur wenige zurückgeblieben.[2] Die Zahl der Glieder im Dom Evangelija, deren Gemeinde unter Fetler einen stürmischen Aufschwung genommen hatte, wurde 1920 ebenfalls mit rund 200 angegeben.[3] Die anderen Gemeinden im Lande waren weitgehend durch die gleiche Fluktuation der Gemeindeglieder mitbestimmt, die auch die Entwicklung im Petrograder Raum bestimmten. Die Gemeinden in den Gebieten, in denen die Fronten des Bürgerkrieges vielfältig hin und her gingen, waren zusätzlich in Mitleidenschaft gezogen. Es gilt,

---

[1] Referat I.St. Prochanov vom 6. 4. 1924.

[2] I.V. Kargel, Zwischen den Enden der Erde S. IX.

[3] Blagovestnik 9/1920 S. 137.
Eingehende, teilweise noch reduzierte Zahlen bietet der Hilfsaufruf im Bratskij sojuz 1/1920 S. 10. Danach gab es Anfang 1920 in Petrograd etwa 260 Evangeliumschristen in der 1. Gemeinde, 90 in der 2. Gemeinde und 60 Evangeliumschristen in der estnischen Gemeinde, insgesamt 410 Gemeindeglieder. Baptisten waren in der gleichen Stärke vorhanden, davon 130 lettische, 40 estnische, 20 deutsche und 220 russische Baptisten. In Moskau waren die Zahlen beider Gruppen geringer, Evangeliumschristen und Baptisten verfügten dort jeweils über 200−250 feste Glieder. Zusätzlich ist hier vermerkt, daß die Gemeinden der Hauptstädte zuvor um ein Mehrfaches größer gewesen waren.

diese Sachlage zu sehen, um zu verstehen, weshalb zwischen Konferenzen und Abmachungen der Leitenden beider Bünde und der Versuche der Realisierung solcher Abmachungen in den Gemeinden beträchtlicher Zeitaufwand und manche Schwierigkeiten standen.

Ein Beispiel dafür bieten die Vorbereitungen und Umstellungen bei dem Versuch, 1919 einen Gesamtkongreß zu veranstalten. Dieser Kongreß der Evangeliumschristen wurde für den 3. bis 10. August 1919 in Moskau ausgeschrieben. Weitere Einladungen sollten nach den Worten der Utrennjaja zvezda nicht mehr abgewartet werden.[4] Wenig später hieß es im gleichen Blatt, daß auf Wunsch von Gemeinden eine andere Zeitplanung zwecks Durchführung der Erntearbeiten eingetreten sei, es galt nunmehr die Zeit vom 12. bis 18. Oktober, als Ort weiterhin Moskau.[5] Eine erneute Mitteilung besagte schließlich, daß der Termin bleibe, aber statt Moskau Petrograd als Tagungsort gewählt werde. Die Gemeinden im Süden des Landes, um deren willen man Moskau als den günstiger gelegenen Tagungsort gewählt hatte, waren durch die Bürgerkriegsfronten nun am Kommen gehindert.[6] Die Aufforderung an die noch erreichbaren Gemeinden, ihre Delegierten nach Petrograd zu senden, war mit dem Hinweis verbunden, daß in Petrograd der Hunger herrsche, jeder Delegierte solle sich mit Essensvorrat für die Kongreßzeit eindecken.[7] 90 Delegierte kamen schließlich zusammen. Trotz des Hungers war die Versorgung der Kongreßteilnehmer geordnet gewesen. Es war der Kongreß, bei dem gleichzeitig im Weichbild Petrograds die Truppen des Generals Judenič gegen die Einheiten der Roten Armee kämpften.

Erst vom Jahr 1920 an konnte an den eigentlichen organisatorischen Aufbau des Bundes und die Herstellung besserer Kommunikationen herangegangen werden. In dieser Zeit ist von stürmischem Wachstum einzelner Gemeinden, von der Neugründung von Gruppen und Gemeinden und von Massentaufen die Rede. Das Jahr 1920 wird wiederholt in einzelnen Angaben und Berichten sowohl von Evangeliumschristen als auch von Baptisten als das Jahr der großen Erweckung genannt. Freilich entsprach dieser Erweckung, die mit der Neugründung von Gemeinden verbunden war, noch immer nicht das organisatorische Gefüge; die Zahl der Prediger hatte schon für die bisherigen Gemeinden bei weitem nicht ausgereicht. So ist auch in

[4] Utrennjaja zvezda 5/1919 S. 1.
[5] ebenda 7/1919 S. 1.
[6] ebenda 8/1919 S. 1.
[7] ebenda.

den Berichten über Erweckung und Massentaufen immer wieder die Klage enthalten, daß man nicht in der Lage sei, den Segen der Erweckung zu bergen, daß es an Predigern wie an Bibeln, an Gesangbüchern und an Schrifttum aller Art fehle. Diese Klagen rissen auch in den folgenden Jahren nicht ab, wenngleich nach der Zeit oft ekstatischer Unruhe das Wachstum der Gemeinden sich normalisierte.

Schon die Aufbauzeit des Bundes hatte einen unruhigen Verlauf genommen. Die Zeit nach 1917 nun brachte ein Vielfaches an Schwierigkeiten mit. Dabei spielten die staatlichen Maßnahmen, die nach dem Ende des Bürgerkriegs auf die Aufhebung des Dekrets vom 4. Januar 1919 über die Befreiung von der Militärdienstpflicht hinzielten, eine besondere Rolle. Über sie wird an anderem Ort zu berichten sein. Die Situation war für die Gemeinden des Bundes in den einzelnen Teilen des Landes recht ungleich. Neben der Aufgeschlossenheit örtlicher Behörden, für Versammlungen Räume zur Verfügung zu stellen, gab es andernorts ständiges Mißtrauen und Behinderung der Arbeit. Erschwerend war auch, daß Anfang der zwanziger Jahre in einer Reihe von Gemeinden Verhaftungen und Verurteilungen von Presbytern vorgenommen wurden. Das Gleiche traf die baptistischen Gemeinden. Von den hervortretenden Baptisten war Michail D. Timošenko vorübergehend im Gefängnis. Prochanovs Haftzeit hat hier bereits Erwähnung gefunden. Manche Angaben über Verhaftungen oder längere Verhöre sind nicht nachprüfbar. Aber allein die leitenden Brüder der Gemeinde zu Perm waren mehrere Monate im Gefängnis gewesen. Dies berichtete der »Christianin« als eine zensierte Zeitschrift. Immerhin konnte auch berichtet werden, daß nach drei Monaten die Brüder inzwischen wieder frei gekommen waren.[8] Diese Not der Gemeinde war behoben, gleich tat sich eine andere auf. Die Gemeinde hatte bisher von der lutherischen Gemeinde am Ort deren Kirche zur Mitbenutzung zur Verfügung gestellt erhalten. Nun aber war die Kirche wieder gänzlich von den Lutheranern übernommen worden, die Gemeinde war ohne Versammlungsraum.[9]

Neben den Berichten über geistliches Wachstum hier und dort gab es auch sehr negative Aussagen im einen oder anderen Fall. Die Gemeinde in Ekaterinburg befand sich in einer schweren Krisis. Der Bericht darüber besagt, daß sie »vor dem geistlichen Tod« stand. Zu den

---

[8] Christianin 6/1924 S. 46/47.
[9] ebenda S. 47.

inneren Nöten gesellten sich äußere: Infolge behördlicher Anforderungen war die Gemeinde in Raumnot geraten. Dies hatte erhebliche Auswirkungen über den Raum der Ortsgemeinde hinaus – Ekaterinburg war durch den Rat des Bundes zum Mittelpunkt eines großen umliegenden Gebiets bestimmt worden. Die Raumnot der Gemeinde behinderte auch die Weiterführung dieser Planung.

Das innere Wachstum der Gemeinden war durch mögliche Kommunikation, die Hilfe durch auswärtige Prediger und gegenseitige Beratung entscheidend bestimmt. Hier aber gab es für die Gemeinden des Bundes lang anhaltende Schwierigkeiten. Es gab solche nicht nur in den durch ihre mangelnde Kommunikation bekannten Räumen Sibiriens, sie existierten auch im europäischen Rußland. Entfernungen von Gemeinde zu Gemeinde über ganze große Kreise hinweg bewirkten immer wieder, daß trotz viel guten Willens anstehende Fragen nicht richtig und nicht rechtzeitig zur Klärung gelangten. Dies hat zu manchem Streit in den Gemeinden und zu weiteren Mißverständnissen geführt. Angaben aus Sibirien verdeutlichen die Situation auch für weite Gebiete in den europäischen Teilen der Union. In Aleksandrovsk bei Tjumen war eine Gemeindegruppe entstanden. Bis zur nächsten Gemeinde betrug die Entfernung 1000 Werst. Die Mitglieder dieser Gruppe berichteten, daß dem Vernehmen nach in Tobolsk drei oder vier Brüder sein sollten, in Surgut wohne eine Schwester, wieder 60 – 70 Werst von Surgut entfernt wohne noch ein Bruder, 200 Werst entfernt gebe es einige noch nicht getaufte Sympathisanten. Aber über diese weiten Entfernungen hinaus war erschwerend, daß nach den Angaben der Mitteilung zur Sommerzeit zu all den einzelgenannten keine Verbindung bestehe, vielmehr nur bei Schlittenbahn im Winter.[10]

Die Reihe solcher Kurzangaben über Gemeinden und Stützpunkte in den ersten zwanziger Jahren ließe sich fortsetzen, die Angaben würden kein wesentlich anderes Bild ergeben. Bedeutsam erscheinen die Angaben über die Gemeinde in Leningrad. Hier bestand die größte aller evangeliumschristlichen Gemeinden. Sie hatte auch den höchsten Grad organisatorischer Durchformung erreicht. In dem Maße, wie sie die erste und bedeutendste aller Gemeinden war, setzte sie auch Maßstäbe für das geistliche, geistige und organisatorische Leben aller anderen Gemeinden. Die Fragestellungen und Anstöße der Leningrader Gemeinde, die sie vermittelte, wurden von den ande-

[10] ebenda 6/1924 S. 43.

ren gehört und aufgenommen. In gleicher Weise wurden die von ihr ausgehenden Verlautbarungen Exempla für andere. Der Rechenschaftsbericht der Leningrader Gemeinde für das Jahr 1924 bringt dies in mehrfacher Weise zum Ausdruck. Der Abdruck des Rechenschaftsberichts im »Christianin«[11] hatte eine wichtige Funktion für die vielen Gemeinden, die über gleiche Erfahrungen noch nicht verfügten. Die Leitung des Bundes hielt sich zurück, Wünsche und Anregungen für das Leben der Gemeinden in Form von Anweisungen und Erlassen zu geben. Dies hätte manchen Gemeinden als ein Einbruch in ihre Hoheit erscheinen können, den administrativen und politischen Behörden hätte ein solches Verfahren als Bestätigung eines unerwünschten straff zentralistischen Aufbaus des Bundes gedient.

Der Weg, Erfahrungen der Leningrader Gemeinde, deren Mitglieder auch die Leitenden im Bunde waren, den anderen mitzuteilen, bot sich an. Der Bericht ist in neun Unterabschnitte gegliedert; sie handeln von 1) Rettung von Seelen, 2) Arbeit an Neugewonnenen und geistlich Erweckten, 3) Heiligung der Gläubigen, 4) Hilfe für Notleidende, 5) Besuchsdienst, 6) Tätigkeit der Gemeindekanzlei, 7) Musik- und Gesangsangelegenheiten, 8) Schwestern (d.h. Frauen)-Arbeit, 9) Selbständigkeit der Bezirke in der Gesamtgemeinde.

Die Leser des »Christianin« erfuhren, daß Neugewonnene und jüngst Erweckte jede Woche regelmäßig zusammengefaßt wurden. Neben der darin zum Ausdruck kommenden Seelsorge wird besonderer Wert auf den Besuchsdienst gelegt.[12] Der Rat der Brüder, das Leitungsorgan der Leningrader Gemeinde, ist zugleich Besuchsorgan. Jedes Mitglied dieses Rates ist seinerseits zu Besuchen bei den Gemeindegliedern angehalten. Ihm wird ein Formular mit der Adresse des zu Besuchenden ausgehändigt; er hat einzutragen, wann der Besuch erfolgt ist, wen er in der Wohnung angetroffen hat, in welchem geistlichen Zustand sich der Besuchte befindet. Der Bericht spricht aus: »Dieses System des Besuchsdienstes verspricht vieles: erstens ergibt sich die Möglichkeit, über den geistlichen Zustand eines jeden Gliedes in dieser oder einer anderen Zeit etwas zu erfahren, ferner wird bekannt, wann und wie oft dieses oder jenes Glied der Gemeinde Besuch erhalten hat. Es gibt die Möglichkeit, auch in regelmäßiger Folge ein jedes Glied zu besuchen.«[13]

---

[11] ebenda 1/1925 S. 50–52, Otčët . . . 1924.
[12] ebenda S. 50f.
[13] ebenda S. 51f.

Die diesbezügliche Planung für das Jahr 1925 in der Leningrader Gemeinde sah vor, daß jeder mindestens einmal im Monat besucht werden sollte, geistlich Schwache nicht weniger als einmal in der Woche. Die im Anschluß gegebene weitere Planung für 1926 sieht sogar den Besuch der normalen Gemeindeglieder einmal in der Woche, den geistlich Erkrankter und Schwacher einmal täglich vor.[14] Hier war offensichtlich ein seelsorgerlich-organisatorischer Perfektionismus am Werk, der schwerlich realisiert werden konnte. Freude an organisatorischer Präzision wird auch aus anderen Stellen des Berichts sichtbar, so in den Angaben über die Tätigkeit der Gemeindekanzlei. Eingehend und mit viel Liebe wird von der Einrichtung einer Registratur mit genauer Kartei, mit Wechselkarten und genauer Beschreibung aller wesentlichen Vorkommnisse im Leben eines jeden einzelnen Gemeindegliedes berichtet.

Besonderes Augenmerk wird der Frauenarbeit zugewandt. Dies liegt ganz auf der Linie der Betonung dieser Arbeit, für die sich Prochanov von Anfang an eingesetzt hat. Im Jahre 1924 hatte es an verschiedenen Plätzen Leningrads 190 Veranstaltungen speziell für Frauen gegeben. Die Frauen hatten auch ihren eigenen Feiertag in der Gemeinde, den sie festlich heraushoben, es war der erste Dezember. Eine solche Arbeit wie die der Frauenkreise konnte nicht ohne eine Regionalisierung der Leningrader Großgemeinde geschehen. Diese Regionalisierung war in der Weise im Berichtsjahr geordnet, daß innerhalb der Großgemeinde sieben besondere Gemeinden, an die viele Rechte delegiert worden waren, bestanden. Doch bezog sich diese Regionalisierung auf die Arbeit nach innen. Nach außen hin trat die Gemeinde, an deren Spitze Ivan Stepanovič Prochanov selbst stand, immer geschlossen in Erscheinung. Dies ist bemerkenswert, weil eine so große Schar örtlicher und regionaler Abteilungen nicht entsprechend den Grundlagen der Gemeindebildung, bezogen auf die Gemeindegröße, ihre Selbständigkeit erlangt hatte. Bei der Entscheidung darüber mochte die Erinnerung an die Anfänge des Petersburger Protestantismus mitgespielt haben, die Fragen der Entstehung der sogenannten ersten Gemeinde als eines Sammlungsversuchs nebeneinander oder nur in schwacher Kommunikation zueinander stehender Hauskreise, um erneute organisatorische Aufspaltungen zu

---

[14] Folgende Angabe erstreckt sich nicht nur auf Leningrad: »In einigen Gruppen wurde als Regel angenommen, daß jedes Glied sein Zeugnis über Jesus Christus und über seine Errettung mindestens einem Sünder gegenüber ablegen müsse. Das hatte eine wunderbare Wirkung.« – Cauldron S. 154.

vermeiden. Das Gewicht der Leningrader Gemeindeorganisation im Gesamtrahmen des Bundes war damit besonders groß.

Ende 1926 hatte die Leningrader Gemeinde ihre höchste organisatorische Durchformung erreicht. Im engeren und weiteren Leningrader Bereich kamen an 15 Stellen örtliche Abteilungen zusammen. Als Mittelpunkt der Arbeit galt das in der Ulica Zeljabova 25, der früheren Großen Stallhofstraße gelegene »Dom Spasenija«[15]. Ein weiterer wichtiger Versammlungsraum war die orthodoxe St. Michaelskirche, im Schnittpunkt der dritten Linie und des mittleren Prospekts im Vasilij Ostrov gelegen. Weitere Versammlungsräume waren auf der Petrograder Seite, in Novaja Derevnja, in Lesna, auf der Vyborger Seite und am Nevator, ferner in Ligovo und Volodarsk, bereits außerhalb der Stadt. Zur Leningrader Gemeinde zählten fernerhin die Abteilungen in Oranienbaum, Troick, dem früheren Gatčina, in Sluck, Šuvalovo, in Rzevka und Elizavetino.

Im »Dom Spasenija« war Sonntag um 10 und 18 Uhr Gottesdienst, ferner am Dienstag und Donnerstag jeweils um 19 Uhr. Die gottesdienstlichen Zeiten in den anderen Versammlungslokalen deckten alle Wochentage mit Ausnahme des Freitags, der sowohl in Leningrad als auch den außerhalb Leningrads gelegenen Abteilungen niemals genannt wird. Dies gilt für die Gottesdienstpläne im Jahre 1926. Wenn nur an einem Sonntag Gottesdienst angeboten wurde, so wurde mit Ausnahme der Abteilungen in Rzevka, Elizavetino, Volodarsk und Sluck, darauf geachtet, daß ein doppeltes Angebot von Gottesdiensten, am Morgen und am Nachmittag, gegeben war.[16] Bei keinem anderen Versammlungsraum der Leningrader Gemeinde ist eine entsprechende oder ähnliche Angabe wie bei der Kirche St. Michael gemacht. Hier heißt es, daß am Montag um 19 Uhr Gottesdienst in deutscher Sprache stattfinde. Über die Größe dieser Versammlung und den sie tragenden engeren Kreis von Deutschsprachigen ist nichts verlautet. Aber die Angabe ist ein Hinweis darauf, daß von der ehemals starken deutschen evangelischen Bevölkerung Le-

---

15 Das »Dom spasenija«, das Haus der Errettung, des Heils, war die Bezeichnung der bisherigen Französisch-Reformierten Kirche, die mit Genehmigung der staatlichen Behörden von dem Gemeinderat der weitgehend durch Abwanderung in Auflösung begriffenen Gemeinde den Evangeliumschristen zur Verfügung gestellt worden war. Sie war die Predigtkirche Prochanovs. – Prochanov, A New Religious Reformation in Russia, 1925 S. 2. Gottesdienste fanden ebenfalls in der Deutsch-Reformierten Kirche statt.
16 Gesamtangaben zum Leningrader Versammlungsanzeiger der Evangeliumschristen – Christianin 1/1927, 2. Umschlagseite.

ningrads, von der zu jener Zeit noch ein gewichtiger Rest vorhanden war, sich auch Lutheraner dem Herkommen nach zur evangeliums-christlichen Verkündigung hingezogen fühlten.[17]

Auch aus anderen Räumen wird von der Mitwirkung und dem Übertritt von Lutheranern in den zwanziger Jahren berichtet. Ein Schreiber berichtete dem »Christianin« aus Pokrovsk, der Hauptstadt der Deutschen Autonomen Wolgarepublik, daß er unter Russen und Deutschen zugleich eine noch nicht umfangreiche missionarische Arbeit begonnen habe.[18] Ein Bericht aus Odessa meldete die Taufe von mehr als 20 Menschen lutherischen Herkommens in der deutschen Kolonie Helenental am 15. Mai 1927. Aus diesem Anlaß war der Chor der Odessaer Gemeinde herausgefahren und gestaltete die Tauffeier mit. Nach den weiteren Angaben bestanden damit jetzt im Helenentaler Rayon 5 Gruppen deutscher Evangeliumschristen, die einstweilen noch in einer Gemeinde zusammengefaßt waren.[19]

Aus anderen Berichten wird ebenfalls sichtbar, daß man dem Fortgang der evangeliumschristlichen Arbeit über die Grenzen des russischen und ukrainischen Volkstums hinaus große Bedeutung beimaß, dies war ein Zeichen missionarischer Lebendigkeit und stand im Zusammenhang mit der politischen Betonung, daß die Völker der Sovetunion gleichberechtigt nebeneinander standen. Die Gemeinde in Pskov feierte 1927 ihr vierzigjähriges Bestehen, unter den acht Gründern dieser Gemeinde werden zwei Träger deutscher Namen, ein Lette und ein Este, genannt.[20] Aus der Gemeinde in Tiflis wird mit Freude berichtet, daß neben der russischen Versammlung im Laufe des Jahres 1926 eine grusinische und eine armenische Versammlung entstanden seien.[21] Auch unter den Osseten im Kaukasus nahm die missionarische Arbeit ihren Fortgang.[22] Viel Aufmerksamkeit wurde auch der missionarischen Tätigkeit unter den Völkern Sibiriens zugewandt. Dies weisen neben Kurzberichten auch Bilder aus, die Einblick in die missionarische Arbeit gaben. In Tobolsk und im gleichnamigen Gouvernement trieb man Arbeit unter Samojeden, Zyrjanen und Ostjaken.[23] In Jakutien ging die schon früher durch

---

[17] ebenda. Vgl. hierzu W. Kahle, Geschichte der evangelisch-lutherischen Gemeinden in der Sovetunion 1917–1938 S. 448ff.
[18] Christianin 3/1927 S. 63.
[19] ebenda 8/1927 S. 59.
[20] ebenda 5/1927 S. 61.
[21] ebenda S. 63.
[22] ebenda 4/1927 S. 63.
[23] ebenda 3/1927 S. 64.

Mennoniten-Brüder und verwandte Missionskreise eingeleitete Arbeit weiter. Neben anderen arbeitete dort die Missionarin Maria Antonenko. Sie besuchte 1925 die Bibelkurse in Leningrad und kehrte wieder auf ihr Arbeitsfeld in Jakutien zurück.[24] Der zunächst sicherlich nur zeichenhafte Übergang evangeliumschristlicher Arbeit unter Russen und Ukrainern zu den anderen Völkern der Union fand betonten Ausdruck in den Berichten über den letzten, den X. Kongreß des Bundes. In einem der Berichte über diesen Kongreß wird ihm der Charakter einer Völkerkonferenz zugesprochen. Neben Russen, Ukrainern, Deutschen, Letten, Esten, Finnen und Juden waren Angehörige aus den Völkern des Kaukasus und Sibiriens als Delegierte anwesend.[25]

Berichte aus der Mitte der zwanziger Jahre runden das Bild des gemeindlichen Lebens in der Zeit der größten organisatorischen Entfaltung des Bundes ab. Die Gemeinde in Odessa feierte in den Tagen vom 30. Oktober 1926 an ihr dreißigjähriges Bestehen. Viele andere Gemeinden nahmen durch Telegramme und Briefe daran Anteil, Chöre und ein Orchester gestalteten die Feiern besonders eindrücklich.[26] Die Gemeinde Romny bei Poltava führte neben ihren Gottesdiensten und üblichen Versammlungen literarische evangelistische Veranstaltungen durch, wobei Chor, Streichorchester und Einzelsprecher mitwirkten. Berichte aus anderen ukrainischen Gemeinden ergeben ebenfalls ein Bild lebendiger Arbeit, aber auch von Nöten, dafür spricht der Bericht der Gemeinde in Nikolaev.[27] Angaben aus den Gemeinden im Innern und Norden Rußlands ergänzen das Bild. Die Gemeinde in Orenburg bat um die Zusendung von Gesangbüchern mit Noten für die Arbeit ihrer Chöre.[28] Die Gemeinde in Kazan' verzeichnete den Zugang neuer Mitglieder.[29] Die Gemeinde in Uljanovsk feierte das 25jährige Jubiläum der geistlichen Wirksamkeit ihres Presbyters Aleksandr Martovič Sarapik und zugleich ihr 60jäh-

---

24 ebenda 10/1927 S. 23.
25 Ljus i Öster, März 1927 – Bericht über den Kongreß. Im Anschluß an den Kongreß tagte das Plenum des Bundes 6. – 10. Dezember, ein Bild der Teilnehmer findet sich in: The Gospel in Russia, Nr. 4 Oktober 1928 S. 5.
26 Christianin 3/1927 S. 63.
27 ebenda 4/1927 S. 63.
28 ebenda S. 62.
   In einem Bild im Christianin 10/1927 ist der Chor der Gemeinde mit 31 Mitgliedern zu sehen – S. 63. Ein weiterer Bericht 11/1927 S. 56 besagt, daß die Arbeit voranginge, unlängst waren 8 Taufen erfolgt, die Gemeinde hatte sich zu einem Abend der Liebe zusammengefunden.
29 ebenda 3/1927 S. 63.

riges Bestehen.[30] Es fällt in diesem Zusammenhang auf, daß die Gemeinden ein lebendiges Geschichtsbewußtsein entwickelten, was ihre Entstehung und die Arbeit der Anfänge betraf. Dabei erscheinen die Zahlen, die anläßlich von Jubiläen genannt werden, sehr oft hoch. Der Widerspruch zu anderen Zahlenangaben über Gründungszeiten von Gemeinden findet darin wohl seine Auflösung, daß nicht nur auf den Organisationsbeginn einer Gemeinde zurückgegriffen wird, sondern auf die Anfänge und ersten Erscheinungen evangelischen Lebens an einem Ort. Unter den kaukasischen Gemeinden traten neben denen der Hauptstädte die Gemeinden in Pjatigorsk, Kislovodsk, Mineralnye Vody, Georgievsk, Vladikavkaz, Armavir, Kropotkin hervor. An diese sieben Gemeinden richtete Prochanov Sendschreiben in poetischer Form; er hatte dabei sicherlich die Sendschreiben der Offenbarung vor Augen, als er diese Gemeinden besuchte.[31] Unter den Gliedern dieser Gemeinden werden Osseten, Kaberdincy, Armenier, Georgier, Zigeuner genannt.[32]

Wie die Petrograder Großgemeinde litten auch viele andere Gemeinden unter dem Mangel an gottesdienstlichen Räumen. Eigene Kirchen und Bethäuser waren durchweg nicht vorhanden. Deshalb hatten, anders als es bei den konsolidierten Gemeinden der Großkirchen der Fall gewesen war, die Nationalisierungsmaßnahmen die Evangeliumchristen wie auch die Baptisten kaum getroffen. Hier führte die neuerliche Anmietung bisher eigener Kirchengebäude, verbunden mit erheblichen Reparaturauflagen und Steuerlasten zu fortgesetzten Schwierigkeiten. Die jungen evangelischen Gemeinden versuchten, dem Mangel an Gottesdiensträumen auf verschiedene Weise abzuhelfen. In den Dörfern konnten in den zwanziger Jahren mancherorts noch kleinere Bethäuser errichtet werden. Bei vielen Gemeinden reichte auch infolge ihrer Größe ein großer Wohnraum aus. In den Städten dagegen war die Lage schwieriger. Wo Räume zur Verfügung standen, nutzte man sie durch ein vielfältiges Gottesdienst- und Versammlungsangebot. Ein anderer Weg der Raumbeschaffung bestand darin, durch Verhandlungen mit orthodoxen und lutherischen Gemeinden deren oftmals nur unzulänglich genutzte Kirchen anzumieten, sei es für eine Ganz- oder Teilbenutzung. Wenn diese Gemeinden auf eine solche Bitte eingingen, war dies nicht so sehr Ausdruck eines ökumenischen Bewußtseins, es diente in der

[30] ebenda 9/1927 S. 58.
[31] Triumph of the Gospel in Russia S. 11.
[32] ebenda.

Mehrzahl der Fälle der Sicherung einer durch die eigenen Glieder kaum genutzten Kirche vor der Beschlagnahme für andere Zwecke, es diente ebenso der Lastenverteilung und Erleichterung angesichts hoher Reparatur- und Steuerforderungen. So fanden im Raum Petrograd evangeliumschristliche Gottesdienste in der Kirche der schwedischen St. Katharinen-Gemeinde statt – ein Vertrag im Jahre 1923 hatte dazu die Voraussetzungen geschaffen. Hierzu hatte sich die Gemeinde in einem von Prochanov mit unterschriebenen Gesuch an die schwedische Gemeinde gewandt, ihr in der Kirche ein Mitbenutzungsrecht einzuräumen. Dabei wurde ausdrücklich betont, daß diese Bitte sich nur auf Gottesdienste, nicht aber andere Veranstaltungen bezöge. Der Gemeinderat der schwedischen Gemeinde hatte der Bitte schließlich entsprochen.[33] Die orthodoxe Kirche St. Peter wurde zeitweilig gleichfalls genutzt. Auch in der estnischen lutherischen St. Johannis-Kirche fanden vorübergehend evangeliumschristliche Versammlungen statt.[34] In Moskau diente die Kirche St. Peter und Paul zur Durchführung evangeliumschristlicher Gottesdienste.[35] Nach Angaben Prochanovs war die Benutzung dieser orthodoxen Kirche durch testamentarische Verfügung des Moskauer Metropoliten Antonin, eines der Häupter der orthodoxen kirchlichen Reformgruppen, ermöglicht worden. In Voronež, um ein weiteres Beispiel der Mitbenutzung kirchlicher Gebäude herauszugreifen, dienten die Räumlichkeiten des aufgelösten Alekseev-Klosters als Versammlungshaus.[36] Den Evangeliumschristen blieben durch diese Mitbenutzungsmöglichkeiten manche Unkosten erspart. Der Befreiung von den finanziellen Belastungen stand aber eine Zeitlang eine Bestimmung entgegen, daß gottesdienstliche Zusammenkünfte nur in eigens dazu gebauten Räumen erfolgen dürften. Sinn dieser Bestimmung war die Einschränkung des religiösen Lebens auf ausschließlich kirchliche Zweckgebäude. Von dieser Bestimmung wurde in der RSFSR später abgesehen; Mitte der zwanziger Jahre durften auch religiöse Versammlungen bis zu 50 Personen in Wohnräumen durchgeführt werden. Der nicht ausgesprochene Grund dieser Lockerung war, die Tätigkeit der freien Bünde, die als eine Gefährdung der

---

[33] Vgl. W. Kahle, Geschichte der evangelisch-lutherischen Gemeinden in der Sovetunion 1917–1938 S. 452. Die Schriftstücke befinden sich unter dem Archivgut der schwedischen St. Katharinen-Gemeinde im Riks-Arkivet Stockholm.
[34] I. St. Prochanov, Erfolge des Evangeliums in Sowjetrußland S. 54.
[35] ebenda S. 62.
[36] ebenda S. 49.

orthodoxen Kirche und auch der anderen Großkirchen von staatlicher Seite aus angesehen wurde, nicht zum Erliegen zu führen.[37]

Eine der Hauptsorgen evangeliumschristlicher Arbeit, die die Verantwortlichen aber mit allen Organisationen und Institutionen im kulturellen, religiösen und staatlichen Bereich teilten, war angesichts der weiten Räume und der damit verbundenen Erschwerungen der Kommunikation die Zuordnung der Gemeinden zueinander, ohne ihre gemeindliche Hoheit zu tangieren. Anders als den Baptisten ist es unter Prochanovs Führung den Evangeliumschristen weitaus besser gelungen, Einzelgemeinden und zentrale Organe zusammenzufügen. Dies war in einem derart großem Maße der Fall, daß den Evangeliumschristen sowohl von anderer religiöser Seite wie auch von Beobachtern der staatlichen Stellen vorgeworfen wurde, sie seien eine streng zentralistisch ausgerichtete Vereinigung. Gewiß vermochte die Zentrale der Evangeliumschristen in der Prägung, die ihr der organisatorisch hochbefähigte Prochanov gegeben hatte, manche ihrer Zielsetzungen besser als andere Gruppen zu verwirklichen. Aber bei dem verhältnismäßig dünnen und dazu noch sehr ungleichen Netz evangeliumschristlicher Gemeinden in der gesamten Union waren auch angesichts der politischen Situation zentraler Steuerung Grenzen gesetzt. Es bedurfte des Aufbaus einer mittleren Ebene, um Bundesleitung und Einzelgemeinden besser zusammenzuordnen. Als noch in den ersten Jahren der Sovetunion die Gouvernementseinteilung beibehalten wurde, boten sich die Gouvernements und deren Hauptstädte als regionale Arbeitsebene evangeliumschristlicher Gemeinden an. Auch als diese staatliche Einteilung aufgegeben wurde, blieben doch die Gemeinden der größeren Städte die Anlaufstellen für die sie umgebenden Gemeinden.

Die leitenden Männer des Bundes haben in den langen Zeiten von Prochanovs Haft 1921 und 1923 und seiner ausgedehnten, zahlreichen Reisen eine größere Freizügigkeit erlangt. Ihre erhöhte Verantwortung hatte ihnen gegenüber Prochanov eine gewisse Selbständigkeit gegeben, ohne daß dessen Stellung an der Spitze je bestritten worden wäre. Der Ustav des Bundes hatte für den Rat festgelegt, daß es einen Vorsitzenden gebe, zwei Stellvertreter des Vorsitzenden, einen Sekretär und dessen Stellvertreter, einen Schatzmeister und dessen Stellvertreter, zwei weitere in Leningrad wohnhafte Mitglieder. Ferner sollten dem Rat in anderen Orten Rußlands lebende Mitglie-

[37] ebenda S. 21.

der angehören; im Fall ihrer Anwesenheit in Leningrad hatten sie beschließendes Stimmrecht in den Sitzungen des Rats. Das engere Präsidium, aus dem Rat gebildet, bestand aus dem Ratsvorsitzenden, seinen beiden Vertretern, dem Schatzmeister und dem Sekretär. Zur Entscheidung unmittelbar anstehender Fragen war die Anwesenheit des Vorsitzenden und zweier Mitglieder des Präsidiums ausreichend.[38]

Der IV. Bundeskongreß, der 1917 die Arbeit neu einleitete, hatte zu Vertretern Prochanovs Vasilij Ivanovič Dolgopolov aus Moskau, der schon in der Anfangszeit des Bundes hervorgetreten war, und Vasilij Tichonovič Pelevin aus Reval gewählt. Grigorij Mat'eevič Mat'eev, ein Mitarbeiter in der Petersburger Gemeinde seit frühen Tagen, war Schatzmeister geworden.[39] Die Genannten, ferner ihre Vertreter, der Sekretär und dessen Vertreter, sowie die beiden Petrograder Mitglieder sind im Protokoll geschlossen aufgeführt. Die außerhalb Petrograds wohnenden weiteren Mitglieder des Rats – es handelte sich um insgesamt 15 Männer – sind wiederum für sich aufgeführt.[40] Sie waren nach den Regionen vom Kongreß berufen worden.

Die außerhalb Petrograds wohnenden Ratsmitglieder – mit Ausnahme der im Moskauer Raum befindlichen – konnten nur begrenzten Einfluß nehmen. Dies bezog sich vor allem auf die laufend anfallenden Entscheidungen. Die Entfernungen im Lande, auch schon in den europäischen Teilen, waren zu groß, als daß der gesamte Rat, von Ausnahmen abgesehen, hätte zusammenkommen können. Die in Leningrad wohnhaften Mitglieder hatten trotz ihrer geringeren Zahl das Übergewicht bei den Entscheidungen, sie waren über die Vorgänge im ganzen Land besser unterrichtet als die vom Zentrum weit entfernt wohnenden anderen Ratsmitglieder. Bilder der Ratsmitglieder, die zuweilen in Zeitschriften und Broschüren erschienen, und Mitteilungen über die Tätigkeit des Rats drücken diesen Tatbestand

---

[38] Ustav Ausgabe 1924 – in: Christianin 6/1924, S. 71–73, Obščie osnovanija ustava vserossijskogo sojuza evangel'skich christian (VSECH), hier III § 14, S. 72. – Vgl. auch hier S. 132ff.

[39] Über Mat'eev siehe Utrennjaja zvezda 6–7–8/1922 S. 15ff.

[40] 1) Moskau (Dolgopolov und zusätzlich F. S. Savel'ev), 2) Char'kov (D. A. Vojnov), 3) Odessa (M. M. Albulov), 4) Ekaterinoslav (F. Baškov), 5) Popasno-Jur'ev (T. Fabričnyj), 6 Wolga (I. I. Židkov und A. I. Mokin), 7) Kaukasus (P. I. Stepanov), 8) Sibirien (Protasov und Romanov), 9) Kiev (V. E. Egorov), 10 Reval (V. T. Pelevin), 11) Taurien (F. P. Šeršiev), 12) Ural (P. P. Najdanov), 13) Helsingfors/Finnland (P. M. Syčev), 14) Orenburg (Efimov), 15) Turkestan (P. Ch. Mordovin). – Otčët IV. Kongreß S. 103–104.

aus, wenn sie von den Leningrader Ratsangehörigen einfach als »den Mitgliedern des Rats« sprechen.

Im Jahre 1923 wurden die Petrograder Ratsmitglieder – sieben an der Zahl – von Prochanov als die Ratsmitglieder mit der Berechtigung für den Empfang von Sendungen aus dem Ausland benannt. Neben Prochanov waren es P. M. Mat'eev, P. S. Kapalygin, V. I. Bykov, A. V. Karev, Jakov P. Pavlov, Savelyj A. Alekseev.[41] Von 1917 bis 1923 hatte es in der Zusammensetzung der Leningrader Mitglieder bereits Veränderungen gegeben. Im Jahre 1927, d.h. nach dem letzten, dem X. Kongreß des Bundes, zeigt ein Bild im Christianin die Ratsmitglieder Prochanov, I. V. Kargel, V. A. Dubrovskij[42], N. A. Kazakov[43], A. V. Karev, G. M. Piiparinen[44], J. I. Židkov, V. I. Bykov, P. S. Kapalygin.[45] Der gesamte Rat in Vollbesetzung, das sogenannte Plenum, war bis dahin nach der Ordnung nur periodisch zusammengetreten. Dies war in jedem Fall im Zusammenhang mit der Durchführung der Bundeskongresse erfolgt. Über den Zusammentritt anderer Plenarsitzungen ist wenig verlautet, Zusammenkünfte am 15. 9. 1922, 23. bis 29. Juni 1924 und September 1927, ferner eine Plenumsitzung 1929 in Gorkij sind belegt.[46] Dabei war die besonders wichtige Entscheidung in der Militärdienstfrage, die sich zugleich zu einer Loyalitätserklärung entwickelt hatte, weder von den Petrograder Ratsmitgliedern allein noch vom gesamten Plenum getragen worden. Zu den nur vier Unterzeichnern der Erklärung hatten Andreev und Savel'ev, beide damals in Moskau, gehört.

Die Besonderheiten der plötzlich an den Bund herangetragenen

---

[41] Prochanov an Dahlin, Kommitten für Evangelisk Mission i Ryssland, Helsingfors 4. 8. 1923 – SM.

[42] Er war 1923 Prochanovs persönlicher Sekretär gewesen, der ihn zu den Vernehmungen nach Moskau begleitet hatte.

[43] Er war der Schwager Prochanovs, er hat vor allem die Musikarbeit im Bund gefördert.

[44] Heinrich Matveevič Piiparinen war Ingermanländer und widmete sich besonders seinen finnischen Landsleuten. Svensson begegnete ihm 1907 zum erstenmal. Er schildert ihn als begabten jungen Mann, der 1906 wegen Teilnahme an einer von der Polizei aufgelösten Versammlung einen Monat lang verhaftet gewesen war. Nach seiner Freilassung erhielt er das Verbot, sich in Petersburg aufzuhalten. Gelder von schwedischen Missionsfreunden hatten ihm dann die evangelistische Weiterarbeit in Ingermanland ermöglicht. – Svensson, Konferenzbericht 1907 S. 29. Piiparinen verließ 1929 die Sovetunion, er starb am 23. 5. 1932 in Terijöki/Finnland – vgl. seinen Nachruf von Prochanov in: E.V. 12/1932 S. 20, ferner E.V. 6/7/1933 S. 21.

[45] Christianin 8/1927, ohne Seitenangabe.

[46] Protokoly 9–go Vsesojuznogo s'ezda 1923 S. 11; Christianin 6/1924 S. 39, ebenda 5/1928 S. 53, ferner Jarcev 4. Aufl. S. 44. Zu Gorkij siehe B.V. 1/1957 S. 63.

Entscheidungen und der Verpflichtung zu kurzfristiger Stellungnahme hatten damit bereits die Verantwortlichen des Bundes außerhalb der Bundesordnung agieren lassen, wenngleich sie auf dem folgenden Kongreß die Legalisierung bereits vollzogener Maßnahmen erbaten. Das Leben des Bundes in seinen Ordnungen wurde, wie dies überall zu sein pflegt, durch die Persönlichkeiten bestimmt, die Schöpfer und Träger dieser Ordnungen zugleich waren. Der Blick in das Ordnungsgefüge des ostslavischen Protestantismus war Jahrzehnte hindurch mehr ein Blick in Unordnungen als in Ordnungen gewesen, ein Blick in immer erneute Spaltungen hinein. Freunde und Feinde der Arbeit Prochanovs, Befürworter und Gegner des Bundes der Evangeliumschristen haben zu Recht konstatiert, daß mit Prochanov und seinem Bund in das Leben des ostslavischen Protestantismus ein neues Ordnungselement gelangt ist.

Die Fragen nach den Ursachen dieses Phänomens bedienten sich vielfach der Schablonen, die das alte und neue Rußland bereit hielten. Die einen fragten nach dem Zentralismus des Bundes, die anderen wiesen auf ein mangelndes Demokratieverständnis hin. Zweifellos wird bei Prochanov ein Verständnis sichtbar, das die Hilfen einer zentralen Leitung für die selbständigen Gemeinden betonte. Den technisch-naturwissenschaftlich denkenden Prochanov begleitete die Frage nach dem Verhältnis von Kraftaufwand und Effektivität in seinem Fachbereich. Ohne daß er eine fälschliche Übertragung in die Welt des Religiösen vornahm, mußte er entsprechend kritische Fragen an die Effizienz kirchlich organisatorischen Wirkens stellen. Dabei bemerkte er, wieviel Kraft vertan wurde und wie mangels hilfreicher Ordnungen eine Bewegung zum Stillstand bestimmt war. In vielen von Prochanovs Handlungen ist das Bemühen um das Nützliche sichtbar, sei es, daß er den Gemeinden wiederholt ein Handbüchlein des gültigen Rechts in die Hand gab, damit sie mobiler wurden, sei es, daß er Hilfen für die Gemeinden zentral zu ordnen suchte, damit nicht durch schlechte Organisation der Hilfe vermehrtes Unrecht geschehe.[47]

Neben dem nüchternen Erwägen der Möglichkeiten ist jedoch im-

---

[47] In einem Gespräch mit Jack äußerte sich Prochanov: » . . . sie (die Zentrale – W.K.) müßte den Überblick über das ganze Werk behalten und damit bitte er auch uns ausländische Brüder, nach Möglichkeit durch die Zentrale zu arbeiten. Wenn wir z.B. einzelne Brüder unterstützten ohne Wissen des Bundesrates, so wäre damit eine bestimmte Gefahr verbunden: einmal führten wir solch einen Bruder in Versuchung, unaufrichtig zu werden, er empfange sein Gehalt von der Gemeinde oder vom Bunde und außerdem noch von uns, also doppelt. Andere Prediger litten oft bittere

mer wieder in Prochanovs Denken und Handeln ein Zug verspürbar, die Gegebenheiten mit ihren Bindungen hinter sich zu lassen. Dieser Zug fand seinen Ausdruck in der Planung von Solncegrad[48] wie in den Bauvorhaben eines Zentralgebäudes für den Bund in Leningrad. Zwei Entwürfe standen zur Wahl. Die Aufgabe, die einem realen Bedarf für die Aktivitäten des Bundes in der Verwaltung, in den Biblischen Kursen, in der Notwendigkeit einiger größerer Versammlungsräume entsprach, überforderte gleichzeitig die schwachen finanziellen Kräfte des Bundes.[49]

Jack führte 1928 in Berlin mit Prochanov ein eingehendes Gespräch über Fragen des Bundes. Dabei ging es auch um das nach Jacks Ansicht zentralistische Verständnis Prochanovs. Er sagte diesem: »Sie betonen immer wieder die Zersplitterung der Baptisten im Gegensatz zur geschlossenen Einheit der Evangeliumschristen. Besteht aber nicht die Gefahr, Ivan Stepanovič, – als alter Freund und Bruder von Ihnen darf ich das ganz offen sagen – daß bei Euch eine Art von Papsttum oder Oberkonsistorium sich herausbildet, so ein evangelischer heiliger Synod unter der Leitung von Prochanov als Oberprokurator oder Generalsuperintendent?« Jack berichtet über die Antwort auf seine Frage: »Unser Bruder lächelte verständnisvoll: ›Seid unbesorgt, das kann und wird nicht werden. Bei uns baut sich die ganze Organisation auf freier Selbstbestimmung aller Mitglieder auf. Jedes Jahr werden sämtliche Räte und Organe für die einzelnen Gemeinden, Kreise, Bezirke, Distrikte und die ganze Union mit ihren sämtlichen Predigern und Dienern neu gewählt. Jede Gemeinde in unserem Bunde ist autonom und nur durch freiwillige Anerkennung der gemeinsamen Linien mit dem ganzen verbunden. Bei diesen Wahlen geht man sehr streng vor. Wer etwa gefehlt hat oder sonst das Vertrauen seiner Gemeinde verloren hat, wird unweigerlich nicht wieder gewählt. Auch ich unterliege dieser Ordnung. Wohl haben die Brüder vor einigen Jahren auf einem Allrussischen Kongresse erklärt, sie wollten mich ohne besondere Wahl für Lebenszeit zum Präsidenten bestellen. Aber ich habe kategorisch abgelehnt. Auch ich will nur durch das ausgesprochene Vertrauen des ganzen Bundes meinen

Not aus Mangel an Mitteln. Sodann könnten solche gerechten Beziehungen zum Auslande den Betreffenden in große Unannehmlichkeiten, ja in Gefahr von seiten der Behörden bringen.« – Manuskript S. 14 – SM.
[48] Vgl. hier S. 453.
[49] Abbildungen der beiden Projekte im Kalender »Evangel'skij sovetnik na 1928god S. 207/208. Der dazugehörige Bericht über die abgeschlossenen Planungen ist am 30. 12. 1927 verfaßt.

Dienst tun. Also, Hierarchie oder Papsttum kann bei uns nicht aufkommen.‹«[50].

Die eingehende Antwort Prochanovs auf Jacks Frage nach dem Verhältnis von zentraler Leitung und gemeindlicher Selbständigkeit zeugt davon, daß Prochanov die ihm nicht nur bei dieser Gelegenheit gestellten Fragen ernstgenommen hat. Freilich konnte er sie teilweise nur mit dem Hinweis auf gültige Ordnungen beantworten, die zumindest in der Zentrale nicht eingehalten werden konnten. Es gab seit 1923 keinen jährlich stattfindenden Bundeskongreß mehr, der die von ihm betonte alljährliche Wahl des Rats hätte durchführen können. Es kam ein weiteres hinzu, das er in dem Gespräch mit Jack nicht auszusprechen brauchte: Die Abwahl eines der Leitenden durch die zuständigen Organe des Bundes war erschwert, wenn nicht gar unmöglich, wo dieser Betreffende das besondere Vertrauen staatlicher Stellen besaß. Kapalygin in Leningrad, Andreev in Moskau und Orlov, eine zeitlang in Sibirien, waren auf diese Weise der freien Entscheidung der Bundesorgane entzogen.

Jack hatte die Frage nach der Organisation des Bundes unter kirchlich-theologischen Gesichtspunkten gestellt. Die Kritiker des Bundes im staatlich-politischen Bereich konstatierten ebenfalls das große Gewicht, das der Zentrale in der Gesamtarbeit zukam. Jarcev wandte auf diese Tatsache besondere Aufmerksamkeit in seinem Buch über die Evangeliumschristen.[51] Er rückte seine Kritik unter die Kriterien demokratischer Entscheidungsmöglichkeiten, der Teilhabe der Masse des Kirchenvolks an den Beschlüssen. Er erblickte einen Wandel in der Praxis der Verbindungen von Bund, Distrikten und Gemeinden: Kein regionaler und Gouvernements-Kongreß komme ohne »Vormundschaft« der Bundesleitung zustande. Regelmäßig sei dann ein Instrukteur der Zentrale anwesend, unter Umständen auch noch ein zweiter Vertreter. Die Großgemeinden in den Städten sandten ihre Vertreter ebenfalls als Helfer zu den Konferenzen ländlicher und kleiner Gemeinden. Dies alles, so meint Jarcev, führe dazu, daß es auf den örtlichen Kongressen keine Stimme des gemeindlichen Volkes gebe, die Demokratie der Bundesverfassung sei nur wie ein Feigenblatt.[52] Er nennt als Beispiel für diese Behauptung Vorgänge beim Kongreß des Distrikts Tver 1927. Auf dem Plenum des Allunionsrats war 1926 die Anordnung getroffen worden, daß jeder Evangeliums-

[50] Manuskript S. 13 – SM.
[51] Sekta evangel'skich christian, vor allem S. 12–14.
[52] ebenda S. 12.

christ[53] im Jahr 12 Rbl. an den Bund abzuführen habe. Beim Tverer Kongreß sei ein größeres Aufgebot auswärtiger Vertreter anwesend gewesen, die Widerstand gegen diese Bestimmung zu ersticken hatten.

Jarcev stellt weiter fest, daß der Rat einer Gemeinde nicht durch alle Mitglieder in Urwahl gewählt werde, sondern durch die Vorsitzenden der einzelnen Gruppen in der Gemeindearbeit, »dies ist als Regel eingeführt worden«. Wahlen auf allgemeinen Versammlungen beginnen seltener zu werden. Die Gemeinde ist in Arbeitsgruppen aufgeteilt. In der Gruppe besteht ein eigener Rat. Die Gruppe hat kein Recht auf Selbständigkeit, sie ist dem Rat der Gemeinde untergeordnet, dem sie durch ihren eigenen Rat ihre Zustimmung gegeben hat. Alle Dienste sowohl in der Gemeinde wie auf mittlerer Ebene wie auch in der Bundesleitung sind aufeinander bezogen. Beim Rat des Bundes in Leningrad haben »Instrukteure« ihre besonderen Aufgabenbereiche, denen sie entweder schriftlich oder im Besuchsdienst nachkommen. Dies alles führt Jarcev zu dem Urteil, daß die Massen der Gläubigen im Rat nicht vertreten sind. »In ihm befinden sich Apparačiki von Bundes- und Gebietsmaßstab.«[54]

Jarcevs Beobachtungen, so einseitig sie auch zum Ausdruck gebracht sind, unterstreichen das allgemeine Urteil, daß die Organisation des Bundes unter den Kirchen und religiösen Bünden im Lande hervortrat. Die Stellung der Presbyter in Bund und Gemeinden ist Jarcev besonderer Erwähnung wert. Der Presbyter wird Mitglied eines Gemeinderats durch dessen Wahl. Der Vorsitzende des Rats kann, muß jedoch nicht, der Presbyter sein. Trotz dieser eingeschränkten Vollmacht der Presbyter wird von Jarcev die Gefahr der Machtanhäufung, der Bildung eines neuen Klerus gesehen, zumal die Ordination eines Presbyters nur durch andere Presbyter möglich ist. In diese Bedenken sind offenbar die alten Streitfragen zwischen Baptisten und freien Gemeinden eingeflossen.

Eine große Zahl von Gemeinden hatte noch keine Presbyter, sondern allenfalls eine selbstgebildete Leitung und Prediger entweder aus den eigenen Reihen oder aus einer schon länger bestehenden Nachbargemeinde. Das Institut der Presbyter spielte in den zwanziger Jahren bei den Evangeliumschristen noch nicht die Rolle, die ihm nach

---

[53] Jarcev spricht nicht von Evangeliumschristen, sondern von »Evangelisty« – S. 14 u.a.
[54] ebenda S. 11.

baptistischem Verständnis schon lange hätte zukommen müssen. Die Arbeit der Gemeinden in größeren Orten und ihre Verbindung mit Gemeinden der ländlichen Nachbarschaft waren mit der Entwicklung regionaler Glaubens- und Missionskonferenzen sowie auch regionaler Gemeindekonferenzen auf Bezirks- und Distriktebene verbunden. Dienten die einen der Meinungsbildung und auch Beschlußfassung über Angelegenheiten des Gesamtbundes, so waren die anderen nach dem Vorbild neupietistischer Konferenzen im Westen Zusammenkünfte, die der Auferbauung und der missionarischen Regsamkeit dienten. Diese Unterschiede der Konferenzarbeit gilt es zu sehen. Die Mehrzahl stattgehabter Konferenzen gehörte sicherlich dem Typus der Glaubens- und Missionskonferenz an. Eine klar abgegrenzte und durch Führungsorgane ausgewiesene Entwicklung der mittleren Ebene hat jedenfalls nicht stattgefunden. Was an Regionalkonferenzen zumal von der Mitte der zwanziger Jahre an abgehalten wurde, ist nicht mehr als ein Schritt zur Heranbildung regionaler Gremien im Bund zu verstehen. Dem entsprach die Funktion der größeren Stadtgemeinden für Gemeinden und Gemeindegruppen in der Region. Sie halfen, berieten und ordneten in Streitfällen. Dadurch wuchs den Ältesten und Presbytern dieser Gemeinden besonderes Gewicht zu. Wie selbstverständlich berichteten die großen Gemeinden dann auch über Entwicklungen und Wachstum in ihrer Region. Dies galt sowohl für Gemeinden im europäischen als auch im asiatischen Teil der Sowetunion. Die Gemeinde in Barnaul berichtete, daß es in ihrer Arbeit vorangehe, neue Gruppen seien in Dörfern nah und fern entstanden.[55] Die Gemeinde in Tobolsk berichtete ähnliches.[56] Am 25. Juni 1927 begann in Novosibirsk die 10. sibirische Regionalkonferenz. An ihr waren 185 Delegierte aus sibirischen Gemeinden beteiligt.[57] Die hohe Zahl in der Folge dieser und anderer Regionalkonferenzen muß recht interpretiert werden: Erste anfängliche sibirische Kontakte und kleine Zusammenkünfte ohne eigentliche Rechtskraft sind später in die Zählung der Konferenzen mit hineingenommen worden, um die Kontinuität evangeliumschristlicher Arbeit, sei es in Sibirien, sei es in anderen Landesteilen, zu dokumentieren. In Gomel[58] und in Bobruisk[59] wurden bereits im Jahre 1925 geordnete Kreiskonferenzen

[55] Christianin 3/1927 S. 63.
[56] ebenda S. 64.
[57] ebenda 9/1927 S. 53–55.
[58] ebenda 11/1927 S. 58.
[59] ebenda S. 57, die Konferenz fand am 5. 10. 1925 statt.

abgehalten. Die Gemeinden im Raum Orel berichteten aus dem gleichen Jahr ebenfalls von ihrer gemeinsamen Arbeit.[60]

Angaben für die ukrainische Republik verdeutlichen die Organisation der Gemeinden. In der Ukraine hatten die staatlichen Behörden wiederholt schon ihre Selbständigkeit auch anderen Gruppen gegenüber demonstriert. Bei den Evangeliumschristen war auf diese Weise der »Allukrainische Rat der Evangeliumschristen« (VUSECH) entstanden. Motorin berichtete über das Plenum des Rats dieses selbständig gewordenen Bundes der ukrainischen Evangeliumschristen und teilte mit, daß Prochanov, der Ehrenvorsitzende dieses Ukrainischen Bundes, am 16. und 17. Januar 1928 den Bund offiziell besucht habe.[61] In 42 Bezirken, die wiederum in 8 Hauptdistrikte gegliedert waren, gab es etwa 2000 Gemeinden und Gemeindegruppen. Die Distriktstädte und -Räume waren Char'kov,[62] Kiev, Podolien, Odessa, Dnepopetrovsk, das Donecgebiet, Wolhynien und Melitopol.[63] Die Notwendigkeit regionaler Kontakte ist von 1926 an verstärkt gesehen worden. Der großen X. Bundeskonferenz folgten – es waren bereits solche vorausgegangen[64] – zahlreiche Regionalkonferenzen in allen Teilen der Sovetunion, die als Konferenzen im organisatorischen Bundesgefüge anzusehen sind. In ihnen wurden die umfangreichen Themenkreise der Bundeskonferenz nachbesprochen, zum Teil aber auch erstmalig behandelt. Dies hing damit zusammen, daß die Meinungsbildung der Bundeskonferenzen, der letzten wie die der vorausgehenden, nicht abschließend gewesen war. Zwischen den Ergebnissen der Bundeskonferenzen, die nicht immer hinreichend vorbereitet waren und die teilweise unter akuter Einwirkung von außen zustandegekommen waren, und der Meinung und Willensbildung wie auch dem Informationsstand in den Gemeinden klaffte oftmals ein beträchtlicher Spalt. Prochanov hat gemeinsam mit dem Präsidium des Bundes auf seinen Reisen durch das Land im Jahre 1927 die Entwicklung der regionalen Arbeit stark gefördert. Seine Besuchsreisen in die Ukraine und in den Kaukasus bis hin nach Sibirien boten Gele-

[60] ebenda S. 56.
[61] ebenda 7/1928 S. 56.
[62] J. Tarasjuk, ein Schüler von Wiedenest, war dort seit dem 18. 4. 1925 als Presbyter tätig geworden. Die örtliche Gemeinde hatte 400 Seelen.
[63] M. Kroeker, Jakob Kroeker . . . S. 168. – Nach der Zahl der Gemeinden waren die 8 Distrikte etwa gleich groß. Char'kov ist mit 300, Kiev mit 400 Gemeinden angegeben, die anderen Distrikte mit 200 bzw. 300 Gemeinden.
[64] Vernost 3/1927 S. 12 erwähnt eine dieser Konferenzen, unter dem Vorsitz von Semenov am 1. 10. 1926 in Vladivostok für das Fernostgebiet.

genheit, die Willensbildung der Gemeinden, der Regionen wie die der Leitungsorgane in Leningrad zu koordinieren. Nicht nur Prochanov allein, sondern auch die anderen hervortretenden Mitarbeiter im Bunde waren bei der Leitung dieser Regionalkonferenzen wesentlich beteiligt.[65]

Die Bundeskongresse, der Reihe nach der vierte bis achte von 1917 bis 1920, sind, bezogen auf die Entwicklung des gesellschaftlichen und staatlichen Lebens, als Kongresse in der Übergangszeit von Revolution, Bürgerkrieg und Konsolidierung der Sovetmacht anzusehen. Mit dieser zunehmenden Konsolidierung verringerte sich im folgenden Zeitraum die Zahl der Bundeskongresse erheblich. Dem neunten Kongreß von 1923, dessen Arbeit vor allem durch die Fragen des Militärdienstes und eines modus vivendi bestimmt gewesen war, folgte mit dreijährigem Abstand der letzte Kongreß des Bundes 1926. Die Frage des Militärdienstes war damals bereits entschieden, die Delegierten konnten nur mit ihren Beschlüssen die stattgehabte Entwicklung nachvollziehen – der Widerstand weiter Kreise und vieler geschlossener Gruppen und Gemeinden war auf den Widerstand einzelner Angehöriger des Bundes reduziert worden und spielte für die Beziehungen zwischen Bund und staatlichen Organen keine Rolle mehr, es sei denn, daß dieser Widerstand einzelner den Partei- und Staatsorganen immer wieder die Möglichkeit bot, die Loyalität des Gesamtbundes infragezustellen und ihn zu weiteren Pressionen gegen den Bund auszunutzen.

Das Gesamtthema des Kongresses von 1926 lag dementsprechend bei der zukünftigen Sicherung des Lebens des Bundes und seiner Gemeinden im Rahmen der neuen sovetischen Gesellschaft. Stichwort wurde hier und in anderen Verlautbarungen »Das neue evangelische Leben« oder »Das dem Evangelium gemäße Leben«. Es war das Programm einer sehr eigenwillig geprägten christlichen Existenz inner-

---

[65] Vgl. dazu den Bericht von I.I. Motorin in : Ljus i Öster Mai/1927 S. 47–48 über die Durchführung und Ergebnisse eines ukrainischen Regionalkongresses. Ende Januar 1927 fand in Char'kov die Konferenz des Char'kov-Distrikts im Bund statt. Einzelangaben geben Einblick in die Entwicklung einiger zu diesem Bereich gehöriger Gemeinden.
In der Stadt L. war im Januar 1913 ein einziger Gläubiger vorhanden, 1917 waren es 28, zur Konferenzzeit 1500. Von einem kleinen Dorf N. wird berichtet, daß kurz vor dem Krieg zum ersten Mal evangelisiert worden war, die Zahl der Gemeindeglieder betrug jetzt 400. Diese und andere Erfolgszahlen ließen aber nach Motorins Worten nicht darüber hinwegsehen, daß der innere Stand der Gemeinden dem nicht entsprach.

halb des gesellschaftlichen und politischen Lebensbereiches, glaubhaft und originell vorgetragen. In den Einzelheiten dieses Programms, über das an anderer Stelle zu berichten sein wird – vgl. hier Kap. VI – ist unschwer der Einfluß von Prochanov'schen Vorstellungen zu erkennen. Dieses Programm war aber nicht nur auf seine persönliche Sicht bezogen, es spiegelte vielmehr die Möglichkeiten wider, die ein aktiver und missionarisch tätiger Bund in der damaligen politischen Stunde glaubte nutzen zu können. Diesem Programm der Schwerpunktsetzung entsprachen die Maßnahmen, die der Bund im Zuge der administrativen Verwaltungsreformen in der Sovetunion vollzog. Die bisherigen 70 Bezirkszusammenschlüsse – Bezirksunionen, von denen eine ganze Reihe nur nominell bestanden, wurden auf 50 reduziert. Das bedeutete eine Straffung der regionalen Gliederung und sollte zugleich dazu dienen, auf der Ebene der neuen politischen Gebiete wirksamer werden zu können. Nach Angaben Prochanovs fanden in der dem letzten Kongreß folgenden Zeit mehr als hundert regionale Konferenzen und Plenarversammlungen statt. »Alle diese Provinzial-Konferenzen entschieden über die Frage, wie die Programme für ein ausgedehnteres geistliches Werk in allen möglichen Richtungen praktisch zu realisieren seien.«[66] Wo es nicht möglich war, in einer Region eine Konferenz einzuberufen, trat doch das Plenum des regionalen Rats zusammen.

Nach den Jahren einer gewissen Begünstigung der Freikirchen gegenüber den alten länger etablierten Kirchen änderte sich in den Jahren 1928/1929 die Stellung der politischen Organe zu ihnen. Von dieser Zeit an wurden in der atheistischen Polemik neben orthodoxen Priestern, katholischen Geistlichen, lutherischen Pastoren, Rabbinern[67] und Mullahs auch die Prediger des Sektantstvo, zumal der Baptisten und der Evangeliumschristen, als schädliche Elemente bezeichnet, die den Aufbau der sozialistischen Gesellschaft behinderten.

In den Jahren bis 1929 hat es wie bei den Baptisten auch in den evangeliumschristlichen Gemeinden nicht an Auseinandersetzungen gefehlt. Neben Streitigkeiten, wie sie gemeinhin in allen Gemeinden

---

[66] I.St. Prochanov, Triumph of the Gospel in the Heart of Russia S. 8. Dort auch Bilder von Teilnehmern an Regionalkonferenzen in Kursk (S. 8), Moskau, Char'kov (S. 9), Novosibirsk (S. 10), Vladikavkaz (S. 11), Voronež (S. 12).
[67] Die Polemik gegen Rabbiner erstreckte sich vor allem auf das polnische Rabbinat im Rahmen vieler Angriffe gegen die Führungsschichten Polens, vgl. Bezbožnik Jgg. 1923–1928.

aufkommen konnten, ohne weitere Folgen zu zeitigen, hat es zwei Bewegungen gegeben, die das Leben der Gemeinden tangiert haben. Die eine war die von außen kommende Bildung von Gemeindegruppen und Gemeinden pfingstlich-ekstatischen Charakters. Sie führte zum Ausscheiden einzelner und von Gemeinden aus dem Bund – entsprechend war es in den baptistischen Gemeinden der Fall – und zur Bildung einer organisatorisch abgegrenzten Bewegung und selbständigen Kirchenbildung. Die andere Bewegung war im Zuge der Auseinandersetzungen innerhalb des Bundes um den rechten Weg in der Frage des Dienstes mit der Waffe entstanden. Sie führte zur Bildung einer Oppositionsgruppe, die jedoch 1927 bereits wieder in der Auflösung begriffen war.

Über Helsinki, Vyborg, Petersburg und Odessa waren pfingstgemeindliche Einflüsse um 1911 nach Rußland gelangt. Träger dieser Einflüsse, die sich auch in den Gouvernements Moskau, Novgorod, Vjatka, Vitebsk, Mogilev und im Transkaukasusgebiet auswirkten, waren die Prediger Ursan und Smorodin, dessen Gruppe auch nach diesem benannt wurde – »Smorodincy«. Das sehr schnelle Vordringen dieser pfingstgemeindlichen Einflüsse hing mit der Aufnahmebereitschaft für Vorstellungen ekstatisch-enthusiastischen Charakters zusammen.

Eine zweite stärkere pfingstgemeindliche Welle wurde durch den von 1912 bis 1921 in Amerika wohnhaft gewesenen Ivan Efimovič Voronaev in die Räterepublik getragen. Bei seiner Rückkehr traf er 1921 in Odessa ein. Er gründete hier und andernorts Gemeinden, die um 1924 einen erheblichen Zuwachs erfuhren. Die neuen Gemeinden zogen Unzufriedene aus den Bünden der Baptisten und der Evangeliumschristen an. Manche waren nicht mehr geneigt, die Stellung ihrer Leitungsorgane in den 1923 sich verschärfenden Auseinandersetzungen zwischen Staatsorganen und bislang die Waffenlosigkeit vertretenden religiösen Gruppen weiter mitzutragen. Handelte es sich hierbei um eine Protestbewegung gegenüber der Verhaltensweise der Leitungsorgane, so waren doch andere Fragen für die zu den Pfingstgemeinden Stoßenden nicht minder wichtig – die Fragen und die Suche nach den Früchten des Geistes.

Bereits 1927 fand ein Unionskongreß der Pjatidesjatniki statt, auf ihm wurde der Allunionsbund der »Christen des evangelischen Glaubens« begründet. Die Organisation eines Allukrainischen Bundes hatte bereits früher begonnen; in der Ukraine hatten die Gemeinden eher als in anderen Regionen Kontakte untereinander und eine Organisation gewonnen.[68] Die Pjatidesjatniki teilten das Schicksal der anderen Bünde, die Zerschlagung und Auflösung der dreißiger Jahre.[69] Gemeinden und Kleinkreise waren jedoch nicht ausgelöscht worden, nach der Änderung der sovetischen Religionspolitik im Zweiten Weltkrieg tauchten auch die Pjatidesjatniki wieder aus dem Untergrund hervor.[70] Die Geschichte ihrer Neuorganisierung und Verbindung mit dem Bund der Evangeliumschristen/Baptisten seit 1945, die dann gleich wieder einsetzende Abspaltung radikaler Pfingstgemeinden vom Bund geht über den Rahmen dieser Darstellung hinaus. Es hatte nur ein Teil der Pfingstgemeinden der Vereinigung mit dem Bund der Evangeliumschristen/Baptisten zugestimmt, eine Reihe radikaler Gemeinden war von vornherein draußen geblieben und hatte die sogenannte August-Übereinkunft, die die Lebensbedingungen von Evangeliumschristen, Baptisten einerseits, Pjatidesjatniki andererseits regulieren sollte, nicht gebilligt.[71]

Vereinigungen und nachfolgende Separierungen machen die Nähe und die Differenzen der Pjatidesjatniki zu Evangeliumschristen und Baptisten deutlich. Sie deuten zugleich die Schwierigkeiten an, die einer Zusammenarbeit durch subjektivistische Haltung und Ablehnung zentralistischer Vorstellungen entgegenstanden und -stehen. Die Pfingstbewegung hat sich in den zwanziger Jahren auf die Gemeinden der Evangeliumschristen in der Sovetunion nicht allzu belastend ausgewirkt. Dagegen war sie von erheblicher Bedeutung für die Entwicklung der evangeliumschristlichen Gemeinden in Polen zwischen den beiden Weltkriegen; hier hat sie nach verschiedenen Aussagen die Gemeinden empfindlich gestört und zu erheblichen zahlenmäßigen Einbußen geführt.[72]

Äußerungen über das Verhältnis von Pjatidesjatniki und Evangeliumschristen gibt es nicht viele, doch erscheinen die folgenden repräsentativ. Der »Christianin« brachte 1925 einen Bericht über die Wirksamkeit Smorodins in evangeliumschristlichen Gemeinden des Gouvernements Vjatka. Es heißt in diesem lokalen Bericht, daß er

[68] Vgl. F. Fedorenko, Sekty, ich dela i vera S. 182.
[69] Nach Angaben bei Fedorenko S. 182 legte Voronaev 1930 ein Schuld- und Bußbekenntnis ab, in dem er sich zu sozialistischer und gesellschaftlich fruchtbringender Tätigkeit verpflichtete.
[70] Fedorenko S. 178 gebraucht für die bisherige Existenzform der Smorodincy den Ausdruck »glubokoe podpole«, tiefer Untergrund.
[71] Vgl. B.V. 3/1970 S. 59/60 zur August-Übereinkunft, zu ihrer Geschichte in der Darstellung von A.V. Karev B.V. 5/1970 S. 12–15.
[72] Vgl. hier S. 28off. die Angaben über die Gemeinden in Polen.

»oft in unserer Gemeinde erschien, auch wenn die Brüder selbst ihm keinen Zugang gewährten. Dann nahm er die Gelegenheit wahr, Brüder allein zu Hause zu besuchen; mit diesen vermochte er seinen Samen dann in unserem Rayon auszustreuen.«[73] Dies zeigt das übliche Bild missionarischen Einwirkens; es unterscheidet sich durchaus nicht von dem, was orthodoxe Priester und Gemeinden über die Wirksamkeit von Stundisten Jahrzehnte zuvor gezeichnet hatten. Die evangeliumschristlichen Gemeinden, in den zwanziger Jahren zum Teil erst entstanden und in ständiger Entwicklung, vielfach von enthusiastischen Zügen geprägt, standen immer erneut vor der Aufgabe, die Geister zu scheiden. Es konnte geschehen, daß hier die Grenzen fließend waren und einzelne, die sich pfingstgemeindlichen Gedanken erschlossen, in ihren Gemeinden blieben, während andernorts Separierungen eintraten. Ein beiläufiges Urteil Prochanovs deutet darauf hin, daß er in der Jahresmitte 1928 eine Gefährdung der evangeliumschristlichen Gemeinden insgesamt durch die Pjatidesjatniki nicht als gegeben erachtete. »Die Pfingstleute haben anfänglich großen Erfolg gehabt, besonders unter den Baptisten und Adventisten, . . . jetzt hört man weniger von ihnen. Ja, man kann den umgekehrten Prozeß beobachten, sie gehen zurück. Zu uns stellen sie sich eigentlich freundlich.«[74] Dieses abständlich und überlegen wirkende Urteil Prochanovs war aus den Informationen erwachsen, die in der Leningrader Zentrale von überall her zusammenliefen. Ganz anders mochte das Urteil irgendeiner Gemeinde lauten, die infolge der missionarischen Wirksamkeit von Angehörigen einer Pfingstgemeinde vor dem Auseinanderbrechen stand.

Am Rand des Bundes der Evangeliumschristen bestanden Gemeinden fort, in denen Gedankengut des Allianzchristentums aus dem 19. Jahrhundert wirksam war. Über ihre Zahl und ihren Charakter liegen kaum Angaben vor. Sie hatten nur lokale oder regionale Bedeutung. Fedorenko nennt einige dieser Gruppen, die er im weiteren Sinne als Richtungen von Evangeliumschristen bezeichnet. Dazu gehörten nach seinen Angaben die »Evangelischen freien Christen« (Evangel'skie Svobodnye Christiane), die den Weg der Einigung von Evan-

---

[73] Christianin 5/1925 S. 60, zitiert nach Fedorenko S. 178.
[74] Bericht W. Jack über sein Gespräch mit I. Prochanov 7./8. Juli 1928 in Berlin, Manuskript S. 12/13 – SM.
Vernost 4/1928 S. 4 nennt Odessa als Mittelpunkt der Pfingstgemeinden mit einer Gemeinde von 400 Gliedern, insgesamt 300 Gemeinden und Gruppen mit einer geschätzten Zahl von 18000 Menschen.

geliumschristen und Baptisten mitzugehen nicht bereit gewesen waren.[75] Die Geschichte des Darbysmus in Rußland hat eine selbständige Ausprägung in der Karpato-Ukraine im tschechoslovakischen Staatsgebiet nach 1918 und im östlichen Polen bis zum Ausgang des Zweiten Weltkriegs gefunden. Die »Vereinigung in Christus« (Edinenie vo Christe), auf Radstock'sche Traditionen zurückweisend, war die Gründung eines Petrograder evangeliumschristlichen Predigers M. P. Smirnov, der aus der Gemeinde ausgeschlossen worden war, in Gatčina eine Philadelphische Kirche gegründet hatte, aber später die Sovetunion verlassen hatte und nach Estland übergesiedelt war.[76] Die »Alten Christen« (drevnie christiane) im Leningrader Bezirk bestanden noch in den sechziger Jahren dieses Jahrhunderts; die über sie gegebenen Daten weisen auf lutherische Einflüsse hin, ihre Prägung weist Ähnlichkeiten mit der Moskauer Gemeinde des I. K. Verbickij auf, die an der Kindertaufe festgehalten hatte.

Zu den Gemeinden im Umfeld von Evangeliumschristen und Baptisten ist auch die Gruppe der von Kornauchov genannten Gemeinden im Kaukasus zu rechnen.[77] Erscheinungen, wie sie bei der Entstehung des Stundismus und dann wieder in in den Jahren der Gründung und Organisierung der beiden Bünde eingetreten waren, wiederholten sich in diesen Gemeinden und Gruppierungen örtlicher und regionaler Artung. Sie waren nicht in der Lage, das Gefüge des Bundes im ganzen zu beeinflussen. Eine andere Bedeutung hätte die Bewegung nehmen können, die in den Auseinandersetzungen um die Militärfrage sich entwickelt hatte. An einer Stelle gewann dieser Unmut über Prochanov und die Bundesorgane organisatorischen Ausdruck, es kam zur Separation, ihr Zentrum bildeten die Gemeinden des Krasnoborotskij Rayon im Moskauer Gebiet. An die Spitze dieser Opponierenden trat der Presbyter der Moskauer Gemeinde F. S. Savel'ev.[78] Er war einer der vier Leitenden im Bund gewesen, die die Entscheidungen des Bundes 1923 zunächst gebilligt hatten. Die Fra-

[75] Vgl. Fedorenko S. 171.
[76] Vgl. Fedorenko S. 173, sein Ausschluß sei wegen Vielweiberei erfolgt.
[77] Kornauchov wohnte von 1927 bis 1937 in Majkop. 1929 traf er in Transkaukasien Gläubige, die sich die »Kirche des Herrn« und »Kinder Gottes« nannten. Er fand heraus, daß deren Vorstellungen nicht die Überwindung der von ihm beklagten Spannungen zwischen Evangeliumschristen und Baptisten brachten, sondern ein Drittes darstellten und keinen Beitrag für die Einheit leisten konnten. – B.V. 6/1946 S. 41.
[78] Geb. 1863, kam er 1902 zur Gemeinde der Evangelischen Christen. 1903 wurde er durch den Mitarbeiter Prochanovs Dolgopolov bei Moskau getauft. Er trat bald an die Spitze der Moskauer Arbeit und erreichte 1909 die Legalisierung der Moskauer

gen dieser Opposition kreisten um die Probleme staatlicher Vollmacht im Wandel der Systeme und der Herrschaftsform sowie um die Stellung der christlichen Gemeinde in diesem Wandel.[79]

Über den Einsatz der Gemeinden in Zentralrußland, die sich hinter Savel'ev gestellt hatten, liegen wenig Nachrichten vor. Aber schon ihr Vorhandensein wurde in den sich verschärfenden Auseinandersetzungen zwischen Evangeliumschristen und Baptisten von diesen so gedeutet, daß sogar im eigenen Lager der Widerstand gegen Prochanovs Verhalten sichtbar wurde. Die Bewegungen im Bund der Evangeliumschristen vollzogen sich allgemein mit weniger Aufheben, als es in den verwandten Bünden der Fall war. Dies ist schon in den zwanziger Jahren auf den überragenden Einfluß von Prochanov in seinem Bund zurückgeführt worden. Es gab neben ihm keine Gleichgeordneten, vielmehr nur Nachgeordnete. Neben das Gewicht seiner Persönlichkeit war auch frühzeitig die Einwirkung aller Bundesorgane auf das Leben der Einzelgemeinden getreten. Der Eindruck, daß es sich beim Bund der Evangeliumschristen um einen sehr gut organisierten Bund handelte, war nicht nur beim konkurrierenden Bund der Baptisten vorhanden, sondern auch bei den auswärtigen Freunden Prochanovs und bei den Gegnern in der Sovetunion.

Gemeinde. Ein Bericht in B.V. 6/1947 S. 65ff. gibt über die Vorgänge des Schismas keine Auskunft, er vermerkt, daß von 1935 an Savel'ev nicht mehr aktiver Presbyter war; er wohnte später in Kešira.

[79] Vgl. hier S. 382ff., vor allem S. 405ff.

2. Bund und Gemeinden unter der Verfolgung von 1929 an

Die Mitteilungen aus dem Leben des Bundes der Evangeliumschristen, aus den einzelnen Gemeinden fügen sich in den Rahmen dessen ein, was über die Entwicklung der anderen christlichen Kirchen seit dem Erlaß des Dekrets der Russischen Föderativen Sozialistischen Sovetrepublik »Über religiöse Vereinigungen« vom April 1929 bekannt geworden ist. Dazu gehören die schnell voranschreitende Auflösung der kirchlichen Organisation, die Behinderung des Zusammentretens übergreifender kirchlicher Konferenzen, die Behinderungen auf örtlicher Ebene, die Zweckentfremdung kirchlicher Gebäude, die Pressionen, denen »Kultusdiener« durch Meldepflicht, Reisebeschränkungen und Entzug der Lebensmittelkarten ausgesetzt wurden. Diese Entwicklung hat die evangeliumschristlichen Gemeinden zwar nicht unerwartet, aber doch überraschend getroffen. Die Verantwortlichen im Bund hatten in der Zeit vorher zu sehr den Gedanken der Mitarbeit der Gemeinden und der Entwicklung neuer christlicher Lebensformen in der politisch-ideologisch bestimmten Gesellschaft betont, als daß sie nun in der Lage gewesen wären, sich und anderen die gesamten folgenschweren Konsequenzen des mit dem Dekret gegebenen Umbruchs der bisherigen Religionspolitik einsichtig zu machen. So ergab sich der Zustand, daß man beschwichtigend auftrat und versuchte, auch ausländischen Stellen die Härten des Dekrets mildernd zu interpretieren. Der Wille, an einem Programm der Zusammenarbeit festzuhalten, hat offensichtlich diese Interpretationen, die ihren Ausdruck in den Äußerungen befreundeter Missionkreise im Ausland, aber auch im Briefwechsel und in Stellungnahmen Prochanovs fanden, bestimmt.[1] Die Gemeinden der alten Kirchen, deren Geistliche und Pastoren hatten die negative Entwicklung klarer kommen sehen und schon früher Auswirkungen militant-atheistischer Grundhaltung verspürt, die die Evangeliumschristen in einem gewissen Zweckoptimismus für sich selbst nicht anerkannten oder nicht wahrhaben wollten.

In der ersten Jahreshälfte 1929 wurden in Leningrad drei Versammlungsräume geschlossen. Prochanov teilte dies in einem Brief an schwedische Freunde mit dem Zusatz »zeitweilig« (temporary) mit, wobei er zugleich darauf hinwies, daß in anderen Gemeinden die

---

[1] Vgl. hier S. 371ff.

Arbeit wie zuvor weitergehen konnte. Nach Prochanovs Worten befand er sich bei der Beurteilung »zeitweilig« im Einverständnis mit Židkov, der ihm nach Berlin darüber Mitteilung gemacht hatte.[2] Diese Sicht konnte jedoch nicht lange aufrechterhalten werden. Bereits am 20. Oktober 1929 mußte Prochanov in einem anderen Brief mitteilen: »The condition of brethren and the council from the material standpoint is extraordinary distressing just at this time.« Bittend beschwor er die Empfänger seiner Mitteilung: »Brother! Help! Brethren! Help!« und verband damit weiter Vorschläge für praktische Hilfsmaßnahmen.[3]

Die notvolle Entwicklung der Gemeinden nahm ihren Fortgang. Nicht überall in der gesamten Union wurden die das kirchliche Leben beeinträchtigenden Maßnahmen mit gleicher Schärfe und gleichzeitig durchgeführt. Während in einzelnen Regionen die Gemeinden frühzeitig zusammenbrachen, Presbyter und Prediger verhaftet wurden, war andernorts noch eine Arbeit möglich. Die Gemeinden der großen Städte waren die letzten, die der neuen Religionspolitik erlagen. Berichte aus den Jahren 1930, 1931, während derer die Gemeinden und die Gesamtorganisation des Bundes besonderen Schaden nahmen, umreißen die Entwicklung. Berichte dieser Art, oft nur in einer beiläufigen Bemerkung enthalten, sind allerdings nur als Momentaufnahmen der Situation zu werten, weil täglich Änderungen eintraten. In Tver, auch im umliegenden Bezirk in den Dörfern ging die Arbeit der Gemeinden weiter. Einige bereits verhaftet gewesene Prediger waren wieder in ihre Wohnorte zurückgekehrt, andere dagegen noch »auf Saisonarbeit« (sezonničajut), das heißt nach dem Sprachgebrauch: Sie waren noch verhaftet, im Gefängnis oder bereits in Lagern.[4] Wo Prediger und Presbyter wieder freigelassen waren, wurde ihnen doch in vielen Fällen eine Weiterführung ihrer gemeindlichen Arbeit verwehrt, wenn sie nicht schon selbst aus Sorge vor erneuten Inhaftierungen sich vom Leben der Gemeinde zurückzogen. Zur gleichen Zeit, aus der der Bericht über die Tverer Gemeinde stammte, ging das Leben der Moskauer Gemeinde in der ihr zugewiesenen ehemaligen Reformierten Kirche weiter. In Slavgorod/Sibirien feierte die Gemeinde vom 5. bis 13. Juni 1930 ihr 20jäh-

---

[2] Brief an Prochanov ohne Verfasserangabe vom 3. 6. 1930 – SM.
[3] Prochanov an Werner aus Berlin 20. 10. 1929. Vgl. dazu Parallelen aus dem Leben der lutherischen Gemeinden bei W. Kahle, Geschichte . . . S. 114ff.
[4] Brief an Prochanov ohne Verfasserangabe vom 3. 6. 1930 – SM, wie vorvorige Anmerkung.

riges Bestehen. Zweihundert Menschen waren regelmäßig bei den Veranstaltungen anwesend, dreißig wurden durch die Taufe neu in die Gemeinde aufgenommen. In Novosibirsk war der Gemeinde das Versammlungshaus weggenommen worden. Die Gemeindeglieder kamen zu den Versammlungen nun in der »deutschen Kirche« zusammen.[5] Insgesamt waren die Arbeitsmöglichkeiten im mittleren Sibirien noch offen, – »Die Kinder Gottes versammeln sich frei und beten.«[6] Im Osten Sibiriens war zu dieser Zeit die Lage bereits kritischer. Im März 1930 waren alle Mitglieder des Rats der 1920 in Vladivostok gegründeten Fernöstlichen Abteilung des Bundes verhaftet worden. Sie wurden in das Innere Sibiriens verbannt, einer von ihnen, in einem Bericht namentlich genannt, Nikolaj N. Protasov, in das Narymskij Kraj, das Gebiet, das schon zu Anfang des Weltkriegs Deportationsziel für Baptisten und Evangeliumschristen gewesen war.[7]

In Kazan' wurden im Sommer 1930 die Gottesdienste ohne »nennenswerte Behinderung« durchgeführt. Zur gleichen Zeit ging auch in Stalingrad die Arbeit weiter.[8] Von Astrachan aber wurde gemeldet, daß der Prediger es jetzt lerne, wie Paulus und Silas zu leben.[9] Von einer Stanica der Oktober-Eisenbahn wurde berichtet: »Um uns herum ist viel Gesetzlosigkeit«. Die Bitte um fürbittendes Gedenken wurde ausgesprochen – »es wäre noch vieles zu sagen, aber es ist nicht ratsam zu reden. Die Lage erlaubt es nicht.«[10] In der Stadt und im Rayon Ufa gingen die Versammlungen regulär weiter. Auch in Orenburg wurden die Versammlungen fortgesetzt, doch heißt es in der Mitteilung darüber am Ende: »Brüder, wir bitten darum: Betet für uns.«[11] Gute Nachrichten kamen aus dem Gebiet von Lebedin, wo in einer Reihe von Dörfern lebendige Arbeit in den Gemeinden getrieben wurde. Gottesdienste vereinigten die Teilnehmer dort drei und mehr Stunden.[12] Im Herbst 1930 ging die Arbeit der Gemeinde in Moskau weiter.[13]

---

[5] Michail Akimovič O (rlov) an Prochanov 17. 06. 1930 – SM. Ein weiterer Brief Orlovs vom 9. 8. 1930 aus Novosibirsk spricht jedoch von Erschwerungen der Lage mit den Worten Offb. Joh. 3,16 »Halte, was du hast . . .«

[6] Orlov, Brief vom 17. 6. 1930 – SM.

[7] Die Gründung dieser Abteilung war im Zusammenhang mit der zeitweiligen Selbständigkeit der Fernöstlichen Republik erfolgt. Die Angaben über die Verhaftung und Verbannung in Zeitschrift: Solnce 7–9/1940 S. 31. Vgl. zu den Angaben über die Verbannungen im Jahre 1914 M.D. Timošenko, V Narymskij Kraj.

[8] Schwester M. an Prochanov Anfang August 1930 – SM.

[9] Ohne Absenderangabe aus Astrachan an Prochanov Anfang August 1930 – SM.

[10] Ohne Absenderangabe an Prochanov 7. 8. 1930 – SM.

In der Ukraine war die Situation unterschiedlich. Ein Briefschreiber aus Char'kov, wohl ein Prediger, berichtete, daß man ihm das Stimmrecht genommen und ihn und seine Familie vom Normaleinkauf der Lebensmittel ausgeschlossen habe.[14] Die Frau eines Predigers aus dem Kreise Černigov teilte mit, daß sie in den Wäldern für sich und ihre Familie etwas Nahrung suche.[15] Mitteilungen aus Konotop besagten, daß der Herr die Seinen auch in den Stürmen erhalte.[16] Noch nicht verhaftete Prediger nahmen, wo es möglich war, in Fabriken Arbeit auf. Aus der südlichen Ukraine berichtete einer von ihnen, daß er jetzt als Dreher arbeite: »Zur Zeit haben wir in unserem Bezirk keine freien Reichsgottesarbeiter.«[17] Andernorts in der Ukraine, so im Raum Romny, erfolgten Erweckungen, die verschiedentlich einen Massencharakter annahmen: Der Bedarf an Bibeln, Sammlungen geistlicher Lieder und religiösem Schrifttum wurde hier als sehr groß bezeichnet.[18] Es wird nicht deutlich, ob der Besuch vieler Gläubigen aus den umliegenden Dörfern in den Pfingstgottesdiensten der Kiever Gemeinde nur mit räumlichen Behinderungen der dörflichen Gottesdienste oder schon mit dem Ausfall der dort wirkenden Prediger und der Zerstörung der Gemeinden zusammenhing.[19] Andererseits wird im Spätsommer 1930 von einem Dorf in der Nähe Kievs berichtet, daß dort 28 Menschen zugleich getauft wurden. »Oft werden Taufen und andere feierliche Versammlungen gehalten. Zu uns gelangen Einladungen und Bitten um Besuche. Aber wir kommen selten dazu, Besuche zu machen, denn wir sind mit der Arbeit in unseren Orten selbst sehr beschäftigt. Dafür besuchen sie uns nun jetzt oft und wir befinden uns in brüderlicher Verbindung mit allen Gemeinden.«[20] Diese Aussage weist auf die Erschwerung, wenn nicht gar Unterbindung des Besuchsdienstes und der Reisepredigertätigkeit aufgrund des Dekrets vom April 1929 und die sehr strengen Vorschriften über Anmeldung ortsfremder Prediger hin. Infolge der Wegnahme vieler Bethäuser und Kirchen in allen christli-

[11] Ohne Absenderangabe aus Ufa an Prochanov 8. 8. und 3. 10. 1930 – SM.
[12] Ohne Absenderangabe an Prochanov 14. 8. 1930 – SM.
[13] Ohne Absenderangabe an Prochanov 12. 9. 1930 – SM.
[14] Ohne Absenderangabe an Prochanov 16. 8. 1930 – SM.
[15] Ohne Absenderangabe an Prochanov 16. 8. 1930 – SM.
[16] Ohne Absenderangabe an Prochanov 4. 9. 1930 – SM.
[17] Brief vom 12. 12. 1930 – SM.
[18] Bruder G./Romny an Prochanov Brief vom 12. 6. 1930 – SM.
[19] Bruder E./Kiev an Prochanov Brief vom Juni 1930 – SM.
[20] Ohne Absenderangabe aus Kiev an Prochanov 14. 8. 1930 – SM.

chen Gemeinden kam es in dieser Zeit um 1930 zu einer verstärkten gemeinsamen Benutzung noch vorhandener Räume. Evangeliums-christliche Gemeinden in Saratov, Stalingrad, Nižnyj Novgorod, Kiev und Odessa[21] benutzten die lutherischen Kirchen am Ort. Zwischenzeitlich, im späten Frühjahr und Frühsommer 1930 und auch noch später, zeichnete sich immer noch die Hoffnung auf eine Besserung der Gesamtlage ab, je nachdem wie die staatlichen Behörden Einzelheiten in ihrer Politik gegenüber den Kirchen änderten oder eine gewisse Atempause im antireligiösen Kampf eintrat. Es sollte sich jedoch herausstellen, daß diese Hoffnungen nicht berechtigt waren. Von bisherigen 17 Leningrader Versammlungsräumen war schließlich nur noch einer, der etwa 1000 Personen faßte, geblieben.[22] Das »Dom Spasenija« in Leningrad, das Haupthaus des Bundes der Evangeliumschristen, war der Gemeinde weggenommen worden, meldete der Brief einer Frau, die Rußland verlassen hatte. So war 1933 noch der eine erwähnte Raum übrig geblieben; nach Prochanovs Angaben war er bei den Zusammenkünften vollbesetzt.[23]

Das legale gemeindliche Leben schrumpfte auf wenige Orte zusammen. In Tomsk bestand 1933 noch eine Gemeinde der Evangeliumschristen.[24] In Kiev bestand 1935 die Gemeinde noch, ihr Prediger war schon einmal verhaftet gewesen. Wenig später wurde er erneut verhaftet und verschwand.[25] In Odessa gab es 1935 noch Gottesdienste der Evangeliumschristen. Hier bestand wie in der baptistischen Gemeinde von Odessa noch ein Chor, der Prediger aber war bereits verschickt worden. Von einer solchen Übergangssituation, die gewöhnlich infolge der längeren Verhaftung und Verschickung der Leitenden in den Gemeinden nicht lange anhielt, berichtet eine Gemeinde im Gebiet von Jaroslavl – der Prediger sei nicht mehr vorhanden, ein alter Mann liest Bibeltexte und dazugehörige Auslegungen von Kalenderblättern. Es waren nicht allein diese Behinderungen, die das Leben der Gemeinden zunehmend lähmten, sondern auch die

[21] Vgl. W. Kahle, Geschichte . . . S. 452ff.
[22] I. St. Prochanov, In the Cauldron . . . S. 253; er spricht hier von »Places of Worship«.
[23] Nach Prochanovs Ausführungen auf der Herbstkonferenz des Bundes der Evangeliumschristen in Polen 1933 – in: Dein Reich komme, 1/1934 S. 26.
[24] I. Kolesnikov, Pamjati brata N.N. Protasova – in: Solnce 7–9/1940 S. 31. Über die Stadt Ch. (Char'kov?) wird berichtet, daß an drei Stellen Gottesdienst gehalten würde. Eine vierte gottesdienstliche Stätte befand sich 8 km außerhalb der Stadt. Der Neugewinnung von Gliedern – am 14. 8. 1933 wurden 32 Menschen getauft – stand aber auch Abfall anderer gegenüber. – E.V. 10/1933 S. 23.
[25] W. Gutsche, Religion und Evangelium . . . S. 138.

wachsende Sorge vor solchen, die in der Gemeinde noch tätig waren oder neu tätig wurden, aber bereits zu Mitteilungen über alle Vorkommnisse an die staatlichen Behörden genötigt waren. Solche Sorgen bestimmten auch die Gemeinden in ihrem Umgang mit der Außenwelt. Als Waldemar Gutsche 1935 die baptistische Gemeinde in Odessa besuchte, wurde er von der Leitung gebeten, den Gottesdienst nicht offiziell zu besuchen; man befürchtete, daß ein solcher Besuch Anlaß für weitere Verbote sein könnte.[26]

Parallel zu der Erschwerung und Unterbindung der gemeindlichen Arbeit vollzog sich die Entwicklung auf der Ebene des Gesamtbundes. Das wichtigste Merkmal war die erzwungene Verlegung des Bundessitzes von Leningrad nach Moskau. Jakov Ivanovič Židkov vollzog diese Verlagerung noch mit, bevor er selbst verhaftet wurde. Eine Reihe von Geschehnissen war vorausgegangen. Im August 1930 bezifferte ein nach Charbin geflohener Presbyter die Zahl der geschlossenen und weggenommenen Bethäuser im Bunde auf 60% des Bestandes, die Zahl der Verhafteten und aus ihren Gemeinden Ausgewiesenen unter den hauptamtlich tätigen Mitarbeitern im Bunde auf 40%.[27] Eine von Prochanov aufgrund vieler Einzelinformationen vorgenommene Zusammenschau ergab im Frühherbst 1930 ein recht dunkles Bild der Situation. Mochten einige Gemeinden vom ungehinderten Fortgang ihrer Arbeit bislang noch sprechen können, so stand diesen eine größere Zahl solcher Gemeinden gegenüber, aus deren Reihen keine Nachrichten mehr kamen, weil diejenigen, die den Kontakt nach außen und zum Bunde wahrgenommen hatten, verhaftet waren. Im Oktober des Jahres konnte Židkov zwar noch berichten, daß unter mancherlei Erschwerungen die Arbeit in der Leningrader Gemeinde weitergehe, ein nachgestellter Schlußsatz in seinem Schreiben an Prochanov aber besagte: »Bei uns ist viel Schnee, jedoch ist es noch nicht Winter« – über einen Wetterbericht hinaus wohl eine Chiffrebezeichnung für die Situation der Leningrader Gemeinde.[28] Židkov hatte als leitender »Kultdiener« seine Wohnung aufgeben müssen, er wohnte nun in einer Vorstadt Leningrads.[29]

Bereits am 6. Februar 1930 hatte Židkov einen Bericht über den

[26] ebenda S. 142/143.
[27] Es handelte sich um einen von 1925–1930 in Vladivostok tätig gewesenen Presbyter. Er erwähnt weiter, daß er noch 1929 die leitenden Brüder in Leningrad aufgesucht habe. Als Beginn der Verfolgungen im Fernostbereich wird auch hier der März 1930 genannt – SM.
[28] Židkov an Prochanov 7. 10. 1930 – SM.
[29] Jack an Werner 30. 11. 1931 – SM, Akte Jack 1930–1933.

Stand der Dinge gegeben. Die erheblich gestiegenen Mietkosten für den noch verbliebenen Leningrader Versammlungsraum und für die Räume der inzwischen auch innerhalb der Stadt umquartierten Bundesverwaltung – ohne Zeitangabe ist hier eine Summe von 3000 Rbl. genannt – waren aus eigenen Mitteln nicht mehr aufzubringen, Hilfe von außen war nötig. Schon zu diesem Zeitpunkt zeichnete sich die Möglichkeit ab, daß die bisherige Bundestätigkeit in Leningrad ganz zum Erliegen kommen würde. Židkov äußerte sich, weiterarbeiten zu wollen, »unbeschadet des Ortes«, an dem er sich befinden werde. Im Frühjahr 1930 erfolgte die Aufhebung des Rats des Bundes. Prochanov berichtete darüber nach Schweden. Nach den ihm im einzelnen noch nicht vorliegenden genauen Informationen erfolgte dieser Schritt der Behörden am 20. April 1930.[30] Dieser Maßnahme waren Aktivitäten von seiten des Bundes vorausgegangen, die jedoch erfolglos geblieben waren. Im Sommer 1929 hatten sich Židkov und Bykov im Zusammenhang mit der Wegnahme von Räumen in Leningrad und aufgrund der von überall her eintreffenden düsteren Nachrichten nach Moskau begeben. Bei dieser Gelegenheit übergaben sie den Zentralbehörden eine Denkschrift über die anstehenden Fragen.[31]

Die nunmehrige Auflösung des Rats des Bundes bedeutete nicht die Auflösung des Bundes selbst; freilich war ein verbindendes Wirken im Bund praktisch unmöglich geworden. Solange Židkov noch im Leningrader Raum wohnte, fungierte er als Anlaufperson. Doch war auch diese Tätigkeit sehr eingeschränkt. Er konnte allenfalls als Ratgeber wirken, wenn sein Rat erbeten wurde. Das aber hing davon ab, ob Ratsuchende im Lande fernab auch den Mut hatten, sich mit Fragen an ihn zu wenden. »Der Rat des VSECH ist offiziell nicht registriert, denn die Genehmigung aufgrund des alten Gesetzes ist abgelaufen, und nach dem neuen Dekret wird sie verweigert.«[32] Dies ist die Darlegung von J. Johnson, dem Sekretär der evangeliumschristlichen Gemeinden in den USA, der um 1930 über gute Informationen verfügte. Die von anderen Berichterstattern ausgesprochene Auflö-

---

[30] Prochanov an Werner 6. 6. 1930 aus Berlin – SM. Die bisherige Wohnung war am Grecheskij Prospekt gelegen.
Werner fragte in einem Brief vom 28. 5. 1930 Prochanov, bezugnehmend auf dessen Brief vom 5. 5. 1930: »Wußten Sie zu diesem Zeitpunkt noch nicht, daß der Rat des VSECH am 10. März bereits aufgelöst worden ist?« – SM Ausgänge 1930.
[31] Prochanov an A.P. Ericson aus Berlin 2. 8. 1929 – SM. Prochanov spricht von einem »special paper«, das überreicht wurde.
[32] Bericht J. Johnson – in: Dein Reich komme 8/1930 S. 188–190, hier S. 189.

sung des Rates des Bundes findet durch die Angabe Johnsons eine plausible Erklärung. Wenn er gleichzeitig schrieb: »Faktisch jedoch geht die Arbeit in den Gemeinden und Distrikten in der alten Weise weiter«, so sollte die Entwicklung der Folgezeit deutlich machen, daß man nicht mehr einfach die Arbeitsweise in Verbotzeiten unter dem zaristischen System wiederholen konnte.

Die Entwicklung des Gesamtbundes bis zur Jahresmitte 1931 ist im einzelnen unklar, soweit es Aktivitäten des Gesamtbundes und das Verhältnis der staatlichen Behörden zu dessen Arbeit betrifft.[33] Der Stoß der seit 1928/1929 propagierten Religionspolitik richtete sich auf die Gemeinden vor Ort, er konnte die Leitungsorgane, soweit sie noch bestanden, weitgehend aussparen. Man war von staatlicher Seite allerdings daran interessiert, noch vorhandene Gemeinden – das gleiche gilt für die aller Bünde und Kirchen – nicht sich selbst zu überlassen, sondern sie an eine zentrale Leitstelle zu binden. Man war ebenso daran interessiert, von einer solchen Zentrale Informationen zu gewinnen, über Bewegungen und Entwicklungen im Lande unterrichtet zu bleiben und leitende Gestalten des kirchlichen Lebens verantwortlich zu machen. Es war diese Interessenlage, die im Zusammenhang mit der durch die Wirtschafts- und Ernährungslage verursachten Unruhe im Lande zur staatlichen Genehmigung eine Einberufung des Plenums des Bundes am 23. August 1931 in Moskau führte.

Hier wurden die eingeschränkten Aufgaben des Bundes für die Folgezeit festgelegt. Von staatlicher Seite aus wurde auch auf die Einrichtung von regionalen Aufsichtsbereichen Wert gelegt; an ihre Spitze sollten verantwortliche Personen treten. Auf diese Weise kam es unter staatlichem Druck zur Realisierung der Pläne, die schon wiederholt bei Baptisten und Evangeliumschristen erörtert worden waren, aber nicht zur Durchführung gelangt waren: die Einrichtung eines Presbyteramts mit regionalem Leitungsauftrag über andere Presbyter und Gemeinden, das Amt des staršij presviter. Die Reform der Verwaltungsbezirke in der Sovetunion, die nach den vorausgegangenen Reformen 1929 wirksam wurde, stellte sowohl staatliche Stellen

---

[33] P. Zarin, Političeskij maskerad cerkovnikov i sektantov erwähnt ein Zirkular des Plenums von 1930, den Vorschlag an die Gemeinden enthaltend, alle, die sich konterrevolutionär betätigt hätten, aus ihren Reihen auszuschließen. Zarin geht nicht auf die Umstände ein, unter denen es zu diesem Zirkular gekommen ist, er äußert sich, daß sich damit die Sekte von ihrer Verantwortung insgesamt befreien wolle, was nichts über ihre monarchistischen und antisovetischen Ansichten weiterhin aussage. – S. 11.

als auch die Organisationen im nichtstaatlichen Raum dabei vor die Aufgabe, sich vielfach auf andere Regionen wie auch neue Zentren hin auszurichten.

Das Institut der staršie presvitery ist in den dreißiger Jahren nicht mehr wirksam geworden. Es sollte erst nach der Vereinigung der Reste der Bünde von Evangeliumschristen und Baptisten nach 1944 Bedeutung gewinnen. Der Kampf gegen die Gemeinden ging, wenn auch mit Unterbrechungen, systematisch weiter, daran änderte auch das Entgegenkommen der Behörden hinsichtlich einer höchst eingeschränkten Bundestätigkeit nichts. Die durch die staatlichen Stellen gewährten Erleichterungen waren mit der Auflage verbunden gewesen, daß die Leitung des Bundes nach Moskau verlegt wurde. Židkov, der auf dem Augustplenum zum Vorsitzenden des Bundes gewählt worden war – bei der gleichen Tagung war Prochanov in Abwesenheit zum Ehrenpräsidenten gewählt worden – übersiedelte nach Moskau. Über Židkovs und der Bundesleitung Aktivitäten in den Folgejahren ist wenig verlautet. Mitte 1935 werden als Mitglieder des Rats mit Sitz in Moskau J. I. Židkov, A. L. Andreev als sein Stellvertreter, A. V. Karev als Schatzmeister. I. S. Kapalygin als Sekretär, M. A. Orlov als Mitglied aufgeführt.[34]

Die Schwierigkeiten des Kontakts zu den restlichen überlebenden Gemeinden wurden immer größer. Die allgemeine Situation, unter der auch Židkovs Arbeit sich zu vollziehen hatte, ist in Berichten wiedergegeben, die Baptisten betrafen. Aus einem solchen Bericht eines der seltenen Besucher aus der Sovetunion im Ausland, die nicht der ersten Führungsgruppe angehörten, geht hervor, daß der Vorsitzende des Baptistenbundes Odincov in den Jahren 1933/1934 wiederholt von den Sicherheitsorganen vorgeladen worden war. Dabei habe man ihm bedeutet, Prochanov sorge für seine Brüder, Pastor Jack und andere schickten anhaltend Geld und Pakete: »Schreib an Deine Baptistenbrüder, daß sie Valuta senden. Wir erlauben, daß auch große Summen an Euren Bund gelangen.« Gleichzeitig aber habe man ihn angewiesen, nichts über die wirtschaftliche Notlage im Lande zu sagen. Die daran geknüpfte Frage war verständlich, wie man Geld, noch dazu in größerer Menge, aus dem Ausland erbitten könne, wenn nichts über die mit diesem Gelde abzuwehrende Not gesagt werden dürfe.[35]

Nach 1906 war es möglich gewesen, daß in den religiösen Zeit-

[34] E.V. 7.9/1935 4. Umschlags.
[35] Bericht ohne Datum, vermutlich Anfang 1934 – SM.

schriften und in Einzelschriften die Rechtsbestimmungen ausführlich wiedergegeben wurden und daß Fälle behördlicher Verstöße gegen Gesetze und Bestimmungen klar genannt wurden. Noch zu Anfang der zwanziger Jahre war es möglich, den Briefwechsel der Bünde mit Behörden dem Leserkreis der Zeitschriften in wesentlichen Auszügen mitzuteilen.[36] 1925 hatte die mennonitische Zeitschrift »Unser Blatt« den Teil XVIII des Militärgesetzes über die Befreiung vom Militärdienst zitiert, wobei dazu einleitend gesagt wurde: ». . . es ist der Teil, der uns Mennoniten am meisten angeht!«[37] Eine solche relative Freizügigkeit war in den folgenden Jahren nicht mehr gegeben. Das Gespräch der Behörden mit den Bünden und Kirchen wurde geheime Sache. Wo in Mitteilungen aus dem gemeindlichen Leben Politisches noch anklang, hatten diese den Tenor der Lobpreisung, ohne auf konkrete Fragen einzugehen, es sei denn, eine Erklärung war ausdrücklich dazu bestimmt, staatliche Interessen und Anliegen zu unterstreichen und den Gemeinden schmackhaft zu machen.[38]

Unter solchen Belastungen vollzog sich die Arbeit der schrumpfenden Zahl leitender Mitarbeiter. Jakov I. Židkov richtete im Jahre 1934 zusammen mit dem Mitglied des Vorstands des Baptistenbundes, Bondarenko, an den Baptistischen Weltbund ein Schreiben, in dem sie gegen die Abhaltung des Baptistischen Weltkongresses 1934 in Berlin als der Hauptstadt Hitlerdeutschlands protestierten. Derselbe Bondarenko wurde Anfang 1935 aus dem Bund der Baptisten wegen »Verrats an den Brüdern« ausgeschlossen; gleiches widerfuhr dem amtierenden baptistischen Bundessekretär Kolesnikov, der Vorwurf gegen diesen lautete auf Unmoral. Beide waren wohl den Pressionen der staatlichen Behörden erlegen und hatten für diese Dienste geleistet. Die Abwehr des Bundes der Baptisten dagegen vermochte keine Zeichen mehr zu setzen. Bondarenko und Kolesnikov wurden nach dem Ausschluß ebenfalls noch verhaftet und verurteilt.

Auch Jakov Ivanovič Židkov wurde 1937 verhaftet, er schied damit aus der Arbeit des Bundes aus.[39] Die beiden leitenden Männer im

---

36 Vgl. die ersten Nummern »Unser Blatt«, 1925.
37 ebenda 3/1935 S. 52.
38 P. Zarin, Političeskij maskerad cerkovnikov i sektantov nennt Beispiele für übersteigerte Loyalitätsäußerungen vom Jahr 1927 an, so Äußerungen am 10. Jahrestag der Oktoberrevolution 1927 an vielen Orten – S. 10 –, Einzelheiten über den Jubiläumsgottesdienst der Evangeliumschristen in Ostrogož, wo die Sowjetmacht eine Gabe Gottes, die Gott wohlgefälligste Macht, die Revolution durch die Vorsehung Gottes entstanden genannt worden sei – S. 10. Siehe dort ferner S. 11ff.
39 Orlov übernahm bereits im Januar 1938 den Vorsitz des Bundes.

Bund der Evangeliumschristen waren nun Aleksej Andreev und Michail Akimovič Orlov. Gegen beide richtete sich der Vorwurf aus den Reihen des Bundes, daß sie mit den politischen Instanzen ihren Frieden geschlossen hätten und deshalb von Verhaftung und Verurteilung unbehelligt geblieben seien. Andreev war bereits bei den Verhandlungen der staatlichen Organe mit dem Bund im Zusammenhang mit der Militärdienstfrage maßgeblich tätig geworden und seither bei allen wichtigen Entscheidungen beteiligt gewesen.[40] Michail Orlov war – trotz seines russischen Namens – ein Karelier. Innerhalb der Führungskreise im Bund hatte er auch zu einer Troika gehört, die von Prochanov mit besonderen Aufgaben betraut wurde; die beiden noch dazu Gehörigen waren Andreev und Židkov. Orlov waren vielfach die Aufgaben zugefallen, die besondere Entschlossenheit bei Entscheidungen verlangt hatten. Der am 20. 9. 1887 geborene Orlov hatte die Biblischen Kurse besucht und dann seinen Dienst als Prediger in Reval aufgenommen. Zum V. Bundeskongreß wurde er als Delegierter entsandt und im Verlauf der Sitzungen zum Mitglied des Rats gewählt. Von 1920 an arbeitete er zunächst in Orel, später übernahm er die Organisierung der Gemeinden in Sibirien. Gemeinsam mit Židkov, so vermerkt es der eingehende biographische Bericht über ihn[41], hatte er 1931 das entscheidende Plenum, an dem 40 Mitglieder teilnahmen, durchgeführt, es hatte den zweiten Teil der Ar-

[40] A.L. Andreev hatte zunächst Verbindung mit schwedischen Missionskreisen gehabt. 1912 war er selbständiger Leiter der Gemeinde Eltčinsk bei Moskau, 1913 ging er nach Moskau. Andreev wurde Diakon, nachdem Savel'ev 1918 hier Presbyter geworden war. In späterer Zeit war er Leiter des Moskauer Bezirks im Bund, von 1924–1931 zudem Presbyter der 4. Moskauer Gemeinde. Hier war er weiter tätig, als das Plenum 1931 ihn zum Stellvertreter des Bundesvorsitzenden wählte. 1923 und 1928 war er Delegierter bei den Baptistischen Weltkongressen gewesen. Nach 1944 wurde er der Bevollmächtigte Leiter der Arbeit des Gesamtbundes in der Ukraine. – Vgl. B.V. 3/1947 S. 14–16.
[41] Vgl. B.V. 5/1947 S. 68, ferner 3/1947 S. 46ff. Zu den weiteren wichtigen Daten seines Lebens gehören seine Teilnahme am Vorbereitungskongreß für die Einigung 1920, seine Teilnahme am Baptistischen Weltkongreß 1923 in Stockholm und seine 1924 erfolgte Ordination zum Presbyter durch Handauflegung, durchgeführt von Prochanov und Kargel mit dem Recht, andere ordinieren zu können – B.V. 5/1947 S. 68. Seine Tätigkeit im Gebiet von Orel währte von 1920–1927, bis zur Übersiedlung nach Sibirien; 1931 nahm er seinen Wohnsitz in Moskau. Auf dem Vereinigungskongreß im Oktober 1944 wurde er Stellvertreter des von ihm vorgeschlagenen Židkovs als Bundesvorsitzenden; er blieb Presbyter der Moskauer Gemeinde und Staršij presviter.
Eine bedeutsame Rolle in der Bundesarbeit hat auch die kluge und tatkräftige Frau Orlovs, Maria Fedorovna, zumal in der Jugend- und Frauenarbeit gespielt. Sie war Estin und wurde 1917 in der Ostsee bei Reval getauft. Vgl. B.V. 3/1947 S. 46.

beit des Bundes eingeleitet. Orlov war dabei Sekretär des Bundes geworden.

An das August-Plenum 1931 hatte sich im Oktober eine zweite Zusammenkunft des Plenums angeschlossen.[42] Über spätere Plenarsitzungen des Rats liegen Angaben nicht vor; was an Leitungsfunktionen zu erfüllen blieb, nachdem das zweite Plenum noch Berufungen in Ämter der Presbyter für Regionen als Staršie presvitery durchgeführt hatte, ging wieder auf die in Moskau befindlichen Židkov, Andreev und Orlov über. Berichte über das Leben der Moskauer Gemeinde, der Orlov nach dem Ausscheiden Židkovs nun auch vorstand, besagen, daß der Kreis der Besucher in den Gottesdiensten immer kleiner wurde. Andreev hatte 1933 noch berichtet, daß in Moskau große, gesegnete Gottesdienste stattfänden. Nach Berichten aus den letzten Jahren selbständiger Existenz der Moskauer Gemeinde waren zuletzt in den Gottesdiensten häufig nicht mehr als 35 bis 40 Personen anwesend. Änderungen hatten sich auch dadurch nicht ergeben, daß der Bund der Baptisten sich im Frühjahr 1935 aufgelöst hatte.[43] Die Auflösung des Bundes hatte noch nicht das Erliegen gemeindlicher Arbeit hier und dort bedeutet. Die baptistische Gemeinde in Kiev wurde im Sommer 1935 aufgefordert, einen Leiter zu wählen; sie war dazu nicht bereit, um nicht einen solchen Gewählten erhöhter Gefährdung auszusetzen. Im Sommer 1935 bestand auch noch eine baptistische Gemeinde in Moskau. Sie kam im Obergeschoß der orthodoxen Kirche auf dem Semjonov'schen Friedhof zusammen.[44]

Über die Tätigkeit des Bundes der Evangeliumschristen nach 1935 bleibt Dunkel gebreitet, es wird nur stellenweise durch einige Äußerungen erhellt.[45] Neue Aufgaben erwuchsen dem Bund unter Orlovs Leitung erst wieder, als die politischen Geschehnisse von 1939 an zu einer Veränderung der Lage führten. Das Vorrücken der Sowjetunion

---

[42] Vgl. B.V. 4/1947 S. 68. – Nach Angaben in B.V. 5/1946 S. 20/21 wurde P.P. Petrov durch das am 20. 10. 1931 tagende Plenum zum Bevollmächtigten für Kasachstan und Mittelasien gewählt.
Jack an Werner 30. 11. 1931 – SM, Briefmappe Jack 1930–1933 äußert die Hoffnung, daß sich der Bund, dessen Tätigkeit zum Erliegen gekommen war, mit staatlicher Genehmigung bald wieder organisieren könne, wie es auch dem Baptistenbund ermöglicht werden würde.

[43] B.V. 1/1945 S. 15.

[44] Nach Angaben eines Besuchers im Gottesdienst der Gemeinde im Juli 1935 waren in dem von dem Kaukasier Čelabaev geleiteten Gottesdienst 400 Menschen anwesend.

[45] E.V. 7–9/1937 S. 11 berichtet von Taufen im Ob, von einer Presbytereinführung und Taufen in einer großen Stadt der Ukraine.

bis an den Bug, die Verträge mit den baltischen Ländern, deren schließliche Eingliederung als Teilrepubliken in die Sovetunion bereiteten den staatlichen Stellen manche Probleme. Dies schuf neue Arbeitsmöglichkeiten für die Vertreter des Bundes der Evangeliumschristen. Sie erhielten die Möglichkeit, die für normale Bürger gar nicht bestand, die neuen Gebiete und Länder im erweiterten Bereich der Sovetunion zu besuchen und Verbindung mit den Vertretern dortiger verwandter Bünde aufzunehmen. Nach der Art dieser Aufgabe konnte diese ihnen nicht anders als von den staatlichen Behörden zugewiesen worden sein. Vorhandene Gruppen sollten zum Anschluß an die Organisation in den bisherigen Gebieten der Sovetunion bewegt werden. Dies sollte auf dem Weg der Freiwilligkeit durch Erklärung erfolgen. In etwas verschlüsselter Sprache hat diese Aufgabe in Orlovs Bericht auf dem Einigungskongreß 1944 die folgende Darstellung gefunden: »Noch bis zu diesem Kriege, ihre missionarische Aufgabe erfüllend und die Brüder in der westlichen Ukraine, in Lettland, Estland und Litauen besuchend, hörten die Brüder Mitglieder des VSECH vielfältig (mnogokratno) die Bitten der dortigen Brüder, sie als Glieder des Bundes der Evangeliumschristen zu betrachten . . .«[46]

Die Angabe trifft nicht zu, daß die Bitte von den Vertretern evangeliumschristlicher und baptistischer Gemeinden in diesen Gebieten so geäußert wurde. Den Angesprochenen war an Freiheit und Selbständigkeit gelegen. Ihnen erschienen die Vertreter des Bundes suspekt, da sie in Gebiete reisen konnten, die für andere gesperrt waren. Gespräche, die über eine Zusammenarbeit anläßlich dieser Besuche erfolgten, wurden in den darüber andernorts erscheinenden Kommuniqués bereits als Bitten um Aufnahme in den Bund interpretiert. Orlov und Andreev befanden sich bei der Durchführung dieser Reiseaufgaben sicherlich in einer prekären Situation, sie mußten Erfolge vorweisen, die doch nicht so leicht zu erringen waren.

Erst der Ausbruch des deutsch-sovetischen Krieges bedeutete wie für die Orthodoxen auch für die Reste der evangelischen Gemeinden und für die Bundesleitung – soweit einige in Freiheit befindliche Presbyter, die Kontakt miteinander hatten, als Leitung bezeichnet werden können – eine Verstärkung der Positionen. Orlov berichtete in seinem großen Überblick auf dem Einigungskongreß von einer patriotischen Versammlung während der ersten Kriegstage in der Mos-

[46] B.V. 1/1945 S. 15.

kauer Kirche, von einer Rede, die viele zur freiwilligen Meldung in der Roten Armee veranlaßte, von einem Aufruf an die Gemeinden, von der Herausgabe einer Schrift »Der Krieg und die Heimat«, ferner von der patriotischen Arbeit von Frauenkreisen. Dies weist auf den Charakter der neu eröffneten Arbeitsmöglichkeiten hin – sie dienten der Unterstützung der Sovetunion bei ihren Bemühungen der Eingliederung von Bevölkerungsgruppen mit bisher anderer Staatszugehörigkeit und schließlich zur Kriegsführung. Damit war notwendig auch eine erneute und verbesserte Kontaktaufnahme mit noch vorhandenen Gemeinden oder in Resten existierenden Gruppen erforderlich. Diese begannen in kleinem Umfang sich zunächst wieder zu organisieren.

Auch in den durch deutsche Truppen besetzten Gebieten formierten sich wieder Gemeinden. Im Herbst 1942 fand der aus der Bibelschule des Missionsbundes »Licht im Osten« hervorgegangene Friedrich Kosakewitz in Stalino, wo er Dienst in der deutschen Wehrmacht tat, eine Gemeinde von Evangeliumschristen mit »immer vollbesetzten Versammlungen«.[47] Ebenso stieß er auf Gemeinden in Krivoj Rog[48], in Dnepopetrovsk[49], Gaissin[50], ferner im Raum Kamenec-Podolsk, wo sich die evangeliumschristlichen Bewohner eines Dorfes der mit den deutschen Truppen zurückgehenden russischen Kriegsgefangenen annahmen.[51]

Die Rechtsentwicklung für die Evangelischen in den von deutschen Truppen besetzten Gebieten Weißrußlands und der Ukraine stellte in gewisser Weise den Übergang zur späteren Entwicklung der Rechtslage nach der Zurückgewinnung der Gebiete durch die Sovettruppen dar. Verordnungen des Reichskommissariats Ukraine legten die Arbeitsmöglichkeiten freikirchlicher Gemeinden fest. Sie waren zur besseren Übersicht und zur Kontrolle durch die deutschen Behörden an eine regionale Gliederung und die Zusammenfassung der Gemeinden auf der Ebene der Generalkommissariate gebunden. Es entstanden 5 Bezirkskonferenzen, »immer mit dem Versuch, Baptisten, Evangeliumschristen, ›Offene Brüder‹ und ›Pfingstler‹ zusammenzubringen.« Der weitergehende Versuch in der Ukraine, sich zu einem Gesamtbunde zusammenzuschließen, wurde jedoch von den Si-

[47] Friedrich Kosakewitz, Mit Gottes Wort unterwegs S. 156.
[48] ebenda S. 162.
[49] ebenda S. 167.
[50] ebenda S. 167.
[51] ebenda S. 175.

cherheitsbehörden nicht zugelassen.[52] In Weißrußland war eine entsprechende Entwicklung festzustellen. Hier jedoch konnten sich Baptisten, Evangeliumschristen und Pfingstgemeinden zu einem Kirchenbund auf höherer Ebene zusammenschließen. Diese Kirchenbildung wurde am 4. 9. 1942 offiziell durch die deutschen Behörden genehmigt.[53]

Die Besuche der leitenden Evangeliumschristen in Moskau in der Westukraine und in den baltischen Ländern von 1939 an waren ohne eine gemeindliche Beauftragung geschehen. Dessen ungeachtet bereiteten sie neue gemeindliche Kontakte vor. Die Entwicklung der ersten Kriegsmonate brachte es 1941 mit sich, daß auch die »Verwaltung des Bundes«, – so lautete Orlovs Bezeichnung – wie viele andere Organisationen und Dienststellen aus der Hautpstadt Moskau verlegt werden mußte. Orlov gelangte auf diese Weise nach Uljanovsk. Aber auch hier gab es nach seinen eigenen Worten zunächst noch keine Arbeitsmöglichkeiten auf der früheren Ebene des Gesamtbundes, wie sie einmal bestanden hatten. Die Tätigkeit der Bundesverwaltung beschränkte sich einstweilen noch immer auf gelegentliche Reisen und auf patriotische Aufrufe in der Kriegssituation.[54] In seinem Rechenschaftsbericht 1944 nennt Orlov Reisen, die ihn, den wieder freigelassenen Jakov Židkov, Andreev und die Baptisten Goljaev und Levindanto später in die befreiten Gebiete der Ukraine, Weißrußlands, auf die Krim sowie in die Städte Orel, Brjansk, Voronež, Tambov führten.[55] Seit dem Jahre 1942 zeichnete sich damit die gemeinsame Arbeit von leitenden Baptisten und Evangeliumschristen in der Vorbereitung der Einigung des Jahres 1944 ab.[56]

[52] W. Gutsche, Westliche Quellen S. 119.
[53] Gutsche, der an den Verhandlungen mit deutschen Stellen im Generalgouvernement Polen und bei den Hilfen für die Gemeinden in Weißrußland und der Ukraine wesentlichen Anteil genommen hat, bemerkt a.a.O. S. 120 weiter: »Interessant ist festzustellen, daß die Richtlinien der neuen Religionspolitik Sowjetrußlands in vielem sich dem Muster des Nationalsozialismus näherten, wie sie in der Ukraine nach dem Rückzug der Deutschen vorgefunden wurden. Der Zusammenschluß aller Richtungen, die die Gläubigentaufe üben, die Verantwortung der Vereinigungsspitze bzw. der Bundesverwaltung für das Ganze, sogar die Aufnahmebedingung für die Pfingstler, daß sie weder Chorgebet noch Zungenreden üben durften: was die Gestapo ausgeklügelt hatte, war alles wieder zu finden.«
[54] Ganz entsprechend waren 1939 zwei von den noch amtierenden vier orthodoxen Bischöfen zu Reisen in die neu gewonnenen Gebiete und die baltischen Länder abgeordnet worden, um die Verbindungen mit dem orthodoxen Kirchenwesen wieder aufzunehmen; einer von ihnen war der Bischof Sergij (Voskresenskij) – vgl. William C. Fletcher, The Russian Orthodox Church Underground 1917–1970 S. 154.
[55] B.V. 1/1945 S. 16.
[56] ebenda S. 18.

3. Die Entwicklung der Auslandsabteilungen und Landesbünde

Die Veränderungen der Grenzen Rußlands und der Räterepublik nach dem Weltkrieg hatten eine Reihe evangeliumschristlicher Gemeinden und Stützpunkte von der Verbindung mit dem Zentrum in Petrograd abgeschnitten. Die Masse dieser Gemeinden, die von Estland, Lettland und Litauen über Polen bis nach Bessarabien reichten, lag in der Republik Polen, besonders in deren östlichen Landesteilen. Durch Wanderung, die schon vor dem Krieg eingesetzt hatte, und erneut durch die kriegsbedingte Auswanderung in der Zeit des Bürgerkriegs, waren auch Evangeliumschristen nach den Vereinigten Staaten, nach Kanada, nach Mitteleuropa und in Asien bis in die Mandschurei und nach China gelangt. Der Bund und seine Leitungsorgane hatten, da sie vollauf mit den im Lande gelegenen Gemeinden zu tun hatten, diese Entwicklung nur konstatieren können. Nur mit einer Ausnahme konnte für Gebiete außerhalb der Räterepublik im Einvernehmen mit den Bundesorganen in Petrograd etwas geschehen – das war in der nur wenige Jahre existierenden Fernostrepublik der Fall. Hier wurde eine eigene kleine Organisation, die fernöstliche Abteilung des Bundes der Evangeliumschristen, aufgebaut. Bereits 1922 gehörte die Fernostrepublik mit der Hauptstadt Vladivostok wieder zum Gesamtbereich der Räterepublik.

Soweit Gemeinden außerhalb der Grenzen des Landes bestanden, waren sie auf sich selbst angewiesen. Es lag bei dem einen und anderen der in der Gemeinde Tätigen, den Zusammenhalt zu wahren. Anläßlich seiner Reise in die Vereinigten Staaten 1925 hatte sich Prochanov mit der Existenz von evangeliumschristlichen, außerhalb der Sovetunion befindlichen Gemeinden zu befassen. Die große Zahl russischer und ukrainischer Auswanderer nach Nordamerika wurde zum Anlaß missionarischer Überlegungen. Dazu galt es aber, die Kräfte einiger weniger evangeliumschristlicher Gemeinden zusammenzufassen. Sie waren hauptsächlich in den industriellen Ballungszentren der Oststaaten bis hin nach Chikago gelegen. Organisatorisch wie auch theologisch war ihre Situation sehr offen, sie unterschieden sich kaum von baptistischen Gemeinden russischer oder ukrainischer Prägung und gottesdienstlicher Sprache. Da sie aus freien Zusammenschlüssen entstanden waren, wachten sie außerdem über ihre Freiheit. Die großen Möglichkeiten des religiösen Lebens in den USA ließen es auch dazu kommen, daß einzelne Gemeinden durchaus nicht in den Vereinigungen und Assoziationen blieben, in die sie einmal eingetreten waren. Ihre Selbständigkeit und Freiheit wurde noch weiter dadurch gefördert, daß sie in den meisten Fällen sehr mobil waren, nicht über eigene Gemeinderäume verfügten und keine festangestellten Prediger hatten. Für Prochanov waren aber diese Gemeinden neben ihrer missionarischen Funktion deshalb besonders wichtig, weil er eines festen Kreises von Helfern und helfenden Gemeinden in den USA bedurfte, um die Hilfen für den Bund in der Sovetunion geordnet in Gang zu bringen.

Im Einvernehmen einiger beteiligter Gemeinden und deren Ältesten wurde eine Abteilung des Bundes der Evangeliumschristen in den USA geschaffen. Ein eigens geschaffenes Organ sollte den Zusammenhalt der Gemeinden dieser Abteilung, zu der auch Gemeinden in Kanada gehörten, herstellen. Es war dies die Monatszeitschrift »Golos Evangelija«. In englischer Sprache begann »The Gospel in Russia« zu erscheinen. Verlagsort beider Blätter war New York. Unter diesen Gemeinden, deren Gesamtzahl in den USA nicht über sieben Gemeinden im eigentlichen Sinne hinausging, sieht man von weiteren fünf Stützpunkten oder Begegnungsorten ab, hatten die Gemeinde in New York und die in Chikago besondere Wichtigkeit als Anlaufstellen für die anderen. Die Gemeinde in New York war 1907 entstanden. Im Juni dieses Jahres traten acht Männer und drei Frauen zur Gründung einer Gemeindeorganisation zusammen. Die Zahl der Mitglieder im Jahre 1908 wird mit 15 Personen angegeben. Verschiedene Krisen hatten das Leben dieser Gemeinde belastet – eine größere 1910/1911, eine andere in den Jahren 1923 bis 1925.[1] Als die Gemeinde vom 2. bis 5. Juni 1932 ihr 25jähriges Bestehen feierte, wurde berichtet, daß in der vergangenen Zeit mehr als 175 Taufen in der Gemeinde stattgefunden hatten. Anfangszahlen und Taufzahlen machen deutlich, daß es sich allezeit um eine kleine Gemeinde gehandelt hatte. Ihr erster Leiter war J. Johnson gewesen. Er hatte ursprünglich einen russischen Namen getragen, 1903 war er in die USA gekommen.[2] Nach manchem Wechsel übernahm Petr Titovič Plečko, der aus dem Gouvernement Grodno stammte und 1913 in die USA eingewandert war, 1937 als Pastor die Leitung der Gemeinde.

Verschiedene weitere Daten markieren die Entwicklung der Gemeinden in den USA. Die Gründung der amerikanischen Abteilung

---

[1] Vgl. E.V. 12/1932 S. 21ff.
[2] ebenda.

des VSECH wurde als die Herstellung der Einheit der amerikanischen Gemeinden »mit den Volksbünden unseres Heimatlandes« bezeichnet.[3] Es kam eine Zeitlang zu einem gewissen organisatorischen Nebeneinander. Ein Rat von berufenen Mitgliedern bestand in New York. Daneben existierte eine weitere amerikanische Vereinigung mit dem Sitz in Chikago. Bei dieser Abteilung handelte es sich um die Zusammenfassung der eigentlichen Gemeinden von Evangeliumschristen. Bei dem Rat mit Sitz in New York handelte es sich um ein Einigungsorgan für einstweilen noch unverbunden nebeneinanderstehende Gemeinden verschiedenen Herkommens. Seine Aufgabe wird in seiner Zusammensetzung deutlich: »(Der amerikanische Rat) besteht aus einem provisorischen Komitee und aus einem beratenden Komitee, in welches letztere 35 bekannte religiös tätige Menschen (dejately) eingetreten sind.«[4] Das mit dieser Zusammensetzung gesteckte hohe Ziel ist nicht erreicht worden. Es kam schließlich zu einer Reduzierung der Organe in den USA. Die Abteilung mit dem Sitz in Chikago bestand nach den Angaben der »Evangel'skaja vera« allenfalls bis zum September 1932. In der Oktobernummer des gleichen Jahres wird diese Abteilung nicht mehr aufgeführt. Die evangeliumschristlichen Gemeinden in den USA waren nach Zahl und innerer Kraft nicht in der Lage, den Zielen Prochanovs zu entsprechen, möglichst viele russische Evangelische sowie Evangelische anderen slavischen Volkstums zusammenzuführen. Anders als den starken baptistischen Gemeinden russischer Herkunft mangelte es ihnen an der theologischen Basis und den kirchlichen Kommunikationsmöglichkeiten, die diese besaßen. Zwar fand noch vom 30. 6. bis 3. 7. 1938 der I. Allamerikanische Kongreß der Evangeliumschristen in Chikago statt. Vorsitzender des Bundes der Gemeinden war damals Norman John Smidt.[5] Sarapik, der das Nachfolgeamt der Leitung der Gemeinden außerhalb der Sovetunion 1937 übernommen hatte,

---

[3] ebenda.
[4] ebenda S. 32.
[5] Als Vertreter von Smidt wird I. Sevčuk genannt, als Generalsekretär der aus Pinsk stammende, 1928 zunächst nach Kanada gelangte Ivan Kalinikovič Guk. Guk war 1931 in die USA übergesiedelt, er hatte am Moody Bibelinstitut in Chikago studiert. Nach erneutem Aufenthalt in Kanada ließ er sich dann endgültig in den USA nieder. Die Bezeichnungen »Kongreß«, »Vorsitzender« und »Generalsekretär« entsprachen keinesfalls der realen Situation der kleinen Gemeinden. Einige dieser Gemeinden haben überlebt, andere, die in Nord- und Südamerika neu entstanden, haben die Bezeichnung »evangeliumschristlich« bei grundsätzlicher baptistischer Prägung beibehalten bzw. aufgenommen. Mitteilungsblätter in russischer Sprache pflegen den Zusammenhalt. Ein russisches Bibelinstitut zur Ausbildung von Predigern be-

hatte bereits an einem Kongreß 1936 als Gast teilgenommen. In Kanada gab es 1936 ebenfalls eine Zusammenfassung evangeliumschristlicher Gemeinden, ihre Zahl entsprach der in den USA. Der Vorsitzende des »Allkanadischen Bundes« war seit diesem Jahr I. S. Sidorčuk I.[6] Sarapiks Teilnahme an den Konferenzen 1936 in den USA und in Kanada hatte einem doppelten Zweck gedient. Sarapik war in diesem Jahr noch nicht der offizielle Nachfolger Prochanovs in der Arbeit an den Gemeinden außerhalb der Sovetunion, aber von den Leitenden in den verschiedenen Ländern bereits zur Nachfolge auserwählt. So konnte er sich mit diesen Besuchen – auch in Lettland und Litauen – zugleich bekannt machen und die Gemeinden in ihren Nöten kennenlernen und im einen und anderen Fall ihnen behilflich sein. Es gelang ihm in den USA und in Kanada, nicht näher bezeichnete Spannungen, die sich zwischen Prochanov und einzelnen Gemeinden ergeben hatten, die noch über Prochanovs Tod hinaus nachwirkten, zu beheben. Er berichtete Jack darüber: »Auch in Kanada half Gottes Gnade, der Schwierigkeiten Herr zu werden, einige Gegner des verstorbenen Bruders auszusöhnen und einen nahen Mitarbeiter Bruder Prochanovs zum Vorsitzenden zu wählen.«[7] Als 1937 die Reorganisation der Gesamtarbeit im Ausland durchgeführt wurde, nahmen an der Konferenz, die diese Aufgaben in Angriff nahm und am 20./21. Mai in Warschau stattfand, als Bevollmächtigter der »Slavischen Gemeinden der Evangeliumschristen« für Amerika Petr N. Denejka sowie I. P. Kolesnikov als Sekretär des »Bundes der Evangeliumschristen in Amerika« teil. Die geordnete Verbindung der Gemeinden in den USA zu dem reorganisierten Bund fand ihren Ausdruck in dem Kongreß des »Allamerikanischen Bundes« Juli 1938 in Chikago. Sarapik wurde zusammen mit A. A. Ničiporuk, dem stellvertretenden Vorsitzenden des Bundes der Evangeliumschristen in Polen, zu Ehrenmitgliedern des amerikanischen Präsidiums gewählt.[8]

Prochanov hatte nach 1928 seinen Wohnsitz für längere Zeit außer in Berlin auch in New York gehabt. In den USA hatte er erstmalig bei seinem langen Aufenthalt 1925/1926 die Organisation evangeliums-

steht in Temperley/Argentinien. Eines der Mitteilungsblätter, »Evangel'skij Vestnik« Nr. 123 Januar bis März 1968 enthält Bilder und Berichte vom Abschluß eines dreijährigen theologischen Kurses.
[6] E.V. 10–12/1938 S. 17.
[7] Dein Reich komme 1936 S. 192/193.
[8] E.V. 10–12/1938 S. 17; der Wahlakt fand am 3. 7. 1938 statt.

christlicher Gemeinden in Angriff genommen. Seine starken organisatorischen Interessen blieben lebendig. Besondere Bemühungen zielten außer auf die amerikanischen Gemeinden vor allem auf die in Polen. Hier waren die ältesten und zahlreichsten Gemeinden außerhalb der Sovetunion. In anderen Ländern gab es nur einige wenige Gemeinden, immerhin über Südamerika, die europäischen Länder, Ostasien bis hin nach Neuseeland verstreut.[9] In der Regel waren außer in Polen die zahlenmäßig kleinen Gemeinden und Gruppen über die Ausrichtung gemeinsamer Glaubens- und Missionskonferenzen nicht hinausgekommen. Alles war zudem weitgehend von der Person eines Gemeindeleiters abhängig. Mit diesem stand und fiel häufig eine Gemeinde und eine regionale und überregionale Verbindung. Die Kenntnis vorhandener Gemeinden und Gruppen lag vielfach bei den Leitungen ausländischer Missions- und Hilfswerke. SEUR und Licht im Osten hatten sich vereinzelter Gemeinden durch Gaben und Beihilfen für den Unterhalt ihrer Prediger angenommen. Aber diese Hilfen konnten nicht einmal den tatsächlichen Bedarf decken, geschweige denn einer Ausbreitung der Gemeinden dienen.

Es wurde nun Prochanovs Aufgabe, neben den organisatorischen Anfängen in Amerika auch den Kontakt zu den Gemeinden in Europa aufzunehmen. In den ersten Jahren geschah dies ohne eine Änderung der organisatorischen Gestalt. Es handelte sich zunächst einmal um eine Bestandsaufnahme, um die Anregung weiterer Aktivitäten – dies alles in einer Zeit, als die Wirtschaftslage, von Amerika ausgehend, sich jäh überall in der ganzen Welt verschlechterte. Dies lähmte auch die Kraft der Gemeinden und der Hilfswerke in Ländern, die noch von den Folgen des Ersten Weltkriegs verschont geblieben waren. Ein Großteil der finanziellen Bemühungen Prochanovs, auch Spannungen, die aus der Art und Weise erwuchsen, wie er andere im Ausland um Hilfen für den Bund und die Gemeinden ansprach, können nur vor dem Hintergrund der schweren Depression von 1929 an verstanden werden.

Organisatorische Planungen haben Prochanov von 1928 bis 1930 nicht fern gelegen. Sie wurden erst Anfang 1931 realisiert. Am 1. Januar 1931 entstand der Zarubežnyj Otdel VSECH, die auswärtige Abteilung des VSECH, abgekürzt ZOVSECH. Diese Abteilung, mehr Planung als tatsächlich existierend, hatte ihren Sitz in Berlin,

---

[9] Vgl. hier die Tabelle S. 302.

zum Sekretär des ZOVSECH berief Prochanov A. P. Kiefer[10]. Der verhältnismäßig lange Zeitraum vom Beginn des endgültigen Aufenthalts von Prochanov im Westen bis zur Gründung der auswärtigen Abteilung hat wohl auch damit in Zusammenhang gestanden, daß Prochanov in einer noch offenen Situation – der Rückkehr in die Sovetunion – keine Entscheidungen treffen wollte. Es wäre möglich gewesen, daß eine solche organisatorische Wirksamkeit, auch wenn sie noch so unbedeutend war, als der Sovetunion gegenüber feindseliges Verhalten hätte ausgelegt werden können. Nicht die Organisation, sondern einzig Prochanov selbst war das einigende Band für die vereinzelten Gemeinden in verschiedenen Ländern.

Unter diesen Ländern war Polen wegen der verhältnismäßig großen Zahl der Gemeinden und auch wegen des nicht nur von Prochanov sondern auch von anderen wahrgenommenen Reservoirs an Russen, Ukrainern und Weißrussen für Mission und Evangelisation das wichtigste Land. Bereits in den Anfängen der baptistischen Wirksamkeit auf dem europäischen Festland hatte es Gründungen von baptistischen Gemeinden gegeben. Sie waren deutscher Nationalität, doch wirkten diese baptistischen Gruppen auch in ihre Umwelt hinein.[11] Anstöße zur missionarischen Tätigkeit gingen erst später von den baptistischen und evangeliumschristlichen Gemeinden in der Ukraine aus. Auch hier hatte es sich um sehr unscheinbare Anfänge gehandelt. Über ein größeres Dorf in Wolhynien wurde berichtet, daß es dort eine Gruppe von zehn Stundisten gab, die 1908 noch alle Angehörige der orthodoxen Kirche waren. Die Behinderungen waren groß, der kleine Kreis kam bis 1910 sogar in nächtlichen Versammlungen zusammen. In diesem Jahr erfolgte die Gemeindegründung als einer evangeliumschristlichen Gemeinde. Die Bezeichnung »Stundisten« blieb ihnen. Der Widerstand gegen sie war weiterhin stark. Die Meinung des zuständigen örtlichen Priesters besagte, »daß der Glaube, welchen die Stundisten hätten, nicht der russische Glaube sei, sondern ein fremder, für den in Rußland kein Platz sein könne.« Die kleine Gemeinde wuchs bis 1917 dennoch auf 30 Mitglieder, 1922 gehörten ihr 60 Mitglieder an. Vororte der Entstehung

---

[10] Nach Kiefers eigenen Aussagen – E.V. 10–12/1937 S. 14 – stammte er aus der Ukraine und war 1921 nach Deutschland gelangt. Erst in den folgenden Jahren war er in Berlin zum Glauben gekommen und hatte in christlichen Gruppen und freien Missionswerken mitgearbeitet.

[11] Vgl. Geschichte der Baptisten in Russisch-Polen – Umfassend den Zeitraum von 1854 bis 1874 (G.L. – Georg Liebert Hamburg o.J.)

und Ausbreitung evangeliumschristlicher Gemeinden waren in Wolhynien Kovel und Rovno. [12] Hier entstanden die Gemeinden im Jahre 1908. Sie waren, wie alle Gemeindebildungen und evangeliumschristlichen Kreise in Polesien und Wolhynien, von den Evangeliumschristen im südlichen Rußland her bestimmt. Der Weltkrieg, die polnische Staatsbildung und der polnisch-sovetische Krieg waren für die Gemeinden im gesamten späteren Ostpolen von folgenschwerer Bedeutung. Die theologisch ungefestigten Gemeinden, in denen die überwiegende Anzahl ihrer Glieder nicht dem polnischen Staatsvolk angehörte, waren nunmehr auf sich gestellt.

Die Entwicklung der Gemeinden in Polen entsprach in gewissen Zügen der Entwicklung der Gemeinden in der Sovetunion. Den Anfängen in den frühen zwanziger Jahren, die den Charakter einer größeren Erweckung hatten, folgte eine Zeit der Stagnation. Aber zugleich war diese Zeit einer zahlenmäßigen Konsolidierung auch erfüllt von differenzierteren Meinungen im Bund und innerhalb der Gemeinden. Daraus erwuchsen in der Folgezeit Spaltungen. Diese Entwicklung blieb nicht auf die Evangeliumschristen in Polen beschränkt. Sie erfaßte auch Baptisten und Pfingstgemeinden. Eine Reihe dieser Auseinandersetzungen und Spanungen innerhalb dieser Gemeinden hing zweifellos damit zusammen, daß auf den Protestantismus in Polen die verschiedenartigsten Einflüsse aus ausländischen Kirchen und kirchlichen Werken einwirkten. Aus baptistischer Sicht berichtet Eduard Kupsch darüber in seiner »Geschichte der Baptisten in Polen 1852 – 1932«. Nach seinen Worten war um 1900 vom Bund der Baptisten in Polen, der in der Hauptsache aus deutschen Gliedern bestand, eine organisierte Arbeit unter Polen begonnen worden; sie ging unter dem Begriff der »Polenmission« vor sich. Nach dem Ersten Weltkrieg nahm auch die American Baptist Foreign Mission Society ihre Arbeit auf. Nach Kupschens Meinung verbanden sich hierbei materielle Hilfen mit den Zielen einer Mission unter den Slaven, ohne daß die Erfahrungen der bisher schon bestehenden »Polenmission« beachtet wurden.

Die zurückhaltenden Äußerungen des baptistischen Historikers lassen schon erkennen, welche Schwierigkeiten auch in Kreisen verwandter und in einem Bund zusammenlebender Gemeinden auftreten konnten. Aber zweifellos ist auch durch die Arbeit von missionarischen Kräften aus dem Ausland mancher wesentliche Anstoß aus-

---

[12] Vgl. Abrikosov, S Pol'skoj nivy – in: E.V. 8. August 1933 S. 23–24.

gegangen. Der Vertreter der amerikanischen Missionsgesellschaft lud die an der Mission unter den Slaven Interessierten zu einer ersten Konferenz am 1. 10. 1921 nach Warschau ein; Ziel war die Organisation baptistischer Arbeit unter den Slaven. Bei dieser Konferenz waren Vertreter verschiedener Gruppen anwesend, darunter auch Vertreter älterer slavischer Gemeinden, die die Glaubenstaufe übten. Bereits ein Jahr später trat in Mirotýn am 16./17. Juni die zweite Konferenz zusammen. An ihr nahmen auch Vertreter der Evangeliumschristen teil, die inzwischen zu ihrer Organisation gelangt waren, nachdem die Auswirkungen des polnisch-sovetischen Kriegs überwunden waren.

Zeitlich entsprach diese in Polen anhebende Zusammenarbeit baptistischer und evangeliumschristlicher Gemeinden den Bemühungen um die organisatorische Einigung der Bünde. Kupsch bemerkt dazu: »Diese Teilnahme der ›Evangeliums-Christen‹ an der Konferenz war noch kein Fehler, aber ein Jahr später kam es . . . in Brzesc am 7./10. Juni 1923 zu einer Vereinigung der Baptisten mit ihnen, und das war ein Fehler, der Schwierigkeiten im Gefolge haben mußte.« Der schnell erreichten Einigung waren erste Spannungen gefolgt. »Schwierigkeiten setzten ein und ließen sich nicht wieder überbrükken, was zu dem Beschluß auf der separaten Konferenz der Baptisten vom 24. – 26. Mai 1925 in Zelow führte, eine selbständige Vereinigung der slavischen Baptisten zu organisieren.«[13] Dies war der Auftakt zu der endgültigen Trennung der baptistischen und evangeliumschristlichen Gruppen. Die Trennung wurde nicht unmittelbar im Anschluß an diese separierte baptistische Konferenz vollzogen. Das Jahr 1927 markiert die Zäsur; auch von Seiten der Evangeliumschristen kam es dann »zu einem vollständigen Bruch«.[14] Aber bis dahin und auch noch später ist die Entwicklung der Trennung in Mittelpolen anders als in Ostpolen verlaufen. Hier blieben, im Felde russischer und ukrainischer Gemeinden, über die Bundesbeschlüsse hinaus, Verbindungen zwischen den Gemeinden noch längere Zeit bestehen.[14a] Dies ist Grundlage der Information, daß im östlichen Polen die Gemeinschaft zwischen Evangeliumschristen und Baptisten bis zum Jahr 1930 gewährt habe.[15]

---

[13] Dazu verschiedene Angaben in »Dein Reich komme«. – in »Ekklesia, Die Osteuropäischen Länder – Die evangelischen Kirchen in Polen«, Leipzig 1938 wird als Jahr der endgültigen Trennung 1928 genannt, – S. 179ff., hier S. 181.
[14] ebenda S. 394.
[14a] ebenda S. 394.

Wenn schon die baptistischen Gemeinden in Polen bei ihrem starken Rückhalt an die alte bestehende Organisation von manchen Spannungen erfüllt waren, so war dies in noch viel stärkerem Maße unter den Evangeliumschristen der Fall. Sie waren durchaus keine Einheit, sondern eine komplexe Größe. Die baptistische Feststellung, daß es in der jungen evangelischen Bewegung im östlichen Polen zu »Kinderkrankheiten« gekommen sei, deutet nach dem baptistischen Sprachgebrauch die besondere Entwicklung an, die sich in den ersten zwanziger Jahren unter den Evangeliumschristen vollzog: Enthusiastische Momente, pfingstgemeindliche Anliegen wirkten auf die Gemeinden des ostslavischen Protestantimus in Polen ein. Sie hatten sich in größerem Umfang bereits in den Jahren 1921/1922 abzuzeichnen begonnen. Dahinter standen personell und organisatorisch Einflüsse des Missionswerks von Wilhelm Fetler und seiner Sendboten. Nach der Rückkehr aus den USA und nach Aufenthaltsstationen in England und Deutschland hatte Fetler sein Hauptquartier in Riga aufgeschlagen. Von dort gingen in der Folgezeit lebhafte Anstöße in die evangelischen Gemeinden Ostmitteleuropas aus.

Fetler war in seiner Arbeit und nach seinem Selbstverständnis Baptist geblieben. Es blieb aber nicht aus, daß durch ihn und seine Freunde Beeinflußte stärker und einseitiger ihre Ausrichtung erfuhren, als es den Initiatoren recht war. Es entstanden Pfingstgemeinden. Diese fanden im Mai 1929 zusammen unter der Bezeichnung »Christen evangelischen Glaubens«, entsprechend der Bezeichnung, die die Pfingstgemeinden in der Sovetunion angenommen hatten. Auch sie waren eine gemischte Gruppierung. Ihre Haupttätigkeit nach außen hin vollzog sich dabei unter Baptisten und Evangeliumschristen. Den Baptisten gelang es dank ihrer stärkeren und besser gefügten Organisation, auch dank der Hilfen, die die erfahrenen deutschen Baptistengemeinden ihnen zuteil werden ließen, zu einer Abgrenzung von den missionarisch aktiven Pfingstgemeinden zu gelangen. Den Evangeliumschristen gelang dies nicht so. Während die Baptisten innerlich geschlossen blieben, wobei sie ihren Mitgliederbestand nicht wesentlich erhöhten, wurden die Evangeliumschristen das eigentliche Opfer der erheblichen Auseinandersetzung um Glaubens-, Organisations- und Personalfragen. Dies hatte Jack vor Augen, wenn er in einer Skizze von einem besonders »dunklen Kapitel

[15] Jack in »Dein Reich komme« 6/1931 S. 172.: »Seit vorigem Jahr ist die Trennung beider Gruppen, die bis dahin lose in einem Bund waren, streng durchgeführt – und es ist wohl gut so, erklärte Bruder Szenderowski.«

der Geschichte der Erweckungsbewegung im Osten« sprach: ». . .
viel Zersplitterung und Fehde zwischen solchen, die eigentlich und
tatsächlich Brüder sind. In Glaubens- und Erkenntnisfragen ist man
ganz einig, ja, man gehörte früher zum Bunde, und doch kam es zum
Kirchenkampf, man spaltete sich und bildete neue Richtungen und
Gemeinden. Vielfach haben die führenden Männer Schuld . . .«[15a]

Einige Jahre später hat sich Jack erneut zu diesen Spannungen geäußert, diesmal im Blick auf die gesamte evangelische Bewegung unter Russen und Ukrainern: ». . . vorläufig treibt dieser jüngste Ast
am Baum der Reformation unter den Russen und Ukrainern diesseits
und jenseits der roten Grenze noch manch üppigen Wasserschoß, den
der himmlische Gärtner beschneiden und ziehen muß, damit er gute
Frucht trage.«[16] Jack sieht dies im Zusammenhang mit der Feststellung, daß es an ausgebildeten, verstehenden und in der Schrift gegründeten Predigern fehle. »Immer wieder klagen die Brüder, daß
durch Unnüchternheit und noch viel schlimmere Dinge ganze Gemeinden zerstört worden seien. So kommt es vor, daß die Menschen
die tollsten Anstrengungen machen, um z.B. die Gaben des Geistes
zu erhalten. Sie schreien und toben Tag und Nacht bis zur völligen
Erschöpfung, ja Erkrankung. Die Evangeliumschristen nennen diese
Leute allgemein ›Zitterer‹ und ›Schreier‹.«[16a]

In Luck informierte sich Jack bei dem dortigen lutherischen Pfarrer. Dieser hielt die Evangeliumschristen in ihrer Ausrichtung für die
beste und gesündeste unter den besonderen Gruppen der evangelischen Bewegung unter den Ukrainern. Zugleich aber habe er betont,
daß sie ihre frühere Stoßkraft zum Teil bereits verloren hätten. Dieser Äußerung entsprechen Angaben von anderer Seite, so z.B. Jacks
Feststellungen über die Gemeinde in Kowel: »Die Gemeinde hat sehr
stark durch unnüchterne Richtungen zu leiden gehabt, die ihre Mitglieder auf die Hälfte reduziert haben. Immer wieder betonten die
Brüder fast mit Tränen, welche Zerstörungen die Schwarmgeister in
den Gemeinden angerichtet haben. Die Bewegung zählte vielleicht
schon 100000 Mitglieder, wenn dieser Glutwind nicht in die Blüte gefallen wäre. Jetzt scheint die Krisis überwunden zu sein.«[17] Das Urteil
von Marcinkovskij über diese Entwicklungen erscheint bemerkens-

---

[15a] W. Jack – in: Dein Reich komme 1937 S. 185/186.
[16] W. Jack, Auf Evangeliumspfaden durch Polen – in: Dein Reich komme 9/1931 S. 290.
[16a] Ders. im gleichen Bericht 10/1931 S. 328.
[17] ebenda S. 333.

wert: In einem Referat vor der Konferenz des Bundes 1933 in Warschau führte er sie auf eine Kälte in den evangeliumschristlichen Gemeinden zurück, die manche abgestoßen habe.[18]

Um 1930 bestanden aufgrund der Spaltungen und nicht abreißenden Unruhen in den Gemeinden vier nebeneinander agierende Gruppen von Evangeliumschristen. Es handelte sich um eine Gruppe, die unter dem Einfluß von Wilhelm Fetler stand; für sie werden auf die Jahre 1936/37 bezogen vier bis fünftausend Glieder genannt.[19] Eine weitere Gruppe bestand unter der Leitung von Konstantin Jaroszewicz mit dem Sitz in Kobryn Poleski.[20] Ihre Stärke wird mit der Hälfte der oben genannten Zahlen angegeben, ihre Selbstbezeichnung lautete »Vereinigung der Gemeinden Christi«. Eine dritte Gruppe war deutschsprachig, sie stand unter der Leitung des Predigers Adam Nickel in Rypin mit auch etwa 2500 Gliedern. Die Anfänge dieser Gruppe gingen bereits auf eine Erweckungsbewegung im Weichselgebiet um 1912 zurück.[21]

Die vierte, größte Gruppe war der eigentliche Bund, von dem sich die zuvor genannten Gruppen zu verschiedenen Zeiten und auf un-

[18] Marcinkovskij besaß aufgrund seiner Umsiedlung nach Polen eine intime Kenntnis der evangelischen Richtungen, deshalb erscheinen seine Äußerungen auf der Bundeskonferenz besonders wichtig. Sie machen zugleich deutlich, wie stark ganz allgemein in allen Gruppen das Verlangen nach gemeindlicher Geborgenheit gewesen ist: »Wo man Jesus liebt, da herrscht Wärme und Leben. Warum sind so viele fortgegangen, die früher zum Bund und seinen Gemeinden gehört haben, wie z.B. die Pfingstbrüder? – Weil es bei uns oft so kalt ist. Da haben sich diese Brüder erkältet und nun sind sie ernstlich krank, laufen mit Fieber herum und reden irre.« – Jack, der diese Worte wiedergibt, schließt von sich aus an: »Ich möchte hierzu bemerken, daß beim seelisch-gefühlsmäßig eingestellten Slaven sich manches ganz anders auswirkt als beim nüchternen, erkenntnismäßig gerichteten Deutschen.« – Dein Reich komme 1/1934 S. 21.

Zu den Pfingstgemeinden, die einen großen Teil abgespaltener Evangeliumschristen aufgenommen hatten, zählten rund 80 Gemeinden unter verschiedenen Bezeichnungen, dabei auch Evangeliumschristen-Pfingstgemeindler. Zum registrierten Bund der Pfingstgemeinden gehörten 39 registrierte Gemeinden. Die Stärke des registrierten Bundes wurde von »Ekklesia« mit 19829 Gliedern bei 49 Predigern angegeben. Die Prediger erfuhren ihre Ausbildung in einem Seminar in Danzig-Langfuhr. Zusammen mit der Zahl der Sympathisierenden wird eine Gesamtzahl von etwa 30000 genannt. – Ekklesia S. 180 für die Mitte der 30iger Jahre.

[19] Das von Fetler herausgegebene Blatt »Der Missionsfreund« als Monatsschrift der »Russischen Missions-Gesellschaft« unterrichtete in deutscher Sprache über Werdegang und Geschehnisse in den durch Fetler und seinen Kreis in den zwanziger und dreißiger Jahren beeinflußten Gemeinden.

[20] Jaroszewicz war aus den USA gekommen. Er wurde schließlich als ein Anhänger der Disciples of Christ angesehen. Sein Wirken wurde als Spaltertätigkeit sowohl von Baptisten als auch Evangeliumschristen verstanden. Vgl. Ryszard Tomaszewski in Chrześcijanin (Zeitschrift) Nr. 7–8 1977 S. 26–30.

[21] Ekklesia S. 181.

terschiedliche Weise gelöst hatten. Der Sitz des »Bundes der Evangeliumschristen in Polen, Ukraine und Polesien« war in Warschau. Der Bund änderte seinen Namen zum »Bund slavischer Gemeinden der Evangeliumschristen in Polen«.[22] Um das Jahr 1930 war der Bund in 6 Bezirke aufgegliedert. Es gehörten ihm etwa 10000 Vollglieder an, die in 102 Gemeinden, nach einer anderen Angabe aus wenig späterer Zeit in 90 Gemeinden mit 600 Predigtstationen lebten. Es bestanden 50 eigens erbaute Versammlungshäuser, weitgehend im östlichen Polen. Die Zahl der hauptamtlich tätigen Prediger war anteilig beträchtlich – sie belief sich auf etwa 70.

Der Bund stand unter der Leitung von Ludwig Luk'janovič Šenderovskij, in polnischer Schreibweise Szenderowski. Szenderowski war am 24. 8. 1873 in einer polnischen katholischen Familie in Skvirsk, Gouv. Kiev geboren. Der Vater war Agronom. 1908 war der junge Szenderowski in Kowel tätig, in diesem Jahr erfolgte seine Erwekkung. Er verließ seinen Dienst und trat ganz in die Arbeit des Bundes in Südrußland ein. In dieser Tätigkeit wurde er einer der frühen Mitarbeiter von Prochanov. In der Zeit des Bürgerkriegs war er der leitende Evangeliumschrist in Kiev und dem Kiever Bezirk. Nach Prochanovs Worten war es Szenderowskis Eintreten und seinen persönlichen Vorstellungen bei Lenin zu verdanken gewesen, daß Prochanov und die Mitarbeiter der Jugendkonferenz in Tver 1921 bald wieder freigelassen worden waren.[23] Im Jahre 1923 siedelte Szenderowski nach Polen über. Er wurde Presbyter der Warschauer Gemeinde und trat im gleichen Jahr bereits in das bestehende Vereinigungskomitee der Evangeliumschristen und der Baptisten ein. 1925 wurde er der Leiter des Bundeskongresses.[24] In dieser Leitungsfunktion blieb er bis zu seinem Tod am 23. 5. 1933 tätig. Die Geschichte des Bundes ist für diesen Zeitraum eng mit dem Einsatz und Wirken Szenderowskis verbunden.[25]

Die Urteile über Szenderowski sind sehr unterschiedlich, je nach der Einstellung derer, die sich über ihn geäußert haben. Emsigen Fleiß und organisatorisches Bemühen hat ihm keiner abgesprochen. Ein baptistisches Urteil spricht aus, daß er in Polen ein Prochanov sein

---

[22] Die polnische Bezeichnung lautete: Związek Słowiańskich Zborów Ewangelicznyich Chrešijan.
[23] Vgl. Jack, Wieder in Polen – in: Dein Reich komme 1/1934 S. 23.
[24] 1925 erfolgte Szenderowskis Ordination in Danzig unter Assistenz des baptistischen Predigers Strelow.
[25] Biographische Angaben in: E.V. 8/1933 S. 25/26.

wollte, aber nicht dessen Weisheit gehabt habe. Prochanov und Jack traten im Herbst 1933 an Szenderowskis Grab. Jack berichtet darüber: »Jeder sprach ein kurzes Wort des Gedenkens an diesen Bruder, von dem trotz mancher Fehler doch gesagt werden kann: Er hat sein Leben nicht wert geachtet bis in den Tod.«[26] Kritik und Würdigung stehen hier deutlich nebeneinander. Es ist möglich, daß Szenderowski auch manche Entwicklungen angelastet worden sind, deren er auch nicht mit größerer Weisheit hätte Herr werden können. Der Aufbruch pfingstgemeindlicher Gruppierungen, die Aufgabe der Sammlung von Gemeinden im armen Ostpolen sowie die Aufgaben, religiöse und politische Minderheiten im neuen Staat heimisch werden zu lassen, deuten die Schwierigkeiten an, denen in der Republik Polen bis 1939 sich keiner gewachsen gezeigt hat.

Szenderowski ist der Vorwurf gemacht worden, daß er sich zu sehr um ein geordnetes persönliches Verhältnis zu polnischen Regierungsstellen bemüht habe. Dabei sind Bedenken solcher laut geworden, die sich gegen den Militärdienst stellten, daß Szenderowski eine zu betont freundliche Stellung zum polnischen Militärwesen eingenommen habe.[27] So heißt es in den Äußerungen eines zurückhaltenden Kritikers, daß . . . »Br. Sz. eine zu vertrauliche Stellung zur polnischen Regierung einnehme, die dem Reiche Gottes schade. Er halte den Bruder für nicht aufrichtig, er habe sich zum Militärkaplan für die Evangeliumschristen und Baptisten machen lassen. Und als eine Konferenz ihn bat, dieses Amt niederzulegen, habe er es öffentlich zugesagt, heimlich aber behalten. Auch sei er in seinem Bestreben, der polnischen Regierung gegenüber loyal zu sein, manchmal unvorsichtig und mache Angaben und liefere Material, das von dieser zum Schaden der Arbeit benutzt werden könne. Er bedenke nicht, daß die polnische Regierung im tiefsten Grunde feindlich gesonnen sei.«[28]

Tatsächlich war Szenderowski in die Rolle eines Gutachters für Freikirchen bei polnischen Behördenstellen, zumal im Kultusministerium gelangt. Bei der gespannten Situation zwischen völkischen und konfessionellen Minderheiten und polnisch-katholischem Staatsvolk blieben heftige Streitigkeiten, die den Bund in Mitleiden-

---

[26] W. Jack, Dein Reich komme 1/1934 S. 17.
[27] Szenderowski war bereits 1924 in den Auseinandersetzungen auf der Dritten Konferenz der vereinigten Baptisten und Evangeliumschristen in Brest wegen der Übernahme von Funktionen eines Militärpfarrers im polnischen Heer angegriffen worden. Dies war aus der Befürchtung heraus geschehen, daß er damit den Militärdienst grundsätzlich unterstützte.

schaft zogen, nicht aus. Im Jahre 1932 kam es zu einem solchen Geschehnis, das Szenderowski den Vorwurf einbrachte, ein »Pobedonoscev« zu sein.[29] Szenderowski hatte eine Aufstellung über religiöse Gruppen gemacht. Sie diente wohl dem Zweck, die Fragwürdigkeit und auch staatspolitische Gefährlichkeit einiger von ihnen darzulegen. Szenderowski hat lebhaft abgestritten, daß der Text dieser Zusammenfassung von ihm weitergeleitet worden sei. Tatsächlich aber gelangte das polnische Kriegsministerium in den Besitz einer Kopie der Denkschrift. Die Rückfrage der dortigen Kanzlei für nichtkatholische Konfessionen bei Szenderowski, was es mit diesem Schriftsatz ohne Geschäftsnummer und nähere Angaben auf sich habe, machte den Vorgang im Sekretariat des Bundes publik. Der Sekretär Szenderowskis, Britčuk, wandte sich gegen ihn. Die Denkschrift wurde von Britčuk und einigen seiner Freunde publiziert und gelangte zur Kenntnis zahlreicher Gemeinden, Briefe Britčuks gaben dazu ablehnende Kommentare. Der Streit ging um ein Doppeltes, einmal um das Referat und seinen Inhalt, zum anderen um die Frage der Übersendung. Szenderowski stellte nicht in Abrede, daß der Wortlaut von ihm stamme. Er wehrte sich aber entschieden gegen den Vorwurf, dem Kriegsministerium die Darlegung zugeleitet zu haben. Dies war nicht zu klären. Der Inhalt der Denkschrift dagegen war deutlich. Hier war in klaren Worten ein staatliches Eingreifen gegenüber religiösen Gemeinschaften nahegelegt, die Szenderowski gefährlich erschienen. Damit hatte er an die Grundposition des evangeliumschristlichen Erbes gerührt, die Trennung von Kirche und Staat und die kritische, über die Loyalität nicht hinausreichende Einstellung zum Staat. Der Streit zog Kreise bis in die USA, Szenderowski war eben von einer Reise dorthin nach Polen zurückgekehrt. Auf seine Seite traten die Mitglieder des Bundesvorstandes in Polen; die Opposition gegen ihn verfügte über keine Positionen im Vorstand und auch nicht in der Mehrzahl der Bezirkskonferenzen. Entscheidungen in dieser Streitfrage konnte nur die Bundeskonferenz treffen. Zu ihrer Einberufung kam es vor dem Tode Szenderowskis nicht mehr, so daß der Streit andauerte.

Erst im Herbst 1933 konnte der Bundeskongreß einberufen werden. Die Teilnahme von Ivan Stepanovič Prochanov und von Walter

[29] Anlage zu Schreiben des Bundes Slavischer Gemeinden der Evangeliumschristen in Polen vom 25. 9. 1932 – SM Jack 1930–1933.

Jack, der als Vertreter des die Gemeinden in Polen unterstützenden Missionswerkes »Licht im Osten« fungierte, unterstreichen die Bedeutung, die man dem Kongreß für die Neuordnung der Verhältnisse im Bund beimaß. Die Wahl zum neuen Vorsitzenden des Bundes in Polen fiel auf Szenderowskis Sohn Ludwig, einen jungen Ingenieur.[30] Gegen seine Jugend sind zuerst Bedenken geltend gemacht worden. Die Wahl zum Vorsitzenden war auch nicht so sehr eine nachträgliche Würdigung des Vaters als vielmehr Ausdruck der Tatsache, daß es den evangeliumschristlichen Gemeinden an solchen fehlte, die für ein Leitungsamt, noch dazu für das des Vorsitzenden, befähigt gewesen wären. Der junge Szenderowski hat es in der Folge verstanden, Bedenken zu zerstreuen. Sein Verständnis der Leitung des Bundes sowie der Behebung der Spannungen im Bund kann aus einer Reihe von Angaben und Berichten an den Missionsbund »Licht im Osten« erschlossen werden. Der Bund nahm unter seiner Leitung tätigen Anteil an der Konferenz evangelischer Kirchen in Polen. Diese Konferenz trat vom 22. bis 26. 5. 1935 in der reformierten Kirche in Warschau zusammen. Die Teilnahme betonte die ökumenische Offenheit, die bereits in Äußerungen des alten Szenderowski sichtbar geworden war. Die englische Keswick-Konferenz, eine Konferenz auf Allianzgrundlage, hatte dieses erste Zusammentreten evangelischer Kirchen in Polen mit inauguriert. Neben den englischen Vertretern waren die reformierte Kirche in Polen, ein Teil der lutherischen Kirchen, Methodisten und Evangeliumschristen beteiligt.[31]

Die Ausbildung von Predigern und Gemeindeleitern blieb die große Aufgabe des Bundes. Prochanov hatte schon die Gründung einer Bibelschule für polnische Evangeliumschristen erwogen. Als Ort hatte er auch an Berlin gedacht, weil hier günstige Arbeitsmöglichkeiten bestanden hätten. Dieser Gedanke mußte aus Gründen, die auch im politischen Bereich lagen, beiseitegelegt werden. Andere, nicht so weit reichende Pläne sahen biblische Kurse in Polen selbst vor. Sie wurden auch mit Hilfe von »Licht im Osten« für eine Anzahl von hauptamtlichen Predigern durchgeführt. Dabei wurde auch daran gedacht, in der Mitte der dreißiger Jahre den in Estland in der

---

[30] Er war vorher im Nebenamt als Sekretär des Bundes tätig gewesen.
   Gutsche spricht von einer antibaptistischen Position des jüngeren Szenderowski in den späteren 30er Jahren. Bei den Argumenten habe die deutsche Herkunft des Baptismus in Ost- und Ostmitteleuropa eine negative Rolle gespielt.
[31] W. Jack berichtet von der Durchführung der Konferenz, das offizielle Protokoll habe 16 S. umfaßt – Dein Reich komme 1/1934 S. 19.

Dorpater Studentenarbeit stehenden Evangeliumschristen Boris Koljo für diese Ausbildungstätigkeit heranzuziehen.[32] Auch diese personelle Planung weist einmal mehr darauf hin, wie groß der Mangel der Gemeinden in Polen an ausgebildeten Mitarbeitern war. Schon früher einmal hatten die Baptisten, als die Zusammenarbeit noch besser war, den Prediger Petrasz für ein Jahr zum Dienst in wolhynischen Gemeinden im Kampf gegen pfingstgemeindliche Sendboten ausgeliehen. Einzelne Kurse konnten in den dreißiger Jahren auch durchgeführt werden. So fanden in Rovno,[33] neben Kovel[34] einem der Vororte der evangeliumschristlichen Gemeinden, 1934/1935 homiletische Kurse statt. Ihre Teilnehmer kamen zweimal in der Woche für eine begrenzte Zeit zusammen, dies war wieder Ausdruck der so sehr schwierigen Situation in den Gemeinden des Bundes.[35] Der Vertiefung der Gesamtarbeit dienten fernerhin sogenannte Glaubenskonferenzen. Namentlich genannt sind Konferenzen im Herbst 1934, eine in Kovel/Wolhynien, eine andere in Savelere/Polesien. In dem hauptsächlich von Russen bewohnten polesischen Raum gab es damals 11 größere Gemeinden sowie 60 kleinere Kreise und Gemeinschaften von Evangeliumschristen.[36]

All dies bewirkte, daß es nach den Jahren der Unruhe und Spannungen zu einer gewissen Stabilisierung kam. Dazu trug nicht unwesentlich die Bemühung bei, die sich schon in der Teilnahme an der Keswick-Konferenz abgezeichnet hatte, die Beziehungen zu den anderen Kirchen neu zu ordnen. Hierbei hatte sich schon in der Aera des alten Szenderowski eine gewisse Weitherzigkeit im Taufverständnis erwiesen. Die Tauffragen hatten manche Bitterkeit geweckt, zumal in den Gebieten Polens, in denen viele orthodoxe Christen lutherisch oder reformiert geworden waren. Jack berichtet von einem Gespräch mit einem lutherischen Pastor. Dieser hatte Bedenken in der Tauffrage ausgesprochen. Die lutherischen Gemeinden »könnten natürlich nicht dulden, daß für die Glaubenstaufe in den deutschen Gemeinden Propaganda gemacht würde. Das sei aber zu befürchten bei einem engeren Zusammengehen und dem Umstand, daß bereits zahl-

---

[32] Dein Reich komme 7/1935 S. 146.
[33] Die Gemeinde in Rovno hatte mehrere hundert Glieder. In ihr gab es einen Jugendbund, Chor, Orchester, eine Kinderschule und eine Gruppe »dienender Schwestern«.
[34] Die Gemeinde in Kovel feierte 1933 ihr 25jähriges Bestehen. Damit reichte sie in die Frühzeit der Bundesarbeit zurück.
[35] Dein Reich komme 5/1935 S. 107 nennt 15 Teilnehmer der Kurse.
[36] Dein Reich komme 5/1935 S. 106.

reiche Taufen an ehemals deutschen Lutheranern vollzogen seien. Hierfür zeigten nun die ukrainischen Brüder erfreulicherweise Verständnis und besonders Br. Sz. . . . gab klare und bestimmte Erklärungen ab. Er betonte, obwohl auch die Evangeliumschristen in Rußland wie in Polen dogmatisch auf dem Boden der Glaubenstaufe ständen, so treiben sie doch für die Taufe keine Propaganda, denn diese sei wohl eine vom Herrn eingesetzte symbolische Handlung zum Bekenntnis des Glaubens, aber kein Schibboleth. Sie erkennen auch als Kinder getaufte Gläubige als ihre Mitchristen an. Die Taufe mache nicht selig. Luther, so erklärte der Bruder, sei ein großer Apostel Christi gewesen, er achte ihn hoch, genau wie es Br. Prochanov tue.«[37] Eine solche Aussage, auch wenn sie nur von einem Dritten über das Taufverständnis Szenderowskis gemacht worden ist, war geeignet, die Spannungen, die zum baptistischen Bund in Polen bestanden, zu verstärken. In den heftigen Auseinandersetzungen, die der Bund erlebt hatte, erschien nicht nur Szenderowski, sondern auch anderen ein weites Verständnis der Taufe und insgesamt der Kriterien der Gemeindezugehörigkeit als ein möglicher Weg, der Streitigkeiten Herr zu werden.

Auf der Jahresversammlung des Bundes der slavischen Gemeinden der Evangeliumschristen in Warschau vom 16. bis 20. Mai 1937, die auch als die 10. Generalsynode des polnischen Bundes bezeichnet wird, war die Bemühung um eine Annäherung der getrennten Gruppen von Evangeliumschristen ein wichtiger Gegenstand der Tagungsordnung. Als Ursache eingetretener Spaltungen wurde die Schuld führender Männer in den Gemeinden, aber auch der Ehrgeiz auswärtiger Missionsgesellschaften genannt, die eigene Gemeinden gründeten.[38] Das Ergebnis der Verhandlungen war positiv. Die Angaben über den Verlauf der Verhandlungen besagen, daß eine abgetrennte Gruppe sich wieder zunächst in einer losen Verbindung an den Bund anschloß. Des jungen Szenderowskis Bemühungen waren bereits vorher in die Richtung gegangen, durch eine Öffnung nach allen Seiten die Spaltungen zu überwinden. Im Rahmen dieser Bemühungen ist die bereits erwähnte Teilnahme des Bundes an der »Geist-

[37] Dein Reich komme 10/1931 S. 326/327. – Entsprechend lautete eine Äußerung Szenderowskis, über die Jack in »Dein Reich komme« 1/1933 S. 11 berichtet. Jack hatte ein Gespräch mit Szenderowski und Mitgliedern der Bundesleitung in Warschau geführt: »Als ich ihm dann von der Bewegung in Galizien erzählte, wie die Leute massenweise ihre alte Kirche verließen, meinte er: ›Besser sie werden halbe Lutheraner, als daß sie orthodox oder katholisch bleiben!‹«
[38] Dein Reich komme 1937 S. 182ff., hier S. 196.

lichen Konferenz der Evangelischen Konfessionen in Polen«, der polnischen Keswick-Konferenz, zu erblicken.[39]

Der Überwindung der Streitigkeiten diente auch die Gründung einer eigenen Bibelschule in Warschau, die, lange vorbereitet, im Dezember 1937 entstand. Die Schule hatte interkonfessionellen Charakter, wurde aber nicht von den Baptisten besucht. Von den ersten sieben Schülern waren die meisten dem Bund angehörige Evangeliumschristen.[40] Ein zweiter Kursus begann am 2. Oktober 1938 mit insgesamt 11 Teilnehmern.[41] Bemühungen zur Einheit vollzogen sich auch auf der Ebene der Gemeinden. Marcinkovskij, der längere Zeit in Polen seinen Wohnsitz genommen hatte, hat sich in seiner evangelistischen Tätigkeit vielfältig um die Einigung der verschiedenen Gruppen bemüht. Im Jahre 1935 nahm er an einer Glaubenskonferenz der freien Evangeliumschristen in Mlynow bei Dubno teil. In dem Bericht darüber heißt es, daß die Chöre dieser Gruppe gut waren, daß aber auch Angehörige anderer Gruppierungen anwesend waren, »z.B. ›Verbündete‹ Brüder und Baptisten.«[42] An den regionalen homiletischen Kursen nahmen auch Baptisten und »freie« Brüder an einigen Orten teil.[43] In Sdolbunovo im Raum Rovno fand ein Treffen von Angehörigen des Bundes und »freien« Evangeliumschristen statt.[44] Marcinkovskij, der an diesem Treffen teilgenommen hatte, unterstreicht an anderer Stelle, daß die Sehnsucht nach kirchlicher Einheit in Polen wachse.[45] Als Beispiel dafür erwähnte er den Pfingstgottesdienst 1937 in Radziwillow: »Heute findet auch Brotbrechen statt, die Feier des heiligen Herrenmahls. An ihr nehmen alle Gläubigen teil, sowohl die ›freien‹ Evangeliumschristen als auch die vom Bunde.«[46] Immer noch wurden jedoch Ansätze einer Einigung durch örtliche Abspaltungen und Auseinandersetzungen in einzelnen Gemeinden gestört.[47]

[39] Dein Reich komme 1936 S. 234ff., hier besonders S. 235.
[40] Dein Reich komme 1939 S. 76.
[41] ebenda S. 76.
Zwei evangeliumschristliche Prediger ukrainischer Herkunft hatten, zusammen mit einem weißrussischen Evangeliumschristen eine Ausbildung in Vandsburg erhalten – Dein Reich komme 1938 S. 183. Der gleiche Bericht erwähnt die Ausbildung weiterer ostslavischer Prediger aus Polen in Neuendettelsau und in Basel, ein Zeichen für das starke Interesse von Lutheranern, Reformierten und Angehörigen der Freikirchen für den religiösen Aufbruch, der sich zwischen den beiden Weltkriegen in Ostpolen, vor allem in Galizien unter Ukrainern vollzog.
[42] Dein Reich komme 1935 S. 229ff.
[43] ebenda S. 230.
[44] ebenda S. 231.
[45] Dein Reich komme 1938 S. 8.

Auf ganz anderer Ebene waren den Gemeinden, nicht nur denen der Evangeliumschristen, zusätzliche Schwierigkeiten erwachsen. In Ostpolen stellten Russen, Weißrussen und Ukrainer einen beträchtlichen Anteil der Bevölkerung. Nationale und soziale Probleme bestimmten ihre Einstellung zum polnischen Staat. Die Russen waren einmal das Staatsvolk gewesen, sie waren Minderheit geworden, dazu kritisch betrachtet von den Ukrainern, deren Intelligenz sich dem großrussischen Einfluß zu entziehen suchte und dabei immer stärker auch auf die bäuerliche ukrainische Bevölkerung einwirkte. Die Bildung eines eigenen ukrainischen Nationalbewußtseins hatte im 19. Jahrhundert vor allem unter den Ukrainern innerhalb der Donaumonarchie eingesetzt. Galizien, der Raum der westlichen Ukraine, war zum Schwerpunktraum der ukrainischen Emanzipation geworden. Auf die damit verbundenen Intentionen wirkten Einflüsse von Ukrainern, die nach Nordamerika ausgewandert waren, ein. In den zwanziger Jahren war es zu einer evangelischen Erweckungsbewegung gekommen. Diese kirchliche Bewegung, die sich in verschiedene Ströme aufgliederte, war auch mit der Protesthaltung gegenüber den hergebrachten Ordnungen des völkischen und kirchlichen Lebens, wie es sich in der orthodoxen und in der unierten Kirche manifestierte, verbunden. Der eine der Erweckungsströme hatte sich dem Luthertum erschlossen. Auf ihn wirkten die Einflüsse der lutherischen Gemeinden deutscher Nation in Galizien, der bedeutungsvolle Einsatz Zoecklers in Stanislau, ein. Der zweite Strom fand zum Reformiertentum. Dies war sonderlich im Raum von Kolomea der Fall. Der dritte Strom schließlich mündete in die freikirchlichen Gruppen und Bünde ein. In allen Gruppierungen waren Momente neupietistischer Frömmigkeit sichtbar. Züge eines erwecklichen Gemeinschaftschristentums wirkten aus jener Aufbruchbewegung in die alten lutherischen Gemeinden wie die in Wolhynien zurück. Dabei gingen religiöser und nationaler Aufbruch in einzelnen Bezirken Hand in Hand. Dies war nach Ansicht von Beobachtern weit stärker in Galizien als in Wolhynien der Fall. Es hing damit zusammen, daß sich das Ukrainertum Wolhyniens, das bis zur Revolution unter rus-

[46] ebenda S. 7.
[47] Dein Reich komme 1935 S. 108 berichtet vom Auftreten von »Irrlehrern« in einigen Gemeinden. Dein Reich komme 1936 S. 177 berichtet von der Spaltung der Gemeinde Poromovo im Raum Chelm. Dein Reich komme 1938 S. 6 berichtet von einem nicht näher bezeichneten galizischen Dorf: »Aber bald kamen ›falsche Brüder‹ mit einem ungesunden Geist, brachten Spaltungen und richteten Ärgernisse an.«

sischer Herrschaft gestanden hatte, noch nicht so stark wie das in Galizien zu einem eigenen Bewußtsein entwickelt hatte.[48] Jack empfand den Unterschied als beträchtlich. »Jene (in Galizien – W.K.) sind bewußt völkisch, hier merkt man wenig davon. In den Versammlungen wird vorwiegend russisch gesprochen, auch polnisch und da und dort ukrainisch. Selbst die Intelligenz ist nur z.t. bewußt ukrainisch eingestellt, viele empfinden auch noch großrussisch, wie es früher war.«[49]

Aber auch hier gab es Schwierigkeiten. Der erwachenden Animosität von Ukrainern entsprachen Reaktionen von Polen, die für eine evangeliumschristliche Gemeinde gewonnen worden waren. Als Beispiel dafür wird eine Versammlung der evangeliumschristlichen Gemeinde in Luck erwähnt. »Es war, wie immer, ein langes Beisammensein, . . . nur einige Polen gingen fort, weil es ihnen angeblich nicht gefiel, daß so viel russisch gesprochen wurde.«[50] Spektakuläre Vorkommnisse kennzeichnen die nationalen Spannungen im östlichen Polen zwischen den Weltkriegen. Zu ihnen gehört der Skandal, der sich bei einem der Kirchenfeste des Uspenie-Klosters in Počaev ereignete. Über 10 000 zum Fest zusammengeströmte Orthodoxe, in der Masse Bauern, schwenkten ukrainische Fähnchen und protestierten dagegen, daß die ukrainische Sprache in Gottesdienst und Ansprachen keine Berücksichtigung fand.[51]

In die nicht nur für Orthodoxe, Unierte, Lutheraner, sondern auch für die Evangeliumschristen wichtige Problemlage führt ein Gespräch ein, das Jack Mitte März 1931 mit dem ukrainischen Pastor einer neu entstandenen lutherischen ukrainischen Gemeinde geführt hat. Der Pastor hatte sich geäußert: »Für uns gibt es nur eine Ukraine. Die in Rußland, Galizien und in der Bukowina lebenden Stammesbrüder bilden alle ein Volk . . . Wir wollten schon mit den Evangeliumschristen in Wolhynien anknüpfen, aber sie verstehen nicht, daß unsere Bewegung auch eine völkische sein muß. Viele von denen, die dort arbeiten, haben keinen Sinn dafür, daß wir Ukrainer sind. Auch Prochanov hält uns nur für Kleinrussen, Chochly.[52] In Wolhynien geht ein stiller Kampf vor sich. Die Russen wollen uns Ukrainer durch die

[48] W. Jack, Auf Evangeliumspfaden in Polen – in: Dein Reich komme.
[49] ebenda S. 328.
[50] W. Jack, Auf Evangeliumspfaden in Polen – in: Dein Reich komme.
[51] Dein Reich komme 1/1934 S. 17. In dem Bericht darüber heißt es weiter: »Der Metropolit und die Geistlichkeit waren einfach machtlos und mußten fluchtartig den Festplatz verlassen.«
[52] Soviel wie »Schöpse«.

Bibel russifizieren.« Diese Aussage bezog sich darauf, daß bei den Evangeliumschristen überwiegend russisch gesprochen und gebetet wurde. Der Sprecher fuhr fort: »Wir lehnen diese Russifizierung durch die Bibel und christliche Literatur ab. Majak[53] und andere Blätter werden nur russisch gedruckt. Und was in ukrainisch erscheint, ist nicht ukrainisch, es ist eine furchtbare Verhunzung unserer Sprache, auf einer Seite 24 Fehler.«

Der Pastor, der nach seinen Worten als Gymnasiast von der Schule verwiesen worden war, weil er ukrainische Aktivitäten geübt hatte, fuhr fort: »Wir wollen unserem Volke Christus auf ukrainisch bringen. Oder hat Christus etwa polnisch gepredigt? – Die Evangeliumschristen in Luck haben mich nicht sprechen lassen, weil ich ukrainisch predigen wollte und ein Gelehrter sei. Ich bin kein Chauvinist. Russe, Deutscher, Pole, ich achte sie alle, aber es ist etwas anderes, wenn mich jemand belehren und bezwingen will, ein Russe oder ein Pole zu sein. Prochanov kommt nach Wolhynien mit einem russischen Christus. Aber er hat vergessen, daß Wolhynien nicht Rußland, sondern Ukraine ist. Wir sind keine Chochly . . . Ich verstehe Prochanov wohl. Er ist Russe und für ihn ist noch alles Rußland, wie es früher war oder sein sollte, aber es ist nicht so. Prochanov und Szenderowski sind sehr gute und tief gläubige Menschen. Aber wie der eine uns zu Russen machen will, so der andere zu Polen . . . Die Evangeliumschristen sind vortreffliche Leute, sie führen einen moralischen Lebenswandel. Aber das Evangelium muß dem Volke in seiner Muttersprache gebracht werden . . .«[54]

Die Äußerungen, in denen Religiöses und Nationalukrainisches so eng miteinander verquickt sind, machen die Positionen in Ostpolen deutlich. Dabei werden die Äußerungen exemplarisch zu werten sein; die Masse der ukrainischen Bauern war kaum in der Lage, sich entsprechend auszudrücken. Aber es werden in den Worten dieses ukrainischen Pastors Grenzlinien für die Arbeit der Evangeliumschristen sichtbar. Daß Prochanov mit einem russischen Christus nach Wolhynien komme, daß Szenderowski mit seiner Arbeit die Evangeliumschristen andererseits polonisiere – gegen Vater und Sohn Szenderowski ist sogar der Vorwurf eines polnischen Hurrapatriotismus erhoben worden –, dies macht deutlich, daß die Evangeliumschristen

[53] Die von Waldemar Gutsche im Kompaß Verlag Lodz herausgegebene Zeitschrift baptistischer Prägung.
[54] Dein Reich komme 8/1931 S. 254/255.

es bisher nicht vermocht hatten, dem Ukrainertum einen angemessenen eigenen Beitrag in ihrer Arbeit einzuräumen. Spätere Berichte besagen allerdings, daß diesem Anliegen, von dem Prochanov unterrichtet wurde, Rechnung getragen wurde.

Nicht nur im religiösen Bereich, auch im politisch-völkischen war es eine Zeit der Übergänge. Bei dem hohen Grad des Analphabetismus war man genötigt, auf mittelalterliche Vorbilder einer »biblia pauperum« zurückzugreifen. Die Herausgabe einer Bilderbibel wurde in evangelischen Kreisen erwogen.[55] Die Durchführung nicht nur evangeliumschristlicher, sondern auch lutherischer Gottesdienste in jungen ukrainischen Gemeinden litt unter manchen Formlosigkeiten. Liturgische Ordnungen in Ukrainisch waren noch nicht entwickelt, Liedgut verschiedenster Herkunft, auch solches aus dem englisch-amerikanischen Raum, war oftmals mehr hindernd als fördernd für die Entwicklung der Gemeinden. Jack hat in solchen Fällen empfohlen, das Liedgut der russischen Evangeliumschristen und Prochanovs zahlreiche eigene Dichtungen und Nachdichtungen in den Gemeinden heimisch werden zu lassen. Ausdruck dieser Bemühungen war die bereits 1924 erfolgte Herausgabe der evangeliumschristlichen Lieder und Hymnen durch den von Waldemar Gutsche geleiteten Kompaß Verlag in Lodz.

Mitte der dreißiger Jahre war im Leben der evangeliumschristlichen Gemeinden eine Konsolidierung eingetreten. Die Gemeinden hatten sich gefestigt. Dank der Versuche einer besseren Ausbildung der Prediger und der Unterstützung des polnischen Bundes durch die schwedische SEUR, durch dänische Freunde und durch »Licht im Osten« war der Aufbau vorangegangen. Wichtig war auch, daß die verfeindeten Gruppen von Evangeliumschristen wieder aufeinander zu hören begannen. Regionale Konferenzen stärkten den Zusammenhalt. Da setzte das Jahr 1939 aller organisierten Arbeit zunächst ein Ende. Dies galt nicht nur für die Gebietsteile Polens, die an die Sovetunion fielen, es galt ebenso für die Gemeinden im Bereich der deutschen Verwaltung. Im Lauf der Kriegsjahre kam es dann zu einer neuen Arbeitsmöglichkeit für die verschiedenen Freikirchen und Bünde. Die deutschen Behörden gewährten die Möglichkeit einer Registrierung. Diese Registrierung von Kirchen und Gemeinden – nur

---

[55] Dein Reich komme 8/1931 S. 254. Auf Jacks Hinweis, daß in ehemals orthodoxer Umwelt die Bilder zu einer Gefahr werden könnten, erhielt er die Antwort, daß diese nicht mehr bestehe.

solcher, die schon vor dem Jahre 1939 bestanden hatten – wurde von der Auflage abhängig gemacht, daß sich Evangeliumschristen, Baptisten sowie Gemeinden von »offenen Brüdern« zu vereinigen hätten. Durch Erlaß der Regierung des Generalgouvernements in Krakau vom 29. April 1942 wurde der »Bund nichtdeutscher evangelisch-freikirchlicher Gemeinden (Baptisten)« zugelassen.[56] Damit wurde organisatorisch eine Entwicklung vorweggenommen, die auch die Organisationsformen von baptistischen und von Brüder-Gemeinden in Deutschland zur gleichen Zeit prägte und auch die Organisationsform der Gemeinden von Evangeliumschristen, Baptisten und Pfingstgemeinden in der Sovetunion später bestimmen sollte.

Der organisatorischen Neuordnung war die 1939 infolge der Kriegsgeschehnisse und der Aufteilung des alten polnischen Staatsgebiets unter das Deutsche Reich und die Sovetunion erfolgte Zerstörung vieler Gemeinden vorausgegangen. Eine große Wanderungsbewegung hatte viele Gemeindeglieder und Prediger auch anderer evangelischer Freikirchen aus den unter sovetischer Herrschaft stehenden weißrussischen und ukrainischen Gebieten Ostpolens in das von Deutschland besetzte Gebiet des westlichen Polens geführt. Als eine erste Übersicht möglich geworden war, ergab sich nach Schätzungen, daß im Generalgouvernement in den dort vorhandenen evangeliumschristlichen Restgemeinden nur noch etwa 1000 Gemeindeglieder vorhanden waren, dies bei einer geschätzten Gesamtzahl von 500000 bis 700000 Menschen ukrainischen und weißrussischen Volkstums im gleichen Raum, während für die Gemeinden unter sovetischem Herrschaftsbereich bis zum deutschen Vorstoß 1941 keine Zahlen vorlagen. Neben Kriegsgefangenen waren aufgrund der einsetzenden Arbeitsverpflichtungen auch manche Evangeliumschristen in das Innere des Deutschen Reichs gelangt. Um diese wie auch um andere Evangelische slavischen Volkstums bemühten sich die deutschen Baptisten. So war der Beitrag der Berliner Baptistengemeinden an der kirchlichen Versorgung dieser Evangelischen bedeutsam. Im ganzen aber gilt, daß die Situation aller evangelischen Ge-

[56] Vgl. W. Gutsche, Westliche Quellen S. 119.
Die organisatorischen Maßnahmen der Neuordnung der Bünde müssen im Zusammenhang mit der Neuordnung der baptistischen Gemeinden und der Gemeinden der Brüder in Deutschland gesehen werden. Hier kam es zu einer Vereinigung dieser bisher getrennt gewesenen Bünde. Der neue »Bund Evangelisch-Freikirchlicher Gemeinden in Deutschland« wurde am 22. Februar 1941 gegründet. Die staatsaufsichtliche Genehmigung der Verfassung dieses Bundes geschah am 30. 10. 1942.

meinden slavischen Volkstums in ihren alten Wohnorten höchst erschwert war. Ihr weiteres, hier nicht mehr zu betrachtendes Schicksal blieb aufs engste mit der politischen Entwicklung des ostpolnischen Raums und der neuen Grenzziehung nach dem Zweiten Weltkrieg verbunden.[57]

Evangeliumschristliche Gemeinden alten Herkommens bestanden nach dem Ersten Weltkrieg auch in den baltischen Ländern. In Estland gab es in den dreißiger Jahren Gemeinden kleineren Umfangs, zum Teil waren es auch nur Stützpunkte einer kleinen Zahl von Menschen. An Orten wurden Tallinn, Narva, Oleschniza und Petseri/Pečur genannt. Die bestimmenden Gestalten der dort betriebenen Arbeit waren der Assistent an der Universität Dorpat Boris Koljo und der Prediger Vogel in Narva. Koljo hatte eine Arbeit unter Studenten begonnen, die nach Berichten aus dem Jahre 1935 einen erfreulichen Anfang genommen hatte.[58] Bereits 1932 hatte vom 27. bis 30. Dezember in Dorpat im Haus der Christlichen Gemeinschaft eine erste Glaubenskonferenz »deutscher und russischer Geschwister« stattgefunden. Der kurze Bericht über diese Konferenz vermerkt als Besonderheit, daß die Notlage der meisten Teilnehmer recht groß war. Einige hatten den weiten Weg von Petšur nach Dorpat zu Fuß zurücklegen müssen. Größeren Umfang hatte die Tätigkeit von Rudolf Vogel angenommen. Dieser hatte als Theologiestudent an der theologischen Fakultät in Dorpat mit dem Berufsziel des lutherischen Pfarrers begonnen. Dann war er aufgrund seiner besonderen geistlichen Entwicklung aus der Landeskirche ausgeschieden und hatte in Narva eine Gemeinde von Evangeliumschristen gesammelt. Narva war ihm dann zur Basis für die rührige evangelistische Tätigkeit seiner Gemeinde in den von Russen bewohnten Teilen des östlichen Estlands geworden.

Konflikte mit den orthodoxen Gemeinden und deren Priestern waren nicht ausgeblieben. Die orthodoxe Geistlichkeit verstand die von Vogel betriebene missionarische Arbeit, die vom schwedischen Bund SEUR unterstützt wurde, als einen Einbruch in orthodoxen Lebensbereich. Vogels und seiner Mitarbeiter Verhalten war dabei als Zeichen protestantischer Unversöhnlichkeit gegenüber der notleidenden Orthodoxie in Estland verstanden worden.[59] Zu Vogel war später Sa-

---

[57] Vgl. dazu A. Mickevič, Besuch der westlichen Ukraine – in: B.V. 6/1947 S. 53–56 mit Gemeinde- und Stärkeangaben in dem vormals zum polnischen Staatsgebiet gehörigen Gebiet der westlichen Ukraine, nach dem Stand Jahresanfang von 1947.
[58] Dein Reich komme 8/9 1935 S. 166, ferner ebenda 1/1934 S. 18.
[59] Vgl. hier S. 514ff.

rapik, nachdem er die Sovetunion verlassen hatte, hinzugestoßen. Sarapik, über den noch zu berichten sein wird, übernahm nach dem Tode Prochanovs die Leitung der Aktivitäten des Bundes außerhalb der Sovetunion. Er hatte als Wohnsitz Tallinn gewählt, wo künftig auch die Herausgabe der »Evangel'skaja vera«, des Organs des Bundes, erfolgte.

Die Nennung von Personen und Orten sagt wenig über den Gehalt der geleisteten Arbeit. Auch Vogel war bei allen Aktivitäten kein nennenswerter Einbruch im Raum von Narva und im Peipussee-Gebiet geglückt. Waldemar Gutsche hatte 1935 anläßlich seiner Reise in die Sovetunion auch die baltischen Staaten besucht. Er berichtete, daß in Estland insgesamt die baptistisch-evangeliumschristliche Arbeit noch schlechter als in Lettland sei. Von baptistischen Aktivitäten wußte er nichts zu sagen. Evangeliumschristen und gläubige lutherische Kreise mit Kontakten zu ihnen umfaßten nicht mehr als kleine Gruppen, »die aber zusammen nicht einmal die Zahl der gläubigen Russen Lettlands erreichten.«[60].

In Lettland hatte er einige Tage zuvor[61] registriert, daß die russische Arbeit in Riga »eigentlich recht schwach« sei. Prochanov habe zwei Gemeinden, die zusammen nicht mehr als hundert Glieder zählen. Eine davon in Riga war eben von den Behörden geschlossen worden, weil Uneinigkeit entstanden war. »Die andere russische Arbeit befindet sich in den Händen von Pastor Fetler, welcher ungefähr 200 Glieder in Riga und der Provinz hat.«[62] In Riga war V. I. Sedov, ein alter Evangeliumschrist aus den ersten Tagen der Bundesarbeit, der Leiter der Arbeit. Von Prochanovs Aufenthalt in Riga an waren seine Beziehungen zu der evangeliumschristlichen Arbeit in dieser Stadt eng geblieben. Aber auch spätere Aufenthalte – so hielt er sich 1932 wieder einmal fünf Tage in Riga auf – vermochten es nicht, die Arbeit dieser Gemeinde zu intensivieren. Ein Foto aus jenen Tagen zeigt den Kreis der Versammelten. Die etwa 40 Anwesenden werden der aktive

---

[60] W. Gutsche, Aufzeichnungen über meine Reise nach der Union der Sozialistischen Sowjetrepubliken, Manuskript Lodz 1. 10. 1935 S. 27 Die Aufzeichnung ist vom 18. 7. 1935.
Die Angaben über durchgeführte Konferenzen und auch regionale Zusammenkünfte müssen dementsprechend auch kritisch gewertet werden. Von einer dritten Konferenz der Gemeinden in Estland vom 23.–25. 6. 1934 in Lebež, 6 Kilometer vor Izborska ist in E. V. III/6–7 1934 S. 31 die Rede.
[61] ebenda vom 13. 7. 1935.
[62] Zu Fetlers Wirksamkeit heißt es, daß der Eindruck bestehe, Fetlers Interesse für die russische Arbeit habe nachgelassen.

Gemeindekern gewesen sein.[63] Ein Hinweis wenig später bestätigt die Wahrnehmungen Gutsches, der die vielen Unstimmigkeiten im freikirchlichen Lager Lettlands wahrgenommen hatte, daß viele Krisen im religiösen Leben an der Tagesordnung seien, bislang aber die eigenen Gemeinden noch verschont haben.[64]

Zu den alten Gemeinden gehörte auch die in Helsinki. Hier hatten sich schon länger Ansässige und Flüchtlinge aus der Sowetunion zusammengefunden. Ihre Gemeindebildung ist jedoch über eine Zahl von 30 Gliedern nicht hinausgekommen.[65] Gemeinden von Flüchtlingen hatten sich auch in einigen anderen Ländern gebildet. Unter ihnen war die evangeliumschristliche Gemeinde in Berlin eine zeitlang von besonderer Bedeutung wegen der zahlreich in Berlin vorhandenen russischen Emigranten gleich nach dem Ersten Weltkrieg. Die Anfänge der Gemeinde, deren Gründungsdatum der 7. 12. war,[66] gehen in das Jahr 1920 zurück. Damals wirkte neben schwedischen Missionaren auch Pastor Walter Jack unter den vielen in Berlin vorübergehend ansässigen Russen. Der erste eigentliche Leiter der sich bildenden Gemeinde wurde der aus einer südrussischen Mennonitenfamilie stammende David Bekker.[67] Die gemeindliche Arbeit nahm trotz des Fortzugs vieler russischer Emigranten einen Aufschwung, als Prochanov wiederholt für längere Zeiten nach 1928 in Berlin Aufenthalt nahm und dort auch fest ansässig wurde. Bekker starb bereits 1926. In der Arbeit der Gemeindeleitung standen in den folgenden Jahren verschiedene, unter ihnen als Diakon der ehemalige Oberstleutnant der Artillerie Argamarkov sowie A. P. Kiefer. Die Berliner Gemeinde hatte darin eine besondere Funktion, daß sie auf den We-

---

[63] E.V. 15/1932 S. 21/22. E.V. 8/1933 S. 23 berichtet über fünf in Riga stattgehabte Taufen.
Nach B.L. 3/1906 S. 10 waren die Anfänge der Gemeinde erfolgversprechend gewesen, bis zu 200 Menschen besuchten damals die Versammlungen.

[64] E.V. 8/1933 S. 23.

[65] In den ersten Jahren nach der Revolution hatte es weitere Gemeindezentren gegeben. Propst Wegener/Viborg berichtet in »Deutsch-evangelisch in Finnland« 4/1922 S. 30/31 über vier Gemeinden und weitere Stützpunkte in Finnland, – Helsinki, Viborg, Perkjärvi, Mustamäki, Terijoki und Kellomäki.

[66] E.V. 6–7/1934 S. 22.

[67] Bekker war zu Anfang des Weltkrieges in der Ausbildung im Missionsseminar in Neukirchen gewesen. Während des Kriegs arbeitete er dann in russischen Kriegsgefangenenlagern. Die Versorgung für ihn hatte der Missionsbund »Licht im Osten« übernommen, da die kleine Berliner Gemeinde ihn nicht zu unterhalten vermochte. Von Gruppenbildungen in der Gemeinde 1923/1924 und damit verbundener Beunruhigung berichtet ein Brief Jacks vom 23. 5. 1924 an Dahlin, Mitglied der SEUR; die Gemeinde erhielt von SEUR Unterstützungen.

gen von Amerika und dem westlichen Europa zum Osten Europas und in die Sovetunion hinein eine wichtige Anlaufstelle war, deren Bedeutung zumal dann, wenn Prochanov längere Zeit in Berlin war, noch gewann.[68]

Auch in Südosteuropa hatten sich einige Gemeinden zum Teil in Anlehnung an russische Flüchtlingskreise gebildet. Dazu gehörten Gemeinden in Bulgarien, in Jugoslavien und Rumänien. In Bulgarien waren die Leiter der Arbeit ein früherer Intendanturoffizier der Wrangel-Armee, Krasenikov, der von 1924 – 1926 in Wernigerode eine Predigerausbildung erhalten hatte, und der Bulgare Mateev, der ebenfalls in Deutschland seine Ausbildung erhalten hatte. Gelegentliche Bilder von Gemeindezusammenkünften weisen auf kleine und sehr ärmliche Kreise hin, die sich zu der Arbeit hielten, die von den beiden Männern getan wurde. Schwierigkeiten ergaben sich aufgrund orthodoxer Vorbehalte. Die erste Zusammenkunft der kleinen Gemeinden und Stützpunkte im 1. Bulgarischen Kongreß der Evangeliumschristen erfolgte September 1935 in Plovdiv. Es war der Kongreß, von dem Prochanov krank zurückkehrte.[69]

Die sich bildenden Kreise in Rumänien unterlagen aufgrund der Gesetzeslage Einschränkungen. Eine feste Organisation gab es nicht. In Kišinev bestand eine judenchristliche Gemeinde, von der auch ein Blatt »Bratskij Listok« herausgegeben wurde. Von diesem Kreis heißt es jedoch, daß er nicht zu den Evangeliumschristen gehörig sei. Als es nach dem Tode Prochanovs zu einer Bestandsaufnahme der Gemeinden und Aktivitäten in den verschiedenen Ländern kam, wurden bereits angeforderte Mittel zur Unterstützung rumänischer Gemeinde- und Stützpunktbildung nicht bewilligt. Man beschloß, zur Verfügung stehende Mittel schwerpunktmäßig, nicht zum Aufbau neuer Positionen einzusetzen.[70] Die Arbeit in Jugoslawien ist nicht über erste Anfänge hinaus gediehen. Dies wird durch die Aufstellungen be-

---

[68] Der Aufbau der Berliner Gemeinde war nach Anweisung von Prochanov erfolgt – E.V. 1–12 1936 S. 31. In diesem Jahr hatte die Gemeinde etwa 40 feste Glieder. Am 1. September 1935 war Prochanov noch zum Vorsitzenden des leitenden Bruderrats gewählt worden – E.V. 1–12/1936 S. 35. Später wirkte in der Gemeinde leitend A. P. Kiefer, vgl. hier S. 311. Kleinkreise aus der zusammengeschrumpften Gemeinde existierten noch nach dem Zweiten Weltkrieg.

[69] E.V. 1–12/1936 S. 33, über die Entwicklung der Gemeinden: Dein Reich komme 3/1931 S. 94, sowie 4/1930 S. 86. Hier wird eine Zahl von 15 Menschen in der Gemeinde von Sofia genannt. Mitko Mateev wirkte noch nach dem Zweiten Weltkrieg: B.V. 4/1946 S. 44 mit der Wiedergabe eines Grußes von ihm als dem Leiter (rukoviditel') der Evangeliumschristen in Bulgarien.

[70] Dein Reich komme 5/1935 S. 168.

stätigt, die zu verschiedenen Zeiten die »Evangel'skaja vera« vorgenommen hatte. Aus deren Angaben ergibt sich, daß auch noch in anderen Ländern in verschiedenen Erdteilen zeitweilig Stützpunkte und erste Gemeindebildungen bestanden haben. Es lag der Evangel'skaja vera daran, die Aktivitäten des Bundes nach ihrer positiven Seite darzustellen. Dies wird zu bedenken sein, wo in der nachfolgenden Aufstellung Gemeinden genannt werden.

	Sept. 1932	Okt. 1933	Juli 1934	Sept. 1935	Okt. 1938
USA	6	7	7	12	6 +
Kanada	6	6	6	8	8 +
Argentinien	1	3	3	5	5 +
Paraguay	1	1	1	4	4 +
Brasilien	1	1	1	1	3 +
China	4	4	5	5	6 +
Palästina	1	1	1	3	3 +
Türkei	1	1	1	−	− +
Bulgarien	2	2	2	2	4 +
Rumänien	6	10	10	10	10 +
Polen	41	41	41	56	7 +
Lettland	1	1	1	5	4 +
Estland	2	2	2	5	5 +
Deutschland	1	1	1	1	1 +
Neuseeland	−	−	−	1	1 +
Uruguay	−	−	−	1	1 +
	74	81	82	119[71]	

[71] Allen Zahlenangaben sind die Angaben der E.V. zugrunde gelegt. Nach den zur Verfügung stehenden Ausgaben reichen sie bis zum Oktober 1938. Pluszeichen hinter den Zahlen der Spalte Oktober 1938 bedeuten: und Zusammenschlüsse an anderen Orten. Eine Reihe der Gemeinden ist nur numerisch erwähnt. Es hat sich bei ihnen wohl auch nur um lose Vereinigungen gehandelt, dies gilt für die unter Palästina, Türkei, Neuseeland, Uruguay aufgeführten Zahlen.
Innerhalb der »Evangeliumsbewegung jenseits der Grenze« wurden auch Kreise in Paris und anderen Städten Frankreichs genannt. In Paris seien 75 Glieder gemeindlicher Kreise, die die Glaubenstaufe empfangen hatten. Die Angaben beziehen sich auf 1929 – Dein Reich komme 4/1930 S. 76ff.

4. Die Organisation des Weltbundes der Evangeliums-christen

Bereits in den Jahren 1925, 1926 hatte Prochanov anläßlich seines Aufenthalts in den USA und in Kanada ein organisatorisches Netz um die in aller Welt verstreuten Einzelgemeinden und Freundeskreise mit der Gründung einer ausländischen Abteilung des Bundes zu legen versucht. Als er seit 1928 sich endgültig außerhalb der Sovetunion aufhielt, setzte er zu einem neuen Versuch an, den Zusammenhalt der Gemeinden und Stützpunkte zu stärken. Die Gründung des »Zovsech« erfolgte am 1. Januar 1931. Dabei war Prochanov wie in Polen durch die erheblichen Spannungen behindert, die sich auf-grund der Struktur des Bundes und durch die Auseinandersetzung um die Person von Szenderowski ergaben, oder wie in anderen Län-dern, durch das Fehlen geeigneter, organisatorisch befähigter Mitar-beiter.[1] Das hauptsächliche Hindernis für die Bemühungen einer or-ganisatorischen Zusammenfassung war aber die finanzielle Lage der Gemeinden, die er zu sammeln versuchte. Sie hatten keine Mittel zu einem Organisationswerk beizusteuern, deshalb war er auf Hilfen der Freunde in den Missionswerken Schwedens und Deutschlands ange-wiesen. Die Bemühungen, amerikanische Hilfen in nennenswertem Maße zu erschließen, waren aufgrund von Auseinandersetzungen Prochanovs mit zunächst aufgeschlossenen Freundeskreisen und auch von Spannungen innerhalb der amerikanischen Gemeinden er-folglos geblieben. Die schwedischen und deutschen Freunde brachten Prochanovs Bemühungen um die Organistion der evangeliumschrist-lichen Gemeinden außerhalb der Sovetunion wenig Verständnis ent-gegen. Bei der angespannten, durch die Weltwirtschaftskrise verur-sachten finanziellen Gesamtlage gab es für sie eine eindeutige Schwerpunktbildung: Diakonische Hilfen für Mitarbeiter des Bundes in der Sovetunion, Hilfen für die Aufrechterhaltung der dortigen übergemeindlichen Organisation; dann erst folgten Unterstützungen für Prediger und Stationen im östlichen Europa außerhalb der Sovet-union. Schon dafür reichten die zur Verfügung stehenden Mittel kaum aus. Es war verständlich, daß Prochanov Widerstand erfuhr,

---

[1] Bei der genaueren Bestandaufnahme von 1928 an ergab sich ihm zunächst im Blick auf die baltischen Gemeinden: »Ohne rechte Leitung, inmitten von verschiedenen geistlichen Richtungen und Sekten seien manche zu nichts geworden.« – Bespre-chung mit Br. I.S. Prochanov am 2. u. 3. 8. 32 zu Wernigerode, – SM, Akte Jack 1930–33.

wo er die unklare Organisationsarbeit im Ausland noch in den Katalog von unterstützenswerten Aufgaben einbrachte. Dieser Widerstand wurde Prochanov vor allem von Seiten des Leiters der SEUR, des Ingenieurs Werner, entgegengebracht.[2] Nicht ebenso eindeutig waren die Vorbehalte, die bei den Freunden von »Licht im Osten« bestanden. Man sah hier wohl die Notwendigkeit, ein einigendes Band um die Gemeinden zu legen und Fahrten zu unterstützen, wo ein Besuch Prochanovs geeignet war, einer akuten Not und der Gefahr der Spaltung zu begegnen. Aber von den Mitteln her gesehen war es nur möglich, die Zeitschrift »Evangel'skaja vera« als Informationsorgan und Bindeglied dieser Gemeinden zu finanzieren.

Prochanov blieben deshalb trotz organisatorischen Willens und trotz aller Neigung, eine festere Verbindung zu schaffen, die Hände gebunden. Wie sehr ihn aber die Gedanken organisatorischer Zusammenfassung beschäftigt haben, findet Ausdruck in den zu seinem Gesamttestament gehörenden Äußerungen, die er im November 1934 in New York zu Papier brachte. Vom 25. November datiert die Erklärung »Über den Weltbund der Evangeliumschristen«. Es heißt hier:

»Bis 1928 lebte ich in Rußland, und der Herr half mir, trotz all meiner Schwachheit, mitzuarbeiten an der Gründung und dem Ausbau des Allrussischen Bundes der Evangeliumschristen (VSECH) mit solchem Erfolg, daß er sich bereits in eine Evangelische Volkskirche in Rußland verwandelt hat.

Seit 1928 lebe ich im Auslande, und auch in dieser Zeit half mir Gott, den Ausländischen Bund der Evangeliumschristen zu gründen und zu erweitern, mit zwei Abteilungen in Berlin und New York, einigen Landesverbänden von Evangeliumschristen in Lettland, Estland, Rumänien, Mandschurei, Amerika, Kanada und einigen, die noch in der Bildung begriffen sind, mit mehreren Evangelisten, dem Blatte ›Evangel'skaja vera‹ (Evangeliumsglaube), mit einem Hauptlager von Bibeln und Literatur, von wo sie in der ganzen Welt verbreitet werden, mit der jährlichen Weltgebetswoche und so weiter.

So ist außerhalb Rußlands eine große Evangeliums-Bewegung entstanden, die den Namen ›Ausländischer Bund‹ mit dem Zentrum in Berlin erhielt. In Wirklichkeit hat die russische Evangeliums-Bewegung in der Gestalt von VSECH innerhalb Rußlands und von VSECH im Auslande viele Länder erreicht und ist somit eine Weltbewegung

---

[2] Vgl. hier S. 372ff.

geworden. Faktisch besteht schon jetzt ein Weltbund der Evangeliumschristen.

Die offizielle Gestaltung dieses Weltbundes der Evangeliumschristen kann jedoch nicht eher stattfinden, als bis Rußland Religionsfreiheit erhält. Zur Erleichterung der zukünftigen Gestaltung dieses Weltbundes der Evangeliumschristen habe ich so eine Art von kleiner Verfassung dieses Weltbundes niedergeschrieben.

›Die allgemeinen Grundlagen des Weltbundes der Evangeliumschristen.‹

Diese wenigen Ordnungen bestimmen den Charakter des Weltbundes und werden sehr wertvoll bei seiner Gestaltung sein. Möchte Gott helfen, dieses alles zu seiner Ehre durchzuführen!

Der Sache Gottes ergeben   gez. I. Prochanov«[3]

Die vorgesehene offizielle Gründung eines »Weltbundes der Evangeliumschristen« und dessen nach Prochanovs Ansicht schon tatsächliche Existenz nahm keine Rücksicht auf den bestehenden Baptistischen Weltbund. Dies war Prochanovs Folgerung aus den Spannungen, mit denen die beiden Bünde nicht nur in Rußland und der Sovetunion gelebt hatten, sondern die sich auch auf der Ebene des Baptistischen Weltbunds und in dessen Kongressen niedergeschlagen hatten. Es haftet dem Unternehmen, das Prochanov in den vorausgegangenen Worten skizziert hatte, etwas Utopisches an, das Konkurrieren mit einem Bund, der seit 30 Jahren zusammengefügt war, dem er selbst in den Spitzengremien als Vizepräsident angehört hatte. Zu alldem fehlte diesem Unternehmen die exakte theologische Grundlegung. An anderer Stelle hat Prochanov zum Ausdruck gebracht, daß er die Gemeinschaft mit den Baptisten nach wie vor suchen und bestehende Unstimmigkeiten ausräumen wolle. Welchen Sinn sollte dann ein Weltbund der Evangeliumschristen haben, der bestehende Spannungen nur zu vermehren geeignet war? Es ist anzunehmen, daß Prochanov, nachdem er einst die Hinwendung vom Allianzdenken zum Baptismus vollzogen hatte und andere Allianzchristen in das große Lager des Baptismus geführt hatte, in den Jahren seines Auslandsaufenthalts eine erneute Hinwendung zu den Positionen der neunziger Jahre und des ersten Jahrzehnts des 20. Jahrhunderts vorgenommen hat. Dafür sprechen seine zahlreichen Kontakte mit Glie-

---

[3] Die Wiedergabe entstammt einer deutschen Übersetzung von 1935. Der russische Text findet sich in E.V. 1–12/1936 S. 62.

dern anderer Kreise und Gemeinschaften bis hin zum Luthertum, auch einige gelegentliche Äußerungen, die seine Offenheit gegenüber anderen bekunden. Aber dies alles ist nicht hinreichend, um die Behauptung aufzustellen, daß er ganz und gar Positionen seiner jungen Jahre wieder eingenommen hätte; die Enttäuschung über den Weg des Weltkongresses 1928 in Toronto und die Entwicklung der Unionen in den verschiedenen Ländern haben auch andere mit ihm geteilt, ohne entsprechende Folgerungen zu ziehen.

So bleibt wohl nur zu sagen, daß Prochanov nach dem Verlust seiner Basis in der Sovetunion und angesichts mancher Ablehnung, die er nicht ohne eigenes Verschulden erfuhr, evangeliumschristliche organisatorische Formen festzuhalten bemüht war. Die »Allgemeinen Grundlagen des Weltbundes der Evangeliumschristen« sind vom 26. November 1934 datiert. In ihnen heißt es:

1. Der Weltbund der Evangeliumschristen (VSECH) ist eine religiöse oder geistliche Vereinigung von Evangeliumschristen, die in und außerhalb Rußlands in verschiedenen Ländern wohnen.

2. Zusammengesetzt wird der Bund zu allererst aus den schon bestehenden Vereinigungen der Evangeliumschristen, welche die russische oder (eine) slavische Sprache sprechen. Es dürfen ihm aber auch Vereinigungen von Evangeliumschristen beitreten, die eine andere Sprache sprechen. Die Hauptsprache im Verkehr muß natürlich die RUSSISCHE sein.

3. Der Weltbund der Evangeliumschristen (VSECH) steht als rein religiöse Vereinigung jeglicher Politik und jedem nationalen Kampf fern. Alle einzelnen evangeliumschristlichen Vereinigungen, die dem Bunde angehören und in verschiedenen Ländern wohnen, müssen den Gesetzen und Regierungen ihrer Staaten treu bleiben.

4. Das Ziel dieser Weltvereinigung der Evangeliumschristen ist, mitzuhelfen an:

a) der Befestigung geistlicher Bande unter den Evangeliumschristen der verschiedenen Länder, an der Entwicklung geistlicher und geistiger Bildung und richtiger Erziehung unter ihnen, lebendiger, nutzbringender Arbeit zum Wohle der Menschheit, kurzum eines neuen Lebens auf Grund des Evangeliums (Evangeliums-Lebensstand) u.a.m.

b) fleißiger Verbreitung der Evangeliumslehre, vor allem unter den Russen und anderen Slaven und dann durch diese auch unter den benachbarten Völkern und Stämmen. Die Finsternis des Aber- und Unglaubens in den Herzen der einzelnen Menschen und in der menschlichen Gesellschaft muß weichen. In solchen Ländern, wo bis heute noch Heidentum herrscht, muß VSECH mithelfen an der Christianisierung der Bevölkerung und in Ländern mit dem Namen nach christlichen Kirchen, wie in Rußland, an deren Geistes- und Glaubenserneuerung, bis es zu einer Reformation kommt.

5. Zur Durchführung dieser Ziele dienen folgende Mittel:

a) die schon eingeführte Weltgebetswoche,

b) das schon erscheinende Blatt des Weltbundes »Evangel'skaja vera« – »Der Evangeliumsglaube«,

c) tatkräftige Verbreitung von Bibeln und Herausgabe lebendig evangelischer Literatur, die allen Anforderungen des christlichen Glaubens und Lebens entspricht, beginnend mit einfachen Broschüren bis (hin) zu bedeutenden theologischen Werken. Es wäre gut, wenn schon jetzt das Bibellager bei der Hauptstelle erweitert würde und ein Netz selbständiger Verlage und Buchlager in den verschiedenen Ländern gegründet würde.

d) eine richtig aufgebaute Evangelisations- und Missionsarbeit.

e) Veranstaltung von Konferenzen in allen Ländern und mit der Zeit, wenn es erst möglich ist, Weltkonferenzen.

f) Bau einer Hauptbibelschule und in Zukunft einer evangelischen Universität und ein Netz von Missionsschulen in verschiedenen Ländern.

6. Jeder einzelne Bund (oder Vereinigung) ist in Bezug auf Aufbau, Aufbringung der Mittel zum Unterhalt seiner Arbeit und Empfang von Unterstützung seitens irgendwelcher anderer Missionsgesellschaften völlig selbständig. Nur eins ist wichtig, daß keine dieser Unterstützungen von anderen Organistionen die Freiheit und Unabhängigkeit des betreffenden Evangeliumsverbandes einschränke und die Einheit des Weltbundes schädige.

7. Jeder Bund, der Glied des Weltbundes von VSECH ist, bleibt innerlich frei und selbständig, hat aber seinen Verpflichtungen gegenüber dem Weltbund der Evangeliumchristen oder seinen Synoden in bezug auf die oben erwähnten Arbeitszweige nachzukommen, welche der betreffende Bund auf sich nahm, als er Mitglied von VSECH wurde. Das bezieht sich auch auf die Opfer und Beiträge für die Arbeit von VSECH.

8. Offiziell darf der Weltbund der Evangeliumchristen nicht gegründet werden, ehe in Rußland Religionsfreiheit hergestellt ist, denn ohne Teilnahme des Allrussischen Bundes der Evangeliumchristen,

der die Hauptmasse der Evangeliumschristen bildet, kann der Weltbund nicht bestehen.

Wenn aber erst die Türen nach und von Rußland geöffnet sind, wird der Allrussische Bund der Evangeliumschristen zusammen mit dem Auslands-Bund und seinen Vereinigungen sich auf natürlichem Wege in einen Weltbund verwandeln. – In Wirklichkeit besteht der Weltbund schon gegenwärtig, es fehlt ihm nur noch die offizielle Gestaltung.

9. Diese Gestaltung des Weltbundes selbst kann auf zwei Wegen geschehen:

a) Der Name »Allrussischer Bund der Evangeliumschristen« wird einfach in den Namen »Weltbund der Evangeliumschristen« umgeändert, der dann auch alle Verbände und Gemeinden im Ausland in sich schließt. Der zukünftige Bruderrat des Weltbundes besteht dann aus Mitgliedern entsprechend der Mitgliederzahl eines jeden Bundes. Selbstverständlich wird die größte Mitgliederzahl der Allrussische Bund der Evangeliumschristen haben, darum muß auch der Sitz des zukünftigen leitenden Rats des Weltbundes in Moskau oder Petersburg sein.

b) Es kann auch so gemacht werden:

Der Allrussische Bund der Evangeliumschristen sowie sein Bruderrat bleiben, wie er war, und außer ihm wird der Rat des Weltbundes der Evangeliumschristen aus den Mitgliedern der verschiedenen Bünde entsprechend ihrer Mitgliederzahl gebildet.

Auch in diesem Falle wird die größte Mitgliederzahl des Weltbundes auf seiten des Allrussischen Bundes der Evangeliumschristen sein. Der ersten Art der Bildung des Weltbundes der Evangeliumschristen ist der Vorzug zu geben, weil sie einfacher ist und leichter wird arbeiten können.

Mit der Bildung des Weltbundes der Evangeliumschristen braucht man natürlich keinen Auslandsbund mehr, aber es können Abteilungen desselben in Europa, Amerika und anderen Ländern bestehen.

10. Der Bruderrat des Weltbundes der Evangeliumschristen ist keine Einrichtung, die einen hierarchischen Charakter trägt. Er ist weiter nichts, als eine Vertretung selbständiger Vereinigungen von Evangeliumschristen zur Leitung der Arbeitszweige, die allen gemein sind.

11. Der Bruderrat der Evangeliumschristen wird alle drei Jahre neu gewählt, alle anderen Ordnungen können dieselben sein, wie in dem Allrussischen Bunde der Evangeliumschristen.

12. Will eine Vereinigung oder irgendein Bund von Evangeliums-

christen oder einfach eine Gruppe von Gemeinden oder auch eine einzelne Gemeinde im Weltbund der Evangeliumschristen beitreten, so reicht sie dem Bruderrat des Weltbundes ein Gesuch ein, dieser entscheidet dann über die Frage der Aufnahme.

13. Jede Vereinigung, die dem Weltbund der Evangeliumschristen angehört, hat einen jährlichen Beitrag zum Unterhalt seiner Tätigkeit zu leisten.

14. Für eine erfolgreiche Tätigkeit des Weltbundes der Evangeliumschristen ist es dringend nötig, daß der Bund immer rein »evangeliumsgemäß« bleibe, d.h. er muß unerschüttert stehen auf den Grundwahrheiten des Neuen Testaments, ohne etwas hinzuzufügen oder fortzulassen, ohne jegliche menschlichen Theorien, allein im Geiste der Apostel und Jesu Christi selbst.

15. Die Arbeit des Weltbundes der Evangeliumschristen ist rein religiös, geistlich und gänzlich frei von jeglicher Politik. Die Mitglieder der Landesverbände müssen den Gesetzen und Obrigkeiten ihrer Länder treu bleiben.

gez. I. Prochanov[4]

Dieser Entwurf der Statuten eines Weltbundes ist im ganzen ein Zeugnis für die organisatorische Sicht Prochanovs, zumal die Angaben verschiedene Modelle des Zustandekommens entwickeln. Es werden Grenzen sichtbar, am deutlichsten in der Volks- und Sprachenfrage. Der praktisch bestehende, aber offiziell noch zu gründende Weltbund wird in Ziffer 1 als eine Vereinigung solcher charakterisiert, »die in Rußland und außerhalb davon in verschiedenen Ländern leben.« Rußland wird hier zum Land des religiösen Zentrums. Abgesehen von den numerischen Verhältnissen bedeutete dies eine Verengung. Eine Angabe, die das historische Faktum zum Ausdruck gebracht hätte, daß der Bund seinen Ausgang und seine Entwicklung in Rußland genommen hatte, wäre für den »Weltbund« sachbezogener gewesen. Wie es hier zum Ausdruck gebracht ist, enthält es dagegen eine einseitige russische Sicht und läßt schon früher aufgetretene Züge eines russisch-evangelischen Messianismus sichtbar werden. Gewiß können zu diesem Bund von evangelischen Christen russischer und anderer slavischer Zunge auch Christen aus anderen Sprachräumen hinzutreten, aber: Die grundlegende Sprache für die

---

[4] E.V. 1–12/1936 S. 62–63.

Beziehungen untereinander »muß natürlich (estetvenno) die RUSSI-
SCHE Sprache sein.«[5]

Das Wort »natürlich«, die Schreibung des Wortes »russische« in
Großbuchstaben unterstreichen das oben Gesagte. Die russische Basis mußte zu einer Begrenzung für den Fortgang der Arbeit werden,
wie es schon in den polemischen Äußerungen und im Verhalten polnischer und ukrainischer Evangelischer spürbar geworden war.[6] Züge
eines großrussischen Verständnisses, wie es seinen Sinn im Miteinander vieler Völker und Völkerschaften in der Sovetunion als eines
verbindenden sprachlichen Elements hatte, werden auf einen Weltbund auf Weltebene übertragen. Es ist zu fragen, ob Prochanov angesichts seiner sonstigen vielfach bewiesenen praktischen Verhaltensweise die darin liegende Spannung und Widersprüche nicht selbst
verspürt hat. Es erscheint denkbar, daß vielfacher Widerspruch gegen
die Wege Rußlands und der Sovetunion in der westlichen Welt, ge-
paart mit manchen Äußerungen des Nichtverstehens, Prochanov zu
einer verstärkten Betonung des russisch bestimmten Charakters der
Evangeliumschristen geführt hat. So hat er wohl in einer Verbindung
von Russentum in einer messianistischen Ausprägung und evangeli-
stisch-missionarischem Verständnis die in den Ziffern 1 und 2 vorhandene Begrenzung bewußt gewählt. Der Vergleich zu der gleichzeitigen durch das Moskauer bolschevistische Zentrum gesteuerten
Dritten Internationale bietet sich hier an. Dem dort vorhandenen sä-
kularen ideologischen Forum auf politisch-weltanschaulicher Ebene
entspricht hier mit dem Anspruch der evangelischen Wahrheit eine
religiöse Verbindung auf der Grundlage des Russentums. Der Absatz
2 der Ziffer 4, in dem die Aufgaben der Ausbreitung des Evangeliums
betont werden, wonach die Ausbreitung des Evangeliums »vor allem
unter den Russen und anderen Slaven und dann durch diese auch unter den benachbarten Völkern und Stämmen« erfolgen soll, steht
dazu nicht in Widerspruch.

Bemerkenswert erscheint auch der Inhalt der Ziffer 3, in welchem
das Wesen der rein (čisto) religiösen Art der Vereinigung als fern
»jeglicher Politik und jedem nationalen Kampf« bestimmt wird. Hier
ist noch einmal festgehalten, was in den Leitworten jeder Titelseite
der »Evangel'skaja vera« zu lesen ist: »Keine Politik, keine Polemik,
nur das Evangelium.« Dies wird nach allem, was über Prochanovs po-

[5] Vgl. hier S. 294ff.
[6] Vgl. hier S. 294.

litische Interessen bekannt ist, schwer als politische Abstinenz und als ein Desinteresse an nationalen Fragen zu interpretieren sein. Die Betonung des Abstands von der Politik, von innenpolitischen Auseinandersetzungen kündet den Bruch mit Vorstellungen an, die das Christsein in zu enge Berührung im Für und Wider politischer und gesellschaftlicher Zustände geraten lassen. Die Leitworte des Entwurfs, wie auch die Ziffer 3, sprechen auf ihre Weise aus, daß nach Prochanovs Verständnis evangeliumschristliche Vorstellungen sich radikal von einem jeglichen Bündnis Kirche und Staat, Kirche und jeweilig herrschender Ideologie zu lösen hätten. Gewiß blieb damit die Existenz eines evangeliumschristlichen Bundes für die Herrschenden ein Politikum, sei es im alten Rußland, sei es in der Sovetunion. Prochanov hat eine ideologiekritische Theologie zu treiben versucht, sie war auf Abstand von der politischen, kulturellen und wirtschaftliche Umwelt bedacht, zugleich aber entsprechend dem theologischen Selbstbewußtsein auf das Hineinwirken in diese Umwelt. Hier gelten die an anderer Stelle geäußerten Fragen zur Praxis und Umsetzung dieses Verständnisses im politisch-gesellschaftlichen Geschehen.[7]

Zur gleichen Zeit hat Prochanov für den Fall seines Ablebens eine Auswahl der Personen getroffen, die für seine Nachfolge in der Arbeit des Auslandsbundes in Frage kamen. An die Spitze der Organisation stellte seine Verfügung als Vorsitzenden Jakob Kroeker, den gebürtigen Mennoniten-Bruder und Leiter des Missionsbundes »Licht im Osten«, als Mitvorsitzenden und Kassierer den von Haus aus reformierten Pastor Walter Jack. Ferner sollten dem Vorstand als stellvertretender Vorsitzender Professor Marcinkovskij, als Mitglieder Prochanovs Bruder, Vasilij Stepanovič, sowie der Leiter der Berliner Evangeliumschristen-Gemeinde A. Kiefer, dieser zugleich als Sekretär angehören. Marcinkovskij stand wie Kroeker und Jack der Arbeit der Evangeliumschristen zwar nahe, gehörte wie diese aber nicht offiziell zu ihnen.

Die Wahl dieser Personen deutet schärfer als manches andere die Grenzen der Arbeit der evangeliumschristlichen Landesvereinigungen und Gemeinden im Ausland unter Prochanovs Führung an. Künftige leitende Positionen konnten nach Prochanovs Ansicht nicht mit Evangeliumschristen besetzt werden. Er war genötigt, außenstehende Freunde seiner Arbeit in die Leitung zu berufen. Ein gleich-

---

[7] Vgl. hier S. 407ff.

wertiger Kreis von Mitarbeitern, dem er Leitungsaufgaben hätte anvertrauen können, stand außerhalb der Sovetunion nicht zur Verfügung. Mit den von ihm Benannten scheint auch keine Absprache erfolgt zu sein. Marcinkovskij und Vasilij Prochanov sahen nach Prochanovs Tod »aus verschiedenen Gründen« keine Möglichkeit, in Leitungsaufgaben mitzuwirken.[8] Auch Kroeker und Jack waren nicht in der Lage, den Auftrag, so wie ihn Prochanov formuliert hatte, zu übernehmen. Beide hatten die Arbeit des Missionsbundes »Licht im Osten« immer als Anregung für die Gruppen verschiedener Herkunft im slavischen Protestantismus verstanden, als Hilfeleistung für um ihre Existenz ringende Gemeinden. Als in Wernigerode noch die Bibelschule des Missionsbundes tätig gewesen war, hatten beide deutlich und wiederholt zum Ausdruck gebracht, daß von ihnen aus keine Seminaristen mit einem Auftrag des Missionsbundes ausgesandt werden würden. Sie wollten nur die Zurüstung eines Predigers ermöglichen, dessen Aussendung dann durch eine bestehende Gemeinschaft oder einen Bund vorgenommen werden sollte. Die Lage hatte es mit sich gebracht, daß die Evangeliumschristen von dieser Ausbildungsmöglichkeit in Wernigerode besonders profitiert hatten. Nach seinen Besuchen 1924, 1925/1926 in Deutschland, und nach seinem endgültigen Aufenthalt im Ausland von 1928 an waren die Beziehungen Prochanovs zum Missionsbund enger geworden. Aber eine Gleichschaltung und eine Parallelisierung der Arbeitsaufgaben war nicht eingetreten. Dafür zeugen kritische Äußerungen Kroekers und die Interessenahme Jacks an den unter Ukrainern in Ostpolen entstandenen lutherischen und reformierten Gemeinden anläßlich seiner Besuchsfahrten.

Wollten Kroeker und Jack nicht der Aufgabenstellung des Missionsbundes untreu werden, so blieb nichts anderes als die Ablehnung von Prochanovs Vorschlag für die Weiterführung der Arbeit übrig. Die Angaben darüber sind spärlich, teilweise stammen sie auch aus späterer Zeit und stellen eine Zusammenfassung umfangreicherer Erörterungen dar. Im November 1935 wurden über das Erbe von Prochanov in Berlin Gespräche geführt. An ihnen war der dem Missionsbund »Licht im Osten« angehörige Missionsinspektor Pastor Achenbach beteiligt.[9] Die Ortswahl läßt auf den Leiter der Berliner Evangeliumschristen-Gemeinde Kiefer, als einen der Gesprächspartner auf evangeliumschristlicher Seite schließen. Zu künftigen orga-

---

[8] E.V. 1–12/1936 S. 61 in der Anmerkung.
[9] Dein Reich komme 1935 S. 238.

nisatorischen Klärungen gehörte wahrscheinlich auch, daß am 28. 1. 1936 aus Gründen, die mit der Erlangung staatlicher Anerkennung zusammenhingen, die Eintragung des »Russisch-Slavischen Bundes der Evangeliumschristen« als eines eingetragenen Vereins in Deutschland erfolgte.[10]

Im gleichen Zeitraum hatte sich eine neue Entwicklung ergeben. Der Evangeliumschrist Aleksandr Martovič Sarapik, estnischen Herkommens, hatte aufgrund seiner früheren Option für Estland die Ausreisegenehmigung aus der Sovetunion erhalten, er war in die estnische Hauptstadt übergesiedelt. Diese Übersiedlung war noch zu Lebzeiten Prochanovs 1935 erfolgt, er war ihm aber nicht mehr begegnet. Bei der Frage, wer an Stelle der im Testament Genannten Prochanovs Nachfolge übernehmen könne, richteten sich die Erwägungen auf ihn. Sarapik war 1880 in Petersburg geboren. Bereits 1900 hatte er Zugang zu dem Kreis gefunden, aus dem Prochanov seine erste Gemeinde bildete. Nach Ableistung des Militärdienstes von 1903 bis 1905 hatte er in der Petersburger Gemeinde weiter gewirkt, dabei war er als Prediger im Gouvernement Petersburg tätig gewesen, mit Reisediensten bis in das Moskauer Gouvernement hinüber. 1908 war er nach Simbirsk übergesiedelt. Aus den von Sarapik gegebenen Daten ist ersichtlich, daß er 1921/1922 eine Gefängnishaft hinter sich brachte. Im Jahre 1924 wird von weiterer Tätigkeit im Bezirksrat des Wolgabezirks der evangeliumschristlichen Gemeinden berichtet. Im Jahre 1925 war er zum Prediger und Ältesten der Gemeinde von Simbirsk ordiniert worden. Von dieser Zeit an war er auch Mitglied des Präsidiums des VSECH gewesen. Eine erneute Verurteilung zu Arbeitshaft war von 1930 bis 1933 erfolgt.[11]

Dies waren die Voraussetzungen, die Sarapik, ein Mann der regionalen Ebene im Bund, aber mit guter Kenntnis der Verhältnisse im gesamten Bund, mitbrachte, als man auf der Suche nach einem Manne war, der die Arbeit weiterzuführen vermochte. Vor einer Wahl zum Vorsitzenden des Bundes der Evangeliumschristen außerhalb der Sovetunion bedurfte es der Vorstellung Sarapiks in den Landesbünden, die an einer Wahl teilzunehmen hatten. Er erhielt auch mit Hilfe des Missionsbundes »Licht im Osten« die Möglichkeit, Gemeinden in den USA und in Kanada zu besuchen. Dies geschah

---

[10] Dein Reich komme 1936 S. 190.
[11] Vgl. auch Angaben in E.V. 10–12/1937 S. 14. – Christianin 9/1927 S. 58 hatte zum 25jährigen Wirken von Sarapik bereits eine kurze Würdigung seiner Tätigkeit in Uljanovsk/Simbirsk gebracht. Vgl. hier S. 421.

1936. Anläßlich der dort einberufenen Kongresse hatte Sarapik Gelegenheit, die Fragen und auch die Spannungen der amerikanischen Gemeinden kennenzulernen.[12]

Im Herbst 1936 nahm Sarapik an einer evangelistischen Konferenz in Bern teil, sie diente seiner Unterrichtung über protestantisches Leben auch in anderen Bünden und Gemeinschaften des Westens. Im Frühjahr 1937 brach er zu einer Visitationsreise durch Polen, Jugoslavien, Bulgarien, Rumänien auf, um hier ebenfalls mit den Gemeinden bekannt zu werden. Schon vorher hatte er von Reval aus die lettischen Gemeinden aufgesucht.[13] Gleichfalls 1937 konnte dann in Warschau nach diesen Vorbereitungen erstmalig ein von den polnischen Evangeliumschristen ausgerichteter Kongreß stattfinden, der durch die Beschickung von Vertretern aus aller Welt die Funktion einer Weltzusammenkunft hatte. Die »Erste Zusammenkunft der Vertreter von Evangeliumschristen verschiedener Länder« wählte anläßlich ihrer Beratungen vom 20. bis 21. Mai, die dem Kongreß des polnischen Bundes vom 15. bis 19. Mai gefolgt war, Sarapik zu ihrem Vorsitzenden. Ebenfalls wurde der Rat des Bundes berufen. Ihm gehörten L. L. Szenderowski, der Vorsitzende des Bundes der slavischen Gemeinden der Evangeliumschristen in Polen, A. A. Pičiporuk, der stellvertretende Vorsitzende des gleichen Bundes, sowie F. C. Venckevič, dessen Bundessekretär, an. Weitere drei Mitglieder gehörten zu den Gemeinden in Amerika, P. N. Denejka, I. P. Koles-

---

[12] Dein Reich komme 1936 S. 192/193. Sarapik hatte in einem Brief Jack von seiner Teilnahme an den Zusammenkünften der Gemeinden in Amerika berichtet: »Auch in Kanada half Gottes Gnade, der Schwierigkeiten Herr zu werden, einige Gegner des verstorbenen Bruders (Prochanov – W.K.) auszusöhnen und einen nahen Mitarbeiter Bruder Prochanovs zum Vorsitzenden zu wählen.« Bei diesem handelte es sich um I. S. Sidorčuk.
Aus einem Brief Jakob Kroekers an Prochanov vom 3. 11. 1931 kann geschlossen werden, daß Prochanovs oft ungeschütztes Bemühen, Gelder für die Bundesarbeit zu sammeln, für die Spannungen in Amerika mit ein Grund gewesen waren. Kroeker hatte von den Zwistigkeiten erfahren, er machte Prochanov den Vorschlag, seine Kraft doch stärker für das gute Verhältnis zu diesen Freunden einzusetzen. Dann fährt er fort: »Wir teilen Dir die ganze Sachlage so offen mit, damit Du über den Ernst der Lage im Bilde bist. Uns liegt es fern, Dir zu sagen, mach dies oder mach jenes, aber es ist unser Gebet, daß Du Dich in allen Deinen Verhandlungen in erster Linie von Gott möchtest bestimmen lassen. Was Dir hier in Deutschland von Anfang an so viele Freunde genommen hat, das war Deine einseitige starke Betonung des Geldes. Und Nachrichten aus Amerika machen auch uns den Eindruck, daß dies einer der Gründe ist, durch welchen Dir auch sehr wertvolle Freunde in Amerika verloren gehen . . .« Prochanov antwortete in einem freundlichen Brief aus New York am 23. 11. 1931, in welchem er Sachklärungen zu den in Amerika aufgetretenen Spannungen gab.
[13] Dein Reich komme 1937 S. 92.

nikov, der Sekretär des amerikanischen Bundes und I. S. Sidorčuk, der Vorsitzende der kanadischen Gemeinden. Weitere Mitglieder waren Rudolf Vogel als Vorsitzender der Gemeinden in Estland, S. P. Badancev, Vorsitzender des Bundes im Fernen Osten[14], M. M. Dimitrov, Sekretär der bulgarischen Gemeinden, M. F. Tarlev für die Gemeinden in Rumänien, A. N. Andreenko, der Vorsitzende der lettischen Gemeinden, S. F. Tverdovskij, der Vorsitzende der Gemeinden in Jugoslavien, schließlich A. P. Kiefer, der Vorsitzende der Berliner Gemeinde und Sarapik selbst.

Aus der Zahl dieser 14 Mitglieder wurde ein fünfköpfiges Präsidium gewählt mit Sarapik an der Spitze, Szenderowski als seinem Vertreter, Vogel als Sekretär und Kolesnikov und Venskevič als Mitgliedern.[15] Jack, der sich trotz seiner Weigerung, in die Bundesleitung gemäß Prochanovs Testament einzutreten, unablässig für die weitere Organisation und Existenz des Bundes eingesetzt und maßgeblichen Anteil am Zustandekommen der Zusammenkunft gehabt hatte, wurde zusammen mit dem Missionsinspektor Pastor Achenbach vom Missionsbund »Licht im Osten« zum Ehrenmitglied des Rats, zusätzlich zum Ehrenvorsitzenden des Bundes gewählt.[16]

Sarapik war 57 Jahre alt, als er die Leitung der Gesamtarbeit im Ausland übernahm. Das Urteil aus den Reihen des Missionsbundes »Licht im Osten«, von Jack ausgesprochen, deutet nüchtern den Wandel an, der sich im Übergang von Prochanov auf Sarapik vollzogen hatte: »Wenn auch Br. Sarapik sich dessen bewußt ist, und wir mit ihm, daß er im Vergleich zu diesem großen Bruder nur eine kleine Kraft ist, so gilt ihm doch die tröstliche Verheißung des erhöhten Herrn Offb. 3,8 . . .«[17]

Nach Lage der Dinge war die Berufung Sarapiks wohl die einzige Möglichkeit, zu einer Lösung der Nachfolgefragen zu gelangen, wenn man sich dazu entschlossen hatte, eine Gesamtbundesarbeit im Ausland weiterzuführen. Sarapik brachte in sein neues Amt die Kenntnis und eine gewisse Zusammenarbeit mit Prochanov ein, dazu

---

[14] Bei diesen Gemeinden handelte es sich um die in der Mandschurei mit dem Mittelpunkt in Charbin gelegenen.

[15] Die Angaben über die Warschauer Zusammenkunft (Pervoe soveščanie) finden sich in E.V. 10–12/1937 S. 12ff.

[16] Vgl. Dein Reich komme 1939 S. 19 im Nachruf für den verstorbenen Walter Jack: ». . . Bruder Jack stellte jedoch, soweit es ihm möglich war, seine Zeit und Kraft insoweit der Bewegung zur Verfügung, daß die vielen Schwierigkeiten und Nöte der Übertragung auf eine neue Leitung überwunden werden konnten.«

[17] Dein Reich komme 1936 S. 190/191.

die verantwortliche Mitarbeit im Bund der Sovetunion, verbunden damit die Kenntnis der Entwicklungen bis zum Jahre 1935. Seine estnische Staatsbürgerschaft konnte zudem in der politischen Situation der dreißiger Jahre in Europa als ein Vorteil gelten, wenn schon kein gebürtiger Russe zu finden war, der in den Spannungen von Russen-, Ukrainer- und Polentum, zusätzlich im Spannungsfeld der Auseinandersetzungen unter Emigranten, alle zu verbinden vermochte.

Vom 19. bis 22. November 1937 fand in Danzig eine erste Sitzung des neu gebildeten Rats des »Allgemeinen russisch-slavischen Bundes der Evangeliumchristen« nach seiner Konstituierung auf dem Warschauer Kongreß statt. Die Ortswahl war günstig für die aus Deutschland, Polen und Estland anreisenden Teilnehmer.[18] Das Protokoll der Sitzung vermerkt unter anderem, daß der Rechenschaftsbericht über die Bundesarbeit durchgesprochen und angenommen worden sei. Schließlich wurde auch der Vorschlag des Präsidiums zur Umbenennung des Bundes »entsprechend dem Testament des verstorbenen Gründers, des Bruders I. St. Prochanov«, behandelt, des weiteren eine genauere Bestimmung der Lage des Bundes vorgenommen. Für eine weitere Konferenz wurde vorgesehen, die Veränderung einiger Artikel des Bundesstatuts zusammen mit der Umbenennung des Bundes einzubringen. Das Protokoll vermerkt weiter, daß als Bundeskassierer Rudolf Vogel in Narva berufen worden sei.[19]

Im Interesse der Verwaltung der spärlichen finanziellen Mittel wurde beschlossen, das Büro des Bundes und die Redaktion der Zeitschrift »Evangel'skaja vera« von Berlin nach Estland zu verlegen. Dementsprechend wurde die Redaktion der »Evangel'skaja vera« Sarapik übertragen.[20] Von 1938 an befand sich die Schriftleitung dann auch in Tallinn. Das zuerst als Monatsschrift erschienene, dann in eine Zweimonatsschrift umgewandelte Blatt war 1936 nur mit einer einzigen Großausgabe zum Gedächtnis von Prochanov erschienen. Vom Jahre 1937 an erfolgte die Herausgabe vierteljährlich. Trugen die Kopfseiten der Blätter des Jahres 1938 noch die Herausgeberbe-

---

[18] Die Bedeutung Danzigs nach dem Ersten Weltkrieg als einer Begegnungsstätte ost- und mitteleuropäischer Kirchen und Gemeinschaften bedarf einer besonderen Untersuchung.

[19] Von SEUR waren Einsprüche gegen eine Bundestätigkeit von Vogel erhoben worden. Hier legte man Wert darauf, in deutlicher Abgrenzung zu den organisatorischen Plänen Prochanovs, daß Vogel vor Ort arbeiten sollte. Wenn Vogel nunmehr ein zusätzliches Amt im Bund übernahm, waren anscheinend die Einwände von SEUR zertreut worden.

[20] Evangel'skaja vera 1938 Nr. 4–6 S. 14.

zeichnung »Allgemeiner russisch-slavischer Bund der Evangeliums-christen (Weltbund der Evangeliumschristen)«, so weist eine Ausgabe aus dem Jahre 1940 die Zeitschrift einfach als Organ des »Weltbundes der Evangeliumschristen« aus.[21]

Bevor sich die Arbeit unter Sarapik konsolidieren konnte, setzten der Ausbruch des Zweiten Weltkriegs und die im baltischen Raum einsetzende Veränderung einer Bundestätigkeit neue Grenzen und schließlich ein Ende. Sarapik wurde 1940 verhaftet und in die Sovetunion verbracht. Rudolf Vogel, der im Zuge der Übersiedlung estnischer Staatsbürger deutscher Nationalität Estland verlassen konnte und nach Deutschland gelangte, wurde hier 1945 von der sovetischen Besatzungsmacht verhaftet, er starb in der Haft. In Europa und Amerika verbliebene Kreise und Kleingemeinden blieben künftig ohne organisatorischen Zusammenhalt, wenngleich noch bis zur Gegenwart Kontakte einzelner von Ort zu Ort und Land zu Land entsprechend freikirchlicher Prägung lebendig und eng blieben. In der Generationenfolge sind die Gemeinden geschrumpft und verwandelten sich teilweise in Freundeskreise innerhalb baptistischer Gemeinden, wo sie sich nicht ganz auflösten. Nur in Polen ist es zu einer Neuorganisation gekommen; neben der »Polnischen Kirche christlicher Baptisten« besteht hier die kleine »Vereinigte Evangeliumskirche« in der Nachfolge früherer evangeliumschristlicher Wirksamkeit.

Die Vereinigung von Evangeliumschristen und Baptisten in der Sovetunion war im übrigen für in der Welt verstreute Evangeliumschristen der Aufruf, sich wieder in den Gesamtbaptismus einzugliedern. In dessen sehr vielgestaltigem Erscheinungsbild gibt es sowohl in Süd- als auch in Nordamerika Gemeindegruppen, die sich, ursprünglich slavischen Herkommens, noch als evangeliumschristlich bezeichnen. Lag solcher Bezeichnung im einen oder anderen Falle der Anspruch zugrunde, Traditionen des alten Bundes aufrecht zu erhalten, so ist diesem organisatorischen Bemühen kein Erfolg beschieden gewesen.

Die Anfänge eines Mitteilungsorgans im Ausland waren mit der Herausgabe des Blattes »The Gospel in Russia« durch Prochanov anläßlich seiner Reise nach Amerika 1925/26 gelegt worden.[22] Es diente der Unterrichtung von Evangeliumschristen und Freunden der Arbeit in den USA und in Kanada. Die nach 1928 neue Sachlage führte zu ei-

---

[21] E.V. 1/1940 S. 1 – Vermutlich ist diese im März 1940 nach Selbstangabe erschienene Nummer die letzte des Blattes.
[22] Vgl. hier S. 276.

ner Umstellung. Die bisherige Zeitschrift entfiel, statt dessen wurde als ein Organ für die evangeliumschristliche Arbeit in aller Welt die »Evangel'skaja vera« geschaffen. Es hatte mancher Mühen bedurft, bis das Blatt unter der Schriftleitung von Prochanov und mit der finanziellen Unterstützung des Missionsbundes »Licht im Osten« im Herbst 1931 erstmalig erscheinen konnte. Dem für alle evangeliums- christlichen Gemeinden bestimmten Blatte war in der Folge der Jahre ein ausführliches Verzeichnis beigegeben, aus dem die Organisation der »Bewegung der Evangeliumschristen«, später des »Weltbundes der Evangeliumschristen« ersichtlich war. 1934 ging die »Evan- gel'skaja vera« in 36 Länder, in denen sich Gemeinden oder auch Ein- zelleser des Blattes befanden. Das Blatt konnte seine ihm zugedachten Aufgaben freilich nicht so erfüllen, wie es denen, die es ins Leben grufen hatten, vorgeschwebt hatte, ein ständiges Bindeglied zwi- schen den überall verstreuten Gemeinden zu sein. Ein äußerer Grund dafür war die wirtschaftliche Lage des Blattes, das, obwohl es in meh- reren tausend Exemplaren erschien, immer bezuschußt werden muß- te. Erschwerend wirkte sich auch aus, daß sich das als Monatsblatt vorgesehene Organ infolge der wirtschaftlichen Schwierigkeiten auf zweimonatige Ausgabe umzustellen hatte. Der Tod Prochanovs, der sich nicht nur als Herausgeber, sondern auch als Verfasser von Auf- sätzen und Betrachtungen und als der Schriftleiter betätigt hatte, be- deutete eine große Zäsur.

Das Titelblatt der Evangel'skaja vera hat gewisse Änderungen er- fahren. Es blieb durch alle Nummern des Blattes hindurch der Hin- weis im Titel auf Philipper 1,27. In der Mitte der Jahre wurde die alte Losung des »Christianin« auch im Titel aufgegriffen: Keine Politik, keine Polemik, nur das Evangelium, ebenso die programmatische Äußerung: »In der Hauptsache – Einheit, in den zweitrangigen Fra- gen – Freiheit, in allem aber die Liebe.« Drei weitere Leitworte be- stimmen die Titelseite: Erweckung, Wiedergeburt, Reformation. Unter Sarapiks Leitung wurde als viertes Leitwort noch dazugenom- men: Heiligung. Die Losung, daß es keine Politik und keine Polemik in dem Blatte geben sollte, ist eingehalten worden. Es war Prochanovs Anliegen in den Jahren bis zu seinem Tode, die Sammlung evangeli- scher Christen slavischen Volkstums durchzuführen. Er hatte dabei die vielfältigen Existenzformen evangelischer Slaven in Ost- und Südosteuropa sowie in Amerika mit ihrer unterschiedlichen Beurtei- lung der politischen Gegebenheiten zu berücksichtigen. Schon dies nötigte zur Zurückhaltung. Auch in den Angaben über das Leben der

Gemeinden in der Sovetunion ist Zurückhaltung spürbar. Dies unterscheidet die »Evangel'skaja vera« von manchen anderen kirchlichen Publikationen dieser Jahre, in denen die Auseinandersetzung stark spürbar und die Polemik heftig geübt wurde. Freilich hat das Blatt dadurch auch eine gewisse Farblosigkeit. Vorhandene Spannungen werden nicht sichtbar. Die Spaltungen der Evangeliumschristen in Polen werden nicht aufgewiesen, ebenso nicht die Rivalitäten, die in den Gemeinden in den USA und in Kanada bestanden. Die Berichte über missionarische Reisen und Veranstaltungen in Ostmitteleuropa und auf dem Balkan lassen nur zuweilen die Besonderheiten der Gemeinden in einzelnen Ländern anklingen. Das organisatorische Netz, das Prochanov über die Gemeinden gelegt hatte, änderte nichts daran, daß sie unbedeutende Minderheiten innerhalb der russisch-ukrainischen Minderheiten der Staaten Ostmitteleuropas und in Amerika waren. Nur gelegentlich klingen einzelne Schwierigkeiten an; von den Erschwerungen der Arbeit in Rumänien aufgrund staatlicher Maßnahmen wird berichtet oder auch von den harten Bedingungen des amerikanischen Missionsfeldes, in denen sich Emigranten auf eine so andere Lebenswelt einzustellen hatten. Die Lektüre der »Evangel'skaja vera«, sonderlich in den Jahren nach dem Tode Prochanovs, macht deutlich, daß der evangelistische und missionarische Elan, der noch Prochanovs Arbeit in den 20er Jahren ausgezeichnet hatte, gebrochen war. Den Auslandsgemeinden, besonders den isoliert lebenden außerhalb Polens, fehlten die Auseinandersetzungen, die das Leben der Bünde in der Sovetunion geprägt hatten. Das Blatt vermochte sich nicht mehr werbend an Außenstehende zu wenden, wie es der »Christianin« einst vermocht hatte. Es spiegelt einen Leserkreis treuer Christen wieder, die durch manche Beziehungen religiöser und völkischer Art zusammengehalten wurden, einen Kreis, der auch geringer wurde und der zunehmend im Sog der andersgläubigen und andersvölkischen Umwelt stand.[23]

---

[23] Für den Zusammenschluß einzelner Gemeinden haben regionale Publikationen später noch eine Rolle gespielt. Einige solcher Blätter bestehen noch in Nord- und Südamerika. Seit 1941 erschien in Chikago der »Evangel'skij Vestnik«, herausgegeben durch eine »Slavische evangelische Gesellschaft« und das »Evangelskoe slovo«, herausgegeben vom »Vsemirnyj sojuz Evangel'skich Christian«, der »World Fellowship of Slavic Evangelical Christians«. Aus einem der vorliegenden Hefte, Nr. 98 Januar-April 1968 geht hervor, daß die Bezeichnung dieser Gruppe mit dem anspruchsvollen Namen zum Gesamtbaptismus positiv geordnet ist.

V. Die Beziehungen der evangelischen Bünde zum Staat

1. Entwicklungen bis zum Vorabend der Oktoberrevolution

Es ist bereits sichtbar geworden, in welchem Maße die Geschichte des Protestantismus in Rußland und der Sovetunion durch staatliche Maßnahmen, durch Veränderung der politischen Situation bestimmt worden ist. Aber dabei gilt es auch zu bedenken, daß die Situation für evangelische Gemeinden während des gleichen Zeitraums in den verschiedenen Gebieten des Landes sehr unterschiedlich sein konnte. Auch die Verfolgungen von der Mitte der achtziger Jahre an waren nicht einheitlich. Sie waren jeweils durch besondere Aktivitäten bestimmt, mit denen örtliche und regionale Polizeistellen und Behörden die Ausführung von Richtlinien und Erlassen betrieben. Auf die Durchführung der Maßnahmen hatten auch der Einsatz orthodoxer Priester sowie die Erregung in Dörfern, in denen die Bewohnerschaft gegen evangelische Christen aufgewiegelt wurde, Einfluß. Relativer Freiheit in Petersburg für evangelische russische Christen standen schroffe Maßnahmen in Moskau gegenüber. Der Klang der großen Adelsnamen Gagarin und Lieven, der tatsächliche Einfluß, der durch Querverbindungen von Verwandten und Freunden dieser Häuser ausgeübt wurde, waren ein Schutz für die in den Petersburger Häusern und auf den Landsitzen dieser Familien sich weiter versammelnden Kleinkreise; nach seiner Artung war Petersburg auch eine relativ freizügige Stadt. In Moskau ging es demgegenüber anders zu. Wiederholt wurden hier Versuche gemacht, eine kleine russisch-evangelische Gemeinde zu gründen, »aber sobald sie etwas lebendiger wurde und sich ausbreitete, jagte Polizei und Geistlichkeit sie auseinander, wie ein Wolf die Schafe.«[1] Angehörige dieser immer wieder auseinandergetriebenen Gruppen Evangelischer, von denen sich manche auch nur vorübergehend in Moskau aufhielten, wanderten nach Petersburg oder auch weiter nach Finnland aus, um in den Genuß der dort gegebenen größeren Freiheiten zu gelangen. Ein Bericht über die evangelische Gemeinde in Kiev um die Jahrhundertwende bietet das

---

[1] A.I. Stefanowitsch, Aus der Arbeit unter den Stundisten S. 17.

Bild eines Kampfes zwischen den Gliedern der Gemeinde und den Vertretern der Polizei. Es läßt auch auf deren Seite sympathische Züge hervortreten, Gemeinde wie einzelne Polizisten erscheinen als ein Opfer des Systems. »Manchmal wurde die Polizei der Verfolgung müde und flehte die Brüder an: ›Um Gottes Willen nicht mehr zusammenzukommen‹, aber alles war umsonst. – ›Wir müssen zusammenkommen‹, sagten die Brüder . . .; ›Dann zwingt ihr uns, Euch mit Kugeln und Bajonetten zu vertreiben‹, sagte die Polizei. – ›Sie werden Ihre Arbeit tun und wir die unsere‹, antworteten die Brüder . . . Gegen diese Logik konnte die Polizei nichts sagen! Die Brüder saßen ihren Arrest ab und kamen nachher wieder in den Versammlungen zusammen. Nun sind dieselben fast ganz frei. Zuweilen kommt die Polizei und sieht nach, ob sich ihre Zahl vermehrt hat.«[2]

Die folgenden Angaben gewähren zugleich Einblick in die Existenz nichtbaptistischer, freier evangelischer Gemeinden im Süden Rußlands vor der Entstehung des Bundes der Evangeliumschristen. Vor dem Sammlungswerk Prochanovs existierten hier Gemeinden vom evangeliumschristlichen Typus, Gemeinden, die nicht durch Loslösung vom Bund der Baptisten entstanden waren, wie es aus der Polemik Dej Mazaevs geschlossen werden könnte. Die Angaben unterstreichen Svenssons Äußerungen über das Vorhandensein unabhängiger Gruppen, die nicht erst den Weg durch die baptistischen Gemeinden gegangen waren.[3] Die Gemeinde der »Freibrüder« in Sevastopol berichtete im Dezember 1900 zwar von Behinderungen, aber zugleich: »Die Bedrängnis stört unseren Frieden nicht.«[4] Drei Jahre später berichtete dieselbe Gemeinde: »Wir wurden schon öfters vor das Gericht gestellt in Sevastopol, sowohl Brüder als auch Schwestern, wurden aber alle wieder freigesprochen. Das erbitterte den Irrlehrer[5] . . . und er suchte Gelegenheit, uns zu Fall zu bringen, indem

---

[2] ebenda S. 18.
Der Berichterstatter schickt hier noch voraus: »Ich konnte dort mehrere Versammlungen halten, die dortigen Brüder sind sehr entschieden und haben sich durch ihre Entschiedenheit Freiheit für ihre Versammlungen erobert. – Mehr als 100 Prozesse hat die Polizei gegen die Gemeinde ›wegen gesetzlich verbotener Versammlungen‹ erhoben. Vielmals wurden die Versammlungen durch Soldaten auseinandergetrieben. Oft haben die dortigen Geistlichen mit den Banden der Betrunkenen Treibjagden auf die versammelten Brüder, Schwestern und Kinder gemacht, haben sie geschlagen und mißhandelt.«
[3] Vgl. hier S. 116.
[4] A. I. Stefanowitsch, Aus der Arbeit . . . Briefe aus Rußland S. 30, Brief vom 13. 12. 1900.
[5] »Irrlehrer« ist hier und an folgender Stelle die Bezeichnung für einen orthodoxen Missionar im Dienst der Sektiererbekämpfung.

wir gegen die russische Staatskirche etwas aussagen sollten. Aber der Herr gab uns Kraft und Sanftmut.«[6] Aus dem gleichen Jahr stammt ein anderer Bericht eines Besuchers aus Odessa in dieser Gemeinde von Sevastopol: »Ich war kürzlich in Sevastopol; dort hatten wir einige gesegnete Versammlungen. Während der Versammlung kam einmal ein Polizeibeamter und befahl uns auseinanderzugehen. Ich antwortete ihm, daß wir nicht auseinandergehen, bis er uns den Paragraphen des Gesetzes zeigt, in welchem verboten wird zu bitten. Der Beamte ging und nach einiger Zeit kam er mit dem Polizei-Obersten und mit dem Irrlehrer . . . Wir beteten, als sie herein kamen; der Polizei-Oberst befahl uns aufzustehen, wir aber standen nicht früher auf, als bis wir fertig waren mit dem Gebet. Nach dem Gebet bat ich alle Anwesenden auseinander zu gehen, und sie standen auf und gingen.« Im Fortgang dieses Briefberichts wird die Strafe für die Vorgänge dieses Abends, die merkwürdige Zusammenfügung von Rechtspositionen und Willkür, angegeben, der Verfasser wurde mit 16 Rubeln Geldstrafe und einer Woche Gefängnis bestraft.[7]

Die Kiever freie evangelische Gemeinde machte 1900 folgende Angaben: »Noch unlängst, am 11. November, ungeachtet dessen, daß der Regierende Senat 5 Entscheidungen erließ zu unseren Gunsten, wodurch die uns verurteilenden Erlasse der Friedensrichter abgeändert und die auf Freisprechung gerichteten Proteste unserer Anwälte bestätigt wurden, hat der Friedensrichter des 7ten Stadtbezirks etwa 140 Menschen für schuldig der Teilnahme an unseren Gebetsversammlungen befunden und durch 3 Polizeiverordnungen jeden zu 50 Rubeln Geldstrafen bzw. 1 Monat Arrest verurteilt. Gegen dieses Urteil sind wir entschlossen, zu appellieren und, wenn nötig, die Kassierung beim Senat zu beantragen. Wir sind derart mit gerichtlichen Sachen vertraut, daß es uns scheint, als müßte man immer so mit uns verfahren. – Wir versammeln uns immer frei am Tage und des Abends und der Herr hat seit 3 Jahren die Furcht von uns genommen.«[8]

Diese letzte Angabe bezieht sich bereits auf die Zeit des beginnenden Tauwetters vor der Revolution von 1905. Erst nach den Erlassen dieses Jahres konnten die evangelischen Gemeinden aller Richtungen sich auf eine Rechtsposition berufen. Doch litt diese darunter, daß noch Ausführungsbestimmungen fehlten, daß die Gemeinden erheb-

---

[6] A.I. Stefanowitsch, Aus der Arbeit . . . S. 30, Brief vom 5. 5. 1903.
[7] ebenda, Brief aus Odessa vom 18. 5. 1903 S. 31.
[8] ebenda, Brief aus Kiev vom 17. 11. 1900 S. 28.

liche Wege zu machen hatten, um in den Genuß der noch unklaren Rechte zu gelangen, Rechte, die auf örtlicher Ebene, zumal in der Provinz, noch immer bewußt unklar gehalten und in Zweifelsfällen gegen die evangelischen Gemeinden ausgelegt wurden. Unkenntnis, orthodoxe Emotionen und staatsbürgerliche Vorurteile sprachen häufig gegen die vom »deutschen Glauben« infizierten Evangelischen, gegen die als Zerstörer orthodoxer und russischer Tradition verstandenen evangelischen Gruppierungen.

In dieser Zeit zwischen dem Toleranzedikt bis zum Beginn des Ersten Weltkriegs eröffnete sich für die Evangelischen weitgehend eine neue Dimension des politischen Lebens. War bis zu diesem Zeitraum der Ruf nach der Freiheit schlechthin geäußert worden, so kam es nun darauf an, den Raum der Freiheit konkret abzugrenzen und Einbrüche abzuwehren. Hierbei rückten die Evangelischen auf die Seite der Vertreter konstitutionell demokratischer und liberaler Positionen. Die Zeitschriften sowohl der Baptisten als auch der Evangeliumschristen sind erfüllt von diesem Bemühen um die Bewahrung freiheitlicher Positionen, Verstöße auf staatlicher Seite werden angeprangert, Streitfälle, die zwischen Gemeinden und administrativen Stellen bestanden, wurden paradigmatisch dargestellt, in den Veröffentlichungen auch Raum gegeben für grundsätzliche Äußerungen der Bünde an Ministerien. Schließlich bedeuteten die Mitarbeit an der staatlichen Gesetzgebung, wie sie die Petersburger Versammlung vom Jahre 1907 betrieb,[9] ebenso die Aufstellung der Ustave für den Bund und seine Gliederungen, Aufgaben einer Konkretisierung der Freiheit.[10]

Einzelberichte tun dar, wie unterschiedlich die Lebensbedingungen der Gemeinden waren, aber auch, wie der Raum der Freiheit allgemach immer stärker eingeengt wurde, so daß nach 1910 eine deutliche Verschlechterung der Rechtspositionen eintrat. In südrussischen Berichten aus dem Jahre 1908 werden Schwierigkeiten für die Gemeinden deutlich. In einer Reihe von Fällen war es zu Anklagen wegen Verstößen gegen die Strafgesetze gekommen. Dazu gehörten die Vorwürfe, Ikonen verunglimpft zu haben, Orthodoxe zum Abfall

---

[9] Die Erarbeitungen der Petersburger Konferenz im Januar 1907 wurden dem Innenminister zugeleitet. Der vollständige Text in: B.L. 2/1907 S. 9–21.
[10] In den Rahmen dieser Bemühungen gehört auch die von Ivan St. Prochanov herausgegebene Sammlung »Zakon i Vera«, St. Petersburg 1910, eine Handreichung für die Gemeinden, um jederzeit die einschlägigen gesetzlichen Bestimmungen greifbar zu haben.

verführt zu haben, den Bau eines Bethauses ohne hinreichende Genehmigung begonnen zu haben.[11] Ein Einzelbericht aus einer Gemeinde schildert das Vorgehen eines nichtuniformierten Beamten in einer Versammlung, die durch ihn getroffene Feststellung der Personalien sowie die Fragen nach den Angehörigen.[12] Hier hatte es eine Gemeinde für nötig befunden und auch ermöglicht, den Lesern des Bratskij Listok einen eingehenden Bericht über die Behinderung ihrer Versammlungen zu geben. Viele Gemeinden, in denen Ähnliches geschehen war, waren nicht in der Lage, ihre Situation ebenso zu beschreiben. Die im vorhergehenden aufgewiesenen Vorgänge wie auch die polizeiliche Schließung einer Reihe von Versammlungen – die Orte Čerkassk, Kovel, Tuapse, Starogolsk werden hier genannt – bestätigen, wie wenig die Gesetzgebung der Jahre 1905/1906 in das Bewußtsein der Behörden, zumal das der Polizeiorgane, gedrungen war.[13]

Häufungen administrativer Maßnahmen und einseitig erschwerende Auslegung von Gesetzesbestimmungen machten zudem sichtbar, daß die staatlichen Organe immer deutlicher von den Bestimmungen über die Freiheit religiöser Vereinigungen abzurücken begannen. Die Diskussion in der Öffentlichkeit, auch in der Duma, drehte sich, wo es um diesen Fragenbereich ging, darum, was noch von den Ansätzen des Revolutionsjahres realisiert werden könne oder endgültig aufgehoben werde. Dabei erwies es sich, daß die religiöse Freiheit eng liiert war mit der allgemeinen Koalitionsfreiheit, der politischen Freiheit überhaupt. Während in den Städten die Registrierung von Gemeinden zwar langwierig war, aber doch ohne größere Schwierigkeiten erfolgte, ließ sie in abgelegenen Städten und Dörfern zuweilen sehr lange auf sich warten oder erfolgte überhaupt nicht. Nach der Auffassung der Betroffenen war die Willkür bei diesem Verhalten offensichtlich.

Auf dem II. Kongreß der Evangeliumschristen wurde von Delegierten Mitteilung gemacht, daß Fälle von Exhumierung vorgekommen waren. Dies war auf Veranlassung orthodoxer Priester geschehen, die dann die erneute Bestattung des Exhumierten nach orthodoxem Ritus durchführten.[14] Berichte besagten ferner, daß dort, wo

[11] B.L. 3/1909 S. 6–8.
[12] ebenda S. 11–12.
[13] Über Verhaftungen und Verurteilungen 1908 in der Ukraine berichtet I.P. Kusnerov in B.L. 3/1909 S. 4–9.
[14] Vgl. dazu auch »Baptist« 18/1910 S. 142 mit der Angabe eines solchen Falles in Tu-

Beisetzungen evangelischer Christen auf orthodoxen Friedhöfen von Priestern verweigert wurden, Tote auch einfach in Gärten bestattet wurden.[15] Im Gouvernement Char'kov verbot die Geistlichkeit die Aufnahme von Kindern evangelischer Christen in die Kirchenschulen. Aus dem Kreis Mariupol wurde berichtet, daß Beträume, die den Gemeinden weggenommen worden waren, dennoch der Besteuerung unterlagen. In »Kronstadt wurde den Soldaten und Matrosen von der Polizei verboten, die Bethäuser der Evangeliumschristen zu besuchen. Die dortige Gemeinde wurde mit Geldstrafe belegt, weil sie in ihrem Bethaus ein Harmonium aufgestellt hatte. Die ›Verbändler‹ brachen an sehr vielen Orten während der Gottesdienste in die Bethäuser ein und jagten die Versammelten auseinander.«[16]

Dieser und ähnlicher Art waren die Berichte der Delegierten des II. Kongresses der Evangeliumschristen zur Lage in den einzelnen Regionen.[17] Die Erschwerungen nahmen immer noch mehr zu. Anfang 1913 hatte die Moskauer Gemeinde, die erst 1909 ihre Legalisierung erlangt hatte und die in Verbindung mit schwedischen und dänischen Missionskomitees arbeitete, keine Predigtstätte mehr. Sie unterhielt noch eine Zweizimmerwohnung mit Küche, aber auch zu dieser wurde ihr von den Behörden der Zugang untersagt. Erst im April des Jahres kam die Genehmigung, daß die Gemeinde sich weiter versammeln dürfe.[18]

Neben diesen Vorgängen, die sich gleichmäßig über das ganze Land hinweg abzeichneten, fand ein Geschehnis besondere Aufmerksamkeit. Es war das Einschreiten des Generals Dumbadze gegenüber der evangeliumschristlichen Gemeinde in Alupka, 16 Werst von Jalta entfernt. Am 10. Februar 1910 wurden 22 Männer und Frauen aus der Gemeinde für den nächsten Tag in die Kreisstadt Jalta bestellt. Dort wurden sie nach dem Datum ihres Abfalls von der Orthodoxie gefragt. Vier der die Gemeinde Leitenden wurden verhaftet, die anderen aus ihrer Ortsgemeinde verwiesen. Auch die Gemeinde in Jalta war wiederholt Behinderungen in ihrer Arbeit ausgesetzt gewesen.[19]

apse; ferner »Der Botschafter« Nr. 13 vom 11./24. Februar 1911 S. 3 (Erscheinungsort Berdjansk), aus der »Odessaer Zeitung« zitiert.
[15] Baptist 18/1910 S. 142.
[16] ebenda. – Bei den »Verbändlern« handelte es sich um Angehörige der Schwarzen Hundertschaft, einer rechtsradikalen Organisation.
[17] Vgl. dazu Baptist am gleichen Ort über die Wegnahme von Bibeln und Gesangbüchern.
[18] Bericht des schwedischen Missionskomitees 1915 S. 5.
[19] Baptist 11/1910 S. 86/87.

Solche Geschehnisse trafen Evangeliumschristen und Baptisten in gleicher Weise. Falls die Vorgänge rechtzeitig den Leitungen der Bünde zur Kenntnis gelangten, gaben diese in solchen Fällen den Rat, mit Eingaben an das Ministerium des Innern heranzutreten, um durch dessen Entscheidung der Willkür auf örtlicher Ebene besser begegnen zu können. Dies ist auch in einer Reihe von Fällen von den Gemeinden befolgt worden.[20] Es war freilich ein zeitraubender Weg. Lange Zeit verging, bis das Ministerium Recherchen durchgeführt hatte und entschied; so lange konnten die einer Gemeinde abträglichen Willkürmaßnahmen nicht umgestoßen werden. Das Ministerium ließ sich selbst Zeit, wo es unmittelbar zu entscheiden hatte. Ein Beispiel dafür ist die Jahre dauernde Verzögerung der Genehmigung der »Biblischen Kurse« in Petersburg. Nach dem Kongreß vom 28. 12. 1911 bis 4. 1. 1912 wurde auch keine Genehmigung für einen weiteren Kongreß erteilt.

Schon vorher, 1910, waren eingehende Bestimmungen über die Durchführung von Kongressen und Sammlungen erlassen worden. Besondere Veranstaltungen mußten 3 Wochen vor dem Termin angemeldet werden.[21] Bestimmungen dieser Art bedeuteten nicht schon das grundsätzliche Verbot selbst. Einzelne Artikel wie der, daß den Antragstellern 3 Tage vor dem Termin der Bescheid zugestellt werden sollte, zeigen, wo die eigentlichen Schwierigkeiten lagen: Auf der örtlichen und regionalen Ebene, wo man willkürlich verfuhr, so daß der Gesetzgeber die ausführenden Organe zur genaueren Beachtung der Gesetze anzuhalten hatte. Im ganzen bedeuteten diese Bestimmungen allerdings auch eine Einschränkung freier Tätigkeit. So wurde die Predigterlaubnis auf registrierte Gemeinden eingeschränkt, dies war eine Behinderung evangelistischer Wirksamkeit.

Die 300 Jahr-Feier der Herrschaft der Romanovs 1913 war auch Anlaß zu Äußerungen in der Utrennjaja zvezda. Zunächst wurde dabei der Dank ausgesprochen für das, was Gott vor 300 Jahren an Rußland in der Überwindung der Wirren getan hatte. Ganz anders ist der Ton im Blick auf das Jubiläumsjahr. Die evangelischen Christen betonen ihre Loyalität zu Rußland. Die Loyalität der Evangeliumschristen und der mit ihnen verwandten Brüder ist nicht die Loyalität eines Sohnes, der seinen Vater liebt, weil er von diesem alles bekommt. Es

---

[20] Vgl. Baptist 15/1910 S. 116, 18/1910 S. 140–142, 39/1910 S. 310/311; ferner B.L. 11/1908 S. 12ff.
[21] Vgl. Cerkovnie Vedomosti 1. 5. 1910 S. 146–148.

ist vielmehr die Loyalität des gedemütigten, erniedrigten Sohnes, der trotz seiner Erniedrigung den Vater liebt und unter Leiden für ihn betet. Diesen Worten folgt der Hinweis auf neuerliche Erschwerungen des Lebens der Evangeliumschristen und Baptisten. Abschließend heißt es, daß die Grundlage evangelischer Loyalität das Evangelium sei.[22]

Im gleichen Jahr noch erfolgten Schließungen von Bethäusern der Bünde in größerem Umfang. Die Behinderungen wuchsen. In den Wochen, die dem Kriegsausbruch 1914 vorausgingen, wurden in der Utrennjaja zvezda erneut die Positionen abgesteckt: Die Vertreter des neuen Glaubens werden für die Verhinderung des Krieges beten. Wenn er doch eintritt, werden sie bereit sein, ihr Leben für das Volk zu opfern und ihre Seelen für den Gosudar und die Brüder darzubringen. Der Artikel, in dem sich diese Worte finden – »Vojna« (Krieg) – schließt nach Vorwürfen gegen Deutschland mit den Worten »Es lebe unser teures Rußland«.[23]

In den folgenden Ausgaben der Utrennjaja zvezda wird die Absicht spürbar, Einzelgeschehnisse, persönliche Nachrichten in Beziehung zum Gesamtleben des russischen Volks zu setzen. Dies wird sichtbar in der Würdigung mennonitischer Bereitschaft, im Heer Sanitätsdienst zu leisten, über die bisherige Zivildienstleistung hinaus.[24] Die Entscheidung wird als Zeichen eines neuen Denkens unter den verschiedenen Gruppen der Bevölkerung gewertet. Später gibt der Nachruf für den am 19. Oktober 1914 gestorbenen P. M. Friesen Anlaß, erneut die Verbindung besonderer Gruppen wie der Mennoniten zum ganzen Rußland zum Ausdruck zu bringen. Über Friesen heißt es, daß er Rußland geliebt habe und den Idealen der sechziger Jahre, als er an der Moskauer Universität zu studieren begonnen habe, treu geblieben sei.[25] Die Einstellung der Kiever Adventisten, von denen 25 – 30 Angehörige in den verschiedenen Heeresteilen Dienst taten, wird positiv hervorgehoben.[26]

Der Blick richtet sich auf die Zusammenhänge von Krieg, alten Gewohnheiten und den Volksleiden, nicht anders, als es besonders zu Kriegsbeginn in allen kriegführenden Ländern der Fall war. Die

---

[22] Utrennjaja zvezda 7/1913 S. 5. Gleichzeitig wurde eine Predigt Prochanovs mit dem Thema: »Die Zeit der Wahl Michail Fedorovič Romanovs auf den Zarenthron im Lichte der Bibel« angekündigt – vgl. die Wiedergabe ebenda 12/13/14/1914.
[23] ebenda 30/1914 25. 7. S. 1.
[24] ebenda 34/1914 S. 2.
[25] ebenda 44/1914 S. 1.
[26] ebenda 45/1914 S. 7.

Trunksucht wird als der beste Verbündete Deutschlands bezeichnet, die Utrennjaja zvezda befand sich mit dieser Feststellung in Übereinstimmung mit anderen russischen Blättern.[27] Die immer wieder betonte Frage geistlicher Erweckung wird im Zusammenhang des Kriegsgeschehens behandelt. Der Widerspruch zwischen äußerer militärischer Kraftanstrengung und unzureichender religiöser Haltung wird an der Spannung von Wilhelms II. Yacht-Predigten und seinem und Deutschlands drohenden militärischen Einsatz aufgezeigt.[28]

Die Gemeindeglieder wurden zu monatlichen besonderen Gottesdiensten, verbunden mit der Abendmahlsfeier, aufgerufen.[29] Kollekten für kranke und verwundete Soldaten wurden in der Folge durchgeführt. Briefe von Evangeliumschristen aus dem Feld wurden veröffentlicht.[30] Eine Sondersammlung für die Betreuung verwundeter Soldaten erbrachte 1000 Rubel, die dem Fond der Kaiserin als Protektorin für die Betreuung von Verwundeten zur Verfügung gestellt wurden.[31]

Die Überreichung einer Gabe für Verwundete und die Absendung einer Grußadresse durch Wilhelm Fetler an die staatlichen Stellen, die auch die Unterschrift anderer Baptisten trug, hatten unterschiedlichen Charakter.[32] Spektakuläre Handlungen und Parteinahmen hatten jedoch keinen Einfluß auf die Gesamtbeurteilung der evangelischen Bünde durch die Staatsorgane und weite Teile der Öffentlichkeit. Unter den für Rußland eintretenden Erschwerungen der Kriegslage 1915 wurden die Lehren von Evangeliumschristen, Baptisten und Adventisten als Äußerungen des deutschen Glaubens, als Kinder des »Ljuteranizm«, die Bünde als »Vražeskij duchovnyj avangard«, als die feindliche geistliche Avantgarde des deutschen Gegners bezeichnet. Dem entsprachen Äußerungen in der »Missionerskoe obozrenie« vom März 1915.[33] Prediger und Studenten der 1914 geschlossenen Bibelschule wurden verhaftet und verbannt, unter ihnen die Frau Michail Orlovs von Reval nach Tambov. Michail Timošenko hat

---

[27] ebenda 34/1914 S. 1. – Vgl. auch 39/1914 vom 26. 9. mit weitreichenden Forderungen der Enthaltsamkeit auch nach dem Krieg.
[28] ebenda 40/1914 S. 1.
[29] ebenda 31/1914 S. 6.
[30] ebenda 42/1914 S. 6–7. Vgl. hier auch S. 386.
[31] ebenda 47/1914 S. 1 mit Wiedergabe des Dankschreibens des Sekretärs der Kaiserin; vgl. auch A. Dolotov, Cerkov i sektantstvo v Sibirii S. 108, zitiert nach A. Blane S. 90/91.
[32] Vgl. hier S. 392.
[33] S. 484–485.

als Baptist 1917 über seine Erlebnisse bei der Verhaftung zusammen mit evangeliumschristlichen Predigern in Odessa, über seine Überführung ins Verbannungsgebiet und den Aufenthalt dort im östlichen Sibirien, im Narymskij Kraj, berichtet.[34] Auch wiederholte Vorstöße von Politikern in der Duma gegen die wachsenden Behinderungen Evangelischer schon in der Vorkriegszeit richteten nichts aus. Im September 1916 waren alle Versammlungslokale der Evangelischen in Petrograd geschlossen, schließlich auch wurden Prochanov und der gesamte Rat des Bundes unter Anklage gestellt.[35]

Prochanov hat die Verschlechterung der Lage für die evangelischen Christen um 1910 in Verbindung mit den wachsenden Spannungen zwischen dem Zaren und seinen Beratern einerseits, der Duma andererseits gesehen, so hat er es einmal summarisch zum Ausdruck gebracht.[36] Die Verschärfung der Zensur traf ihn selbst schon 1912, als er wegen eines Artikels in der Utrennjaja zvezda eine Geldstrafe zu zahlen hatte.

Das orthodoxe Urteil über die Stellung der Evangelischen zum Staat entsprach in vielen Richtungen dem politischen Urteil. Margaritov stellte 1914 die Einstellung des gesamten »Stundismus« zum Staat dar.[37] Er unterschied die Betonung der theoretischen Forderung, dem Kaiser zu geben, was des Kaisers sei, von der praktisch sehr kritischen Einstellung vieler Evangelischer gegenüber dem Staat. Nach seiner Auffassung war der »Stundismus« der staatlichen Ordnung gegenüber ablehnend. Die Beziehung der Baptisten zum Weltbaptismus beeinflußte ihre Haltung zur Demokratie, zur revolutionären Tradition des Anabaptismus und der englischen religiösen und politischen Strömungen des 17. Jahrhunderts.[38] Sozialkritische Vorstellungen in manchen stundistischen Gemeinden gaben ein noch größeres Recht, den Stundismus als staatskritisch, ja als staatsfeind-

---

[34] M.D. Timošenko, V Narymskij Kraj Moskau 1917.
[35] B.V. 4/1957 S. 17. – Grundlage der Anklage waren die Artikel 124 und 129 des Strafgesetzbuches – vgl. Otčet IV. Kongreß S. 2.
[36] Prochanov, Cauldron S. 165.
[37] Margaritov, Istorija russkich sekt S. 183ff. – Margaritov hat das Bestreben, möglichst viele Gruppen unter dem Sammelbegriff »Stundismus« zu subsumieren. Dabei werden auch die Neumolokanen als Stundisten eingestuft, wenngleich ihre Unterschiede gegenüber dem Baptismus in der Tauflehre und im Ältestenamt gesehen werden: »So also ist die Glaubenslehre der Neumolokanen ihrem Wesen nach die Lehre der Stundo-Baptisten.« – S. 191ff., hier S. 195. Das für russische Ohren belastete Wort »Stundisten« bot sich eher für die polemische Auseinandersetzung mit evangelischen Gruppen an.
[38] ebenda S. 185/186.

lich anzusehen. Besonderes Gewicht hat das gefährlich erscheinende Argument, daß der Baptismus sein Gedankengut aus dem deutschen Raum bezieht; die Rede ist von ausländischen Instruktionen, die er empfange. Der damit verbundene Vorwurf nationaler Unzuverlässigkeit wird noch durch die Wiedergabe einzelner stundistischer Äußerungen unterstrichen, daß im Ausland – in einer Fülle von Fällen praktisch für Deutschland stehend – doch alles viel besser sei.[39]

Diese Auffassungen bestimmten die Einstellung weiter Teile der russischen Öffentlichkeit. Sie erfuhren in der Kriegszeit in der Polemik gegen den Kriegsgegner noch eine Verschärfung. Nach Äußerungen der »Missionerskoe obozrenie« über Aktivitäten des Sektantstvo während des Krieges, wie auch nach späteren Angaben aus dem Bund der Evangeliumschristen war gemeindliche Tätigkeit trotz aller Erschwerungen in den Kriegsjahren nicht gänzlich unmöglich gemacht. So gut es ging, arbeiteten innerhalb und am Rande der sehr eingeschränkten legalen Möglichkeiten die Gemeinden weiter. Im Bericht zum IV. Bundeskongreß, der nach über fünf Jahren Unterbrechung der Kongreßarbeit im Mai 1917 einberufen werden konnte, heißt es über die vergangenen Jahre, daß fast alle Versammlungen geschlossen worden waren, daß fast alle Prediger verhaftet, verurteilt, nach Sibirien oder in andere ihnen zugewiesene Aufenthaltsgebiete verschickt worden waren. In den dem Kongreß mit dem Bericht vorgelegten Unterlagen wurde jedoch das Aufkommen der Hilfen für 24 Prediger des Bundes und deren Angehörige auf 10000 Rbl. beziffert. Im Haushalt des Bundes hatte das Geschäftsjahr 1916 kein Defizit aufgewiesen trotz der den Angehörigen der Verbannten und diesen selbst monatlich überwiesenen Hilfen.[40]

Dies spricht dafür, daß auf der Ebene des Bundes Arbeitsmöglichkeiten noch bestanden und auch benutzt worden waren. Gegen eine weitere Verschlechterung der Lage in der Verfolgungssituation war auch organisatorisch eine gewisse Vorsorge getroffen worden. Den Gemeinden war in Briefen mitgeteilt worden, daß, wenn die bestehende Satzung aufgehoben würde, dann eine andere, wenn diese auch aufgehoben, eine dritte Organisationsform Anwendung finden solle, damit die Arbeit weitergehen könne.[41] Im Rückblick des Jahres 1917 auf die vorausgegangene Zeit heißt es, daß die Verfolgungen der

[39] ebenda S. 186.
[40] Otčët IV. Kongreß S. 2.
[41] ebenda S. 2/3.

Vorjahre dazu beigetragen hätten, die Kirche von Elementen zu befreien, die ungeeignet waren und die dem äußeren Druck nicht standgehalten hätten, andererseits, daß die Herzen anderer Gemeindeglieder Christus nähergerückt seien.[42] Dies weist auf einen Sonderungsprozeß hin, der sich unter dem äußeren Druck in den Gemeinden vollzogen hatte. Die Zahl der Mitglieder war geschrumpft, manche waren den Pressionen der staatlichen Organe erlegen. Aus späteren Äußerungen Prochanovs geht hervor, daß die Buchhandlung der »Raduga« in Petrograd, die in der Kriegszeit geöffnet blieb, das Begegnungszentrum für die Mitarbeiter des Bundes aus allen Teilen des Landes darstellte. Darüber hinaus gab es geheime Treffen, die zur Weiterführung der Arbeit des Bundes dienten. Prochanov schloß diese Angaben mit den Worten: »Oh! how sweet was the Christian fellowship in those secret meetings.«[43]

Neben der Bemühung um die Legalisierung der Arbeit stand das nach den Landesgesetzen illegale Tun. In dieser Spannung mußte der ostslavische Protestantismus in Rußland bis zum Ende des Zarenreichs leben. Es wäre verständlich gewesen, wenn evangelische Christen angesichts so zahlreicher Behinderungen zu engagierten Gegnern der Staatlichkeit geworden wären, wenn in ihnen anarchistische Züge die Oberhand gewonnen hätten, wie es ihnen von manchen Gegnern auch vorgeworfen worden ist. Dieser Vorwurf traf sie zu Unrecht. Die theologische Grundvoraussetzung der verschiedenen evangelischen Gruppierungen, daß man zur auserwählten Schar gehöre, daß auf der anderen Seite die Welt stünde, bestehend aus Orthodoxie, den Atheisten, den Gleichgültigen, den Vertretern des politischen Systems, das sie verfolgte, bewahrte den Protestantismus davor, in die Haltung einer Feindschaft gegenüber einzelnen Ausprägungen des politischen und staatlichen Lebens zu verfallen. Für die kritischen Beobachter des evangelischen Christentums in Rußland konnte es dagegen gar nicht anders sein, daß der Protestantismus zugleich das Prinzip der Zersetzung staatlicher Ordnung, die Zusammenrottung von Gegnern gegen den bestehenden Staat, die Zerstörung der Kraft der Armee sein könne, wie es in Kireevs Worten zum Ausdruck gekommen ist.[44]

---

[42] ebenda S. 3.
[43] I.St. Prochanov, In the Cauldron S. 170.
[44] Vgl. hier S. 507.

Fragen nach dem Sinn staatlicher Institutionen, nach der Berechtigung ihres Handelns, nach der Stellung des Christen in der Welt waren bereits Ende des 19. Jahrhunderts im russischen Protestantismus mit der weitergehenden Frage verbunden gewesen, »ob ein Gotteskind Richter sein oder irgendein Amt beim Gericht einnehmen darf.«[45] Diese Frage war schon beim linken Flügel der Reformation gestellt worden, die Reformatoren hatten bereits darauf Antwort zu geben gehabt. Die in der Geschichte der christlichen Kirchen ständig geäußerten und in dieser Frage sichtbar werdenden Vorbehalte gegen Staat und staatliche Ordnung sind im Mennonitentum als den Erben des alten Täufertums auch für den Protestantismus unter Russen und Ukrainern wirksam geworden. Zum literarisch-erbaulichen Grundbestand und Andachtsgut von Mennonitenfamilien gehörte der »Märtyrerspiegel«, in dem der Weg des Mennonitentums in Berichten über das Martyrium seiner Anhänger dargestellt ist. Er war ein Hausbuch und bestimmte die staats- und machtkritische Einstellung des Mennonitentums. In den letzten Jahrzehnten des 19. Jahrhunderts war für die Mennonitengemeinden in Südrußland eine Zeit erneuter Bewährung im Kampf um die Bewahrung ihrer Eigenart und Rechte gekommen. Dies bot den mit Mennoniten und Mennoniten-Brüdern in Verbindung kommenden Russen und Ukrainern und evangelischen Gemeinden ein lebendiges Anschauungsmaterial. Die Geschichte des Stundismus, von ihren Anfängen an eine Geschichte der Verfolgung durch staatliche Organe, war in der älteren Geschichte des Mennonitentums durch längere Zeiten hindurch vorgebildet.

Soweit Stundisten, Baptisten und Evangeliumschristen aus dem Molokanentum stammten, standen sie zugleich in der alten eigenen Tradition der Auseinandersetzungen mit den Organen der Staatsmacht. Die theologische Deutung staatlicher Macht und deren Personifizierung war ihnen nicht fremd. Die Tradition dieser Deutung reichte sichtbar in den Raskol des 17. Jahrhunderts hinein. Nicht nur Röm. 13, auch die bildhaften Aussagen der Offb. 13 waren dem Ostslaventum wohl vertraut. Die Beschäftigung mit dem letzten Buch der Bibel ist nicht erst in den schweren Auseinandersetzungen bei den noch darzustellenden Kämpfen um die Ableistung der Militärpflicht betrieben worden, die Offenbarung Joh. war seit altersher das eingehend befragte Buch der christlichen Gemeinde in Notzeit und Verfol-

---

[45] A.I. Stefanowitsch, Aus der Arbeit unter den Stundisten S. 19.

gung gewesen. Die im russischen Protestantismus auf »dem großen Leidensweg«[46] wirksamen Elemente der Staatskritik konnten von Außenstehenden in einer Einheit mit der kritischen Haltung in der russischen revolutionären Bewegung gesehen werden, wo es nur um die Wahrnehmung der Erscheinungen ging. Diese Gleichsetzung, die den unterschiedlichen Ansatz nicht genügend erkannte und protestantische Äußerungen mit politisch revolutionären verquickte, hat zu einer Verhärtung der Auseinandersetzung beigetragen. Sie war angetan, kritische Vorbehalte gegen den Staat und das politische Leben in evangelischen Kreisen zu verschärfen. Es zeugt jedoch von der theologischen Verantwortung der evangelischen Gemeinden, daß sie den ständigen Vorwürfen der Staatsfeindlichkeit, die gegen sie erhoben wurden – dazu noch unter Einsatz von Drohungen, Verhören, unter Verhaftung, Verbannung und Verurteilung – nicht erlagen, sondern vielmehr die biblischen Grundpositionen des Verhältnisses von Kirche, Staat und Gesellschaft bewahrten. Ihrer verständlichen Neigung zu schroffer Kritik, auch zur Negierung der Staatlichkeit, denkbar nach all dem, was einzelne und Gemeinden erlebt hatten, stand bestimmend das Festhalten am biblischen Gut gegenüber.

Die Evangelischen lebten in einer Atmosphäre ständiger Unsicherheit. Das Bewußtsein, daß sich alles ändern müsse, war bei ihnen mit der tiefen Skepsis verbunden, daß auch Einzelbestimmungen, die positiv zur Verbesserung der Lage beizutragen vermochten, letztlich wenig ausrichteten. Der Graben zwischen der Deklaration der Toleranz und deren Verwirklichung wurde als zu groß empfunden. Dabei wirkten sich Vorstellungen über das Verhältnis von Kirche und Staat aus, die die so bewußt in biblischen Begriffen lebenden Evangelischen bestimmten. Hier war die Gemeinde der Heiligen, dort war Sodom; hier war Gottes Reich, dort Babel. Eine umfassende und andauernde Änderung der Lage konnte es nur dann geben, wenn Babel von dem Herrn des Reichs endgültig bezwungen sein würde. Dieser Sieg hatte zwei Dimensionen. Die eine war die der Bekehrung der Sünder, der Gewinnung von Seelen aus der Verderbnis. Die andere Dimension war auf die objektiven Momente des Eschaton ausgerichtet, die Vorstellungen zielten auf die Erfüllung der Geschichte gemäß den Bildern und Aussagen der Offenbarung Johannis. Dabei zielten beide Dimensionen nicht voneinander fort, die erste war ein den Christen

---

[46] Nach dem Titel des Buchs von Hesbah Stretton »Der große Leidensweg« – Berichte über den Weg des Stundismus.

aufgetragenes Wegstück innerhalb des Weges, den Gott selbst bestimmte und zu seinem Ende brachte.

Dies mag auch die erstaunliche Mobilität erklären, die die Lebenswege leitender Gestalten des ostslavischen Protestantismus in der Zeit nach 1884, in jener zweiten Periode auszeichnete, mochte es sich um Johann Wiehler, Ivan Venjaminovič Kargel, Jakov Delj. Deljakov, Vasilij G. Pavlov, um viele andere baptistische, mennonitische, evangeliumschristliche Prediger und Evangelisten, um Ivan Stepanovič Prochanov selbst handeln. Die Bewegtheit ihres Lebens ist nur zu einem Teil durch die Flucht vor Nachstellungen zu erklären. Sie ist ebenso durch das Bewußtsein der eschatologischen Stunde bestimmt, durch die Vorstellung, daß nicht mehr viel Zeit bliebe und man keinen Anlaß habe, sich häuslich in dieser Welt einzurichten. Dies erklärt auch die Zurückhaltung, mit der jene Männer, anders als Protestanten in einer festgefügten konfessionell geordneten Welt, ihre Stellung zu Staat und Gesellschaft auch noch 1905 ausdrückten.

Das eschatologische Verständnis vom Kampf des Reichs Gottes mit der Weltmacht schloß das Politikum ein. Trotz des Abstandsbewußtseins kam es dadurch zu einer vertieften Teilhabe am Geschehen in der politischen Umwelt. Die Registrierung von Gemeinden im Wandel der Rechtsordnung, die die kirchlichen Gruppen betreffenden neuen Gesetze wurden in dieses eschatologische Verständnis eingefügt. Die Zeitschriften »Baptist« und »Bratskij Listok« weisen dies in ihren häufigen Berichten über alte und neue Gesetze, über deren Handhabung, in ihren Angaben über Eingaben und Beschwerden eindrücklich aus. Mehrmals verhörte, wiederholt verhaftete, mit Geld- oder Freiheitsstrafen belegte Baptisten oder Evangeliumschristen erlangten mit der Zeit eine umfassende Gerichts- und Rechtskenntnis. Die eschatologisch bestimmte, von der Hoffnung auf die endgültige Freiheit und Erlösung der Kinder Gottes geprägte Grundhaltung ermöglichte ihnen auszuharren und zu überleben. Das Verhältnis dieser Menschen zum Staat wurde in praxi das Verhältnis zum Recht im Staat. Die Verfolgungssituation hatte wohl einzelne, aber nicht im ganzen die Gemeinden zur Resignation geführt; sie hatte die Beharrungskräfte nur noch verstärkt. Der Druck auf die Gemeinden war den in der Bibel wohl bewanderten russischen evangelischen Christen ein vorhergesagtes Zeichen des nahenden Endes, ein Zeichen der Zeit, das es zu beachten galt.

Die Glaubenslehre der russischen Baptisten wie die der Evangeliumschristen zeugt von dem Willen, die Grundeinstellung zum Staat nach der Bibel auszusprechen. Artikel XIII der Glaubenslehre der russischen Baptisten stellt fest, daß die Obrigkeit von Gott ist. Sie ist zur Belohnung der Guten und zur Bestrafung der Bösen da, man muß ihren Gesetzen gehorchen. Dies ist eine Kurzfassung von Röm. 13, ausgewiesen durch die Anführungen der Bibelzitate in den Fußnoten. Die Grenzen des Staats sind da, wo die freie Erfüllung christlichen Handelns aus dem Glauben tangiert wird. Es werden keine Hindernisgründe gesehen, in staatlichem Dienst tätig zu sein, dabei ist die Gedankenführung von kritischer, ja negativer Sicht geprägt. Die Feststellung: »Wir sehen uns von unserem Glauben her nicht daran gehindert, staatlichen Dienst auf uns zu nehmen«, macht das deutlich.[47] Dabei stehen ähnliche Formulierungen in baptistischen Zeugnissen aus Deutschland, England, Amerika in einem anderen Lebens- und Sinnzusammenhang. Hier handelte es sich um baptistische Bünde und Vereinigungen, die schon Jahrzehnte oder Jahrhunderte ihrer Arbeit in Freiheit nachgehen konnten. Als die Glaubenslehre der Baptisten 1906 erschien, war erst ein Jahr nach der Erklärung religiöser Toleranz vergangen, die Verbannten waren zudem erst seit einigen Monaten in ihre Heimatorte zurückgekehrt.

Vasilij Gur'evič Pavlov hat zur Staatsauffassung einiges in seiner Arbeit »Die Wahrheit über die Baptisten« ausgeführt. Unter den Prinzipien des Baptismus nennt er die »Trennung der Kirche vom Staat«. – »Es darf überhaupt keine organisatorische Verbindung der Kirche mit dem Staat existieren. Es muß vielmehr eine völlige Trennung beider bestehen: Die Kirche darf materielle Hilfe weder vom Staat fordern noch annehmen, denn in solchem Falle würde der Staat das Recht der Macht und der Kontrolle über die Kirche haben. Hilfeleistung für die Religion ist Pflicht und Schuldigkeit der dieselbe Bekennenden. Die Kirche bedarf nicht der Vormundschaft des Staats. Sie ist durch ihr Haupt – Christus – gegründet, und dies nicht nur ohne Hilfe, sondern vielmehr gegen den Widerstand des heidnischen Staates. Als im 4. Jahrhundert unter Konstantin dem Großen die Kirche sich mit dem Staat verband, da zog sie nicht nur keinen Vorteil daraus, sondern verlor viel von ihrer natürlichen Reinheit und Kraft.«[48] Pavlov hält sich hier im Rahmen der in der Kirchenge-

---

[47] Ispovedanie very Christian-Baptistov S. 64–67, hier S. 67.
[48] V.G. Pavlov, Pravda o baptistach – in: Baptist 46/1911 S. 362. Pavlov bemerkt weiter: »Unsere ganze Glaubenslehre ist in 15 Teilen im sogenannten Hamburger Glaubensbekenntnis, das durch die deutschen Baptisten angenommen worden ist, dargelegt.«

schichte bekannten Positionen gegen die unter Konstantin anhebende Verbindung von Imperium und Sacerdotium. Der Ton seiner Ausführungen ist gegen die Vormundschaft des Staates gerichtet. In Auseinandersetzung mit der politisch-religiösen Umwelt schließt Pavlov an: »»Es ist ungerecht, von den Untertanen eines Staates Mittel für die Durchführung des Kultus zu fordern, dem sie nicht angehören, und allgemeine Aufkommen nur denen zukommen zu lassen, welche die Staatsreligion bekennen.«[49]

Die später verfaßte Glaubenslehre der Evangeliumschristen hatte Prochanov als bestimmenden Autor. Sie war auf dem II. Kongreß des Bundes 1910 vorgelegt worden und hatte einstimmige Billigung gefunden.[50] Im Grundsätzlichen wie die Glaubenslehre der Baptisten, entfaltete sie gleich zu Anfang ihres XVI. Artikels deutlicher eine Theologie der Beziehung von Kirche und Staat, als es die nur kurzen Aussagen der baptistischen Glaubenslehre getan hatten. »Wir glauben, daß die Kirche Christi im Gegensatz zum Staat nicht ein Reich von dieser Welt ist (Joh. 18,36). Das Leben der Kirche und das Leben des Staats sind von vollständig unterschiedlicher Art (soveršenno raznorodnie) (1. Kor. 2,6–7). Nach ihrem ureigenen Wesen kann die Kirche, die Christus als ihr Haupt anerkennt, sich nicht unter die Herrschaft einer weltlichen Macht begeben; mehr noch, sie kann auch selbst keine weltliche Macht haben und kann nicht nach deren Geist und deren Methoden (i ee primani) wirken (Luk. 12,13–14; Matth. 20,20–28). Desshalb müssen Kirche und Staat unabhängig voneinander sein (Matth. 22,21). In den Fragen aber, in denen Kirche und Staat einander berühren – in den Angelegenheiten der Volksaufklärung (Schulen, Ehe- und Geburtsregister und dergl.) – sind sowohl die einzelnen Glieder der Kirche wie die Gemeinden selbst ganz und gar den staatlichen Gesetzen unterworfen, die nicht dem Worte Gottes widersprechen. »Wir glauben, daß es keine Macht gibt, die nicht von Gott ist, bestehende Mächte sind von Gott eingesetzt. Deshalb widerstreitet der, der sich der Macht widersetzt, einer göttlichen Einrichtung, die der Macht Widerstreitenden ziehen sich selbst das Gericht zu.« Es folgen Zitate von Röm. 1,1–4 und 5–7. Dann heißt es weiter: »Wir halten es für eine heilige Pflicht, Gebete zu verrichten, Fürbitte, Bitte und Dank für alle Menschen, für alle Mächte und für alle Regierenden zu tun.« Dies ist unter nachfolgender wörtlicher Be-

[49] ebenda S. 362.
[50] Vgl. I.St. Prochanov, Cauldron S. 167.

zugnahme auf 1. Tim. 2,1–4 gesagt. »Wir halten es auch für unsere weitere Pflicht, die Wahrheit vor Völkern und Königen zu bezeugen (Luk. 13,32; Acta Ap. 9,15; Matth. 14,1–4) und durch das Mittel des Beispiels der Liebe und des Gebets alles Böse im staatlichen oder gesellschaftlichen Leben zu verringern.«[51] Schon auf dem Kongreß ist diese Aussage als eine konkret politische verstanden worden: »Die Frage, ob die Evangeliumschristen auch am politisch-gesellschaftlichen Leben teilnehmen sollen, wurde nach sehr eingehenden Debatten dahin entschieden, daß die Christen dazu berufen seien, Gutes zu tun und das Böse im Leben zu vermindern.« Wenn sie auch im öffentlichen Leben diesem Ziele zusteuern werden, so sei selbstverständlich ihre Teilnahme an demselben wünschenswert.[52]

Mit dieser Entscheidung des Kongresses hatte sich wieder einmal mehr bestätigt, daß Kirchen und religiöse Gemeinschaften Gebilde von politischer Bedeutung sind, Elemente gesellschaftlicher Vorgänge und Entwicklungen. Dies trifft auch dann zu, wenn ihre Lehren den Abstand von der Welt betonen und das einzelne Glied sich bewußt von politischen Aktivitäten fernhalten mag. Das von ihnen geäußerte unpolitische Wort kann zum politischen Wort werden. Die Beziehung der maßgebenden Kreise im Staat zu den protestantischen Gruppierungen im Lande weist auf diese Zusammenhänge hin. Die zunächst unpolitisch sich verstehenden protestantischen Gruppierungen wurden, nicht zuletzt auch durch die Vorwürfe aus dem staatlichen Bereich, daß sich in ihnen nicht eigentlich Religiöses, sondern Politisches manifestiere, zu politischen Größen.

Im Selbstverständnis der verschiedenen Gruppen hat es unterschiedliche Auffassungen gegeben. Als der II. Bundeskongreß der Evangeliumschristen seinen Beschluß faßte, waren im Süden des Landes auch schon Kreise in einer Diskussion über einen politischen Einsatz der Evangelischen begriffen. 1913 bildete sich mit dem Sitz in Sevastopol ein »Bund der Freiheit, Wahrheit und Friedensliebe«. Die Leitung hatte der mennonitische, mit manchen baptistischen Gemeinden verbundene Prediger P. M. Friesen. Die Gruppe war am Rande der Großgruppierung der konstitutionellen Demokraten beheimatet. Die Petersburger Beschlüsse und die Gründung der politischen Gruppierung im Süden des Landes zeigen eine Entwicklung auf, sie charakterisieren jedoch nicht das Gesamtverständnis, zumal

[51] Prochanov, Izloženie evangel'skoj very S. 26–27.
[52] Zitiert aus »Der Botschafter« Berdjansk Nr. 13 vom 11/24. Februar 1911 S. 3.

in den baptistischen Gemeinden. Hier war das exklusive Verständnis der Trennung von Gemeinde und staatlicher und politischer Umwelt sehr viel stärker betont; man sah es für unmöglich an, daß der einzelne Baptist sich in politischen Fragen und Handlungen engagiere. Diese Unterschiede im evangelischen Lager sind noch in der Zeit der Sovetunion als Elemente eines ganz anderen Glaubensverständnisses gesehen worden, die Polemik ist noch in die Betonung der Unterscheidungslehren zwischen Baptisten und Evangeliumschristen eingeflossen.[53]

Es ist schwer zu sagen, für welche Parteien die Angehörigen der evangelischen Gruppen zwischen 1905 und 1917 votiert haben. Der Wille, ihrem Glauben gemäß frei leben zu können, ließ sie nicht bei den ausgesprochenen Rechtsparteien, bei denen zahlreiche orthodoxe Geistliche hervortraten, eine politische Heimat suchen. Evangelische aus bürgerlichem Herkommen sahen ihre Anliegen stärker bei den konstitutionellen Demokraten gewährleistet, deren Gruppierungen zur 4. Duma bei den Wahlen 1912 unter der Bezeichnung der »Partei der Volks-Freiheit« (narodnaja svoboda) antraten. Evangelische bäuerliche Duma-Abgeordnete gab es sowohl bei der Gruppe der Oktjabristen wie auch bei den Progressisten. Prochanov wird in sovetischen Urteilen gewöhnlich als konstitutioneller Demokrat eingeordnet. Er hatte zu verschiedenen Zeiten mit deren Vorsitzendem, Pavel Miljukov, Kontakte gehabt, so bei seinem Aufenthalt in den USA vor 1905, als sich Miljukov dort noch aufhielt. Im engeren baptistischen Lager werden politische Differenzierungen betont. Den Baptisten, die wie Dej Mazaev der politischen Rechten zugeordnet werden, werden andere mehr liberalen Charakters wie Vasilij Pavlov gegenüber gestellt. Das politische Bewußtsein der Evangelischen war nach 1905 infolge der unwürdigen Behandlung, die die 1. bis 3. Duma erfahren hatte, kritischer gegenüber der Staatsmacht geworden. Unter zunehmend vernehmlicher geäußerten Vorbehalten gegen die unbekümmert agierenden Verwaltungs- und Regierungsorgane war eine Hinwendung nach links eingetreten.[54] In den Wahlen des Jahres 1917 haben Evangelische in einem weiten Spektrum von den konstitutionellen Demokraten über die Sozialrevolutionäre bis hin zu den Bolševiki gewählt.

---

[53] Vgl. hier S. 75, 198ff.
[54] Vgl. Christlicher Familien-Kalender für 1914 S. 137 über die stärker oppositionelle Wendung.

Die Äußerungen im »Christlichen Familienkalender« für 1914 kennzeichnen die politischen Akzente am Vorabend des Weltkriegs. Der Kalender, herausgegeben von der »Raduga«, enthält eine Skizze der Vorgänge für das Berichtsjahr bis Ende August 1913. Danach hatten das Ministerium des Innern und der Heilige Synod »durch Zirkulare an die Gouverneure und durch Beeinflussung der Geistlichkeit auf den Gang der Wahlen« einzuwirken versucht. »Diese Wahlmache blieb ja nun nicht ohne Erfolg, die Wahlen wären wohl in manchen Gouvernements liberaler ausgefallen. Und doch wurden die Rechten arg enttäuscht, als später festgestellt werden mußte, daß die Zugehörigkeit einer bedeutenden Anzahl Abgeordneter durch die Gouvernementsverwaltungen nicht richtig angegeben worden war.« Der Kalender enthält eine Werbeanzeige für die »Utrennjaja zvezda« des Inhalts, daß das »Blatt vom Standpunkt der evangelischen Christen ausgehend, die verschiedenen Fragen des neuen progressiv-religiösen Rußland« behandelt.[55]

Prochanovs politische Überzeugung, die 1917 Gestalt annahm, als auch Pavlov und seine baptistischen Freunde von der Propagierung eines christlichen Sozialismus sprachen, hatte frühzeitig ihre Grundlegung erfahren. Als er in der Zeit seines mehrjährigen Auslandsaufenthalts auf der Jubiläumskonferenz der Evangelischen Allianz in London 1896 das Wort ergriffen hatte, war dies zu dem Thema »Die Evangelische Allianz und die religiöse Freiheit.« Dieses Thema ließ die großen politischen Aktivitäten der Evangelischen Allianz während ihres Bestehens anklingen, es war ein politisches Thema. Prochanovs Aussagen zur russischen Staatlichkeit sind ein deutliches Politikum. »Für einen Stundisten oder Armenier[56] ist das Sprechen über religiöse Freiheit jetzt dasselbe, was es für einen hungrigen Menschen bedeutet, über schmackhafte Gänge bei einer Mahlzeit zu reden, ohne sie zu haben. Der Kampf, der heilige Krieg in Rußland ist nun auf seinem Höhepunkt. Auf der einen Seite die Armee, Gefängnisse, Verurteilungen, oder, um es allgemein zu sagen, nackte physische Gewalt, auf der anderen Seite sind Glaube, Hoffnung und Liebe, dazu das Gebet.« Waren auch die Bemühungen der Evangelischen Allianz für die religiöse Freiheit in Rußland ergebnislos geblieben, wie Prochanov nun im folgenden ausführte, so »sind sie doch bekannt geworden und haben den evangelischen Christen in Rußland, ›die ge-

[55] Christlicher Familien-Kalender – 1914 S. 208.
[56] Prochanov nahm hier auf die derzeitigen Verfolgungen der Armenier in der Türkei Bezug.

achtet sind wie die Schlachtschafe‹, Kraft und Mut geweckt.« Die Hoffnung auf Toleranz, die beim Regierungsantritt Nikolajs II. vorhanden gewesen war, hatte sich nicht erfüllt: »Das ist sehr bitter, aber die russischen Christen meinen, daß durch den Willen Gottes der heilige Krieg in Rußland noch andauern wird, und daß seine Kämpfer (soldiers) in Rußland neuen Ruhm und neue Kronen eines geistlichen Sieges erhalten werden.« Die Frage Christi an den Verfolger Saulus führt Prochanov zu der Aussage: »Von daher erscheint es also so, daß die russische Regierung nicht nur einfache Bauern, die Stundisten genannt werden, verfolgt, sondern Christus, den Heiland selbst, dem diese nachfolgen.« Prochanov schließt: »Betet für Rußland! Betet für die, die Verfolgung erleiden. Betet für die Kinder Gottes und besonders für Herrn Pobedonoscev, der alle die Verfolgungen in Rußland inspiriert. Betet für die Verfolgten.«[57]

Eine weitere Äußerung Prochanovs über das Verhältnis der Evangelischen zum Staat gegenüber einer internationalen Öffentlichkeit war sein dem baptistischen Weltkongreß in Philadelphia 1911 übersandter Bericht »Revival in Russia«. In ihm heißt es u.a., daß die beiden Ukaze Nikolajs II., der eine vom 17. 5. 1905, der das Recht der Trennung von der orthodoxen Kirche freigab, der andere vom 17. 10. 1906, der das Recht für Nonkonformisten bestimmte, Gemeinden und Vereinigungen zu bilden, die Erweckung in zwei Perioden eingeteilt hätten. Der Periode der Verfolgung folgte die der Toleranz. Prochanov betrachtete in seinem Referat diese zweite Periode als noch im Fluß befindlich. Eine Reihe neuer Möglichkeiten für die evangelischen Gemeinden charakterisiere den bisherigen positiven Verlauf seit den Jahren 1905/1906. Er fährt fort: »Gegenwärtig können wir uns alle in Rußland frei bewegen und öffentlich unseren Glauben bekennen, die Menschen (mit sehr wenigen Ausnahmen) werden nicht wegen ihrer Trennung von der etablierten Kirche verfolgt.« Es heißt weiter: »Natürlich können wir nicht sagen, daß unsere religiöse Freiheit vollkommen ist. Wir haben noch sehr viel auf dem Wege zur Vervollkommnung zu erwarten.«[58] Es handelt sich um eine positive Veränderungen anerkennende, aber doch kritisch offene Stellungnahme zu der Weise, wie sich die neue Periode bis zum Berichtsjahr angelassen hatte. Noch war man auf dem Weg zu erwünschten Zu-

---

[57] Address by Mr. Ivan Prokhanoff – in Arnold, Jubilee of the Evangelical Alliance 1896, London 1896 S. 44–47.
[58] The Baptist World Congress 19. – 25. 6. 1911, Record of Proceedings S. 439–441, hier S. 439.

ständen. Dies war vor der baptistischen Weltöffentlichkeit freundlich ausgesprochen. Tatsächlich zeichnete sich, für alle in Rußland deutlich, bereits um die Zeit des Weltkongresses eine kräftige Reaktion hin zu den Zuständen vor 1905 ab. Im gleichen Jahr äußerte sich Pavlov: »Von der vollen religiösen Freiheit sind wir noch weit entfernt. Die alten Gesetze über den Abfall (sobrašćenie) sind noch nicht alle aufgehoben.«[59] Wenig später hieß es im bereits genannten »Christlichen Familien-Kalender« im Rückblick auf die Zeit von Ende August 1912 bis Ende August 1913: »Die Maßnahmen gegen die evangelischen Russen sind auch in diesem Jahre wieder verschärft worden. In Odessa wurden drei Prediger zu je einem Monat Gefängnis verurteilt, in Peski, Gouv. Woronesh, einer längere Zeit unter Haft gestellt, bis die Untersuchung seine Unschuld erwies. An vielen Orten wurden Bethäuser geschlossen und das Abhalten von Versammlungen auf verschiedene Weise erschwert oder verhindert. Die orthodoxe Kirche kann ja nicht gut anders, als den Abfall von ihrer Kirche als eine Verirrung ansehen, aber der Staat sollte doch den Grundsatz verwirklichen, daß in Gewissensangelegenheiten nicht die Polizeigewalt eingreifen dürfte.«[60]

Das Bestreben, den Staat von der falschen Verbindung mit der Staatskirche zu befreien, bestimmte wie die deutschsprachigen Mennoniten auch die russischen und ukrainischen evangelischen Gruppen. Im Ziel war man sich einig, unterschiedliche Beurteilungen über den einzuschlagenden Weg blieben bestehen, in der Kritik war man weitgehend einer Meinung. Im »Baptist« erschien 1911 unter der Verfasserangabe »Timo«[61] eine Gegenüberstellung von Gesetz und Gesetzesplanung und deren Verwirklichung. Dabei wurden die Gesetzgebung von 1906 und die erneut anhebenden Prozesse erörtert. Am Ende stand die besorgte Frage: »Wohin gehen wir?«[62] Die Versagung der Erlaubnis zur Abhaltung von Bundeskongressen auf Reichsebene war eine deutliche Antwort darauf.[63]

[59] Baptist 46/1911 S. 361.
[60] Christlicher Familien-Kalender – 1914 S. 139. Es heißt hier weiter: »Diesen Gedanken, daß die Wahrheit Gottes nur durch Belehrung, gutes Beispiel und Gottes Gnade ausgebreitet und geschützt werden kann, aber nicht durch Gewalt, hat der höchste Würdenträger der russischen Kirche, Metropolit Antonij von Petersburg, schon vor bald neun Jahren ausgesprochen.«
[61] Wahrscheinlich die Abkürzung von Michail D. Timošenko, zu dieser Zeit Mitarbeiter Pavlovs in Odessa.
[62] Baptist 44/1911 S. 347.
[63] Der letzte Kongreß des Baptistenbundes hatte vom 8. bis 18. Oktober 1911 in Moskau stattgefunden.

Das Jahr 1917 wurde für die bisher Unterdrückten zum Jahr der Freiheit nach den vielen Erschwerungen der Arbeit, die man trotz allem hatte weiterführen können. Die Bünde schritten mit kräftigem Selbstbewußtsein in die Lebensbedingungen, die sich nach der Februarrevolution zu eröffnen schienen. Die Grußadresse an den Ministerpräsidenten der Vorläufigen Regierung, Fürst Evgenij Lvov, die der IV. Kongreß der Evangeliumschristen im Mai an diesen richtete, sprach die Erwartung auf bessere Zeiten aus. Sie ist durch die politischen Fragen der Zeit geprägt. So wie schon Jahre zuvor die konstitutionellen Demokraten sich als Gruppe der Volksfreiheit bezeichnet hatten, wie andere Gruppen schon Jahrzehnte vorher und erneut in diesem Jahr Wortverbindungen mit »Volk« geschaffen hatten, taten dies auch die Evangeliumschristen. Die »Vertreter der Volks- (narodnych) Gemeinden« der Evangeliumschristen waren zum Kongreß zusammengetreten, um sich um die »Reform des russischen Lebens auf der Grundlage des Evangeliums« zu bemühen. »Der Kongreß bittet Gott, der Vorläufigen Regierung und den Volks-Organisationen für die Durchführung eines Neubaus Kraft und Weisheit . . . zu senden.«[64] Die Begriffsverbindungen mit »narod«, »narodnoe«, – »narodnye obščiny Evangel'skich Christian« – stießen in der Auseinandersetzung mit den Baptisten in den zwanziger Jahren auf deren Widerspruch.[65] Für die innere Ausrichtung des Kongresses waren aber weniger die sprachlichen Stilelemente der Zeit von Belang als vielmehr die Betonung des Rechts, das Eintreten des Bundes für ein erneuertes Zusammenleben der Kirchen und des Staats. Eines der Hauptreferate auf dem Kongreß, von Prochanov gehalten, behandelte »Die Rechtslage der Evangeliumschristen«.[66] Aus der im Protokoll gekürzten Wiedergabe geht hervor, daß von seiten der Bundesleitung die Regierungsverordnungen vom 12. 4. 1917, die ein vorläufiges neues Recht für die religiösen Gemeinden, Bünde und Kirchen geschaffen hatten, positiv aufgenommen worden waren. Die weiteren Erörterungen auf dem Kongreß führten zur Erstellung eines Gesetzentwurfs über den Glaubenswechsel.[67]

---

[64] Vgl. hier S. 185. Die positive Wertung der Möglichkeiten des Bundes in der Kriegszeit ist noch von Prochanov in einem Brief an Werner 6. 6. 1930 aus Berlin ausgesprochen. Unter Hinweis auf jene Zeit glaubte er auch in der schwierigen Lage um 1930 mit den Erschwerungen fertig zu werden.

[65] Otčët IV. Kongreß S. 20/21. – An anderer Stelle S. 90 ist auch von »freien« religiösen Volks-Gemeinden die Rede.

[66] ebenda S. 80ff.

[67] ebenda S. 85ff.

Entgegen der von Prochanov geprägten Formel, daß nur das Evangelium, keine Politik getrieben werden solle, aber doch entsprechend seinen vom Evangelium bestimmten sozialen und politischen Intentionen kam es zu zweifachem politischen Handeln zwischen der Februar- und der Oktoberrevolution. In einem Falle handelte es sich um die Gründung einer Partei durch Prochanov, im anderen Falle um seine Teilnahme an der sogenannten Moskauer Staatskonferenz, der »gosudarstvennoe soveščanie«, die zum 18. August 1917 von Kerenskij einberufen worden war. Prochanov bagatellisiert seine Aktivitäten, wenn er sich äußert, daß er bei zwei Gelegenheiten an politischen Geschehnissen teilhatte, »aber ausschließlich im Interesse der evangelischen Sache«.[68] Die Gründung der »Christlich-demokratischen Partei ›Auferstehung‹« durch einen Kreis von 22 Personen erfolgte am 17. März 1917. Prochanov war als Vorsitzender assistiert von einem Präsidium mit einem Stellvertreter, einem Kassierer, einem Sekretär, dem Gehilfen des Sekretärs und fünf weiteren Mitgliedern. Anders als die im gleichen Zeitraum erhobenen Forderungen eines wünschenswerten christlichen Sozialismus durch den Kreis um Pavel V. Pavlov waren die Forderungen der neuen Partei konkret und sprachen auch Einzelheiten an.[69] Dazu gehörten die Forderung einer sozialen, demokratischen Gesetzgebung auf der Grundlage umfassender Gerechtigkeit gegenüber den arbeitenden Klassen, die Enteignung von Apanagen-, Majorats- und klösterlichen Ländereien zugunsten des Volks gegen eine Entschädigung, die durch die zu schaffenden gesetzgebenden Einrichtungen festzusetzen seien. Zu den Programmpunkten der Partei gehörte ebenso die Legalisierung des Streikrechts und das Eintreten für den Achtstundentag. Andere Programmpunkte galten dem Völkerfrieden; er sollte am Ende der siegreich abzuschließenden Kriegsanstrengungen zusammen mit der Entente stehen. Auch ein Völkerbund mit gewisser gesetzgebender Vollmacht war vorgesehen.[70]

Das Programm entsprach dem der progressiven bürgerlichen Kräfte nach der Februarrevolution. In der Bezeichnung der neuen Partei »Voskresenie« ist die Verbindung religiöser Momente mit politischer Neuerung enthalten. In der russischen Theologie- und Geistesgeschichte von ihren Anfängen an ist die Auferstehung ein be-

---

[68] Prochanov, Cauldron S. 172.
[69] Nach Klibanovs Ansicht, Istorija S. 280.
[70] Utrennjaja zvezda 1/1917 S. 7ff. nach Angaben bei Klibanov, Istorija S. 280.

deutsamer Begriff gewesen. Mit ihm verbanden sich nicht nur Vorstellungen des Lebens für den einzelnen, einer religiösen Erneuerung, sondern immer auch die das ganze geistige und politische Leben erfassende Neugestaltung des Menschen, des Volkes wie des ganzen Landes.

Prochanov trug dem IV. Bundeskongreß die Absichten vor, die ihn zur Gründung der Partei bewogen hatten. Dabei stellte er seine Ausführungen unter dem Gesichtspunkt der Verteidigung der Rechte der religiösen Minderheiten »zusammen mit allen Bürgern des Landes«. Nach Prochanovs Bericht faßte der Kongreß die Resolution, daß er es nicht für wünschenswert halte, daß die Gemeinden sich von der Politik hinreißen ließen. Andererseits aber begrüßte die Resolution die Bildung einer christlich-demokratischen Partei, »als Ausdruck besonderen Bemühens einiger Glieder des Bundes, die den gesamten Aufbau des staatlichen Lebens, das Zusammenleben der Völker in Übereinstimmung mit den höchsten christlichen Idealen als ihr Ziel verwirklichen wollen ... Die Mitarbeit in der Partei ist eine persönliche Gewissensangelegenheit eines jeden einzelnen bei der Wahrnehmung staatsbürgerlicher Pflichten.«[71]

Wenngleich der Bundeskongreß der Evangeliumschristen sich insgesamt nicht mit der Parteigründung identifizieren mochte – dies wohl mit Billigung Prochanovs –, so war doch sein Wunsch und der der anderen, die bei der Parteigründung mitgewirkt hatten, als legitimes Anliegen respektiert worden; die Entscheidung ließ den Bund wie auch den Gründern der Partei die Freiheit, sich gegebenenfalls später anders abstimmen zu können. Die Partei hatte keine Erfolge aufzuweisen, als sie im Petersburger Gebiet zu den Wahlen antrat. Aus späterer Sicht hat Prochanov das Wirken der Partei als einen beachtlichen Erfolg angesichts der politischen Konstellation gewertet. »In vielen Kreisen hatte unser Programm einen sehr starken Eindruck als ein außergewöhnliches und neues hervorgerufen ... Wir wußten, daß unser Kandidat (als einer von vier Delegierten, die der Petersburger Distrikt für die Nationalversammlung zu wählen hatte) nicht die Chance hatte, gewählt zu werden, aber wir taten dies doch mit dem Ziel, unser Programm und unsere Wünsche bekannt zu machen.«[72] Prochanov vermerkte noch, daß die Zahl derer, die die kleine Partei gewählt hatten, größer war als die Gruppe »Edinstvo« unter

[71] Otčёt IV. Kongreß S. 91.
[72] Prochanov, Cauldron S. 173.

Leitung von G. V. Plechanov, einem der Väter des russischen Marxismus.[73]

Prochanov hat über die Geschehnisse im Zusammenhang mit der kurzlebigen Partei – in der Fernostrepublik ist es zu einem Parallelversuch unter den Evangeliumschristen gekommen – in seiner Biographie nur weniges berichtet. Aber allein die Tatsache, daß er mit einem spürbaren Stolz von jenem politischen Versuch schrieb, ist ein Hinweis darauf, daß er sich auch nach Jahren hier noch engagiert gewußt hat. Die Teilnahme an der Moskauer Staatskonferenz ist das zweite von Prochanov genannte Beispiel politischer Interessennahme. Auf der vom 12. bis 14. August 1917 durchgeführten Moskauer Staatsversammlung war Prochanov neben zahlreichen anderen Vertretern aus Parteien, gewerkschaftlichen Verbänden, Selbstverwaltungsorganen und religiösen Gruppen als offizieller Teilnehmer geladen. Von den Parteien fehlten die Bolševiki, von den religiösen Gruppen – Altgäubige waren unter anderen anwesend – fehlten die Baptisten. Prochanovs nur kurze Ausführungen auf der Konferenz sind in zweifacher Weise aufschlußreich, zum einen für die später so heftigen Erörterungen zwischen der Sovetmacht und Baptisten und Evangeliumschristen[74], zum anderen für das Verständnis kirchlich-staatlicher Beziehungen, religiöser und gesellschaftlicher Intentionen. Er stellte dar, daß es in Rußland zwei miteinander unverbundene Freiheitsbewegungen gegeben habe. Die eine Bewegung war die der politischen Kräfte gewesen, die auf die Umwälzung im staatlichen Bereich hindrängten, die andere Freiheitsbewegung war die der evangelischen Gruppen insgesamt. »Die Aktiven in der ersten Freiheitsbewegung waren aktiv im Bereich der Politik und passiv im Bereich der Religion. Die Wirkenden in der zweiten Bewegung andererseits

---

[73] Von den über 942 000 in Petrograd abgegebenen Stimmen waren auf die Gruppe Plechanovs, die ihren eigenen, von den Menševiki getrennten Weg gegangen war, ganze 1823 Stimmen entfallen. Demgegenüber hatten »andere religiöse Wählergruppen« 3797 Stimmen erhalten – dies bei einem Stimmenanteil von 424 027 für die Bolševiki. Dem amerikanischen Publikum, dem Prochanov die Überlegenheit seiner Gruppe über die Plechanovs mitgeteilt hatte, standen kaum Hilfsmittel zur Verfügung, Prochanovs Angaben in ihren Relationen zu erfassen. Es ist anzunehmen, daß Prochanov den Vergleich mit Plechanovs »Edinstvo« gezogen hat, weil dieser, weit über den Kreis seiner wenigen noch verbliebenen Anhänger hinaus, als einer der Väter der Revolution einen bedeutenden Ruf hatte. Vgl. Cauldron S. 172/173. – Die obigen Zahlen, aus denen nicht ersichtlich ist, in welchem Maße sie auf die »Voskresenie« entfallen, sind nach den Angaben bei Oliver Henry Radkay, The Election to the Russian Constituent Assembly of 1917 S. 34 im Rahmen der dort gebotenen Petrograder Gesamttabelle gegeben.

[74] Vgl. hier S. 390ff.

345

waren passiv im Bereich der Politik und aktiv im Bereich der Religion.«[75]

Prochanov entwickelte daraus dann sein Anliegen, daß die beiden Bewegungen zusammenfließen möchten. Die von allen Seiten erwünschte Erneuerung Rußlands sei nicht möglich ohne eine Reformation, eine Erneuerung aus religiösen Kräften. »Die Reformation im religiösen Leben unseres Volkes herbeizuführen, eine Reformation nicht durch das Aufsetzen neuer Flicken auf ein altes Gewand, sondern im Sinne einer geistigen Wiedergeburt des Volkes in einer wurzelhaften Umwandlung der Kirche auf den Grundlagen des Evangeliums und nach dem Vorbild der ersten Jahrhunderte« – war das von Prochanov aufgewiesene Ziel. Seine weiteren Äußerungen bewiesen, daß er Stellung auf der Seite der Provisorischen Regierung bezogen hatte. Diese Feststellung ist von Leo Trockij gemacht worden, der die Unterschiede zwischen Evangelischen und den orthodoxen Hierarchen charakterisiert hat.[76]

Die nur kurze politische Wirksamkeit Prochanovs und eines Kreises innerhalb der Evangeliumschristen, nicht aller Evangeliumschristen, hat neben Zustimmung auch kritische Anteilnahme und Ablehnung erfahren. Es gab im Jahre 1917 wie auch in den Jahren des Bürgerkriegs niemanden, dessen Existenz nicht politisch bestimmt gewesen wäre, auch wenn einer parteipolitisch ungebunden war. Aber die politische Existenz ging zugleich mit Sorgen, Verdrossenheit an den Erscheinungen des politischen Lebens, einem ideologischen Fanatismus hüben wie drüben einher, so daß auch die unpolitische Existenz erneut betont wurde. In baptistischen Kreisen, in denen man stärker die Trennung als die Zusammengehörigkeit politischer und religiöser Existenz zu betonen pflegte, wurden im Zusammenhang mit den politischen Äußerungen Prochanovs im Revolutionsjahr und auch später sehr kritische Stimmen gegen ihn laut.

Dazu gehören die Äußerungen des baptistischen Presbyters Pejsti aus dem östlichen Sibirien. Auch seine Stimme ist nur eine von vielen im Chor der Baptisten, wenngleich er für alle Baptisten zu sprechen behauptete. Seine Aussagen reichen bis in die frühen zwanziger Jahre: »Einer der Gründe, die uns von den Evangeliumschristen schei-

[75] Gosudarstvennoe soveščanie S. 70–73, hier S. 71/72.
[76] Leo Trockij, Geschichte der russischen Revolution, Ausgabe Berlin 1960 S. 412 über die Moskauer Staatskonferenz: »Wenn die Hierarchen der rechtgläubigen Kirchenversammlung Kornilow unterstützten, dann stellten sich die Vertreter der evangelischen Christen auf Seiten der Provisorischen Regierung.«

den, ist deren aggressive Teilnahme an der Politik. So hat z.B. ihr Führer I. St. Prochanov im Jahre 1917 eine christlich-demokratische Partei organisiert, die den Paragraphen ›Demokratisierung des Staates und Herstellung einer demokratischen Republik‹ als die weitaus vollkommenste Regierungsform ›forderte‹.«[77] Pejsti nennt als weiteres Beispiel für die »politische Färbung dieser Organisation« das letzte Auftreten der Evangeliumschristen im Fernen Osten. Dort hatten sie ebenfalls den Versuch unternommen, Mitglieder in die konstituierende Versammlung, »in die aber keiner von ihnen kam«, zu entsenden. »Die wahre, freie christliche Kirche kann unter jeder Verfassung leben und darum enthält die Bibel nicht die geringsten Hinweise dafür, daß man für irgendeine politische Partei Propaganda treiben solle. Daher müssen wir in diesem Falle, ob wir wollen oder nicht, uns klar von den Evangeliumschristen abgrenzen. Ich wiederhole noch einmal: Wir stehen außerhalb jeder Politik.«[78]

Pejsti umschreibt die Grundlagen seines Verständnisses: »Wir erkennen als Leitmotiv das an, woran Christus selbst sich gehalten hat, als man ihn aufforderte, Steuern zu zahlen. Er sagte: ›damit wir sie nicht ärgern‹ und befahl dem Petrus, das Geld für sich und den Petrus zu zahlen. Aber wir sehen nie und nirgends weiter bei Christus noch bei den Aposteln, daß sie sich irgendwie aktiv am politischen Leben des Landes beteiligten, deshalb, weil das Regierungssystem der Welt sich niemals mit der Lehre Christi deckt . . . Darum können wir als kirchliche Organisation keine politische Partei bilden oder von uns aus Leute in irgendwelche Regierungsinstitutionen eingeordnet werden. Andererseits wünschen wir absolut nicht die Anschauungen unserer Mitglieder zu vergewaltigen oder ihnen zu verbieten, mit der oder jener politischen Gruppe zu sympathisieren. Aber für die Folgen ihrer Sympathie darf die Gemeinde oder der Bund der Gemeinden nicht verantwortlich sein. Darum wird man schwerlich bei uns in Rußland unter den Baptisten Personen finden, die sich den politischen Parteien angeschlossen haben.«[79]

Der Bogen evangelischer Auffassungen zum Verhältnis von Kirche

---

[77] Manuskript Jack/Pejsti S. 3. – SM.
[78] ebenda S. 3.
[79] ebenda S. 3. Es heißt hier noch weiter: »Wir als eine christliche Organisation schmeicheln niemals noch decken wir die Sünden und üblen Handlungen der oder jener Regierung, sei es nun eine Monarchie oder eine Räteregierung oder eine Republik.« Damit war das Recht der Kritik an politisch staatlichen Ordnungen ausgesprochen.

und Staat, zum Verhältnis des einzelnen Christen zur politischen Verantwortung spannt sich in den Jahren um die Revolution von diesem Programm politischer Abstinenz, wie es in Pejstis Worten deutlich wird, bis hin zum politischen Engagement Prochanovs und seiner Freunde. Die verschiedenen Auffassungen zogen sich aber durch die Bünde hindurch.[80] Die Zeit nach der Oktoberrevolution konnte wegen der ständig wechselnden, in kurzen Abständen aufeinander folgenden Konstellationen nicht zu einer notwendigen Abklärung der Positionen führen. Die evangelischen Bünde schritten im letzten unvorbereitet in die auf sie zukommenden Auseinandersetzungen hinein.

[80] Das von V.G. Pavlov herausgegebene »Slovo istiny« hatte im August-Leitartikel 1917 gegen den deutschen Vormarsch Stellung bezogen und war für die amtierende Provisorische Regierung eingetreten. – Angabe nach A. Blane S. 150/151.

2. Kirche und Staat unter der Sovetmacht im Spiegel der Äußerungen Prochanovs

Die marxistische-leninistische Beurteilung der evangelischen Bünde ist in das Schema der Religionskritik, im einzelnen in die Gesamtbeurteilung des Sektantstvo, eingeordnet. Danach werden im Sektentum früherer Zeiten Erscheinungen des Klassenkampfes in der feudalistischen und frühkapitalistischen Gesellschaft sichtbar. Insofern war das Sektentum eine Erscheinung politischen und sozialen Protestes unter religiösem Vorzeichen. Dieser Protest wandelte sich in seinen Erscheinungsformen. Bereits im 18. Jahrhundert bediente sich der Protest in der städtisch-bürgerlichen Gesellschaft anderer Formen, während der Protest der bäuerlichen Bevölkerung noch länger, bis ins 19. Jahrhundert hinein, unter religiösen Formen auftrat. In den dreißiger bis vierziger Jahren des 19. Jahrhunderts begannen sich jedoch auch die bäuerlichen Massen in ihrem sozialen Kampf aus der religiösen Vermummung zu lösen. Dies bedeutete den Anfang vom Ende einer selbständigen sozialrevolutionären Rolle des Sektantstvo.

Diese neuerliche Entwicklung wurde eindeutig in der Revolution von 1905 sichtbar.[1] Der Sektantstvo wurde dabei immer stärker zu einem Element im Kampf der reaktionären Kräfte gegen die revolutionäre Bewegung. Die Einstellung der hauptsächlichen Gruppen im Sektantstvo, auch im protestantischen Sektantstvo, zu den revolutionären Erhebungen dokumentiert zunehmend diese Veränderungen. Der reaktionäre Charakter auch des protestantischen Sektantstvo wurde in der Einstellung seiner Leitenden zum imperialistischen Krieg, in ihrem Kampf auf der Seite unzulänglichen Reformertums gegen die Erhebung des revolutionären Proletariats zwischen der Februar- und Oktoberrevolution völlig offenkundig.[2]

---

[1] V.I. Lenin, Soč. t. 35 S. 93: »Es gab eine Zeit in der Geschichte, als der Kampf für die Demokratie und das Proletariat in der Form des Kampfes einer religiösen Idee gegen eine andere sich vollzog . . . Aber diese Zeit ist lange vergangen.«

[2] Wogau, W., Dück, N., Das Sektantentum – stellen in ihrer Arbeit, die zur Unterrichtung der atheistischen Zirkel dient, den Weg der Sekten dar: Sie spielten zuerst eine revolutionäre Rolle, später waren sie gewöhnliche Reformisten und schritten endlich in eine konterrevolutionäre und reaktionäre Stellung hinein – S. 8.
Dementsprechend erfaßt die Sektenbewegung der Neuzeit immer nur kleinbürgerliche Elemente und Angehörige der Bauernschaft, das Proletariat nimmt nach dieser Theorie an den Sekten keinen Anteil mehr – S. 16. Gegen diese Sicht stehen bei anderen Verfassern jedoch aus der Erfahrung gewonnene Angaben, die in einzelnen Gemeinden und Gebieten einen starken Anteil der Dorfarmut in den Gemeinden erkennen lassen wie auch von Arbeitern in den Städten.

In häufiger Wiederholung werden als Beispiele dafür die geringen Zahlen von Wehrdienstverweigerern im Ersten Weltkrieg genannt, verglichen mit der erheblich gewachsenen Zahl der um Befreiung von der Militärdienstpflicht in der Roten Armee nachsuchenden Evangeliumschristen und Baptisten. Als herausgehobene Einzelbeispiele dieser Haltung werden Prochanovs Auftreten auf der Moskauer Staatskonferenz genannt, seine Verbindungen zu Persönlichkeiten der Vorläufigen Regierung, ferner Pavel V. Pavlovs im »Slovo istiny« geäußerte politische Forderungen.[3]

Die sozialen Forderungen im protestantischen Lager, der Ruf zur »geistlichen Revolution« in beiden Gruppierungen, werden als eine Wendung gegen den eigentlichen sozialen Kampf verstanden, den das Proletariat zu führen hatte, bedeuteten diese Forderungen doch ein Versöhnlertum zwischen den sozialen Klassen, wo unversöhnliche und scharfe Auseinandersetzung geboten war. Der Gedanke der Kooperation wird beanstandet, die Befriedung der Klassen (primiričenstvo) als Verstoß gegen den Klassenkampf gesehen.[4] Auch die evangeliumschristlichen und baptistischen Versuche und Ansätze einer gemeinsamen Wirtschaft in Artelen und Kommunen, zuerst noch durch die staatlichen Stellen gefördert und durch den Parteikongreß von 1924 als Beitrag zum sozialistischen Aufbau erwünscht, fielen später unter das Verdikt gesellschaftlicher Unklarheit und Gefährdung des Klassenkampfes. Nach dieser Kritik unterscheiden sich christliche Gemeinwirtschaften von wahren sozialistischen dadurch, daß sie eigentlich eine Wiederholung älterer mönchischer Lebensformen sind, die keinen Beitrag zum Bau der neuen Gesellschaft leisten. Dies vermögen nur Wirtschaften auf marxistischer Basis mit ihrem gehobenen Verständnis der Produktion, ihrer Antriebe und der Wandlung der Gesellschaft.[5] Hat der Sektantstvo seit dem Erwachen des Klassenbewußtseins in den Arbeiter- und Bauernmassen seine aktive Kraft eines Beitrags zu gesellschaftlichen Aufgaben eingebüßt oder gar vollends verloren, hat er sich auf die Seite der Reaktion gesellt, so wirken doch nach wie vor die gesellschaftlichen Entwicklun-

[3] Slovo istiny 1/1917 S. 3ff.
[4] Tichomirov, Baptizm i ego političeskaja rol' S. 23, S. 25.
[5] Vgl. Jarcev, Sekta 4. Aufl. S. 44. Er nennt die Bemühungen um die Herausarbeitung christlicher Produktionsverhältnisse einen Kampf gegen den vorgesehenen sozialistischen Aufbau des Landes. An anderer Stelle S. 42. heißt es: »In der Periode des Nep boykottierten die Evangeliumschristen das gesellschaftliche Leben; in der Periode des Wiederaufbaus danach versuchten sie mit aller Gewalt, gesellschaftliche Positionen zu erringen.«

gen auf ihn ein, er spiegelt diese in seiner Erscheinungsform wider. Die bürgerliche Geschichtsschreibung geht fehl, wenn sie ideologische, theologische Fragen zur Erklärungsgrundlage für Spannungen und Spaltungen im Sektantstvo macht. In neuerlichen Aufteilungen, in der Unruhe, in den Kämpfen innerhalb der Bünde zeichnen sich gesellschaftlich-ökonomische Vorgänge ab.

Dies hat schon für die vorausgegangenen Auseinandersetzungen im Mennonitentum gegolten, als es in den sechziger Jahren des 19. Jahrhunderts zur Abtrennung der Mennoniten-Brüder von den »kirchlichen« Mennoniten gekommen war. Es handelte sich dabei um einen Kampf progressiver landarmer Kräfte gegen die etablierte, patriarchalische, auf den Besitz ausgerichtete bisherige Ordnung. Auch unter den Stundisten gab es, bevor der Baptismus auf sie einzuwirken begann, zwei Gruppierungen. Die Gruppierung der Wohlhabenden und der Bauernwirte wollte nicht so weit in ihren praktischen Forderungen wie die andere Gruppierung der Dorfarmen gehen. Unter diesen wurde das Leben der evangelischen Anfänge propagiert, wurden kommunistische Forderungen aus dem Evangelium abgeleitet, während die andere Gruppierung die Verkündigung auf Selbstvervollkommnung, das gemeindliche Leben auf Wohltätigkeit und gegenseitige Unterstützung zu begrenzen begann.[6] Dem entsprach künftig ein politisches Programm des Reformertums im monarchistisch-konstitutionellen Rahmen bei parlamentarischem Staatsaufbau und voller Trennung von Kirche und Staat.[7]

In der Zeit des sich im Stundismus entfaltenden Baptismus Onckenscher Prägung blieb eine Aufteilung bestehen; progressive Kräfte standen in Auseinandersetzung mit reaktionären Gruppierungen. War das gesamte Spektrum des ostslavischen Protestantismus im alten Rußland dem bürgerlichen Lager zugehörig, so stellten in diesem baptistischen Feld Gestalten wie die beiden Pavlovs und auch der gesamte Bund der Evangeliumschristen den liberalen, fortschrittlichen Flügel dar. Hier war die Ideologie des Liberalismus und der konstitutionellen Demokraten am Werk. Auf der anderen Seite, gekennzeichnet durch die Brüder Mazaev, die als Millionäre eingestuft wurden, gab es konservative Gruppierungen, die politisch den Monarchisten, den Oktjabristen zuzurechnen waren. Mazaev bewahrte nach dieser Einteilung politisch die konservative Linie, theologisch

[6] Vladimir Bonč-Bruevič, Artikel »Baptisty« Sp. 607.
[7] ebenda Sp. 611.

die Positionen, die dem amerikanischen theologischen Fundamentalismus entsprachen.[8] Weiter wird festgestellt, daß Mazaev die volle Aktivität der Leitenden betont habe, während die Masse der Gläubigen von der Politik isoliert zu leben habe. In der Gruppe um Pavlov wurden dagegen liberal-bürgerliche Interessen aller Gemeindeglieder geweckt.[9] Noch stärker zeichnete sich dies im anfänglichen antihierarchischen Aufbau des Bundes der Evangeliumschristen ab.[10]

Zu den Evangeliumschristen gingen nach 1905 solche Kräfte der Bevölkerung, die der Revolution abgeneigt waren, für begrenzte Reformen jedoch bereit waren.[11] Reform aber bedeutete ein »Mittel zur Verhütung« der notwendigen Revolution.[12] In den Rahmen dieser Vorstellungen gehört eine Aussage über die »politische Physiognomie« Prochanovs – er habe den Politikern deutlich zu machen versucht, daß sie mit Hilfe der evangeliumschristlichen Bewegung die revolutionäre Bewegung abbremsen und verhindern könnten.[13] Bei den Angesprochenen blieben Bedenken nicht aus. Der baptistische Professor Rauschenbusch hatte sich auf dem Baptistischen Weltkongreß 1911 in Philadelphia für ein soziales Engagement der Baptisten eingesetzt.[14] Prochanov habe sich genötigt gesehen, dem russischen Bürgertum zu versichern, daß die Rede Rauschenbuschs nicht von Revolution gehandelt habe, sondern zur religiösen Wahrheit aufgerufen habe, ein Beschwichtigungsversuch Prochanovs angesichts der in Kreisen des russischen Bürgertums wach gewordenen Kritik.[15]

Aufs ganze gesehen sind Glaubenslehre und Ideologie des Baptismus – hier sind die Evangeliumschristen eingeschlossen – »eine typisch bourgeois-protestantische Spielart des Christentums.«[16] Auch

---

[8] Filiminov, Tradicii . . . S. 251.
[9] G.S. Ljalina, Liberal-buržurznoe tečenie S. 318, entsprechend auch Filiminov S. 249ff., Klibanov, Istorija S. 237.
[10] In diesem Zusammenhang wertet Klibanov auch die Annäherung, die Prochanov und der Bund der Evangeliumschristen nach 1910 zum Bund der Baptisten hin vorgenommen hatten, unter dem politisch-gesellschaftlichen Aspekt. Die von Prochanov herausgegebene Darstellung der Glaubenslehre der Evangeliumschristen bestätigte nach Klibanovs Auffassung politische rechte Positionen im Baptismus: »Dej Mazaev rieb sich die Hände und äußerte sich beifällig in der Zeitschrift ›Baptist‹ anläßlich der geschehenen Heilung der Evangeliumschristen von der Kinderkrankheit des Demokratismus.« – Klibanov, Istorija S. 237.
[11] Jarcev 4. Aufl. S. 6.
[12] ebenda S. 7.
[13] ebenda S. 7.
[14] Filiminov, Tradicii . . . S. 252, vgl. Baptist 35/1911.
[15] Filiminov, S. 253 über die Darlegung in Utrennjaja zvězda 38/1911.
[16] ebenda S. 243.

die Leitenden in der liberal-bourgeoisen Strömung, der Hauptströmung im Baptismus des Revolutionsjahres 1917, haben einen eindeutigen Platz unter denen, die wie die Schwarzhundertschaftler-Monarchisten, die Elemente des reaktionären Militärklüngels und die Kadetten , die Träger der Konterrevolution wurden. [17] Im ersten Jahrzehnt der Sovetherrschaft blieben die Grundstellungen von Fundamentalisten, Konservativen und für gesellschaftliche Entwicklungen aufgeschlossene Modernisten bestehen. Allerdings hat es dabei einen Wandel im Gesamtgewicht der Gruppierungen gegeben. In der nachrevolutionären Zeit verstärkte der Baptismus konservative Aussagen, um auf Positionen zu beharren, andererseits aber versuchte er, durch Angleichungen an das Leben der Gesellschaft dann wieder neue Positionen zu gewinnen. Prochanovs »Das neue oder das evangelische Leben« und Timošenkos ungedruckt gebliebene Darlegung ›Christianskoe byt‹« von 1925 sind Ausdruck dieses Bemühens. [18]

Viele Bemühungen marxistischer Beobachter des Sektantstvo galten der Sozialgestalt der einzelnen Gruppen, auch der sozialen Zusammensetzung in den Gemeinden. Der soziale Status der Baptisten ehemals orthodoxen Herkommens in der Ukraine war wesentlich niedriger als der der Baptisten des Kaukasus. Die bessere Situation der Baptisten des Kaukasus, die unter ihnen anzutreffende Häufung von Grundbesitz und städtischem Kapital wird im Zusammenhang der molokanischen Herkunft vieler dortiger Baptisten gesehen. [19] Klibanov schenkt einer 1885 von den Behörden des Gouvernements Cherson veranlaßten Aufstellung über die Lebensverhältnisse leitender Baptisten besondere Aufmerksamkeit. [20] Die im Baptismus um

[17] Ljalina, Liberalno-buržuaznoe tečenie S. 340.
[18] Ljalina, Socialno-istoričeskie idejnye predposylki S. 19.
[19] Klibanov, Istorija S. 191: »Die baptistischen Gemeinden in den Gouvernements des Kaukasus waren dem sozialen Status der Molokanen nahe, aus welchen sie hervorgegangen waren.«
Im Molokanentum, dies wird in der marxisitschen Darstellung nicht deutlich, waren Kräfte frei geworden, die in Verbindung mit einer hohen Individual- und Berufsethik bedeutende Unterschiede zur Masse der russisch-orthodoxen Bauern hatten entstehen lassen.
[20] Klibanov, Istorija S. 198ff. – Unter 19 leitenden Baptisten dieser Aufstellung befinden sich auch Michail Ratušnyj und Ivan Rjabošapka. Von diesen, einige Besitzer eines steinernen Hauses, mit zwei, drei oder vier Arbeitspferden, rechnet Klibanov insgesamt 16 zum Kulakentum, die restlichen drei zu den unbemittelten Bauern. Sollte diese Aufstellung voll aussagefähig werden, so müßte sie den Stand mitberücksichtigen, als jene 19 zu Stundisten wurden. In welchem Maße wurden durch ihren Übergang in den Stundismus Kräfte frei, die ihnen zu einem gewissen Wohlstand verhalfen?

1900 anhebende Differenzierung wird als sozial-ökonomisch bedingt angesehen. Mazaevs Wort, daß dem Bund der Evangeliumschristen allerlei Gesindel zugelaufen sei, wird dementsprechend gedeutet, die Dorf- und Stadtarmut verließ baptistische Gemeinden, um zu den für politisch-soziale Fragen aufgeschlossenen Evangeliumschristen überzugehen.[21]

Auch der Wechsel von Gemeinden eines Bundes zum anderen in den ersten zwanziger Jahren[22] wird im Zusammenhang politischer und sozialer Differenzen gesehen. Nach den Feststellungen von Vostokov[23] erfolgte 1923 der Übergang von Evangeliumschristen zu den Baptisten aufgrund der konservativen Grundhaltung bäuerlicher Besitzer, die sich bei den Baptisten eher zu Hause fühlten.

Die Auswertung der sozialen Zugehörigkeit von Baptisten und Evangeliumschristen bereitet den marxistischen Beobachtern einige Schwierigkeiten. Einerseits wird hervorgehoben, daß der protestantische Sektantstvo von Angehörigen bürgerlichen Herkommens gesteuert sei, daß die Kulaken einen bedeutenderen Anteil an der Gesamtzahl der Sektanten als an der Bevölkerung stellten, daß Serednjaki – Mittelbauern – und Kleinbürger sowie nicht qualifizierte Arbeiter in den Städten den größten Anteil in den Gemeinden hätten.[24] Die »byvšie ljudi«, die Gewesenen, die durch die Revolution entmachteten Angehörigen der früher herrschenden Gesellschaftsschichten seien immer noch im Baptismus am Werk.[25] Andererseits wird wahrgenommen, daß der Anteil der Dorfarmen und der Arbeiter doch nicht unbedeutend sei.[26] Findet sich die erste Aussage oft im Zusammenhang pauschalierender Urteile, so steht die zweite häufig in Verbindung mit Angaben über örtliche Erhebungen. Feststellungen

[21] ebenda S. 240.
[22] Vgl. hier S. 186.
[23] E. Vostokov, Baptizm v Ivanovskoj Oblasti S. 48.
[24] Nach Aussagen von G.S. Ljalina lebten in der Mitte der zwanziger Jahre 85 % der Angehörigen des protestantischen Sektantstvo in bäuerlichen Gemeinden, der Anteil der Kulaken habe sich auf 8,8 % belaufen, 2 1/2 mal so hoch wie in der Gesamtbevölkerung. Andererseits waren 40 % der Gemeindeglieder zur Bednota gehörig, ein weit größerer Prozentsatz als die 1924/1925 auf die Gesamtbevölkerungszahl bezogenen 24 %. Das mittlere Bauerntum habe mit bis zu 60 % das stärkste Element in den Gemeinden dargestellt – Social'no-istoričeskie i idejnye predposylki S. 6.
[25] Tichomirov, Baptizm S. 20; W. Wogau/N. Dück, Das Sektantentum S. 19, S. 30.
[26] Vajnstejn, Sektantskoe dviženie S. 37 konstatiert für Vladivostok, daß viele Arbeiter unter den von ihm rür August 1931 bezifferten 240 Evangeliumschristen, 100 Baptisten und 80 Adventisten seien. Auch unter den hier 1931 neu Aufgenommenen waren die meisten Arbeiter – S. 41.

354

dieser Art, die dem Schema der Klassenpositionen widersprachen, werden vielfach auf schlechtes Funktionieren der örtlichen und regionalen Parteiorganisationen zurückgeführt, in der Zeit des militanten Atheismus Ende der zwanziger, Anfang der dreißiger Jahre vor allem auf ungenügende Aktivität atheistischer Zirkel und Zellen. In diesem Zusammenhang wird auch konstatiert, daß es viele in der Bevölkerung noch in den zwanziger Jahren gegeben habe, für die einstweilen noch das Religiöse die einzige Weise theoretischer Welterfassung dargestellt habe.[27]

Der Rückgang der Mitgliederzahlen in den Gemeinden und das Eingehen ganzer Gemeinden im Zuge der verschärften Religionspolitik nach 1929 wird nicht auf die erfolgten Pressionen, sondern auf die Bewußtseinsänderungen aufgrund der gesellschaftlichen Umgestaltung zurückgeführt. Auch hier bleiben Fragen offen, weil diese Sicht der Darstellung, die gewöhnlich nur sehr kurz ist, nicht erklären kann, warum es doch ein Festhalten am religiösen Gut auch noch in den dreißiger Jahren und eine Wiederbelebung schließlich in der Kriegszeit und später gegeben hat.

Die schon vor der Oktoberrevolution gültigen Einordnungsschemata für den Sektantstvo blieben in den Jahren des Kriegskommunismus und auch später bestimmend. Die Schemata wurden präziser ausgestaltet. Die Fragen blieben offen, wie man sich jeweils gegenüber dem Sektantstvo taktisch zu verhalten habe. Einerseits war es erwünscht, daß der Orthodoxie eine Gegenkraft erwuchs, andererseits aber wurde frühzeitig die Gefahr gesehen, daß bei fortgesetztem schnellen Wachstum des protestantischen Sektantstvo eine »neue geistliche Versklavung (zakabalenie) der Massen« heraufziehe.[28] Vladimir Bonč-Bruevič sah aufgrund seiner langjährigen Erforschung des protestantischen Sektantstvo die Möglichkeit einer inneren Auseinandersetzung mit seinen Gliedern, der Gewinnung religiöser Kräfte für den sozialistischen Aufbau positiv. Seinem Gewicht ist es zuzuschreiben, daß für mehrere Jahre zunächst in der Auseinandersetzung mit den protestantischen Gruppen eine begrenzt offene Situation bestand.[29] Petr A. Krasikov, der Leiter der VIII. Abteilung

---

[27] G.S. Ljalina a.a.O. S. 10.
[28] G.S. Ljalina a.a.O. S. 7.
[29] Vgl. die Auseinandersetzung Jaroslavskijs mit ihm, Na antireligioznom fronte S. 66–69. Bonč-Bruevič hatte die Tüchtigkeit baptistischer Bauern betont, gegen daraus möglich resultierende Unterscheidungen von guten und schlechten Bauern wandte sich Jaroslavskij.

im Justizkommissariat, der Liquidationsabteilung des Kirchenwesens auf der Grundlage des Dekrets vom Januar 1918, arbeitete die konträren Positionen von religiöser Ideologie und marxistischer Zielsetzung in der Tagesauseinandersetzung stärker heraus. Bonč-Bruevič war fachkundiger Berater, Krasikov hatte ständig Maßnahmen durchzuführen. Er unterschied scharf zwischen bürgerlicher und proletarischer Ideologie; sein Kampf für ein marxistisches Verständnis der Gewissensfreiheit gegen eine ihm überholt erscheinende Vorstellung der Gewissensfreiheit im religiösen und bürgerlichen Lager des Westens zeugt dafür.[30]

Die so eindeutige Gesamtkonzeption in der Auseinandersetzung mit Religion und Kirche erschien in den ersten Jahren der Sovetmacht noch vielfach gebrochen und undeutlich. Gab es auf der einen Seite harte Maßnahmen, die vor allem die orthodoxe Kirche trafen, so gab es auf der anderen Seite für die bisher unterdrückten und verfolgten religiösen Gruppen Freiheiten, auf die diese Jahrzehnte gewartet hatten. Das Dekret des Rats der Volkskommissare vom Januar 1918 über die Trennung der Kirche vom Staat und der Schule von der Kirche ist von den evangelischen Christen Rußlands zunächst positiv bewertet worden. Ohne seine polemischen Zuspitzungen deckte es sich im Grunde mit den Forderungen, die Baptisten und Evangeliumschristen immer erhoben hatten, kirchliche und staatliche Sphäre zu trennen. Das Dekret nahm der bisher privilegierten russisch-orthodoxen Kirche, die sich bis auf wenige einzelne ihrer Vertreter immer der Freiheit anderer Kirchen und deren gleichem Rechtsstand widersetzt hatte, ihre Vorrechte. Die Maßnahmen, die diese Kirche nun trafen, sind vielen Evangelischen wie ein Gottesurteil erschienen.

Im Rückblick gelten in evangeliumschristlicher/baptistischer Geschichtsdarstellung die Jahre von 1917 bis 1928 als das Jahrzehnt der Freiheit, als das einzige Jahrzehnt in der Geschichte des Protestantismus seit 1867, das freie Entfaltungsmöglichkeiten bot. Zweifellos hoben sich die Jahre von denen ab, die vorher waren und nachher kamen. Aber die Freiheit dieser Jahre war durchaus nicht absolut, man stieß sehr früh und immer deutlicher an ihre Grenzen. Die Evangelischen waren von den gesetzlichen Bestimmungen für das kirchliche Leben zunächst am wenigsten betroffen. Ihr Eigentum an Beträumen

---

[30] Vgl. die Arbeiten von Krasikov sowie von L. A. Andrienko (Vorozcova), Ateist leninskoj školy – hier vor allem Kap. IV Svoboda sovesti S. 77–120 mit zahlreichen Zitaten aus Krasikovs Arbeiten.
Vgl. auch A. I. Klibanov Sektantstvo v prošlom i nastojaščem S. 9–24.

war nur geringfügig, die Enteignung des Immobilienbesitzes traf die Großkirchen und deren Gemeinden. Diese waren in der Folgezeit immer weniger den Verpflichtungen gewachsen, die die neue Gesetzgebung und eine immer schärfer zugreifende Steuerpolitik für Sondergruppen wie Kirchen schufen. Die Materialnöte, die unzulängliche Versorgung für notwendige Reparaturen von Kirchengebäuden, die zur Bausicherung und Unterhaltung der Gebäude den Gemeinden vorgeschrieben wurden, wurden zu einer zusätzlichen Belastung im allgemeinen kirchlichen Leben. Früher einmal war die Isaak-Kathedrale in Petersburg das Symbol des orthodoxen Rußlands in den Stilformen des 19. Jahrhunderts gewesen. Nun wurde sie für die einstmals mächtige Staatskirche zu groß. Prochanov berichtet, daß sie den Evangeliumschristen von den staatlichen Behörden zur Benutzung angeboten worden war. Aber der Bund lehnte die Übernahme ab, wohl wissend, daß das gewaltige Bauwerk für ihn zu groß und ihm zu viele Verpflichtungen auferlegte.[31]

Der Rückblick evangelischer Christen in der Sovetunion auf die Möglichkeiten der zwanziger Jahre trägt zuweilen idealisierende Züge. Auf der Ebene der Dörfer und der Städte mit dem Blick in einen kleinen Umkreis mochte das Bewußtsein erlangter Freiheit im Vergleich zu früher begründet sein. Auf der Ebene der Bünde, bei denen mehr Informationen zusammenkamen, erschien das Bild dagegen dunkler. Geschehnisse wie die Verhaftung Prochanovs anläßlich der Jugendkonferenz in Tver 1921 konnten noch als erträglich hingenommen werden. Es war eine Zeit, da sich Wachsoldaten und Gefangene noch gemeinsam fotographieren ließen. In den Jahren 1920, 1921, 1922 vermochte man sich auch noch zu wehren, wenn man etwas als Unrecht empfand. Die Zeitschrift der Baptisten »Slovo istiny« setzte sich in diesen Jahren recht kritisch mit Erscheinungen im staatlichen und gesellschaftlichen Bereich auseinander, die man gegen die allseitig propagierte Freiheit gerichtet verstand. Die Behörden wurden dabei auf die aufbrechenden Spannungen zwischen der deklarierten Freiheit des Gewissens und der sehr unterschiedlichen Praxis in dieser Frage an vielen Orten aufmerksam gemacht.

Die so eindeutige Linienführung der grundsätzlichen Einstellung der Partei konnte dem zeitgenössischen Beschauer trotz vieler Erlasse, trotz offener Feindseligkeiten, trotz antiorthodoxer und antireligiöser Schaustellungen nicht deutlich zum Bewußtsein kommen.

[31] Vortrag Prochanovs 6. 4. 1924.

Dazu trugen auch manche widersprüchlichen Aussagen im staatlichen und parteilichen Bereich bei. Die staatlichen Stellen hatten sich 1918 bestimmt gegen Willkürmaßnahmen der Bevölkerung ausgesprochen, die sich gegen orthodoxe Priester gerichtet hatten. An der Unklarheit trugen aber auch die Kommunikationsschwierigkeiten in der Zeit des Bürgerkriegs bei. Es war häufig unklar, wer die für antireligiöse Maßnahmen Verantwortlichen waren. Der wiederholte Versuch in den Bünden erscheint bemerkenswert, durch eine Aufteilung von Toleranz auf höherer Ebene, Willkürmaßnahmen, die der örtlichen Ebene zugeschrieben wurden, zu einer Klärung der vielfach verwirrenden Situation zwischen Staat, Partei und Kirchen beizutragen.

Den Leitenden der Bünde war spätestens 1921 deutlich, daß sich die Situation für die Gemeinden verschärfte. Michail Timošenko und Pavel Vasil'evic Pavlov stellten fest, daß der auf zentraler Ebene propagierten Gewissensfreiheit keineswegs immer die Praxis vor Ort entsprach. Timošenko warf in einem »Wolken« überschriebenen Aufsatz die Frage auf, ob Verfolgung komme oder ob die Freiheit der Gewissen noch gelte.[32] Pavlov formulierte seine Feststellungen »Die Gewissensfreiheit auf örtlicher Ebene«.[33] Er setzte mit den Worten ein: »Einige örtliche Autoritäten werfen den Baptisten und Evangeliumschristen vor, konterrevolutionär zu sein.« Pavlovs Artikel enthält eine Reihe detaillierter Angaben über beanstandete Maßnahmen – Verhaftungen von Presbytern und Gemeindegruppen, Unterbindung der Arbeit und die Schließung von Versammlungen. Behördliche Maßnahmen hatten Baptisten und Evangeliumschristen in gleicher Weise getroffen. Letztere hatten besondere Schwierigkeiten in Gžatsk und Petrozavodsk gehabt; hier waren Angehörige der karelischen Čeka mit gezogenen Revolvern und dem Ruf »Hände hoch« in die Versammlungen eingedrungen. Weiter wurden die evangeliumschristlichen Gemeinden in Perm, Rjažsk, alle Gemeinden im Bereich der regionalen Smolensker Čeka sowie die in Kazan' genannt, bei denen es besondere Schwierigkeiten gegeben hatte.[34] Pavlov standen offenbar sehr zuverlässige, überprüfte Angaben zur Verfügung; er schloß seine Feststellungen mit der Aufforderung, die vorliegende Ausgabe des Slovo istiny den Zuständigen und den Kommissaren am

---

[32] Slovo istiny 5–6/1920, »Tuči« S. 41.
[33] ebenda S. 41–42.
[34] ebenda. S. 42.

Ort zu überreichen, um sie auf diese Weise sowohl über die Rechtslage als auch über die Mißbilligung örtlicher Übergriffe zu informieren.

Vom ersten bis vierten September 1922 trat eine Konferenz von Abgeordneten baptistischer Gemeinden der Ukraine in Kiev zusammen. Auch hier spielten die Erörterungen über die Durchführung des Dekrets über die Trennung der Kirche vom Staat und der Schule von der Kirche eine bedeutende Rolle. Sie fanden in einer Eingabe der Geschäftsführung der Konferenz an das allukrainische Exekutivkomitee in Char'kov ihren Niederschlag. In dieser Eingabe wird die Trennung von Kirche und Staat als zu Recht erfolgt betrachtet. Widerspruch wird aber gegen die Art und Weise laut, wie die Trennung von Kirche und Schule praktiziert worden war. Der »Teil des Dekrets, der die Trennung der Schule von der Kirche festlegt, widerspricht direkt der Gewissensfreiheit und der Freiheit der Propaganda. Wenn die Regierung das Ausstreuen des göttlichen Samens, der Religion in die Herzen der Kinder bis zum 18. Lebensjahr als unerlaubt erklärt, so verwirft sie mit diesem das von ihr erklärte Prinzip der Gewissens- und der Propagandafreiheit.«[35]

Die Eingabe ist sowohl nach ihrem Inhalt als auch nach ihrer Form höchst aufschlußreich. Einmal stellt sie eine Zusammenfassung aller Beschwernisse dar, die nicht nur auf die Ukraine beschränkt geblieben waren, zum andern aber macht die Ausdrucksweise deutlich, mit welcher Offenheit in jenen ersten Jahren noch Fragen erörtert werden konnten. Die Unklarheit mancher Durchführungsbestimmungen wird beanstandet. Einerseits hieß es: »Jeder . . . hat das Recht, sein Kind in Religion zu unterrichten«, andererseits: »Ein Gruppenunterricht von Kindern bis zum 18. Lebensjahr ist verboten«. Es wird festgestellt, daß dem häufig vorkommenden Fall, daß in einer Familie mehrere Kinder waren, nicht Rechnung getragen sei. Die Bestimmungen seien wie gegen die religiöse Unterweisung auch gegen die Gewissensfreiheit gerichtet. Gegenüber als verbindlich genannten marxistischen Grundsätzen erklärt die Eingabe der Konferenz: »Wir wollen hier gerne einräumen, daß Marx ein genialer Ökonom-Politiker war – aber er war ganz und gar nicht Theologe, und deswegen kann er auch in religiösen Fragen uns nicht als Autorität gelten.«[36]

[35] Eingabe der Evangelischen Christen-Baptisten an das All-Ukrainische Exekutiv-Komitee in Char'kov, im September 1922 – C.E. Krehbiel Collektion MLA – Ms – 11 – 6 – 46, Archiv der Mennonitengemeinden North Newton/Kansas USA.
[36] ebenda Manuskript S. 1.

Von gleichem Gewicht ist die Auseinandersetzung mit dem Sprachgebrauch der behördlichen Stellen. Die Eingabe setzt sich mit der Formulierung in einem Dekret auseinander; hier hatte es geheißen, daß die staatlichen Bestimmungen »zwecks Befreiung der Menschheit von ihren geistlichen Banden« erlassen seien. Die Verfasser der Eingabe fragen: ». . . wie sollen wir den Satz verstehen. . . ? Als ob es sich in dieser Frage um Zwang handelte? War denn Christus der Despot, der die Menschen fesselt, sie in geistlicher Sklaverei hält? Wer das geschrieben hat, hat gewiß nicht gewußt, daß die Gläubigen ›Diener Gottes – Diener Christi‹ nicht aus Zwang sind, sondern aufgrund ihres freien Willens. – Und Ihr Bemühen, uns von diesen ›Banden‹ zu befreien, ist ganz vergeblich.«[37]

Im folgenden geht es um wichtige Einzelfragen. Es wird auf den Widerspruch hingewiesen, daß zwar den Gemeinden die Eigenschaft einer juristischen Person entzogen worden war, daß eine Gruppe von Gemeindegliedern mit erheblichen Folgen Verträge zu unterschreiben und einzuhalten hatte, auf der anderen Seite den Gemeinden Ustave von gemeindefremden Personen auferlegt wurden, Ustave, die sehr eingehend das gemeindliche Leben regulierten bis hin zu für Baptisten besonders einschneidenden Einzelanordnungen, daß die Gemeindekirchenräte nach staatspolitischen Gesichtspunkten neu zu wählen seien; Presbyter sollten nach dieser Anordnung von der Zuwahl ausgeschlossen sein. Andere Gravamina, zu denen wiederum Willkürmaßnahmen auf örtlicher Ebene gehören, führen die Unterzeichner der Eingabe zu der Feststellung: ». . . die Sovetregierung (ist) zu einer Verfolgerin der Kirche geworden, beider, der herrschenden wie der verfolgten.«[38]

Die Eingabe schließt mit einer Petition. Es heißt hier: »Aufgrund des Gesagten petitionieren wir, vor der Ukrainischen Sovet-Regierung, um folgendes: 1) damit § 9 des Dekrets über Trennung der Kirche vom Staat abgeändert werde, und ersetzt werde durch einen anderen Punkt, und zwar in dem Sinne, daß der Religionsunterricht wohl aus der Zahl der obligatorischen Unterrichtsgegenstände in der Schule ausgeschieden werde, aber als Privatsache der betreffenden Eltern behandelt werde, und daß die Eltern nach Übereinkunft mit Lehrern Privatabkommen betreffs Religionsunterricht treffen dürfen, wonach es ihnen erlaubt ist, in den freien Klassen und Stunden die

[37] ebenda Manuskript S. 1/2.
[38] ebenda S. 3.

Kinder, ohne besondere Berücksichtigung des Alters derselben, in Religion zu unterrichten; 2) damit der Beschluß des Rates der Volkskommissare und der USSR vom 3. August 1920 über die Koordinierung der Gesetze der USSR mit der RSFSR (in Fragen der Trennung der Kirche vom Staate) genau innegehalten und ausgeführt werde, und zwar: a. daß § 10 des Dekrets so ausgeführt werde, daß die Bürger in Religion unterrichten und in derselben unterrichtet werden dürfen auf privaten Wegen; b. daß Parag. 11 über Durchführung der Trennung der Kirche vom Staat ausgeschaltet werde, sodaß relig. Gruppen und Vereinigungen wie auch deren Leiter sich Stempel, Stanzen oder Briefblanketts bedienen dürfen; c. daß aus derselben Instruction Parag. 27 ausgeschlossen werde, wonach die örtlichen Behörden nach Ermessen die Bethäuser oder Versammlungen der Evangel. Christen/Baptisten schließen dürfen; d. daß Parag. 30 aufgehoben werde und es erlaubt sei, ohne besondere Erlaubnis der örtlichen Behörden Religion den Kindern zu unterrichten, die das 18. Lebensjahr erreicht haben, und damit auch Kinder ohne Unterschied des Alters in Religion unterwiesen werden dürfen; – 3) damit aufgehoben werde, den gläubigen Gruppen ihnen gänzlich fremde Ustave aufzuerlegen, und daß es nicht erlaubt sei zu verlangen, daß diese Gruppen weder die Personallisten mit Angabe des Alters, Herkunft etc. vorzustellen noch daß sie die Kirchenräte umzuwählen haben.«[39]

Tenor der Eingabe und der Inhalt der Petition treffen weitgehend die Situation, die sich in allen Teilen der Räterepublik herausgebildet hatte. Bei grundsätzlicher Anerkennung der Trennung von Kirche und Staat suchten die evangelischen Bünde den Freiraum, der ihnen nach dem Leninschen Dekret von 1918 gegeben war, auszufüllen. Es stellte sich jedoch heraus, daß dieser Freiraum ständig mehr eingeschränkt wurde und daß die Bünde wie die anderen Kirchen auch einer noch schärferen Regulierung und Fremdbestimmung unterworfen wurden, als sie je vorher bestanden hatten. Es gelang zwar noch, sowohl auf Bundesebene wie in den örtlichen Gemeinden in diesem und jenem Beschwerdefall Änderungen zu erreichen. Aber diese Möglichkeiten schlossen prinzipiell die Anerkennung weiterer staatlicher Hoheitsansprüche seitens der Bünde und Gemeinden ein. In den ersten Jahren der Sovetunion richteten sich militant atheistische Maßnahmen zumeist gegen die Priester der orthodoxen Kirche, in

---

[39] ebenda Manuskript S. 3/4. Das Dokument lag nur in deutscher Übersetzung vor, die sprachlichen Unebenheiten des Textes wurden beibehalten.

sehr viel geringerem Maße gegen die Pfarrer der katholischen und lutherischen Kirche. Die »Sekten«, deren Verfolgung unter dem alten System noch allzu gut in vieler Erinnerung war, waren dabei ausgespart.

Die Fragen begannen nach Abschluß des Bürgerkriegs härter als bisher auf die Bünde zuzurücken, dazu gehörten die Stellung zum Militärdienst, Loyalitätserklärungen für den neuen Staat und seine inneren Ordnungen. Es wurde schon deutlich, daß die Loyalität, die man zu bieten bereit war, gar nicht oder nur sehr beiläufig in einem Nebensatz zugleich die Vorbehalte nennen konnte, die schon Erklärungen zum Staat vor 1917 bestimmt hatten – den Aufweis der Grenzen des Staates, wo es um Gewissensfreiheit, um den Glauben, die Ausübung kirchlichen Lebens und das Recht missionarischer Verkündigung ging.

Innerhalb weniger Jahre vollzog sich eine bisher nicht für möglich gehaltene Veränderung der Aussagen und Stellungnahmen. Das hier – vgl. S. 396 – zitierte Schreiben des Rats des Bundes der Evangeliumschristen von 1923 im Zusammenhang mit den Erörterungen der Militärdienstpflicht spricht eine eindrückliche Sprache. Schon in der Zeit seines Haftaufenthalts in Moskau im Frühjahr 1923 hatte Prochanov die erzwungene Einstellung der Arbeit des Bundes erwartet. Es war für ihn selbst überraschend, daß weder die Verwaltung des Bundes noch die Bibelschule noch das Missionswerk in ihrer Tätigkeit beeinträchtigt wurden.[40] Als Prochanov nach seiner Freilassung am Baptistischen Weltkongreß in Stockholm teilnehmen konnte, erwartete er erneut für die Zeit nach seiner Rückkehr Behinderungen der Arbeit des Bundes.[41] Blickt man auf seine Äußerungen in der folgenden Zeit, so erscheint es bemerkenswert, daß er bei Darstellung der politischen Lage und der Arbeitsbedingungen des Bundes, sei es vor einem kleinen Kreis, sei es in einem persönlichen Gespräch, bei dem er keine Verletzung der Vertraulichkeit zu befürchten hatte, bemüht war, den Weg seines Landes und dessen Regierung zu erklären und auch gegen manche Angriffe zu verteidigen. Diese Haltung kann verschiedene Ursachen haben, eine tatsächliche Überzeugung oder aber das psychologisch gebrochene Verständnis, auf dem einmal beschrittenen Weg einer Zustimmung zu den politischen und gesellschaftli-

[40] Prochanov, Cauldron S. 226.
[41] Prochanov an Dahlin, Brief 4. 8. 1923: »Leaving for Russia we expect great difficulties, but we rely on God . . . « – SM – 1923.

chen Veränderungen zu beharren, sich selbst bei diesem Ansatz treu sein zu wollen; dies bedeutete auch, wahrnehmbare Negativa gegen besseres Wissen nicht wahrhaben zu wollen. Eine Beurteilung kann nur erfolgen, wenn wichtige Aussagen Prochanovs in den Jahren 1924, 1928, 1930 und 1931 gehört und geprüft werden.

Vor einem Kreis ausländischer Baptisten hielt Prochanov am 6. April 1924 einen Vortrag über die Entwicklung der evangelischen Arbeit in der Sovetunion. Dabei äußerte er sich: »Es fragt sich, wie begegnete die evangelische Bewegung der Revolution? Soweit wir in der Revolution ökonomische und wirtschaftliche Reformen sahen, verhielten wir uns ihr gegenüber entgegenkommend. In gewisser Hinsicht sahen wir in ihr das Gericht Gottes über die Schuldigen, oder wir hielten es für eine Läuterung, aus der Rußland erneuert hervorgehen mußte. Die Führer der evangelischen Bewegung haben klar und deutlich den Führern der Revolution erklärt: ›Das alles ist gut, politische und ökonomische Reformen sind unumgänglich nötig, aber sie lösen nicht die Fragen nach dem Glück eines Volkes. Dieses alles ist äußerlich und gibt der Seele nichts; die Seele ist das Gestaltende des Lebens und nicht der Leib, und darum muß als Grund für den Aufbau eines Lebens unbedingt ein geistlicher Grund gelegt werden. Es ist durchaus nötig, den Menschen zu reformieren, eine Revolution in seiner Seele herbeizuführen‹.«[42]

Dies zeichnete wieder die Symbiose von Kirche und revolutionärem Staat auf, aber theoretisch, als Zielaussage. Prochanov mußte es zu dieser Zeit bereits klar sein, daß dieser Staat nicht nur Leib sein wollte, dem eine loyale Kirche zur Seele wurde; alles lief auf eine Konfrontation zu. Prochanov setzte sich im folgenden mit den verschiedenen Arten des Verständnisses der Revolution auseinander: »Ich denke, daß viele gar nicht begriffen haben, was mit der Revolution in Rußland vor sich gegangen ist. Und doch ist alles so einfach. Unzweifelhaft, es wurden wunderbare Reformen durchgeführt, noch genialer waren die Losungen, aber nichts wurde für die Seele getan, und sie zeigte ihre ganze Wildheit in einem Maße, daß alle Errungenschaften der Revolution durch sie zunichte gemacht wurden. Hiermit verurteile ich die Revolution nicht, im Gegenteil, ich erkenne ihre organische Notwendigkeit durchaus an. Aber im Laufe von 10 Jahren[43]

---

[42] Manuskript S. 1 – Archiv Nepraš.
[43] Prochanov schließt in diese Zahl offensichtlich die Entwicklung vom Ausbruch des Weltkriegs 1914 und dessen revolutionäre Folgen ein.

sahen wir Beispiele, wo die höchsten Erneuerungen sich an der Unreinheit der Seele zerschlugen, der die Aufgabe der Reformation zufiel. Die Revolution zu verbessern und sie allgemein nützlich zu machen, vermag nur das Evangelium. Alles das sagte ich am Anfang der Revolution voraus, heute konstatiere ich diese Prophezeiungen als Tatsachen.«[44]

Die Stellung der Sovetregierung zur Arbeit des Bundes bestimmte Prochanov: »Die Beziehungen der Regierung zu uns verliefen in der ersten Zeit der Revolution (von Februar bis Oktober) in durchaus rechtlichen Linien: 1) es wurde die volle Freiheit des Bekenntnisses verkündigt; 2) wurden aber Grenzen errichtet, die das Verhältnis der Kirche zur Regierung bestimmten. So hatte ich mit der Regierung zu verhandeln, ob Mitglieder der Kirche, die eine gewisse Altersstufe noch nicht erreicht, das Recht hätten, zu Gemeinschaften überzutreten . . . Die neue Räteregierung führte radikale Sozialreformen durch, die heute einzig in der ganzen Welt da stehen. In erster Linie wurde die Frage der Trennung der Kirche vom Staat gestellt und mit der Tatsache beantwortet, daß hier eine tiefgehende und bestimmte Scheidung von der Regierung vorgenommen wurde. Kirchlich geurteilt ist dies eine der günstigsten Reformen.«[45]

Es scheint Prochanovs Anliegen in seinen Ausführungen zu sein, gegenüber einer kritisch fragenden Hörerschaft die Positiva der für Kirchen und religiöse Gemeinschaften nunmehr gültigen Gesetze herauszuheben: ». . . derart sind die Gesetze der Räteregierung gegenüber den religiösen Gemeinschaften und niemand wird behaupten wollen, daß sie nicht günstig für die Entwicklung des religiösen Lebens und gerecht gegenüber allen Bekenntnissen wären.«[46] Im Einzelfall vorkommende Behinderungen des kirchlichen Lebens bei der so positiv beurteilten Gesetzeslage werden von Prochanov auf den

---

[44] Manuskript S. 2.
[45] Es heißt hier weiter: »In Frankreich währte dieser Kampf um die Trennung der Kirche vom Staat nach der Revolution noch ganze hundert Jahre, in Rußland vollzog sich dieser Akt in einem Jahre. Die ganze Schwierigkeit der Reform ist verständlich, wenn man sich vergegenwärtigt, daß sogar in England und Deutschland noch herrschende Kirchen zu finden sind, die bestimmte Vorzüge gegenüber anderen haben.« – Manuskript S. 4/5.
[46] ebenda S. 5/6.
Neben der Trennung werden andererseits Begebenheiten erwähnt, in denen es zu einem freundlichen Miteinander kam. Christianin 6/1924 S. 43 berichtet von einer Tauffeier der Gemeinde in Kazače-Lopansk an der südlichen Eisenbahn, daß der ganze Dorfsovet dabei anwesend war, dazu viele Bednjaki, Angehörige der Dorfarmut.

Kampf verschiedener Kräfte in der Gesellschaft zurückgeführt. Es gibt den Kampf der alten Kräfte, das heißt auch orthodoxer Kreise gegen das Evangelium; auf der anderen Seite ist für Schwierigkeiten das Verhalten fanatischer Kommunisten, »denen die neuen Gesetze fremd waren«, verantwortlich zu machen.[47] Prochanov vermochte diese letzte Aussage durch Beispiele aus seinem eigenen Leben, sicherlich auch durch manche Intervention des Bundes bei Regierungsstellen gegen Übergriffe zu belegen. Es bleibt aber für diese Zeit offen, wie sehr er »fanatische Kommunisten« und die die ideologische Entwicklung bestimmenden Gestalten in der Sovetunion voneinander abhob. Es kann unterstellt werden, daß sich Sorgen und Erfahrungen auf der einen Seite, Hoffnungen und Erwartungen für die Zukunft auf der anderen Seite noch die Waage hielten: Die Feinde des Evangeliums waren Fanatiker aus der alten Zeit und Fanatiker der neuen Zeit. Es galt, mit dem Staat so zusammenzuarbeiten, daß den schädlichen Einflüssen des Fanatismus gewehrt werden konnte.

Von besonderem Gewicht erscheinen Prochanovs Äußerungen in seinem Referat über die Funktion der neuen Regierungen in Hinblick auf die orthodoxe Kirche. Das Handeln staatlicher Organe wird darin gleichsam als Ausführung eines Auftrags angesehen, mit dem Schlechten in der Vergangenheit aufzuräumen: »Die ganze Tätigkeit der Revolutionsbehörden und der Räteregierung in Sonderheit ist ein tiefes Durchpflügen der Volksseele. Ihr habt natürlich von den gewaltigen Erlebnissen der Orthodoxen Kirche gehört: Es wurden Dekrete erlassen, in denen das Entfernen von Heiligenbildern aus Schulen und behördlichen Gebäuden, eine Einschränkung von Zeremonien, Öffnung der Reliquien und Heiligtümern der rechtgläubigen Kirche gefordert wurden. Fast alle Gebeine von Heiligen wurden in Museen ausgestellt.« Für Prochanov steht außer Frage, daß bei der Durchführung »viel Quälendes und Krankhaftes« mitgespielt hatte. Doch erscheint das Verhalten der Behörden gerechtfertigt wegen der Schuld, die die orthodoxe Kirche auf sich geladen hatte: »Die rechtgläubige Kirche war in der Gestalt, wie wir sie während des Zarismus gesehen, ein System, das geeignet war, jegliches geistliche Leben zu ersticken – eine Hochburg undurchdringlichen Unglaubens und Unwissenheit . . . Gott rief die rechtgläubigen Hirten häufig, aber sie haben diesen Ruf überhört. Da blieb Gott nichts anderes übrig, als mit Gericht einzuschreiten. Keine Macht konnte diese Aufgabe besser lösen

[47] ebenda S. 22/23.

als die Sovetbehörde. Gott benutzte sie, um die Früchte des Unglaubens zu zerstören und dem Volk die Augen zu öffnen.«[48]

Diese Darstellung des Geschehens erfolgt nach Schemata der prophetischen Verkündigung im Alten Testament – Gott ist durch fremde Herrscher und Mächte am Werk, um sein eigenes Volk zu strafen, zu erretten und zu erneuern. Gottes Regiment zur linken Hand wird sichtbar. Prochanov weiß über diesen Prozeß, bei dem sich Gott der Sovetmacht bedient, noch mehr zu sagen. Er nennt das ganze »eine schwere, aber segensreiche Operation. Sie war heilbringend für das Volk wie für die ganze evangelische Bewegung. Es geschah folgendes: Der Thron des Unglaubens wurde umgestoßen, der Atheismus diskreditierte sich von Anfang an, und instinktiv fühlte das Volk, daß die Errettung nur in irgend etwas Drittem zu suchen sei: im gegenwärtigen, lebendigen Christusglauben. Hier setzt die gewaltige Bewegung zum Evangelium hin ein.«

Damit ist ein Dreischritt ausgesprochen. Am Anfang steht eine in Unwissenheit erstarrende Orthodoxie, deren Verhalten unentschuldigt ist. Gegen sie tritt die von Gott zu diesem Werk der Zerstörung des überholten Alten bestimmte Sovetmacht auf, das Gefüge der alten orthodoxen Kirche zerbricht. Der mit den Maßnahmen der Behörden einhergehende Atheismus diskreditiert sich selbst. Daraus erwächst im dritten Schritt der Hingang des von der Orthodoxie befreiten und vom Atheismus enttäuschten Volkes zum lebendigen Christusglauben. Die Erweckung der frühen zwanziger Jahre ist in das heilsgeschichtliche Handeln Gottes eingeordnet und mit der politischen Geschichte verbunden.

Die Geschehnisse der folgenden Jahre sprengten sehr bald das Schema dieser Abfolge. Prochanovs Bemerkungen` erscheinen aber aus dem Grund bleibend wichtig, weil sie eine Erklärung dafür abgeben können, warum er so lange daran festgehalten hat, in den Maßnahmen der Sovetbehörden positive Züge zu erblicken und warum er gegenüber seinen Freunden in der westlichen Welt noch lange seine Position behauptete. Wenngleich Prochanov von 1928 an nicht mehr in seinem Lande lebte, so konnte er doch nicht zum Emigranten der Art werden, wie es viele seiner russisch-orthodoxen Landsleute geworden waren. Was vielen anderen nur als Katastrophe, als apokalyptisches Geschehen, als die Gestaltannahme des Reichs des Antichristen erschien, wurde für Prochanov zum Gottesgericht über

[48] Manuskript Vortrag 1924 S. 8.

366

schuldhaftes Versagen und zur Eröffnung neuer Möglichkeiten. So erschien es nicht nur Prochanov allein, sondern auch vielen anderen in den evangelischen Bünden.[49] Dies erklärt trotz vieler Belastungen Versuche des geordneten und partnerschaftlichen Mitwirkens mit den Sovetbehörden. Bei allen war das Bewußtsein stark ausgeprägt, daß man in einer Zeit der Übergänge lebe und die Entwicklung in einem starken Maße durch neue Erkenntnisse und den Wandel bestimmt seien. Dies entsprach auch der Deutung des eigenen Weges zur Erweckung und zum Heil. Warum sollte das, was einem selbst begegnet war, nicht auch anderen widerfahren können? Dieser Glaube an den durch Gott gewirkten Wandel, das Ernstnehmen der Möglichkeit neuer überraschender Prozesse im Geschichtsverlauf hat dazu beigetragen, daß Prochanov so lange und positiv die Möglichkeit des modus vivendi mit der Sovetmacht entgegen den Ideologen und den Antiideologen vertreten hat.

Aus dem Jahre 1928, vier Jahre nach diesen Feststellungen, liegen weitere eingehende Angaben vor. Am 7. und 8. Juli 1928 führte Prochanov auf der Durchreise von Leningrad nach Toronto zur Teilnahme am Baptistischen Weltkongreß ein Gespräch mit Walter Jack in Berlin. Jack hatte einen Katalog von Fragen vorbereitet, deren Beantwortung ihm Hilfen für die Unterstützung der evangelischen Arbeit in der Sovetunion geben sollte. Zu den Fragen gehörten auch die nach dem Verhältnis von Kirche und Staat und nach den Wegen der Sovetregierung. Prochanov verwies auf die Notwendigkeit, die Geschichte der französischen und der englischen Revolution zu studieren, um Maßstäbe für die Beurteilung dessen zu bekommen, was sich seit 1917 in der Sovetunion abgespielt hatte.[50] Er äußerte sich weiter: »Man muß objektiv und gerecht sein. Man darf doch nicht vergessen, wie es früher bei uns gewesen ist, und daß wir durch die gewaltigste Revolution hindurch gegangen sind, die die Weltgeschichte kennt. Man kann von unserer Regierung nicht solche liberale Gutmütigkeit verlangen, wie sie eure demokratischen Regierungen unter geordneten Verhältnissen an den Tag legen. Ich gebe zu, daß dies zu verste-

---

[49] Hier ergeben sich Parallelen zu der Stellungnahme Nikolaj Berdjaevs, der in vielen seiner Äußerungen, nachdem er 1922 die Sovetunion hatte verlassen müssen, zu einem Außenseiter in der russischen Emigration wurde.

[50] Gespräch Jack - Prochanov 1928: »Diese Länder im Vergleich mit einer zu Rußlands 160 Millionen verschwindend kleinen Bevölkerung – durch was für ein Meer von Blut sind sie gegangen. Ludwigs XVI. und ungezählter Tausender Köpfe fielen unter der Guillotine, und der Puritaner Cromwell hat sich auch nicht gescheut, dem König und dem Adel und vielen vielen Bürgerlichen das Haupt abzuschlagen.«

hen nicht so einfach ist, und doch ist es unbedingt nötig. Uns ist es auch nicht leicht gefallen, in diesem Chaos Klarheit zu gewinnen. Gott aber hat uns Licht geschenkt, und dafür danken wir ihm.«[51]

Für Prochanov sind die Gesetze über die religiösen Verhältnisse, nicht ihre Handhabung, noch immer entscheidendes Kriterium für die Beurteilung des Staates. Zwar gibt es die Spannung von Recht und Rechtswirklichkeit; Gesetze werden da und dort von einzelnen Beamten übertreten, doch haben Vorstellungen bei den zentralen Stellen in Moskau immer wieder zur Zurücknahme ungesetzlicher Maßnahmen geführt. Die in der Sovetunion geltenden Gesetze »geben Freiheit für religiöse und antireligiöse Propaganda. Nach ihnen will die Regierung völlig neutral bleiben und dafür sind wir dankbar. Das ist ein großer Fortschritt gegenüber der Zarenzeit, da hatten wir diese Freiheit nicht. Weiter begrüßen wir von ganzem Herzen die volle Trennung von Kirche und Staat und Kirche und Schule. Das sind Punkte, die bereits 1905, zur Zeit der ersten Revolution in meinem Programm gestanden haben. Jetzt sind sie durchgeführt. Und zwar restlos, übrigens genauso wie in Frankreich und den Vereinigten Staaten.«[52] Gegenüber dem früheren Zustand der Unterdrückung und Willkür betonte Prochanov: »Jetzt haben wir Gesetze, und wir dringen darauf, daß man sie uns gegenüber beachtet, genau so gut, wie wir sie halten.« Es ist festzuhalten, daß Prochanov, anders als es bei seinen Ausführungen 1924 der Fall war, diese Bemerkungen unter vier Augen in dem persönlichen Gespräch mit dem ihm seit langem vertrauten Jack machte. Jack merkt hier an: »Dieser Punkt war unserem Bruder sehr wichtig. Er wiederholte ihn mehrfach und fügte jedesmal hinzu: ›Wenn ihr Brüder im Auslande uns in Rußland helfen und mitarbeiten wollt, dann vermeidet in euren Zeitschriften und Ansprachen alles Politische. Ihr dient uns damit nicht, im Gegenteil, ihr schadet uns. Wir würden da nur zu hören bekommen: Ja, ihr redet so, und eure Brüder im Auslande das Gegenteil. Was ist nun wahr?‹ – darum: Seid vorsichtig, ich bitte euch darum.«[53]

In der nicht endenden Auseinandersetzung, welcher Weg der Hil-

---

[51] ebenda S. 8.
[52] S. 9. – Dieser Vergleich Prochanovs kann sich nur auf den Tatbestand formaler Trennung von Kirche und Staat beziehen, nicht aber auf die Intentionen, die in den Vereinigten Staaten zur Trennung geführt hatten – die Absicht, religiöses Leben in seiner Freiheit gegen Staatsmacht und Staatskirchentum zu verteidigen. Auch der Vergleich mit der Trennung von Staat und Kirche in Frankreich trifft nicht zu. Das sovetische Modell der Trennung hat einen eigenen Charakter.
[53] Manuskript S. 10/11.

fen für Kirchen in der Sovetunion der sinnvolle sei, das propagandistische Aussprechen aller Beschwernisse oder eine stille, zurückhaltende Arbeit, hatte Prochanov sich für die zweite Weise entschieden. Alle Kirchen und die Experten der verschiedenen von außen wirkenden Hilfswerke hatten in dieser Frage unterschiedliche Stellungen bezogen.[54] Prochanovs Rat, vorsichtig zu sein, wo man im Ausland über diese Fragen zu reden hatte, hängt eng mit dem folgenden zusammen, was er zu Jack weiter äußerte: »Ich kann wirklich sagen, uns vom Bunde der Evangeliumschristen hat der Herr Weisheit gegeben, der Regierung gegenüber die rechte Stellung einzunehmen. Wir gehorchen der Obrigkeit in allem, was nicht wider Gottes Verordnung geht, und sie gibt uns in gewissen Grenzen Freiheit: Wir dürfen uns versammeln, dürfen beten, frei und öffentlich unseren Glauben bekennen und das Evangelium verkünden. Was wollen wir mehr? – Haben wir das etwa unter den Zaren gekonnt?. . . ›Also‹, und das wiederholte Br. Prochanov mehre Male, ›vergeßt nicht, daß wir eine Revolutionsregierung haben, daß wir aber ihr gegenüber volle Loyalität bewahren, soweit sie nichts wider das evangelische Gewissen verlangt. Ja, wir sehen es direkt, daß unsere Obrigkeit, wie Paulus sagt, von Gott eingesetzt ist. Sie hat sich große Verdienste erworben um die Verbreitung des Evangeliums. Die alten Hindernisse hat sie hinweggeräumt, die Trennung von Kirche und Staat strikt durchgeführt . . . Ja, wir haben noch ein anderes Zeugnis, daß sie von Gott ist: Plötzlich ist sie aufgekommen wider alles Erwarten und Wollen, keiner hat geglaubt, daß sie sich auch nur zwei Monate würde halten können. Und nun besteht sie schon über zehn Jahre und denkt nicht daran zu gehen, – und keine Macht auf Erden hat die Kraft, sie zu stürzen‹, setzte er flüsternd hinzu.«[55]

Diese Aussage ist ein eindrückliches Zeugnis dafür, nach welchen Maßstäben nicht nur in einer apokalyptisch bewegten Gemeinde irgendwo im Lande, sondern an der Spitze eines großen Bundes der Staat und politische Vorgänge, das revolutionäre Geschehen insgesamt gemessen worden sind. Das prophetische und apokalyptische Geschichtsverständnis der Bibel hat in Prochanovs Äußerungen deutlichen Ausdruck gefunden. Jack erwähnt über die Durchführung des Gesprächs, daß Prochanov zuweilen ein eigenartiges Verhalten dabei

---

[54] Vgl. W. Kahle, Geschichte der evangelisch-lutherischen Gemeinden in der Sovetunion 1917–1938 S. 357ff.
[55] Manuskript S. 11.

an den Tag legte, daß er einiges nur flüsternd geäußert habe. Er hatte im Verlauf des Gesprächs bereits eine Bemerkung über den ausgezeichneten Spionageapparat der Sovetunion gemacht. »Dabei«, berichtet Jack, »schaute sich unser Bruder vorsichtig nach allen Seiten um, und ging dann auch noch in die beiden nebenan liegenden Räume, als erwarte er in jeder Ecke heimliche Augen und Ohren.«[56] Jack hat diesen Einzelzug ohne weitere Erklärung festgehalten, weil er im Gegensatz zu der offenen, geradezu partnerschaftlichen Einstellung Prochanovs in der Erörterung des Verhältnisses von Kirche und Staat stand. Prochanov wußte, daß jeder seiner Schritte und jede Maßnahme des Bundes wie auch die anderer Vereinigungen bis ins einzelne beobachtet wurden. Er berichtete Jack, daß man in den letzten zwei Jahren in der Bundesverwaltung »an 20 Revisionen vorgenommen (habe). Alles hat man geprüft und nichts zu tadeln gefunden. So soll es sein, setzte er mit bedeutungsvollem Augenzwinkern hinzu. Unser Bund hat für alle seine Angestellten kürzlich die Aufnahme in den Verband professioneller Arbeiter bekommen, das gibt uns mancherlei Rechte und wirtschaftliche Vorteile, wofür wir Gott dankbar sind.«[57] Auch die Auflagen für die Durchführung gemeindlicher Versammlungen erschienen Prochanov nicht einschneidend: ». . . und ist das denn schwer oder gegen das Gewissen, wenn wir uns an die gesetzlichen Verordnungen halten? Z.B. Versammlungen sollen drei Tage vorher bei der Miliz angemeldet werden, das tun wir. Oder wenn ein Reiseprediger in ein anderes Dorf kommt, dann soll er sich sofort melden und seine Papiere zeigen. Oder Plakate dürfen nur mit Erlaubnis angebracht werden. Das sind doch alles Kleinigkeiten und hat mit Gewissen und evangelischer Freiheit nichts zu tun. Aber wer das nicht tut, der darf sich denn auch nicht wundern, wenn er leiden muß. Nur soll er es kein Leiden um Christi willen nennen!«[58] Diese Aussage Prochanovs muß im Zusammenhang mit den sehr unterschiedlichen Stellungnahmen im Bund der Evangeliumschristen und im gesamten evangelischen Lager gesehen werden. Von 1922/1923 an hatte sich ein Streit um die Adiaphora entwickelt, der in vielem an den adiaphoristischen Streit zur Zeit des Leipziger Interims 1548 er-

[56] ebenda S. 10.
[57] ebenda S. 12.
[58] ebenda S. 12. In diesem Zusammenhang hatte Prochanov zuvor geäußert, daß der Bund die Regierung anerkenne, »was natürlich nicht besagt, daß wir alles gut heißen, was sie tut. Gott hat sie kommen lassen. Er ist ihr Richter und nicht wir! Diese letzten Worte waren wieder sehr leise gesprochen, und danach erfolgte der schon beschriebene Gang durch die benachbarten Hotelräume.« – ebenda S. 12.

innert. Zumal in sehr strengen baptistischen Gemeinden war gegen Prochanov der Vorwurf erhoben worden, daß er Grenzen zur Welt, zu anderen Kirchen, zur Politik hin nicht genügend beachte und daß er durch sein Verhalten die Position konsequenter evangelischer Christen gefährdet habe.[59]

Es erscheint wie eine Auseinandersetzung mit denen, die das Leiden um Christi willen fälschlich betonten, wenn Prochanov im Fortgang ein Beispiel des Fehlverhaltens aus dem Bund der Baptisten anführte: »Sie wollten im vorigen Jahre einen Kongreß in Leningrad abhalten, bekamen aber aus bestimmten Gründen die Erlaubnis nicht. – Sie sollten später wieder anfragen, jetzt sei es unpassend. Trotzdem hielten sie ihn heimlich ab, wurden geschnappt und bestraft.«[60] Der Glaubensoptimismus Prochanovs mag eine Erklärung dafür sein, daß bei so vieler Widersprüchlichkeit in den Lebensbedingungen der Kirchen in ihrer politischen Umwelt das negative Urteil nicht stärker hervortrat. Die Situation der Evangeliumschristen war eine leichtere als die der Baptisten zur gleichen Zeit. Die Blicke der staatlichen Organe richteten sich wegen der ausländischen Verbindungen, die die Baptisten in viel stärkerem Maße als die mehr national erscheinenden Evangeliumschristen hatten, intensiver auf baptistische Aktivitäten. Doch erscheint Prochanovs Lagebeurteilung im Gegensatz zu der anderer in der gleichen Zeit zu sehr geneigt, tatsächlich vorhandene Schwierigkeiten nicht in ihrer ganzen Bedeutung zu sehen. Was für die Versammlung des Plenums des Baptistenbundes galt, daß es zum Zusammentritt einer Genehmigung des Volkskommissariats für innere Angelegenheiten bedurfte, galt ebenso für Bundesversammlungen auf oberster Ebene bei den Evangeliumschristen.[61]

Noch vor dem Erlaß der das Leben aller Kirchen und Religionsgemeinschaften so sehr berührenden Bestimmungen vom Frühjahr 1929 »Über religiöse Vereinigungen«, also kurz nach den Äußerungen von Prochanov gegenüber Jack, schrieb der in Leningrad ansässige Bischof Arthur Malmgren, der Repräsentant der lutherischen Gemeinden: »Wir haben es mit einem Gegner zu tun, dessen Ziel un-

---

[59] Vgl. hier S. 198ff.
[60] Manuskript S. 12.
[61] Nach dem Protokoll der Sitzung des Plenums des Bundes der Baptisten im Dezember 1925 war diese mit der Genehmigung des Volkskommissariats für innere Angelegenheiten unter dem Aktenzeichen Nr. 222 – 216/2 erfolgt – Protokoll der Sitzung – Archiv Nepraš.

sere völlige Vernichtung ist.«[62] Er hatte bereits früher ähnlichen Ansichten Ausdruck gegeben. Dagegen blieb Prochanov noch Jahre später dabei, daß es sich bei der erheblich verschlechterten Situation seines eigene Bundes um vorübergehende Geschehnisse handele, die man in ihren Auswirkungen nicht überbewerten dürfe. Prochanov stand mit seiner Stellungnahme auf dem einen Flügel der die Gesamtlage beurteilenden kirchlich Leitenden, während Malmgren auf dem andern Flügel einzuordnen ist. Dieser gehörte zu denen, die, ohne zu resignieren, ihren Dienst weiter versahen und mehr und mehr von der Feindseligkeit der Behörden und der Partei, nicht nur einer besonderen Gruppe militanter Atheisten gegenüber den Kirchen überzeugt waren. Es hat zwischen Prochanov und Malmgren andere gegeben, deren Urteile in der sich im Laufe der zwanziger Jahre so oft ändernden politisch-ideologischen Konstellation differierten oder die auch von Fall zu Fall in ihrem Urteil andere Positionen einnahmen.

Dies alles gilt weitgehend bis zum Jahre 1929. Bis zum Erlaß des Dekrets »Über religiöse Vereinigungen« zeichneten sich noch verschiedene Möglichkeiten ab. Nachdem das Dekret zur Auswirkung gelangt war, hier sind die Jahre von 1929 bis 1931 anzusetzen, konnte dies nicht mehr gelten. Prochanovs Optimismus verband sich in dieser Zeit mit Fehlbeurteilungen der kirchlichen Lage, die den Widerspruch auch von Freunden und Kreisen, die seinem Bund zu helfen bemüht waren, herausforderten. Er betonte 1929 und 1930 die Notwendigkeit der Erhaltung von Beträumen und erwartete dafür von seinen Freunden im Ausland Beihilfen, zusätzlich zu denen für hungernde oder verhaftete Prediger und ihre Familien. Anfang 1930 wiesen ihn Freunde darauf hin, daß sich bei den sovetischen Behörden ein klar zu erkennendes System herausgebildet habe: Einer Gemeinde die Erlaubnis zu Bauausführungen oder zu umfassenden Reparaturen von Räumen mit Hilfe ausländischer Devisen zu gewähren, die Fertigstellung abzuwarten und dann mit erhöhten Steuern oder aufgrund politischer Anklagen dieselbe Gemeinde zu nötigen, das fertiggestellte Gebäude den kommunalen behördlichen Stellen zurückzugeben.[63]

---

[62] A. Malmgren an Franz Rendtorff 20. 4. 1929.

[63] Werner an Prochanov 19. 2. 1930: »We understand perfectly well that there is a need for houses, meeting halls, offices for your Board and organisation, but the actions of the sovjets to let the churches and meeting houses be repaired, kept up for some time, then charged heavily and under pretext of not being paid according to such ›laws‹, finally taken, robbed or stealt is the proper name, from the congregation or organisation, have established a decided and wellfounded distrust in our

Im gleichen Brief, in dem diese Ansicht geäußert wurde, fällt noch ein weiteres Wort, das die wachsende Unterschiedlichkeit zwischen den Auffassungen Prochanovs und seiner Freunde widerspiegelt, ja sogar eine Entfremdung. Prochanov hatte sich nach Möglichkeiten einer Vortragsreise in Schweden erkundigt. Der Briefschreiber, Werner, seit langen Jahren als Vorsitzender der Gesellschaft für die Ausbreitung des Evangeliums in Rußland tätig, erklärte ihm, daß angesichts des Entsetzens, das sich der schwedischen Öffentlichkeit über die Vorgänge in der Sovetunion bemächtigt hätte, niemand verharmlosenden Worten über diese Geschehnisse zuhören möchte; es sei besser, die Planung einer solchen Vortragsreise zurückzustellen.[64] Nach weiterem Briefwechsel[65] mußte Prochanov sich wenige Monate später von Werner sagen lassen, daß die schwedischen Freunde der Evangeliumsarbeit in Rußland seine Erklärungen für nicht ausreichend hielten: »Ihre eigenen Versicherungen sind nicht hinlänglich, da Sie ja in allen Dingen zu optimistisch sind. Wir haben verglichen, was Sie ein Jahr zuvor schrieben, im Hinblick auf das neue Gesetz vom April 1929, und was gegenwärtig eingetreten ist; wir bedauern es nun, sagen zu müssen, daß Sie große Fehler bei der Interpretation der Neuigkeiten gemacht haben.«

Prochanov antwortete darauf in einem Schreiben vom 6. Juni 1930. Auf den Vorwurf falscher Interpretation der Lage des Bundes und der staatlichen Maßnahmen gegen die Kirchen erwiderte er, er habe nicht genau vor Augen, was er seinerzeit geschrieben habe, er bleibe aber dabei, daß er im Blick auf die Gesetzgebung vom April 1929 noch jetzt optimistisch sei. Gemäß dem Gesetz würden alle Gemeinden und auch der Bund registriert werden, Versammlungen nicht geschlossen und Prediger nicht verhaftet werden . . . »Aber was geschah: Die Verhaftungen der Prediger, das Schließen der Versammlungen, all das geschah jenseits und außerhalb des Gesetzes. Das konnte nicht vorhergesehen werden. Aber die Bedeutung des Gesetzes wurde von

country, as well as in others, against this side also of the economic principles or lack of principles of the Soviet government. The perfidiousness is too obvious to allow any doubt, the fiendishness incessantly repeated, the financial insanity luminous. ›We have no money to sink in the bottomless pit of the communistic treasury‹, people says, even those who as Christians wish to help starving missionaries.«

[64] ebenda. – »Under the present conditions, when there is a general horror of the happenings in Russia, n o b o d y would listen to soft talk concerning the actions of the ›godless‹ or the government and to speak publicly plain, clear words would be disastrous. So we think it is better to ›wait and see‹ a bit.«

[65] Prochanov schrieb am 18. 4., 19. 4., 4. 5., 22. 5., 23. 5. an SEUR nach Schweden.

mir ganz richtig interpretiert.«[66] Dann folgt der erstaunliche Satz: »Alle meine Interpretationen sind immer richtig. Als die Verhaftungen zahlreich waren, sagte ich schon, daß es ein befristetes (temporarely) Geschehen sei, eine Welle, die bald zurücklaufen würde. Ich hatte ganz recht, weil die Verhaftungen jetzt nur wenig zahlreich sind, verglichen mit dem letzten Herbst.«

Prochanov verglich die derzeitige Lage sodann mit der von 1914 bis 1917, als die Arbeit des Bundes offiziell ruhte, die Mitglieder des Rats aber in Petrograd waren und ihren Dienst wie bisher weiter taten. »Ebenso ist es jetzt in Leningrad. Das Werk ist nicht angehalten, es wird fortgesetzt, obwohl inoffiziell und mit einer gewissen Erschwerung, aber es wird weiter ausgeführt. Es wird unbeschadet aller Schwierigkeiten fortgesetzt werden, so lange unsere Brüder, die Mitglieder des aufgelösten Rats, unsere Hilfe empfangen, ihre Nahrung haben und in Leningrad leben.« Schließlich ruft er auf: »Mehr Vertrauen, mehr Glauben und mehr Aktivität in unserer Hilfe – und wir werden herrliche Ergebnisse in der nahen Zukunft und in der Folgezeit sehen.«[67]

Am 18. Februar 1932 verabschiedete sich Prochanov von seinen Freunden in Amerika mit einem Rundbrief. Darin erklärte er, daß sein Arbeitplatz jetzt besser in Europa sei. Wenn die Türen sich öffnen, »so will ich nach Rußland gehen. Da ich bereits zweimal im Gefängnis war und auch andere Verfolgungen für die Sache des Glaubens erlitten habe, fürchte ich solche Erfahrungen nicht.« Das war der alte aktivistische Ton, aber er mußte zugleich doch in diesem Abschiedsbrief gestehen: »Vertrauliche Berichte von unseren Arbeitern in Rußland machen die Tatsache deutlich, daß der Kampf und die Verfolgungen kein Ende nehmen.«[68]

Noch jetzt und auch später, soweit sich aus vorhandenen Briefen Prochanovs ersehen läßt, fehlt jedes bittere Wort über die Entwicklung des Verhältnisses zwischen Bund und Behörden und über die Personen, die sie bewirkt hatten. Dies entsprach der Haltung Procha-

[66] Prochanov an Werner 6. 6. 1930 Blatt 3 – SM.
[67] Prochanov an Werner 6. 6. 1930 – SM.
   Werner erwiderte darauf am 18. 6. 1930: »You write: ›More confidence, more faith and more activity in our help‹. Confidence in whom? There is no greater destroyer of confidence in these our days on the face of the globe than the communistic sovjet authorities of SSSR. Nobody has any confidence whatsoever in them outside of Russia, and very few inside. We have only an unlimited confidence on their ability to destroy confidence and prevent it from returning to the world at large . . .«
[68] Rundbrief Prochanovs 18. 2. 1932 – SM.

novs, der es schon früher vermieden hatte, Polemik zu betreiben – sieht man von dem Brief gegen die Baptisten nach dem Weltkongreß von Toronto ab. »Ne polemiki«, »keine Polemik« war der Ruf, der neben den anderen »In der Hauptsache Einheit, im Nachgeordneten Freiheit und in allem Liebe« auf den Seiten und Titelblättern des von ihm herausgegebenen »Christianin« regelmäßig erschienen war. Er hat diesen Ruf beherzigt, andere haben es bestätigt, daß er sich nicht auf die Bahn der ständigen Auseinandersetzungen begeben hatte, wie es andere getan hatten.[69] Aber diese Anerkennung kann nicht zugleich die Feststellung einschließen, daß er bei aller ihm eigenen Klugheit und Beobachtungsgabe die Entwicklung zumindest vom Jahre 1928 an zutreffend beurteilt hätte. Die objektive Ehrlichkeit sei unterstellt, es besteht kein Anlaß, sie in Abrede zu stellen; auch Rushbrookes Äußerungen sind nicht das abschließende Wort.[70] Dennoch waren seine Urteile über die Entwicklung falsch, im Gegensatz zu denen anderer leitender Gestalten im kirchlichen Leben der Sovetunion.

Es kann noch nicht mit Sicherheit gesagt werden, was ihn zu seinen späten politischen Äußerungen geführt hat. Auch von dem sonst mitteilsamen Prochanov ist keine Auskunft zu erhalten, welchen Pressionen durch Staatsorgane Mitarbeiter des Bundes und schließlich auch er selbst ausgesetzt waren. Aber wenn es Pressionen gegeben hat, die Prochanov selbst betrafen, dann müssen sie im Jahre 1923 erfolgt sein. Das Gewicht solcher möglicher Pressionen wäre aber vom Jahre 1928 an, als er außerhalb der Sovetunion lebte, gegenstandslos geworden. Wenn er dennoch an einer positiven Sicht der Entwicklung festhielt, so geschah es aus dem Grunde, daß er für den Bund nichts im Gegensatz zur Sovetmacht erhoffen konnte, alles nur bei einem äußerlich geordneten loyalen Miteinander von Bund und Behörden.

Möglicherweise gehört zu den seine Einstellung gegenüber manchen westlichen Äußerungen bestimmenden Gründen die Entwicklung seiner Diabetes, die sich seit 1929 bei ihm zeigte; die Krankheit hat ihn schroffer reagieren lassen. Er war zudem auch psychologisch in eine schwierige Situation geraten. In Rußland und in der Sovetunion war er der unbestrittene Gründer und Präsident seines Bundes gewesen. Es gab keinen, der ihm in den Reihen des Bundes seine Stel-

---

[69] Hier sind wiederholte Äußerungen von Walter Jack zu bedenken.
[70] Vgl. hier S. 218.

lung je streitig gemacht hätte. In der Fremde blieb nichts davon, hier fehlte der Nimbus des charismatischen Führers. Er hatte es hier mit Menschen zu tun, die als eigen geprägte Christen durch andere Fragen und Bedenken als er bestimmt waren und die zu ihm nicht wie die Kinder zu ihrem geistlichen Vater aufsahen. Die ungesicherte finanzielle Grundlage seines Lebens und seiner organisatorischen Wirksamkeit nach 1928 im westlichen Europa und in Amerika machte ihn von solchen abhängig, die er in der ihm eigenen Großzügigkeit und bei seinem Lebensstil vielfältig als kleinlich und eng empfinden mußte. Vielleicht hat dies alles ihn bewogen, in den Bereichen, in denen er sich als unabhängig erweisen konnte, seine Unabhängigkeit betont zu manifestieren. Dazu bot sich ihm seine eingehende Kenntnis des politischen und kirchlichen Lebens in der Sovetunion und ein anderes Urteil über deren Gesamtentwicklung an, die von den meisten anderen sehr negativ gesehen wurde.

Prochanov bezog seinen geistigen Standort bei seinen Erlebnissen und Erfahrungen seiner jungen Jahre und der Jahre seines großen Wirkens. Das war die Zeit vor dem Krieg und in den ersten Jahren nach der Revolution. Als 32jähriger hatte er seine auf ganz Rußland zielende Arbeit begonnen, als er sich endgültig in Petersburg niederließ. Beim Ausbruch der Revolution war er 48 Jahre alt. In jenen Jahren und in den noch folgenden war er mit den Schwierigkeiten der Arbeit fertig geworden; nicht immer erfolgreich, hatte er doch bisherige Widersacher überlebt, überwunden oder war durch den Gang der Ereignisse bestätigt worden. An die Erfahrungen dieser für ihn bedeutsamsten Jahre klammerte er sich jetzt als an das, was ihm geblieben war. So erklärt sich, im Gegensatz zu den Urteilen in seiner Umgebung gesprochen, sein Leitwort »Immer besser«, mit dem er auch angesichts ganz anderer Geschehnisse und Erfahrungen nach 1929 seinen Optimismus manifestierte. In einer so veränderten Situation mußte es zu Fehlbeurteilungen kommen, sie finden ihren Ausdruck im Vergleich dieser Jahre mit der Situation des Bundes 1914 – 1917.

Äußerungen in seiner Autobiographie gehören mit zu den letzten, die er über die Entwicklung der kirchlich-staatlichen Beziehungen gemacht hat. Hier sprach er sich noch einmal über die derzeitigen Verfolgungen aus. Diese Angaben aus dem Jahre 1933 sind in den Zusammenhang von 269 Seiten eingeordnet, von denen allein 170 Seiten die Zeit bis 1917 umfassen. Im verbleibenden Teil nehmen noch die Schilderungen seiner beiden Gefängnisaufenthalte einen größeren Umfang ein. Diese Verteilung ist recht unausgeglichen. Am

Schluß des Buches heißt es: »Noch immer bin ich von einem starken Geist des Optimismus ergriffen, wenn ich die Zukunft des Evangeliums in Rußland bedenke und auf den endlichen Sieg der evangelischen Bewegung blicke. . . Die Geschichte bleibt nicht stehen und große Veränderungen können in Rußland zu irgendeiner Zeit eintreten, die es ermöglichen, daß ich nach Leningrad oder Petrograd oder St. Petersburg zurückkehre.«[71] Diese Aussage mit ihrer deutlichen Relativierung des politischen Geschehens stellt zugleich eine leichte Verschiebung gegenüber dem dar, was Prochanov in früheren Jahren gesagt hatte. Gewiß waren evangelische Bewegung und Bund der Evangeliumschristen für ihn auswechselbare Begriffe. Aber er spricht hier nicht von dem Überleben des Bundes, vielmehr ist die Zuversicht zu dem bleibenden Evangelium ausgesprochen. Statt des erschwerten Weges für den Bund, von dem er in den Jahren zuvor gesprochen hatte, tritt die Hoffnung auf das Bleiben der evangelischen Sache in Rußland.

Die letzte größere greifbare Äußerung Prochanovs stammt aus seinem Sterbejahr. Sie stand im Zusammenhang einer Erklärung gegenüber Angriffen, die seit Anfang der dreißiger Jahre hier und dort, verstärkt 1934 in Holland, gegen ihn wegen des Sendschreibens vom Frühjahr 1923 und der im gleichen Jahr erfolgenden Entschließung des IX. Bundeskongresses erhoben worden waren. In dieser Erklärung ist freimütig ausgesprochen, daß Prochanov und die Leitung des Bundes Fehlbeurteilungen erlegen waren. Es ist ferner ausgesprochen, daß Äußerungen, die über die von der Heiligen Schrift geforderte Anerkennung der Obrigkeit hinausgingen, »hauptsächlich unter dem Einfluß eines gewissen Glaubensoptimismus im Blick auf die Zukunft Rußlands entstanden (sind)«. Es heißt weiter: »Die spätere Entwicklung hat allerdings gezeigt, daß wir uns in diesen Hoffnungen und Erwartungen getäuscht haben.« Als Ergebnis steht da: »Es wird verständlich sein, welche Gefühle uns jetzt nach unseren enttäuschten Erwartungen erfüllen.«[72] Dies war eine ehrliche Aussage.

---

[71] Prochanov, In the Cauldron S. 258.
[72] Der Gesamtwortlaut dieser Erklärung – in SM 1935 – lautet: »Zu dem Sendschreiben an die Gemeinden des Allrussischen Bundes der Evangeliumschristen im Jahre 1923 haben wir folgende Erklärung abzugeben:
1. Die Loyalitätserklärung gegenüber der Sovetregierung ist von uns gegeben worden aufgrund klarer Weisungen der Heiligen Schrift, vor allen Dingen nach Römer 13.
Diesem Gotteswort und unserer Erklärung aufgrund derselben wollen wir auch in Zukunft treu bleiben.

Sie macht deutlich, daß Prochanov nicht auf seiner falschen Meinung beharrte, nachdem ihm klar geworden war, daß die Voraussetzungen sich geändert hatten. Über diese persönliche Ehrlichkeit hinaus deu-

Dieselbe Loyalitätserklärung ist in jenem Jahre von allen kirchlichen und freikirchlichen Leitungen und Organisationen in gleicher Weise geleistet worden (vom Patriarchen Tychon und den Bischöfen der Orthodoxen Kirche, der Alt-Apostolischen Kirche, von den Baptisten und anderen), laut beiliegenden Abschriften ihrer Erklärungen.

2. Was die Äußerungen anbelangt, die über diese klare von der Heiligen Schrift geforderte Anerkennung der Obrigkeit hinausgehen, so wollen wir zu ihrem Verständnis folgendes sagen:
Diese Äußerungen sind hauptsächlich unter dem Einfluß eines gewissen Glaubensoptimismus im Blick auf die Zukunft Rußlands entstanden. Bestimmte Gesetze der Regierung, durch welche die Freiheit religiöser und antireligiöser Propaganda allen Bürgern Sovet-Rußlands gewährleistet wurde, die ferner eine grundlegende Verbesserung der sozialen Lage der bisher besitzlosen und arbeitenden Klassen der Bevölkerung in Aussicht stellte, erweckten in uns die Hoffnung und Erwartung, daß eine entscheidende Wendung in der Geschichte Rußlands sich vorbereite.

3. Die spätere Entwicklung hat allerdings gezeigt, daß wir uns in diesen Hoffnungen und Erwartungen getäuscht haben. Auf die Periode verhältnismäßiger Freiheit und Rechte, die zu Großem berechtigte und eine herrliche Geistesbewegung schuf, folgte im Jahre 1929 die radikale Wendung zum Schlechten. Die Freiheit der Verkündigung wurde aufgehoben und eine schwere Welle der Verfolgung gegen alle religiösen Richtungen und christlichen Bekenntnisse versucht, den Glauben an Gott in jeder Form unter der Bevölkerung Rußlands zu vernichten.
Es wird verständlich sein, welche Gefühle uns jetzt nach unseren enttäuschten Erwartungen erfüllen.

4. Um unseren Glaubensbrüdern im Ausland ein gewisses Verständnis für unsere damalige Lage und Stimmung zu geben, weisen wir darauf hin, daß wir in diesen optimistischen Erwartungen nicht allein gestanden haben. Wie die in der Beilage wiedergegebenen Erklärungen zeigen, haben auch andere kirchliche Gruppen in zum Teil noch viel kräftigerer Form solchen Erwartungen Ausdruck gegeben.

5. Daß solche optimistischen Hoffnungen in den Herzen der meisten Christen in jener Zeit herrschten, ist dadurch bewiesen, daß die rechtmäßige Allrussische Synode des Bundes der Evangeliums-Christen die zu diesen Fragen offiziell Stellung zu nehmen hatte, das Sendschreiben insoweit angenommen hat, als es in der nachfolgenden Resolution zum Ausdruck kommt.
Trotzdem haben sich einige Gruppen von unserem Bunde gelöst, weil sie die Anerkennung der militärischen Dienstpflicht in jeder Form verwerfen – auch in der von der Sovjet-Regierung zugebilligten weitherzigen Form der Ableistung dieser Pflicht im Sanitäts- oder Arbeitsdienst. Diese Gruppen und Gläubigen haben allerdings dafür leiden müssen, aber nicht infolge der vom Bund abgegebenen Loyalitätserklärung, sondern wegen ihrer restlosen Verwerfung des militärischen Dienstes in jeder Form.

Auslandsabteilung
des
Allrussischen Bundes der Evangeliums-Christen

gez. I.S. Prochanov

– SM 1935.

tet Prochanovs Aussage auch den ganzen enttäuschenden Weg an, den nicht nur er, sondern viele andere mit ihm bis zu diesem negativen Urteil hatten zurücklegen müssen.

Wie die anderen Leitenden seines Bundes und wie die Leitenden des Bundes der Baptisten hatte sich auch Prochanov aufrichtig und vielfältig darum bemüht, den Standort der Bünde und der evangelischen Christen innerhalb der neuen Gesellschaft und der neuen politischen Wege in der Sovetunion loyal und positiv zu bestimmen. Sie haben sehr bald schon einsehen müssen, daß es nicht um eine Loyalität ging, wie sie nach Mustern anderer politischer und gesellschaftlicher Systeme entworfen werden konnte. Staat und Partei legten je länger je mehr keinen Wert auf eine Loyalität alten Stils als abschließende Äußerung christlicher Organisationen. Die geforderten Loyalitätserklärungen waren nur ein Durchgang hin zu der völligen Integration derer, die von den Bünden oder von anderen Vereinigungen erfaßt waren. Das neue System war auf eine Totalität ausgerichtet, die nur vorübergehend ideologisch anders Bestimmten eine begrenzte Existenzmöglichkeit zuließ, solange die dem System nicht genehmen Ideologien noch eine potentielle Gefahr darstellten. Der evangelische Traum von der freien Kirche in einer offenen Staatlichkeit, der Stundisten im Süden und Erweckte im Norden sowie ihre Nachfolger im alten Rußland und noch in den ersten Jahren der Sovetmacht bestimmt hatte, realisierte sich nicht. Der Staat ergriff die vielmals dargebotene Hand der evangelischen Bünde nicht. Die Zeit der relativen Freiheit zwischen 1917 und 1928, die schon fortgesetzter Einschränkung unterlag, ist bis jetzt Episode geblieben.

Je hymnischer die Loyalitätserklärungen schon in diesem Zeitraum wurden, desto weniger entsprach ihnen die kirchliche Wirklichkeit. Ein Beispiel dafür boten die immer schroffer werdenden Forderungen aus den Gemeinden an Presbyter und Prediger, entgegen wiederholter Loyalität der Leitungsorgane ihrer Bünde und verschlüsselter Darstellung der kirchlichen Situation. Die Verantwortlichen in den Gemeinden sollten ohne Leidensscheu ihren Dienst tun, sie sollten auch persönliche Unbill in Kauf nehmen. Gradmesser ihrer Zuverlässigkeit wurde ihr persönliches Schicksal bis hin zur Verhaftung, Verurteilung und bis zum Tode. Was in solchen Forderungen wie eine Sehnsucht zum Martyrium erscheinen mag, hatte seinen zureichenden Grund vielfach in dem Wunsch, daß die Gemeinden einen zuverlässigen Maßstab für die sie Leitenden haben wollten. Ging es diesen gut oder nur erträglich, so lag häufig der Verdacht nahe, daß ein solcher Leitender im Dienst der staatlichen Behörden stand. Erst Verfolgung, Gefängnis oder Unterbringung in einem Lager erschienen den Gemeinden als Sicherheit, daß der so behandelte Presbyter zuverlässig war.

Die Stellung der staatlichen und parteilichen Organe gegenüber den religiösen Gruppierungen unterlag verschiedentlich Wandlungen. Sie berührten nicht die bleibende grundsätzliche Ablehnung religiösen Guts, wirkten sich aber auf das praktische Verhalten zu verschiedenen Zeiten aus. Eine zeitlang hatte es ein verbindendes Bewußtsein der Verfolgten des zaristischen Rußlands gegeben. Es eignete sich in der Phase der Revolution und des Bürgerkriegs zur Mobilisierung aller Kräfte in dem Kampf für die Bewahrung der Revolution. Persönliche Beziehungen von Verfolgten aus verschiedenen Gruppen, die einander in den Gefängnissen oder in der Verbannung begegnet waren, schufen Kontaktmöglichkeiten, die auch genutzt wurden. Die Partei war zudem noch nicht das Instrument, in dem Ideologie und Praxis, Grundhaltung und Propaganda immer einsichtig einander entsprachen. Zudem war die Masse der Bevölkerung von der neuen Ideologie noch zu wenig erfaßt. Dies änderte sich mit dem Abschluß des Bürgerkriegs; vollends in der Zeit der Kollektivierung und Industriealisierung setzte die Ideologie immer stärker für alle die Maßstäbe. Immer mehr Gruppen gerieten dabei in den Blick der Organe von Partei und Staat und wurden Gegenstand der Kritik und der Verfolgung. Eine bloße Übersicht über die Zeitschriften der Gottlosenorganisationen gibt über diese Entwicklung Aufschluß.

Staatliche und parteiliche Stellungnahmen am Abschluß dieses Jahrzehnts sind durch eine Schrift von B. Kandidov »Cerkov i spionaž« aus dem Jahre 1940 gekennzeichnet. Wie alle anderen Kirchen, so sind nach Kandidovs Angaben auch die Gruppen des Sektantstvo tief in sovetfeindliche Aktivitäten verstrickt. Jeder Kontakt mit dem Ausland, jede neue Gruppierung im Sektentum wird als Beispiel der von den Kirchen und religiösen Gruppen gegen die Sovetmacht gerichteten Subversion gedeutet.[73] Diese Sicht ist noch durch den von der Mitte der dreißiger Jahre an betonten Sovetpatriotismus verstärkt.

Eine Fülle in langen Jahren zusammengetragener Angaben über besondere Vorkommnisse dient zur Begründung der Behauptung sovetfeindlicher Aktivitäten. Von den Sovetbehörden genehmigte Aus-

---

[73] Kandidov S. 79–90, Sektantskaja konterrevoljucija i spionaž.

landsreisen wurden nunmehr als Reisen zum Zweck des Empfangs von Instruktionen zur Bekämpfung der Sovetmacht gedeutet. Namentlich die Reisen Odincovs und Prochanovs werden genannt.[74] Besondere Aufmerksamkeit wird dem Anteil ausländischer Gelder am Gesamthaushalt der Bünde zugewandt. Nach Kandidovs Angaben waren von der Budgetsumme des Bundes der Evangeliumschristen 1929 in Höhe von insgesamt 256712 Rbl. 218500 Rbl. ausländischen Herkommens und damit als der Sovetunion feindlich charakterisiert.[75] Bei den Darlegungen über die Stellung von Baptisten und Evangeliumschristen werden zusätzlich ältere Vorwürfe wiederholt.[76] Die bürgerliche Herkunft von Predigern, ihre Teilnahme am Bürgerkrieg auf der feindlichen Seite werden hervorgehoben.[77] Hatte noch der XIV. Parteikongreß 1924 religiöse Gruppen zur Mitarbeit am Aufbau der Wirtschaft in Kooperativen und Kommunen des Sektantstvo aufgerufen, so wurden 1940 die von Baptisten und Evangeliumschristen noch um 1928 geleiteten und unterhaltenen Kooperative und Kolchoze als Lügenkooperative und Lügenkolchoze (lžekooperativy, lžekolchozy) bezeichnet.[78]

Mit all dem war eine Entwicklung am Vorabend des Großen Vaterländischen Krieges zum Abschluß gekommen. In den Tagen von der Revolution an hatten die Fragen zwischen den Bünden und dem Staat, hinter diesem der bestimmenden Partei, ihren eigentlichen Ausdruck und ihre Zuspitzung gefunden in den Spannungen, die sich an der Ableistung der Militärdienstpflicht entzündeten. Auf diesem Felde, auf dem sich viele einzelne, dazu eine Reihe religiöser und auch ethisch motivierter Gruppen betroffen wußten, traten Aktionen und Reaktionen der Beteiligten auf allen Seiten in besonderem Maße hervor.

[74] ebenda S. 79.
[75] ebenda S. 80. Jarcev nennt andere Zahlen.
[76] ebenda S. 80. Kandidov gibt hier Angaben über eine wehrdienstfeindliche Demonstration, die sich bereits bei Jarcev S. 43 findet, ohne jedoch auf diesen Bezug zu nehmen.
[77] ebenda S. 81.
[78] ebenda S. 80.
Die Angaben insgesamt haben einen diffusen Charakter. Beurteilungen aus den dreißiger Jahren bezogen sich vielfach nicht auf tatsächliche Vergehen, sondern auf die sovetfeindliche Ausdeutung von Geschehnissen. Ein Beispiel für die Sammlung von Materialien, die zu späterer Zeit in anderem Zusammenhang zu Vorwürfen genutzt wurden, bietet M. Zarin S. 21, wo er aus der Rede Prochanovs auf der Moskauer Staatsversammlung zitiert: » . . . für die Rettung der Heimat und zur Freiheit von der inneren Gefährdung durch die Anarchie ist eine feste und starke Macht erforderlich.«

3. Die Militärdienstfrage und die Erklärung der Loyalität gegenüber der Sovetmacht

Der Baptismus in den einzelnen Ländern, die Gemeinschaftsbewegung des 19. Jahrhunderts sowie die in der Allianz zusammenarbeitenden Gruppen hatten keine verbindlichen Grundsätze für die Ableistung des Militärdienstes und den Waffendienst in Krieg und Frieden. Einzig das Mennonitentum hatte seine Positionen der Ablehnung des Dienstes mit der Waffe frühzeitig entwickelt und in einer Reihe von Fällen bewährt. Erörterungen in den verschiedenen baptistischen Bünden über die damit verbundenen Fragen lassen sich allenfalls auf den Nenner bringen, daß, von der Geschichte der einzelnen baptistischen Gemeinden in verschiedenen Ländern her bedingt, die Vorbehalte gegen die Betonung der Staatsmacht und gegen den Dienst mit der Waffe größer waren, als es in den großen Landeskirchen Westeuropas der Fall war. Doch hinderte eine solche kritische Einstellung Baptisten im allgemeinen nicht, in den kriegerischen Auseinandersetzungen ihrer Länder aktiven Wehrdienst zu leisten und Waffen in die Hand zu nehmen. Das hatte für die zahlenmäßig nicht vielen Baptisten im deutschen Bereich von 1864 bis 1914, ebenso für die englischen und amerikanischen Baptisten gegolten. Aber die kritischen Fragen hatten sich im Zuge der Erörterungen über den Ersten Weltkrieg erheblich verstärkt. Der baptistische Weltkongreß in Stockholm 1923 beschäftigte sich eingehend mit den Problemen des baptistischen Verhältnisses zum Wehrdienst, zur Kriegs- und Friedensfrage. Wenngleich die Kritik am Hergebrachten allseitig schärfer geworden war, verstanden sich die Kongreßteilnehmer doch nicht zu einer einhelligen Auffassung in diesen Fragen. Man stellte fest, daß die Probleme durch die jeweiligen Landesunionen baptistischer Gemeinden zu erörtern seien, man fand zu dem Eingeständnis, in Stockholm zu diesem Punkte nicht verbindlich für alle baptistischen Unionen sprechen zu können.[1]

Zu Fürsprechern einer Wehrdienst und Kriegsdienst ablehnenden

[1] Third Baptist World Congress Stockholm July 21– 27, 1923 S. 228. B.V. 1/1945 veröffentlichte S. 23–24 ein Schreiben der amerikanischen Baptisten aus dem Jahre 1944 an Evangeliumschristen und Baptisten in der Sovetunion. Darin heißt es u.a.: »Mit wenigen Ausnahmen erfüllen die Baptisten der USA die Kriegsanstrengungen mit Enthusiasmus. Etwa eine Million amerikanischer Baptisten dient im Heer, in der Marine, in der Luftwaffe. Viele unserer Kirchen haben in ihren Gebäuden Fahnen mit blauen Sternen nach der Anzahl ihrer in der Armee dienenden Glieder.«

Stellungnahme hatten auf dem Kongreß die russischen Baptisten und Evangeliumschristen gehört. Sie standen in ihrer Heimat selbst schon unter Pressionen und waren auf staatliche Anforderungen eingegangen. Dies erschwerte ihre Positionen auf dem Kongreß. Ihr Eintreten konnte als eine bloße Unterstützung der Sovetunion in deren Kampf für die Beschränkung der militärischen Kräfte ihrer Gegner aus der Interventionszeit und allgemein aus den kapitalistischen Ländern verstanden werden. Dabei hatten die Angehörigen des russischen und ukrainischen Protestantismus trotz der Kürze der Zeit, in der ihre Gemeinden bestanden, schon durchaus eigene Traditionen in der Frage des Dienstes mit der Waffe entwickelt.

Eine kritische Einstellung gegenüber dem Dienst im Staat, auch gegenüber dem Dienst mit der Waffe und der Teilnahme an Kriegshandlungen, hatte in Rußland eine lange Geschichte. Sie war mit der Entwicklung des Altgläubigentums und der russischer Sekten in späterer Zeit verbunden gewesen. In altgläubiger und sektiererischer Sicht hatte der Staat häufig die Konturen des Antichrists, der widergöttlichen Macht, angenommen. Äußerungen aus der Zeit des Protopopen Avvakum bis in die Jahrzehnte nachfolgender Verfolgung sprechen eine eindeutige Sprache. Eine besondere, moderne Form nahm die Ablehnung des militärischen Dienstes, der Teilnahme an Kriegshandlungen in den Kreisen der von Lev Tolstoj Beeinflußten an. Sie reichte wesentlich über den Bereich der Gruppe der eigentlichen Tolstojaner hinaus. Die Vorstellungen und Äußerungen der Duchoborcy weisen auf Verbindung älterer Kritik am Wehrdienst mit neuen tolstojanischen Gedanken hin.

Auch in den vom Altgläubigentum, von russischen Sekten und von Vorstellungen Tolstojs nicht unmittelbar berührten evangelischen Gruppen gab es bereits vor dem Ersten Weltkrieg einzelne, die sehr kritische Fragen nach dem Militär- und Kriegsdienst stellten. Sie konnten dabei auf molokanische Traditionen zurückgreifen, in die Einflüsse des Quäkertums eingegangen waren. Dazu gab es das Vorbild der Mennoniten, mit denen junge protestantische Gemeinden in so vielfältige Berührung traten. Im Mennonitentum Rußlands hatte sich die Praxis der Wehrlosigkeit erhalten können; sie war den Einwanderern nach Rußland auch für ihre Nachkommen zugesagt worden. Als diese besonderen Rechte der Mennoniten in den siebziger Jahren des 19. Jahrhunderts dann aufgehoben werden sollten, wanderten viele von ihnen aus Rußland aus und übersiedelten in die USA. Den noch Verbleibenden gelang es schließlich, eine Sonderregelung

zu erhalten. Die mennonitische Jugend diente nunmehr in den sogenannten Forst-Korps. Dies waren Arbeitseinheiten, die in der Forst-
wirtschaft in Südrußland tätig waren. Die mennonitischen Gemeinden und Siedlungen brachten für diesen Ersatzdienst die nicht uner-
heblichen finanziellen Leistungen auf. Zwar konnten nach wie vor die
Unterschiede zwischen mennonitischen und baptistischen Gemeinden in der Stellungnahme zum Militärdienst in der Formel laut werden, daß Mennoniten keinen Militärdienst, die Baptisten diesen jedoch leisten. Dahinter aber hatten sich Veränderungen vollzogen: Es
waren sehr bewußte Baptisten, auch andere Evangelische, die die
Frage nach Sinn und Berechtigung des Militärdienstes stellten. Kireev hatte in seiner Zuschrift an die Internationale Kirchliche Zeitschrift summarisch auf pazifistische Propagandaaktionen hingewiesen, die nach seiner Meinung die Sicherheit des Staates bedrohten
und die stundistische Bewegung zum Verbündeten säkularer revolu-
tionärer Kräfte in Rußland werden ließen.[2] Kireevs Äußerungen über
das kritische Verhältnis von Evangelischen zur Staatlichkeit und zum
Militärdienst werden durch Berichte und Aussagen anderer bestätigt.
Johannes Svensson besuchte anläßlich seiner Teilnahme am Kongreß
aller evangelischen Gruppen Anfang 1907 in Petersburg den ehemaligen Kapitän Chlopov: »Er war früher Kapitän in der russischen
Flotte gewesen, er hatte aber seinen Abschied genommen und war
Beamter in einer Bank geworden. Er behauptete, daß kein Christ mit
einem wachen Gewissen beim Militär dienen könne. Selbst hatte er
die unangenehmsten Erinnerungen an diese Zeit. Als er z.B. sein
Morgengebet gehalten hatte und Umgang mit Ihm gehabt hatte, der
die Liebe ist, und der in seinem Worte lehrt, daß man einander lieben
muß, daß man Freund und Feind lieben muß und allen wohltun und
für alle beten muß, die uns Schaden zufügen und uns verfolgen – und
nachher hinausgehen und Musterung halten mußte an den Waffen,
Revolvern, Säbeln und Kanonen, um festzustellen, daß sie in einem
solchen Zustand sind, daß damit Menschen verstümmelt und getötet
werden können, so sicher wie nur möglich, dieses war ein mörde-
rischer Gedanke für den inneren Menschen. Wie konnte Gottes Geist
dabei sein.«[3] Der Zusammenhang, in dem sich diese Aussage Svens-

[2] Vgl. hier S. 507ff.
[3] J. Svensson, De ewangeliska kristnas Konferens i St. Petersburg S. 15–17.
Svensson berichtet weiter von dem Gespräch mit Chlopov, daß dieser auch im Umgang mit den Menschen in seiner neuen Tätigkeit in der Bank keine Befriedigung
gefunden habe. Es sei ein Umgang mit vierhundert überzeugten Atheisten gewe-

sons befindet, läßt darauf schließen, daß er durchaus nicht die Gedankenwelt eines Außenseiters in der evangelischen Bewegung in St. Petersburg zu skizzieren versuchte, sondern daß Svensson diese Äußerungen als eine ernstzunehmende Stimme im inneren evangelischen Dialog ansah, dies umso mehr, als Svensson selbst eine andere Auffassung als Chlopov hatte.[4]

Auch Stefanovič bestätigte einige Jahre zuvor das Aufkommen von kritischen Fragen gegenüber der Ableistung des Wehrdienstes. Er bemerkte 1902, daß sich neulich eine neue Frage erhoben habe, »nämlich, ob ein Gotteskind in den Militärdienst treten darf oder ob es sich weigern muß, selbst wenn es die Regierung dazu zwingt, und überhaupt: Kann ein Soldat und Offizier Gotteskind sein, wenn er als Gläubiger beim Militär bleibt?« – Stefanovič gibt die Auskunft, daß die Antwort fast überall dieselbe war: »nein, er darf es nicht!« Er war selbst anderer Meinung: »Diese Auffassung der Waffen und des Militärdienstes stellt die Brüder und überhaupt die ganze evangelische Bewegung in ein falsches und sehr schlechtes Licht vor der russischen Regierung. Vorläufig ist diese Ansicht noch nicht sehr verbreitet.«[5]

In der Zeit bis zum Krieg, auch bis zur Revolution, ist es nicht mehr zu einer grundsätzlichen Auseinandersetzung in den evangelischen Gruppen und Bünden über die damit verbundenen Fragen gekommen. Doch ist das Gespräch darüber nicht verstummt. Im Zusammenhang mit der Aufstellung der Glaubenslehre der Baptisten und nachfolgend der Evangeliumchristen sind zwar die Fragen des Verhältnisses von Kirche und Staat grundsätzlich im Sinne einer Gehorsamspflicht nach Römer 13 beantwortet worden, die präzise Frage nach dem Militärdienst fand dagegen keine Antwort. In seiner Artikelfolge »Die Wahrheit über die Baptisten« äußerte sich Pavlov – es klingt wie eine Aufnahme umlaufender Diskussionen: »Wir erkennen die Obrigkeit an, ebenso auch den Militärdienst; wir halten uns für verpflichtet, der Staatsmacht in allem, was nicht gegen den Wil-

---

sen, die das immer wieder einreißen wollten, was er im Umgang mit Gott gewonnen hatte. »So nahm er wieder seinen Abschied und verbringt nun sein Alter in seiner Kammer mit seinen guten deutschen und englischen Büchern, die er zur eigenen Erbauung liest und ins Russische übersetzt, um seinem Volke zu dienen.«

[4] ebenda S. 17: »Als ich seine Beschreibung der Welt, in der er gelebt hatte, bedachte und das, was die russische Armee in der Mandschurei und in Tushima geleistet hatte, konnte ich nicht anders, als an den Heldenkönig Gustav II. Adolf und seine Siege in Deutschland denken. Das Christentum macht den Menschen tüchtig auf jedem Gebiet, aber nicht die Gottlosigkeit.«

[5] A.I. Stepanowitsch, Aus der Arbeit unter den Stundisten S. 19.

len Gottes ist, untertan zu sein (poborjatsja).«[6] Den immer wieder vorgebrachten Klagen von Russen über die mangelnde Loyalität von Baptisten gegenüber dem Russischen Reich begegnete Pavlov in der gleichen Folge, als er vom Patriotismus der Baptisten sprach. Dabei erwähnte er, daß anläßlich des Krieges Rußlands mit der Türkei 1877 die Gemeinde in Tiflis bereitwillig dem Aufruf des Generalgouverneurs des Kaukasus, des Großfürsten Michail Nikolaevič, Hilfe zu leisten, gefolgt sei. Zwei Sanitäter und zwei Krankenwärter aus ihren Reihen hätten sich zur Hilfeleistung zur Verfügung gestellt.[7] Wenig später nach diesen grundsätzlichen Äußerungen und dem historischen Rückblick – 1913 – wurde Fetler in das Departement der geistlichen Angelegenheiten fremder Bekenntnisse zu einer Erörterung über Fragen des Militärdienstes von Baptisten gerufen. Grund dafür waren Verweigerungen einzelner gewesen. Fetler erklärte, daß die Baptisten den Wehrdienst ableisteten; wenn einzelne sich weigerten, so könne es sein, daß sie sich als Baptisten bezeichneten, ohne doch, wie es bei vielen der Fall sei, von der baptistischen Lehre eine Ahnung zu haben.[8]

Anders als die Mennoniten, deren Einsatz während des Krieges sich auf Sanitätsdienst beschränkte, dienten Baptisten und Evangeliumschristen mit der Waffe. Briefe von im Felde stehenden Evangeliumschristen an Glieder ihrer Gruppen, die im Bratskij Listok in den ersten Kriegsjahren abgedruckt wurden, zeigen die gleiche Haltung, die in den Kriegsbriefen junger Deutscher, Engländer und Franzosen zum Audruck kam – das tiefe Betroffensein und zugleich das Verständnis, sich dem Geschehen nicht entziehen zu sollen. Der Masse der so ihren Kriegsdienst Erfüllenden stand aber eine nicht unbeträchtliche Zahl in allen evangelischen Vereinigungen gegenüber, die offiziell als Kriegsdienstverweigerer registriert worden sind. Eine Aufstellung über Kriegsdienstverweigerer von Kriegsanfang bis zum 1. 4. 1917 weist für das russische Heer insgesamt 837 Personen aus. Von ihnen waren 256 Evangeliumschristen, 114 Baptisten. 249 gehörten zu nicht näher genannten Gruppen, der verbleibende Rest zu 13 anderen Gruppen, von denen die Adventisten mit 70 Kriegdienstverweigerern den größten Anteil stellten.[9] Unterstellt man diese An-

6 Baptist 46/1911 S. 362.
7 ebenda 43/1911 S. 338.
8 Utr. zvezda 31/1913 S. 6, vgl. auch 32/1913 S. 5.
9 F. Putincev, Politič eskaja rol' S. 96–97, entsprechend Z.V. Kaliničeva, S. 50, die nur die Zahl der Baptisten angibt. Vgl. auch B.B. Djensen, Ogni v puti S. 23 über Verweigerungen im August 1914.

gaben als zutreffend, so erscheint der Anteil von Evangeliumschristen an der Gesamtzahl auffallend hoch. Er macht deutlich, daß die Diskussion über die Ableistung der Dienstpflicht unter den Gliedern der evangeliumschristlichen Gemeinden einen erheblichen Umfang angenommen hatte. Bezogen auf ihre Gesamtstärke war die Zahl der adventistischen Kriegsdienstverweigerer besonders hoch, in den Relationen noch höher als die der Baptisten.[10]

Der Einsatz eines als Revolutionär gewürdigten Baptisten[10a] ist auf dem Hintergrund der revolutionären Geschehnisse in Rußland zu sehen. Von diesen Geschehnissen her müssen auch die Ausführungen verstanden werden, die Prochanov auf der Moskauer Staatsversammlung im August 1917 gemacht hat. Nach der Darlegung des bisherigen Weges der russischen Freiheitsbewegungen und der Notwendigkeit ihres Zusammenkommens bezog er Stellung zu den konkreten Aufgaben der Zeit.[11] Angesichts der Gefährdung des Landes durch die deutschen Truppen, des sich zusammenballenden Gewitters des »preußischen Militarismus« einerseits, der Anarchie im Lande andererseits betonte Prochanov die Notwendigkeit, die Kräfte des Widerstands gegen die Bedrohung von außen und innen zu stärken. Dies führte ihn zu einer Unterstützung der Positionen der Provisorischen Regierung in ihrer erklärten Absicht, den Krieg fortzusetzen.[12]

Im Revolutionsjahr, im Jahre 1918 und in der Zeit des Bürgerkriegs änderte sich die Erörterung der anstehenden Fragen im Lande fortge-

[10] Regional gesehen stellten die Evangeliumschristen aus dem Moskauer Wehrkreis mit 97, aus dem Odessaer mit 26, aus dem Kiever mit 19, aus dem Kaukasischen Wehrkreis mit 18 den größten Anteil. Dies entsprach auch den Verbreitungsgebieten der Evangeliumschristen, wobei die Zahl für den Moskauer Bereich relativ hoch erscheint. Der Petrograder war mit 4 Verweigerern auffallend gering vertreten. Die Frage kann hier nicht beantwortet werden, ob die einheitliche Meinungsbildung in Petrograd sehr viel stärker gegen die Verweigerung gerichtet war und welche Rolle Prochanov dabei gespielt hat.

[10a] Diesen Angaben steht ein anderer Bericht entgegen, der einen Baptisten besonderer militanter Prägung zeigt. Unter den russischen Regimentern auf französischem Boden war es nach der Februarrevolution 1917 zu Unruhen gekommen. Die 1. russische Brigade wurde aus dem Frontbereich in der Champagne herausgezogen und in das rückwärtige Lager von La Courtine verlegt. Die 2. Brigade wurde mit der Niederschlagung der revolutionären Erscheinungen beauftragt. Unter Einsatz schwerer Waffen wurden im September 1917 immer mehr Angehörige der 1. Brigade zur Übergabe gezwungen. »Am 6. September waren insgesamt nur etwa 200 Mann übriggeblieben, entschlossen, sich lebend nicht zu ergeben. An ihrer Spitze stand der Ukrainer Globa, Baptist und Fanatiker: in Rußland würde man ihn Bolschewik genannt haben.« – Leo Trotzki, Geschichte der russischen Revolution S. 470.

[11] Gosudarstvennoe soveščanie S. 72. Vgl. W. Kahle, Renovatio und Reformatio im ostslavischen Protestantismus 1917–1929.

[12] S. Chromov, Christentum und Kriegsdienst – in: Slovo istiny 9–12/1918 S. 88/89.

setzt. Die Zahl derer, die gegen die Weiterführung des Krieges waren, und die Zahl derer, die sich gegen jegliche Ableistung von Militärdienst wandten, wurden immer größer. Zumal die Zeit des Bürgerkriegs in vielen Gruppen zu einem Überdenken bisheriger Positionen führte. Ausdruck dessen sind Umfragen, als deren Ergebnis im »Slovo istiny« festgestellt wurde, daß die ersten Christen an kriegerischen Verwicklungen nicht teil hatten, daß die Positionen von Gemeinden, die sich durch das Bild der Gemeinden in der ersten Christenheit verpflichtet wußten, nur besagen könnten, man müsse den Krieg als Tötung und Plünderung (grabez) ansehen.

Grundlage der Überlegungen wurde bei vielen ein anderes Verständnis neutestamentlicher Aussagen, ebenso der Durchbruch tolstoianischer Vorstellungen in den breiten Massen. In der Praxis flossen pazifistische Vorstellungen mit dem tiefen Ruhebedürfnis der Bevölkerung zusammen.[13]

Dem Friedenswillen und der Ablehnung des Dienstes mit der Waffe, die unter großen Teilen der Bevölkerung wirksam geworden waren – nicht zuletzt durch die Parolen der Bolševiki im Jahre 1917 – trug die Sovetregierung Rechnung. Am 4. 1. 1919 erließ sie ein Gesetz, das denen, die aus religiösen Gründen oder aus Gewissensgründen nicht bereit waren, Militärdienst mit der Waffe zu leisten, die Befreiung davon zusicherte. Folgende Praxis wurde nun geübt: Erschien ein Einberufener vor der Gestellungskommission, und konnte er nachweisen, daß er einer der Organisationen angehörte, die den Waffendienst ablehnten, so wurde ihm aufgrund eines Gerichtsspruches Befreiung zuteil. Zur Erhärtung seiner Aussagen vor der aus Volksrichtern bestehenden Gerichtskommission konnte er sich der Personen bedienen, die als Mandatare von einem neu gegründeten »Vereinigten Rat der religiösen Gesellschaften und Gruppen« beauftragt worden waren, durch ihr Gutachten die Entscheidung über Einberufung oder Aussetzung in strittigen Fällen herbeiführen zu helfen. Die Mandatsträger waren in vielen Fällen in der Lage, durch ihre Erklärungen solche, die den Militärdienst aus Glaubensgründen ablehnten, wirksam zu vertreten.[14]

---

[13] Ivanov-Klyšnikov führte auf dem 26. Kongreß der Baptisten 1926 aus: » . . . Für viele unserer Brüder und Schwestern wurde es schwer, allein schon das Wort ›Militärdienst‹ zu hören.« Als Grund dafür nannte er die eingetretene Bewußtseinsänderung in Verbindung mit Krieg und Bürgerkrieg, fernerhin das Dekret vom 4. 1. 1919 sowie die Wirksamkeit des Vereinigten Rats der religiösen Gemeinschaften und Gruppen. – Protokoly i materialy S. 98–113, hier S. 103ff.

In der Situation des Bürgerkriegs haben die Bestimmungen vom Januar 1919 der Sovetregierung viele Sympathien unter den Angehörigen pazifistischer Gemeinden und Bünde eingebracht. Noch 1923 wies P. V. Pavlov auf dem Baptistischen Weltkongreß in Stockholm darauf hin, daß die Haltung der Räteregierung beispielhaft ohne Parallelen sei.[15] Der Erlaß wurde in der Hand der Sovetmacht eine Waffe gegen die weißen Truppen und die von ihnen eingesetzten Verwaltungen. Hier fiel man in alte Fehler des Zarismus zurück. Von diesen Verwaltungen und den von ihnen getroffenen Maßnahmen hatten die evangelischen Bünde nichts zu erwarten. Diese ihre Auffassung erwuchs auf dem Hintergrund der langen bitteren Erfahrungen, die sie gemacht hatten. Auf der Seite der Sovetmacht – so stellte es sich vielen dar – gab es zwar auch viele Fehler, aber die Wahrneh-

---

[14] Der Text eines solchen Mandats liegt vor:
Vereinigter Rat
der religiösen Gemeinschaften und Gruppen
Moskau
den 23. Oktober 1919
Nr. 6201
Kanzlei: M. Ljubjanka Nr. 1
Adresse für Korrespondenz
Postamt Fach Nr. 291
Verkürzte Telegrammadresse
Moskau-Gewissen (Sovest)
                          Mandat
Das Präsidium des Vereinigten Rats der religiösen Gemeinschaften und Gruppen bestätigt hiermit, daß der Vorweiser dieses Dokuments . . . (Name) Mitglied des genannten Rates ist; er wird bevollmächtigt: 1) im Auftrage des Vereinigten Rats sich an Staatsinstitutionen mit Informationen, Gesuchen verschiedener Art und Anfragen zu wenden, 2) als Verteidiger von Personen aufzutreten, die aus religiösen und Gewissens-Gründen den Militärdienst verweigern, 3) Unterhandlungen zu führen und sich in allen Angelegenheiten des Rats der religiösen Gemeinschaften und Gruppen einzusetzen.
Das Präsidium des Vereinigten Rats der religiösen Gemeinschaften und Gruppen bittet alle Regierungsstellen und Organisationen, an welche . . . (Name) sich in Angelegenheiten des obigen Rats wenden wird, ihm . . . (Name) volles Vertrauen und alle mögliche Hilfe zu erweisen.
Unterschrieben:
Vorsitzender V. Čertkov
Mitglied M. Timošenko
Sekretär N. Dubenskoj
Handschriftlich ist am Rand des vorliegenden Mandats vermerkt: »Die Gültigkeit dieses Mandats ist verlängert bis zum 31. Dezember 1920« und »die Unterschrift des Bevollmächtigten (Name) bestätige ich, Mitglied des Vereinigten Rats, Mich. Timošenko, 5. 5. 1920.« Beglaubigung durch weitere Unterschriften.
Vgl. auch Marcinkovskij mit Angaben über seine Einstellung zur Dienstpflicht und die Durchführung seines Verfahrens vor dem Volksgericht – Gotterleben S. 87ff. hier S. 90/91.
[15] Vgl. Z. V. Kaliničeva S. 52.

mung dieser Fehler, so ernst sie sein mochten, war in der Anfangszeit mit dem Verständnis verbunden, daß es sich dabei um vorübergehende, um zwar nicht zu billigende, aber doch in der Revolutions- und Bürgerkriegssituation erklärliche Geschehnisse handele. Man hoffte, daß dieser Übergang bald einer besseren Normalität weichen würde, als sie bis 1917 bestanden hatte.

Zirkulare und Erläuterungen der Regierungsstellen, so vom 27. 8. 1920 und vom 14. 12. 1920, regelten einschränkend die Auslegung des Dekrets vom 4. 1. 1919. Nach staatlicher Auffassung hatte sich ergeben, daß mit den Gesuchen um Befreiung vom Waffendienst Mißbrauch getrieben worden war. Es ist häufig geäußert worden, daß der Wunsch nach Befreiung vom Militärdienst eine nicht unbeträchtliche Zahl von Bürgern veranlaßt habe, Mitglieder einer der vom Gesetz betroffenen Gruppen zu werden.[16] Manche dieser Gruppen haben auch nicht exakte Maßstäbe angelegt, so daß den staatlichen Klagen dadurch Vorschub geleistet wurde. Die Folge war, daß auch Schwierigkeiten in der Zusammenarbeit der im Vereinigten Rat verbundenen religiösen Gemeinschaften und Gruppen auftraten. Auf dem Kongreß der Baptisten 1921 wurde die Zusammenarbeit in diesem Aufgabenbereich nur noch mit Evangeliumschristen und Mennoniten als möglich angesehen, da die Willkür, mit der andere Gruppen die Freistellung ihrer Glieder vom Militärdienst zu erreichen suchten, sich zu einer Belastung für alle Beteiligten auswuchs.[17] Es kam schließlich in dem gleichen Jahr auch zu Verhaftungen von leitenden Mitgliedern des Vereinigten Rats.[18]

Mit dem Ende des Bürgerkriegs veränderte sich vollends die Stellung der sovetischen Organe zu den 1919 eingeräumten Möglichkeiten für Kriegs- und Militärdienstverweigerer. Ein Zirkular des Justizkommissariats aus dem Jahre 1923 stellte fest, daß Befreiung vom Waffendienst nur für solche Bürger in Frage käme, deren Gemeinden

[16] ebenda S. 54ff.
Ivanov-Klyšnikov ging in seinem Referat (vgl. Anm. 13) auch auf diese Sachlage ein. Nachdem er sich geäußert hatte, daß es in den vergangenen Jahren im Bund eine Verstärkung der antimilitaristischen Vorstellungen gegeben habe, fuhr er fort, daß unter den Verweigerern auch Leute aufgetreten seien, die in ihrem Verhalten unverschämt (deržkij) seien und die sich unduldsam gegenüber der Meinung anderer verhielten. Nach Feststellungen solcher, die offiziell mit den Fragen befaßt seien, sei die Mehrheit der Verweigerer ohne Überzeugungskraft und stehe in geistlich-sittlicher Beziehung niedrig. – S. 105/106.
[17] Slovo istiny 5–6/1921 S. 40.
[18] Vgl. »Die christliche Welt« 1923 Sp. 255 mit einer kurzen Meldung über diese Verhaftungen.

und Bünde, denen sie angehörten, bereits im Weltkrieg und unter dem Zarismus eine eindeutige pazifistische Haltung eingenommen hatten. Dies bedeutete eine erhebliche Einschränkung für den Kreis der Infragekommenden, er wurde reduziert auf Duchoborcy, Gruppen von Molokanen und auf Mennoniten. Die spätere Fassung des Militärgesetzes im Jahre 1925 nahm diese einschränkenden Festlegungen auf: »Bürger, die nach Geburt und Erziehung zu Familien gehören, welche Sekten angehören, deren religiöse Lehren die Ausübung des Militärdienstes mit der Waffe in Händen gegenwärtig verbieten und bis 1917 bereits verboten haben, können von der Ableistung des militärischen Dienstes durch Maßnahmen der staatlichen (oder ihnen entsprechender) Gerichte befreit werden.«[19]

Die Positionen der Bünde der Evangeliumschristen und der Baptisten waren dadurch erschwert, daß beide nicht zu denen gehört hatten, die bereits vor 1917 eine grundsätzlich ablehnende Haltung zum Waffendienst gefunden hatten. Beide Bünde hatten in ihren Glaubenslehren von 1906 bzw. 1911 neben der Versicherung der Loyalität gegenüber aller Obrigkeit, die von Gott gesetzt sei, die Zulässigkeit des Militärdienstes und des allgemeinen Dienstes im Staatsleben eindeutig ausgesprochen. In der Glaubenslehre der Baptisten von 1906 hieß es: ». . . Wir halten uns für verpfichtet, wenn es die Regierung von uns fordert, Militärdienst zu leisten (Acta Ap. 23,12–23; 24; Evgl. Luk. 3,14; Acta Ap. 10,1–2)«.[20] Die Glaubenslehre der Evangeliumschristen besagte in ihrem Artikel XVI »Beziehung zum Staate«: »Wir erkennen den Militärdienst an, als eine dem Staate zu leistende Verpflichtung (kak obrok), aber wir haben Gemeinschaft (obščenie)

---

[19] Wiedergegeben nach der mennonitischen Zeitschrift »Unser Blatt« 3/1925 S. 52, das hier den Text nach der Izvestja Nr. 217 (2550) vom 23. 9. 1925 wiedergibt: Teil XVIII, Über die Bürger, die aus religiösen Gründen vom Militärdienst befreit werden; Ziffer 216–221, hier 216.
Marzinkowskij berichtet in: Gotterleben S. 266/267, daß als Begründung seiner Ausweisung aus der Sovetunion auch die Gefährdung der Roten Armee durch seine Vorträge genannt wurden: »Wie soll ich das verstehen?« fragte ich erstaunt. »Ich habe doch niemals in Kasernen gesprochen und überhaupt keine Agitation in bezug auf den Kriegsdienst getan . . .« – »Schon richtig, aber bei Ihren Vorlesungen, wenn Sie das Evangelium predigen, sind im Publikum auch Soldaten der Roten Armee zugegen. Und manche von ihnen weigern sich dann, unter dem Einfluß des Evangeliums, weiter Soldat zu sein.«
[20] Zitiert nach A.I. Mickevič, Kak oščeščaet slovo Božie vopros ob otnošenii verujuščich k voennoj službe - in B. V. 3/1971 S. 66–71, hier S. 71. Die Erscheinungszeit dieses Aufsatzes und sein Tenor lassen darauf schließen, daß die im Titel ausgesprochene Sachlage erneut Gegenstand von Erörterungen in Gemeinden des Bundes der Evangeliumschristen/Baptisten geworden ist.

mit solchen, welche in dieser Frage anders denken.«[21] Der Unterschied der beiden Aussagen erscheint bemerkenswert; die der Evangeliumschristen spricht zumindest die Existenz solcher an, die neben ihnen oder auch in ihren Reihen in der Frage des Militärdienstes eine abweichende Auffassung hatten.

Im Schrifttum der Evangelischen vor dem Weltkrieg finden sich Beispiele für das unproblematische Verhältnis zu Fragen des Militärdienstes. In einem Artikel von V. V. Ivanov »Über den Bund«, in dem er die Notwendigkeit eines Bundes betonte, heißt es recht unbeschwert: »Ein Beispiel aus dem weltlichen Leben macht uns diese Frage klar. Die Menschheit besteht aus verschiedenen Personen. Die verschiedenen Personen gruppieren sich zu Familien, die Familien vereinigen sich zu städtischen oder dörflichen Gemeinschaften; vereinigt miteinander bilden sie einen mächtigen Staat, welcher eine Flotte aufbaut und eine starke Armee schafft . . .«[22] Ein solch positiv ausgesprochener Vergleich deutet nichts von der Infragestellung dieser staatlichen Funktionen und Bereiche an. Die Position beider Bünde wurde in der nach Ende des Bürgerkriegs anhebenden Auseinandersetzung über das Recht der Verweigerung des Dienstes mit der Waffe durch den Hinweis der staatlichen Stellen auf Äußerungen dieser Art, noch mehr aber durch massive Unterstützung der Kriegspropaganda erschwert. In diesem Zusammenhang wurde den Baptisten auch die von Fetler verfaßte Adresse an den Zaren, die die Unterschrift auch anderer leitender Baptisten trug, vorgehalten.[23]

Die Sovetmacht stand in den Jahren nach 1922 in heftigen Auseinandersetzungen mit der orthodoxen Kirche. Die dabei erfolgende Schwächung der Kirche führte auch zu einer anderen Bewertung der evangelischen Gruppen, die man bisher in ihrer Mission und Ausbreitung weithin hatte gewähren lassen. Die evangelischen Gruppen

[21] I.St. Prochanov, Izloženie Evangel'skij very, ili veroučenie Evangel'skich christian S. 27.
[22] V.V. Ivanov, O sojuze - in: Baptist 50/1910 S. 398.
[23] Die Adresse findet sich im »Gost'« 9/1914 S. 221–222 mit Datum vom 1. 9. 1914. Unter den Unterschriften befinden sich die Namen von V. A. Fetler, S. P. Stepanov, V. G. Pavlov, N. V. Odincov, I. Nepraš, P. V. Pavlov, M. N. Jasnovskaja. Die Adresse war als eine der Petrograder und Moskauer Baptistengemeinden deklariert. In einem Aufruf an die Gemeinden, ebenda S. 217ff. hatte es geheißen, daß es schlecht vorstellbar sei, daß ein Russe den Ruf des Zaren überhören könne, daß die enge Verbundenheit des Zaren mit seinem Volk sich noch mehr festigen möchte. Vgl. zu den Unterschriften der Adresse W. Gutsche, Religion und Evangelium S. 120/121. Gutsche weist darauf hin, daß die Unterschriften von Vater und Sohn Pavlov ohne deren Wissen von Fetler verwandt worden seien.

waren als ein Mittel der Aufspaltung der großen Kirche erschienen. Aus den wenigen Evangelischen der Jahre vor und um 1917 war aber inzwischen eine beachtliche Massenbewegung geworden. Die Evangelischen waren früher als Kräfte der Bedrohung der Ordnung und als staatsfeindlich dargestellt worden. Daraus resultierende Vorbehalte waren nicht nur unter den Orthodoxen geblieben, sondern auch noch unter denen wirksam, die mit der Vergangenheit des zaristischen Rußlands gebrochen hatten. Der Abfall ganzer Dörfer von der Orthodoxie und der Übergang zu Evangeliumschristen und Baptisten, das Wachsen ihrer Mitgliederzahlen um das Vier- bis Fünffache des Jahres 1917, ihre wendige Mission und leidenschaftlich wirkende Verkündigung mußte sie den Vertretern von Partei und Staat als eine stärker zu beachtende Größe erscheinen lassen.

Für die politisch Leitenden mußten größere Verbände, die für ihre Mitglieder zu einer Ablehnung der Militärdienstpflicht gelangten, eine Gefährdung und Infragestellung ihrer politischen Planungen bedeuten. Sie waren darauf ausgerichtet, durch eine starke Militärmacht das Land vor weiteren Interventionen von außen zu bewahren und eine Basis für die Ziele der Weltrevolution zu schaffen.[24] Schon in den Zirkularen in der Zeit des Bürgerkriegs, erst recht nach dessen Ende, hatte sich abgezeichnet, eine stärkere Kontrolle des Kreises von solchen zu erreichen, die den Dienst mit der Waffe ablehnten. Nunmehr ging es darum, den einzelnen, der um Befreiung vom Waffendienst nachsuchte, von der Unterstützung durch Bünde und größere Gruppen zu lösen. Es war abzusehen, daß bei der dann erfolgenden

---

[24] Marcinkovskij berichtet über den Gang eines Verhörs, dem er in den Dezembertagen 1922 in Moskau unterzogen wurde. Zu den Fragen des Untersuchungsführers gehörte die, ob er Marcinkovskij, Tolstoianer sei und wie er zum Kriegsdienst stehe: Der Untersuchungsrichter betonte dabei die Notwendigkeit des Selbstschutzes, die Verteidigung der Schwachen und »insbesondere Schutz der Eroberungen der russischen Revolution«. Marcinkovskijs Äußerungen dazu als eines mit den Evangeliumschristen verbundenen Mannes sind kennzeichnend für die in der allgemeinen Erörterung der Fragen verwandten Argumente: »Halten sie es für möglich, die Soldaten offen aufzufordern, ihre Waffen wegzuwerfen?« fragte er mich. »Das würde ich niemals tun«, erklärte ich, »ich enthalte mich jeglicher politischen Propaganda für den Antimilitarismus. Davon erwarte ich gar nichts. Wenn die Soldaten die Waffen wegwerfen, weil sie sich weigern, das Vaterland zu verteidigen, und zu Hause ihre Frauen mit Prügel traktieren, so halte ich einen solchen Pazifismus für unnatürlich und sehe in ihm nur Drückebergerei. Wenn aber ein wirklich wiedergeborener Mensch in allen Dingen, anfangend bei seinen Hausgenossen, Liebe und Vergebung atmet, so wird er ohne jegliche Propaganda das Gebot des Evangeliums von der Feindesliebe zu erfüllen suchen und nicht hingehen, um zu töten . . .« – Gotterleben S. 263.

Schwächung der Positionen dieser einzelnen es nicht lange dauern würde, daß sich deren Zahl schnell verringerte.

Die Auseinandersetzungen, die nun begannen, waren eingegliedert in die umfassenderen Bemühungen der Parteistellen und Behörden, noch vorhandene, ein Eigenleben führende Gruppen auf ihre Ziele festzulegen. Die Verhaftung Prochanovs im Frühjahr 1923, die folgenden Verhöre und die Erörterungen während der Haft Prochanovs in Moskau, die Erklärungen der Leitenden im Bunde vor aller Öffentlichkeit, die ihm folgten, stellten einen Teil der Politik dar, einzelne Gruppen fest in die politische Zielsetzung einzuordnen. Der Widerstand, der diesen Bemühungen von Partei und Staat zunächst von vielen, dann noch von kleineren Gruppen, schließlich nur noch von einzelnen in den Bünden, die auf der Ablehnung des Dienstes mit der Waffe beharrten, entgegengebracht wurde, dauerte kooperativ bis Ende 1926. Einzelne wehrten sich noch bis zum Ende des Jahrzehnts. Die Bünde der Evangeliumschristen, der Baptisten, der Pfingstgemeinden schwenkten zwischen 1923 bis 1927 auf die Linie der staatlichen Forderungen ein. Wer nach den Kongressen der Bünde im Herbst und Winter 1926 als einzelner noch auf seinem Widerstand beharrte, tat es nunmehr ohne die Billigung und Unterstützung seines Bundes. Das ist der Rahmen, innerhalb dessen Einzelvorgänge einzuordnen sind.

In der von Seiten der Partei- und Staatsstellen planmäßig durchgeführten Politik gab es verschiedene Geschehnisse, an denen sich der Streit entzündete. Neben dem »Evangeliumsruf« von 1922 hatte der Bund der Evangeliumschristen unter Prochanovs Federführung im September des gleichen Jahres auch einen Aufruf »Die Stimme des Ostens« veröffentlicht. Der Ruf war an die Kirchen der Welt gerichtet, er sprach sich dafür aus, daß die Christen die Lehren und Worte des Evangeliums ernster nehmen möchten und daß die Kirchen in der Welt in den Fragen der Einstellung zum Krieg und zum Militärdienst dieses Ernstnehmen konkretisieren möchten, »daß die Glieder der christlichen Kirchen jeder Betätigung am Krieg absagen sollen.«[25]

Prochanov hatte anläßlich seiner Teilnahme und einer Rede auf dem Kongreß der orthodoxen Gruppe der Altapostolischen Kirche vom 15. bis 20. 3. 1923 in Moskau am 16. 3. 1923 diesen Aufruf erläutert. Seine Teilnahme an dieser Versammlung hatte bei einer Reihe von Orthodoxen Widerspruch ausgelöst, weil sie bei aller Re-

---

[25] Vgl. W. Gutsche, Religion und Evangelium S. 116.

formfreudigkeit doch nichts mit einem Vertreter des Sektantstvo zu tun haben wollten. Aus diesem Widerspruch erwuchs ein Rundschreiben an orthodoxe Gemeinden, das auch den Organen der politischen Polizei zugeleitet wurde. Die Folge dieser Geschehnisse, bei denen neue staatlich politische Zielsetzung und althergebrachte orthodoxe Reaktionen miteinander verknüpft waren, waren Verhöre Prochanovs, zunächst in Petrograd. Zum 5. 4. 1923 erhielt er schließlich eine Vorladung nach Moskau, zu der Zentralstelle der Staatlichen Politischen Hauptverwaltung. An diese Vorladung schloß sich die längere Haft in Moskau an, sie war von zahlreichen Verhören erfüllt. Es ergab sich, daß man Prochanov wegen der Äußerungen in dem Aufruf »Stimme aus dem Osten« unter Anklage gesetzt hatte. Prochanov konnte darauf hinweisen, daß der Aufruf den Petrograder Zensurbehörden vor der Veröffentlichung vorgelegen hatte. Die Anklagepunkte bezogen sich u.a. darauf, daß er über die Sovetregierung ungünstige Gerüchte verbreitet habe und daß er in dem Aufruf durch sein Eintreten für die Waffenlosigkeit die Armee zum Ungehorsam auffordere.

Die nun folgenden Stadien der Vorgänge im Frühjahr und Sommer 1923 sind unklar. Folgendes zeichnet sich mit Gewißheit ab. Die Untersuchungsrichter wiesen Prochanov darauf hin, daß sich maßgebende Männer in der Leitung des Bundes der Evangeliumschristen von dem Aufruf distanziert hätten. Prochanov verlangte eine Gegenüberstellung mit diesen. Sie wurde ihm nicht gewährt, unter Hinweis darauf, daß die Distanzierung soweit ginge, daß die Betreffenden auch mit Prochanov selbst nicht zu sprechen wünschten. Schließlich kam es doch zu einem Beisammensein mit Andreev im Moskauer Untersuchungsgefängnis. Während einer kurzen Pause bei einem Verhör erzählte Andreev, nach der Darstellung Prochanovs, »daß er in die RPV beordert worden und ihm die Frage vorgelegt worden sei, ob die Evangeliumschristen öffentlich eine Erklärung über ihre Stellung zur Sovetregierung abgeben könnten. Er und andere Brüder hätten darüber in Petersburg verhandelt und wären dann übereingekommen, sich prinzipiell für die Anerkennung der Sovets und des Kriegsdienstes zu äußern.«[26]

---

[26] Prochanov hat in seinem Vortrag vor deutschen Baptisten im Frühjahr 1924 anläßlich seiner Reise nach Prag und Deutschland am 6. 4. 1924 die nachfolgenden Angaben gemacht. W. Gutsche, Religion und Evangelium, hat den Vortrag in leicht gekürzter Form wiedergegeben, S. 101ff.

In der Folge kam es schließlich zur Vorlage eines Entwurfs für ein Schreiben an die Gemeinden, der von den politischen und polizeilichen Organen maßgeblich bestimmt worden war. Prochanov lehnte zunächst wegen ihm unannehmbar erscheinender Formulierungen die Unterschrift ab. Als man ihm aber dann sagte, daß die Mitglieder der Leitung des Bundes mit dem Entwurf einverstanden seien, unterschrieb er schließlich. Dieser Billigung des Schreibens durch Prochanovs Unterschrift war, immer noch in Moskau, eine weitere Begegnung mit Mitgliedern des Rats vorausgegangen. Sie erzählten Prochanov, »daß sie bereit seien einzuwilligen, wenn man diese an uns gerichtete Schrift nicht als eine Erklärung, sondern als eine Einladung zu einer Konferenz ansehe.« Prochanov fährt fort: »Ich war in einer derart bedrückten Lage, daß ich mich nur einverstanden erklären konnte in der Hoffnung, daß dies tatsächlich nur eine Einladung zu einer Konferenz sei und daß diese Frage endgültig auf einem Allrussischen Kongreß entschieden werden würde. Eine Motivierung zur Unterschrift bildete jener Umstand, daß selbst unter den Evangeliumschristen darüber Uneinigkeit herrschte.«[27]

Prochanov wurde freigelassen, er erhielt sogar die Ausreisemöglichkeit zusammen mit einer Delegation des Bundes zu dem im Sommer in Stockholm stattfindenden Baptistischen Weltkongreß. Diese Genehmigung hing mit dem für die staatliche Seite positiven Verlauf ihrer unter Druck geführten Verhandlungen mit dem Bund der Evangeliumschristen zusammen. Nach der Rückkehr von Stockholm – der Kongreß dauerte vom 21. bis 27. Juli 1923 – erfolgten weitere Verhandlungen mit den Behörden. Den Wünschen Prochanovs nach Textänderungen in dem vorgesehenen Schreiben an die Gemeinden wurde hinhaltend begegnet, dann aber, vor einer Entscheidung darüber, erfolgte die Veröffentlichung des Schreibens in der Izvestija vom 12. 8. 1923. Es hatte folgenden Wortlaut:

»Sendschreiben des Allunionsrats der Evangeliumschristen an alle Gemeinden und an alle einzelnen Brüder, die im Bereich der sozialistischen Sovetrepublik wohnen.

---

[27] Manuskript S. 22, cf. W. Gutsche, Religion und Evangelium S. 114. Aus den vorliegenden Berichten geht nicht hervor, um welche Evangeliumchristen sowohl in der Leitung als auch in größeren Gemeindeverbänden es sich gehandelt hat. Es ist anzunehmen, daß I.V. Kargel wie auch Andreev zu denen gehörten, die den Waffendienst nicht ablehnten. Vgl. zu Kargel hier S. 400.

Liebe Brüder!

Dieses Mal schreiben wir Euch aus folgendem Grunde: Im September vorigen Jahres – 1922 – hat der Rat des Allrussischen Bundes der Evangeliumschristen einen Aufruf unter dem Namen ›Die Stimme des Ostens‹ an die ganze christliche Welt erlassen. In ihm wurde unter anderem gesagt, daß alle unsere Brüder Christi Lehre entschieden beachten möchten und daß die Glieder der christlichen Kirchen jeder Beteiligung am Krieg absagen sollten, auf Grund dieses Aufrufs ist unter einigen unserer Glieder die Frage aufgekommen, ob dies auch für Rußland gilt, in dem doch die Regierung als einzige in der Welt wirklich für die Interessen der arbeitenden Bevölkerung kämpft. Der Rat des Bundes der Evangeliumschristen hält es für seine Pflicht zu erklären, daß dieser Aufruf nur den Gläubigen im Ausland galt, die in ihrer Unwissenheit bis jetzt immer noch die Interessen des Kapitals vertreten.

Was die Sovetregierung anbetrifft, so muß unser Verhalten zu ihr so sein, wie das Wort Gottes vor allem anderen verlangt. Es gebietet, nicht aus Furcht allein, sondern auch um des Gewissens willen untertan zu sein (Röm. 13,1–5). Unser Verhalten muß aus der Überzeugung erwachsen, daß die Sovetmacht aufgrund der erfolgten Umwälzungen sich den anderen Ländern gegenüber in einer besonderen Lage befindet und mit besonderen Schwierigkeiten zu kämpfen hat. Es ist deshalb unsere Pflicht, mit Ernst und Eifer ihr gegenüber alle unsere Aufgaben in allen Bereichen des Staatswesens zu erfüllen und alle unsere Kräfte und Kenntnisse daranzusetzen, diese Macht zu stärken und zu stützen, die mit allen ihr zu Gebote stehenden Mitteln bemüht ist, die Ideale zu verwirklichen, die Christus seiner Gemeinde aufgewiesen hat.

Der Bund hat Kenntnis davon erhalten, daß eine Reihe unserer Brüder in den Grenzen Rußlands dafür Propaganda gemacht hat, sich gegen den Militärdienst, die Zahlung von Steuern usw. aufzulehnen. Der leitende Rat des Bundes der Evangeliumschristen verurteilt hiermit solche Handlungen ganz energisch. Wir glauben, daß der Sovetregierung, die sich grundsätzlich gegen jeglichen Krieg ausspricht und alle Völker der Welt zur Abrüstung auffordert, eine bedeutende politische Rolle in der Welt bestimmt ist. Sie stützt sich auf die Masse des werktätigen Proletariats, sie ist berufen, das zu verwirklichen, wonach sich die ganze leidende Menschheit sehnt: die Verwirklichung einer Weltordnung, die alle Kriege unnötig und unmöglich macht.

Das Wirken der Sovetregierung, die sich als Hauptziel gesetzt hat, die arbeitenden Massen von der Ausbeutung durch das Kapital zu befreien, den Armen zu helfen usw., entspricht ganz dem Geist der Evangeliumschristen; uns hat Christus, der selbst arm war, gelehrt, uns der Armen anzunehmen und die Gebeugten aufzurichten, wie er es selbst getan hat. Bei einem aufrichtigen und treuen Verhalten der Evangeliumschristen zur Arbeiter- und Bauernmacht ist es selbstverständlich, daß dann auch unser Verhältnis zu allen Mächten, die der Sovetrepublik feindlich gesonnen sind, schlechthin ablehnend sein muß.

Der Allrussische Bund der Evangeliumschristen, der etwa zwei Millionen Glieder und Sympathisanten hat, sieht in der Sovetmacht den klaren Ausdruck des Volkswillens. Ihr Regierungssystem entspricht seiner Grundlage nach am meisten dem Empfinden des russischen Volkes. Der größte Teil unserer kapitalistischen und monarchistischen Emigration hat sich bis jetzt nicht in diese Gegebenheit hineinfinden können, er führt einen erbitterten Kampf gegen die Sovetmacht, um dem Kapital wieder die Herrschaft zu verschaffen; das wird aber nie mehr möglich sein. Die Evangeliumschristen haben unter der alten Regierung mit allen Mitteln, die uns nach Christi Wort zu Gebote standen, für die Gewissensfreiheit gekämpft. Die Sovetregierung verwirklicht jetzt diese Gewissensfreiheit, sicherlich mit den Mitteln der Welt. Wir fordern alle unsere Brüder auf, treu und ohne Vorbehalte in allen Sovet-Einrichtungen mitzuarbeiten, sei es in Militär- oder sonstigen Dienststellen, und ebenso, ihren Dienst in der Roten Armee zu erfüllen, sich der Disziplin zu unterstellen und allen Anordnungen der Sovetmacht exakt zu folgen und so zu helfen, daß die Sovetregierung angesichts aller ihr von außen drohenden Gefahren gestärkt werde. Wir brauchen unsere Brüder davon wohl nicht weiter zu überzeugen, wie nötig es ist, ganz und gar der Sovetmacht zu gehorchen, denn dies befiehlt uns ja das Wort Gottes im Römerbrief 13,1–5. Die aufrichtige Einordnung in die Sovetmacht ist umso mehr erforderlich, als sie uns durch das Dekret der Trennung der Kirche vom Staat unsere geistliche Selbständigkeit garantiert und uns vollständige Gewissensfreiheit gewährt.

Wir haben die grundsätzliche Genehmigung zur Einberufung des Allrussischen Bundeskongresses, zur Herausgabe der religiös-gesellschaftlichen Zeitschrift ›Utrennjaja zvezda‹ und anderes mehr. Auf dem Kongreß werden alle hier aufgeworfenen Fragen behandelt werden; außerdem sollen Richtlinien zur Verbreitung des Evangeliums und seiner Botschaft im Rahmen der Prinzipien der Sovetmacht erarbeitet werden.«[28]

Die Unterzeichner des Sendschreibens waren der Vorsitzende der Moskauer Gemeinde, F. Savel'ev, A. Andreev, der als Bevollmächtigter des Bundes fungierte[29], V. Belevin als Vizepräsident des Bundes und I. St. Prochanov. Die Veröffentlichung des Sendschreibens stieß in den Gemeinden des Bundes, in anderen protestantischen Gruppen auf ungläubiges Erstaunen; vielfacher Widerspruch wurde laut. Der baptistische Widerspruch war mit den Beschwernissen verbunden, die man im Umgang mit den Evangeliumschristen in den Jahren zuvor während der Einigungsverhandlungen empfunden hatte. Alle religiösen Gruppen standen im Sommer 1923 unter heftigen Pressionen seitens der Behörden. Der Veröffentlichung des Sendschreibens in der Izvestija war bereits die Mitteilung im gleichen Blatt vorausgegangen, nach der Patriarch Tichon ein Schuldbekenntnis abgelegt hatte und daraufhin aus der Haft entlassen worden war.[30] Wenig später hatte die Izvestija auch noch den Hirtenbrief des Patriarchen veröffentlicht, in dem dieser Bischöfe, Priester und Gemeinden der orthodoxen Kirche über seine Schuld gegenüber dem Sovetstaat unterrichtete und diesem gegenüber zur Loyalität aufrief.[31] Für die Baptisten zeichnete sich ebenfalls ab, daß sie von staatlicher Seite zu einer Entscheidung genötigt würden. Das von Prochanov und den anderen unterzeichnete Sendschreiben mußte sich auf die Entschließungen, die die Baptisten zu treffen hatten, wie eine Vorentscheidung auswirken. Bei den in den vergangenen Jahren anläßlich der Einigungsverhandlungen neu aufgetretenen Spannungen zwischen den Bünden führte der Schritt der Evangeliumchristen dazu, Prochanov vorzuwerfen, er sei ihnen in den Rücken gefallen.

Prochanov hat sich im Frühjahr 1924 vor einem Freundeskreis von Baptisten aus Deutschland und Mitteleuropa geäußert, »daß das Erscheinen des Aufrufs unerwartet kam und traurig ist.« Rechtfertigend fügte er hinzu: »Aber man muß ihn nicht wie eine Erklärung,

---

[28] Izvestija 12. 8. 1923.
[29] Diese Bevollmächtigung außerhalb der regulären Ordnung in der Bundesverwaltung bezog sich wohl darauf, daß die politischen Behörden als ihren Gesprächspartner während der Haft Prochanovs Andreev gewählt hatten und diesem dafür eine Bevollmächtigung von den anderen Mitgliedern des Rats erteilt worden war.
[30] Izvestija 27. 6. 1923 Nr. 141.
[31] ebenda 4. 7. 1923.

sondern als Vorbereitung zu dem genannten Kongreß betrachten.«[32] Diese Darstellung Prochanovs enthält freilich nur einen Teil dessen, was über die gesamten Vorgänge zu sagen ist. Seine Äußerungen vor einem baptistischen Forum deuten an, wie sehr die Fragen, die mit dem Schritt der Evangeliumschristen zusammenhingen, allen Evangelischen in der Sovetunion, darüber hinaus Baptisten in anderen Ländern, die an dem Ergehen des Baptistenbundes in der Sovetunion besonderen Anteil nahmen, zu schaffen machten. Ebenfalls 1924 kam es in Danzig zu einem Gespräch über diese Fragen zwischen Waldemar Gutsche und Prochanov. Nach den Vorgängen im einzelnen befragt, erwiderte Prochanov: »Man hat mich betrogen.«[33] Damit kennzeichnete er das Verhalten der staatlichen Organe ihm gegenüber.

Der IX. Kongreß der Evangeliumschristen vom 1. bis 10. Oktober 1923 hatte sich mit dem Sendschreiben vom August zu befassen. Es gab eine beachtliche Opposition, die sich in den vorausgegangenen Monaten gegen die Auffassungen im Sendschreiben gebildet hatte, sie kam auf dem Kongreß zu Wort. Prochanov schildert den Verlauf: »Wir erklärten alles eingehend und versicherten, daß der Aufruf keine Deklaration, sondern lediglich eine Einladung zu dieser Konferenz unter Hinweis auf jene Fragen sei, die wir zu besprechen gedächten. Alles beleuchteten wir vom Standpunkt des Wortes Gottes. Die Frage nach dem Verhältnis zur Regierung wurde sehr einfach gelöst und zwar von Röm. 13. Paulus schrieb von der heidnischen Gewalt und von grausamen Imperatoren. Der Gedanke der Macht stamme von Gott, und er sende die verschiedenen Regierungen für die Durchführung bestimmter Zwecke. Natürlich hat auch die Sovetregierung ihren gewissen Zweck.«[34] Prochanov vermerkt, daß der Kongreß den Beschluß zu dieser Feststellung einstimmig angenommen habe. In zweiter Linie sei dann die Frage des Kriegsdienstes besprochen worden. »Es wurde fast augenblicklich auch in dieser Frage Einigkeit erzielt.« Über den Verlauf der Aussprache und der nachfolgenden Abstimmung berichtete Prochanov: »Einige äußerten sich positiver, andere ablehnender, z.B. bekannte sich Kargel zur vollen Anerkennung des Kriegsdienstes. Die vorgelegte Resolution wurde von der erdrükkenden Mehrheit angenommen.«[35]

[32] Manuskript Prochanov S. 24.
[33] Mitteilung von W. Gutsche an den Verfasser.
[34] Manuskript Prochanov S. 23.
[35] Manuskript Prochanov S. 22/23.

Die Resolution, die der Kongreß zum Inhalt des Sendschreibens vom August faßte, hatte folgenden Wortlaut:

»Nach langer Beratung und unter viel Gebet hat die Synode mit erdrückender Mehrheit folgenden Beschluß gefaßt:

Nach Anhören der Berichte über die Stellung der Evangeliumschristen zum Staat und zum Militärdienst und einer allseitigen Prüfung derselben, bestätigt die IX. Allrussische Synode der Evangeliumschristen die Richtigkeit ihrer Glaubenslehre, welche für jeden Evangeliumschristen die Notwendigkeit eines aufrichtigen Verhaltens zur bestehenden Obrigkeit vorschreibt und den Militärdienst als eine Schuldigkeit ihr gegenüber anerkennt. Darum schließt sich die Synode dem von den vier Brüdern F. Savel'ev, A. Andreev, V. Belavin und I. S. Prochanov unterschriebenen Sendschreiben an und beschließt:

1) sich aufrichtig der Sovetregierung gegenüber zu verhalten und sie nach Möglichkeit zu unterstützen, aufgrund des Wortes Gottes: ›Nicht allein um der Strafe, sondern um des Gewissens willen.‹ Röm. 13,1–5.

2) Agitation gegen den Militärdienst und gegen die Bezahlung der Steuern nicht zuzulassen, weil diesem Gottes Wort widerspricht, Röm. 13,5–7. Die Synode verurteilt daher derartige Handlungen.

3) Die Stellung der Synode zu allen Mächten, die der Sovetregierung feindlich gesonnen sind und sie bekämpfen, die Stellung auch zu unserer kapitalistischen und monarchistischen Emigration sowie zu allen, die auf persönliche Bereicherung und auf die Ausbeutung des Volkes ausgehen, ist eine ganz und gar ablehnende. Luk. 12,15; 1. Tim. 6,10 u. 17.

4) In der Frage der Wohltätigkeit und Hilfe für die Armen beschließt die Synode, daß solche Hilfe nicht nur den Glaubensgenossen, sondern auch allen anderen zu erweisen ist. Röm. 12,20.

5) Der Militärdienst in der Sovetrepublik wird als eine dem Staat zu erweisende Leistung anerkannt, d.h. jeder Evangeliumschrist ist

Die Protokolle des Kongresses weisen aus, mit welcher Härte um die Sache gerungen wurde. Zu dem Sendschreiben äußerten sich im Blick auf die Beziehungen zum Staat und den Militärdienst 46 Delegierte in der Diskussion. Bei der Abstimmung gab es 205 Stimmen für die Billigung, 20 Gegenstimmen bei 33 Enthaltungen. – Protokoly 9-go s'ezda S. 14. Für die Annahme des Sendschreibens gab es im Verlauf des Kongresses noch 12 Nachmeldungen. Wie es zu diesem Wechsel der Meinungen kam, ist nicht angegeben. Die verbesserten Zahlen lassen auf Abspaltung von den Zustimmungen andererseits schließen. Es werden 227 Stimmen gegen 41 Gegen- und Enthaltungsstimmen genannt. – ebenda S. 16.

dazu verpflichtet. Die Art der Ableistung des Dienstes jedoch ist der Überzeugung eines jeden Evangeliumschristen überlassen, in Übereinstimmung mit den in dieser Frage bestehenden Gesetzen der Sovetrepublik (mit der Waffe, im Sanitäts- oder Arbeitsdienst).«[36]

Die Resolution des Kongresses hatte damit die Positionen des Sendschreibens aufgenommen und unterstrichen. Die in beiden Äußerungen ausgesprochene Feststellung, daß es heftige Reaktionen gegen allen Wehrdienst gebe und Propaganda für die Steuersabotage, ist ein summarischer Hinweis. Wo solche Ablehnung geübt und die Steuerzahlung sabotiert wurde, hat es sich nicht um Vorgänge gehandelt, die auf Evangeliumschristen beschränkt gewesen wären. In der Zeit des Kriegskommunismus hatten die staatlichen Organe allerorten mit großen Schwierigkeiten zu kämpfen gehabt, um die Abgaben für den Staat, vor allem Sachlieferungen, einzutreiben. Dies hing nicht allein mit dem allgemeinen Mangel, sondern auch mit der oft unklugen Weise zusammen, mit der Kommandos den Bauern die Sachleistungen abforderten. Die Resolution des Kongresses war zu einer umfassenden Loyalitätserklärung geworden. Die Evangeliumschristen stellten sich mit ihr auf die Linie der Positionen der Staatsorgane gegenüber fremden Mächten und der im Ausland aktiven russischen Emigration. Die Entscheidung in den Ziffern 3 und 4, die Unterstützung der sozialen Intentionen des Staates, die Erweiterung möglicher Hilfsmaßnahmen auf den Kreis aller Bürger, unbeschadet ihres Glaubens und ihrer Konfession, ist auf dem Hintergrund der Auseinandersetzungen des Staates mit der russisch-orthodoxen Kirche um die Auslieferung der Kirchenschätze zu sehen. Theoretisch bedeutete diese Entscheidung, daß in den Fragen der sozialistischen Entwicklung und diakonisch gemeindlicher Maßstäbe der Kongreß auf eigene Stellungnahmen künftig verzichtete. In der Frage des Militärdienstes war die Stellung einzelner noch respektiert. Sie wurden aber nicht mehr unterstützt, wenn sie sich in Gegensatz zu den sich abzeichnenden Intentionen der staatlichen Organe stellten. Der Kongreß gab für den Bund auch den Wunsch nach bisher

---

[36] Protokollauszug – SM 1935. Er stellt zusammen mit anderen Abschriften öffentlicher Erklärungen von Kirchenvertretern 1923 eine Anlage zu einem Schreiben Prochanovs dar. Prochanov hatte sich aufgrund heftiger Angriffe 1934, die hauptsächlich in den Niederlanden wegen seiner Haltung 1923 erhoben wurden, zu diesem Schreiben entschlossen gehabt.
Vgl. den offiziellen Text in: Protokoly 9-go Vsesojuznogo s'ezda Evangel'skich Christian v Petrograde v 1923 godu – Petrograd 1923 S. 14, Sitzung vom Mittwoch, 5. 9. 1923.

möglich gewesener Mitsprache auf, wie sie sich im Vereinigten Rat der religiösen Gruppen und Gemeinschaften bislang manifestiert hatte..

Den Verantwortlichen im Bund war daran gelegen, die Vorgänge vom Frühjahr bis zur Durchführung des Bundeskongresses in einem positiven Licht erscheinen zu lassen. Dem gleichen Ziel diente auch die Interpretation von Formulierungen in der Resolution des Kongresses zu dem Sendschreiben. Prochanov stellte dies dar: »Der Beschluß lautete: ›Wir betrachten den Kriegsdienst gemäß den waltenden Gesetzen als eine Pflicht, überlassen es aber jedem Christen, darin nach seinem Gewissen zu handeln.‹ Diese Formel ist auf unserer Glaubenslehre aufgebaut. Wir sehen den Kriegsdienst für unsere Aufgabe an, haben aber brüderliche Gemeinschaft mit denen, die darin anders denken. Dabei haben wir in unserer Formel auch jene in Schutz genommen, die den Waffendienst mit ihrem Gewissen nicht vereinbaren können. Der Ausdruck ›gemäß den waltenden Gesetzen‹ weist ja auf jene Artikel des Gesetzes hin, kraft deren Menschen ihrer religiösen Überzeugung gemäß vom Kriegsdienst freigestellt werden können . . . Es ist gut, daß man die Lösung dieser großen Frage dem Gewissen jedes einzelnen überließ.«[37] Dies war eine beschönigende Sicht; Prochanov hat hierbei nicht den Zwang erwähnt, unter dem mehr und mehr alle die standen, die in dieser Frage noch allein ihrem Gewissen ohne den Rückhalt des Bundes zu folgen bereit waren.

Auch die Folgen der Loyalitätserklärung für das gesamte Leben des Bundes wurden von Prochanov seinen Hörern im Frühjahr 1924 als positiv bedeutsam betont. Die Sovetregierung habe den Beschluß des Kongresses richtig verstanden, »und in vielen Fällen wurden Brüder, denen der Waffendienst unmöglich war, gänzlich davon befreit. Noch vor meiner Abreise ins Ausland – betonte Prochanov vor seinen Hörern – wurde mir mitgeteilt, daß in Minsk ein Bruder aufgrund dieses Protokolls vom Dienst befreit wurde.« Als eine weitere positive Folge der Erklärungen bezeichnete es Prochanov, daß die Regierung nunmehr völlige Klarheit über die Einstellung des Bundes zu ihr habe, daß die von Kreisen der russisch-orthodoxen Kirche immer wieder gegen die Evangeliumschristen bei den sovetischen Stellen vorgebrachten Vorwürfe der politischen Unzuverlässigkeit kein Gehör mehr finden könnten. »Kein einziger Bote des Evangeliums begegnet heute in seiner Tätigkeit irgendwelchen Hindernissen.«[38]

[37] Manuskript Prochanov.
[38] ebenda.

Diese Sicht entsprach nicht dem, was sich auf der Ebene der Gemeinden und größeren Gemeindeverbände abspielte, als dem Kongreß zahlreiche regionale Konferenzen – Prochanov nennt die Zahl 30 – folgten. Hier war man mancherorts nicht bereit, der glättenden Sicht Prochanovs und des Rats des Bundes sowie den mit großen Mehrheiten getroffenen Entscheidungen des Kongresses zu folgen.[39] Auch solche, die auf dem Kongreß im Sinne der Resolution zum Sendschreiben votiert hatten, bezogen in ihren Gemeinden und Regionen erneut die Position der Ablehnung des Militärdienstes und der als zu weitgehend verstandenen Loyalitätserklärungen. Es gab nicht unbeträchtliche Gruppen, die Prochanov vorwarfen, daß er vom Teufel besessen sei und dieses Verdikt auch auf die »Prochanovcy«, d.h. die in dem Sinne des Sendschreibens auf dem IX. Bundeskongreß votiert hatten, ausdehnten.[40] Eine kurze Mitteilung aus gut unterrichteter Quelle vom Jahre 1924 spricht davon, daß im Bund 1923 ein »Bruderkrieg« ausbrach, »durch einen Schritt der Leitung hervorgerufen . . .« »Der Kompromiß mit der Gewalt verdarb die erste Christenheit. Er wird auch die evangelische Kirche, ›die Evangelischen Christen‹ verderben, wenn nicht zur rechten Zeit ein Ausweg zu dieser Situation gefunden wird.« Zu einer großen Spaltung ist es nicht gekommen, zumal in dieser Zeit Verhaftungen von Opponenten die Kraft der gegen Prochanov und die Bundesleitung sich bildenden Opposition lähmten. Ein gleiches geschah im Bund der Baptisten, auch hier wurden durch die staatlichen Organe Verhaftungen von Wortführern vorgenommen, die Loyalitätserklärungen ihres Bundesorgans nicht zu teilen bereit waren.[41]

Vorbehalte gegen die durch den Kongreß beschlossene Resolution

[39] Waldemar Gutsche wies in einem Brief an den Verfasser August 1971 darauf hin, daß die Gemeinden im Lande die Träger des Widerstrebens gegen den Waffendienst waren. Der Streit habe erst im weiteren Verlauf die führenden Brüder ergriffen. »Die ›Väter‹ aber, Pavlov, Kargel, Prochanov hüllten sich in Schweigen, bis ihre Zeit kam. Unter dem Druck der sovetischen Regierungsorgane in den Jahren nach 1919 nahm die Zahl der Kriegsgegner merklich ab und die Stimmen der ›Väter‹ wurden lauter.«

[40] E. Jaroslavskij, Na antireligioznom fronte berichtet S. 231/232 über den Kongreß der Evangeliumschristen. Er teilt hier, was auch von anderen bestätigt wird, mit, daß der Vorwurf der Besessenheit Prochanovs und anderer Leiter erhoben worden sei und daß Opponenten dafür gebetet hätten, daß dieser Teufel (bes) aus den »Prochanovcych« ausfahren möchte. Über die staatspolitischen Folgen der Beschlüsse äußerte sich Jaroslavskij, daß nunmehr eine Zusammenarbeit des Bundes mit dem Volke möglich würde (S. 231).

[41] Licht im Osten 3/1924 S. 19. Vgl. zu den Entscheidungen im Bund der Baptisten hier S. 390.

fanden einen doppelten Ausweg. In diesem Zeitraum fanden manche Evangeliumschristen Zugang bei den schnell wachsenden Pfingstgemeinden, den Christen des evangelischen Glaubens. Unter ihnen befand sich eine ganze Reihe von Presbytern, die den Bund verließen, um ihrer bisherigen Vorstellung treu bleiben zu können. Zwar wurden wenig später auch in den Pfingstgemeinden die gleichen Entscheidungen im Sinne der staatlichen Vorstellungen getroffen. Die Pfingstgemeinden boten 1923, 1924, eschatologisch ausgerichtet und auf freie geistliche Entfaltung jedes einzelnen bedacht, noch für manche Evangeliumschristen die Möglichkeit zu einer kritischen Auseinandersetzung mit dem vielen so unverständlich erscheinenden Schritt der Bundesorgane. Die absolute Zahl der zu den Pfingstgemeinden vom Bund der Evangeliumschristen Übertretenden war allerdings nicht so groß, daß sie die Existenz des Bundes gefährdet hätten.

Die Bildung einer selbständigen separierten Gruppe war ein anderer Weg, seine Opposition zu bekunden. Das Zentrum dieser Separation bildeten Gemeinden des Krasnoborotskij Rayon im Moskauer Gebiet. An ihre Spitze trat der Presbyter der Moskauer Gemeinde F. S. Savel'ev. Er hatte zu den vier Unterzeichnern des Sendschreibens vom August 1923 gehört. Jarcev verlegt die Spaltungsvorgänge in die dem Kongreß von 1926 folgende Zeit. Es mag sich so verhalten haben, daß die sich 1923 bildende Opposition im Moskauer Gebiet sich nach der Entscheidung des X. Bundeskongresses erneut bestätigt sah und ihre Proteste gegen den Bund verstärkte. Jarcev berichtet: »Ein Teil der Teilnehmer des Kongresses, zusammen mit ihren Parteigängern in den Orten gingen nun den Weg des Raskol weiter. Es sonderten sich die sogenannten Krasnoborotcy ab, die eine besonders starke Tätigkeit in Moskau und im Moskauer Gouvernement entfalteten und sich von dort aus bemühten, sich auch in den angrenzenden Gouvernements zu verbreiten. Mit den Krasnoborotcy hob ein erbitterter Kampf an, der mit sektantischer Unduldsamkeit geführt wurde.«[42]

Die Opposition zerbrach. Im »Christianin« erschien 1927, auf Savel'evs Bitte aufgenommen, ein Brief von ihm mit Datum vom 8. 7. 1927. Der Brief war mit den Zitaten von Daniel 2,21 und 1. Petrus 2,13–14 eingeleitet.[43] »An den Bruderrat der Moskauer Gemeinde der Evangeliumschristen des Krasnoborotskij Rayons. Meine lieben

---

[42] Jarcev S. 42.
[43] Daniel 2,21: Er ändert Zeit und Stunde, er setzt Könige ab und setzt Könige ein, er gibt den Weisen ihre Weisheit und den Verständigen ihren Verstand.
1. Petr. 2,13–14: . . . Seid untertan aller menschlichen Ordnung . . .

Brüder im Herrn! Ich habe eingehend nachgedacht und bin zu der Überzeugung gekommen, daß ich ganz allgemein den sozialistischen Aufbau der Sovetmacht (sovvlast') unterstützen muß; ich erkenne ebenso die Verpflichtung zum Militärdienst gemeinsam mit allen Bürgern der Sovetmacht an. Meinen Brüdern gebe ich den Rat, die anstehenden Fragen in dem dargelegten Sinne zu bedenken. Mit brüderlichem Gruß F. S. Savel'ev.«[44] Weitere Angaben sind im »Christianin« nicht enthalten. Mit der Loyalitätserklärung Savel'evs war aber nicht zugleich jeglicher Widerspruch gegen die Stellungnahme des Bundes in der Frage der Loyalitätserklärung und insbesondere des Militärdienstes verstummt. Jarcev erwähnt, daß es immer noch Widerspruch gegeben habe: ». . . auch innerhalb der Sekte wurde die Resolution des X. Kongresses nur formal angenommen . . . Alle evangelistische Verkündigung war gegen die Arbeit zur Verstärkung der Verteidigung des Landes gerichtet. Im Vyšnevolockoier Kreis ging man sogar soweit, daß während einer Kampagne zur Verteidigung des Landes ein Demonstrationszug durchgeführt wurde, mit der Darstellung Chrisi auf einem Transparent und der Unterschrift: ›Du sollst nicht töten‹.«[45] Der kritische Beobachter Jarcev konstatiert wiederholt, daß die innere Einstellung von Angehörigen des Bundes der Evangeliumschristen zur Wehrfrage gebrochen erscheine. Die Entscheidung des X. Kongresses 1926 schloß nach seiner Auffassung nicht die innere, vorbehaltlose Unterstützung der Glieder des Bundes für die Wehrertüchtigung und für die Mitarbeit in vormilitärischen Organisationen wie dem Ossoaviachim ein. Das trifft wohl zu. Es hängt damit zusammen, daß den Teilnehmern der Kongresse und auch den einzelnen vor Ort Entscheidungen abverlangt wurden, die zu einer unzumutbaren Belastung führten.

Der letzte, X. Bundeskongreß, hatte sich noch einmal mit der Frage des Militärdienstes zu befassen gehabt. Er nahm formal die Entscheidung auf, die der IX. Kongreß 1923 getroffen hatte, jedoch nicht mit einem überzeugenden Mehrheitsverhältnis, folgt man den Angaben bei Jarcev. Danach nahmen an der Abstimmung über die Fragen des Militärdienstes 334 Delegierte teil. Für die vom Präsidium des Bundes unterstützte Resolution stimmten 224 Delegierte, dagegen votierten 37, während sich 73 Delegierte der Stimme enthielten.[46] Dies

---

[44] Christianin 7/1927 S. 64. Vgl. hier S. 255.
[45] Jarcev S. 43, ferner 4. Aufl. S. 28.
[46] ebenda S. 43.

war zwar eine ausreichende Mehrheit von etwas über zwei Drittel aller an der Abstimmung Beteiligten[47], doch mußte dieses Resultat sowohl dem Bund Anlaß zu weiteren Überlegungen wie den staatlichen Stellen Anlaß zu erneuten Vorstößen geben. Nach Prochanovs Angaben waren insgesamt 507 Delegierte beim Kongreß anwesend. Trifft dies zu, so haben an der Abstimmung über den Militärdienst auffällig viele Delegierte nicht teilgenommen; der Stimmenanteil für die Resolution sank dadurch auf unter 50% der Stimmberechtigten.

Der Kongreß faßte die nachfolgende Resolution: »Der Kongreß hat die Frage der Beziehung der Evangeliumschristen zur Militärpflicht allseitig erwogen. Er unterstreicht seine tiefe Friedensliebe und seinen unerschütterlichen Glauben an den Anbruch der Zeit, da die Menschen ihre Schwerter in Pflugscharen und ihre Speere in Sicheln umschmieden werden (Jes. 2,4). Die Evangeliumschristen sind einmütig der Meinung, daß die Union der SSR eine Streitmacht für die Verteidigung und für die Aufrechterhaltung der Ordnung im Lande benötigt. Der Kongreß steht auf dem Boden der Resolution des IX. Allunionskongresses der Evangeliumschristen zur Frage der Militärpflicht und deren Ableistung, ebenso auf dem Boden der Glaubenslehre der Evangeliumschristen zur anstehenden Frage, wie auch auf der Grundlage vergangener Allunionskongresse und Allrussischer Kongresse der Evangeliumschristen. Er findet die Antwort auf die Frage der Ableistung des Militärdienstes durch Evangeliumschristen in der Quelle unseres Glaubens und unseres geistlichen Bewußtseins, d.h. in der Heiligen Schrift, und stellt fest, daß diese den Frontkriegsdienst in allen ihren Ansichten nicht untersagt (Evgl. Luk. 3,14; 7,2–10; Acta Ap. 10; Röm. 13,1–8). Der Kongreß sieht sich zur Feststellung der Tatsache genötigt, daß die erwähnte Resolution des IX. Allunionskongresses der Evangeliumschristen in den Ortsgemeinden fälschlich verstanden wird und unrichtig diskutiert wird; dies aber zieht sehr wichtige praktische Folgen nach sich. Er hält es schließlich auch für notwendig, die Beziehung der Evangeliumschristen (zur Militärfrage) auf ganz klare Weise zu formulieren, damit in der vorliegenden Frage es keinen Raum mehr für Mißverständnisse gebe. So hat der X. Allunionskongreß der Evangeliumschristen auf der

---

[47] F. Fedorenko, Sekty, ich vera i dela S. 169 spricht ohne weitere Angaben von der Mehrheit der Stimmen anläßlich der Resolution des Kongresses 1923. Für den Kongreß 1926 nennt er drei Viertel der Stimmen, die die vorgelegte und angenommene Resolution zur Frage des Militärdienstes erreichte. Die eingehenderen Angaben Jarcevs erscheinen zuverlässiger.

Grundlage des richtigen Verständnisses ihrer Glaubenslehre fußend beschlossen: Jeden Militärdienst als eine Verpflichtung (obrok) gegenüber dem Staat anzuerkennen, d.h. als eine Pflicht für die Evangeliumschristen in jeder Weise gemeinsam mit allen Bürgern des Landes.«[48]

Mit dieser Entscheidung war auch die Gemeinschaft mit denen, die in der Frage des Militärdienstes bislang anders votiert hatten, nicht mehr ausgesprochen und praktisch aufgegeben. Das hinderte Partei- und Staatsstellen jedoch nicht daran, immer wieder den gesamten Bund für Vorgänge verantwortlich zu machen, die einzelne oder auch isolierte Gemeinden betrafen, deren Verhalten durch den Bund keineswegs gebilligt wurde. Eine dieser polemischen Angaben findet sich in später Zeit, 1936, im Bezbožnik. Hier ist von einem Jakov Davidovič Kranov die Rede, der eine Gemeinde von Evangeliumschristen in der Omsker Oblast 1928 gegründet hatte und dem der Ausspruch vorgeworfen wurde: »Wenn Deutschland den Krieg mit Sovetrußland anfängt, tragt ihr Brüder, keine Waffen, denn man darf nicht töten.«[49] Bezog sich dieser pazifistische Aufruf an Evangeliumschristen auf die Zeit vor 1933, so hat es doch auch später noch vereinzelte Zeugnisse der Verweigerung des Dienstes mit der Waffe gegeben. Georg Koesche, Sohn des in der Bundesleitung der Evangeliumschristen tätig gewesenen Beauftragten für musikalische Fragen Albert Koesche, wurde 1941 wegen Kriegsdienstverweigerung erschossen.[50] In den Vorjahren hatte es Übergangserscheinungen gegeben, die deutlich machten, daß einzelne Verweigerer des Dienstes

---

[48] A.I. Mickevič a.a.O. S. 70.

[49] Bezbožnik 8/1936 S. 18, Sektanty deistvujut. Im Bericht ist vermerkt, daß Kranov zwar 1931 nicht mehr in der Gemeinde sei, diese aber immer noch bestehe. Marcinkovskij berichtet von dem Fall des ihm bekannten Chorleiters der Moskauer Evangeliumschristengemeinde Nikolaj Vasil'evič Asiev und der Durchführung des Verfahrens anläßlich seiner Weigerung, Wehrdienst zu leisten. Vgl. »Dein Reich komme« 3/1934 S. 72. Auf Grund seiner Weigerung wurde er erst 6 Monate in ein Krankenhaus für Geisteskranke zur Untersuchung eingewiesen. Im anschließenden Verfahren wurde er zwar freigesprochen, verlor aber mit der Einstufung als »Geisteskranker« seine Stellung als Musikdozent.

[50] Dein Reich komme 11/12/1962 S. 89–91, Ein Jüngerleben, hier S. 90. Siehe auch E.P. Kovnackij, Gost' . . . S. 31 über den Baptisten Guljuk und seine Wehrdienstverweigerung im Zweiten Weltkrieg.
Von dem Fortwirken der Vorstellungen der Waffenlosigkeit zeugt neben dem Aufsatz von A.I. Mickevič eine Angabe bei Howard L. Parsons, Christianity in the Soviet Union New York 1972 S. 36. Parsons gibt hier ein Interview mit dem Vorsitzenden des Komitees für religiöse Angelegenheiten in Novosibirsk wieder. Es war die Rede auf Fälle von Widerspruch gegen den Militärdienst gekommen. Der Komiteevorsitzende gab zur Antwort: »But when Baptists spoke against the Army, the

mit der Waffe auf die Hilfen ihrer Bünde nicht mehr rechnen konnten und in ihren Entscheidungen isoliert dem Druck der Militärpropaganda ausgesetzt waren. Im Jahre 1929 sandten 62 Sektanten, die ihren Dienst in einem Arbeitsbataillon ableisteten, ein Telegramm an die Regierung der Ukrainischen Sovetrepublik. Sie erklärten darin, daß sie im Falle eines imperialistichen Angriffs »beim ersten Ruf der Regierung mit dem Gewehr in den Händen die Errungenschaften der Oktoberrevolution verteidigen werden.«[51]

Von Prochanov liegen aus späterer Zeit einige Äußerungen vor, die seine Stellungnahmen differenzierter erscheinen lassen. In dem bereits erwähnten Schreiben aus den Jahren 1934/35 auf die Vorwürfe hin, die Prochanov wegen seiner Haltung 1923 gemacht worden waren, äußerte er sich, daß viele Evangeliumschristen sich aufgrund optimistischer Erwartungen zu der Bejahung des Sendschreibens von 1923 und der Resolution des Bundeskongresses positiv eingestellt hätten. Er fährt fort: »Trotzdem haben sich einige Gruppen von unserem Bunde gelöst, weil sie die Anerkennung der militärischen Dienstpflicht in jeder Form verwerfen – auch in der von der Sovet-Regierung zugebilligten weitherzigen Form der Ableistung dieser Pflicht in Sanitäts- oder Arbeitsdienst. Diese Gruppen und Gläubigen haben allerdings dafür leiden müssen, aber nicht infolge der vom Bund abgegebenen Loyalitätserklärung, sondern wegen ihrer restlosen Verwerfung des militärischen Dienstes in jeder Form.«[52]

Bereits 1928 hatte Prochanov in seinem sehr offenen Gespräch mit Walter Jack die Entwicklung der Fragen des Waffendienstes zusammengefaßt. Jack hatte Prochanov gefragt, wie es komme, daß trotz der vorausgegangenen beruhigenden Erklärungen Prochanovs noch immer evangelische Christen ins Gefängnis gesetzt würden. Prochanov erwiderte: »Das liegt meistens daran, daß es ihnen an der nötigen Weisheit fehlt. Die erste Frage ist bei uns der Militärdienst. Da hat die Regierung uns einfach vor ein Entweder-Oder gestellt. Infolge des entsetzlichen Weltkrieges und der Greuel der Bürgerkriege waren viele von unseren Brüdern zu einer ablehnenden Haltung gekommen. Sie weigerten sich, Soldat zu werden und predigten offen den

State opposed them, because pacifism was not a traditional belief among the Baptists.« 1963 sei es wegen derartiger Aktivitäten zu Maßnahmen gegen Jehovas Zeugen, Reformierte Adventisten, Pfingstchristen gekommen.

51 B. Kandidov, Cerkov i spionaž S. 81.
52 I. St. Prochanov für »Auslandsabteilung des Allrussischen Bundes der Evangeliumschristen: Erklärung zu dem Sendschreiben an die Gemeinden 1923« – SM 1936.

Pazifismus. Das führte zu Konflikten, und die Regierung verlangte von uns eine offene und eindeutige Stellungnahme. Man sagte uns, und das galt besonders den Baptisten: ›Unter dem alten Regime wart ihr die größten Patrioten. Für Väterchen Zar wart ihr bereit, Euer Leben zu lassen, wie dies hier klar bezeugt.‹ Dabei hielten sie uns einen Aufruf von Fetler vor die Augen, den dieser bei Kriegsausbruch veröffentlicht hat, und der von Ergebenheit und kriegerischem Patriotismus nur so triefte[53], desgleichen verschiedene Nummern des ›Baptist‹ und andere Zeitschriften. ›Also, entweder seid ihr Heuchler oder Zarenknechte, wenn ihr euch jetzt weigert, das zu tun, was ihr früher bereitwilligst getan habt. Wenn der eine oder andere für sich privatim solche Überzeugung hat, so können wir das allenfalls noch dulden. Ein solcher mag dann zu Hause sitzen, unseretwegen auch beten, predigen darf er nicht. Aber wenn ganze Organisationen offene Sabotage üben und propagieren, so ist das absolut unzulässig. Wir sind umgeben von einer Welt von Feinden, die uns vernichten wollen, da müssen wir uns wehren. Wenn alle abrüsten, dann werden wir es auch.‹

›Was sollten wir tun?‹ – Paulus sagt: ›Steuer, wem Steuer, Zoll, wem Zoll gebührt‹. So haben wir unterschrieben, unser Bund der Evangeliumschristen und etwas später auch der Baptistenbund, und sind nun verpflichtet, unser Wort ehrlich zu halten.« Prochanov bemerkte in der folgenden Unterhaltung, daß es in allen Bünden einige gebe, die entweder ungeschickt oder auch böswillig die getroffenen Entscheidungen der Bünde zu umgehen versuchten. Unter ihnen nannte er namentlich den Leiter der Leningrader Baptisten, Šilov.[54] »Natürlich haben sie ihn und andere solche Dummköpfe beim Kragen gekriegt und eingesteckt oder verbannt. Auch unter unseren Evangeliumschristen gibt es solche unvorsichtigen Brüder. Aber sind das

---

[53] Vgl. hier S. 392.
[54] Im Gesprächsbericht heißt es darüber, Manuskript S. 10: »Aber, fuhr Br. Prochanov fort, ›es gibt immer und überall Menschen, bei denen nicht alle Schrauben hier oben in Ordnung sind‹, dabei zeigte er auf seine Stirn – ›sie wollen klug sein wie die Schlangen und vergessen das noch Wichtigere, ›unschuldig wie die Tauben‹. So z.B. der Br. Schilow – ein führender Baptist in Leningrad. Das Protokoll hat er ebenso wie die anderen unterschrieben, aber heimlich unter vier Augen rät er den jungen Brüdern, den Kriegsdienst zu verweigern. Ist das ehrlich? – Und dann seine Predigten! Nicht nur allerhand Anspielungen aus der Offenbarung usw., auf das ›Tier‹, sondern direkte Ausfälle gegen die Bolschewiken. Na, meint er und andere solche Brüder, daß die Regierung das nicht erfährt? – Die hat einen so ausgezeichneten Spionage-Apparat, wie ihn die Welt bisher noch nicht gekannt hat‹, fügte er flüsternd hinzu.«

Leiden um des Evangeliums willen? Ich sage nein, sondern um der eigenen Torheit willen.«[55]

Prochanovs Äußerungen bei diesem Gespräch unter vier Augen machen deutlich, daß er sich bei der Erörterung der Fragen des Wehrdienstes nicht mehr engagiert wußte; nimmt man seine Äußerungen auf der Gosudarstvennoe Soveščanie des Jahres 1917 hinzu, so ist er, im Gegensatz zu anderen, in der Gesamterörterung des Fragenbereichs nicht engagiert gewesen. Prochanovs Aussagen erscheinen pragmatisch, es ging ihm um das geordnete Leben seines Bundes in erschwerter politischer Situation. Auch für die Bundesorgane und Leitungen der evangelischen Bünde waren die Fragen zurückgetreten. Diese bewegten nicht mehr die Organisationen, sondern nur noch einzelne.[56]

Die Entwicklung der Beziehung von Behörden und evangelischen Bünden in der Militärdienstfrage macht deutlich, daß die Vorwürfe gegen Prochanov unzutreffend sind. Im Jahre 1923 hatte man ihm vor allem von baptistischer Seite vorgeworfen, daß sein Sendschreiben die einhellige Position aller Bünde aufgebrochen habe und er gleichsam die gemeinsame Sache verraten habe. Wie sich jedoch sowohl bei den Mennoniten, als auch bei Baptisten und der Vereinigung der Pfingstgemeinden im gleichen und späteren Zeitraum zeigte, erlagen die Bünde dem gleichen staatlichen Vorstoß. Es ist unwesentlich, wen der staatliche Vorstoß zuerst traf und wer ihm zuerst erlag. Im entscheidenden Jahr 1923 hatten Presseäußerungen auf die Resolutionen des Kongresses der Baptisten Einfluß zu nehmen versucht. Jaroslavskij, der Vorsitzende des Bundes der Gottlosen, hatte im September in seiner Zeitung Bezbožnik die Frage gestellt: »Čto skažut baptisty«, was werden die Baptisten sagen? Damit war der bevorstehende Kongreß angesprochen. Jaroslavskij wies auf die im Bund vorhandenen Spannungen hin, zugleich auch darauf, daß in Amerika die Baptisten nicht aus Furcht, sondern aus Gewissen in der bürgerlichen imperialistischen Armee uneingeschränkten Dienst ableisteten. Eine klare Antwort sei auch in der Sovetunion erforderlich.[57] Der Kongreß

---

[55] ebenda S. 10.
[56] Über ein Arbeitsbataillon im Ural liegen für das gleiche Jahr, 1928, Angaben vor. Von 1000 Angehörigen, die aus religiösen Gründen eine Sonderregelung ihres Dienstes erlangt hatten, waren etwa 600 Mennoniten, 185 Baptisten, etwa die gleiche Zahl Evangeliumschristen, der Rest verteilte sich auf Angehörige verschiedener Gruppen. – Der Missionsfreund 10/1929 S. 96.
[57] E. Jaroslavskij, Bezbožnik Nr. 40 v. 23. 9. 1923, hier nach der Wiedergabe in: Na antireligioznom fronte S. 230.

des Baptistenbundes fand vom 2. bis 8. Dezember 1923 in Moskau statt. Nach dem Bericht der Izvestija vom 9. 12. 1923 erklärte der Kongreß, »daß jeder Baptist, der sich darin schuldig macht (d.h. gegen die Regierung gerichtete mündliche oder schriftliche Agitation und Wirksamkeit zu üben), sich dadurch selbst aus dem Kreis der baptistischen Bruderschaft ausschließt und ganz persönlich vor den Gesetzen des Landes verantwortlich ist. Zu solcher Betätigung zählt der Kongreß auch jede spezielle antimilitaristische Propaganda, die bezweckt, die Rote Armee zu schwächen. Bei dieser Gelegenheit unterstreicht der Kongreß, daß die örtlichen Baptistenorganisationen sowie ihr Allrussischer Bund weder das Ziel verfolgten noch verfolgen, der Sovetregierung und der Roten Armee irgendwelchen Schaden zuzufügen.«[58]

Diese Entschließung des Kongresses hatte während der Konferenztage noch erheblichen Widerspruch unter einer Anzahl von Delegierten gefunden. Starke Kräfte trugen die Entscheidung des Kongresses nicht mit. Es kam in der Folgezeit zu Blockbildungen, sie führten zu einer starken Belastung der Bundesarbeit. Das Kollegium des Bundes sowie der weitere Rat wandte sich an alle Gemeinden mit einem vom 1. 2. 1924 datierten Schreiben. Dieses Schreiben, das den Gemeinden auf den üblichen Wegen zugeleitet wurde, gelangte erneut im Jahre 1925 zur Bekanntgabe. Damals erschien nach langer Unterbrechung erstmalig wieder die Zeitschrift »Baptist«. In ihrer ersten Ausgabe wiederholte sie das Schreiben. Dies ist sowohl ein Zeichen der Wichtigkeit, die man seinem Inhalt beimaß als auch ein Beweis dafür, daß die Diskussion über die Sachfragen noch immer nicht abgeschlossen war.

Kollegium und Rat des Baptistenbundes erhoben in dem Schreiben Vorwürfe gegen einen Teil der Delegierten. Es wurde denen, die entgegen den Vorlagen der Bundesleitung in den anstehenden Fragen des Verhältnisses zur Sovetmacht und zum Militärdienst votiert hatten, bescheinigt, daß sie nicht in der Lage gewesen waren, alles recht zu verstehen. »Zu seinem Bedauern muß der Rat feststellen, daß auf dem letzten Kongreß ein großer Anteil ganz Junger (Delegierter – W.K.) war, jung nach deren geistlichem wie auch dem leiblichen Reifezustand.« Sie mußten wissen, »daß der leichtfertige Umgang mit (solchen) Fragen sehr ernste Folgen für das Werk Gottes haben kann.« Es wird weiter festgestellt, daß durch die Gemeinden zum

[58] Zitiert nach W. Gutsche, Religion und Evangelium S. 119–120.

Kongreß viele solcher abgeordnet worden seien, die aus den vordem privilegierten Klassen stammten und erst kürzlich in die Gemeinden aufgenommen worden waren. Es heißt weiter, »daß viele aus unseren Reihen einen falschen Standpunkt haben und zu Extremen neigen, mit denen Baptisten sich nicht einverstanden erklären können. Die Baptisten erkennen den Staat und die Macht auf der Grundlage des Wortes Gottes an, sie halten sich für verpflichtet, alle staatlichen Forderungen zu erfüllen, darunter auch die Militärdienstpflicht. So erkennt es, wie dies auf dem letzten Kongreß geäußert wurde, unser Allrussischer Bund der Baptisten als Organisation an, es ist auch der Standpunkt des Weltbunds der Baptisten.«

Die in Jahresfrist wiederholte Erklärung der Bundesleitung läßt im folgenden in die Diskussionen blicken, die im Bund geführt wurden. Zur Frage der Ableistung der Militärpflicht heißt es: »Hier beginnt der Bereich schon rein persönlicher Gesichtspunkte, sie sind abhängig von dem Maße der geistlichen Reife eines jeden Bruders. Es ist nicht möglich, durch eine Entscheidung einer Gemeinde oder eines Kongresses festzulegen, wie das gehalten werden soll . . . Die Frage nach der Art der Ableistung der Militärpflicht aber ist nicht eine dogmatische; hierin kann vielmehr jeder Baptist seine eigene Auffassung haben. Deshalb kann und darf keine baptitische Organisation ihren Gliedern verwehren, in die Armee einzutreten.« Auf den in den Gemeinden geäußerten Wunsch, »daß die Sovetregierung für alle Baptisten das Recht auf Befreiung vom Militärdienst anordnen solle«, hielt es der Rat für notwendig zu erklären, »daß eine solche Privilegierung eine eindeutige Ungerechtigkeit in den Augen der anderen Bevölkerungskreise darstellen würde; das würde zu einem größeren Abstand zu den Gliedern unserer Gemeinden führen.« Im Zusammenhang damit erklärten Kollegium und Rat – es ist zugleich ein Hinweis auf die Zusammensetzung in den Gemeinden: »Außerdem würde für uns daraus eine sehr große Gefahr erwachsen – die wirklichen Baptisten würden in dem Andrang ungeläuterter Leute, die aus selbstsüchtigen und satanischen Zielen zu uns kommen würden, gleichsam ertrinken. Deshalb ist es notwendig anzuerkennen, daß die Regierung richtig verfährt, wenn sie in der Militärdienstfrage auf der Grundlage der bestehenden Gesetze einen jeden, der sich Baptist nennt, prüft, und ihm dann zuerkennt, die Militärdienstpflicht nach dem Gewissen und auf der Grundlage der bestehenden Anordnungen und der gültigen Gesetze der Republik abzuleisten. Im übrigen aber mache uns der Herr des Friedens und der Ordnung weise, daß wir als Lichter in dieser Welt scheinen. Er befreie uns von schlechten und unordentlichen Menschen, die in unsere Mitte eindringen wollen.«[59]

Diese wiederholten Äußerungen gewinnen ihr besonderes Gewicht auf der Grundlage der heftigen Kontroversen im Bunde. Solchen, die den Militärdienst ablehnten, standen Teilorganisationen gegenüber wie die der Baptisten des Kaukasus. Diese hatten sich ganz klar dafür ausgesprochen, daß sie es im Sovetstaat annehmbar fänden, den Militärdienst mit der Waffe zu leisten.[60] Die Erklärung wirft viele Fragen auf. Zwar wird in ihr die persönliche Entscheidung eines einzelnen in einer als nicht heilsnotwendig betonten Frage respektiert. Aber diese persönliche Entscheidung des einzelnen wird dadurch abgewertet, daß das Gewissen als fragwürdige Größe erscheint – das eine Mal ist es das Gewissen wirklicher Baptisten, das andere Mal dient es als Vorwand für eigennützige Menschen, die nur den Namen von Baptisten tragen und sich dem Militärdienst entziehen wollen. Kollegium und Rat machten sich die Argumentation staatlich-politischer Stellen gegen einen Gewissensmißbrauch zu eigen. Dies bedeutete zugleich, daß Kollegium und Rat die Beurteilung der Gewissensentscheidung einzelner »wirklicher« Baptisten als aus einem Fehlverständnis erwachsend freigaben.

Inhalt und Form dieser Erklärung weisen darauf hin, daß die Baptisten in ähnlicher Weise wie die Evangeliumschristen unter Pressionen gestanden haben.[61] Die Erklärung stellte eine im Baptismus ungewöhnliche Abqualifizierung von Gemeinden und den von diesen entsandten Delegierten dar, zugleich die Abwertung des Bundeskongresses als des entscheidenden Organs aller Gesamtarbeit im Bund. Unter anderen Umständen als denen des Drucks von außen hätten die Urteile in der Erklärung zur alsbaldigen Abberufung ihrer Verfasser geführt. Daß auch nach der zweimaligen Mitteilung dieses Schreibens in Jahresfrist die Unterzeichner dieses durch die Veröffentlichung im »Baptist« offenen Briefes, unter ihnen Pavel V. Pavlov, Michail D. Timošenko, Ivan V. Ivanov-Klyšnikov, in ihren Ämtern blieben, macht deutlich, in welcher Situation sich die Arbeit des Bundes vollzog. Kollegium und Rat hatten die Zustimmung der staatlichen Behörden bei ihrem ungewöhnlichen Schritt. Die Gemeinden

---

[59] Baptist 1/1925 3. und 4. Umschlagseite, vgl. auch die Gesamtübersetzung des Schreibens bei Gutsche, Religion und Evangelium S. 122–124.

[60] Vgl. W. Gutsche, Religion und Evangelium S. 119, Wiedergabe des Berichts in der Izvestija.

[61] W. Gutsche, Religion und Evangelium S. 121 ist gleichfalls dieser Auffassung.

und die »unreifen« Delegierten des Kongresses konnten aus dem Schreiben erschließen, daß unter den gegebenen Umständen ein Mißtrauensvotum gegenüber ihren Leitenden, so verständlich diese Reaktion sein mochte, auch als offener Widerspruch gegen staatliche Zielsetzungen in einer für die Politiker entscheidenden Frage gewertet würde.

Die Beschlüsse des 26. Allunions-Kongresses der Baptisten im Dezember 1926 entsprachen der Linie, die Kollegium und Rat eingenommen hatten. Der Kongreß wiederholte dabei Artikel 13 der Glaubenslehre aus dem Jahre 1906. In ihm ist auf der Grundlage von Röm. 13, 1ff. ausgesprochen, daß sowohl die Hoheit des Staates als von Gott stammend anerkannt wird als auch der Militärdienst, wenn die Obrigkeit es fordert, zu erfüllen ist.[62] Die Auseinandersetzungen um die Militärdienstfrage hielten auch noch in der Folgezeit an. Der vom 16. bis 20. Juni 1927 zusammentretende Kongreß der Baptisten der RSFSR[63] betonte nach dem Anhören der Referate von Pavlov, Timošenko, V. P. Skaldin und I. G. Dovgoljuk noch einmal die christliche Legitimität des Wehrdienstes zur Verteidigung der Sovetunion. Die gefaßte Deklaration brachte diese Stellungnahme in Zusammenhang mit der Freiheit, die die Organe der Sovetunion dem Bund für sein inneres Leben und für die Propagierung seines Glaubens geschenkt hätten. An die Christen im Ausland wurde der Aufruf gerichtet, Auseinandersetzungen mit christlichen Mitteln zu führen; dazu gehören

---

[62] A. I. Mickevič a.a.O. S. 70/71.
Die Formulierungen der von N. Odincov 1928 herausgegebenen Ausgabe der Glaubenslehre gehen über diese Aussagen allerdings hinaus. Neben einer Reihe anderer Worte im obigen Text heißt es bei Odincov: ». . . wir glauben, daß keine Nötigung auf die ausgeübt werden sollte, welche aus tiefen Gewissensgründen bitten, sie von der Ableistung des Dienstes von der Waffe zu befreien.« – Isopvedanie very christian-baptistov, Moskva 1928, Nachdruck Passaic/New Jersey 1961 S. 67.
Die Reden von Ivanov-Klyšnikov und Jakov Jakovovič Wiens bestätigen in ihrer Beweisführung, in ihrer Wortwahl das von Waldemar Gutsche – hier S. 404 Gesagte, daß die Bewegung der Verweigerung des Waffendienstes aus den Gemeinden erwachsen war, nicht aber von den Leitungsgremien der Bünde her. Beide Redner bedienten sich einer Beweisführung, bei der Wehrdienstverweigerung anarchistischer Gesinnung verdächtigt wurden, in einer Beispielgeschichte wurden niedrigste Instinkte unterstellt – einer der Verweigerer habe geäußert, wenn man ihn nicht freistelle, so wolle er die dafür Verantwortlichen totschlagen – Protokoly i materialy S. 104/105. Im übrigen wurde die Beweisführung mit biblischen Argumenten bestritten, die den Wehrdienst als möglich ansahen, vor allem von Wiens S. 120ff.
[63] Diesem Kongreß folgte noch der Pervyj s'ezd central'nogo sojuza baptistov, der die Baptisten der zentralen Gouvernements der RSFSR unter dem Vorsitz von Timošenko mit der Stellvertretung durch Pavlov vereinigte, vom 15. – 20. 12. 1927 in Moskau. – Baptist ukrainy 8/1928 S. 30ff.

nach dem Verständnis der Deklaration die Verkündigung des reinen Evangeliums im Geist der ursprünglichen Christengemeinde in Jerusalem und die Abwehr von gegen die Sovetunion gerichteten Aggressionen. Wie es bereits gegen die Kongreßarbeit 1923 gerichtet geschehen war, erfolgte auf diesem Kongreß wieder eine Desavouierung eines Teils der Delegierten des vorausgegangenen Kongresses. Es wurde eine Absage an diejenigen ausgesprochen; die auf dem damaligen 6. Kongreß eine andere Stellung eingenommen hatten, als die, die nun in der Deklaration zum Ausdruck gekommen war.[64]

Auch die Pfingstgemeinden waren auf die Linie staatlicher Forderungen eingeschwenkt. Der 2. Allukrainische Kongreß der Christen des evangelischen Glaubens verabschiedete 1927 eine scharfe Erklärung. Sie ist ein Beispiel dafür, wie die Äußerungen von Bünden und Religionsgemeinschaften von Jahr zu Jahr immer präziser im Sinne der Vorstellungen der staatlichen Organe wurden. Es heißt in der Erklärung: »Einige Brüder, die die Entschließung des Kongresses nicht richtig erwogen haben, lehnen den Dienst in den Einheiten der Roten Armee ab. Sie bedecken die aufrichtige Beziehung der CHEV zur sovetischen Staatsmacht mit Schmach, sie spielen ihren Feinden in die Hände. Deshalb erklärt der Kongreß kategorisch, daß jeder Christ des evangelischen Glaubens, der zur Roten Armee, sei es in Friedens-, sei es in Kriegszeiten einberufen wird, verpflichtet ist, diesen Dienst auf gleicher Basis wie alle Bürger des Landes zu erfüllen. Verweigerungen der Erfüllung dieses Dienstes in den Kampfeinheiten der Roten Armee sind weder aus der Glaubenslehre der CHEV noch aus den Evangelien zu begründen . . .« Auch hier fehlt nicht der Hinweis, daß man der Sovetmacht für die volle religiöse Freiheit, die sie geschenkt habe, dankbar sei.[65] Mit Erklärungen dieser Art waren für die großen Gruppen des ostslavischen Protestantismus die Wege abgesteckt. Wer als einzelner noch auf der Grundlage der Gesetzesbestimmungen über die Ableistung der militärischen Dienstpflicht eine Sonderregelung erbat, konnte sich nicht mehr auf ein Votum seines Bundes beziehen. In einer Zeit besonderer Polemik um die Wege und Maßnahmen der Sovetunion, im Jahre 1930, sind die Erklärungen der Bünde über ihre Loyalität als ein Beweis von seiten der Sovetorgane gegenüber ausländischen Kritikern angesehen worden, daß die gegen die Sovetunion erhobenen Vorwürfe nicht zuträfen.[66] Im Zu-

[64] Deklaration des Kongresses – Archiv Nepraš.
[65] Nach der Wiedergabe bei A. I. Mickevič a.a.O. S. 71

sammenhang mit der Gesamtentwicklung in der Frage der Dienstpflicht sind die Bemühungen der Mennoniten zu sehen, ihren bisherigen Status zu erhalten. Die Mennoniten hatten zwar im Gegensatz
zu den großen evangelischen Bünden und Russen und Ukrainern den
Vorteil, daß ihre Stellung zur Wehrlosigkeit auch in früherer Zeit
keinem Zweifel unterlag. Die Mennoniten mußten sich aber zugleich
von der Sovetregierung vorhalten lassen, daß die Selbstverteidigung
mennonitischer Dörfer mit der Waffe in der Hand einen Verstoß gegen ihre eigenen Grundsätze in der Zeit des Bürgerkriegs dargestellt
habe. Aus diesen Versuchen der »Selbstbefreiung aus den Unruhen
schlußfolgerte unsere Behörde, daß die Religion bei uns nur noch
eine Frage der Zeit sei.«[67] So formuliert es in der gemeinsamen Zeitschrift aller Mennoniten J. Rempel in einer Übersicht über die Situation des Mennonitentums Mitte der zwanziger Jahre. Die Aussagen
aus dem mennonitischen Bereich sind recht offen und erschließen
eine Fülle von Einzelheiten, die auch auf die Auseinandersetzungen
in den anderen Bünden ein Licht werfen. Die Mennoniten beachteten
auch Vorgänge in den anderen evangelischen Bünden. Der Mennonitenbruder Sukkau berichtete, daß in einer Gemeinde drei »junge russische Brüder« den Waffendienst verweigert hätten, »denn sie waren
wehrlos und wollten kein Blut vergießen.« Zwei von ihnen, die
standhaft bei ihrer Weigerung geblieben seien, seien freigelassen
worden. Der dritte, der schließlich doch noch unter Druck auf den
Waffendienst einging, sei erschossen worden, weil ihn die Soldaten
als Heuchler ansahen.[68] Wichtig erscheint an diesem Bericht, dessen
Angaben hier ungeprüft wiedergegeben sind, die Intention, der Aufruf zur Treue und Beharrung.

Die Kommission für kirchliche Angelegenheiten, abgekürzt K. f.
K., die die Mennoniten geschaffen hatten, um Regelungen mit den
staatlichen Organen zu erreichen, hatte sich wiederholt um eine Klärung für den Dienst wehrpflichtiger Mennoniten bemüht. Ein Me-

---

[66] Vgl. dazu Michail Šeinman, Krestovyj pochod protiv SSSR, Moskau 1930, hier vor
allem S. 58, S. 101–104.
[67] J. Rempel, Der Besuch bei den deutschen Mennoniten, mehrere Folgen, hier Unser
Blatt Nr. 12/1926 S. 306–307.
In diesem am 27. 4. 1926 abgesetzten Bericht werden junge Mennoniten, die den
Waffendienst verweigern, charakterisiert als solche, die »einzeln und gruppenwei-
se« abgeurteilt werden und lieber schmachten, als mit der Waffe ein »gemütliches
Soldatenleben« zu führen gewillt sind. (S. 307). Rempel weist darauf hin, daß die
Mennoniten keine Propaganda für die Wehrlosigkeit getrieben hätten. – ebenda.
[68] A. Töws, Mennonitische Märtyrer, zitiert nach A.H. Unruh, Die Geschichte der
Mennoniten-Brüdergemeinde S. 272.

morandum der Kommission wurde am 20. 10. 1923 anläßlich einer Audienz den Regierungsorganen überreicht. Es enthielt die mennonitischen Positionen mit dem Angebot des nichtmilitärischen Ersatzdienstes wie vor dem Kriege. Die von der Regierung gegebenen Antworten am 20. 12. 1923 und am 16. 1. 1924 waren ablehnend. »Nur in unwesentlichen Dingen verstand man sich zu einigen Zugeständnissen. Die brennenden Fragen der Erziehung der Kinder und des Dienstes der Jünglinge wurden nicht gelöst.«[69] Eine erneute mennonitische Eingabe erfolgte am 2. 2. 1924, sie blieb ebenfalls erfolglos. Die erste Bundeskonferenz der Mennoniten tagte vom 13. bis 18. Januar 1925 in Moskau. Die dabei gehaltenen Referate brachten zum Ausdruck, daß die intensiven Bemühungen der Vorjahre um die Klärung der Dienstfrage nicht zu einem Ziel gelangt seien. Die Konferenz machte sich die Vorarbeiten der Kommission für kirchliche Angelegenheiten zu eigen und beschloß, »eine Petition abzufassen, die durch die Kommission der Regierung übermittelt werden soll.« Von den Zentralbehörden war immer noch keine Klärung zu erhalten. Dagegen verhielten sich die Militärbehörden in den einzelnen Regionen ablehnend zu mennonitischen Wünschen. Sie wiesen zugleich darauf hin, daß sie sich nicht in der Lage sahen, getroffene Entscheidungen zu verändern, die Verfügung über eine Änderung läge allein bei den Moskauer Zentralstellen.[70] Ein solcher Hinweis änderte für die Betroffenen nichts, die Unklarheit hielt nach wie vor an, damit auch die Beunruhigung in den Gemeinden.[71] Einzelnen positiven Entscheidungen standen die mennonitische Position nicht berücksichtigende Maßnahmen entgegen. Im Protokoll der »Allukrainischen Konferenz der Vertreter der Mennonitengemeinden in der USSR« in Melitopol vom 5. bis 9. Oktober 1926 heißt es: ». . . 3. Befreiung der Jünglinge vom aktiven Militärdienst«, daß jüngere Jahrgänge auf ihr Bittgesuch durch das Volksgericht vom Waffendienst

[69] Mennonitische Blätter 3/1925 – Unsere Glaubensbrüder in Rußland – S. 20–24, hier S. 21.

[70] ebenda S. 23.
Ein Memorandum der Mennoniten vom 23. 5. 1924 hatte unter verschiedenen Wünschen und Gravamina auch enthalten – Ziffer 8: »Die Befreiung der Mennoniten vom Militärdienst wie auch von den militärischen Vorübungen, indem derselbe durch einen nützlichen Dienst für den Staat ersetzt wird. Aufgrund derselben religiösen Überzeugungen den Eid abändern und die Diensttreue durch ein einfaches Versprechen bestätigen.« – Mennonitische Blätter 3/1925 S. 22.

[71] Unser Blatt 1/1925 S. 10 mit Angaben über die Einziehung von 13 jungen Mennoniten aufgrund von Gerichtssprüchen zu den militärischen Vorübungen.

befreit würden. Die K.f.K. hatte in einzelnen Fällen auch Erfolg gehabt und bereits Verurteilten zur Freiheit verholfen. Zu diesem Zeitpunkt war aber nach wie vor unklar, wie die staatlichen Behörden sich gegenüber Angehörigen älterer Jahrgänge im Falle der Mobilisierung verhalten würden.[72]

Die offene Situation bei den Verhandlungen zwischen der K.f.K. und den sovetischen Behörden, die breite Berichterstattung über die Fragen im mennonitischen Schrifttum, kritische Anfragen und Äußerungen verdeutlichen den Stand der Dinge bis zur Mitte der zwanziger Jahre. Freilich waren die Mennoniten in einer günstigeren Position als die russischen evangelischen Bünde. Sie erfreuten sich einer gewissen wohlwollenden Aufmerksamkeit der Behörden, ihre Verbindungen zum Mennonitentum des Auslands waren sehr rege, das Gewicht ihrer Aussagen über die Sovetunion nicht unerheblich für eine positive Meinungsbildung im Ausland. Die Unklarheiten in der Wehrdienstfrage haben dazu beigetragen, daß eine große Anzahl von Mennoniten in der Sovetunion von den bestehenden Auswanderungsmöglichkeiten Gebrauch gemacht hat.

[72] Unser Blatt 2/1926 S. 47.
Im Zusammenhang der Bemühungen der K.f.K heißt es hier, daß die Kommission eine Reise nach Turkestan unternommen habe, um die dort Verurteilten frei zu bekommen.

VI. Praktische, dogmatische und ethische Positionen der Evangeliumschristen innerhalb des gesamten Protestantismus

1. Allgemeine Übersicht

Eine selten ausgesprochene Frage hat die Geschichte aller ostslavischen evangelischen Gemeinden begleitet. Auf eine Formel gebracht lautet sie: Ist unser evangelistisches und missionarisches Werk nicht 300 oder 350 Jahre zu spät begonnen worden, so daß es uns nie gelingen kann, den Stand der Entwicklung zu erreichen, den die Evangelischen in der westlichen Welt dank ihres Auftretens vom 16. Jahrhundert an erlangt haben? Dies war eine Frage für solche, die eine Vorstellung von den historischen Zusammenhängen hatten und zugleich ein Verständnis dafür, wie schwer es jüngeren Freikirchen im 19. Jahrhundert in Europa gefallen war, trotz hochgemuter Ansätze und Hoffnungen nur einen bescheidenen Platz im Gefüge der Großkirchen und anderer Freikirchen zu erringen. Im ständigen Kampf der Gemeinden um ihre Existenz, in der Wahrung des Rechts und in der Abwehr erlittenen Unrechts blieb für die Mehrzahl der Gläubigen wenig Zeit für eine Bestandsaufnahme der historischen Bedingungen. Mit der Geschichte hatte man es zu tun, wo man in den Zeichen der Zeit die Aussagen der Offenbarung Johannes' wiederzuerkennen glaubte. Dies gilt zumal für die Jahre der Verfolgung unter Aleksandr III.; der dann wieder anhebenden Erschwernisse Ende der zwanziger Jahre. Die Ereignisse wurden im Licht der Endzeit gesehen. Dies schuf Kraft in den Auseinandersetzungen, es trug freilich auch dazu bei, daß der Blick einseitig ausgerichtet wurde.

Die Frage nach dem Sinn evangelischer Existenz in dem Land des staatlichen und kirchlichen Widerstands ist auch von Prochanov bedacht worden. Die Gesetzgebung, die im Jahre 1905 eine größere Freizügigkeit einleitete, war nicht der Kanal geworden, durch den sich überstürzend die Fluten russischer Sehnsucht in den See des Protestantismus ergossen hätten. Diese Feststellung klingt an, wenn nach so viel früherer Hoffnung auf die Stunde der Freiheit Prochanov bemerkte, daß die Entwicklung der Gemeinden nicht stürmisch, sondern ruhig und stetig verlaufe. Zum Gehalt dieser Frage gehören auch Ergebnisse der Bestandsaufnahmen nach 1917, daß ein Durchbruch noch nicht erfolgt sei, wenngleich die Zahl derer beträchtlich war, die neu den Zugang zu den evangelischen Gemeinden fanden. Der erneut von Prochanov vorgetragene Versuch einer »russischen Reformation« in den Jahren 1922, 1923 blieb ebenfalls in den Verhauen russischer und orthodoxer Traditionen hängen, mochten sie auch schon entleert sein. Vor allem in den Äußerungen Prochanovs zum Zweiten Weltkongreß in Philadelphia wird die kritische Einstellung zum eigenen Weg sichtbar. »Leider können wir gegenwärtig nicht mit großen Zahlen aufwarten. Ganz im Gegenteil sind die Zahlen nicht das hervortretende Element in der Erweckung! Kein Feuer, kein Sturm, kein Erdbeben . . . Die Bewegung ist vielmehr ruhig, diese Ruhe kann als ein gutes Zeichen gesehen werden: sie ist sehr ähnlich dem stillen sanften Sausen, das dem Elia kundgetan wurde. Die Erweckung ist nicht ein feuriger Wagen, der in den grenzenlosen Raum hineinfährt, sondern eher wie ein Korn, das unter dem Grund der Verfolgungen verborgen gewesen war und nun aus dem Boden an die Luft und das Licht gelangt ist. Es ist ein natürliches Wachsen, langsam und sicher, wir müssen beten, daß es immer auf die gleiche Weise weiter gehen solle.«[1]

Die stille Entwicklung ist hier nach ihrer positiven Seite gesehen. In der Hoffnung auf die besseren Arbeitsmöglichkeiten, wenn einmal die Erschwerungen entfallen sein würden, hatten die Aktivisten des Protestantismus sicherlich eine andere Entwicklung erwartet. Dem aktiven und organisatorisch so beweglichen Mann, Prochanov, wäre die Entwicklung der gesamten Bewegung als eines »fiery chariot running into the limitless space« wohl willkommener gewesen. Aber dazu hätte es ausgebildeter Kader, geschulter Prediger bedurft, um eine Massenbewegung, wie sie immer wieder von Prochanov anvisiert worden ist, herbeizuführen und sie zu organisieren. Diese Kader aber waren weder nach 1905, noch 1917, noch bei dem erneuten Anlauf der russischen Reformation 1922 vorhanden. Ins Positive gewandt hat Prochanov 1911 im gleichen Bericht dieser Sachlage Ausdruck gegeben: »Die Erweckung hat nicht Menschen hervorgebracht, welche wir mit dem Namen ›Führer‹ bezeichnen könnten. In diesem Sinne ist die Erweckung ganz und gar demokratisch, wir müssen beten, daß sie allezeit von solchem Charakter sei, daß dadurch die Führerschaft Christi effektiver in unserer Mitte sein möchte.«[2]

---

[1] The Baptist World Congress 19. – 25. 6. 1911 in Philadelphia, Record of Proceedings S. 439–441, hier S. 439–440.
[2] ebenda S. 440.

Aus diesen Feststellungen sind immer wieder die Versuche erwachsen, die Gestalt evangelischer Gemeinden so zu prägen, daß sie wirksamer ihren Aufgaben nachkommen konnten. Man war im evangelischen Lager nicht bereit, alle Mißerfolge, alle langsame Entwicklung auf die äußeren Widerstände, auf den Feind der Kirche zu schieben. Dazu besaß man zu viel Kenntnis von dem, was unbeschadet der äußeren Erschwerungen nicht so in den Gemeinden war, wie es hätte sein sollen. Prochanovs Weg zu eigener organisatorischer Gestaltung evangelischer Gemeinden ist aus der Kritik am Vorfindlichen und aus dem Bemühen um stärkere Wirksamkeit verständlich. Es gibt außer dem Wirken Prochanovs eine Fülle von Antworten, die das Verständnis russischer und ukrainischer Evangelischer in der Spannung zwischen Gegebenheiten und den zu erreichenden Zielen erhellen. Zu ihnen gehört sicherlich neben dem Hinweis auf äußere Erschwerungen, neben dem Hinweis auf die geringe Zahl der Intellektuellen im russischen Protestantismus auch das Eingeständnis vieler Unklarheiten und Emotionen in der jungen Bewegung. Es blieb dabei: Weder die Ermöglichung des Religionswechsels nach 1905, noch die Hoffnungen auf die Ablösung des alten Rußlands, noch das sichtliche Versagen der orthodoxen Kirche hatten die Hoffnungen auf die große reformatorische Wende hin erfüllen können. Die Frage nach der Zeit und Unzeit des eigenen Wirkens ging weiter mit. Die Verantwortlichen suchten ihr über die Aufgaben des Tages hinaus zu begegnen. Sie fanden für die weitergehende Planung ihrer Arbeit die Ausrichtung auf wesentliche Grundanliegen. Dies waren das missionarisch-theologische Werk, das große Werk der Predigerausbildung und das der Publikation, der umfassenden Versorgung der Gemeinden mit Theologischem, Andachts- und Liedgut.

Das missionarische Anliegen war mit dem theologischen Ansatz verbunden. Dies wird zumal im Bund der Evangeliumschristen sichtbar. Der Bund ist nicht bei den einmalig zu Beginn seiner Geschichte festgelegten Aussagen geblieben; es ist vielmehr eine Entwicklung feststellbar. Die Bemühungen um die Ausbildung der Prediger waren aufs engste mit der täglich vorgebrachten Klage aus den Gemeinden verbunden, über eine zu geringe Zahl ausgebildeter Prediger zu verfügen. Eine besondere Bedeutung neben der Versorgung mit Schrifttum gewann in den theologischen Aussagen die Aufgabe, das Evangelium in die Praxis christlicher Existenz, in das aus dem Evangelium erwachsende Leben im ethischen wie im sozialethischen Bereich zu übertragen. Diese Vorhaben bestimmten die Wirksamkeit Prochanovs und der Verantwortlichen im Rat des Bundes zumal in der Mitte der zwanziger Jahre. In den an das Ausland herangetragenen Bitten um Hilfe heißt es in dieser Zeit, daß man einen Zeitraum von etwa 10 Jahren benötige, um bei hinreichender Unterstützung in dieser Zeit dann in allen großen Sachgebieten mit eigenen Kräften wirken zu können.[3]

Diese Aufgaben mußten gegen Widerstände verschiedenster Art in Angriff genommen werden. Es war nicht nur der Widerstand aus dem staatlichen Bereich, der sich der Durchführung entgegenstellte, es gab auch das Widerstreben aus den Gemeinden so verschiedenen Herkommens. Das Rechtsgefüge von Landeskirchen im europäischen Westen, die stärker entwickelten Gemeinschaftsformen auch der dortigen Freikirchen dürfen keinesfalls zum Maßstab der Beurteilung des äußeren Lebens in den evangelischen Gemeinden Rußlands gemacht werden. Hier waren Konferenzen, Unionen, Bünde ein sehr freier Zusammenschluß selbständiger Gemeinden und Gruppen, die erst kurze Zeit bestanden. So sehr man auf Hilfen von außen und durch andere angewiesen war, so sehr war man auf Wahrung der Selbständigkeit bedacht. Der starke Einfluß, der von einzelnen Personen auf die Anfänge der Gemeinden ausgegangen war, trug ein Übriges dazu bei, daß Gemeinden ihre eigene Entwicklung zum Maßstab der Gesamtentwicklung machten. Die Prägekraft einzelner auf den jungen ostslavischen Protestantismus war bis in die Anfangszeit der Sovetunion hinein sehr viel stärker, als es bei älteren und traditionsreichen Gemeinden und Gemeinschaften des Westens der Fall war. Namen dieser prägenden Gestalten sind bereits mehrfach genannt worden. Zu ihnen gehören die Einflüsse der Werke, der ausländischen Hilfskomitees, das Ideengut englischen und deutschen Freikirchentums wie der besondere Ausbildungsgang, den die Männer russischen und ukrainischen Volkstums erfahren hatten.

In der Situation permanenter, nur im äußeren Vollzug unterschiedlicher Behinderung und Verfolgung hatten die evangelischen Gemeinden zuweilen Verständnis im politischen Raum erfahren. Das Unbehagen und die Klagen des liberalen Bürgertums über die Stundistenverfolgungen hatten zwar Sympathien für die Verfolgten wach werden lassen. Dies führte aber doch nur bei ganz wenigen dazu, daß sie sich für die inneren Anliegen Evangelischer erschlossen. Aufs

---

[3] Prochanov, Triumph of the Gospel S. 18ff, ferner S. 20ff. Hier sind außerdem Einzelaufgaben im Bauwesen genannt, die über die Kräfte des Bundes hinausgehen – S. 26/27.

ganze gesehen waren die Evangelischen zahlenmäßig geringfügig geblieben. Von einzelnen Ausnahmen in der Petersburger Gesellschaft und Besitzern molokanischen Herkommens abgesehen gehörten die Evangelischen sozial dem Kleinbauernstand und den ärmeren Schichten an. Erst im Laufe der Zeit kam es in ihren Reihen auch dank ihres berufsethischen Bewußtseins zu größerem Wohlstand. Intellektuell rege, war ihre Interessenlage jedoch eine andere als die der städtischen Intelligenz mit ihren stärker politischen und gesellschaftsbezogenen Fragen.

Bei dem Weg des evangelischen Christentums in russisches und ukrainisches Volkstum wirkten westliche Traditionen mit, es entfielen aber die Erfahrungen des Umgangs mit den Traditionen. Der junge russische Protestantismus stand unvermittelt vor den Fragen, die der westliche Protestantismus in langen Zeiträumen abgehandelt hatte. In wenigen Jahrzehnten hatte der ostslavische Protestantismus die Themen zu rekapitulieren, mit denen es unter ganz anderen Voraussetzungen der westliche Protestantismus so lange zu tun gehabt hatte. Dies war eine schier unlösliche Aufgabe angesichts der anderen Entwicklung in der Kürze der Zeit, der anderen Umweltsituation und angesichts des Fehlens theologischer Arbeiter und geschulter Mitarbeiter in den Gemeinden. Zur »probuždenie«, zur Erweckung, traten gleichzeitig innere Spannungen hinzu. Diese wiederholten zwar die theologischen Grundthemata des Westens. In dem Maße aber, wie es andere Menschen in anderer Situation waren, die die formal gleichen Fragen nach Rechtfertigung und Heiligung, nach Gemeinde und Welt, nach Taufe und christlichem Handeln stellten, waren es doch nicht mehr die gleichen Antworten, die gefunden wurden; auch der Charakter der Erörterungen war ein anderer.

Unter diesen Bedingungen sind die Auseinandersetzungen zu sehen, die sich innerhalb des ostslavischen Protestantismus abgezeichnet hatten. Das große Thema der Einheit war immer bezogen auf die ganz persönliche Aneignung des Glaubens durch den einzelnen in der Radikalität seiner Entscheidung. Wie konnte die alles verbindende Zusammenfassung erfolgen? Im kirchengeschichtlichen Überblick bieten die dogmatischen Kämpfe des 4. und 5. Jahrhunderts die Möglichkeit eines Vergleichs: Wie konnte aus verschiedenen Ansätzen christologischer und trinitarischer Aussagen die eine alle zusammenführende Aussage gefunden werden? Platonisierende Grundvoraussetzungen stehen auch hinter den Fragen und Antworten, die von den Männern der zweiten und dritten Generation im osteuropäischen

Protestantismus gegeben worden sind, ganz entsprechend den Fragen und Antworten, die in der Kirche von Byzanz schließlich zur Theologie der Ikone geführt haben. Der russische Bauer, der aus seiner Stube die Ikone entfernte und dafür den evangelischen Wandspruch aufhängte, hatte in den Augen der alten Autoritäten die unverzeihliche Sünde des Heraustretens aus dem festgelegten und ausschließlichen Wahrheitsanspruch begangen. Dennoch hatte er Grundfragen aus der Orthodoxie und ihrer Tradition in den Protestantismus mit hinübergenommen. Das einzelne Wort des Wandspruchs, das Wort der Bibel in der Verkündigung gewann ikonologische Bedeutung. Der weiße Fleck, den die von der Wand abgenommene Ikone hinterließ, drängte nach einem neuen Bild, zwar ganz anderer Art, aber doch gleicher Gewichtigkeit. Die Geschichte des ostslavischen Protestantismus wurde damit zum Ringen um die Wahrheit, um den Anspruch des einzig gültigen Weges. Die darum rangen, waren weitgehend bäuerliche Menschen, die mit neu gewonnenem Selbstbewußtsein und dem Anspruch erfahrener Wahrheit in den Auseinandersetzungen nach außen und innen antraten. Ausschließlichkeit beherrschte die Lösungsversuche zu einheitlichen Formen und organisatorischer Einheit. Die Frage nach der einen gültigen Form des evangelischen Lebens ließ sie bei allem Eigenwillen nicht in möglichem Nebeneinander verschiedener Ausprägungen kirchlichen Lebens beharren, sondern trieb sie immer erneut in das Bemühen um die Erreichung der Einheit, »edinstvo«, hinein. Allianzfragen des Westens, das Problem der Einheit in der Vielheit waren auch im osteuropäischen Protestantismus gestellt. Aber sie hatten einen anderen Stellenwert, als es dort der Fall war. Dazu trug auch die Radikalität bei, in der die Fragen in Rußland und in der Sovetunion bedacht wurden, ferner die äußeren Bedingungen, die das gemeindliche Bewußtsein der Evangelischen bestimmt haben. Dies zeigt sich darin, wie man in den Gemeinden auf die Prediger und Ältesten schaute. Zur christlichen Existenz gehörte nach allgemeiner Auffassung die Verfolgung hinzu; dies galt vor allem für die Verkündiger des Evangeliums. Als der 1848 in Baku geborene Vasilij V. Ivanov-Klyšnikov, der auf weiten Reisen durch Rußland in unermüdlicher Tätigkeit 1500 Menschen getauft hatte, 1895 in das Gouvernement Samara kam, stieß er bei den dortigen Gemeinden auf Mißtrauen und Widerstand. Dies geschah einzig aus dem Grund, weil er zu dieser Zeit noch nicht verhaftet war. Man hielt ihn für einen Polizeispitzel. In Saratov mußte er sich darüber mit seinen Widersachern auseinandersetzen, obwohl er auf Verhaftungen und behördliche Maßnahmen zu anderer Zeit gegen ihn hinweisen konnte.[4] Solches Verständnis hat wiederholt auch später seinen Ausdruck gefunden. Zumal in den dreißiger Jahren verschärfte sich die eschatologische Ausrichtung der Gemeinden in der Welle der Verfolgung. Gemeinden erwarteten, daß ihre Leiter den Weg der Verfolgung gehen mußten. Mißtrauen begleitete wiederum solche, die noch nicht verhaftet waren. Angesichts zahlreicher Gemeindeglieder, von denen man wußte, daß sie von den polizeilichen Stellen zu Berichten über Personen und Vorgänge in den Gemeinden genötigt worden waren, war dies gewiß auch eine durch diese sehr nüchternen Gründe motivierte Haltung.

Theologisches Gut des Westens und Momente ostslavischer Eigenständigkeit, erwachsen aus Herkommen und Situation, hatten sich miteinander verbunden. Diese Verbindung unterlag einem Jahrzehnte währenden Prozeß. Er bestand in der zunehmenden Aneignung des von außen Kommenden in die eigene Lebens- und Glaubenswelt. Dementsprechend war die Beziehung zum Protestantismus des Westens vielschichtig. Bei aller Betonung des eigenen Wegs waren Prochanov und andere, die im Westen eine theologische Ausbildung erfahren hatten, nicht willens, Lehrerfahrungen und praktische Hilfen aus dem Ausland zurückzuweisen. Die Aneignung des von außen Kommenden war durch das eigene Selbstbewußtsein gefordert. Auch im Hinblick auf Staat und Gesellschaft bestand eine Nötigung, den eigenständigen russischen Weg des Protestantismus zu betonen. In einer orthodoxen und russisch nationalistisch empfindenden Umwelt war frühzeitig der Vorwurf erhoben worden, daß die protestantischen Strömungen in Rußland Ableger westlichen Ideenguts seien, dazu noch mit dem Verdacht politischer Einflußnahmen und ausländischer Unterstützung belastet. Das russische, orthodoxe Vorurteil konnte gewiß an viele Züge im Erscheinungsbild evangelischer Gemeinden bei dieser Kritik anknüpfen, mochte es sich um die Bedeutung des Laientums in der Gemeindearbeit, um das Liedgut, Traktate, Verlautbarungen und um die gebräuchlichen Redewendungen der Frommen handeln. In all dem, befremdend für das Empfinden der Umwelt, war vielfältig westlicher Einfluß am Werke. Dies zeichnete sich sonderlich in den ersten Jahrzehnten des ostslavischen Protestantismus in seinem Andachts- und Liedgut ab; hierbei handelte es sich nach Text und Melodien weitgehend um englisches Gut des 19. Jahr-

---

[4] Kmeta, With Christ in America S. 33.

hunderts. Es hat einiger Jahrzehnte bedurft, bis der ostslavische Protestantismus zur eigenen Lieddichtung gelangte und westliches Liedgut zurücktrat. An diesem Umformungsprozeß hat Prochanov schon vor dem Ersten Weltkrieg in Grundsatzäußerungen, noch mehr aber durch seine zahlreichen Dichtungen entscheidenden Anteil gehabt.

Der Umbruch nach 1917 führte zu einer Beschleunigung der Umformung und Aneignung. Mit veranlaßt durch die Besetzung russischer Landesteile am Ende des Weltkriegs und die nachfolgende Intervention alliierter Kräfte im Bürgerkrieg verschärfte sich die Sorge vor fremdem politischen Einfluß auf Gruppen in der Sovetunion. Die Abwehr fremder ideologischer Einflüsse als einer Waffe des Imperialismus gegen die Sovetmacht ließ die neuen Verantwortlichen kritisch auf Verbindungen von Gruppen im Lande zu ausländischen Gruppierungen blicken. Vor diese Tatsache gestellt, mußten sich auch die Gemeinden in der Sovetunion um eine stärkere Betonung ihres spezifisch russischen, ukrainischen Charakters und ihrer Loyalität gegenüber der Staatsmacht bemühen. Dies war durchaus nicht bloß vordergründiges Eingehen auf staatliche Anfragen und Vorbehalte. Das Bewußtsein der Besonderheit im gesamtprotestantischen Bereich konkretisierte sich dabei; ein eigenwilliges gesellschaftliches und soziales Engagement wurde gefördert.

Dem Selbstverständnis evangelischer Gemeinden hatte es schon immer entsprochen, sich von den einschränkenden Rechtsbestimmungen zu befreien, mit denen ständig verbunden war, daß man als rechtlose Gemeinde, allenfalls als Gemeinde minderen Rechts bezeichnet wurde. Dies schloß die Ablehnung der summarischen Bezeichnung »Sektantstvo« und in deren Gefolge die daraus resultierende Diskriminierung ein. Wie andere vor und neben ihm hat sich auch Prochanov frühzeitig gegen die in der Öffentlichkeit anzutreffende Verwendung des Begriffs »Sektantstvo« und dessen Übernahme als Selbstbezeichnung evangelischer Christen gewandt. Er schlug vor, dies auf keinen Fall weiter so zu halten und statt dessen bei der Selbstbezeichnung auf gute russische Wörter Wert zu legen. An Stelle des »Sektanten« schlug er den Begriff »Freigläubiger« vor (svobodoverec), an Stelle des »Sektantstvo« die »Freigläubigkeit« (svobodověrčestvo). Damit, so hoffte er, würde der Charakter evangelischer Unabhängigkeit hervorgehoben und der eigene Weg betont.[5] Dieser Vorschlag vom Jahre 1906 gehört der Zeit an, als Pro-

[5] B.L. 3/1906 S. 16.

chanov den Allianzcharakter der verschiedenen evangelischen Gruppen betonte und noch hoffte, den Gruppenegoismus auf dem Weg der Allianz überwinden zu können. Es kam nicht zu einer solchen einheitlichen Selbstbezeichnung. Aber die Verbindung des Bundes der Evangeliumschristen mit dem Begriff »frei«, »Freiheit« ist auch später noch zum Ausdruck gekommen. In der Verbindung mit »frei« war auch politisches Bewußtsein wirksam. Es knüpfte an die Hoffnungen der Überwindung des absolutistischen Regierungssystems und der damit verbundenen religiösen- und Gewissensfreiheit an.

In diesem Zusammenhang erscheinen auch Formulierungen der von Prochanov erarbeiteten Glaubenslehre der Evangeliumschristen wichtig. Das baptistische Bekenntnis, die Ispovedanie very christian-baptistov, war in 14 Artikeln niedergelegt. Das Bekenntnis der Evangeliumschristen umfaßte 18 Artikel. In beiden Bekenntnissen sind die gleichen theologischen Loci erfaßt; Schwerpunkte wurden im evangeliumchristlichen Bekenntnis dadurch gesetzt, daß die Lehre von den guten Werken, Äußerungen zum Gebet, zu Gott und seinem Werk in der Kirche und schließlich Aussagen zur Freiheit des Christen und der Gewissensfreiheit[6] hinzugetreten waren.

Ohne ausgesprochene politische Aussagen wird der Artikel XII über die Freiheit eminent politisch: Gott gibt dem Sünder in der Erlösung Freiheit. Sie ist Freiheit von der Macht der Sünde, vom Ritualgesetz, vom Fluch des Gesetzes, von der knechtischen Furcht, von rassischen, ständischen und jeglichen anderen Vorurteilen und schließlich auch die Freiheit von menschlichen Autoritäten und Einrichtungen, welche das Gewissen des von Gott Befreiten zu unterjochen willens sind. Die christliche Freiheit gibt den Christen Kühnheit und Mut, zum Gnadenstuhl hinzuzutreten, eine kindliche Beziehung zu Gott, aber auch die Liebe zu allen Menschen und die Haltung der Duldsamkeit und Nachsicht. Dies gilt für alle Bereiche, ausdrücklich genannt ist hier die Beziehung der Christen untereinander in den nachgeordneten Fragen christlichen Verhaltens und besonderer Traditionen.

In dieser so betonten Darlegung der Freiheit eines Christen werden die verschiedenen Fronten spürbar, an die sich Prochanov und der Bund der Evangeliumschristen gerufen wußten. Es ging nicht nur um die Freiheit vom orthodoxen Kirchengesetz, um die Freiheit des evangelischen Christen gegenüber den politischen Gestalten und Ein-

---

[6] Artikel XII.

richtungen. Freiheit hatte sich auch da zu erweisen, wo evangelische Gruppen den Weg zu den judaisierenden Gruppen ihrer Tage, zu Sabbatern und solchen, die den Genuß von Schweinefleisch verboten, eingeschlagen hatten.[7] Arbeiten Prochanovs aus den Jahren nach 1910 gehören in diesen Zusammenhang hinein, etwa die mit dem Titel »Vom Sonntag, von der Sonntagsfeier« in Auseinandersetzungen mit denen, die unter Hinweis auf das Alte Testament Änderungen verlangten. Aber auch die Schrift »Vom Dienst der Frauen in den Gemeinden« ist ebenfalls in der Wendung gegen ein verengtes biblizistisches Verständnis zu sehen, das die Frauen weitgehend ausschloß.

[7] Vgl. hier S. 18ff.

2. Dogmatische und soziale Vorstellungen

Prochanov nennt keine geistlichen Väter in einer engen Traditions-
folge. Mit Achtung nennt er die Namen großer Prediger, in diesem
Zusammenhang werden Luther und auch Spurgeon erwähnt. Es gibt
jedoch nur einen, bei dessen Nennung es Prochanov abzuspüren ist,
daß er sich ihm besonders verbunden weiß – Jan Hus. Die innere Beziehung zu Hus hatte ihn im Jahre 1924 um die Ordination in Prag
nachsuchen lassen. Verschiedentlich wird in seinen Äußerungen die
Bedeutung des tschechischen Reformators sichtbar. Sein Interesse an
Hus entspricht einer vielfältigen Faszination, mit der bis in die russische Orthodoxie des 19. Jahrhunderts hinein Hus in Rußland beachtet worden ist. Hus' Slaventum wurde betont; als einer der ersten äußerte er im späten Mittelalter Protest gegen die Erscheinungsformen
der abendländischen Kirche und Gesellschaft. Aus seinem Wirken
erwuchsen im westlichen Slaventum nachhaltige reformatorische,
sozialethische, politische Anstöße. Ausstrahlungen waren in den
ostslavischen Raum gedrungen. In Lehre und Leben hatte Hus das im
19. Jahrhundert so vielfältig ausgesprochene Selbstbewußtsein unter
West-, Süd- und Ostslaven bestätigt, daß das Slaventum nicht bloßer
Empfänger westlicher Vorstellungen und Strömungen sei und nicht
erst zur Gestaltung der Anregung von außen bedürfe. Die slavische
Welt war vielmehr imstande, von sich aus eigene wesentliche Beiträge zur Gesamtkultur der Welt, zum religiösen Leben und zur Entwicklung der Gesellschaft zu leisten.

Aus der Fülle von Äußerungen darüber seien einige Beispiele hervorgehoben. Unter Slavophilen und später den Panslavisten war die
Vorstellung für die Zusammengehörigkeit der slavischen Völker geweckt worden. In diesem aus der Romantik geborenen Verständnis
wurde Hus zu einem Protagonisten kämpferischer Haltung und slavischer Verbundenheit, mit ihm seine Mitarbeiter und das Hussiten-
tum. Fedor Ivanovič Tjutčev, der Dichter und Diplomat mit guter
Kenntnis der westeuropäischen, insbesonders deutschen Verhältnisse, bezeichnete 1848 den »hussitischen Glauben« als »Ausdruck all
dessen, was Böhmen noch von seiner nationalen Eigenart bleibt. Dieser Glaube ist der immer lebendige Protest des unterdrückten, slavischen Volkstums gegen die Anmaßung der römischen Kirche sowie
gegen die deutsche Beherrschung. Er ist das Band, welches Böhmen
an seine kampf- und ruhmreiche Vergangenheit bindet und ist

gleichzeitig die Kette, die eines Tages vielleicht den Čech Böhmens an seine östlichen Brüder anschließen wird.«[1]

In den von sozialen Reformvorstellungen und revolutionärem Gut bestimmten Kreisen in Rußland wurden die mit dem Wirken von Hus und dem Hussitismus verbundenen sozialkritischen Gedanken betont. In deren Gefolge stehen die marxistischen Vorstellungen vom Wesen religiöser Umwälzungen und Sektenbildung als des Ausdrucks antifeudalen Kampfes und sozialrevolutionärer Bewegungen.[2] Hus und seine Anhänger wurden damit zu progressiven Elementen in der gesellschaftlichen Entwicklung.

Auch für die russische Orthodoxie bot das Wirken von Hus Möglichkeiten zu einer positiven Würdigung. Dazu führte die von Hus geübte Kritik an der Papstkirche. Filaret Gumilevskij, der Kirchenhistoriker, äußert sich summarisch, dabei die Wirklichkeit verkürzend, im Blick auf die Vorgänge im Tschechentum des 15. Jahrhunderts: »Die Slaven, einst alle Söhne der Rechtgläubigkeit, aber durch Feuer und Schwert dem Papst unterworfen, waren schneller denn alle übrigen geneigt, gegen den Papst aufzustehen.«[3] In diesem bedeutenden Traditionsstrom des Husbildes, der Nationales, Soziales und Religiöses einschloß, werden auch die Vorstellungen Prochanovs und anderer Evangelischer verständlich. Bei seiner Ankunft in Prag äußerte sich Marcinkovskij: »Prag ist mir keine fremde Stadt. Noch in meiner Kindheit packte mich das Leben des Johannes Hus, dieses Kämpfers für das Evangelium . . . Da steht er auf dem Altstadt-Platz, in Stein gehauen, seine edle, kühne Stirn dem Himmel zugewandt. ›Sage die Wahrheit, höre die Wahrheit, lehre die Wahrheit, liebe die Wahrheit, rede die Wahrheit, verteidige die Wahrheit, bis zum Tode!‹ Dies Vermächtnis grüßt mich von der Höhe seines steinernen Postaments.«[4]

Der Gedanke der russischen Reformation, der Prochanov immer bewegte, konnte von den historischen Vorgängen im Tschechentum

---

[1] Rußland und die Revolution, Polnoe sobranie sočinenij, 1913 S. 333ff. hier zitiert nach Dmitrij Tschižewskij u. Dieter Groh (Hrsgb.), Europa und Rußland, Darmstadt 1959 S. 225–238, hier S. 234.

[2] Vl. I. Lenin: »Es gab in der Geschichte eine Zeit, wo . . . der Kampf der Demokratie und des Proletariats in Gestalt des Kampfes der einen religiösen Idee gegen die andere vor sich ging.« Ausgewählte Werke in 12 Bdn., Bd. XI S. 417.

[3] Philaret von Černigov, Geschichte der Kirche Rußlands, 2 Teile in einem Band, Frankfurt/Main 1872, hier I S. 277.

[4] Marcinkovskij, Gotterleben S. 296.
Vgl. auch Marcinkovskijs Aufsatz: Kamen' Gusa v Konstance – in: E.V. 13/Okt. 1932 s. 17–18.

manche Anregungen erfahren. Prochanov hatte schon vor 1924 die Absicht gehabt, Prag zu besuchen. Als er und Marcinkovskij im Gebäude der Čeka in Moskau Anfang 1923 einander trafen, Marcinkovskij, um zur Ausweisung seinen Auslandspaß entgegenzunehmen, Prochanov, um erstmalig dort vernommen zu werden, äußerte dieser: »Vielleicht sehen wir uns in Prag wieder. Ich habe vor, dorthin zu kommen . . .«[5] An anderer Stelle sagte er: »Es ist schon lange her, daß ich die Sehnsucht hegte, dieses vorzüglich kulturerfüllte Land zu besuchen. Persönlich wollte ich die geistliche Nachfolgerschaft der großen slavischen Reformatoren kennen lernen . . .«[6] Im »Christianin«, in dem diese Worte enthalten sind, finden sich in der gleichen Ausgabe zwei Gedichte Prochanovs, die das Wirken von Hus zum Inhalt haben, »Jan Hus« und »Der Scheiterhaufen«. Das erste der beiden Gedichte hat den Untertitel »Vor seinem Denkmal in Prag, März 1924«. Ein weiterer ebendort veröffentlichter Aufsatz behandelt »Jan Hus und Peter Chel'cickij als Lehrer eines geistlichen Lebens«.

An Chel'cickijs theologischen Vorstellungen betont Prochanov die Abgrenzung von einer an den Staat gebundenen Kirche und den Bedeutungswandel, der mit der konstantinischen Wende im Leben der Kirche eingesetzt hatte. Wichtig erscheint Prochanov auch, daß sich Chel'cickij gegen Stände und Kasten in der Gesellschaft gewandt habe. Hervorgehoben wird seine Nüchternheit gegenüber schwärmerischen Propheten.[7] Die evangelische Bewegung in Rußland ist mit Hus und Chel'cickij durch die eine Quelle, die Schrift, und den einen Lehrer, Christus, verbunden. In dieser Verbundenheit gibt es bis in die Praxis des täglichen Lebens hineinreichende Parallelen, dazu gehört die Betonung der Verkündigung in einer slavischen Volkssprache. Von den tschechischen Lehrern der Kirche frühzeitig geübt, wird dies zum Beispiel für die notwendige Überführung biblischer und kirchlicher Texte aus der vielen unverständlich gewordenen kirchenslavischen in die allen verständliche russische Sprache. Die Gestalt von Johannes Hus gewinnt für Prochanov damit auch im Prozeß der Umformung und Aneignung eine gewichtige Rolle.[8]

[5] Marcinkovskij, Gotterleben S. 289.
[6] Christianin 5/1924 S. 2.
[7] ebenda S. 17–22. – Hier ist ein kurzer Bericht über einen Mann angeschlossen, der 1922 im Gouvernement Tver prophezeite, daß der Herr bald kommen würde und es deshalb nicht nötig sei, zu säen und zu ernten.
Vgl. auch Prochanov, Ot kresta k vencu . . . – in: E.V. 10/Okt. 1933 S. 7–16, hier S. 13.

Prochanov hatte bei seinem Aufenthalt in Prag in der Begegung mit tschechischen Theologen offensichtlich auch Anstöße empfangen, auf altchristliche Texte mehr als bisher achtzugeben. Er erwähnt die Zwölfapostellehre sowie den Barnabasbrief.[9] Auch in einer für ein deutsches Leserpublikum bestimmten Veröffentlichung kommt die Bedeutung von Hus für Prochanovs eigenes Wirken zum Ausdruck. Er schilderte, daß anläßlich einer gottesdienstlichen Versammlung 1928 in Leningrad ein durch die Verkündigung Prochanovs gewonnener orthodoxer Priester sich öffentlich zu den Anliegen der Evangeliumschristen bekannt habe. Diesen Vorgang setzt Prochanov mit der Umkehr und Gewinnung von Priestern in bedeutsamen Stunden der Kirche in Verbindung. Er hebt an mit Acta 6,7, wo die Gewinnung von Priestern für Christus einen Höhepunkt nachpfingstlicher Entwicklung bezeichnet. Prochanov fährt fort: »Ist so etwas nicht auch in späteren Jahrhunderten geschehen? Die Bekehrung des Priesters Johannes Hus zeigt, welch eine Entwicklung diese religiösen Strömungen damals im tschechischen Volk erreicht hatten. Der geistliche Umschwung im Leben des Mönches Martin Luther war nichts anderes als ein Ausdruck dessen, daß im Leben des deutschen Volkes die Stunde der Reformation geschlagen hatte. So ist es ganz natürlich, daß die russische Evangeliumsbewegung jetzt auf dem Höhepunkt ihrer Entwicklung durch das Wort Gottes auch die Herzen der Vertreter der orthodoxen Geistlichkeit berührt, die sich bis dahin dem Ruf des Evangeliums völlig ablehnend verhalten haben.«[10] Die Umkehr des Priesters, eines unter anderen, ist Hinweis darauf, »daß sich in Rußland nicht eine sektiererische Winkelbewegung vollzieht, sondern eine das ganze Volk ergreifende evangelische Reformation.«[11]

Prochanov wußte sich einerseits im Strome der evangelischen Traditionen von der Reformation an, andererseits nahmen er und seine Freunde kritische Abgrenzungen gegenüber anderen protestanti-

---

[8] Nach einer Mitteilung Waldemar Gutsches hat Prochanov auch in einem Gespräch mit ihm auf die Bedeutung des Lebenswerkes von Hus für seine eigene Tätigkeit hingewiesen.

[9] Christianin 5/1924 S. 32–36, S. 36–37.
Prochanovs neue Erfahrungen entsprechen solchen Zinzendorfs und der Brüderunität. Nach ihrem Geschichtsverständnis war über die Böhmischen Brüder hinweg der Kontakt zu den Slavenaposteln Kyrill und Method hergestellt, über diese, aus Thessalonich stammend und bis nach Böhmen hinein wirkend, der Kontakt zur Wirksamkeit des Paulus in Makedonien und damit zur Apostolizität der Verkündigung.

[10] Prochanov, Erfolge des Evangeliums in Rußland S. 29/30.

[11] ebenda S. 30.

schen Gruppen vor. Das führte zu einer Unterscheidung in »alte historische Kirchen« und die Gemeinden mit einem Verständnis, das denen der Evangeliumschristen entsprach. Zunächst werden unter den alten historischen Kirchen die katholische und die orthodoxe Kirche verstanden. An ihnen zeichnete Prochanov den besonderen Typus dessen auf, was nach seiner Auffassung zu einer alten historischen Kirche gehörte. Die Merkmale dieser alten historischen Kirchen wirken aber auch in die protestantischen Kirchen hinein. Insofern sind diese ambivalent, gefährdet durch das Alte, offen auch für das Neue. Für das Neue sind sie aufgeschlossen, insofern sie sich dem Evangelium und dem Ruf zur Umkehr des einzelnen Menschen und der Gesamtkirche erschließen. Offen gegenüber dem Alten und damit zugleich gefährdet sind sie in dem Maße, wie immer auch Vorstellungen der alten historischen Kirchen in den Protestantismus hineinwirken. So deutet Prochanov die im Prostestantismus der zwanziger Jahre dieses Jahrhunderts aufkommende liturgische Bewegung: ». . . ganz unverständlich ist es uns, wenn in protestantischen Kirchen jetzt Stimmen laut werden, die Ritual und Liturgie über das lebendige Wort stellen. Auf Grund des Wortes Gottes müssen wir sagen: Blätter können niemals den Mangel an Früchten verbergen.«[12]

Diese Äußerung ist im Zusammenhang einiger auslegender Worte über das Gleichnis vom Feigenbaum getan. Die Abwehr des Rituals und der Liturgie ergibt sich für ihn aus der Abwehr gegen das in der orthodoxen Kirche bestimmende Element, gegen das er angesichts der orthodoxen Praxis und des mangelnden Hineinwirkens der Orthodoxie in das russische Volk so viele Vorwürfe zu erheben hatte. Doch ist es nicht ausschließlich diese Abwehr, die ihn zu einem antiritualistischen Verständnis führt. Blätter ohne Blüten – das ist auch die Erscheinung der alttestamentlichen Gemeinde nach den Worten der Propheten und nach Jesu Worten selbst. Hier schon beginnt die negative Tradition, die sich wie im Alten Testament auch in der Kirche der frühen Christenheit, in den alten historischen Kirchen und von ihnen her in Erscheinungen des Protestantismus abzeichnet. »So hatte zur Zeit Jesu die Gemeinde des Alten Testaments nichts als Blätter, prunkvolle Gottesdienste ohne wahres inneres Leben. Kult und Zeremonien hatten sie unfähig gemacht, in Jesus den Messias zu erken-

---

[12] I. Prochanov, Die Botschaft vom Reiche Gottes in den Abschiedsreden Jesu – nach Joh. 15,1–4 und 14,1–11 – in »Dein Reich komme« 9/1930, S. 203–210 und 10/1930, S. 235/241, hier 9/1930, S. 208.

nen. In der Folgezeit ist die Kirche von Laodicäa ein Beispiel dieses Zustandes gewesen. Sie war reich an allem Äußeren, aber arm nach innen. Sie hatte Blätter, aber keine Frucht. Und was sollen wir sagen von der Kirche Roms hier im Westen, die zur Zeit der Reformation kunstvolle Dome baute und prunkvolle Gottesdienste feierte, aber innerlich ein Herd sittlicher Fäulnis war, wie Luther es mit Schaudern sah, als er Rom besuchte? – Was sollen wir sagen von der Kirche des Ostens, deren Religion ihren Ausdruck fand in der prachtvollen Kleidung ihrer Bischöfe, wundervollem Kirchengesang, feierlicher Liturgie, aber in einer dem Volke unverständlichen Sprache? – Während das Volk weder die Bibel noch das Evangelium kannte und keine Ahnung hatte von dem Weg des Heils. In diesen Kirchen ist viel Kunst, aber wenig geistliches Leben, Mystik und Ästhetik, aber keine lebendige Gemeinschaft mit Gott, dem Vater und dem Sohn im Hl. Geist. Man speist das Volk ab mit dem Betrachten der Schönheit und gibt ihm kein Lebensbrot.«

Den Protestantismus begleiten neben der Wiederbelebung eines Ritualismus nach der Weise der alten historischen Kirchen noch besondere Gefährdungen. Prochanov deutet sie unter dem Bilde vertrockneter Reben. »Wissenschaft und Verstand sind sehr nützliche Dinge, aber wenn die Wurzel des Glaubens klein ist und die göttliche Erdschicht nur dünn, dann wirken sie vertrocknend auf die Seele des einzelnen Gläubigen wie die Gesamtheit der Kirche. Dann herrscht der Rationalismus. Er ist eine charakteristische Erscheinung im Leben der protestantischen Kirche. Die Reformation schenkte Freiheit des Forschens auch in der theologischen Wissenschaft, und es bedarf keines Beweises, daß die wissenschaftliche Arbeit reiche Frucht gebracht hat. Und doch ist sie vielfach die Ursache gewesen, daß das innere Leben vertrocknete. All die ethischen Gesellschaften, in denen die Religion ein System logisch ausgearbeiteter sittlicher Normen geworden ist, sind ein Produkt des Protestantismus.«[13]

Prochanov versteht das Verhältnis von Glauben einerseits, Wissenschaft und Verstand andererseits jedoch nicht in der Weise einer bloßen Konfrontation: »Wir Evangeliumschristen sind Anhänger der Kunst und Wissenschaft. Ja, noch mehr, wir glauben, daß Kunst und Wissenschaft berufen sind, die Ideale des Christentums zu verwirklichen. Aber wir sind doch der Meinung, daß auf diesem Gebiet eine gewisse Grenze gewahrt bleiben muß, die um des allgemeinen Heils

[13] ebenda 9/1930, S. 207/208.

willen nicht überschritten werden darf. Wenn die Religion, d.h. die Weltanschauung, die da begründet ist, auf Gemeinschaft mit Gott und dem Glauben an die erhabenen Ideale Christi im schöpferischen Leben eines Volkes die treibende Kraft ist, dann bringen Kunst und Wissenschaft auf diesem Boden reiche und heilsame Früchte. Wenn aber Kunst und Wissenschaft das ganze religiöse Leben überwuchern, dann erstickt der Glaube, und es kommt zu tauben Blüten oder zu verdorrten Zweigen. In dieser Erkenntnis erbitten die Evangeliums-christen sich Gnade von Gott, beide Extreme zu vermeiden.«[14]

Dies ist das Aufgreifen der alten reformatorischen Paradoxie, die Vernunft und Glauben so zueinander ordnet, daß die vom Christen betriebene Wissenschaft fruchtbringend und daß die an Gottes Wort ausgerichtete, diesem ursprünglich widerstrebende Vernunft erstre-benswert sei. Im Zusammenhang mit diesen Bemerkungen Procha-novs stehen auch die Fragen nach dem Wesen der protestantischen Freiheit in ihren Erscheinungsformen. Positiv wird die Freiheit der Schriftauslegung gezeichnet: »Die Freiheit der Auslegung der Hl. Schrift ist eine gewaltige Errungenschaft der Reformation, und daß hierbei unvermeidliche verschiedene Ansichten sind, ist an sich noch kein Übel. Der Apostel Paulus sagt 1. Kor. 11,19: ›Es müssen ja ver-schiedene Meinungen sein.‹ . . . Aber wenn verschiedene Meinungen verbunden sind mit Zank, Streit, Neid und Zorn, dann sind sie schon keine guten Früchte mehr, sondern Herlinge.« Es ist allerdings Pro-chanovs Auffassung, daß dieser Zustand in den protestantischen Kir-chen oft vorhanden ist und die Grenzen des offenen Nebeneinanders von Meinungen überschritten sind: »Ich persönlich halte diesen Zu-stand des Streites innerhalb der Protestantischen Kirchen nicht für ein so großes Unglück wie die tatenlose Erstarrung und Versteine-rung der großen Katholischen Kirche.[15] Der Mangel des Protestan-tismus ist vielmehr die Unvollkommenheit in der Lebensführung. Der Mangel in den katholischen Kirchen ist in Wahrheit der Tod. Sie gleichen einem verschlossenen Grab. Und doch ist der oben gezeigte Mangel im Protestantismus für Gott unerträglich – es sind Herlin-ge.« »Mit demselben Gefühl tiefsten Schmerzes muß ich noch von einer anderen Sorte von ›Herlingen‹ am Weinstock des Protestantis-

[14] ebenda, 9/1930, S. 208.
[15] Hierunter faßt Prochanov sowohl die römisch-katholische als auch die orthodoxe Kirche bei Anerkenntnis aller vorhandenen Unterschiede in eins zusammen. Es ist sicherlich zu fragen, ob sein Bild von der römisch-katholischen Kirche nicht zu ein-seitig nach seiner Beurteilung der orthodoxen Kirche ausgerichtet ist.

mus sprechen . . . Die protestantische Theologie hat sich hervorragend verdient gemacht um Wissenschaft und Bildung. Und doch kann keiner leugnen, daß sie ›viel Häresien‹ hervorgebracht hat. Hierzu gehört vor allen Dingen die mit dem Tübinger Professor David Strauß beginnende Kritik am Leben Jesu, wonach alle Berichte der Evangelien und des ganzen Neuen Testaments über Jesus nur Mythen seien. Natürlich ist diese Wissenschaft ein ganz bitterer ›Herling‹ in den Augen des himmlischen Weingärtners und enthält zugleich ein tödliches Gift für den Protestantismus selbst. Diese Theorie sägt den Ast ab, auf dem die Theologie sitzt.«[16]

Wenn Prochanov David Friedrich Strauß als eine negative Beispielgestalt sieht, so steht er nicht nur in der Nachfolge evangelischer Urteile über diesen, sondern steht auch in den Fußstapfen einer im 19. Jahrhundert anhaltenden orthodoxen Kritik eines sich zersetzenden Protestantismus. Hierbei wurde David Friedrich Strauß zur Symbolgestalt der Auflösung und der Gottesleugnung. Durch die konfessionspolemischen Äußerungen der orthodoxen Theologie, aber auch in den Urteilen staatlich-politischer russischer Stellen zieht sich immer wieder das Aufzeigen der Gefahren hindurch, die von diesem Mann ausgehend gedacht wurden.

Diese Ausführungen Prochanovs sind innerhalb einer Bibelarbeit gemacht, die er am 3. 7. 1930 auf einer Glaubens- und Missionskonferenz in Wernigerode beim Missionsbund »Licht im Osten« gehalten hat. Prochanovs Aussagen in seiner drei Jahre später veröffentlichten Autobiographie ergänzen das Bild über den Protestantismus durch die Darstellung seines Werdegangs und seiner Berliner Studien bei Harnack und Pfleiderer. Zwar fällt auch hier das Wort von den rationalistischen Theologen, doch wird der Unterschied zu den extremen Positionen von Strauß und Bauer deutlich wahrgenommen. Prochanov entwickelt diese Unterscheidung nicht an systematischen Problemen, sondern stellt sie kurz bei einer Betrachtung über die Fragen der Bibelkritik dar. Hier, bei den Fragen der Bibelentstehung und der Bibelkritik liegt sein eigentliches Interesse: »Was sagen die meisten rationalistischen Theologen über die Entstehung der Bücher der Bibel? Ich wünschte, dies bis auf den Grund zu klären. In England hatte der sogenannte ›höhere Kritizismus‹ gerade begonnen, in den Geistern einiger englischer Theologen Fuß zu fassen. Dieser höhere

[16] ebenda, 9/1930, S. 211.
Vgl. dazu auch W. Kahle, Die Orthodoxie und ihre Kritik an den Kirchen des Westens im 19. Jahrhundert – Kyrios 1967, S. 82–122, S. 109ff.

Kritizismus war natürlich das Kind des deutschen Rationalismus, und er resultierte aus den Schriften von Strauß, Bauer u.a. Nach eingehender Beschäftigung mit Harnacks Theorien kam ich zu der Einsicht, daß er und Theologen, die hauptsächlich aus der neuen Tübinger Schule herkamen, eine bemerkenswert mildere Stellung gegenüber der Frage des Ursprungs der Bücher des Neuen Testaments einnahmen, als ich es erwartet hatte. Tatsächlich näherten sie sich zumeist der traditionellen Sicht.«[17]

Die Summe der Erfahrungen mit protestantischen deutschen Theologen, aber nicht nur mit solchen aus Deutschland selbst, ist skeptisch zu nennen. Die Fülle der verschiedenartigen Meinungen ist so groß, die unterschiedlichen Auffassungen sind so vielfältig, daß sie nicht zu einer Bedrohung selbst führen können. »Ich bemühte mich, eine Übersicht von den Ergebnissen zu machen, die durch die verschiedensten Professoren, was die Zeit des Ursprungs eines jeden Buches anging, gezogen wurden, und ich fand eine solche Vielfalt von Meinungen, daß ich mir selbst sagte: ›Sie widersprechen jeder dem anderen, und deshalb können sie keine ausschließliche Folge erwarten.‹ Obwohl der Kritizismus selbst hilfreich ist im Hinblick auf gewisse Vorurteile, so sind Dispute gegen die Versicherungen dieser Kritiken nicht notwendig, denn sie widersprechen einer der anderen. Und so ist es der sicherste Weg, sich an die allgemeinen Daten der universalen Kirche zu halten. Seit dieser Zeit war es so, daß, was auch immer ich las, dies mich nicht mehr dazu veranlassen konnte, meinen Sinn zu ändern.«[18]

Im Auferstehungsruf, den die 10. Allunionskonferenz im Jahre 1926 verabschiedete, ist einiges mehr über die Genesis und die Entwicklung protestantischen Kirchentums gesagt. Hier heißt es u.a.: »Wohl haben die großen Reformatoren am Ausgang des Mittelalters gewaltige Anstrengungen gemacht, um in ihren Völkern das Urbild der christlichen Kirche wiederherzustellen. Großes ist durch sie erreicht und doch war es nicht ausreichend, den Schaden zu heilen. Zuviel des Alten blieb noch in Kraft. Die Nachfolger der Reformatoren hätten auf dem angefangenen Wege, in der Rückkehr zum Geist des Urchristentums, weitergehen sollen, aber die Reformationskirchen haben in ihrer geschichtlichen Entwicklung leider zu früh haltgemacht. Infolge davon haben auch bei ihnen Tradition, Formalismus,

---

[17] I.S. Prochanov, Cauldron S. 102.
[18] ebenda.

Hierarchie und Vernachlässigung der sozialen Seite des Volkslebens so starken Einfluß bekommen.

Weil also weder die katholischen Kirchen noch auch die aus der Reformation hervorgegangenen Landes- und Freikirchen im Laufe der Jahrhunderte ihre Aufgabe völlig erfüllt haben und das geistliche Leben in ihnen vielfach stark erlosch, während die sozialen Ungerechtigkeiten aller Art in der selben Zeit ungeheuer gewachsen sind, so haben große Teile des Volkes das Vertrauen zu ihnen verloren. Erst einmal zu den Kirchen, sodann auch zu Christus und seiner Botschaft selbst. Darum sind die Kirchen mit schuld an der gewaltigen Entwicklung des Unglaubens unserer Tage.«[19]

Zusammenfassend ist hier also die Erscheinungswelt der protestantischen Kirchen eingegliedert in den Zusammenhang der alten katholischen Kirchen. Der reformatorische Durchbruch des 16. Jahrhunderts und die verschiedenen Kirchenbildungen im Bereich des Protestantismus haben es nicht vermocht, das Alte, Fehlerhafte an der Entwicklung der Christenheit abzustoßen. Auch die protestantischen Kirchen stehen im Zusammenhang der Schuld der Christenheit, die hier im besonderen Maße in dem Versagen bei den sozialen Aufgaben gesehen wird.[20]

Der so wichtige Auferstehungsruf betont aber doch auch das Verbindende im reformatorischen und auch im ökumenischen Zusammenhang, in dem der Bund der Evangeliumschristen mit anderen Kirchen steht. Ihm ist ein ökumenischer Charakter zu eigen. »Die freie Evangeliumskirche in Rußland hat nichts mit Sekte zu tun. Sie lebt vom Ideal der Ökumenizität. Das bezeichnende Merkmal jeder Sekte ist der Anspruch, daß die Menschen nur durch die Zugehörigkeit zu ihr das Heil finden können. Die freie Evangeliumskirche kennt diesen engen Rahmen nicht. Bei aller Wertachtung des geistlichen Leben, das in ihr wohnt, gibt sie ohne weiteres zu, daß ›in allerlei Volk, wer Gott fürchtet und recht tut, Ihm angenehm ist.‹[21] Menschen, die an Christus als ihren Heiland glauben, werden selig, auch wenn sie in unrichtig organisierten Kirchen leben. Daher wird auch die triumphierende Kirche der Vollendung sich aus ›Geistern der Gerechten‹ von allen Völkern, Stämmen und Konfessionen zusammen-

[19] I.S. Prochanov in seiner Bibelarbeit »Dein Reich komme« 5/1934 Auferstehungsruf S. 117.
[20] Vgl. dazu das Kapitel über das soziale Verständnis Prochanovs.
[21] Hier ist in der Anmerkung zum Text »Dein Reich komme« 5/1934, S. 127, Ac 10,35 angeführt.

setzen.«[22] Aus diesem Grundverständnis heraus ergibt sich noch einmal die Stellung zu den »uns im Geiste und in der Lehre verwandten protestantischen Kirchen. Als die russische Evangeliumskirche ihren Bau begann, konnte der Gedanke aufkommen, einfach die Formen einer der bestehenden, verwandten Kirchen zu übernehmen. So haben es einige andere Gruppen von Gläubigen in Rußland gemacht. Sie übernahmen die Benennung und Organisation ihrer ausländischen Glaubensgenossen. In Amerika versetzt man häufig Gebäude von einem Platz auf den anderen. So konnte auch bei uns Evangeliumschristen der Wunsch auftauchen, das Haus irgendeiner ausländischen Konfession nach Rußland zu überführen, d.h. einen Zweig des westlichen Christentums zu kopieren. Dennoch haben wir als Evangeliumschristen uns auf Grund des Wortes Gottes entschlossen[23], ein neues Haus zu bauen. Gewiß, es ist nur ein zeitlicher Teilbau des einen großen Gottestempels, der durch den alleinigen Werkmeister, den Heiligen Geist, trotz allem Kirchenschutt dennoch seiner einstigen Vollendung entgegengeführt wird. Aber dieser unser Bau entspricht am meisten unserer gewonnenen Erkenntnis, unseren russischen Verhältnissen und unserer Eigenart und Sehnsucht. Unsere Erneuerung soll uns mehr sein als nur eine Reformation, wir erwarten von ihr einen tiefen geistlichen Lebensprozeß, und zwar ähnlich dem einer Geburt oder Auferstehung.«[24]

Diese Vorstellung vom besonderen Weg und besonderen Auftrag der Evangeliumschristen für Rußland ist mit dem Gemeindeprinzip und der Zugehörigkeit der einzelnen zur Gemeinde verbunden.[25] Dabei wird der Tatsache besondere Bedeutung beigemessen, daß die Entwicklung der Evangeliumschristen nicht von Theologen im Sinne der westlichen Kirchen gefördert worden ist, daß sie nicht von den führenden Schichten des russischen Volkes ausging, sondern sich

[22] Auferstehungsruf – »Dein Reich komme« 5/1934, S. 127.
[23] ebenda, S. 128. In der Anmerkung wird Luk. 5,36 angeführt.
[24] ebenda, S. 128.
[25] ebenda S. 129:
»Der Grundsatz, nur bewußt Gläubige und Wiedergeborene aufzunehmen, die unchristlich lebenden Glieder dagegen zurechtzuweisen oder auszuschließen, wird Hand in Hand mit allseitiger geistlicher Erziehung in den Gemeinden das Mittel sein, die Kirche vor dem Altwerden und der Verweltlichung zu bewahren. Den Rationalismus hoffen wir dadurch zu überwinden, daß wir uns von Anfang an auf den Grundsatz gestellt haben, Glaube und Wissen müssen harmonisieren und die gesamte Kultur muß den durchdringenden Einfluß des Evangeliums unterworfen werden. Den Quietismus vermeiden wir durch nachdrückliche Befolgung des Grundsatzes, daß alle Glieder ohne Ausnahme sich am Gemeindeleben beteiligen und ununterbrochen mitarbeiten müssen.«

vielmehr von unten her, aus den Volksmassen und einzelnen Christen her vollzog.[26] Auch von diesen Momenten her wird die Selbständigkeit des Bundes der Evangeliumschristen im Gesamtrahmen nachreformatorischer Entwicklung betont. Wie Calvin als Schüler Luthers zu selbständigen Formen gelangt ist, nach ihm auch andere im protestantischen Felde, so gilt Gleiches auch für die Evangeliumschristen: »Die ersten Anhänger des Evangeliums in Rußland hatten Verbindung mit Vertretern verschiedener protestantischer Richtungen in West-Europa. Jeder von diesen betonte seine Anschauungen. Und doch haben die Evangeliumschristen es in all diesen Fällen immer mit den Beröern gehalten: sie haben die verschiedenen Meinungen angehört, dabei aber ›täglich in der Schrift geforscht, ob sich's auch also verhalte‹.[27] Häufig haben ihre Entscheidungen keiner der vorgeschlagenen Ansichten zugestimmt, sondern sie sind selbständig entsprechend ihrer Erkenntnis der Schriftlinie gefolgt. Wie schon betont, hat in Rußland der Bau des geistlichen Hauses nicht von oben begonnen, d.h. bei den führenden Kreisen der Geistlichkeit. Er ging und geht seinen natürlichen Weg von unten, aus dem Schoße des Volkes selbst, so wie die Kirche in den Tagen Christi und der Apostel gebaut wurde. Der selbständige Charakter der Evangeliumsbewegung zeigt sich auch in der Tatsache, daß sie versucht weiterzugehen, als die Reformation des Westens gegangen ist. Daher ist die freie Evangeliumskirche Rußlands heute mit keiner der bestehenden christlichen Kirchen auf Erden einfach identisch, obwohl sie vielen von ihnen in der Lehre und im Geiste verwandt ist.«[28]

Der Auferstehungsruf macht hier eine Zäsur, indem er selbst die Frage stellt, ob darin nicht eine Überheblichkeit vorliege. Er betont die vorhandene Demut bei der Beurteilung des Selbstverständnisses und des Verhältnisses zu den anderen protestantischen Kirchen.[29] Er

---

[26] ebenda S. 126: »Wie schon gesagt, möchte diese Bewegung ihrem Wesen nach nicht nur eine Reformation, sondern darüber hinaus eine geistliche Neugeburt, eine Auferstehung, ein lebendiger Bau sein. Dementsprechend darf das Bauen nicht von oben beginnen, nicht bei den höheren Schichten des Volkes, seinen geistlichen und weltlichen Führern, auch nicht bei den kirchlichen Ordnungen. Naturgemäß fängt der Bau von unten an, bei jedem einzelnen Stein, bei jeder einzelnen Seele.«
[27] ebenda S. 130.
[28] ebenda.
[29] ebenda. Der Auferstehungsruf vergleicht hier die unterschiedliche Bewegung der einzelnen reformatorischen Kirchen mit der Eroberung des Nordpols: ». . . wir sind der Meinung, daß unsere Bewegung einen Fortschritt bedeutet, und zwar auf dem Wege zum Urchristentum hin. Schon seit langem ist es das Bestreben der Menschen gewesen, den Nordpol zu erreichen. Der eine Forscher drang bis zum 70. Breiten-

kommt dann zu dem Schluß: »Wir möchten Euch aber an unseren Erfahrungen teilnehmen lassen und wünschen, daß alle, die diesen Aufruf lesen, ihn am Worte Gottes prüfen und, wenn sie ihn richtig finden, als Anregung und Ermutigung benutzen möchten zum Heil ihrer eigenen Kirche. Denn wir glauben, daß nur auf diesem Wege eine Lösung der Geisteskrisis in den Kirchen gefunden werden kann. Allein die Wiederherstellung einer im Geiste des Urchristentums auferstandenen Kirche kann mit ihrer alles umfassenden schöpferischen Geisteskraft den Geist des Unglaubens im Atheismus, Materialismus, Freidenkertum u.a. inmitten der eigenen Kreise überwinden und unter den Völkern dämpfen.«

Bei diesen Aufgaben hat die Kirche der Evangeliumschristen ihre besondere Funktion. Sie ruft zum Aufgreifen dieser »brennendsten Aufgabe aller christlichen Kirchen und insbesondere der Erben der Reformation des Westens« auf. Die Hauptlast dieser Aufgabe liegt nach den Worten des Auferstehungsrufs »auf der evangelischen Christenheit in Rußland. Noch nie war in der Weltgeschichte eine so klare Kampfesfront zwischen Glauben und Unglauben wie gegenwärtig in der heutigen Sovetunion.« Aber diese Frontstellung wird ausdrücklich auf die Schuld der Kirchen der Reformation mit zurückgeführt. Der »in der Gestalt des Atheismus und Materialismus in Rußland kämpfende Unglaube (ist) eine Frucht, eine Schöpfung westeuropäischer Pseudowissenschaft, und zwar die eines Feuerbach, Haekkel, Büchner, Nietzsche u.a., ja sogar der protestantisch-theologischen Fakultäten von der alten Tübinger Schule an bis heute.«

Der Aufruf an die westeuropäischen Reformationskirchen fordert, daß in ihnen »eine geistliche Auferstehung« erfolgen müsse. »Die Länder der Reformation, die den Unglauben hervorgebracht haben, sind verpflichtet, auf wissenschaftlichem Wege die ganze Sinn- und Haltlosigkeit des Freidenkertums aufzuzeigen.« Aufruf und Forderungen an die reformatorischen Kirchen des Westens münden ein in

grade vor, ein anderer bis zum 75., ein dritter kam noch weiter, bis schließlich einer das Ziel erreichte . . . Wir in Rußland glauben, daß der von uns allen ersehnte Pol heißt: das Chrsitentum Christi. Es ist daher ganz natürlich, daß die russische Evangeliumsbewegung einen Schritt weiter zu tun versucht im Vergleich zu der früheren Reformation in der Richtung zum Christuspol hin. Auch sie hat es noch nicht ergriffen, aber sie denkt wie Paulus, sie streckt sich aus, daß sie es ergreifen möchte, ja, sie ist bestrebt, nicht aufzuhören, bis sie das Ziel erreicht hat. Bisher aber sagt die junge russisch-evangelische Reformation zu ihrer älteren Reformationsschwester voll Demut, Glaube und Freude: ›Ich bin vorangegangen auf dem Wege, den Du vor mir gewandert bist, und ich möchte weiter. Laß uns zusammengehen!‹«

die Vorstellung der »Schaffung einer ökumenischen Kirche im Geiste des Urchristentums.«[30] Diese wird jedoch nicht als menschliches Werk, sondern als Gottes Gabe verstanden. Es erscheint besonders wichtig, daß die revolutionären Erfahrungen, in denen Prochanov und der Bund der Evangeliumschristen selbst lebten, sie doch nicht dazu führten, nun ihrerseits den Weg der Revolution zu gehen. »Wenn irgend etwas werden sollte als Folge dieses Aufrufs, so kann es nur geschehen auf dem Wege des Friedens und der gegenseitigen Verständigung. Eine Kirche des Evangeliums kann nur arbeiten mittels Überzeugung, friedlicher Aufrufe und freiwilliger Zusammenarbeit. Sie kann und darf nichts zu tun haben mit irgendwelchen gewalttätigen Erschütterungen. Gott ist nicht im Sturm, nicht im Feuer, nicht im Erdbeben, sondern im stillen, sanften Sausen.«[31]

Der Aufruf ist von Prochanov selbst, von V. S. Bykov, von I. V. Kargel, dem Sekretär des Bundes P. S. Kapalygin, von Jakov Židkov, dem damaligen Vizepräsidenten des Bundes und späteren langjährigen Vorsitzenden des Vereinigten Bundes der Evangeliumschristen/Baptisten, sowie von Alexander V. Karev, dem späteren langjährigen amtierenden Generalsekretär des Bundes der Evangeliumschristen/Baptisten, unterschrieben.[32] So kommt ihm, auch bestätigt durch die Annahme auf der X. Allrussischen Konferenz des Bundes der Evangeliumschristen, eine ganz besondere Bedeutung in seinen theologischen Aussagen zu.

Die vorsichtig abwägende Einleitung zu der Wiedergabe des Auferstehungsrufs in »Dein Reich komme«, die Jakob Kroeker und Walter L. Jack vorausschickten, sind Prochanov gewiß nicht unbekannt geblieben. Sie sind sicherlich auch Gegenstand von Erörterungen zwischen den Genannten gewesen.[33] Noch im Jahre 1933 verstand Prochanov den Auferstehungsruf als einen Ruf zur Beharrung gegenüber dem Atheismus, als »eine laúte Stimme, die hervordringt aus

---

[30] ebenda S. 131.
[31] ebenda, S. 132; angeführt ist hier 1. Kön. 19,11–13.
[32] Karev starb 1971
[31] Jakob Kroeker schreibt in dieser Einleitung, ebenda, S. 113: »Wir betonen ausdrücklich, daß dieser Auferstehungsruf weder eine Agitationsschrift noch Unterweisung der christlichen Kirchen im Westen sein will. In ihm handelt es sich nur um ein bescheidenes Zeugnis von jenen Erlebnissen, die die Evangeliumschristen in ihrer umfangreichen geistlichen Tätigkeit gemacht haben. Er ist aus dem großen Bedürfnis nach brüderlicher Gemeinschaft mit den Kirchen im Westen entstanden . . .« Walter Ludwig Jack vermerkt ebenda, S. 115, zum Auferstehungsruf: »Ins Deutsche übertragen von W.L. Jack, wurde er gründlich gemeinsam mit Prochanov überprüft . . .«

den Tiefen des leidenden Rußlands«, als eine Aussage des Glaubensoptimismus gegenüber einem möglichen Pessimismus und der Stimmung der Verzweiflung.[34]

Prochanovs Vorstellungen über den Weg der evangeliumschristlichen Gemeinden im Gesamtrahmen baptistischer Vorstellungen haben anläßlich seiner Reise zum Baptistischen Weltkongreß und seines Aufenthalts in Toronto eine Erschütterung erfahren. Nach seiner Rückkehr äußerte er seinen Freunden von »Licht im Osten« in Wernigerode gegenüber die Bitte, daß der Missionsbund an dem Werk einer inneren Abklärung mithelfen möchte. Kroeker berichtet: »Er fragte uns . . ., ob Hoffnung sei, daß die Evangeliumschristen durch Anlehnung an die alten Reformationskirchen oder denen nahestehenden Gemeinden, wie z.B. die Freien Gemeinden im Westen Deutschlands, eine innere Befruchtung und Stärkung für ihr großes Werk in Rußland gewinnen können. Von Amerika könnten sie nicht mehr viel für den inneren Aufbau der Gemeinden in Rußland erwarten. Wir konnten nur bezeugen, was wir an Segen gerade auch in Verbindung mit den Reformationskirchen erlebt hatten. Da drückte Br. Prochanov den klaren Wunsch aus, daß wir doch mithelfen möchten, daß die Evangeliumschristen ohne Preisgabe ihrer Selbständigkeit und ihrer Überzeugung innere Anlehnung an die großen Reformationskirchen des Westens finden möchten.«[35]

Der Missionsbund »Licht im Osten« entsprach der geäußerten Bitte. Es kam künftig zu den engeren Arbeitskontakten zwischen dem Missionsbund und Prochanov. »Dem Missionsbund ›Licht im Osten‹ wurde damit auch durch den Präsidenten Prochanov die Berechtigung übertragen, die Evangeliumschristen in Deutschland und anderen Staaten im Westen zu vertreten. . . Ein formeller Zusammenschluß mit den Evangeliumschristen oder eine Einschränkung der Unterstützungen anderer Kreise in Rußland ist durch die Vereinbarung nicht im geringsten gegeben . . .«[36] Es ist im einzelnen schwer festzustellen, in welcher Weise über die mehr praktisch ausgerichteten Abmachungen hinaus diese sich auf die theologische Haltung Prochanovs ausgewirkt haben und mittelbar durch ihn auf die erreichbaren Gemeinden im Westen, da er ja fortan nur noch über briefliche Kontakte zum Bund in der Sovetunion verfügte. Die Lösung vom Baptistischen Weltbund erforderte es, nach neuen Verbindungen

---

[34] I.S. Prochanov, Cauldron S. 269/270.
[35] Dein Reich komme 7/1931 S. 204/205.
[36] ebenda S. 205.

Ausschau zu halten. Dazu gehören die schon erwähnten Kontakte Prochanovs von 1928 an mit Vertretern der Kirchen in Deutschland, Männern des Lutherischen Weltkonvents, mit Bünden von Allianzcharakter in Deutschland und Schweden. Von einem Geschehnis berichtet die Evangel'skaja vera, das sich vermutlich 1932 abgespielt hatte. In Kanonsburg/Pennsylvania taufte Prochanov einen zwölfjährigen Jungen. Befragt, ob der Täufling nicht zu jung sei, gab Prochanov die Antwort: »Was tat der zwölfjährige Jesus? Er verkündigte im Tempel aus dem Propheten Jesaja . . . Er war für uns ein Beispiel. Eins nur ist nötig, daß der Junge sichtbar von ganzem Herzen zum Herrn umgewandelt wird.«[37] Dies ist sicherlich im Gegensatz zu den baptistischen Auffassungen von der Bedeutung der Taufe ein erneutes Hervortreten der Positionen, die Prochanov in den neunziger Jahren und noch während des ersten Jahrzehnts des neuen Jahrhunderts eingenommen hatte.

Prochanovs Denkschrift »Das neue oder das evangelische Leben«, veröffentlicht im »Christianin«, stellt die Zusammenfassung seiner ethischen und sozialen Vorstellungen dar. Mehr als andere Schriften ist sie in den Gemeinden des Bundes, nachdem sie 1925 erschienen war, bekannt geworden. »Das neue oder das evangelische Leben« greift vielfältig Gedanken auf, die Prochanov schon vorher geäußert hatte. Wiederholt hatte er von den sozialen Bezügen des christlichen Lebens gesprochen. An Chel'cickij wie an Hus hatte er die sozialen Komponenten ihrer Verkündigung beachtet. Ebenso hatte er wiederholt festgestellt, daß zu einer sinnvollen Revolution der ökonomischen Bedingungen auch die Veränderung der Herzen gehöre. Nicht anders war auch das zu verstehen, was er in der Moskauer Staatsversammlung im August 1917 über das Zusammenfließen der Ströme des Politischen und des Religiösen gesagt hatte. Zur gleichen Zeit, als »Das neue oder das evangelische Leben« erschien, hatte er entsprechenden Gedanken Freunden und Lesern in den USA Ausdruck gegeben: »Nichts kann besser dienen, das ökonomische Leben in Rußland wiederherzustellen als die Stärkung der evangelischen Bewegung.«[38]

Prochanovs Denkschrift setzt mit einem Vergleich ein: Das Evangelium stellt im Leben der Völker tatsächlich das dar, was in Wunschgeschichten früherer Zeiten der Stein der Weisen genannt wurde. Das Evangelium ist die allverwandelnde Essenz, gültig für alles Exi-

[37] E.V. 2/1933 S. 25/26.
[38] Prochanov, A New Religious Reformation in Russia S. 4.

445

stierende. Es hat seine Verwandlungskraft vielfältig bewiesen, Trinker in Enthaltsame verwandelt, Träge in Fleißige. Das nach seiner Geschichte alte Evangelium ist in seinem Wesen ständig neu. Prochanov greift dann die Frage auf, was das Evangelium in den alten Formen katholisch-orthodoxer Kirchlichkeit bedeutet habe. Er konstatiert: 1) Das Evangelium ist immer ein Schritt voran gewesen. 2) Diese Feststellung muß auf die ganze Geschichte bezogen werden. 3) Die Behinderungen, denen das Evangelium in den bisherigen kirchlichen Formen ausgesetzt gewesen war, haben dazu beigetragen, daß es sich nicht auswirken konnte, wie es ihm nach seiner Kraft zu eigen ist.

Das evangelische Leben ist die Umwandlung des inneren Menschen. In acht kurzen Kapiteln werden die jeweiligen Aussagen entfaltet; es ist vernünftiges Leben, arbeitsames Leben, nüchternes Leben, es ist reines, heiliges und ein Leben, das sich zur Vervollkommnung hin erstreckt. In der Zusammenfassung dieser Merkmale ist es wunderbares Leben. Nach dieser Darstellung der Umwandlung des einzelnen überträgt nun Prochanov die gleichen Feststellungen auf das Leben der Gesellschaft. In der Folge der Kapitel dieses Teils ist nicht jeweils die Entsprechung zu den Aussagen über das individuelle Leben durchgeführt; in ihrer inneren Folge entsprachen die fünf Kapitel den Aussagen des ersten Teils; das neue gesellschaftliche Leben wird ein frohes, positives, ein arbeitsames, ein enthaltsames und schließlich ein reines, heiliges, alle Bereiche umfassendes Leben sein.

Ein kurzer dritter Hauptteil erscheint wie ein Kommentar zu dem im zweiten Teil Gesagten. Die hier geäußerten Überlegungen sind im Zusammenhang der vielen Fragen zu sehen, die in der Mitte der zwanziger Jahre in der Sovetunion nach der inneren Reform der Gesellschaft gestellt wurden. Sie stellen einen sehr selbständigen und eigenwilligen Beitrag dazu dar. In der öffentlichen Diskussion wurde die Vernünftigkeit des Lebens im Gegensatz zu bisheriger Rückständigkeit und zu Aberglauben betont, die Überwindung des Analphabetismus, die Kräftigung der Volksgesundheit. Da das evangelische Leben vernünftiges Leben ist, bestimmt es durch die einzelnen, sich zu ihm bekennenden Glieder des Volkes auch dieses selbst. Ebenso wird ein Leitgedanke der Aufklärung, die Forderung höchstmöglicher Bildung für einen jeden, aufgegriffen. Im Wohnen, in der Kleidung und im Essen hat größte Hygiene zu herrschen. Dabei werden sehr konkrete Einzelheiten angesprochen; die Reinheit der Kleidung ist Ausdruck innerer Reinheit, ebenso die von Ungeziefer freie Wohnung.

Die Früchte der Arbeit müssen allen zugute kommen. Arbeit und Muße müssen in einem sinnvollen Verhältnis zueinander stehen. Besonderes Gewicht haben die Aussagen über das enthaltsame und deshalb gesund lebende Volk. In ihm haben Spirituosen, Narkotika, Tabak und Glücksspiele keinen Raum.[39] Das vom Evangelium bestimmte Volk nimmt freiwillig von all dem Abstand, man wird im Lande keinen betrunkenen Menschen mehr sehen, die Menschen werden vielmehr einen hellen, nüchternen Verstand haben. Die Zahl der Gefängnisse wird sich verringern, bis sie vollständig verschwinden werden. In den Städten und Dörfern wird man keine Schimpfworte mehr hören.

Aus dem Abstand der Jahre erscheinen diese Worte als utopische Vision. Sie müssen auf dem Hintergrund der Zeit verstanden werden, als die Wogen der Unordnung nach Krieg, Revolution und Bürgerkrieg noch nicht zur Ruhe gekommen waren und durch alle Gruppierungen des Volks hindurch die Sehnsucht nach einem anderen Leben wuchs. In ihren Zielsetzungen stellen Prochanovs Gedanken eine unpolemische Auseinandersetzung mit Nöten und Leiden der Zeit dar. Die Vision vom neuen Volk weitet sich aus: Prochanov erblickt in allen Dörfern und Städten saubere Straßen, die Verbindungsstraßen über Land sind noch im Herbst und im bisher unwegsamen Frühjahr passierbar. Obstbäume säumen die Straßen, an denen farbenfrohe Häuser liegen, in denen sauber gekleidete Menschen wohnen. Alle Bereiche der Kunst werden blühen, Prochanov nennt Musik, Gesang, Architektur, Malerei. Der von ihm oft ausgesprochene Gedanke findet sich auch hier wieder, daß das neue Singen und das neue Lied etwas von der Verwandlung spüren lassen. Es spricht schöpferische Freude aus statt bisheriger, dem Volkslied eigener Schwermut.

Prochanov empfand, daß dies eine für viele nicht verständliche Sprache der Utopie war und daß kritische Einwände zu erwarten seien. In einem der Denkschrift folgenden Nachwort tritt er in ein Gespräch mit den Kritikern unter seinen Lesern ein. Gleichsam gegen sich selbst gewandt zitiert er hier Hebr. 11,10–16, daß die Christen doch Gäste und Fremdlinge auf Erden seien. Daran entwickelt er seine

---

[39] Am letzten Tag des Zweiten Bundeskongresses der Evangeliumschristen vom 28. 12. 1910 – 4. 1. 1911 war der mögliche Genuß von Tabak und Alkoholika Gegenstand einer Anfrage gewesen, Ausdruck dafür, daß noch Unklarheiten bestanden. Die Antwort war ein striktes Nein – ein Verstoß ziehe den Ausschluß aus der Gemeinde nach sich. – Protokoly 2-go Vserossijskogo S'ezda Evangel'skich Christian S. 22.

Position: Aus der weltkritischen Sicht, die dem Evangelium zu eigen ist, darf nicht die Folgerung gezogen werden, daß die Welt sich selbst überlassen sei, woraus notgedrungen eine weitere Verschlechterung erwachse. Aufgabe der Christen ist es, die Welt in ihren Lebensbedingungen zu verbessern. Bisher war schon die Verbesserung des Lebens durch die Mission gewonnener Ungläubiger ein Erweis der großen Kraft und der Wahrheit des Evangeliums. In solchem Handeln ist das Zeugnis enthalten, daß »unser Glaube an die Vollkommenheit des Lebens im Himmelreich kein Traum ist, vielmehr eine bedeutsame Wahrheit.«[40] Freilich wird es auf dieser Erde kein ideales, von Störungen freies Leben geben. Damit ist eine Absage an Vorstellungen vom Tausendjährigen Reich ausgesprochen, deren Verfechter auch evangeliumschristliche Gemeinden zu beeinflussen suchten. Das Verbindende zwischen der Gegenwart und der Zukunft ist Christus selbst, weiter dann die vom Christen geforderte Tat aus dem neuen Leben heraus.

Prochanov schließt seinen Aufruf mit einem Wort an »die religiösen Pessimisten«, sich von ihrem Pessimismus abzuwenden, die Verkündigung des Evangeliums und die allseitige Verbesserung des menschlichen und gesellschaftlichen Lebens miteinander zu verbinden und eben auf diese Weise »nicht ungläubig, sondern gläubig« zu werden suchen.[41] Seine Auslegung von Matth. 5,16, daß die Christen ihr Licht leuchten lassen sollen, betont die Zusammenfügung des Evangeliums und aller Lebensbereiche. Die Veränderung des Volkslebens wird von ihm als die historische Aufgabe der Gläubigen bezeichnet.[42]

Das Nachwort für Gläubige und Kritiker schließt mit einem Hinweis, der in der Zeit staatlicher und parteilicher Aktionen für die Entwicklung des Dorfes auf besonderes Verständnis stoßen konnte. Prochanov hatte den Kolchoz Gethsemane der Evangeliumschristen im Gouvernement Tver besucht: Alle Häuser der Siedlung waren elektrisch beleuchtet, sie hoben sich von der weiten dunklen Umgebung ab, gleichsam ein Zeichen christlicher Leuchtkraft. Ein Echo auf Prochanovs Schrift vom neuen Leben ist in einem Bericht über einen Besuch eines Dorfs in der Umgebung von Jaroslavl enthalten: »Das Dorf ist schmutzig. Aber siehe, wir werden in eine geräumige neue Hütte geführt. Der Fußboden ist gedielt und Tische und Bänke blit-

---

[40] Christianin 1/1925 S. 24.
[41] Christianin 1/1925 S. 26.
[42] ebenda S. 26.

zen, so blank sind sie gescheuert. Unwillkürlich entfährt uns beim Eintreten ein Ruf des Staunens beim Anblick dieser musterhaften Sauberkeit und Ordnung in der Hütte. Strahlend vor Freude begrüßt uns die tüchtige Hausfrau und klärt uns lachend auf: Seht, wir haben in der Zeitschrift ›Christianin‹ Bruder Prochanovs Artikel ›Vom neuen Leben‹ gelesen und sofort beschlossen, damit bei uns in Leben und Haus den Anfang zu machen. Wir sollen und wollen in jeder Weise unserem Dorf ein Vorbild sein.«[43]

Auch in den folgenden Jahren ist Prochanov immer wieder den Anliegen seiner Schrift über das neue Leben nachgegangen. In der Darstellung über die Arbeit des Bundes für den amerikanischen Leserkreis »Triumph of the Gospel in the Heart of Russia« betont er die Notwendigkeit des Kampfes gegen die Unbildung unter Gemeindegliedern und Sympathisanten des Bundes, absolute Abstinenz sowie die Verbreitung wissenschaftlicher Bildung unter Wahrung des schlichten Evangeliumsglaubens. Hier findet sich auch der Leitspruch, daß die Hälfte der Mitglieder der Akademie der Wissenschaften aus Evangeliumschristen bestehen solle.[44] Das schöpferische Werk der Evangeliumschristen in den Künsten soll sich so auswirken, daß alle diese Künste »die vergessenen Ideale des Evangeliumsglaubens« ausdrücken sollen. Es bleibt nicht bei der Forderung von Sauberkeit und Hygiene: Prochanov propagiert Maßnahmen, um den Evangeliumschristen im Blick auf die besten Methoden agronomischen und industriellen Schaffens Rat zu geben. In den verschiedenen Konferenzen sollen solche Maßnahmen diskutiert werden und praktische Wege zur Durchführung von Reformen aufgegriffen werden. In diesem Zusammenhang findet sich die Aufforderung, daß das von Evangeliumschristen Geschaffene, die von ihnen gelieferten Produkte die besten im Lande sein sollten. Hier findet sich der Slogan vom »Evangeliumsgemüse« (The Gospel Vegetables), von der »Evangeliumsfrucht«, dem »Evangeliumsgeflügel«, der »Evangeliumsmaschinerie«, dem »Evangeliumsstil«, der »Evangeliumsarchitektur«, der »Evangeliumsmusik«. Auch hier werden Haus und Hof und die im Lande anstehenden großen Fragen zusammengesehen.

---

[43] Bericht eines Predigers in: Dein Reich komme 2/1930 S. 62.
Eine gleiche Wahrnehmung findet sich in einem Bericht über den Besuch Prochanovs bei einer evangeliumschristlichen Gemeinde im Raum Rovno im östlichen Polen. Hier hob sich das Haus des Predigers der Gemeinde durch Farben und Sauberkeit merklich von den anderen Häusern des Dorfes ab.
[44] Vgl. auch Erfolge des Evangeliums in Rußland S. 38.

Prochanov betont die besondere Aufmerksamkeit des Bundes bei der Aufgabe, die Auswanderung evangeliumchristlicher Brüder sowie auch anderer aus den übervölkerten Distrikten Zentralrußlands zu den Provinzen mit spärlicher Bevölkerung, nach Sibirien, nach Turkestan, zu propagieren.[45]

Im Bereich der Genossenschaften, Artels und der Kolchoze haben Prochanovs Vorstellungen, mitgetragen durch die Organe des Bundes, eine Konkretisierung erfahren. Hierbei wird vor allem deutlich, daß die sozialen Motive Prochanovs nicht ein Einschwenken auf die von den Staats- und Parteidienststellen bestimmten Themata waren. Prochanovs Engagement für ein tätiges gemeinsames christliches Leben knüpft an die frühe Phase seiner Wirksamkeit an, als er zusammen mit einigen Freunden auf der Grundlage evangelischer Prinzipien die Siedlung »Vertograd« 1894 gegründet hatte.[46] Sie hatten bei der Gründung von »Vertograd« eine Siedlung in der Nähe von Simferopol, die von deutschen Bauern aufgebaut worden, aber nun von diesen verlassen worden war, übernommen. Die deutschen Siedler, Angehörige einer Gruppe von »Jerusalem-Brüdern«, waren nach Prochanovs Worten einer Weissagung gefolgt, die sie nach Palästina geführt hatte.[47]

Das Prinzip der bruderschaftlichen Siedlung »Vertograd« war der Versuch der Verwirklichung urchristlichen Lebens, wie es in Acta 2 und 4 sichtbar wird. Einzelangaben berichten über den Stil der Gemeinschaft bei dem nur kurze Zeit währenden Versuch. Nach harter Tagesarbeit saß man abends zusammen, diskutierte oder legte die Bibel aus. Prochanov nennt diese Gruppenarbeit an den Abenden den Beginn einer Bibelschule. Dies bedeutet, daß Erfahrungen aus der Arbeit der Kommune von Vertograd in die noch darzustellende Ausbildungstätigkeit des Bundes nach 1906 eingeflossen sind. Prochanov charakterisiert das Gemeinschaftsleben: »Wir waren sehr glücklich in unserem Vertograd, doch Glück auf Erden dauert niemals sehr lange.« Aus dem Abstand von fast 40 Jahren lautet das Urteil: »Wer weiß, was das Ergebnis unter anderen Umständen, in Freiheit, für das einfache Praktizieren von Evangeliumsglaube und Evangeliumsleben gewesen wäre.«[48]

[45] Triumph of the Gospel S. 19.
[46] Sinaida Nikolaevna Nekrasova war Mitbegründerin, vgl. hier S. 23.
[47] Wahrscheinlich handelte es sich um eine Gruppe von Hoffmannianern, von denen bereits ein größerer Teil in Palästina eingewandert war.
[48] Prochanov, Cauldron S. 81–91, hier S. 91.

Von Vertograd über evangeliumschristliche Arbeitsgenossenschaften und Kolchoze zieht sich eine Linie hin bis zu Prochanovs letztem großen Projekt, der Planung von »Sonnenstadt« oder »Evangeliumsstadt«. Die Angaben über die nach 1917 gegründeten Kollektivwirtschaften der Evangeliumschristen sind spärlich. Dies hängt damit zusammen, daß sie nach Größe und Zahl über ein bestimmtes Maß nicht hinauskamen und daß nach anfänglicher Förderung durch die staatlichen Stellen sie bereits Ende 1928 zur Auflösung gelangten. Einen räumlichen Schwerpunkt bildeten solche Genossenschaften im Gouvernement Tver. Sie trugen biblische Namen, »Bethanien«, »Gethsemane« werden genannt, ferner auch »Utrennjaja zvezda«. Kommunen bildeten sich auch im fernöstlichen Gebiet, im Primor'e.[49] Auch eine im Kaukasus gelegene Kollektivwirtschaft wird erwähnt.[50]

Bethanien, über das es eingehendere Nachrichten gibt, war im Januar 1922 gegründet worden.[51] Die Größe des Areals betrug 400 Desjatinen, von denen jedoch nur 110 Desjatinen Ackerland waren.[52] Zu Anfang waren 45 Mitglieder des Kollektivs vorhanden, 1928 waren es 110 geworden.[53] Der Bericht über die wirtschaftliche Lage des Kollektivs ergab für das Jahr 1927 einen ungünstigen Abschluß, statt eines Gewinns von errechneten 152,50 Rbl. für die einzelnen Mitglieder hatte Bethanien nur 19 Rbl. abrechnen können.[54] Für den kritischen Beobachter Jarcev ist von besonderer Bedeutung, daß das Kollektiv, anders als es in den Äußerungen Prochanovs erschien, für die umwohnende Bevölkerung keine Hilfe bedeutete. Das Leben von Bethanien sei ganz auf sich und die evangeliumschristliche Prägung bezogen. Erwähnenswert erscheint ihm, daß die Beeinflussung der im Kollektiv vorhandenen Jugend in evangeliumschristlichem Sinne eif-

---

[49] Vgl. Balalaeva Antisovetskaja dejatel'nost S. 31.

[50] Putinew Polifióuskaja rol' S. 352 Raum Armavic

[51] Vgl. Christianin 9/1928 S. 61 mit dem Bild des Hauptgebäudes von Bethanien.

[52] Diese und die folgenden Angaben sind nach Jarvec, Sekta evangel'skich christian, gemacht. Auf diesem Gelände in der Nähe der Station Brusovo an der Nord-Südeisenbahn im Gouv. Tver befanden sich vier Wohngebäude, drei Viehställe und Mehrzweckgebäude, die mit landwirtschaftlichem Gerät ausgestattet waren. – Jarvec S. 22.

[53] Von diesen waren 61 älter als 18 Jahre. Nach der sozialen Zusammensetzung gab es 37 Bauern, 11 ländliche Handwerker, 7 Arbeiter, 6 Landarbeiter. – Jarvec S. 22/23. Nach dem Stil der Auseinandersetzungen Ende der zwanziger Jahre widmet Jarvec der Tatsache besondere Aufmerksamkeit, daß zu den Mitgliedern der Kommune auch Personen mit ungeklärter bürgerlicher Vergangenheit gehörten.

[54] Jarvec S. 23.

rig betrieben wurde, dafür stand ein Mitglied, das eine Kurzausbildung in Tver erhalten hatte, zur Verfügung.[55]

Außer landwirtschaftlichen Kollektiven hat es in der Mitte der zwanziger Jahre auch evangeliumschristliche Arbeiter- und Handwerkergenossenschaften gegeben. Aus der im nordöstlichen Rußland gelegenen Votke-Region stammt ein Bericht des Evangeliumschristen Pletskij über ein solches Artel mit dem Namen »Lichtstrahl«. Es handelte sich um gemischte Produktionsstätten für Kleidung, Schuhe und eine Bäckerei. Pletskij schreibt: »Wir versuchen, die verschiedenen Zweige sozialen Arbeitens zu entwickeln.«[56] Das Urteil staatlicher und parteilicher Stellen ist nicht immer so eindeutig negativ gewesen, wie es aus Jarcevs Worten erschlossen werden könnte. Auf dem Parteikongreß 1924 war die Arbeit von Genossenschaften und Kollektivwirtschaften auf religiöser Basis ausdrücklich befürwortet worden. Prochanov berichtet in einer Druckschrift, daß die Kolchoze der Evangeliumschristen als zu den besten gehörig von den Behörden anerkannt seien.[57]

Der X. Bundeskongreß der Evangeliumschristen 1926 nahm zu den Fragen der landwirtschaftlichen Kollektive und der industriellen Produktionsgenossenschaften in Aufnahme der sozialen Vorstellungen Prochanovs über das neue Leben eine Resolution an, Ausdruck dafür, daß Prochanovs Gedanken vom Bund in seine Gesamtplanung übernommen worden waren. In der Resolution heißt es:

»Der Kongreß beschließt,

1) die Ausbildung unserer Prediger zu besseren Kenntnissen in der Landwirtschaft für nützlich zu erachten, als Hilfe für unsere Brüder, die in ländlichen Gemeinden leben;

2) die Organisation von Arbeits- und landwirtschaftlichen Artels der Evangeliumschristen für wünschenswert zu halten, ebenso die Verbesserung der in diesen geübten Methoden landwirtschaflticher Arbeit;

3) den VSECH zu bitten, allgemein mitzuwirken in dieser gewiesenen Richtung zur Hilfe für die Brüder an den einzelnen Orten;

4) vorzuschlagen, allen vorhandenen Arbeitsorganisationen der er-

---

55 Die weiteren Angaben Jarvecs erscheinen wie Auszüge aus einer Chronique scandaleuse – S. 24. Danach lebten die Bethanien Leitenden bürgerlichen Herkommens besser als die ehemaligen Tagelöhner und Landarbeiter; das Gebot, nicht zu rauchen und nicht zu trinken, habe nur auf dem Papier gestanden.

56 Prochanov, A New Religious Reformation S. 10.

57 ebenda S. 4.

wähnten Typen evangeliumschristlicher Artung Mitteilung zu machen und auf der bestehenden Verbindung mit dem VSECH zu bestehen;

5) einen besonderen Bevollmächtigten des VSECH für die spezielle Erfassung der betreffenden Angelegenheiten zu berufen;

6) zu empfehlen, beim Aufbau jeglicher Art kollektiver Organisationen die Teilnehmer mit besonderer Sorgfalt auszuwählen;

7) beim Verlag des VSECH eine besondere Abteilung für die landwirtschaftlichen- und Produktions-Kooperative einzurichten;

8) alle Brüder Agronomen und Arbeiter in den Kooperativen zu bitten, durch eigene Aufsätze an den erwähnten Veröffentlichungen und besonders im Christianin mitzuarbeiten, in diesem sollen einige Seiten für entsprechende Artikel eingeräumt werden.«[58]

Dies war ein umfassendes Programm, das in die Zukunft wies, aber an einigen Stellen deutlich machte, daß es Schwierigkeiten in der Arbeit gab. Die Auswahl von Gliedern der Kooperativen mit besonderer Sorgfalt zu betreiben, weist darauf hin, daß hier bisher Versäumnisse eingetreten waren, mochte es sich um die berufliche Qualifikation der einzelnen oder auch um die von den Parteistellen argwöhnisch beachtete soziale Herkunft und die Einstellung im Bürgerkrieg handeln. Der Punkt 4 der Resolution betont das Beharren auf der Bindung evangeliumschristlicher Kooperative an den Bund. Offenbar waren Tendenzen wirksam geworden, diese Bindung zu lösen, sei es, daß Mitglieder der Kooperative von sich aus Selbständigkeit vom Bund wünschten, sei es, daß sie von staatlichen oder Parteistellen dazu gedrängt wurden. Wichtiger als die Abwehr solcher Gefahren erscheint jedoch die Tatsache, daß sich der Kongreß hilfreich in die weiterzuführende Arbeit einschaltete. Darauf weist vor allem der Passus hin, von dem spärlichen Raum, der im Christianin vorhanden war, noch Platz für die Erörterung gesellschaftspolitischer Fragen des Dorfes und der Arbeit der Gemeinschaftswirtschaften freizumachen.

Das große Projekt Prochanovs »Solncegrad«, Sonnenstadt, auch Evangeliumsstadt, das er 1927 mit sehr konkreten Planungen in Angriff nahm, drückt zusätzlich das Engagement aus, das bei der Erörterung und Behandlung gesellschaftspolitischer und sozialethischer Fragen die Leitenden des Bundes erfüllt hat. »Sonnenstadt« sollte im asiatischen Teil der Sovetunion entstehen. Die Pläne waren bis zur Ortswahl gediehen; im Altai-Gebiet, am Zusammenfluß der Bya und

---

[58] Zitiert nach Jarcev S. 21.

des Katun, wurde der Platz bestimmt. Verhandlungen zur Überlassung des benötigten Landes waren eingeleitet worden.[59] »Die Vorstellung ist, daß die Stadt gebaut werden soll, um gleichsam die Sonne mit den ausgehenden Strahlen darzustellen. Im Zentrum soll ein runder Park sein, möglichst zwei Meilen im Durchmesser, wo das Hauptgebetshaus, Schule, Krankenhaus, Bibliothek und andere öffentliche Gebäude Platz finden sollen. Von diesem Park sollen die Straßen radial ausgehen wie die Strahlen der Sonne. Die ganze Stadt soll mit Gärten und Parks versehen werden.«[60] Sonnenstadt war als das Zentrum hochentwickelter agronomischer Wirtschaftsbetriebe vorgesehen, Gartenkultur , Weingärten, Gemüsezucht, Viehwirtschaft, dabei Merinoschafzucht, Pferde- und Geflügelzucht werden ferner genannt, Seidenraupenzucht solle betrieben werden, Baumwollpflanzungen sind weithin um die Stadt anzulegen.

Prochanov berichtet, daß er anläßlich seiner Besuchsreise zu den sibirischen Gemeinden 1927 bei den Bezirkskonferenzen immer wieder betont habe, wie notwendig es sei, Evangeliumsgrundsätze von den Herzen in die Praxis zu überführen, »in das praktische, alltägliche Leben.« Die Folgejahre ließen das Projekt »Solncegrad« nicht zur Ausführung gelangen, auch die bereits bestehenden Gemeinschaftswirtschaften der Evangeliumschristen wie die anderer Gruppierungen wurden geschlossen oder entfremdet. Die Auflösung der evangeliumschristlichen Kolchoze ist wahrscheinlich in der zweiten Jahreshälfte 1928 beginnend erfolgt. Im Juni 1928 bemerkte Prochanov in seinem Berliner Gespräch mit Walter Jack, daß die Wirtschaften noch arbeiteten. Jarcev erwähnte bereits die Auflösung von »Gethsemane« und »Utrennjaja zvezda«.[61] Schließlich berichtet ein an Prochanov gerichteter Brief vom 13. 4. 1930, daß die Kommune, in der der Briefschreiber gelebt hatte, am 2. 2. 1929 geschlossen worden sei. Als Grund für die Schließung wurde die Bibelstelle Acta 8,1–4 angegeben.[62]

[59] Zum Projekt Sonnenstadt vgl. Christianin 2/1928 S. 44ff. mit Angaben und Bildern über die Reise Prochanovs und des ihn begleitenden Ingenieurs M. P. Sop-Misič in das vorgesehene Gelände, die symbolische Pflanzung von Bäumen. Die Vorarbeiten zum Projekt waren am 30. 8. 1927 bereits abgeschlossen gewesen.

[60] Prochanov, Triumph of the Gospel S. 19.

[61] Jarcev S. 23/24.

[62] Der Brief, ohne Absenderangabe, nur mit der Angabe T . . . für den Ort (Tver?) ist in »Dein Reich komme« 5/1930 S. 109 wiedergegeben.
Acta 8,1–4 berichtet von der Verfolgung der Gemeinde zu Jerusalem, vom Wirken des Saulus, der Festnahme von Gemeindegliedern und der Zerstreuung der noch frei lebenden Christen.

Prochanovs oft utopisch anmutende Vorstellungen, seine Betonung einer »Evangeliumskultur« sind immer auf den praktischen Vollzug hin gerichtet gewesen. Dies findet seinen Ausdruck sogar in von ihm freimütig geäußerten Sorgen um die Realisierung seiner Projekte. Im Zusammenhang mit der Ortswahl von »Sonnenstadt« äußerte er sich: »Ich fürchtete, es würde unmöglich sein, solch eine Art des Lebens in den alten Städten zu realisieren, mit ihren vielen Lastern, Unregelmäßigkeiten und ihren zugleich festgefügten Wegen, Dinge zu tun.«[63] Dieser Satz hat resignierenden Klang, er läßt darauf schließen, daß dem Sozialplaner die Welt, in der er lebte, das Missionsfeld, das er zu besorgen hatte, feindselig und unaufgeschlossen gegenüber seinen Anliegen erschien. Es schwingt in seiner Feststellung etwas mit von der Flucht aus der Zivilisation, aus den großen alten Städten, Befürchtungen, die so manches Utopia fernab entstehen ließen. Prochanovs Sicht von Sonnenstadt ist im Grunde genommen jedoch von einem die Umwelt flüchtenden Romantizismus frei. Anders als es bei Tostoj der Fall war, der das Lob des bäuerlichen Lebens und der Güte des einfachen Dorfs gegenüber der zivilisatorisch entarteten Stadt anstimmte – schon zu seiner Zeit ökonomisch eher in die Vergangenheit gerichtet –, ist Prochanov alle Zeit ein Mensch der Stadt gewesen, darin seine Herkunft aus der Intelligencija bewahrend. Wie so viele vor ihm und gleichzeitig, wollte er den tiefen Graben zwischen dem Land und der städtischen Kultur überwinden. Dabei wollte er nicht die Stadt zugunsten des Dorfes aufgeben, sondern auf den Wegen einer Evangeliumskultur das Land an die höheren ökonomischen und zivilisatorischen Stufen heranführen. Für den Ingenieur, den Planer bei den Aufgaben der Westinghouse Company in Petersburg, konnte es schwerlich einen anderen Weg geben.

Prochanov stand in einer langen Tradition christlicher Bemühung um die Meisterung des Lebens. Er hat in seinen sozialethischen Hinweisen dabei manches vorweggenommen, was erst Jahrzehnte nach seinem Tode von anderen neu entdeckt und beschrieben worden ist. An seinen Anregungen zur Lebens- und Umweltgestaltung erscheint bedeutsam, daß sie nicht gesetzlich sind, sondern auf eine sich wandelnde Gesellschaft ausgerichtet, in der auch ständig neue Aufgaben für die Christen gegeben sind. Die von ihm aufgewiesenen Dimensionen der Bildung, der Gesundheit, der Schönheit, der ökonomi-

---

[63] Prochanov, Cauldron S. 231.

schen Ordnung lassen keine Beschränkungen auf Teilausschnitte zu. Hier ist der Unterschied zu manchen Forderungen und Festlegungen im Alt- und Neupietismus zu erblicken, die dessen Weg im westlichen Europa bestimmt haben. Die soziale Relevanz der Anschauungen Prochanovs war schon durch die Traditionen seiner molokanischen Herkunft bestimmt. In ihren alten Wohnsitzen konnte die verfolgte, allenfalls zeitweilig geduldete Minderheitengruppe der Molokanen nur existieren, wenn diese eng zusammenhielten und auch in ihrem wirtschaftlichen Leben aufeinander bezogen waren. Dies galt noch mehr, wo sie in neue Räume auswanderten oder ihnen Regionen zur Ansiedlung angewiesen wurden. Auch der einzelne erneut verhaftete Molokane oder Verbannte war auf die Hilfe seiner Glaubensgenossen angewiesen. Er konnte dieser auch gewiß sein. Glaubensinhalte und Lebensformen ergänzten einander. Gleiche oder ähnliche äußere Bindungen waren auch für andere religiöse Minderheitsgruppen im alten Rußland maßgebend. Prochanov mochte sich auf seinem theologischen Weg weit von den Lehren der verschiedenen molokanischen Gruppen entfernt haben, die Praxis des Lebens, wie er es in einer Familie von Auswanderern, Menschen minderen Rechts und oft unter schwerer Verfolgung stehend, erfahren hatte, blieb über die sich abzeichnenden lehrhaften Unterschiede hinaus in seinem Leben und seinen praktischen Forderungen gestaltend.

Auch in seinen Petersburger Studienjahren hatte Prochanov, wenn auch mehr im Rückblick auf die Geschehnisse, von dem sozialen Verständnis etwas erfahren können, das Paškov und seinen Kreis erfüllte. Gewiß war hier, in den evangelischen Kreisen der Petersburger Adelsgesellschaft, nicht ein Sozialismus anvisiert, wenn man sich der Nöte annahm, die in der sozialen Unterschicht der Hauptstadt bestanden. Es bedeutete in den siebziger Jahren des 19. Jahrhunderts etwas, wenn die Säle großer Stadthäuser und Paläste des Adels als Andachtsräume von Bediensteten aus den Häusern, von Proletariern aus der Nachbarschaft und Menschen von der Straße benutzt wurden. Alle Beobachter, auch wenn sie kritisch eingestellt waren, haben diesen Einzelzug an der Petersburger Erweckung hervorgehoben, jene Mischung von Ballsaal und Stallgeruch, wie es einer von ihnen formuliert hat. Daneben gab es bis in die achtziger Jahre hinein die Bemühungen um Volksspeisung, um äußere Nöte, um Volksbildung, um kultureller Not zu begegnen. Die Parallelen zu der in England, in der Londoner Stadtmission sowie in anderen Industriestädten geübten Sozialarbeit sind deutlich.

Die familiären Traditionen Prochanovs und die Erfahrungen der Petersburger Sozialarbeit in den Erweckungskreisen stehen im größeren Zusammenhang der Versuche, die sozialen Mißstände in Rußland zu überwinden. In den sechziger, siebziger Jahren waren Tausende von Studenten aus humanistischen und sozialen Antrieben heraus auf das Land gezogen, um dort mit Bauern zu leben und um ihnen zu helfen, den Anschluß an die Fortschritte, wie man sie suchte und propagierte, zu finden. Prochanov hat sich gegen eine Haltung der Indifferenz gegenüber den sozialen Lebensbedingungen, die er besonders bei der orthodoxen Kirche wahrzunehmen glaubte, bereits in seiner Jugend gewehrt.[64] Schon als Schüler hatte er neben den Werken Puškins und Lermontovs vor allem Nekrasov und dessen Beschreibung der Leiden des Volkes, sein Pathos, diese zu überwinden, geliebt.[65] Prochanov beschreibt an anderer Stelle sein soziales Engagement auch als eine Folge der Einflüsse, die die Lektüre Dostoevskijs auf ihn ausgeübt hatte. In der Zeit der ersten Berufsausübung nach dem Studium war er schließlich auch mit Nikolaj Ivanovič Nepljuev, dem Begründer von Arbeitsbruderschaften, zusammengekommen. Das Urteil Prochanovs über diesen erscheint zwiespältig. Er hatte die Verbindung zu Nepljuev, die schon während seiner Studienzeit in Petersburg eingesetzt hatte, nach kurzer Tätigkeit zusammen mit seinem Kommilitonen F. P. Starcev in den Betrieben Nepljuevs aufgegeben. Sein Urteil nennt im einzelnen keine Gründe, zusammenfassend heißt es, Nepljuev habe neuen Wein in alte Schläuche gefüllt.[66] Doch als Nepljuev 1908 starb, veröffentlichte Prochanov im Bratskij Listok ein Bild des Verstorbenen als des Begründers christlicher Arbeitsbruderschaften und eines, der gegen herrschende Vorstellungen neue Wege gewiesen habe.[67]

Forderungen, die Prochanov immer wieder erhoben hat, gehören in den Kontext christlicher Lebensgestaltung und zugleich russischer säkular-humanitärer und politischer Anliegen. Dazu ist sein Eintreten für die Rechte der Frauen sowohl in seinem politischen Programm

[64] Prochanov, Cauldron S. 19.
[65] ebenda S. 36.
  Gerhard Dudek, Herausgeber der deutschen Nekrasov-Ausgabe »Gedichte und Poeme«, 2 Bde. Berlin/Weimar 1965, sagt im Vorwort Bd. I S. 29, daß Nekrasov »als der hervorragendste Lyriker des im revolutionären Aufbruch befindlichen Rußlands . . . die Brücke von Puschkin zur sozialistischen Poesie der Arbeiterbewegung geschlagen (hat).«
[66] Vgl. S. 6 Manuskript: Der nun sechzigjährige Prochanov, – W.L. Jack – SM 1929.
[67] B.L. 2/1908 S. 5.

von 1917 wie in der gemeindlichen Mitarbeit zu rechnen. Dies gilt ebenso für seine Forderung nach der Demokratisierung der Kirche, auch eine Formulierung aus dem Jahre 1917. Aber der Begriff hatte bereits vorher seine Geschichte gehabt. »Demokratisierung der Kirche« bedeutete im orthodoxen Bereich zunächst einmal die Befreiung der Kirche von staatlicher Abhängigkeit, aber auch ein anderes Miteinander von Laien und Priestern, wie es in den religiös-philosophischen Gesprächen in St. Petersburg während der Jahre 1903 – 1905 in einem kleinen Kreis von Geistlichen und Intellektuellen Ausdruck gefunden hatte. Der Begriff war zusätzlich geprägt durch die Forschung über den Raskol und den russischen Sektantstvo im letzten Drittel des 19. Jahrhunderts. Die liberale Forschung hatte hierbei vielfach Züge eines demokratischen Verständnisses in der Entstehung und im Leben des Raskol und der Sekten wahrgenommen. Demokratisierung war zu einem Wort der Hoffnung geworden, das vieles umschloß, ganz sicher die Änderung bisheriger Zustände. Wenn Prochanov diesen Begriff aufnahm, dann bestand sowohl von seiner eigenen molokanischen Herkunft wie von der Entwicklungsgeschichte des Begriffs her eine Vorprägung. Die Lebensformen der jungen evangeliumschristlichen Gemeinden entsprachen einem solchen Ruf nach Demokratisierung, frei von hierarchischen Autoritäten, geleitet durch einen gewählten Rat, nicht durch einen einzelnen Gemeindeleiter, in der Wiederholung dessen die gleiche Ordnung der Leitung in den einzelnen selbständigen Kreisen der Gemeinde.[68]

Die gemeinsamen Wurzeln der Sozialvorstellungen Prochanovs aus dem religiösen und dem liberal-sozialen Grund erklären, weshalb Prochanov sich in den zwanziger Jahren so sehr um den modus vi-

[68] In einem späteren Abschnitt der Revolutionsjahre vollzog sich die Umwandlung des Begriffs der Demokratisierung von einem anzustrebenden Ziel zu einer Waffe in der Hand der die Macht Ausübenden. Was Demokratie sein sollte, wie der Weg zu ihr hin zu verlaufen habe, wurde nicht mehr Gegenstand gemeinsamen Suchens, sondern die, welche an den Schalthebeln der Macht saßen, bestimmten Inhalt und Weg. So vollzogen sich in den ersten zwanziger Jahren unter diesem Stichwort Auseinandersetzungen der Staats- und Parteistellen mit den kirchlichen Organisationen, um die Einheit der Gemeinden, die Einheit einer gesamten Kirche aufzusprengen. In den Jahren 1919ff. wurden Gemeindekreise in den deutschen lutherischen Wolgakolonien aufgefordert oder bestärkt, sich gegen die althergebrachte Stellung der Pastoren, gegen die Einheit der lutherischen Kirche in Rußland zu erheben. Diesen Versuchen war teilweise Erfolg beschieden. Der Zusammenhalt in manchen Gemeinden wurde zerstört, ohne daß neue Formen kirchlichen Lebens, etwa in Gestalt von freien Gemeinden oder einer Freikirche, sich in Freiheit hätte entwickeln können. Vgl. W. Kahle, Geschichte der evangelisch-lutherischen Gemeinden in der Sovetunion 1917–1938, S. 53.

vendi mit der Sovetmacht gemüht hat, abgesehen von anderen Erwägungen, die ihn dabei geleitet haben mögen.

Die Revolution wird dabei im Zusammenhang politischer und ethischer Schuld in der Vergangenheit gesehen. An dieser Schuld tragen die Kirchen nach Prochanovs Ansicht ihren Teil bei. In seinen Äußerungen über die orthodoxe Kirche bemerkt Prochanov, daß ihr Zustand dem der Volksgesundheit und Volksmoral entsprach: »Wie ein See überschwemmte der Vodka die Ebenen Rußlands, Millionen von Menschen vergiftend, die Familie, das ökonomische, industrielle und soziale Leben ruinierend, und zur gleichen Zeit trieb er die orthodoxe Kirche mit ihren Priestern, Bischöfen, Erzbischöfen und Metropoliten in den Abgrund.«[69]

Nach Prochanovs Ansicht ist jedoch soziales Versagen nicht auf die orthodoxe Kirche beschränkt. Es gibt vielmehr eine Geschichte der Vernachlässigung der sozialen Dimension vom alten Bund an. »Die praktische Seite des Glaubenslebens, ›die Sorge für die Waisen und Witwen‹, die Besitz- und Rechtlosen, die Not der Leidenden und Unterdrückten war vergessen.« Dies kennzeichnet weite Strecken in der Geschichte Israels, es kehrt in der Geschichte der Kirche wieder. Sie ist die Geschichte einer Trübung des sozialen Verständnisses gegenüber den Anfängen. Die Urkirche wird so gezeichnet, daß sie »in ihrem idealen Zustand vorbildlich für alle kommenden Jahrhunderte ist und bleiben wird.«[70] Die alten Kirchen haben sich von diesem Vorbild weit entfernt. Die Reformationskirchen haben in einer Haltung des Unglaubens die sozialen Aufgaben vernachlässigt.[71]

Neben diesem Unglauben als einem Grund des Versagens der Kirchen ist es jedoch für die Gegenwart auch bezeichnend, »daß Menschen, die Christus und seine Botschaft verwerfen, es unternehmen, das Ideal Christi im sozialen Leben, wie es im Neuen Testament, besonders in der Apostelgeschichte, gezeichnet ist, zu verwirklichen.«[72] Ein Blick in die Zukunft schließt hier an: »Der Gang der Ereignisse wird zu noch weiteren Erschütterungen in dieser Richtung führen, wenn in den christlichen Kirchen und Denominationen nicht

---

[69] Prochanov, Cauldron S. 18/19. In der Bekämpfung des Alkoholmißbrauchs arbeiteten die Evangeliumchristen in den zwanziger Jahren noch mit anderen Gruppen des Tresvenničestvo zusammen. – Cauldron S. 216.

[70] Auferstehungsruf – in: Dein Reich komme 5/1934 S. 117.

[71] ebenda S. 117.

[72] Dies nimmt Bezug auf die in den Jahren nach der Oktoberrevolution häufig von Parteistellen geäußerten Argumente, daß die politischen Leitgedanken der Partei die praktische Erfüllung urchristlicher Forderungen seien.

wieder gesundes Glaubensleben erwachen wird und wenn sie ihre Pflicht an der leidenden Menschheit nicht erkennen werden. Teilreformen sind allerdings nicht ausreichend zur Erreichung dieses Ziels. Hier müssen Radikalmaßnahmen sittlich-religiösen Charakters getroffen werden. Vor allen Dingen muß der ganzen Welt zum Bewußtsein gebracht werden, daß der Widerspruch zwischen der von den christlichen Kirchen geübten Praxis und der von ihnen bekannten Botschaft nicht etwa an der Unzulänglichkeit des Christentums an sich oder an der Kraftlosigkeit des Evangeliums liegt. Vielmehr muß verkündigt werden, daß das Evangelium wie früher so auch heute die höchsten Ziele für ein sittliches Menschenleben und die Kraft zu ihrer Erreichung enthält.« Am Bild des Schirms, der das Sonnenlicht abfängt, wird dann noch einmal das Verhältnis der Kirche zu Christus gesehen, wie es nicht sein soll: »Nicht die Sonne des Neuen Testaments trifft die Schuld, sondern die Kirchen und Konfessionen, die sich mit den Vorhängen von Zusätzen und Pfündlein umgeben haben.«[73]

Anschließend wird der bisherige Beitrag der Evangeliumschristen zu diesem notwendigen neuen Verhalten grundsätzlich und praktisch skizziert. Der Bund der Evangeliumschristen »sieht seine Aufgabe darin, das Urchristentum in seiner schöpferischen Kraft auf Erden wiederherzustellen und auf diesem Wege Persönlichkeit, Familie, Gesellschaft, Volk und Menschheit zur geistlich-sittlichen Neugeburt zu führen.«[74]

Statt des so häufig in der Kirchengeschichte anzutreffenden Verfallsschemas wird bei Prochanov ein anderes Schema sichtbar: Die Unvollkommenheit christlicher Existenz in Vergangenheit und Gegenwart, zugleich aber auch die Möglichkeit und Notwendigkeit neuer sozialer Praxis in der Zukunft. Die Betonung einer Wiederherstellung der alten Kirche, wie sie sich bei Prochanov häufig findet, ist nicht die Wanderung aus der Gegenwart in die Vergangenheit, aus dem Verfall in den zeitlichen Urzustand. Der Blick auf die Urkirche bedeutet vielmehr das Wahrnehmen ursprünglicher Radikalität, ihre Wiederentdeckung für kirchliches Handeln jetzt und künftig. Seine Aussagen über den geschichtlichen Ablauf des Lebens der Kirche sind nicht von zeitlichen Fixierungen bestimmt, sondern von der Aneignung dessen, was sein sollte. Der »Predanie«, der Tradierung des

---

[73] Auferstehungsruf – in: Dein Reich komme 5/1934 S. 118.
[74] ebenda S. 118.

einmal geschichtlich Gewordenen und dann bleibend Gültigen in der Orthodoxie, stellt er die neu zu interpretierende Verpflichtung entgegen. Urkirche, alte Kirche werden zu Termini für Christusnähe, zu Synonyma für Reformation und kirchliches Wirken in der Zeit. Die Christusbindung, alle Lebensbereiche, zumal die sozialen umfassend, erfährt in der Zukunft ihre Vollendung. Verkündigung, Mission, soziales Handeln der Christen sind auf diese Zukunft ausgerichtet. Auch das schon Erreichte ist immer nur Voraussetzung neuer Tat und künftiger Bewährung. Dies ist die eigentliche Grundlage des von Prochanov so stark betonten Glaubensoptimismus. Die Entwicklung in die Zukunft hinein ist Entwicklung der Christusbeziehung.

Prochanovs soziales und gesellschaftliches Programm ist in seiner Weite und in seinen realen Zielangaben von vielen begrüßt worden, wie es andererseits auch, zumal im politischen Bereich, Ablehnung erfahren hat. Von denen unter den Evangeliumschristen, die es guthießen, waren schwerlich alle in der Lage, das Programm in seinen Voraussetzungen zu verstehen, wie Prochanov es entwickelt hatte. Doch ist bei vielen, die Prochanov noch gekannt haben, der starke Eindruck nachhaltig geblieben, der von seinen Intentionen ausging. Sie fanden das bestätigt, was Modest Korff anläßlich einer Verkündigungsreise auf das Land von einem alten Bauern erfuhr, der ihm sagte: »Wir wollen das Wort Gottes nicht nur kennen, sondern auch danach leben . . .«[75] Ein Gedenkartikel von G. A. Kuznecov im Bratskij Vestnik aus Anlaß des 100. Geburtstag von Prochanov legt dafür Zeugnis ab: ». . . er wollte die sozialen Probleme des evangelischen Christseins lösen. Mit welcher Energie und Freude bemühte er sich darum, daß alle Evangeliumschristen hier auf Erden alles ihnen zum Leben Nötige im Überfluß hätten, daß sie alle materiellen gegenwärtigen Güter benutzen könnten, damit die Reinheit nicht nur der Seele und des Geistes der Christen, sondern auch die des Leibes, der Kleidung, der Wohnung, der Wirtschaft in ihrem ganzen Dasein fortdauernd von ihnen beachtet würde. Die evangelischen Kommunen Vertograd, Morgenstern, Bethanien, Gethsemane waren aufgrund seiner direkten oder indirekten Teilnahme gegründet worden. Sie genossen alle seine geistliche Unterstützung. Das waren seine Visionen und Pläne für Sonnenstadt! Wie herrlich waren sie, auch wenn sie unausgeführt blieben!«[76]

[75] M. Korff, Am Zarenhof S. 43.
[76] B.V. 2/1969 S. 65.

Prochanovs soziale Zielvorstellungen und sein Glaubensoptimismus haben es vermocht, in einer Zeit, als andere besorgt oder resignierend in die Zukunft blickten, klare Perspektiven zu geben. Direkt und indirekt, wie es Kuznecov für Prochanovs Anteil an der Entstehung der Kommunen ausgesprochen hat, hat Prochanov das Programm einer evangelischen Sozialethik in Rußland mit entworfen. Das Leben aus dem Evangelium erfährt seine besondere Prägung dadurch, daß es ein Leben inmitten des russischen Volkes ist. Die in ihm aufbrechenden Fragen sind auch die Fragen, die die Evangeliumschristen bewegen und zu denen sie ihren Beitrag zu geben haben. Es liegen dieselben Voraussetzungen wie bei Luther vor, als dieser von der Bedeutung des Evangeliums für die »lieben Deutschen« sprach: Das Evangelium realisiert sich im konkreten Menschen und der Gesellschaft in ihrer jeweiligen Situation. Dies führt nicht zu einer falschen Überhöhung, zu einer Theologisierung des Volkes. Verschiedentlich wird von Prochanov der Vergleich der Volkswirtschaften in verschiedenen Ländern ausgesprochen: Die Niederlande und Dänemark haben nach diesem Vergleich ein hochentwickeltes zivilisatorisches, wirtschaftliches und kulturelles System. Dessen Entwicklung ist nicht anders zu erklären als aus den reformatorischen, evangelischen Kräften, die diesen Ländern so bedeutsame Anstöße vermittelt und sie über das Niveau anderer herausgehoben haben. Prochanov folgert, daß die Kräfte des Evangeliums nach außen hin dort bestimmend geworden sind und daß sie auch in der Sovetunion bestimmend werden möchten.

3. Die Ausbildung von Predigern

Die Versorgung aller evangelischen Gemeinden in Rußland mit ausgebildeten Predigern war von den Anfängen ihrer Geschichte an eine der wichtigsten Aufgaben. Bis auf wenige Ausnahmen war Jahrzehnte lang eine geordnete Ausbildung nicht möglich gewesen. Nur sehr wenige Prediger und Presbyter haben während des 19. Jahrhunderts eine Ausbildung im Ausland erfahren. Zu Beginn des 20. Jahrhunderts stieg die Zahl derer, die ein ausländisches Seminar besuchen konnten, für kurze Zeit an. Im Verhältnis zur Zahl derer, die eine Ausbildung in Rußland oder der Sovetunion erfahren hatten, waren es verschwindend wenige; gemessen an der Zahl derer, die benötigt wurden, kaum nenneswert. Odincov wies in seinem Vortrag 1926 in Riga darauf hin, daß der Bund der Baptisten 1926 über 22 Prediger im Reisedienst verfüge, 1925 waren es noch 50 gewesen, benötigt aber würde »eine ganze Armee«.[1] Meist unzulänglich geschulte Älteste und Prediger bildeten Mitarbeiter und Nachfolger aus, so gut es ging. Dies mußte im Wissensstand der mit Funktionen in den Gemeinden Beauftragten zu erheblichen Unterschieden führen. Auf der anderen Seite gab solche Ungleichheit Raum für theologische Vorstellungen und für gemeindlich-organisatorische Zielsetzungen, die dem Gesamtverständnis der Gemeinden in ihren Bünden nicht entsprachen. Die Versorgung mit ausgebildeten[2] Predigern wurde nicht nur im Lande selbst, sondern auch unter denen im Ausland, die sich zu Hilfen für den ostslavischen Protestantismus gerufen wußten, zu einem der wichtigsten Anliegen.

Jeder der Bünde war genötigt, nicht nur auf die Entwicklung eigener Ausbildungsgänge und Seminare zu achten, sondern sich auch der Möglichkeiten zu bedienen, die durch freie Werke und durch verwandte Bünde geboten wurden: Evangeliumschristen haben auf diese Weise eine Ausbildung in mennonitischen oder baptistischen Seminaren erfahren, in freikirchlichen Ausbildungsstätten, wie auch Baptisten eine Predigerausbildung im evangeliumschristlichen Se-

---

[1] Bericht N. Odincov in Riga – SM
[2] Jede größere Gemeinde verfügte über mehrere Prediger, nicht selten auch die kleineren Gemeinden. Bei diesen Predigern handelte es sich jedoch in der überwiegenden Zahl um zur Schrifterklärung und Predigt zugelassene Gemeindeglieder. Wiederholt genannte hohe Zahlen ergeben ein unrichtiges Bild, wollte man auch nur annähernde Maßstäbe des Freikirchentums in der westlichen Welt an den Ausbildungsstand dieser Prediger herantragen.

minar in Leningrad erhalten haben. Neben der Geschichte von Seminaren und Ausbildungsgängen, die durchgeführt wurden gibt es eine Geschichte der Planungen, die nicht oder doch erst Jahrzehnte später unzureichend realisiert wurden. So hatte Johann Alexander Frey, der Leiter der baptistischen Arbeit unter den Letten, bereits vor dem Ersten Weltkrieg den Plan eines Seminars entwickelt, das ohne Kenntnis der Behörden zur Winterszeit an wechselnden Orten jeweils einen Monat arbeiten sollte.[3] Das 1949 gegründete Seminar in Rüschlikon ging in seinen Ansätzen auf die Planungen des Baptistischen Weltkongresses 1911 in Philadelphia zurück, ein internationales Seminar frei von politischen Einschränkungen zu schaffen. Damals hatte Pavlov geäußert, daß die Predigerausbildung dringend nötig, aber in Rußland nicht möglich sei.[4]

Unter den Schulen und Seminaren, die für kürzere oder längere Zeit von russischen Staatsbürgern besucht werden konnten, soweit eine Ausreisegenehmigung vorlag, hat das Seminar der deutschen Baptistengemeinden in Hamburg die größte Rolle gespielt. Die von Oncken gegründete Predigerschule, später zum Seminar umbenannt, hat seit den siebziger Jahren des 19. Jahrhunderts unter ihren Studenten eine große Zahl russischer Staatsbürger gehabt. Allein bis 1911 wird eine Zahl von 40 genannt.[5] Zwischen 1911 und dem Ausbruch des Ersten Weltkriegs wuchsen die Zahlen von studierenden russischen Staatsbürgern vor allem deutscher, russischer und polnischer Nationalität noch einmal beträchtlich. Dies hing nicht nur mit der verbesserten Organisation baptistischer Gemeinden auf der Ebene des Weltbundes zusammen – der zweite Weltkongreß in Philadelphia hatte die Ausbildung von Predigern in Rußland zu einem gemeinsamen Anliegen aller gemacht –, sondern es war auch die Folge der 1910 erfolgten Schließung des 1907 in Lodz von den deutschen Baptisten in Polen gegründeten Seminars.[6] Die in Lodz Studierenden wichen nach

---

[3] J.A. Frey, geb. 1863, wurde im Ersten Weltkrieg nach Sibirien verbannt. Vgl. zur Planungsangabe J.H. Rushbrooke, Some Chapters of European Baptist History, London 1929 S. 69.

[4] J.D. Hughly, The Baptist Seminary of Rüschlikon – in: The Baptist Quarterly 1963–1964 S. 65–77.

[5] Vgl. Klibanov, Istorija S. 226.

[6] E. Kupsch gibt als Gründungsdatum des Lodzer Seminars den 14. 10. 1907 an. Zuerst mehrsprachig geplant, wollte man sich von 1910 an infolge aufgetretener Sprachschwierigkeiten auf die Ausbildung von Deutschen beschränken. Die kurz darauf folgende Schließung machte weitere Pläne zunichte.
Nach Gründung der Republik Polen wurde 1921 an eine Neugründung gedacht. Ein erster Kursus wurde vom 12. 6. – 29. 9. 1922 durchgeführt; von den 20 Teilneh-

Hamburg aus, soweit dies möglich war. Bei Ausbruch des Krieges waren am Hamburger Seminar 25 Studierende aus Rußland. Sie wurden von den deutschen Behörden interniert, soweit sie nicht rechtzeitig noch in ihre Heimat zurückkehren konnten.[7] Die namhaftesten unter denen, die in Hamburg eine Ausbildung erfahren hatten, waren Vasilij G. Pavlov, der seine Studien 1876 beendet hatte, Ivan Venjaminovič Kargel, der um 1875 in Hamburg war, und Jakob Kroeker. Dieser war mit seinen Studien am Hamburger Seminar einer Tradition gefolgt, die unter den Mennoniten-Predigern im Russischen Reich üblich geworden war – einen Hauptteil ihrer Ausbildung entweder in Basel, am Johanneum in Barmen oder in Hamburg zu absolvieren.

Die Namen dieser Absolventen und die Kenntnis ihres Wirkens machen deutlich, daß in den Jahren bis zum Ersten Weltkrieg die Ausbildung in Hamburg die dort Studierenden nicht auf den Dienst in baptistischen Gemeinden im exklusiven Sinn der innerrussischen Auseinandersetzungen festlegte. Auch die Gründung weiterer Ausbildungsstätten in Deutschland, die bei theologischer Differenzierung ihre Blicke auf den Osten Europas lenkten, änderte nichts an dem offenen Angebot für eine umfassende evangelische Arbeit in Rußland.

Der Auszug der Studenten aus dem Seminar der Orientmission in Lichterfelde[8] hatte dessen Arbeit zum Erliegen gebracht, dazu hatte auch die Erwartung beigetragen, daß mit der beginnenden Liberalisierung des Jahres 1905 sich andere Möglichkeiten der Ausbildung im Lande ergeben würden. Von anderen Kräften getragen, kam es zu einer Neugründung. Die Namen der 1905 an der Gründung dieses neuen Seminars in Berlin Beteiligten[9] weisen aus, daß sie von den Vorstellungen der »offenen Brüder«, der Blankenburger Konferenz und von baptistischen Kräften bestimmt waren.

In der Folge ist die neu gegründete Schule auch in Rußland vielfach als eine Allianz-Bibelschule bezeichnet worden. Als sie von evangeliumschristlicher Seite 1906 so genannt wurde, bedeutete dies zu diesem Zeitpunkt eine unverhüllte Zustimmung zu den theologischen

mern waren 10 Deutsche, 4 Polen, 3 Russen, 2 Ukrainer. Am 15. 1. 1924 erfolgte mit 12 Teilnehmern die offizielle Neugründung, am 21. 12. 1930 wiederum eine Trennung des deutschen und slavischen Seminarbetriebs. – Vgl. E. Kupsch S. 468–474.
[7] Die Gemeinde – Wochenschrift für Gemeinde und Haus des Bundes Evangelisch-Freikirchlicher Gemeinden, 14/1971 S. 6–8, hier S. 8.
[8] Vgl. hier S. 94.
[9] ebenda.

Anliegen der Schulgründung. In der Zeit bis zur eigentlichen Eröffnung der Schule am 5. September 1905 wurde zur sprachlichen Vorbereitung mehrerer russischer Anwärter ein Zwischenkursus eingerichtet.[10] Die ersten Lehrer waren der aus der Landeskirche ausgeschiedene Pastor Christoph Köhler aus Schildesche bei Bielefeld und der Vikar Johannes Warns. Das noch vorhandene Album der ersten Schüler der Berliner Schule mit ihren Lebensläufen zeigt, wie groß neben Deutschen aus dem Inland der Anteil von Deutschen aus Rußland und von Russen und von Ukrainern war. Im Jahre 1930 wurde festgestellt, daß in 25 Jahren 55 »Deutschrussen« und ebenso viele Nationalrussen bzw. Ukrainer in der Ausbildung gewesen waren.[16] Eine Reihe der in dieser Bibelschule ausgebildeten Prediger hat leitende Funktionen sowohl im Bund der Evangeliumschristen als auch im Bund der Baptisten übernommen. Der Prediger Persianov wurde der erste Reiseprediger des Bundes der Evangeliumschristen im Jahre 1908.[17] Michail Danilovič Timošenko aus Kiev wurde einer der Leitenden im Unionsrat der Baptisten während der zwanziger Jahre.

Die Schule konnte ihre Arbeit auch in den Jahren des Ersten Weltkriegs fortsetzen. Als sie 1919 von Berlin nach Wiedenest bei Bergneustadt im Oberbergischen Land verlegt wurde, infolge wirtschaftlicher Schwierigkeiten und zur Gewinnung einer größeren regionalen Basis freier Gemeinden, wurde nach Christoph Köhler sein Schwiegersohn Johannes Warns der Leiter der Gesamtarbeit. Von ihm stammt ein Buch »Rußland und das Evangelium« aus dem Jahre 1920, das einen Niederschlag der Tätigkeit der Bibelschule und der Interessen und Aktivitäten der hinter ihr stehenden Gemeinde- und Freundeskreise für die Evangelisation Osteuropas darstellte.[18]

Verbindungen zwischen Prochanov und Johannes Warns waren frühzeitig geknüpft worden. Ein Besuch Prochanovs 1907 in Berlin, ein späterer Besuch von Warns in Rußland legen dafür Zeugnis ab,

---

[10] Der Unterricht erfolgte zunächst in Steglitz, wurde aber später im Haus der Christlichen Gemeinschaft, die von Antonie von Blücher gegründet worden war, in Berlin, Hohenstaufenstraße 65, durchgeführt.
Die Zahl der mit der Schule der Orientmission Zerstrittenen wird verschieden angegeben. Waldemar Gutsche, Westliche Quellen S. 136, spricht von 17 Studierenden, an anderer Stelle werden 3 Studierende genannt, die die Glaubenstaufe begehrten – vgl. Erich Sauer, 50 Jahre Missionshaus Bibelschule Wiedenest – Wiedenest 1955.
[16] Mitteilungen der Bibelschule 3/1930 S. 2.
[17] I.St. Prochanov, Cauldron S. 152.
[18] Oncken Verlag Kassel 1920. Für besondere Angaben und die Ermöglichung der Einsichtnahme in schriftliche Unterlagen sei seiner Witwe, Frau Warns, aufrichtiger Dank gesagt.

ganz abgesehen von der großen Zahl der an der Schule Ausgebildeten, die die Kontakte immer wieder bestätigten. Im Jahre 1924 schloß
der letzte russische Absolvent aus den Reihen der ehemaligen Kriegsgefangenen in Deutschland, Peter Minin, seine Ausbildung in Wiedenest ab. Zahlreiche Briefauszüge in den »Mitteilungen aus der Bibelschule« zeugen über diesen Termin hinaus von den anhaltenden
Verbindungen der Schule zu den von ihr ausgebildeten Schülern. Im
Einzelfalle, wenn es sich nicht um Namen bekannter Prediger handelt, wird aus den Briefen nicht ersichtlich, ob ihre Absender ihren
Dienst in einer Gemeinde der Evangeliumschristen, der Baptisten
oder der Mennoniten-Brüder ausgeübt haben. Die Kontakte Prochanovs zu Wiedenest bis in sein Todesjahr hinein machen deutlich, daß
der Anteil der von der Schule Ausgebildeten und in evangeliumschristlichen Gemeinden tätig Gewordenen beträchtlich war. Die missionarischen Bemühungen des Predigers Paul Tschigaleitschik unter
Russen, Syrjänen und Samojeden im nördlichen Sibirien gehören in
den Bereich der missionarischen Bemühungen hinein, die bereits
vom Majak-Kreis ausgegangen und von den Evangeliumschristen
übernommen worden waren.[19] Wie dieser Wiedenester Schüler war
ein anderer, Grigorij Seizef in den Moskauer Gemeinden der Evangeliumschristen tätig geworden.[20] Peter Minin nahm 1924 in der Leningrader Gemeinde seine Tätigkeit auf.[21]

Vasilij Prochanov gelangte nach seiner Flucht aus dem Kaukasus,
die ihn auf Umwegen nach Paris geführt hatte, später nach Wiedenest, wo er zeitweilig Wohnung nahm und auch die Glaubenstaufe
empfing.[22] Ivan Prochanovs Besuche im Hause Warns[23] und seine
Teilnahme an der Arbeit der Schule auch noch in späterer Zeit weisen
darauf hin, wie wichtig ihm die dort geleistete Arbeit geworden ist. Er
schrieb zum 25jährigen Jubiläum der Schule 1930: »Ich erinnere

[19] Vgl. Mitteilungen aus der Bibelschule 3/1925 S. 2/3. Tsch., besser Čigalajčik transskribiert, war Schüler von 1920–1923 gewesen. Der in dem gleichen Bericht, datiert 29. 9. 1924, erwähnte Karl Benzin, Missionar unter den Samojeden, gehörte
dem Majak-Kreis an.
[20] S., Besser Sajcev transskribiert, berichtet aus dieser Tätigkeit im Jahre 1924, daß
Prochanov ihn nach Sibirien schicken wolle – Mitteilungen aus der Bibelschule
4/1925 S. 2.
[21] ebenda S. 2.
[22] I.St. Prochanov besuchte seinen Bruder Vasilij 1929 in Wiedenest – Mitteilungen
aus der Bibelschule 3/1929 S. 3. Vasilij St. Prochanov zog später zu seinen Kindern
in die USA – vgl. hier Literaturverzeichnis.
[23] Eintragungen Prochanovs im Gästebuch der Familie Warns finden sich unter den
Daten 11. 9. 1929, 21. 4. 1930, 14. 6. 1932 und 16. 7. 1935.

mich dessen, als ich im Jahre 1907 zum ersten Male Ihre Bibelschule in Berlin, Hohenstaufenstraße 65, besuchte, auf meiner Durchreise von England nach Rußland. Seitdem sind viele Jahre verflossen, doch nicht ohne Frucht; und diese Frucht war bedeutend in den Augen Gottes. Eine gute Anzahl von Evangeliumsverkündigern arbeitet jetzt mit Segen in den verschiedenen Ländern von Europa und auch in Rußland. Eine solche Vergangenheit ist ein Unterpfand für die Zukunft. Möge der Herr auch in den kommenden Jahren segnen und das Werk Ihrer Hände fördern. Zugleich sende ich meine herzlichsten Grüße an Sie, Ihre Mitarbeiter, alle Bibelschüler und Teilnehmer des Festes. Bitte lesen Sie in der Versammlung als mein Grußwort Philipper 1,8–11.«[24]

Verschiedene Äußerungen in Auseinandersetzungen um die Arbeit der Berliner/Wiedenester Schule verdeutlichen das der Schulgründung zugrundeliegende Gesamtverständnis und ermöglichen die Einordnung im Feld der Freikirchen und von Prochanovs Position. Man lehnte es in Wiedenest ab, theologisch mit der Benennung »Offene Brüder« bezeichnet zu werden, weil diese Einordnung an die Kategorisierung der Streitigkeiten in England nach der Mitte des 19. Jahrhunderts erinnerte. Man wollte selbst keinen Parteinamen tragen. »Für den, der sich in verschiedenen Kreisen umgesehen hat und in der Kirchen- und Ketzergeschichte zu Hause ist, dürfte es nicht schwer fallen, auch mennonitische, baptistische, quäkerische, methodistische, darbystische und andere Ideen festzustellen und uns freundlicherweise einen entsprechenden Namen zu geben. Wenn wir aber den Parteinamen ›Offene Brüder‹ ablehnen, so gestehen wir gern, daß es unser lebhafter Wunsch ist, Brüder zu sein, die offen sind für die ganze Wahrheit und offen für alle, die Christi Geist haben.«[25] Die Nähe dieser Aussagen zu Äußerungen des jungen und alten Prochanov erscheint bezeichnend.

[24] Mitteilungen aus der Bibelschule 3/1930 S. 2.
[25] Mitteilungen aus der Bibelschule 2/1925 S. 2/3.
  Von bleibenden engen Beziehungen zeugen die ständige Betonung der Wichtigkeit der Arbeit für Ost- Südosteuropa, das Angebot russischen Sprachunterrichts (Mitteilungen . . . 3/1928 S. 1), die Aufnahme von Rußland-Flüchtlingen 1930 (Mitteilungen . . . 1930 versch. Folgen), die Unterrichtung über ehemalige Schüler in der Sovetunion und Ländern Ost- und Südosteuropas. Nach »Mitteilungen . . . 5/1928 S. 2« wurde die bis dahin geübte Zusendung der Mitteilungen . . . und des Blatts »Offene Türen« in die Sovetunion eingestellt, um die Empfänger, meist ehemalige Schüler, nicht zu gefährden.
  Die für Osteuropas Kirchen wichtige Arbeit in Wiedenest fand im Zweiten Weltkrieg eine Fortführung, als 12 junge Baptisten aus Polen 1940 eine Ausbildung er-

Mit ausschließlicher Blickrichtung auf den Protestantismus in Osteuropa wurde nach dem Ende des Ersten Weltkriegs ein weiteres Seminar zur Heranbildung von Predigern gegründet, es war das des Missionsbundes »Licht im Osten« in Wernigerode. Ein Großteil der Arbeit des Missionsbundes in den Jahren seines Bestehens nach 1920 hatte in der seelsorgerlichen Betreuung zahlreicher noch in Deutschland befindlicher Kriegsgefangener und neuerlich aus Rußland geflüchteter Emigranten bestanden. Aus Bibelkursen in Kriegsgefangenenlagern, die auch von anderen Freikirchen durchgeführt wurden, und Kursen, die in Wernigerode gehalten wurden, entwickelte sich schließlich ein Missionsseminar »zur Heranbildung russischer Brüder für einen geistlichen Dienst in ihrer Heimat«. In den Kursen und der Arbeit des Seminars waren neben Jakob Kroeker, Walter Jack, der aus der Petersburger Erweckung hervorgegangene Graf Pahlen und Johannes Svensson beteiligt. Mit dem Abfließen der zahlreichen russischen Kriegsgefangenen in ihre Heimat, der Weiterwanderung der Emigranten in andere Länder Europas und mit der zunehmenden Schließung der Grenzen der Sowjetunion für Ein- und Ausreisende kam es schließlich dazu, daß im Jahre 1927 das Seminar des Missionsbundes geschlossen wurde.[26] Der schlichte Bericht von Friedrich Kosakewitz, einem Schüler des Wernigeroder Seminars, »Mit Gottes Wort unterwegs«, läßt etwas von der Weite der Arbeit erkennen, die in Wernigerode begann und in Lettland und in der Ukraine ihre Fortführung gefunden hat.[27]

Lassen sich die Zahlen solcher, die in Deutschland, in der Schweiz und den USA eine Ausbildung erlangt hatten, noch einigermaßen genau erfassen – zu ihnen gehörten die auf einem Seminar in Philadelphia/Pa von Wilhelm Fetler ausgebildeten 23 jungen Prediger, die mit ihm 1920 nach Europa zurückkehrten[28] –, so läßt sich die größere Zahl der in den deutschen Kriegsgefangenenlagern Erfaßten und Beeinflußten nur schätzen. Prochanov hat dem Kreis dieser aus der Ge-

---

hielten. Dies stand im Zusammenhang mit den weitgehend unbekannt gebliebenen Bemühungen deutscher Baptisten in beiden Weltkriegen, dem ostslavischen Protestantismus zu helfen. Vgl. W. Gutsche, Westliche Quellen S. 111, ebenso 118 mit Angaben über die Verlegung des ausgebombten Hamburger Seminars 1943 nach Wiedenest.

[26] Die Generalversammlung des Missionsbundes beschloß am 8. 2. 1927, das Seminar vorläufig zu schließen, jedoch wurde die Arbeit nicht wieder aufgenommen – Dein Reich komme 7/1931 S. 139. Zur Grundlegung der Arbeit des Seminars vgl. Dein Reich komme 7/1931 S. 200.

[27] Vgl. dort u.a. S. 155ff. – siehe hier Literaturverzeichnis.

[28] Vgl. Zeitschrift »Der russische Missionsfreund«.

fangenschaft Zurückgekehrten, die ihn in Petrograd nach seinen Angaben häufig aufsuchten, Aufmerksamkeit zugewandt. Von den bis zu 2000 in den Lagern für den Protestantismus Gewonnenen[29] ist eine ganze Anzahl nach seinen Worten in der Gemeindearbeit in ihren Heimatorten tätig geworden.[30]

Die im Revolutionsjahr 1905 eintretenden Veränderungen waren die Grundlage für umfassende Bemühungen aller evangelischen Gruppierungen in Rußland, die Ausbildung von Gemeindeleitern und Predigern auf eine neue Basis zu stellen. Der Weg, den bisher nur einige wie Pavlov, Kargel, Prochanov und Fetler hatten gehen können, war eine Ausnahme geblieben. Es gab örtliche Unterschiede. Evangelische Gemeinden in Symbiose mit deutschen Baptistengemeinden und mennonitischen Gemeinden hatten weitaus mehr Möglichkeiten gehabt, ihren Predigern ein Bild dessen zu verschaffen, was zur Ausbildung gehörte. Günstig war auch die Situation der Evangelischen in den Orten mit intensiver Auslandsbegegnung wie in Odessa und Petersburg. Zumal in dieser Stadt gab es in den Reihen der Evangelischen nicht nur viele Hochgebildete, sondern auch theologisch Kundige; die Kommunikation mit Vertretern ausländischer kirchlicher Gruppen war hier immer intensiv gewesen, und sie verstärkte sich noch. Bereits 1906 konnten erste Bemühungen um eine Predigerausbildung realisiert werden. Das Seminar der deutschen Baptisten in Lodz und das Seminar der Lepsius-Orientmission in Astrachanka/Taurien waren die ersten größeren Gründungen.

Im Jahre 1906 waren die grundlegenden staatlichen Erlasse veröffentlicht worden, die die Ausbildungtätigkeit bisher behinderter Kirchen und Gemeinschaften ermöglichten. Die »Predigerschule« in Lodz wurde am 1. Oktober 1907 eröffnet. Von den ersten 16 Schülern, die sich gemeldet hatten, waren 13 erschienen. Die Schule war zur Ausbildung der Prediger in den deutschen Baptistengemeinden Polens und der Ukraine bestimmt, aber unter den ersten Schülern waren auch ein Russe und ein Lette.[31] Die Unterrichtssprache war deutsch. Auf russischem Staatsgebiet bedeutete dies eine weitge-

---

[29] Blagovestnik 12/1920 S. 203, Brief von I.N. Šilov in Petrograd.
[30] I.St. Prochanov in E.V. 5/1934 S. 18, ferner Cauldron S. 241/242, dazu sein Brief an Jack 1./14. 11. 1920 – in: Dein Reich komme 3/1921 S. 66.
Auch marxistische Kritiker haben sich mit dem Phänomen dieser missionarisch tätig werdenden ehemaligen Kriegsgefangenen befaßt, so Putincev, Sovremennoe sektanstvo S. 54–79, hier S. 64 – in: Kritika religioznogo sektantstva. Putincev erwähnt hier die in der Gefangenschaft »bearbeiteten« russischen Soldaten, die sich neuem Wehrdienst widersetzten und Ablehnung propagierten.

hende Beschränkung auf die bisher schon besser versorgten deutschen baptistischen Gemeinden.[32] Die mit großen Erwartungen begonnene Arbeit, hinter der vor allem die baptistischen Gemeinden im Lodzer Raum standen, hatte bald mit den Schwierigkeiten zu kämpfen, die in den folgenden Jahren die Initiativen allerorten zu lähmen versuchten. Die Regierungsstellen schlossen schließlich die Schule 1910; einer der Gründe dafür war, daß einige der damals in Lodz Studierenden früher der russisch-orthodoxen Kirche angehört hatten.

Der Gründung des Seminars in Astrachanka lag eine feste Konzeption zugrunde. Man wollte Prediger und Lehrer zugleich ausbilden, von der Tatsache ausgehend, daß die neumolokanischen Gemeinden, mit denen man zusammenarbeitete, vor allem mit ihrem Leiter Zacharov, der als Abgeordneter der 1. Duma über politischen Einfluß verfügte, Bedarf hatten und zugleich Basis waren. Am 19. 2. 1907 wurde die erste Klasse, eine Präparandenklasse, in Astrachanka eröffnet. Es waren zunächst 12 Schüler, die eine Basisausbildung begannen, alle zwischen 13 – 16 Jahren alt, um dann in die eigentlichen Vierjahreskurse hineinzuwachsen.[33] Leiter der Arbeit war Walter Jack, der bereits in Lichterfelde unterrichtet hatte und Anfang Oktober 1906 in Magdeburg ordiniert worden war. Am 1. September 1907 wurde die erste Jahrgangsklasse eröffnet. Diesem eigentlichen Arbeitsbeginn der Schule lag eine provisorische Genehmigung durch den Gouverneur von Taurien zugrunde. Aber bald tauchten Schwierigkeiten auf, bereits kurz vor Weihnachten 1907 erfolgte durch die Behörden für drei Monate die Schließung der Anstalt. Der Vorwurf lautete, daß durch die Arbeit eines deutschen Theologen die Germanisierung des russischen Südens gefördert würde. Zacharov, der Kurator der Schule in Astrachanka war, gelang es durch den Einfluß seiner politischen Freunde bei den Oktjabristen, die Wiedereröffnung Ende Februar 1908 zu erreichen. Nun wurde die Arbeit auf eine veränderte Grundlage gestellt; aus dem Lehrer- und Predigerseminar wurde das erste evangelisch-russische Schullehrerseminar in Rußland.[34] Auch unter diesen veränderten Bedingungen hatte die Arbeit

[31] Der Name dieses Russen wird mit I.Z. Osipov angegeben. Ihm sind weitere Russen gefolgt, vgl. unten.
[32] Baptist 7/1908 S. 24, vgl. ferner über die Eröffnung des Seminars Baptist 3/1908 S. 12, außerdem E. Kupsch, Geschichte der Baptisten in Polen 1852–1932.
[33] Das Lehrer- und Predigerseminar in Astrachanka – in: Der christliche Orient 1907 S. 51–58.
[34] Das evangelische Schullehrerseminar in Astrachanka/Taurien – in: Der Christliche Orient 1908 S. 73–78.

in Astrachanka keine lange Dauer. Das Widerstreben staatlicher Stellen gegen die Arbeit fand neue Gründe zum Einschreiten, im Jahre 1911 wurde das Seminar geschlossen. Unter den ständigen Behinderungen, die sich für andere im Revolutionsjahr eröffneten oder geplanten Werke in der folgenden Reaktionszeit häuften, hat das Seminar in Astrachanka nicht den Beitrag leisten können, den es sich selbst als Ziel gesetzt hatte, dies unter Aufbringung erheblicher Mittel aus der Orientmission und den unmittelbar beteiligten neumolokanischen Gemeinden.[35]

Die Bemühungen der Evangeliumschristen, unter besonderem Einsatz von Prochanov, dauerten 7 Jahre, bis es endlich gelang, 1913 eine Bibelschule zu errichten. Gleich nach dem Erlaß des Manifests vom 17. 10. 1905 hatte Prochanov zur Erlangung der Errichtung die ersten Schritte getan.[36] Doch gelang es trotz wiederholter Vorstellungen bei den Regierungsstellen nicht, die Genehmigung zur Schulgründung zu erhalten. »Das letzte Mal erhielt ich eine Ablehnung von dem Prokurator des St. Petersburgers Lehrbezirks, dem Grafen Musin-Puškin. In scharfer Weise erklärte er mir, daß solch eine Schule die etablierte griechisch-orthodoxe Kirche unterminieren würde.«[37] Prochanov ließ es nicht dabei bewenden, sondern wandte sich nunmehr an das Ministerium für Volksaufklärung. Dort fand er bei einigen der Beamten mehr Gehör. Nach seinen Angaben wurde die Eröffnung einer Schule als nicht im Widerspruch zu den Gesetzen stehend anerkannt. Durch ein Schreiben des Ministeriums an den Prokurator des Lehrbezirks wurde der Weg zur Eröffnung der Schule endgültig frei gemacht. Die offizielle Genehmigung der Schule unter der offiziellen Bezeichnung »St. Petersburger Bibelkurse für Evangeliumschristen« wurde Anfang 1913 erteilt.

Die lange Wartezeit war von Prochanov und seinen Freunden genutzt worden. Bereits 1906 erfolgte auch durch offizielle Mitteilung im Bratskij Listok die Einladung zu sechswöchigen »Evangelischen Kursen«. Die Anmeldungen sollten nach der Ankündigung bei Prochanov vorgenommen werden. Bedingungen für die Teilnahme waren ein Alter nicht unter 21, nach Möglichkeit nicht über 35 Jahren,

---

[35] Der jährliche Unterhalt für das Seminar, abgesehen von den Baukosten für die Schule und den Gehältern der Lehrer, wurde 1908 auf 6000 Rubel beziffert. In der Anfangszeit war neben Jack als Lehrer Ivan Vasil'evič Nepraš, der später in die baptistische Arbeit in Petersburg ging, tätig.
[36] Prochanov, Cauldron S. 167.
[37] ebenda S. 167.

ein guter Leumund. An aufzubringenden Mitteln für einen Monat wurden 25–30 Rubel gerechnet. Der angekündigte Kursus fußte nach den Worten der Einladung auf Vorlesungen und Unterweisungen, die in vereinfachter Form bereits 1905 stattgefunden hatten. Als Zeit des Kurses waren die Wochen vom 1. Dezember 1906 bis zum 15. Januar 1907 vorgesehen.

Dozenten der Kurse waren Ivan Venjaminovič Kargel, Baron Nikolaj, Staatsrat Maksimovskij, Oberst Offenberg und Prochanov.[38] An Vorlesungen und Übungen waren vorgesehen: Die christliche Lehre von der Sünde und von der Heiligung, ferner die Auslegung der Offenbarung St. Johannis. Dies hatte Kargel übernommen.[39] Baron Nikolaj legte den Brief an die Kolosser aus, Maksimovskij das Markusevangelium.[40] Offenberg unterrichtete Allgemeine Geographie und in Sonderheit die Geographie Palästinas. Prochanov unterrichtete »Die christliche Lehre von Gott«, gab eine Auslegung des Matthäus-Evangeliums[41] und lehrte außerdem die »Geschichte der evangelischen Bewegungen im Ausland«. Auf Wunsch der Teilnehmer sollten nach der Einladung auch Bereiche der allgemeinen Bildung – Grammatik, Arithmetik und Allgemeinwissen – behandelt werden können.

Ein weiterer Kursus wurde im Sommer 1907, ebenfalls für die Dauer von 6 Wochen, in Petersburg vom 15. November bis 31. Dezember 1907 angekündigt.[42] Der erste Kongreß des Bundes 1909 legte fest, daß auf Bundesebene die von dem Petersburger Gremium eingeleitete Arbeit fortgeführt werden sollte. Er bestimmte, daß wiederum, diesmal vom 1. 12. 1909 bis zum 15. 1. 1910, ein Sechswochenkursus stattfinden sollte.[43] Die Zulassung der Kursanten war mit einer Bestätigung von seiten ihrer Gemeinden verbunden. Der Kon-

---

[38] B.L. 10/1906 S. 12–13.

[39] Das Zusammenwirken von Kargel und Prochanov bei den Kursen im Gründungsjahr der sogenannten Ersten Gemeinde, d.h. der Abtrennung von der Kargel-Gemeinde, zeigt, wenn Differenzen zwischen Kargel und Prochanov bestanden haben, daß diese nicht tiefgreifend gewesen sein können.

[40] Maksimovskij ist 1907 einem Attentat erlegen. Er hatte wichtige Funktionen im Gefängniswesen des Landes inne – sein Bild in B.L. 1/1908 nach S. 10.

[41] In der Ankündigung – B.L. 10/1906 S. 13 –heißt es »oder des Johannes-Evangeliums«.

[42] B.L. 7/1907 S. 24. Weitere Dozenten wurden T. F. Stranberg und Strauptmann – B.V. 3/1971 S. 72.

[43] B.L. 11/1909 S. 6. Bei den Angaben ist von den Einladungen zu den Kursen ausgegangen, es ist bei der Quellenlage nicht zu ermitteln, ob nicht auch 1908 ein Kursus stattgefunden hat und ob die Kurse regulär gehalten worden sind.

greß hatte neben den von ihm als vorläufig betrachteten Kursen noch einmal die bereits von Prochanov geforderte Errichtung einer Bibelschule beschlossen. Auf diese Bitte des Bundes hin hatten die Regierungsstellen geantwortet, daß vor der Errichtung einer solchen Schule erst eine Gesetzesvorlage geschaffen werden müsse. Diese Rechtsbestimmungen ließen weiter auf sich warten. Auch der zweite Kongreß vom Jahre 1910 konnte nur erneut seine Wünsche vortragen. Er beschloß die Weiterführung der zeitweiligen Kurse. Das ausführliche Programm dieser Kurse schloß nun Logik, Psychologie, Bibelkunde, vergleichende Religionsgeschichte, Apologetik und »andere Lehrgegenstände« ein.

Die Sechswochenkurse fanden eine Ergänzung in der regelmäßigen Zurüstung der Mitarbeiter in der wachsenden Petersburger Gemeinde. Eines ihrer Arbeitsergebnisse war die im August 1911 erschienene »Kratkoe učenie o propovedi«, die »Kurze Predigtlehre« Prochanovs. Die kleine Schrift gibt einen Einblick in die in den Kursen und der Zurüstung der Mitarbeiter in den Gemeinden geleistete Arbeit.[44] Einem Überblick über die Geschichte der christlichen Predigt folgen in kurzen Kapiteln homiletische Erörterungen und Hinweise. Ausgeführte Beispiele verschiedener Predigtarten sind beigefügt, eine erweckliche Predigt von Spurgeon, eine erbauliche/erziehliche Predigt des englischen Baptisten F. B. Mayer, eine Lehrpredigt von Prochanov und noch eine weitere Predigt von Spurgeon. Als ein weiteres Dokument der unterrichtlichen Tätigkeit und der Zurüstung von Predigern durch andere Organisationen sei hier die russische Übersetzung des »Biblischen enzyklopädischen Wörterbuchs für Haus und Schule« des Schweden Erik Nystroem genannt. Johannes Svensson hatte nach 1906/1907 dieses Wörterbuch seiner Unterweisung evangelischer Prediger in Petersburg und Moskau zugrunde gelegt. Aus dieser unterrichtlichen Tätigkeit erwuchs die Gesamtübersetzung des Biblejskij Slovar'.[45]

---

[44] In der Schrift von 108 S. Umfang erwähnt Prochanov, Vorwort S.V., daß sie aus Vorlesungen in den Versammlungen der Prediger in St. Petersburg entstanden sei. Das Vorwort ist vom 10. 8. 1911 in Anapa/Kuban-Oblast datiert.

[45] Übersetzung aus dem Schwedischen unter der Redaktion von J.S. Svensson. Der Übersetzung liegt die 4. überarbeitete Ausgabe der Arbeit Nystroems zugrunde. Verlag/Verteilung Frau Hilma Düring Ringvägen 105 B Stockholm. Die bereits 1920 vorliegende vollständige Übersetzung konnte erst 1969 in Druck erscheinen. Berichte über diese Kurse finden sich in den Jahresberichten des Schwedischen Missionskomitees 1911 S. 4–5, 1912 S. 7–8. Svensson erwähnt, daß durch die Kursusarbeit bereits ein Stab von Helfern in Moskau bestünde. Mitarbeiter in der Kursusarbeit war der Student Freyman gewesen.

Als endlich aufgrund der am 14. Februar 1913 erteilten Genehmigung das erste der zwei Lehrjahre der »Biblischen Kurse« in Petersburg beginnen konnte, waren 19 Teilnehmer vorhanden. Von diesen waren 5 Letten, 1 Georgier, 1 Ossete, 1 Weißrusse und 1 Mennonit deutscher Herkunft.[46] Prochanov übernahm die Leitung dieser Schule, er lehrte Neues Testament, Dogmatik, Apologetik und Homiletik. Der Mennonitenbruder Adolf Reimer lehrte Altes Testament und Kirchengeschichte, der Lette K. G. Inkis, der für die Entwicklung des lettischen und russischen evangelischen Liedguts bedeutsam geworden ist, Kirchenmusik und Gesang. Der Ausbruch des Ersten Weltkriegs setzte der eben begonnenen Tätigkeit der Schule ein Ende.[47]

Im Laufe nur weniger Jahre hatte die Schulen und Seminare in Lodz, in Astrachanka und Petersburg das gleiche Schicksal getroffen. Auch die russischen Baptisten hatten sich in diesen Jahren um die Gründung einer Ausbildungsstätte für ihre Prediger bemüht, Pläne waren entwickelt worden, doch war es nicht gelungen, sie zu realisieren.[48] Die baptistischen Gemeinden mußten sich damit begnügen, wie es Prochanov auch gehalten hatte, ihre Mitarbeiter und Prediger zu Glaubenskonferenzen und Rüstzeiten zusammenzurufen.

Die Februarrevolution 1917 schuf grundsätzlich rechtliche Voraussetzungen für eine Wiederaufnahme der Ausbildungstätigkeit der Bünde und für die Errichtung von Seminaren. Der 4. Bundeskongreß der Evangeliumschristen deklarierte dementsprechend auf seinen Tagungen vom 18. bis 25. Mai 1917 seine Wünsche und Vorstellungen – in Kürze sollten sowohl Sechswochenkurse als auch die mit der Schulgründung 1913 aufgenommenen Zweijahreskurse wieder durchgeführt werden. Der Kongreß rief dazu in besonderem Maße die Gemeinden auf, die Predigerausbildung mit zu tragen und Kurse und Schule als ihre eigene Sache zu sehen.[49] Die Oktoberrevolution

---

[46] Vgl. Utr.zvezda 25/1913 S. 1–2 O biblejskich kursach. Einer der Schüler gehörte zur baptistischen Gemeinde in Petersburg. Siehe ferner ebenda 7/1913 S. 2 über die Eröffnungsfeier; unter den Gästen waren Fetler und Kargel, aus dem Ausland ein Direktor der Britischen Bibelgesellschaft. Über die Aufnahmebedingungen ebenda 7/1913 S. 2–3.

[47] Bei der Unterbringung der Kurse seit 1906 hatte die Familie Lieven räumliche Hilfe gewährt. Vgl. Ju.S. Gračev, Pervye Biblejskie kursy evangel'skich christian baptistov v Rossii– in: B.V. 3/1971 S. 72–73. Gr. nennt als Eröffnungsdatum der Schule (nicht als Arbeitsbeginn) den 14. 2. 1913. Anläßlich der an diesem Tage stattfindenden Feier habe Fetler das Verdienst Prochanovs bei der Erlangung der Genehmigung besonders hervorgehoben – S. 73.

[48] Vgl. Baptist 2/1907 (August) S. 8–9 – Das baptistische theologische Seminar in Rußland – Planungen enthaltend.

[49] Otcět S. 37 Ziffer 44.

und die nachfolgende Zeit des Bürgerkriegs ließen die Realisierung des Schulprojekts nicht zu. Soweit die Gemeinden in diesen Jahren nicht durch die Geschehnisse des Bürgerkriegs behindert waren, wurde die bisherige Art der Zurüstung von Predigern auf Orts- und Bezirksebene weiter betrieben; im Verhältnis zu den großen Massen neu in die Gemeinden Eintretender war diese Ausbildung noch unzulänglicher, als sie schon zuvor gewesen war.[50]

Ein neuer Abschnitt im Mühen um die Neueröffnung der Schule setzte im Zusammenhang mit den Einigungsverhandlungen ein, die zwischen den beiden Bünden verstärkt von 1920 an geführt wurden.[51] Eine Übereinkunft über die gemeinsame Verantwortung von Evangeliumschristen und Baptisten für die in Petrograd wieder aufzunehmenden »Biblischen Kurse« war eines der Ergebnisse der so langwierigen und schwierigen Einigungsverhandlungen. Die Übereinkunft war auf baptistischer Seite von Pavel Vasil'evič Pavlov, dem Sohn von Vasilij Gur'evič, Michael Timošenko, auf evangeliumschristlicher Seite von Prochanov und A. Andreev unterschrieben. Als Sekretär hatte Levindanto, mit gleichen Aufgaben im Baptistenbund befaßt, fungiert. Eine allgemeine Kommission, paritätisch aus Angehörigen beider Bünde besetzt, sollte die Leitung haben. Der Rektor der Biblischen Kurse war von ihr zu bestellen. Eine Unterkommission zur Vorklärung wesentlicher Fragen war bis zur Arbeitsaufnahme der Kurse vorgesehen. Eine pädagogische Kommission hatte innere Ordnungen der Kurse zu bestimmen, eine Wirtschaftskommission Haushaltsangelegenheiten zu behandeln. Jeder der beiden Bünde hatte bis zur endgültigen Vereinigung zu gleichen Teilen am notwendigen Aufkommen der Kurse beizutragen.

Die Übereinkunft trägt im vorliegenden Exemplar kein Datum, aus dem Protokoll der 50. Sitzung des Kollegiums des Baptistenbundes vom 15. Oktober 1922[52] ist zu schließen, daß sie bis dahin noch galt; Ziffer 253 formulierte zum Tagesordnungspunkt »Über die Zeit der Eröffnung der Predigerkurse in Petrograd« im Beschluß Zustimmung

---

[50] Von solcher Ausbildung 1921 wird im Zusammenhang mit dem 6. Jugendkongreß in Tver und der Gefangennahme der Teilnehmer berichtet. Hier wurde die Ausbildung mit 10 Teilnehmern begonnen – E.V. 1–12/1936 S. 27. Frucht der Ausbildung war ferner eine »Kurze Predigtlehre« und eine Einführung in das Alte und Neue Testament.«
Im Gebiet von Orel, wo er seit 1920 tätig war, hatte bereits 1920 Michail Akimovič Orlov zweimal dreimonatige biblische Kurse durchgeführt. – B.V. 5/1947 S. 68.
[51] Bratskij sojuz 1/1920 S. 11 nennt als vorgesehenen Eröffnungstermin der Kurse den 1. 10. 1920.
[52] Protokoll der Sitzung im Archiv Nepraš.

zu der in nächster Zeit möglichen Eröffnung der Kurse auf gemeinsamer Basis.

Wie im Gesamtvorhaben der Einigung, ist es auch in der Frage der gemeinsamen Schule zu keiner abschließenden Regelung gekommen. Doch haben einzelne Baptisten ihre Ausbildung an den von staatlicher Seite 1922 genehmigten Kursen erhalten,[53] so daß von einem zeitweiligen Funktionieren im begrenzten Umfang doch gesprochen werden kann.[54] Die ursprüngliche Planung hatte Vierjahreskurse vorgesehen. Dies mußte sehr bald geändert werden. Aus dem vorgesehenen Kursus mit akademischem Zuschnitt wurde ein Einjahreskursus. Der Grund lag in der ständigen Nachfrage von Gemeinden nach auch nur hinreichend ausgebildeten Predigern, zum andern in den Verhältnissen, in welchen die Petrograder Schule zu existieren gezwungen war. Sie verfügte über kein eigenes Gebäude, der Unterricht fand in den Versammlungsräumen der Petrograder/Leningrader Großgemeinde statt. Die Studierenden waren zumeist darauf angewiesen, sich ein eigenes Zimmer zu suchen, dies unter den besonders erschwerten Wohnverhältnissen in der ehemaligen Hauptstadt. Eine Zeitlang waren auch zwei Räume in einem Gemeindehaus zur Unterbringung der Studierenden notdürftig hergerichtet.[55]

Nach Prochanovs Angaben hat die Schule in den 7 Jahren ihres Bestehens 420 Prediger ausgebildet.[56] Unter den Ausgebildeten war auch eine Reihe von Frauen.[57] Einzelberichte und gelegentlich Fotografien in Zeitschriften geben einen Einblick in die Arbeit der Schule, auch einen Einblick in das Bestreben Prochanovs, Schule und Gemeinden im ganzen Land ständig miteinander zu verbinden. Er hatte bereits vor dem Krieg angeregt, daß sich jeweils 5 Gemeinden oder Gruppen zu einer lokalen oder regionalen Vereinigung zusammenschließen sollten, die die Aufgaben der Mission, der Publikation und der Predigerausbildung gemeinsam tragen sollten.[58] Im Jahre

[53] Zu ihnen gehörte Pastor Adolf Klaupiks, der mir diese Mitteilung machte. Vgl. auch Prochanov, Cauldron S. 168, mit Angaben über ein Gespräch mit einem der Petrograder Absolventen in den USA, Mr. K. – (Klaupiks?)
[54] Vgl. B.V. 3/1957 S. 63.
[55] Life at the Leningrad Evangelical Christian Bible School – Written bei One of the Woman Students – in: The Gospel in Russia October 1928 S. 3. Von 200 Bewerbern waren 72 zugelassen worden.
[56] Prochanov, Cauldron S. 229.
[57] Vgl. Bilder der Kursteilnehmer u.a. wie oben S. 11, ferner Prochanov, Erfolge des Evangeliums in Rußland S. 50; ders. Triumph of the Gospel S. 24ff.; Christianin 5, 6, 8/1927.
[58] Prochanov, Cauldron S. 153.

1924 waren 37 Männer und einige Frauen in der Ausbildung. Bei der Angabe dieser Zahl heißt es, daß entsprechend den Nachfragen mehr als 300 Studenten zur Versorgung der Gemeinden nötig seien, aber die Mittel eine größere Zahl nicht zuließen. Prochanov äußerte 1925, daß eigentlich in wichtigen Städten des Landes 10 weitere Bibelschulen geschaffen werden müßten, um den Aufgaben des Bundes und auch der Grundausbildung der Prediger gerecht zu werden. Er mag dabei an eine gewisse Aufgliederung der Ausbildungsgänge in der Weise gedacht haben, daß im Lande verteilt die Grundausbildung erfolgen sollte, während in Leningrad weiterführende Studien getrieben werden sollten. Im Studienjahr 1927/1928 waren über 70 Studierende an der Schule. Zu den Lehrern gehörten die leitenden Männer des Bundes, die sich in Leningrad ständig aufhielten. Auch Ivan Venjaminovič Kargel hatte sich erneut in die Arbeit eingeschaltet.

Das Gesetz vom Frühjahr 1929 »Über religiöse Vereinigungen« bestimmte auch die weitere Entwicklung der Schule. Im Frühjahr 1929 studierten 55 Männer und 9 Frauen an der Schule.[59] Sie mußte ihre Arbeit einstellen, weil aufgrund des neuen Gesetzes auch eine Neuregistrierung der Biblischen Kurse gefordert wurde.[60] »Neu ist, daß als Veranstalter der Kurse nicht mehr eine Organisation erscheint, sondern ›Bürger der SSSR‹, außerdem muß die Registration in Moskau in der NKVD geschehen.«[61] Dementsprechend, so heißt es im Bericht darüber, waren acht Personen durch den Bund benannt worden, einen Antrag auf Neuregistrierung der Kurse bei den Behörden zu stellen.[62] Die Beschaffung der Räumlichkeiten – die Leningrader Gemeinde hatte 1929 durch Wegnahme von Versammlungsräumen Einbußen erlitten – bereitete besondere Schwierigkeiten. Man wählte den Weg, daß Einzelpersonen sich als Glieder neu gegründeter

[59] Vgl. Goossen S. 21.
  Von zweihundert Bewerbern hatte einer der 72 Angenommenen drei Jahre lang wiederholt seinen Antrag eingereicht. Für das folgende Lehrjahr 1928 waren 90–100 Studierende vorgesehen. Die Teilnehmer der Kurse wurden in den 8 Studienmonaten des Jahres zu Diensten im Umkreis der Gemeinden und Predigtstellen im Leningrader Bereich herangezogen. – Life at the Leningrad Evangelical Christian Bible School – Written by One of the Women Students – in: The Gospel in Russia, October 1928 S. 8.
[60] Schreiben »Leningrader Bibelkurse der Evangeliumschristen«, gegründet 1913 mit Unterschrift von J. I. ŽIdkov, V. Bykov, P. Kapalygin an Prochanov 20. 8. 1929 Nr. 173. – SM Eingänge 1929, genannt wird Artikel 118 des Gesetzes als Grundlage der Anordnungen.
[61] ebenda.
[62] Prochanov gehörte dazu, ferner Židkov, Karev, Bykov, Kapalygin, Andreev sowie zwei andere, im vorliegenden Briefexemplar nur abgekürzt bezeichnet.

Wohngenossenschaften auf kommunaler Ebene eintragen ließen, um auf diese Weise nach den eben erlassenen Bestimmungen bezahlten und unkündbaren Wohnraum zu erhalten. Zusammengelegte Räume von Genossenschaftsmitgliedern sollten dann das Konvikt der Schule ergeben. Židkov und seine Mitunterzeichner erbaten für diese Vorhaben Prochanovs finanzielle Hilfe aus dem Ausland. Wie sehr übrigens dessen Aufenthalt im Ausland als nur vorübergehend gewertet wurde und wie sehr er für die Leitenden in Leningrad die bestimmende Gestalt war, geht aus einem weiteren Teil von Židkovs Schreiben hervor. Die Briefschreiber baten um Rat für die Gestaltung des kommenden Kursusprogramms. Es heißt hier: »Nach unserer Meinung wäre es weise und nützlich, die Erklärung der Offenbarung durch die Erklärung eines oder mehrerer Bücher des Neuen Testaments zu ersetzen.« Dieser kleine Einzelzug war offensichtlich Ausdruck kontroverser Auffassungen in der Planung der Lehrgegenstände. Prochanov wurde gebeten: »Bitte teilen Sie uns Ihre Meinung mit, damit wir es Ivan Venjaminovič rechtzeitig wissen lassen können.« Es hat den Anschein, daß der Bundesvorstand auf Kargel nicht verzichten mochte, sich in seiner Auffassung gegen ihn nicht durchzusetzen vermochte und deshalb das Votum Prochanovs als der Autorität erbat.

Als die Briefschreiber ihre Planungen und Bitten um Rat und Hilfe im August 1929 Prochanov vortrugen, stand ihnen für die vorgesehene weitere Durchführung der Kurse nur noch der Raum im »Dom spasenija« zur Verfügung. Die Entwicklung der Folgezeit, vor allem im Herbst und Winter 1929/1930, vereitelte den weiteren Lehrbetrieb und die Internatsplanungen. Offiziell war die Schule nicht geschlossen, »sie arbeitet nicht, weil keine Räumlichkeiten vorhanden sind«, berichtete »Dein Reich komme« 1930.[63] Ebenfalls erlagen zwei weitere Predigerschulen den durch das Dekret »Über religiöse Vereinigungen« geschaffenen Schwierigkeiten. Die eine war die der deutschen Baptisten in Odessa, die andere die der Baptisten in Moskau, denen es erst 1927 gelungen war, eine Genehmigung für die Ausbildung ihrer Prediger zu erhalten. Die deutschen Baptisten in Südrußland, immer noch in gewisser Selbständigkeit gegenüber dem russi-

---

[63] Dein Reich komme 8/1930 S. 189. Über die letzten Arbeitstage des Seminars liegt ein Bericht von Aaron Rempel vor, der 1929 Student in Leningrad war: Im April 1929 erschien während der Vorlesung von Kargel ein bewaffneter Angehöriger des NKWD. Kargel fuhr mit Erklärungen über die biblische Buße fort, trat dann auf den Besucher zu und begrüßte ihn. Der Besuch leitete die Stillegung der Arbeit ein. – Goossen S. 21.

schen Bund, hatten Mitte der zwanziger Jahre die Genehmigung zur Durchführung von Kursen erhalten. Der Weg nach Lodz und nach Riga war ihnen wie der Weg zu deutschen Ausbildungsstätten seit langem versagt. Ihnen kam aber eine in vielen Einzelzügen sich manifestierende Haltung der Sovetbehörden entgegen, Minoritätenkirchen, dazu noch in einer nationalen Minderheit, ein gewisses Entgegenkommen zu zeigen, um mit deren Hilfe den Stoß gegen die Großkirchen, Lutheraner und Katholiken besser führen zu können.[64] Die Schule in Odessa, an der im September 1930 sechs Schüler beginnen sollten, erlag vorher den staatlichen Behinderungen. Die an der Schule Lehrenden wurden verhaftet.[65]

Die Organe des Föderativen Bundes der evangelischen Christen/Baptisten der SSSR – so lautete die Bezeichnung des Bundes nach der 1926 erfolgten, aber bereits 1924 eingeleiteten Umorganisation – hatten auf einer Tagung vom 19. bis 22. August 1927 in Moskau den Beschluß zur Errichtung »Biblischer Kurse« fassen können. Die behördliche Genehmigung dazu war am 9. 5. 1927 für 50 Schüler als Höchstbegrenzung eingegangen. Für die Durchführung der Ausbildung wurde ein Dreijahreskursus vorgesehen.[66] Die nunmehr möglich gewordene Arbeit, der lange Planungen vorausgegangen waren,[67] wurde im Zusammenhang des Jubiläumsjahres gesehen – 60 Jahre zuvor war Nikita Voronin getauft worden. Der Baptistische Weltbund hatte Mittel aufgebracht, am Aufkommen waren die englischen und amerikanischen Baptisten-Unionen beteiligt gewesen. Von diesen Mitteln wurde in Moskau ein Haus gekauft, um auch eine räumliche Sicherung zu haben und nicht sich ständig ändernden Mietbestimmungen ausgesetzt zu sein. Zum ersten Kurs der Schule standen 50 Anwärter bereit. Ivanov-Klyšnikov war Leiter der Schule. Er konnte auf dem Weltkongreß in Toronto 1928 noch von der angelaufenen Arbeit berichten.[68] Aber bereits am 2. März 1929 erfolgte die Verhaftung der Lehrer; das Seminar wurde geschlossen und das Haus weggenommen.[69]

---

[64] Vgl. W. Kahle, Geschichte der evangelisch-lutherischen Gemeinden . . . S. 103; S. 421.
[65] Mitteilungen aus der Bibelschule 4/1931 S. 3.
[66] Majak 9/1927 S. 6.
[67] Schon das Plenum des Bundes 1925 hatte sich mit der Frage befaßt, hierbei war auch über regionale Kurzkurse gesprochen worden. – Zapiski zasedanij plenuma S. 63–64.
[68] Berichtsband des Kongresses S. 76.
[69] Der Missionsfreund 10/1930 S. 121.

Eine weitere Ausbildungsstätte hatte recht früh schon – im Herbst 1918 – die Genehmigung zur Arbeit erhalten. Es war die Predigerschule der Mennoniten-Brüder in Čongrav bei Simferopol auf der Krim. Die Wahl dieses Ortes war nicht sehr hilfreich für die Durchführung der Aufgaben, sie war aufgrund der Tatsache erfolgt, daß sich hier eine Gelegenheit zur Aufnahme einer Arbeit bot. Der Absolvent des Hamburger Baptisten-Seminars Heinrich Jakob Braun war Leiter der Schule. Am 27. Mai 1921 konnte bereits die Entlassung von 8 Absolventen des ersten Lehrgangs erfolgen. In diesem Jahr waren insgesamt 45 Schüler, davon 10 Frauen, in der Ausbildung.[70] Auch diese Schule erlag später den Schwierigkeiten, die allen kirchlichen Aktivitäten begegneten. 1926 war die Schule bereits geschlossen, ebenso eine kleinere, die in Orenburg entstanden war.[71] Im Gouvernement Ufa, in Darlekanovo hatte eine von der mennonitischen Missionsgesellschaft »Majak« betriebene Bibelschule am 27. 6. 1923 ihre Bestätigung von der Regierung erhalten. Unter den 13 Schülern dieser Schule im Jahre 1926 befand sich kein Russe.[72] Zur gleichen Zeit wurden in Slavgorod, einem Zentrum mennonitischer Gemeinden in Sibirien, auch biblische Kurse durchgeführt.[73] Von diesen Schulen und Kursen sind Wirkungen auf Evangeliumschristen ausgegangen, wie umgekehrt Mennoniten sich evangeliumschristlicher Prediger und gottesdienstlicher Räume bedient haben.[74]

Es hat, bezogen auf das Ganze des ostslavischen Protestantismus, keine Ausbildungsstätte gegeben, die für die Prediger und Gemeindeleiter eine ähnliche verbindende Funktion gehabt hätte, wie es überall in den Ländern älterer baptistischer Traditionen, England, Deutschland, Schweden der Fall war, allenfalls mit Ausnahme der Biblischen Kurse in Leningrad, wo eine Reihe von Jahren hindurch die verbin-

---

[70] Nach Angaben von Carl Lindemann, der bis zum Sommer 1921 sich dort 3 Monate aufhielt »Meine Reise durch die deutschen Kolonien Süd-Rußlands und der Krim in den Jahren 1919–1921« hier nach: Hammer und Pflug – Wochenblatt für die Krimer deutschen Kolonisten Nr. 24–25, Simferopol 31. 5. 1922.

[71] Unser Blatt 9/1926 S. 220ff., hier S. 221.

[72] Unser Blatt 6/1926 S. 135ff. Der Zugehörigkeit nach waren es 9 Angehörige der Brüdergemeinde, 2 Angehörige freier Gemeinden, ein kirchlicher Mennonit, ein Baptist. Die Schule suchte zu der Zeit einen Lehrer mit Allianzgesinnung.

[73] Unser Blatt 6/1926 S. 129.

[74] ebenda S. 129. In mennonitischen Siedlungen am Om – Petrusgemeinde – gab es drei Richtungen, aber keinen Prediger. »Sie hatten kürzlich russische Brüder zu Gaste gehabt, die ihnen mit dem Worte Gottes gedient hatten.« Vgl. ferner Bericht des Kirchenvorstands der Melitopoler Mennoniten-Gemeinde über Entgegenkommen der Evangeliumschristen – Unser Blatt 2/1925 S. 28.

dende Bedeutung von Ausbildung und gemeindlichem Leben sehr betont wurde. Der rechtlich und statutenmäßig nicht zu erfassende Einfluß der in den Seminaren und Predigerschulen erfahrenen Lebens- und Studiengemeinschaft des Predigernachwuchses bildete hier ein wirksames Korrektiv gegenüber einem extremen kongregationalistischen, zentrifugalen Verständnis der Gemeinden. Dies entfiel in der Situation der ostslavischen Gemeinden. Angesichts der gemeindlichen Schwierigkeiten und der Weite der Räume zählten für die Gemeinden die Fakten des gemeindlichen Alltags; entscheidend war, daß einmal in eine unversorgte Gemeinde ein Prediger kam, daß man von irgendwoher Bibeln und Gesangbücher erhielt, daß man in Auseinandersetzungen mit den Behörden Auskünfte erhielt und Rechtshilfen erfuhr. Für solche Gemeinden bei oft überraschender Aktivierung eigener Kräfte und trotz allen äußeren Mangels an starkem Selbstbewußtsein hatte ein kirchliches Organismusdenken deutscher Prägung des 19. Jahrhunderts durchaus noch keine Bedeutung. Entwicklungen bahnten sich erst an.

4. Die Versorgung mit Schrifttum, Ansätze weiterer missionarischer Bemühungen

Die Betonung eigener Inhalte und eigener Prägung hatte sich im ostslavischen Protestantismus mit jedem Jahrzehnt verstärkt. Dazu trugen nicht nur die ständigen Vorwürfe orthodoxer und politischer Stellen bei, daß der Protestantismus unter den Ostslaven ein fremdes Gewächs auf russischem Boden sei. Das wachsende Selbstbewußtsein hatte seine ekklesiologische Grundlegung in dem Verständnis, daß der freikirchliche Typus christlicher Existenz die organisatorische Zielvorstellung zu sein habe. Für die baptistischen Gruppen oder mit dem Baptismus doch in Verbindung stehenden galt, daß der baptistische Typus des Protestantismus »die konsequenteste Zuendeführung des Reformationsglaubens« sei.[1]

Man stellte nicht in Abrede, von anderen Anregungen und Anstöße empfangen zu haben. Hilfen aus den Kirchen des Auslands wurden nicht abgelehnt. Aber damit war doch zugleich die Überlegung verbunden, wie man aus Eigenem heraus Vorwürfe der Gegner zu entkräften vermochte. Die Propagierung eines besonderen russischen protestantischen Weges bot sich an. Der Anspruch, eigene Wege zu gehen, hatte sich in verschiedenen Ebenen zu bewähren. In der einen Ebene ging es um die Klarlegung des bisherigen Weges, den man in seiner Umwelt, bezogen auf die russische kirchenhistorische Entwicklung, beschritten hatte. In der anderen Ebene war es um die Herausarbeitung eines eigenen theologischen Verständnisses im protestantischen Gesamtrahmen gegangen. In der dritten Ebene handelte es sich, in konkreter Zuspitzung auf das Leben der Gemeinden, um die Verselbständigung des theologischen und erbaulichen Schrifttums und des Liedguts. Hierbei war man zunächst weitgehend auf Übersetzungen aus dem Ausland angewiesen.

Die Übersetzungen westeuropäischen Andachts- und Liedguts in die russische Sprache hatten bereits eine längere Geschichte gehabt. Vermittelt durch die Wirksamkeit des August-Hermann-Francke-Kreises waren Übersetzungen des Katechismus, von Andachtsschriften und Liedern erfolgt. Einen ersten Höhepunkt dieser Übersetzungsarbeit stellte die Übertragung von Johann Arndts »Vier Bücher vom wahren Christentum« dar. Das Eindringen evangelisch-theologischen Guts war dann am Ende des 18. Jahrhunderts mit der verlege-

[1] E. Kupsch S. IV.

rischen Tätigkeit des Schriftstellers Nikolaj Ivanovič Novikov eindrücklich geworden.[2] Dieser hatte sich besonders um Übertragung
mystischer Texte bemüht. Die Ausstrahlung der Übersetzungen im
18. Jahrhundert und zu Beginn des 19. Jahrhunderts muß in ihren
Relationen gesehen werden. Die Interessenlage unter denen, die Zugang zur Literatur hatten, und die große Zahl der Analphabeten im
Volk setzten die Höhe der Auflagen und die Grenzen der Verbreitung.

Die Kolportage von Bibeln, biblischen Büchern und Traktaten blieb
für Jahrzehnte die Möglichkeit, über die Verbreitung von Literatur
im Buchhandel hinaus größere Gruppen von Menschen zu erreichen.
In einer solchen Tätigkeit ist das Verdienst der Agenten der Britischen und Ausländischen Bibelgesellschaft zu erblicken, unter denen
der Schotte Hermann Melville über Jahrzehnte hindurch einen großen Anteil gehabt hat. Missionarisch-evangelistischer und gemeind-
lich-kommunikativer Dienst verbanden sich in seinem Wirken. Gleiches ist von der Arbeit Jakov D. Deljakovs zu sagen. Die Gründung
des »Russkij rabočij«, der Zeitschrift des Paškov-Kreises, und die
Ausgabe zahlreicher Kleinschriften und Traktate englischen Herkommens durch diesen Kreis waren der erste große Versuch, die Erweckung weniger in weite Kreise hineinzutragen. Die Kleinschrift
wurde dabei erstmalig zum missionarischen Medium. Die editorischen Bemühungen des Paškov-Kreises waren mit seiner diakonischen Wirksamkeit in Einklang. Es handelte sich um in England, vor
allem in London, entwickelte Vorbilder neuer kirchlicher Arbeit, die
nun in Petersburg aufgegriffen wurden. Zu ihren Voraussetzungen
gehörte dort wie hier ein größerer tragender Kreis.

In Petersburg wurde frühzeitig die Problematik editorischer Tätigkeit in der Evangelisation deutlich: Wie war es möglich, orthodoxen
Russen evangelisches Gut im Schrifttum nahezubringen, ohne daß es
des Umwegs über in Amerika, England oder Deutschland entstande-
ner oder handelnder Schriften bedurft hätte? Von den siebziger Jahren an versuchte man diese Frage zu beantworten. Dazu bedurfte es
aber nicht nur in Petersburg, sondern in ganz Rußland einer größeren
Gruppe solcher, die dieser Aufgabe gewachsen waren. Der von Paškov gebildete Arbeitskreis, die »Gesellschaft für sittliche und moralische Aufklärung« hatte am 24. Mai 1884 aufgrund behördlicher Anweisung seine Tätigkeit einstellen müssen. Dies bedeutete in den fol-

---

[2] Novikov, geb. 27. 4. 1744 in Avdotžino/Gouv. Moskau, starb dort 31. 7. 1818.

genden mehr als zwanzig Jahren bis zur ersten russischen Revolution von 1905 eine erhebliche Einschränkung der Arbeit. Sie konnte von anderen erst nach 1906 wieder aufgenommen werden. Der Paškov-Zeit gehörte noch – 1878 – die Übersetzung von Bunyans »The Pilgrims Progress« durch Frau Zavolskaja mit weitreichendem Einfluß an. Die Auswirkungen noch umlaufenden Schrifttums aus der Paškov-Aera, schließlich aus dem deutschsprachigen lutherischen, baptistischen, mennonitischen Andachtsgut, sind schwer meßbar; örtlich ungleich, sind sie wichtig gewesen.

Die gesetzlichen Möglichkeiten zur Bildung größerer Vereinigungen zur Propagierung ihrer Vorstellungen in Zeitschriften, anderem Schrifttum und Liedgut schufen nach 1905 die Voraussetzungen intensiver Bemühungen in der Folgezeit. Die Zensur war nicht aufgehoben, jedoch im Rahmen der den größeren Vereinigungen eingeräumten Arbeitsmöglichkeiten eingeschränkt. Mennoniten in Südrußland und Prochanov in Petersburg fanden sich zu verlegerischer Tätigkeit 1908 zusammen. Bei diesem Zusammenschluß wurde das bisher auf deutsche Mennoniten bezogene Arbeitsprogramm um russische Publikationen erweitert. Nach der vorgesehenen Planung wurde Prochanov Cheflektor für diese russische Publikationen. Auch Walter Jack war in den Kreis der Gesellschafter der »Raduga« eingetreten. Prochanov wandte sich im Bratskij Listok an die Glieder der Gemeinden und alle Leser, wies sie auf seine neuen Aufgaben hin und bat, Manuskripte an ihn zu senden.

Der Umfang der Veröffentlichungen der »Raduga« ist beachtlich geworden. Bis 1917 wurden von ihr 200 größere und kleinere Schriften herausgegeben.[3] Neben der Tätigkeit der »Raduga«, die in Petersburg eine Buchhandlung eingerichtet hatte, ist auch der Wirksamkeit einzelner Personen und Gemeinden zu gedenken, die Kleinschriften im Selbstverlag drucken ließen oder anderweitig vervielfältigten. Empfehlungen Prochanovs aus dem Jahre 1906 und der Baptisten aus dem Jahre 1911 für den Aufbau von Gemeindebibliotheken sowie für die private Bücherei geben Aufschlüsse über das vorhandene und als wichtig empfundene Schrifttum. Besonders der in der Zeitschrift »Baptist« 1911 aufgestellte »Katalog poleznych knig« weist über vier Einzelnummern des Blattes hinweg auf die Wichtigkeit hin, die man der Versorgung mit Schrifttum aller Art beimaß,

<hr>

[3] Vgl. A.Q. Blane S. 55.

aber auch auf die Mühe, die man sich selbst mit dieser Aufstellung gemacht hatte.

Prochanovs ältere Aufstellung im »Bratskij Listok« war dem gegenüber nur kurz. Sie griff vermutlich zur Zeit der Abfassung in der Buchhandlung Grothe in Petersburg in den Auslagen vorfindliche Schriften auf. Neben Kleinschriften und Traktaten, darunter einem »Die Arbeiterfrage«, werden Schriften u.a. von Rougemont, Baxter, Drummond empfohlen. Gleichfalls wird die Apologie von Luthardt genannt, von älteren Werken schließlich die »Pensées« von Pascal und eine Arndtausgabe »Vom wahren Christentum«, letztere beide in russischer Sprache.[4]

Wesentlich ausführlicher ist die von einem Arbeitskreis unter Mitarbeit von Studenten erstellte Sammlung empfehlenswerter Schriften und Bücher im »Baptist«.[5] Die Aufstellung ist in fünf Rubriken unterteilt. Die erste enthält Schrifttum zu Glaube und Wissen, die zweite zu Religion und Leben, die dritte Rubrik faßt Schriften zur christlichen Verkündigung, die vierte solche Schriften zusammen, die einer religiösen Volksbibliothek angehören sollten. Die fünfte Rubrik umfaßt Arbeiten zur Geschichte der Religion und der christlichen Kirche. In der ersten Rubrik finden sich Verfasser wie Berdjaev, Sergej Bulgakov, Gustave le Bon, William James, wieder Luthardt und Pascal, die Empfehlung der Solov'ev-Ausgabe in neun Bänden, Pavel Florenskij, Sergej N. Trubeckoj, Eucken. Auch in der zweiten Rubrik ist der Bogen weit gespannt: Berdjaev, Bulgakov, der Sammelband Voprosy religij, die Četi minej des Dmitrij von Rostov, D. S. Merežkovskij mit zahlreichen Arbeiten, Nikolaj N. Nepljuev, dieser auch mit vielen Schriften, gehören dazu. In der dritten Rubrik werden neben Henry Drummond, F. Rougemont, der Bremer Otto Funcke, Augustinus, Basilios der Große, Feofan Zatvornik, Johannes Chrysostomos, Gregor von Nyssa empfohlen. Die fünfte Rubrik schließlich enthält verhältnismäßig viele Arbeiten zur allgemeinen Sektenkunde.

Die Aufstellung bezieht sich wohl auf die lieferbaren Bestände der Raduga-Buchhandlung am Voznesenskij Prospekt in Petersburg. In ihrer großen Weite gleicht sie zunächst einem Katalog verkäuflicher Bücher und erscheint deshalb nicht inhaltsreich. Dennoch sagen die genannten Verfasser und Titel über die Breite des Angebots in der

---

[4] B.L. 3/1906 S. 16–17. Unter weiteren genannten Werken findet sich Robertson's »Geschichte der christlichen Kirche«.

[5] Baptist 13–16/1911, jeweils die beiden ersten Seiten der angegebenen Nummern.

Raduga-Buchhandlung sowie über das, was von den Erstellern des Katalogs als nützlich angesehen wurde, Wichtiges aus. Der junge ostslavische Protestantismus scheute weder die Beschäftigung mit der zeitgenössischen Philosophie und Religionsphilosophie noch mit Erscheinungen der Orthodoxie und des Christentums in der Geschichte. Die Beiträge von Vertretern aus dem Bereich des ostslavischen Protestantismus waren nach Umfang und Zahl noch sehr geringfügig.

In den folgenden Jahren wurden die Bemühungen verstärkt, eine eigenständige russische evangelische Literatur zu schaffen. Die neu entstandenen Zeitschriften boten für Aufsätze, Berichte und Betrachtungen Raum. Wichtige aktuelle Publikationen wurden ins Russische übertragen. Dabei ist es in der verlegerischen Arbeit auch zu Fehlplanungen gekommen. Der umfangreiche russische Bericht über den Ersten Baptistischen Weltkongreß 1905 wurde 1912 immer noch im »Baptist« angeboten. Dies entsprach jedoch der Interessenlage der Gemeinden. Man war, sei es wegen der Mittel der einzelnen, sei es auf Grund der Gemeindefrömmigkeit, nicht auf Zusammenfassungen von Reden und Berichten in schriftlicher Form erpicht, man suchte vielmehr die Erbauung im Kreis der Gemeinde. Die überschaubare Welt der eigenen Gemeinde und der benachbarten Gemeinden war weit genug; sie bot ausreichenden Stoff der Erörterung. Das Interesse am geschriebenen Wort war auf die Bibel und das Hymnenbuch sowie auf Erbauungsliteratur konzentriert.

Den zahlreicher werdenden Predigern waren gedruckte Andachten eine wichtige Hilfe für ihre eigene Arbeit. Hier entwickelten sich zuerst die Bemühungen, eigenes Andachtsgut zu schaffen. Dabei wird deutlich, daß das zunächst fremde Gut von den Gemeinden stärker geformt und schließlich angeeignet wurde. Unter Bewahrung stark biblizistischer Züge kam es so zur eigenen Ausprägung ostslavischen evangelischen Lebens. Ausleger, die Verfasser kleinerer Schriften wie auch Lieddichter und Musikausübender waren dabei beteiligt. Von den Veröffentlichungen der Gesellschaft für geistliche und sittliche Aufklärung bis zu den Publikationen der Raduga wird der Aneignungsprozeß bis zur Zeit des Ersten Weltkriegs deutlich. Dieser Prozeß wurde durch die Kriegs- und Revolutionsgeschehnisse gehemmt. In der Unruhe dieser Zeit waren die, die literarisch zu wirken vermochten, zugleich mit Führungsaufgaben überlastet. Deshalb war man in allen Bünden genötigt, wieder stärker auf vorliegendes Gut zurückzugreifen. In den evangelischen Zeitschriften der zwanziger

Jahre waren erneut größere Aufsätze englischsprachiger Verfasser in Übersetzung, teilweise in Fortsetzungen, veröffentlicht. Zu diesen gehörten Archer Reuben Torrey[6], Dwight Lyman Moody[7], Spurgeon[8], S. Gordon[9], S. A. Blackwood[10], Georg Müller[11].

Die Lebensdauer der evangelischen Zeitschriften nach dem Ersten Weltkrieg war zu kurz, als daß diese Entwicklung im einzelnen genauer aufgezeigt werden könnte. Oft erfolgte der Aufruf, daß die Gemeinden doch selbst aus ihrer Arbeit berichten möchten und so Äußerungen ihres eigenen geistlichen Lebens laut werden ließen. Dies weist darauf hin, daß man hier ständige Aufgaben erblickte; die Gemeinden vermochten ihnen jedoch nicht so zu entsprechen, wie es wünschenswert gewesen wäre. Die Probleme der Aneignung auswärtigen Guts und der Schaffung einer eigenen Literatur sind von Baptisten wie Evangeliumschristen in den großen Zentren protestantischen Lebens, in Petersburg, Moskau, Kiev, Odessa gesehen worden. Wie konnte die Petersburger Erweckung in ihrer Besonderheit eines Revivals englischer Form, aber in russischer Umwelt zu einer russischen Erweckung werden? Wie konnte der Baptismus Onckenscher Prägung zu einem russischen Baptismus werden? Vor diesen Fragen haben wie die leitenden Männer des Baptismus, auch Prochanov und seine Mitarbeiter gestanden. Nach seiner Lebensgeschichte, nach seiner Fähigkeit, die Fragen stärker noch als andere aufzugreifen, und nach seinem Sprachvermögen ist Prochanov die markanteste Gestalt unter all denen geworden, die sich um den Integrationsprozeß bemüht haben. Dieses Bemühen läßt sich in seiner Entwicklung, in der Behandlung dogmatischer und sozialer Fragen, in seinen kirchenpolitischen Anstößen und besonders deutlich in seinen Veröffentlichungen, zumal in seinen zahlreichen Liedern, aufweisen.

Schrift und Lied waren wie einst im Zeitalter der Reformation die Instrumente einer russischen Reformation. Sowohl in der eigenen Darstellung als auch in den Aussagen anderer über Prochanovs Tätigkeit nehmen seine Aktivitäten in diesem Bereich einen breiten Raum ein. Das Formalthema seiner großen Rundschreiben, des Evange-

---

[6] Baptist Ukrainy 1/1928 S. 16–17; Christianin 8/1908 S. 39–42 – »Gideon«; Gost' 1/1915 S. 11ff.
[7] Baptist Ukrainy ebenda.
[8] Christianin 2/1908; Gost' 1/1915 S. 2–6; Christianin 1/1927 S. 17; Baptist Ukrainy 4/1928 S. 40ff.
[9] Tichye Besedi – Christianin 1/1927 S. 31ff. und weitere.
[10] Christianin 3/1927 S. 30–33.
[11] ebenda 8/1908 S. 16–36.

liumsrufs, gerichtet an die orthodoxen Christen im eigenen Lande, des Wortes an die Kirchen, gerichtet an die Christen außerhalb, des Auferstehungsrufs, an die evangelischen Christen in aller Welt gerichtet, ist der Prizyv, der Aufruf. Dies kennzeichnet Prochanov als den Christen aktiver evangelistischer Prägung. Die Aufgabe ist noch zu bewältigen, eine Bibliographie seiner zahlreichen Aufsätze, Meditationen, Auslegungen zu erstellen. Sie wird diese seine Zielrichtung bestätigen. Berichte über seine Gabe zu predigen bestätigen Gesagtes. Marcinkovskij weist darauf hin, daß man beim Zuhören Prochanovs nicht müde wurde, auch wenn das Zeitmaß noch das der schon hochgesteckten Ansprüche seiner russischen und ukrainischen Hörer überstieg.[11a] In den Zeitschriften, von ihm gegründet und weitgehend zunächst selbst gestaltet, wird die intensive Bemühung Prochanovs um das evangelische Schrifttum zunächst deutlich.

Die »Beseda«, die hektographierte Zeitschrift der neunziger Jahre, von Prochanov, Hermann Fast und zeitweilig Prochanovs Bruder Aleksandr getragen, legt als erste dafür Zeugnis ab. An dem »Organ evangelischer Christen« arbeiteten neben Baptisten auch Tolstojaner mit. Dies entsprach der Offenheit, mit der Proçhanov den Versuch machte, Vertreter verschiedener Gruppen zusammenzuführen. Die Beseda, handgeschrieben,hektographiert, lithographiert, hatte als illegales Blatt mit vielen Schwierigkeiten zu kämpfen. Zunächst erschien sie 1890 in Vladikavkaz, 1891 bis 1892 in Petersburg. Wegen der zunehmenden Verfolgungen war in den Jahren 1894, 1895 Stockholm der Ausgabeort. Als die dortige Mitarbeiterin Prochanovs infolge Fortgangs aus der Arbeit ausschied, erschien die Beseda mit Unterbrechungen von 1896 an in London noch zwei Jahre. Die Exemplare der Zeitschrift wurden über Finnland nach Rußland eingeschleust.[12] Mehrere Jahre bestand kein Organ. Einen Neuanfang machte dann nach der Ersten russischen Revolution die gedruckte Zeitschrift »Christianin«.

Im November 1905 erschien eine erste hektographierte Probenummer, vom Januar 1906 an erfolgte die eigentliche Ausgabe. Der

[11a] E.V. 1936 S. 5. – Über den starken Eindruck einer Prochanov-Predigt berichtet auch Anatolij Levitin-Krasnov, Böse Jahre S. 190–194.
[12] Vladimir Bonč-Bruevič, der marxistische Erforscher des russischen Sektantstvo, nannte bereits 1902 die »Beseda« eine bibliothekarische Seltenheit. Er bezifferte die Auflage in den Jahren 1890–1892 auf 500 Exemplare in folio – Presledovanie baptistov S. VII.
Die Angaben der Verlagsorte sind Bonč-Bruevičs Artikel »Baptisty« in: Enciklopedičeskij slovar' Granat Bd. 4, 7. Ausgabe Sp. 609 entnommen.

»Christianin« wurde, immer unter der verantwortlichen Herausgabe durch Prochanov, das Organ des Bundes der Evangeliumschristen. In den ersten Jahren waren dem »Christianin« verschiedene Blätter beigegeben, die in den Aufstellungen jedoch als selbständige Publikationen bewertet werden.[13] Das wichtigste dieser Blätter war das »Bratskij Listok«. Es hatte die Aufgabe eines Mitteilungsblattes für die Gemeinden unter Berücksichtigung ihrer besonderen Aufgaben. Hier wurden auch Konferenzberichte und Dokumente im Verkehr der Gemeinden mit staatlichen Stellen veröffentlicht. Ferner gab es in kleinem Umfang den »Molodoj Vertograd« für die Jugend, die »Detskaja biblioteka« für Kinder und die »Novaja melodija«.

Als weitere sechste Publikation trat zu Anfang des Jahres 1910 neben den »Christianin«, der wie seine Beilagen monatlich erschien, die Wochenzeitung »Utrennjaja zvezda«. Prochanov hat später die Aufgabe dieses Blattes als eines »Lichtstrahlers auf alle Lebensfragen« in seinem Lande beschrieben. Das neue Wochenblatt nahm zu der Erörterung kirchlicher und kirchenpolitischer Fragen Themenkreise des kulturellen, sozialen und politischen Lebens auf. Entsprechend dieser Aufgabenstellung war der Kreis der Mitarbeitenden an dem Wochenblatt weiter als beim »Christianin« gefaßt.[14] Prochanov hat diese Weite der »Utrennjaja zvezda« skizziert: »Es (das Blatt) begann sogleich zur Kooperation all derer, welche für eine freie christliche Kirche in Rußland sich einsetzten, einzuladen.«[15] Nach der kriegsbedingten Unterbrechung der Herausgabe des Blattes und seiner Wiederzulassung 1917 wurde die »Utrennjaja zvezda« auch zum Mitteilungsblatt Prochanovs und seiner Freunde anläßlich der Gründung der Partei »Voskresenie«. Nach zunehmend unregelmäßigem Erscheinen wurde das Blatt 1922 eingestellt.

Die durch Prochanov und den Bund der Evangeliumschristen herausgegebenen Periodika, hatten nach der Anzahl – es waren zehn – bereits 1910 ihren höchsten Stand erreicht. Als nach dem Erliegen der »Utrennjaja zvezda« wieder der »Christianin« erscheinen konnte, blieb er das einzige Publikationsorgan der folgenden Jahre.[16] Er hatte eine Auflage von 15 000 Exemplaren.[17] Auch in den letzten Jahren

---

[13] Prochanov, Cauldron S. 168 nennt 6 Periodika.
[14] Von dem Vorsteher der Adventistengemeinde in Kiev H.I. Loebsack erschien ein Aufsatz »Die Kiever Adventisten und der Krieg« – vgl. Klibanov S. 318.
[15] Prochanov, Cauldron S. 158.
[16] Hier ist jedoch die Ausgabe eines Kalenders in den Jahren 1927, 1928 zu erwähnen.
[17] Nach Angaben von Prochanov.

seines Erscheinens blieb die Auflage, abgesehen von den Endnummern, auf dieser Höhe, eine gegenüber anderen kirchlichen Blättern beachtliche Stetigkeit.[18] Die Auflagenhöhe des »Baptist«, der 1925 auch wieder seine Zulassung erhalten hatte, lag bei 10 000 Exemplaren. Hinzu kamen 5 000 Exemplare des 1926 neu gegründeten »Baptist Ukrainy«. Die Entstehung des »Baptist Ukrainy« hatte im Zusammenhang mit der Dezentralisierung gestanden, die der Baptistenbund in der Mitte der zwanziger Jahre eingeleitet hatte. Die eigenständige Kulturpolitik, um die sich die ukrainische Sovetrepublik bemühte, hatte die Möglichkeit des Erscheinens für den »Baptist Ukrainy« geschaffen. Die Mehrzahl der Artikel des Blattes war jedoch in russischer Sprache geschrieben, nur wenige in Ukrainisch. Als Odincov 1926 seinen Bericht über die Lage der Baptisten in der Sovetunion vor Baptisten in Riga gab, hatte er die Zahlenangabe für den »Baptist« gemacht. Er fügte hinzu: »Selbstverständlich genügt diese Anzahl nicht unserem Bedarf und deshalb kann jede unserer Gemeinden nicht mehr als ein oder zwei Exemplare erhalten.«[19]

Der »Baptist« war schon deshalb im Nachteil, weil er erst 1925 seine Zulassung erhalten hatte. Das Blatt war erstmalig im Juni 1907 erschienen als ein »Duchovno-nravstvennyj žurnal« mit dem Untertitel »Organ der russischen Baptisten«. Der Umfang der ersten Ausgaben war noch schwankend. Um die Wende zum zweiten Jahrzehnt setzten Veränderungen in der Schriftleitung ein. Bisher war Dej Mazaev der Herausgeber gewesen. Die Leitung ging dann auf Vasilij Gur'evič Pavlov über, später wieder zu Mazaev und anderen – ein Ausdruck der Veränderungen und Auseinandersetzungen im Führungsgremium des Bundes der Baptisten. Auch der Verlagsort hatte gewechselt, zuerst war es Rostov n/D, dann Odessa, wieder Rostov n/D, zeitweilig Baku.

Der »Baptist« hatte im baptistischen Zeitschriftenwesen nie die beherrschende Stellung gewonnen, wie sie der »Christianin« für die Evangeliumschristen besaß. Dies hing mit den Führungsverhältnissen in den beiden Bünden zusammen. Prochanov hatte in seinem Bund die beherrschende Stellung. Auf seiten der Baptisten standen verschiedene Häupter mit eigenem publizistischem Ehrgeiz. Wil-

---

[18] Vgl. hier S. 492 Anm. 22; ferner zu wechselnden und schließlich sinkenden Auflagenhöhen des lutherischen Blattes »Unsere Kirche« W. Kahle, Geschichte der evangelisch-lutherischen Gemeinden S. 170ff.

[19] Bericht Odincovs. Er erwähnt noch, daß das Protokoll des Kongresses der Baptisten 1925 gedruckt werden konnte, jedoch nur in einer Auflage bis zu 3 999 Exemplaren.

helm Fetler begann 1909 das Wochenblatt »Vera« herauszugeben, 1910 ließ er die Monatsschrift »Gost'« folgen. Pavlovs Mitarbeiter Timošenko in Odessa begann 1913 mit der Ausgabe des »Slovo istiny« als eines Wochenblattes. Das Blatt erlag auch im Zusammenhang mit Timošenkos Verbannung nach Sibirien im Dezember 1914 den Auswirkungen der Kriegsbestimmungen. Nach Timošenkos Rückkehr erfüllte das Blatt von 1917 bis 1922 die Aufgabe eines zentralen baptistischen Organs, solange der »Baptist« nocht nicht wieder erschienen war.

In den Jahren zwischen 1917 und der Konsolidierung der Räterepublik hat es noch verschiedene andere Zeitschriften gegeben, die allesamt keine lange Lebensdauer hatten. Aleksandr Karev gab 1918 in Petrograd den »Prizyv« heraus.[20] In Petrograd erschien ferner für kurze Zeit im Jahre 1919 der »Istočnik iz kamnja«, der Quell aus dem Felsen, Herausgeber war der Baptist V. G. Melis. Ein nur flüchtiges Zeugnis der Einigungsbemühungen der beiden Bünde wurden 1920 die drei Nummern, auf die es insgesamt der »Bratskij sojuz« brachte. Der »Evangelist« des Herausgebers Pavel Christoforovič Mordovin hatte 1922 bis 1923 vorübergehende regionale Bedeutung in Zentralasien, im fernen Osten ebenso der »Blagovestnik«, den zu den Zeiten der Fernostrepublik bis 1922 der baptistische Prediger in Vladivostok, Robert Fetler, der Bruder Wilhelm Fetlers, herausgab. Von evangeliumschristlicher Seite erschien damals ebenfalls in dieser Stadt »Slovo i žizn«[21].

In der zweiten Hälfte der zwanziger Jahre wuchsen die Behinderungen der eben erst zugelassenen kirchlichen Blätter, sei es, daß die Zensur sehr langsam arbeitete oder Beanstandungen hatte, sei es, daß Papiermangel als Grund für Einschränkungen angegeben wurde. Das Jahr 1928 wurde das Sterbejahr der evangelischen Zeitschriften, wenn auch im Einzelfalle noch eine verspätete Nummer herauskam. Eine Angabe erwähnt noch im Frühjahr 1930, daß der »Christianin« mit vier Nummern zum Druck freigegeben, aber kein Papier vorhanden sei.[22] In Char'kov hatte I. I. Motorin, der ebenso wie die Her-

---

[20] Die Herausgabe der »Prizyv« durch A. V. Karev erfolgte im Auftrag der »Evangelischen Straßen-Mission« – A. Kuznecov, Naši evangel'skie žurnaly – in: B.V. 5/1965 S. 65–70.

[21] Vgl. den o.a. angegebenen Aufsatz von Kuznecov über die Erscheinungsjahre der Zeitschriften.

[22] Hatte die Auflage des Christianin 1/1928 noch 15 000 Exemplare betragen, die 9/1928 noch ebenso viel, so waren die Nummern 10 und 11 nur noch je 5 000 Exemplare stark. Ob die Nr. 12/1928 erschienen ist, ist unklar.

ausgeber des »Baptist Ukrainy«[23] den Selbständigkeitswillen der ukrainischen Behörden zu nutzen gewußt hatte, für einen kurzen Zeitraum ein Blatt »Evangelist« herausgegeben. Anfang 1928 wurde gemeldet, daß aus von Motorin »nicht abhängigen Gründen« derzeit die Herausgabe ruhe.[24] Auch die Monatsschrift der Mennoniten »Unser Blatt«, die in einer Auflage von 2500 Exemplaren bisher erschienen war, stellte 1928 ihr Erscheinen ein, wie wenig später auch das Blatt der Lutheraner »Unsere Kirche« und das Blatt der deutschsprachigen Baptisten, das in Odessa erschienen war.

So wichtig die Herausgabe von Zeitschriften von den Verantwortlichen angesehen wurde, so wenig vermochte die Entwicklung dieser Zeitschriften den Erwartungen ihrer Herausgeber zu entsprechen. Die in ihrer Zahl begrenzten Auflagen ließen es zudem immer an dem für eine Zeitschrift notwendigen Kontakt zu einem festen Leserstamm fehlen. Vor allem anderen war die evangelische Bewegung in Rußland eine Schriftbewegung. Auch hier stand sie vor den vielen Schwierigkeiten, die bisher der Verbreitung der Bibel in der Volkssprache entgegengestanden hatten. Verbote und Behinderungen hatten die Bemühungen um die Übersetzung der Bibel in das Russische begleitet, bis hin zu der Vorstellung des Admirals Šiškov, des Nachfolgers des Fürsten Golicyn, daß die russische Sprache als eine niedere der Bibel nicht angemessen sei. Mit Golicyns Sturz hatte die Aera der Wirksamkeit der 1813 von Aleksandr I. gegründeten russischen Bibelgesellschaft geendet. Sie hatte 1822 erstmalig das Neue Testament in russischer Sprache vorgelegt; die Veröffentlichungen einzelner biblischer Bücher und auch zahlreicher Traktate waren vorausgegangen. Das Verbot der Bibelgesellschaft 1826 durch Nikolaj I. leitete eine Periode erfolgloser Bemühungen um eine russische Bibel und um Bibeldrucke ein; sie währte bis zum Tode des Zaren. Nach dem Amtsantritt Aleksandrs II. wurde 1856 die Planung einer russischen Bibel durch den Heiligen Synod wieder aufgenommen. 1876/1877 konnte erstmalig die Herausgabe einer Gesamtbibel in 24000 Exemplaren erfolgen. Kurz zuvor hatte auch die Britische und Ausländische Bibelgesellschaft eine Übersetzung des Alten Testaments ins Russische fertigstellen lassen.[24a]

In der Folgezeit erschienen immer wieder Auflagen der russischen

---

[23] Die Auflage des »Baptist Ukrainy« sank von der Nr. 8/1928 mit 5000 Exemplaren auf Nr. 12/1928 mit noch 3000 Exemplaren.

[24] Vgl. The Gospel in Russia 24/1933.

[24a] Vgl. Werner Krause, Die Bibel in Rußland – in: Kirche im Osten I/1958 S. 11–23.

Bibel, die letzte im alten Rußland im Jahre 1914. Die Auflagen allesamt waren nicht ausreichend für die wachsende Nachfrage, an der die Angehörigen der Petersburger Erweckung gleichermaßen wie die Stundisten, Molokanen, später Baptisten und Evangeliumschristen und Interessierte in der Orthodoxie teilhatten. Im Gefolge der Kriegs- und Revolutionsjahre waren die an sich schon geringen Bestände noch kleiner geworden. Zugleich hatte die Nachfrage noch eine Steigerung erfahren. Die evangelischen Bünde standen vor der Aufgabe, wollten sie nicht einer subjektiven Frömmigkeit ohne Bindung an das Wort und ohne Prüfung durch das Wort Vorschub leisten, dem größer werdenden und beklagten Mangel abzuhelfen. Zwei Möglichkeiten waren gegeben, einmal die des Drucks im Lande selbst, zum anderen die Einfuhr. Die Möglichkeiten zur Einfuhr wurden genutzt, dennoch blieben auch sie infolge der nach den Revolutionsjahren wechselnden Bestimmungen über die Einfuhr literarischer Erzeugnisse beschränkt. Prochanov schätzt die Anzahl der eingeführten Bibeln und Bibelteile bis zur Mitte der 20er Jahre auf 50000 Exemplare. Sie verteilen sich auf alle vorhandenen Gruppen im Lande.[25]

Die Versuche, eigene Ausgaben im Lande zu veranstalten, blieben zunächst erfolglos, sei es, daß die Genehmigung nicht erteilt wurde, sei es, daß ein solches Unternehmen auch einfach an den Papierzuteilungen scheiterte. Die große Reise Prochanovs in die USA 1925/26 galt der Erschließung von Hilfen für die Drucklegungen von Bibeln, Bibelteilen und Gesangbüchern, zu denen schließlich die Erlaubnis gegeben worden war. Die in Amerika durch Prochanov gesammelten Gelder wurden fortlaufend in Kosten der Drucklegung eingebracht. Sie erfolgte in den letzten Monaten des Jahres 1926 beginnend, 1927 hindurch und in den ersten fünf Monaten des Jahres 1928. Dann waren die Summen aufgebraucht, aber auch die durch die staatlichen Stellen erteilten Genehmigungen wieder aufgehoben. Das Druckprogramm der Evangeliumschristen hatte folgenden Umfang:

Ganzbibeln	35000
Neue Testamente	25000
Gesangbücher	
Evangeliumslieder[26]	25000

[25] Vgl. W. Jack, Rußlands Heimsuchung, S. 22, ferner Prochanov, Cauldron, S. 186 über die geschätzte Zahl eingeführter Bibeln und Bibelteile seit 1920.

Geistl. Lieder	25 000
Notenausgabe der	
Geistl. Lieder	10 000
Bibelkonkordanzen	15 000
Kirchenkalender	40 000

Bis zum November 1926 war von diesem Gesamtprogramm der Druck von 25 000 Ganzbibeln in der Sovetunion abgewickelt. Nach Prochanovs Rückkehr in diesem Monat wurden weitere 10 000 Ganzbibeln gedruckt, dazu 25 000 Neue Testamente. Gemessen an seinem Umfang war dies kein allzu großes Programm. Aber es war die einzige Drucklegung von Bibeln und Bibelteilen, die von der Revolution an bis nach dem Ende des Zweiten Weltkriegs erfolgte. Gemessen an den Schwierigkeiten bei der Durchführung der Drucke ist deshalb der immer wieder zum Ausdruck kommende Stolz Prochanovs verständlich, wo er an den verschiedensten Orten von diesem Druckwerk berichtete.[27] Von den 35 000 Bibeln waren 25 000 in Großformat, 10 000 in Taschenformat gedruckt worden. Die Ausgaben des Neuen Testaments enthielten auch die Psalmen. Die Höhe der Auflage reichte nur aus, um jeder Gemeinde der Evangeliumchristen 5 – 6 Exemplare zukommen zu lassen.

Von ganz besonderer Wichtigkeit war auch der in dem Gesamtprogramm erfolgte Druck der Gesangbücher. Ihm galt neben den Bibeldrucken die besondere Aufmerksamkeit Prochanovs, war er hierbei doch gleichzeitig als der Dichter zahlreicher Hymnen, der Übersetzer vieler Lieder aus ausländischem Kirchentum, als Herausgeber verschiedener Sammlungen bereits tätig gewesen und als der verantwortliche Editor am Werke. Im Jahre 1902 war es Prochanov bereits gelungen, die erste Auflage einer Liedsammlung, der »Gusli« herauszugeben. In ihr waren zahlreiche von ihm verfaßte Lieder enthalten, außerdem eine Reihe von Übersetzungen – insgesamt 507 Lieder.[28] Die »Gusli« waren in der Druckerei des Ministeriums des In-

---

[26] Die Evangeliumslieder stellten eine Auswahl von 350 Liedern aus den »Geistlichen Liedern« dar.

[27] U.a. in: Cauldron, Erfolge des Evangeliums in Rußland, Triumph of the Gospel in the Heart of Russia.

[28] Die Gusli erlebten verschiedene Einzelausgaben. Innerhalb der Lodzer Ausgabe der »Duchovnye pesni« von 1924 zählen die Gusli mit insgesamt 10 000 Exemplaren von 90 000 – 100 000 ihrer Gesamtauflage als elfte Auflage. Orthodoxe Äußerungen über die Gusli aus der Zeit vor dem Ersten Weltkrieg finden sich in Missionerskoe obozrenie 9/1903 S. 1349, ferner bei M.A. Kalnev, Obličenie . . . S. 563.

nern gedruckt worden, eine Tatsache, auf die immer wieder hingewiesen wurde, wenn sowohl von den Schwierigkeiten der Zensur bei der Ausgabe evangelischen Schrifttums, aber auch von den Möglichkeiten die Rede war, im alten Rußland die harten Zensurbestimmungen zu unterwandern.[29] In der Folgezeit waren weitere von Prochanov verfaßte und herausgegebene Liedsammlungen erschienen. Die zweite Sammlung mit 101 Liedern hatte den Titel »Pesni Christianina«, »Lieder eines Christen«. Die dritte Sammlung trug den Namen »Timpany«, »Zimbeln« mit hundert Liedern.[30] Die vierte Sammlung waren die »Kimvaly«, ebenfalls mit 100 Liedern[31]. Die gleiche Anzahl von Liedern umfaßte die fünfte Sammlung »Zarja žizni«, »Lebensdämmerung«.[32] Es folgten später die »Pesni pervych christian«, die »Lieder der ersten Christen« mit 101 Liedern,[33] die »Svirel Davida«, die »Schalmei Davids« mit 100 Liedern.[34] Die achte Sammlung trug den Namen »Novye napevi« – »Neue Weisen« mit 75 Liedern, die neunte Sammlung umfaßte 30 Lieder für Frauenkreise, sie war zu Ehren der am dritten Juli 1919 verstorbenen Frau Prochanovs, Anna Ivanovna, »Pesni Anny«, »Lieder der Anna« benannt worden. Die »Pesni glubiny«, die »Lieder aus der Tiefe«, 20 an der Zahl, bildeten den Abschluß der gesamten Sammlung der »Duchovnye pesni«. Ein Teil dieser Lieder aus der Tiefe war 1920, ein anderer Teil 1923 in der Haftzeit Prochanovs im Gefängnis entstanden.

Die erste Auflage der »Gusli« 1902 war in einer Auflage von 20000 Exemplaren erschienen. Im Jahre 1918 erschien in Petrograd eine erste Ausgabe der »Duchovnye pesni«, die die ersten fünf Teilsammlungen zusammenfaßte. 1922 war dann in Kassel eine Ausgabe der »Duchovnye pesni« im gleichen Umfang wie die von Petrograd erschienen; Exemplare dieser Kasseler Ausgabe konnten damals in die

29 Prochanov berichtet, daß erste Leser der Gusli sich an das Ministerium des Innern gewandt haben, um dort weitere Exemplare für ihren Freundeskreis zu bestellen; da die Auflage bereits ganz ausgeliefert war, konnten sich die zuständigen Stellen nicht mehr negativ einschalten.

30 Der Untertitel vermerkt: »Die Liedtexte sammelte und die Sammlung stellte zusammen I. S. Prochanov.«

31 Es handelt sich hier um von Prochanov aus ausländischen Liedsammlungen übertragene Lieder.

32 Bei dieser Sammlung handelte es sich um Übertragungen geistlicher Lieder, die für Kinder bestimmt waren.

33 Prochanov hatte diese Bezeichnung gewählt, um die Verbindung des russischen Evangeliums-Glaubens zu dem der alten christlichen Gemeinde zu betonen.

34 Die Sammlung, auch »Lieder der Jungen« benannt, ist während des Aufenthalts Prochanovs 1921 in Tver entstanden. Es handelt sich um Originaldichtungen Prochanovs, für die Kreise der älteren Jugend bestimmt.

Räterepublik eingeführt werden. Die erste, alle zehn Teilsammlungen umfassende Ausgabe der »Duchovnye pesni« erschien 1924 in Lodz, im baptistischen Kompaß-Verlag.

Die Gemeinden waren im ganz besonderen Maße auf die Versorgung mit Hymnen angewiesen. Konnte man sich bei den Bibeln mit der Auslegung behelfen, so waren die Gemeinden bei den Liedern darauf angewiesen, daß sie möglichst viele Exemplare von Liedsammlungen hatten, um den Gemeindegesang und den für russische Gemeinden so wichtigen Chorgesang zu pflegen. Um dieser Not abzuhelfen, waren auch schon in den Zeitschriften bis 1917 immer wieder einzelne Lieder mit Noten veröffentlicht worden, um den Gemeinden Zugang zu neuem wichtigen Liedgut in der Chorarbeit auf dem Wege der Vervielfältigung zu verschaffen. Solche Einzelausgaben waren der Grundstoff der Teilsammlung »Novye napevy« gewesen, Chorlieder, von denen die meisten von Prochanov gedichtet worden waren, nur ein kleinerer Teil in dieser Sammlung war Übersetzungsgut. Für das gottesdienstliche Leben der Gemeinden wurde vor allem die Notenausgabe der »Duchovnye pesni« mit 10000 Exemplaren, 3-bändig, von Wichtigkeit. Sie wurde das Kernstück der gemeindlichen Chorarbeit und ermöglichte den Gemeinden eine vermehrte missionarische Wirksamkeit durch das evangelische Lied.

Die »Duchovnye pesni« mit ihren insgesamt 1233 Liedern stellen die umfangreichste Liedsammlung des ostslavischen Protestantismus dar. Ein Drittel der Lieder sind Originaldichtungen Prochanovs, ein weiteres Drittel sind von ihm vorgenommene Übersetzungen. Ob Originaldichtungen, eigene Übersetzungen oder die von Prochanov vorgenommene Sammlung anderer Lieder, alles trägt seinen Stempel. Prochanovs Lieddichtungen haben ihm die Bezeichnung des »Russischen David« eingetragen. Seine Bedeutung für das Liedgut des ostslavischen Protestantismus wird auch in der nach langem Warten 1968 erschienenen Liedsammlung des Bundes der Evangeliumschristen/Baptisten sichtbar. In dieser »Sammlung geistlicher Lieder«, dem »Sbornik duchovnych pesen« nehmen vor allem Prochanovs Lieder in den »Gusli« einen bedeutenden Raum ein.[35] In der sich in dieser Liedsammlung darstellenden Entwicklung des evangeli-

---

[35] Bei den »Sbornik« handelt es sich um Zusammenstellungen von Liedern aus der Prochanov'schen Sammlung, aus der baptistischen Sammlung »Golos very« und aus den »Pesni radosti i pobedy« – »Freuden- und Siegeslieder«. Die »Golos very«, die »Glaubensstimme«, war erstmalig vom Vasilij G. Pavlov in Tiflis herausgegeben worden.

schen ostslavischen Lieds hat das Prochanov'sche Lied seinen unverlierbaren Platz.

Eine Aufgabe eigener Art wäre es, Prochanov als Dichter und Übersetzer eingehend zu würdigen. Sie kann hier nicht unternommen werden. Diese Aufgabe wird angesichts der Bedeutung des Liedes im ostslavischen Protestantismus Aufschlüsse für dessen Theologie und Frömmigkeitshaltung ergeben. Sofija Lieven hat sich einmal nur kurz über Prochanovs Dichtungen geäußert. Sie meint, daß seine Dichtungen ungleich in ihrem Wert gewesen sind. Dem wird zuzustimmen sein. Zu vieles ist als Gelegenheitsdichtung entstanden. Doch ändert dies nichts an der Bedeutung, die Prochanov für das Leben der Gemeinden in diesem Bereich seines Wirkens gehabt hat.

In dem großen Druckprogramm der Jahre 1926 bis 1928 spielten die Bibelkonkordanz und der Kirchenkalender, der »Evangel'skij sovetnik« eine nachgeordnete Rolle. Bei der Erstellung der Bibelkonkordanz hatte es Unstimmigkeiten zwischen Prochanov und seinen deutschen Freunden bei »Licht im Osten« gegeben. Den Leitenden von »Licht im Osten« war die Entwicklung und Drucklegung einer Bibelkonkordanz neben der, die der Missionsxbund selbst schon lange Zeit zuvor in Angriff genommen hatte, als ein kräfteraubendes Konkurrenzunternehmen erschienen.[36] Von dem »Evangel'skij sovetnik« konnten für 1927 15000 Exemplare, für 1928 30000 Exemplare gedruckt werden.[37]

Die Veröffentlichungen Prochanovs markieren zeitlich das Auftreten besonderer Fragen in den Gemeinden, dies gilt zumal für die Zeit vor dem Ersten Weltkriege. Die Predigtlehre von 1911 war ein Versuch, den sichtbar gewordenen Mängeln in der Verkündigung und bei der Ausbildung der Verkündiger zu begegnen. Die Äußerungen über Ehe und Scheidung aus dem gleichen Jahr nahmen auf die Veränderungen der Rechtslage durch die Jahre nach der Revolution von 1905 Bezug, auf die Anfänge einer Aufteilung von staatlichen und kirchlichen Trauungsakten. Auch hier erscheint Prochanovs Interesse bemerkenswert, die anstehenden Fragen auch rechtlich konkret zu bedenken. Dies tritt besonders in der Aufstellung der Gründe gegen die Zulassung einer Eheschließung hervor. Neben der Angabe der staatlichen Gründe einer Verweigerung wird auch die Frage erörtert, ob die Heirat eines Sechzigjährigen mit einer Zwanzigjährigen,

[36] Gespräch Jack-Prochanov, Berlin 1928 – SM.
[37] Der Kalender 1924 erschien in Char'kov, der für 1928 in Leningrad.

obwohl nirgends gesetzlich erwähnt, vom christlichen Verständnis her zulässig sei. Die Antwort lautet, daß der Altersunterschied von Wichtigkeit sei, die Partner seien eindrücklich darauf hinzuweisen; fiele dann trotzdem die Entscheidung wie vorgesehen aus, sei dem Wunsche der beiden stattzugeben. Die Antwort an eine christliche Gemeinde nimmt auf das natürliche Empfinden Bezug, es wird keine spezifische christliche Antwort konstruiert.[38]

Eine in den Gemeinden umlaufende und teilweise heftig erörterte Streitfrage, die durch adventistische Propaganda in sie hinein getragen worden war, wird in der Darlegung »O voskresnom dne« aufgegriffen.[39] Die Bedeutung des Sonntags im christlichen Leben wird betont, auch diese Erklärung ist in die Reihe der Grundsatzäußerungen aufgenommen worden und bei sich bietender Gelegenheit im »Christianin« 1924 wieder veröffentlicht worden.

Zu den editorischen Bemühungen, zu den Grundsatzäußerungen, zu den Aufrufen an die Gemeindeglieder, in den Publikationen mitzuarbeiten, gesellte sich frühzeitig der Versuch kultureller und musikalischer missionarischer Arbeit; sie sollte über den Bereich der Gemeinden hinaus die Öffentlichkeit erreichen. Hier sind große Konzertveranstaltungen, das Auftreten von Chören, die Aufführung von Oratorien zu nennen. Besonders in den ersten 20er Jahren wurde diese Arbeit eifrig betrieben. Es werden die Aufführung des Requiems von Verdi 1922 und des Oratoriums »Erlösung« von Schewe 1926, beide in Petrograd bzw. Leningrad, als herausragende Beispiele erwähnt. Voraussetzung solcher Arbeit war das Vorhandensein großer Chöre und qualifizierter Musiker, die den Gemeinden der Evangeliumschristen und Baptisten vor allem in Leningrad und Moskau zur Verfügung standen. Die Leningrader Gemeinden der Evangeliumschristen hatten 1928 sieben herausragende Chöre und einen zentralen Chor, nach Aussage Prochanovs der beste religiöse Chor in Leningrad.[40] Bescheidener im Umfang war das, was man in den Gemeinden kleinerer Städte durchzuführen bemüht war. Hier gab es, solange es noch möglich war, Vortragsarbeit, über den engeren Gemeindebereich hinaus das Auftreten von Chören, kulturelle Veran-

---

[38] O brake i razvode – in: Christianin 6/1924 S. 89–104, hier S. 103.
Der Ratschlag für die Heirat altersungleicher Paare nimmt unausgesprochen auf die Diskussion Bezug, die sich in Rußland an dem bekannten Gemälde von Vasilij Vladimirovič Pukirev »Das ungleiche Paar« in der Moskauer Tretjakov Galerie immer wieder über die ethischen und sozialen Dimensionen der Ehe entzündete.
[39] Christianin 6/1924 S. 105ff.
[40] Triumph of the Gospel S. 23.

staltungen mit Deklamationen, im Einzelfalle auch Mitwirkung von kleineren Streichorchestern.[41]

Frühzeitig bereits hatte Prochanov neue Techniken in den Dienst der Verkündigung gestellt, so entstand eine kleine Grammophonfabrik »Gloria«, die in den Jahren zwischen 1909 und 1916 religiöse Produktionen herausbrachte.[42]

[41] Christianin 8/1927 S. 61 berichtet von einer solchen »Literarisch-Evangelischen Versammlung« unter dem Thema »Haltet an auf Eurem Wege« mit Streichorchester, Chor, Melo-Deklamation in Romny bei Poltava.

[42] Prochanov, Cauldron S. 14.
In E.V. 10/1933 S. 30/31 wird von der Wiederaufnahme einer Schallplattenproduktion in der Berliner Gemeinde der Evangeliumschristen berichtet; hierbei wurden Chöre sowie Ansprachen Prochanovs aufgenommen.

VII. Protestantisch-orthodoxe Auseinandersetzungen

1. Orthodoxe Stellungnahmen

Das Bewußtsein und der daraus resultierende Anspruch, die Kirche des russischen Volks zu sein, neben der es in Rußland eigentlich keine andere geben dürfe, besondere Privilegien zu besitzen, wo dieser Idealzustand nicht zu erreichen war, bestimmte das Verhalten der orthodoxen Kirche, zumal ihrer Hierarchie, zu den anderen Konfessionen. Die katholische, die lutherische, die reformierte Kirche waren Kirchen völkischer Minderheiten im Reich seit den Tagen, als neben den bisher ganz wenigen bereits vorhandenen Kaufmanns- und Spezialistengemeinden in Moskau dann im westlichen Grenzbereich im Gefolge der politischen und militärischen Geschehnisse Landschaften mit andersvölkischer und anderskonfessioneller Bevölkerung zum Reichsgebiet hinzugekommen waren. Diese Gruppen, Gleiches galt für die Einwanderer in das Innere des Reichs von der zweiten Hälfte des 18. Jahrhunderts an, hatten feste Zusagen für ihre Religionsausübung erhalten. Zu verschiedenen Zeiten erlassene und wiederholt ins Gedächtnis gerufene Bestimmungen regelten, daß die Angehörigen eines »fremdländischen Glaubens« nicht in den Bereich der orthodoxen Kirche missionarisch und konvertierend hineinwirken durften. Wenngleich manche der Sonderrechte, die die bäuerlichen Einwanderer im 18. und 19. Jahrhundert erhalten hatten, in späterer Zeit aufgehoben wurden, so blieb doch die religiöse Freiheit fremdvölkischer konfessioneller Minderheiten bewahrt. Dieser Zustand dauerte bis 1917 an, die Angehörigen der fremdländischen Religionen hatten ihre gegenüber der orthodoxen Kirche eingeschränkten Rechte. Bis zum Jahre 1905 war auch ein Glaubenswechsel von der Orthodoxie zu anderen Konfessionen oder religiösen Gemeinschaften hin nicht möglich, er wurde strafrechtlich verfolgt; Angehörige anderer Konfessionen und Religionen konnten dagegen ohne Einschränkung zur Orthodoxie übertreten.

Diese Ordnungen konnten lange Zeit hindurch funktionieren, da sich die Angehörigen der fremdländischen Konfessionen insgesamt loyal an die Grenzen hielten, die ihnen gezogen waren. Vorgänge, bei denen es doch zu einem Hineinwirken in orthodoxe Bereiche kam, blieben Ausnahmen. Die leitenden kirchlichen Organe achteten die Bestimmungen der staatlichen Gesetzgebung, schon um bestehende Rechte ihrer Kirchen und Gemeinden nicht zu gefährden. Spannungen traten frühzeitig da auf, wo die Orthodoxie Vorstöße in den Bereich der anderen Konfessionen hinein unternahm. Dies war im 19. Jahrhundert in den Diözesen der unierten Gemeinden in den polnisch-litauischen und weißrussischen Gouvernements der Fall gewesen. Dort wurde vom Jahre 1839 an, verstärkt in den siebziger Jahren die Reorthodoxierung der Unierten betrieben.[1] Spannungen traten auch auf, als ein Großteil der in den Jahren 1845 – 1848 in den baltischen Gouvernements zur Orthodoxie übergetretenen Esten und Letten zur lutherischen Kirche zurückzukehren begehrte. Dieser Schritt wurde ihnen verweigert, es entstanden die langanhaltenden Streitigkeiten um die Rekonversion.

Im ganzen blieben derartige Vorgänge auf den Bereich der Regionen, der beteiligten völkischen Minderheit und auf deren leitende kirchliche Sprecher beschränkt. Auch wenn es nicht unbedeutende altgläubige und sektiererische Minderheiten im russischen Volk gab, so konnte doch der Anspruch der orthodoxen Kirche auf ihre besondere Position im Volk aufrechterhalten werden. Dazu trug auch bei, daß die religiösen Minderheitsgruppen unter Russen und Ukrainern im 19. Jahrhundert weitgehend die Kraft verloren hatten, auf die Volksmassen auszustrahlen. Dieser Zustand eines Nebeneinanders mußte sich ändern, als Gruppen auftraten, die missionarisch unter den Orthodoxen zu wirken begannen, deren Angehörige zudem Russen und Ukrainer waren wie die Orthodoxen auch.

Das Auftreten solcher Gruppen von Stundisten, Stundo-Baptisten, Baptisten, evangelischen Christen, alle von Fragen an die Orthodoxie und Vorbehalten gegen sie erfüllt, mußte die Orthodoxie herausfordern. Die historischen Erfahrungen des Raskol im 17. Jahrhundert waren zu tiefgreifend, als daß man nicht einer neuen Spaltung im russischen Dorf mit Sorge entgegengetreten wäre. In die Auseinandersetzungen mit der Štunda und mit den aus ihr hervorgehenden Gemeinden und Organisationen flossen die Vorbehalte ein, die die Orthoxie gegenüber dem Protestantismus von dessen Anfängen an entwickelt hatte. In den auf kirchlicher, staatlicher Ebene, in der literarischen Polemik, in den Willkürhandlungen irgendwo in Stadt und Land geführten Auseinandersetzungen mit der jungen evangelischen

[1] A. Ammann, Ostslavische Kirchengeschichte Wien 1950.

Bewegung zeichneten sich einige größere Bereiche in der Beurteilung ab. Da war zunächst der der theologischen Aussagen über die evangelischen Gruppen, weiter der Bereich, bei dem es um das Verhältnis von evangelischen Gruppen und dem russischen Staat ging, schließlich der Bereich, bei dem es aufgrund des Verhaltens evangelischer Gruppen um deren mehr gefühlsmäßige Beurteilung ging.

Zum Schema der Urteile über den Protestantismus in der Orthodoxie hatte immer schon der Blick auf dessen Spaltungen gehört. Jene Spaltungen, die schon im Reformationsjahrhundert die Geschichte des Protestantismus bestimmt hatten, haben sich – so hieß es – in der Gegenwart um gleichsam astronomische Ziffern erhöht. Čepurin, der im ersten Jahrzehnt des 20. Jahrhunderts aufmerksam den Protestantismus in Rußland untersucht hat, betont diesen Gedanken, er nennt dabei eine nicht weiter belegte Zahl von 270 Gruppierungen für das Reformationsjahrhundert allein.[2] Die Spaltungen sind im Wesen des Protestantismus nach seiner und anderer Auffassung angelegt. Der Protestantismus ist individualistisch und seinem Wesen nach nicht »sobornoe«. Das bedeutet das Aufgreifen, der von Chomjakov so eindrücklich vorgetragenen Polemik auf der Grundlage alter orthodoxer Positionen. Der Protestantismus bietet im Religiösen ein Krankheitsbild dar. Čepurin stellt dies an der Theologie Kargels dar, wobei das Mißverständnis der Kargel'schen Positionen auf einem anderen Verständnis christlicher Existenz beruht: Kargels Worte über die inneren Nöte des Glaubenden, über das Problem der Anfechtung werden von Čepurin als Ausdruck der ständigen Selbstgefährdung des Baptismus gewertet.[3]

Der neuere Protestantismus, besonders in seiner baptistischen Form, ist das zerstörerische Endergebnis der protestantischen Grundhaltung. Das Bemühen bei den Theologen ist unverkennbar, die Gesamterscheinungen protestantischer Lebensäußerungen in den Griff zu bekommen. Die Gefahren bei solcher Bemühung lagen auf der Hand, daß die Urteile oft recht pauschalierend waren. Eine der großen Verallgemeinerungen über den Protestantismus, die auch besonders Befähigte unter seinen Kritikern und Beobachtern wie der Bischof Aleksij vornahmen, war die, daß es sich beim Protestantismus um eine religiös-rationalistische Bewegung handele. Dieses Urteil muß vom orthodoxen Blickwinkel her verstanden werden. Von hier-

---

[2] Čepurin, Obzor . . . S. 12/13.
[3] ebenda S. 8/9; Čepurin bezeichnet Kargel hier als Vertreter des Baptismus.

archisch-episkopalistischer, sakramentaler und ritualistisch-liturgischer orthodoxer Sicht her wurden am ostslavischen Protestantismus in dessen Erscheinungsformen des Stundismus, des Neumolokanentums, des Baptismus, der Petersburger Allianzbewegung und der nachfolgenden Evangeliumschristen rationale Züge sichtbar. Die Vorstellung vom allgemeinen Priestertum stand im Gegensatz zur orthodoxen Wertung der Priesterweihe und des bischöflichen Amts; sie wurde in den darbystisch bestimmten Gruppierungen der Petersburger Erweckung recht intensiv gepflegt. Die Reduktion der Sakramente auf zwei widersprach der in der Sakramentenlehre der Orthodoxie und in der Wertung der Sakramentalien ausgesprochenen und betonten sakramentalen Überhöhung des gesamten Lebens. Es kam noch hinzu, daß man auch in der Orthodoxie deutlich das Ringen um das Verständnis der noch geübten Sakramente im Protestantismus wahrnahm, die Gruppen der »duchovnaja štunda« hatten schon das Verständnis der Sakramente als Zeichenhandlungen in Frage gestellt. Auch die gottesdienstlichen Formen in ihrer Einschränkung auf Lied, Gebet und Schriftauslegung, wie sie weithin in evangelischen Gruppen geübt wurden, mußten wie eine rationale Verkürzung der göttlichen Liturgie erscheinen. Dabei spielte das Urteil über protestantische Schriftauslegung in deren Zusammenfügung von Schriftaussage und ethischem und sozialem Aufruf eine besondere Rolle; in ihrer Neigung zur konkreten Aussage mußte das Verständnis des Rationalen groß erscheinen. Der Unterschied zwischen Orthodoxie und Protestantismus entzündete sich immer wieder an den Formen der Frömmigkeit, an der Teilnahme an den Sakramentalien, der Achtung vor den Ikonen und an der Verehrung der Heiligen. Es wird noch darzulegen sein, daß hier die Vorwürfe eines Rationalismus durch die Orthodoxie am ehesten zu erheben waren.

In einer Zeit, in der der Abfall weiter Kreise des Bürgertums und eines Großteils der Intelligencija sichtbar wurde, mußte die gleichzeitige Bedrohung des orthodoxen bäuerlichen Volks durch evangelische Christen die Kirche besonders empfindlich treffen. Zeugnis dafür ist ein Hirtenbrief des Erzbischofs von Char'kov und Achtyrka im Jahre 1889: Die Hirten der Kirche sind gehalten, »die ihnen anvertrauten Herden zu behüten und zu bewahren vor den reißenden Wölfen, d.h. vor den Häretikern und Irrlehrern, welche sich bemühen, die Schafe zu erhaschen und zu zerstreuen (Joh. 10,12) . . .« »Der reißende Wolf geht umher im ganzen südlichen und südwestlichen Rußland, die Irrlehre verbreitend, und ist auch schon in unsere Char'kov'sche

Eparchie eingedrungen, selbst in die Stadt Char'kov; sein Name ist ›Štunda‹.«[4] Nach den Worten des Hirtenbriefs ist die Štunda »das Heranrücken eines ihrer zwei alten Feinde gegen unsere Kirche. In der westlichen Gegend bemüht sich der römisch-katholische Glaube, die Rechtgläubigkeit zu zerstören, und zu uns kommt listig heran der deutsche protestantische Glaube.«[5] Die orthodoxe Kirche ist der alten Wahrheit treu geblieben, die Anhänger der Štunda aber sind einer neuen, falschen Lehre verfallen, dafür spricht schon die aus dem Deutschen stammende Bezeichnung »Stundisten«. Ihre Argumente zielen auf Befreiung vom Wirken der Geistlichkeit, auf die Lösung von den lästig erscheinenden Fasten. Mittel dazu sind die Verleumdung der Priester und Verspottung der kirchlichen Gebräuche. Die Stundisten sind sogar noch weiter auf ihrem falschen Wege als die deutschen Lutheraner geschritten, indem sie mehr noch als diese das Abendmahl abwerten. Die vom Stundismus Verführten, so heißt es weiter, tun das Werk der Feinde Rußlands. Die orthodoxen Gläubigen werden dann aufgerufen, ihrer Kirche die Treue zu bewahren und auf die gefährlichen Verbreiter der neuen Irrlehre achtzugeben.

In diesem Hirtenbrief klingt die Gleichsetzung von Verächtern des orthodoxen Glaubens und der Feindschaft gegen Rußland an. Sie spielte in der Polemik auch der folgenden Jahrzehnte eine bedeutsame Rolle. Die Behauptung, daß es sich bei den russischen Evangelischen um Leute handle, die im Dienst politischer feindlicher Propaganda stünden, findet sich fortgesetzt. Sie trat in den Jahren des Weltkriegs vermehrt auf. Dies brachte denen eine erhöhte Gefährdung, die von diesem Vorwurf betroffen waren. Die Ahnenreihe des russischen Protestantismus wurde über die deutschen Ursprünge[6] hinaus bis zum linken Flügel der Reformation, zu den Wiedertäufern des mitteleuropäischen Raums im Reformationsjahrhundert ausgezogen. Äußerungen aus dem Bereich des angloamerikanischen Baptismus, daß die Ideengeschichte des Baptismus bis zu den Reformbewegungen des Mittelalters in Kirche und Gesellschaft reiche und mit der Geschichte politischer Freiheitsbestrebungen und der Demokratie verbunden sei, wurden von der kirchlichen und staatlichen Polemik im

---

[4] Zitiert nach Anonymus, Die russischen Sektierer mit besonderer Berücksichtigung der neueren evangelischen Strömungen in der orthodoxen Kirche, Leipzig 1891 S. 34–37, hier S. 34, Wiedergabe des Hirtenbriefs nach der Zeitung »Vedomosti«, Char'kov vom 22. 3. 1889.
[5] ebenda S. 35.
[6] Missionerskoe obozrenie=M.O. 1915 Heft 6, Istočnik i koren' Baptizma v germanizme S. 219–232; ebenso M.O. 5/6 1916 S. 131.

Sinne einer Beweisführung zur Bestätigung der Gefährlichkeit des russischen Protestantismus aufgegriffen.[7] Im Zusammenhang mit solchen Feststellungen wurde Pavlov und Fetler der Vorwurf gemacht, daß sie die deutschen Komponenten im Baptismus besonders betonten.[8] Wiederum heißt es, daß der Baptismus als Werkzeug der Deutschen diene[9], daß die Neigung zum »Vaterland« unter den russischen Baptisten und anderen Evangelischen genährt würde.[10] Diese Ausrichtung auf das Leben und Denken im Ausland macht auch Magaritov den Evangelischen zum Vorwurf. Die Stundisten sympathisieren nach seiner Auffassung besonders mit den Deutschen, »welche nach ihren Worten klüger, reicher und stärker als wir sind.« Die Ursache für das äußere Wohlergehen liegt nach ihrer Auffassung darin, daß dort auch der Glaube besser ist.[11] Feststellungen dieser Art, nicht nur während des Krieges, sondern bereits vorher, mußten sich für die Betroffenen folgenschwer auswirken. Russisch-protestantische Äußerungen, daß neben allem Schweren die Kriegszeit zugleich eine gesegnete Zeit für die Ausbreitung des Evangeliums sein könne, wurden mit Äußerungen heftiger Polemik wiedergegeben.[12] Čepurin stellte am Vorabend des Weltkriegs in seiner Übersicht über die Entwicklung des Protestantismus in Rußland fest, daß die Berichte auf dem zweiten Europäischen Baptistenkongreß über die Entwicklung des Baptismus in den einzelnen Ländern einen militanten Klang und einen triumphierenden Ton gehabt hätten, der an den Ton des deutschen Kaisers Wilhelm II. gemahne.[13] Äußerungen dieser Art charakterisieren die geistige Umwelt, in der Prozesse durchgeführt wurden und Maßnahmen getroffen wurden.[14] Der Lebensweg Vasilij

[7] S. Margaritov, Istorija russkich sekt, Simferopol 1914 zitiert S. 185 in diesem Zusammenhang die Ausführungen des Prof. Walter Rauschenbusch auf dem Zweiten Baptistischen Weltkongreß Philadelphia 1911 anhand des Berichtsbandes über den Kongreß.

[8] M.O. 6/1915 S. 231. Margaritov S. 207 bezeichnet den Letten Fetler fälschlich als Deutschen.

[9] M.O. 4/1916, Übersicht »Sektantstvo« S. 576–583; ebenso M.O. 1/1916 S. 133.

[10] M.O. 5/6 1916 Sektantstvo S. 130–136.

[11] S. Margaritov S. 186. – Bei Plotnikov S. 54 findet sich der gleiche Gedanke: »Der Deutsche (als Beispiel) ist für ihn alles.«

[12] M.O. 1/1916, Sektantstvo v 1915 godu S. 131ff.

[13] Čepurin S. 3.

[14] A. Stefanowitsch, Aus der Arbeit unter den Stundisten S. 12: hatte schon früher berichtet: »Die Popen und Regierungsbeamten in Odessa meinten, diese evangelische Bewegung sei eine Machination von Ausländern, um Südrußland auf friedlichem Wege zu erobern. Vergebens suchte ich sie aufzuklären, daß die Gotteskinder in Glaubenssachen durchaus nichts mit Politik zu tun hätten, sie blieben aber in ihren Vorstellungen befangen, ›Kaiser Wilhelm will Südrußland für sich gewinnen‹.

Pavlovs, die Verbannung Michael Timošenkos und einer Reihe anderer baptistischer und evangeliumschristlicher Prediger in das Narymskij Kraj zu Anfang des Weltkriegs, der Prozeß, der gegen Prochanov 1916 eingeleitet wurde, sind ein Zeichen dieser Haltung in Kirche und Staat gegenüber der evangelischen Bewegung.

Diese Einstellung beschränkte sich nicht auf die Offiziellen in Kirche und Staat, nicht nur auf orthodoxe Massen. Auch in den Reihen der Intelligenz, der Schriftsteller, im kirchlichen Leben hervortretender Laien waren die Urteile über den Protestantismus oft sehr schroff, wenngleich man nicht ebenso wie die Administration und manche Gruppen in der Kirche bereit war, mit drakonischen Mitteln diesen Protestantismus unter Russen zu bekämpfen. Der General Kireev, bedeutsam durch seine mehrere Jahrzehnte hindurch geübten Kontakte zu Anglikanern und Altkatholiken, äußerte sich in der »Revue internationale de Théologie«, der Zeitschrift der Altkatholiken, über die Stundisten. Er sah sich dazu im Jahre 1896 veranlaßt aufgrund der ihm wohlbekannten fortgesetzten kritischen Äußerungen in vielen europäischen Kirchen, auch in politisch liberalen Kreisen über die gegen die Stundisten getroffenen staatlichen Maßnahmen. Die ersten pietistisch gesinnten Schüler des Pastors Bonekämper, denen der Name »Stundisten« gegeben wurde, so heißt es, waren »harmlose Leute, die sich dem Gebet widmeten (›Stunden‹ der Andacht) und niemandem zu nahe traten. Dieser gutmütigen Stundisten bemächtigten sich Emissäre der Baptisten und gaben ihnen einen ganz neuen, aggressiven politisch-propagandistischen Charakter.«[15] Nach Darlegungen im einzelnen, der Schilderung des Verhaltens solcher Sendboten, der Benutzung türkischer Pässe fährt Kireev fort, daß die Entwicklung des Stundismus »nicht nur in moralischer Hinsicht (obgleich die Scheinheiligkeit bis jetzt einen Zug des Stundismus bildet), sondern auch in politischer« Sicht bedenklich geworden sei. »Auf das gemeine Volk haben ihre rationalistisch-negativen Grundsätze einen ganz schlechten Einfluß, indem sie z.B. die Unnötigkeit der kirchlichen Weihe für die Heirat predigen etc. . . In politischer Hinsicht sind die Stundo-Baptisten ganz unzuverlässig. Es ist eine aktenmäßig bewiesene Sache, daß einige von ihren Grundsätzen

---

Es war gerade Weihnachten und viele Betrunkene auf der Straße, die wie ein Sturmwind schreiend und lärmend vorbeirannten. – ›Was soll wohl Kaiser Wilhelm machen mit all diesen betrunkenen Russen?‹ war meine Antwort.«

[15] S. Margaritov S. 186 spricht von einer nicht nur religiösen, sondern auch religiöspolitischen Bewegung.

mit einem wohlgeordneten Staatswesen unvereinbar sind. So z.B. richten sie ihre Propaganda gegen den Eid, die Wehrpflicht, sie schelten die pflichttreuen Soldaten ›Räuber‹ etc., sie untergraben das Eigentum . . . Soll sich ein Staat gegenüber einer solchen Propaganda nicht zur Wehr setzen? Diesen politischen antisozialen Zug des Stundo-Baptismus wollen aber seine Vertreter und Beschützer im Auslande gar nicht berücksichtigen; und eben dieser Charakter der stundistischen Propaganda nötigt die russische Regierung, sich ihr zu widersetzen. Ich denke, daß auch in Deutschland einem Fanatiker, der die Soldaten zum Eidesbruch aufwiegeln würde, das Leben nicht sehr angenehm gemacht würde . . .«[16]

Diese Äußerungen verdienen deshalb besondere Beachtung, weil sie von einem ökumenisch so tätigen Mann, zudem mit großer Auslandserfahrung, getan worden sind. Es ist nur zu verständlich, daß andere noch sehr viel härter und unnachsichtiger sich gegenüber den Evangelischen äußerten. Dies traf besonders auf die Vertreter der Publizistik zu. Die Tagespresse der achtziger und neunziger Jahre war in ihren Urteilen über den Protestantismus weitgehend feindselig. In einer Zeit zunehmender politischer Spannungen mit dem Deutschen Reich wirkte sich dabei die Gleichsetzung von deutsch und protestantisch auf die Emotionen der Leser gefährlich aus. Es mochten Gründe orthodoxer, völkisch-russischer, freisinnig liberaler Art sein, die zu den negativen Aussagen führten. Ein Beispiel für diese Sicht in der Presse ist ein Artikel in der Zeitung »Novoe vremja« aus späterer Zeit. Hier wird von den Baptisten – der Name steht als Sammelbezeichnung evangelischer Gruppen russischen Volkstums – gesagt, daß sie eine Dekadenz zeigten. Von den Höhen der kulturellen Entwicklung kehren sie zu überholten, ursprünglichen Gesellschaftsformen zurück. Ihre Rückkehr zu den evangelischen Quellen ist aber nicht Rückkehr zum Evangelium, sondern zu einem Biblizismus. »Sie sind Bibelchristen – das heißt aber Juden.« Diese Bemerkung wird durch einige Beispiele unterstrichen, sie beziehen sich auf Gebete, Predigten und Ansprachen, aus denen der religiös nicht sehr kundige Verfasser jüdische Züge heraushört. Damit war in einer politisch bewegten Zeit, in der die antisemitischen Ausschreitungen in verschiedenen Landesteilen noch immer in der Erinnerung waren, eine neue Emotion gegeben, der Vergleich des Baptismus mit jüdischen

---

[16] Revue internationale de Théologie Nr. 16 Octobre-Decembre 1896 S. 821–823, Correspondance: Der General Kiréeff über die Stundisten.

Denk- und Lebensformen war angetan, weite Kreise gegen den Baptismus einzunehmen. Was schon Kireev beanstandet hatte, die baptistischen Vorbehalte gegen Staat und Recht, wie er es sah, sind in dem Artikel ebenfalls deutlich ausgesprochen. Die Baptisten »haben einen tödlichen Haß gegen den Staat, und deshalb sind sie die Feinde des russischen Volkes.« Die Regierung macht große Fehler, wenn sie unter dem Vorwand der Religionsfreiheit dieser Sekte so große Arbeitsmöglichkeiten einräumt. Erneut ist die Behauptung ausgesprochen, daß es sich bei den Protestanten nicht um eine religiöse Gruppe allein, sondern um eine religiös-politische Größe handele. Das von ihnen angegebene Ziel der Errettung der Seelen ist verbunden mit Lieblosigkeit gegenüber dem russischen Vaterland. »Sie sind Fremde gegenüber dem Lande; sie träumen von einer Rückkehr nach Kanaan, zu einem Neuen Jerusalem, einem Traumstaat der Humanität.« Der Artikel schließt mit einer deutlichen Warnung vor den Gefahren religiös-politischer Auseinandersetzungen, wie sie West- und Mitteleuropa in früheren Jahrhunderten erlebt hatten. Die Protestanten seien die Urheber dieser Religionskämpfe damals gewesen. Ein Blick auf die orthodoxe Kirche beschließt den Artikel; sie ist durch den Nihilismus derer, die sich von ihr abgewandt haben, erschüttert, sie hat ihren Einfluß auf die oberen Klassen verloren. »Kann sie es zulassen, ihren Einfluß auf die Massen durch die Existenz dieser Dekadenten mitten unter uns aufzugeben?«[17]

Das kirchlich orthodoxe und das politische Vorurteil gegenüber dem Protestantismus war nicht nur durch zahlreiche Aufsätze in den kirchlichen Zeitschriften, durch Artikel und Berichte in der Tagespresse genährt worden, es war auch frühzeitig durch eine Reihe von Äußerungen in der russischen Literatur eindrücklich verstärkt worden. Nikolaj Leskov hatte seinen »Velikosvetskij raskol« geschrieben, die Auseinandersetzung mit der Erweckung der siebziger Jahre in der Petersburger Adelsgesellschaft. Fürst Vladimir Petrovič Meščerskij hatte sich mit Lord Radstock in seiner Schrift »Lord apostol v bol'šom Petersburgskom svete« befaßt.[18] Die einander so unähnlichen Lev Tolstoj und Fedor Dostoevskij hatten ebenso zu den literarischen Widersachern des Protestantismus in der Petersburger Färbung gehört. Tolstoj hatte in »Auferstehung« dem Prediger Kiezewetter die Züge

---

[17] Novoe vremja, Samstag 17. 9. 1910, nach der englischen Wiedergabe bei Ch. T. Byford, Peasants and Prophets 3. Aufl. London 1914 S. 157–161.

[18] Vgl. zum ganzen Edmund Heier, Religious Schism in the Russian Aristocracy 1860–1900 – Radstockism and Pashkovism.

Radstocks verliehen; er lehnte den Protestantismus dieser Prägung wegen dessen Rechtfertigungslehre ab, die seinen Intentionen widersprach.[19] Dostoevskij ·erschien der Protestantismus unter Russen schlicht als eine Beleidigung des orthodoxen Rußlands.[20]

Von hier aus führt der Weg der Negativurteile weiter. Eine Äußerung des für fremdes und neues Gedankengut aufgeschlossenen Nikolaj Berdjaev mag neben den Urteilen der Theologen, der politischen Publizisten die Stellung eines kritischen Gebildeten im ersten Jahrzehnt dieses Jahrhunderts verdeutlichen. In seiner »Samopoznanie« erwähnt er Begegnungen und Disputationen mit Sektierern und »Gottsuchern« auf Moskauer Plätzen und Märkten. Er erhob bei diesen Begegnungen Widerspruch gegen das Verständnis der Wahrheit, wie sie ein jeder Vertreter einer der vielen Gruppen zu besitzen glaubte. Mystische Sekten erschienen ihm interessanter als rationalistische: »Am wenigsten sympathisierte ich mit den Baptisten; ihren Glauben, selbst gerettet zu sein, dazu noch in überlegener Form vorgetragen, mochte ich gar nicht leiden.«[21] Gegenwärtigem Verständnis angehörig und bezeichnend für die Tradierung der Urteile über den russischen Protestantismus im orthodoxen Bereich erscheint eine Aussage des nicht amtierenden, in der Sovetunion lebenden Priesters Sergej Šeludkov. Sie ist, auch aus anderen Darlegungen seiner Schrift sichtbar, von Gedanken Berdjaevs beeinflußt: »Auch unser russischer Protestantismus, der sogenannte Baptismus, stellt in seiner schrecklich tiefen geistlichen Kultur des öfteren eine Karikatur des Christentums dar.«[22]

---

[19] Vgl. Franz Heinrich Philipp, Tolstoj und der Protestantismus.
[20] Tagebuch eines Schriftstellers – März 1876.
[21] N. Berdjaev, Samopoznanie, nach der deutschen Ausgabe Selbsterkenntnis S. 219.
[22] S. Scheludkov, Ist Gott in Rußland tot? – S. 149.

2. Das Bild der orthodoxen Kirche in evangelischen Äußerungen

Das Verständnis des russischen Protestantismus als einer religiös-rationalistischen Bewegung erscheint in protestantischer Sicht unzulänglich oder gar entstellt. Vom protestantischen Verständnis her gesehen handelt es sich bei den so bezeichneten Kreisen des russischen und ukrainischen Protestantismus um Gruppen theologisch fundamentaler Prägung von pietistisch- neupietistischem Typus. Teilweise enthielt die Bewegung an verschiedenen Orten und auch zu verschiedenen Zeiten enthusiastische Züge mit starkem eschatologischem Grundverständnis. Nach dem zeitgenössischen Verständnis protestantischer Theologie- und Kirchengeschichte ist die Masse dieser Gruppen auf dem rechten Flügel protestantischen Lebens beheimatet.

Dennoch hat das orthodoxe Urteil eine Berechtigung, wenn auf die Äußerungen protestantischen Denkens in den ersten Jahrzehnten der Gemeindebildung geschaut wird. In den Auseinandersetzungen zwischen Orthodoxie und Protestantismus in Rußland hat es vielfältig andere Züge gegeben, als sie der sehr viel länger währenden Auseinandersetzung und Begegnung des Katholizismus und Protestantismus in West- und Mitteleuropa zu eigen gewesen sind. Es gab wichtige inhaltliche und formale Gründe für diese Unterschiede. Zu den formalen Gründen gehörte, daß die protestantischen Gruppen insgesamt bis zum Jahre 1905 und dann etwa wieder von 1911 an ekklesia pressa waren, daß die Zensur eine erhebliche Einschränkung der Meinungsäußerungen der Minderheitsgruppen bewirkte. Die Jahre der schroffen Verfolgung von 1884 an waren dazu angetan, aus den harmlosen Stundisten, wie Kireev sie nannte, sehr entschiedene Kämpfer für ihre Sache werden zu lassen. Das Verhalten von Kirche und Staat in Rußland bestimmte auch den Weg der protestantischen Gruppen, führte dazu, daß deren Äußerungen oft recht scharf wurden und daß der Ton der Feindseligkeit auf beiden Seiten vernehmbar wurde. Der junge Protestantismus hatte auch nicht die theologischen Kräfte, um eine von Leidenschaften freie theologische Auseinandersetzung durchzuführen; seine fähigsten Köpfe befanden sich immer wieder in der Verbannung, in den Gefängnissen oder auch außerhalb der Grenzen Rußlands. Die Vertreter des Protestantismus waren im letzten auch nicht an einer solchen Auseinandersetzung interessiert. Bis 1905 galt, daß man in den evangelischen Gruppen verschiedener Prägung die Orthodoxie weitgehend als krank, ohne Zukunftsaussichten ansah. Bei vielen bestand kein Zweifel, daß die russisch-orthodoxe Kirche in sich zusammenbrechen würde und die Volksmassen sich von ihr wenden würden, wenn erst einmal für alle die Freiheit bestünde, sich nach ihrem Ermessen entscheiden zu können, wohin sie gehören wollten. Bis dahin sah man in der orthodoxen Kirche die Feindschaft und den Kampf gegen die wahre Kirche, die man selbst zu sein behauptete, verkörpert. Die Evangelischen, die Altgläubigen, die Sekten aus orthodoxem Herkommen stimmten »Babels Grablied« an, wie es Gottfried Arnold 200 Jahre zuvor getan hatte. Der Hinweis der Orthodoxie auf die Heiligkeit, die Treue zu den Lehren und die Apostolizität der Kirche fruchtete dem gegenüber wenig. Die protestantische Kritik entzündete sich an zu vielen Konkreta kirchlicher Schwäche und kirchlichen Versagens. Hier ging es um rationale Vorbehalte. Die Vertreter der Orthodoxie achteten ihrerseits darauf, daß die protestantische Kritik an der Unbildung der Priester, an ihrem mangelnden Verständnis für das Evangelium, an den Mißständen im ethischen und sozialen Bereich auf weite Strecken mit der rationalen Kritik des Liberalismus und des atheistischen Materialismus an der Kirche zusammenklang.

Aus eigener Anschauung berichtet V. V. Assur, und es besteht kein Grund, seinen Worten zu mißtrauen: »In eine orthodoxe Kirche einzutreten, erschien manchem schlimmer, als eine Kneipe zu besuchen; man glaubte sich zu verunreinigen, wenn man die Speisen aß, die die Orthodoxen zu Ostern bereiteten, weil sie kirchlich geweiht waren.«[23] Die in weiten evangelischen Kreisen sichtbaren Züge von Unduldsamkeit und Fanatismus stellten nach Assurs Auffassung eine Reaktion auf das Verhalten der orthodoxen Kirche und ihrer Geistlichkeit dar. In den Veröffentlichungen der evangelischen Christen kam eine solche feindselige Haltung nicht zum Ausdruck, die Zensur hätte sie auch schwerlich zugelassen. Sie fand ihren Ausdruck in spontanen Reaktionen, im Verhalten, in den Urteilen, die man über die orthodoxe Kirche fällte.

Für die evangelischen Christen in ihrer biblizistischen Haltung bot die Bibel selbst die Stichworte dar. »Eure Kirche ist Babel«, so berichtet es Assur, war eine häufig gebrauchte Bezeichnung.[24] Andere Bezeichnungen für sie waren Hure (bludnica), auch Tochter Babylon.[25]

[23] W.W. Assur, Rußland und das Christentum S. 57.
[24] Vgl. Assur S. 57.
[25] Plotnikov S. 49.

Für die Kirchen wurden Bezeichnungen wie »Synagoge des Satans«, hebräische Synagoge, heidnischer Götzentempel, öffentliches Haus und andere Ausdrücke verwandt.[26] »Irrlehrer« wurde zur Bezeichnung orthodoxer Priester und Missionare. Zuweilen verglich man Angehörige der Hierarchie auch mit den Schriftgelehrten und Pharisäern der Bibel, das Evangelium Matth. 23 wurde auf die Hierarchie ausgedeutet. In der Offb. Johannis 9,1–11 erblickte man Aussagen über die Bischöfe der orthodoxen Kirche.[27] Es konnte auch vorkommen, daß Priester statt der üblichen Bezeichnung »batjuška«, einer Diminutivform von Vater, mit »batjuška-matuška« – »Väterchen-Mütterchen« in Anspielung auf den langen Priesterrock, das lange Haar zu einem Knoten zusammengedreht, angesprochen wurden. Es war ein wohlwollender Beobachter des alten Stundismus, der dies berichtete. Er fügte hinzu: »Auch die Stundisten sind dabei von unnützem, fleischlichem Eifer und großer Unvorsichtigkeit nicht immer freizusprechen«. Als ein Beispiel dafür heißt es: »So kommt ein eifriger Stundist, der um seines Glaubens willen schon manche Gefängnishaft und manche körperliche Mißhandlung durchgemacht hatte, plötzlich während des Gottesdienstes in die russische Kirche und ruft, nachdem der Priester das Evangelium des Tages in slawonischer Sprache gelesen hat, laut in die Versammlung hinein: ›Jetzt werde ich euch das, was der slawonisch gelesen hat, auch einmal russisch vorlesen, damit ihr es auch versteht.‹ Er las und begann zu predigen«; das Ende war eine Tracht Prügel für ihn.[28] Vorgänge, wie der eben beschriebene auf der einen Seite, die Aufwiegelung einer Gemeinde durch einen Priester gegen die Stundisten auf der anderen Seite waren geeignet, abseits aller theologischen Bemühungen die Atmosphäre zu verschlechtern. Berichte über das Verhalten orthodoxer Geistlicher wurden in den evangelischen Gemeinden verbreitet. Am Tag der Wasserweihe »flehte der Priester in der Predigt seine Gemeindeglieder an, ihm zu helfen, daß die schrecklichen ›Sektierer‹ vernichtet würden und schimpfte dabei über uns in den stärksten Ausdrücken und Schimpfworten: ›Habt acht, Orthodoxe! Mose hat befohlen, solche zu steinigen!‹ Die Bauern, die dies anhörten, wurden sehr aufgebracht gegen uns . . .«[29] Berichte über Treibjagden

[26] Margaritov S. 183.
[27] ebenda S. 183.
[28] Anonymus, Die russischen Sektierer . . . S. 44. Es muß sich um Vorgänge der achtziger Jahre gehandelt haben, entsprechend dem Erscheinungsjahr der Arbeit.
[29] Christophilos (Hrsg., Pseudonym für Lepsius, den Leiter der Orient-Mission), Bekenntnisse eines Stundisten S. 17.

von Betrunkenen, die, durch Äußerungen eines orthodoxen Priesters veranlaßt, Teilnehmer einer evangelischen Versammlung verfolgten und mißhandelten, wurden kolportiert.[30] Daraus erwuchs das pauschale Urteil über den Großteil der Priester, daß sie ungebildet und ohne Willen seien, ihre religiösen Kenntnisse zu erweitern. Über die Missionspriester, die seit den achtziger Jahren in den Eparchien zur Bekämpfung des Sektierertums tätig waren, äußerte man sich, daß sie nichts anderes täten, als was Saulus bei der Verfolgung der Christen getan habe.

Plotnikov konstatierte 1916, daß der Fanatismus in früherer Zeit unter den Evangelischen größer gewesen sei. Für seine Zeit bemerkt er, daß doch weitgehend eine Milderung im Umgang untereinander eingetreten sei, daß die Evangelischen auch gegenüber orthodoxen Personen und allgemein orthodoxen Lebensformen mehr Respekt bezeugten.[31] Dies mochte zutreffen, zumal die Tatsache, daß die Evangelischen nach 1905 über rechtlich geordnete Organisationen verfügten und eigene Versammlungshäuser besaßen, manche Spannungen zur Orthodoxie abbauen half. Auf örtlicher Ebene konnte es freilich sein, daß sich noch gar nichts geändert hatte, zumal dieselben Personen in ihren alten Spannungen auch nach 1905 gegenüberstanden. Ein bemerkenswertes Zeugnis vom Nachleben der Vorstellungen der Konfrontation sind Äußerungen aus den zwanziger Jahren in der Sovetunion und aus den dreißiger Jahren aus dem Bereich evangeliumschristlicher Gemeinden in Estland. Im »Boten des Heiligen Synod der russisch-orthodoxen Kirche« äußerte sich Professor V. Belolikov, Mitglied einer Kommission des Allrussischen Konzils, über die Bekämpfung des Sektenwesens. Aus seinen Worten wird die schwere Erschütterung sichtbar, in der sich die orthodoxe Kirche auch durch die Aktivität der evangelischen Gemeinden allerorten befand.[32]. Das Dokument aus Estland ist ein Schreiben der auf der russisch-orthodoxen Pastoralkonferenz in Narva am 25. 10. 1935 versammelten Priester Estlands. Das Schreiben ist an den schwedischen Missionsbund gerichtet, die Gesellschaft zur Ausbreitung des Evangeliums in Rußland, die die Wirksamkeit des Leiters der evangeliumchristlichen

---

[30] Plotnikov S. 49.
[31] A. I. Stefanowitsch, Aus der Arbeit unter den Stundisten S. 18.
Von »Irrlehrern« spricht ein Brief aus Sevastopol vom 5. 5. 1903 – bei A. I. Stefanowitsch, Aus der Arbeit unter den Stundisten S. 30.
[32] Zitiert nach W. Jack, Manuskript: Die evangelische Bewegung in Rußland in der Beleuchtung der Russisch-Orthodoxen Kirche – in: SM, Eingänge 1926 A–Ö.

Gemeinden in Estland, des Pastors Rudolf Vogel, unterstützte. Das Schreiben der versammelten Geistlichen ist aus der Situation eigener Not heraus entworfen. Die Priester beklagen sich, daß Vogel die gebotene christliche Gemeinschaft vermissen lasse. Er »führt nicht nur keinen gemeinsamen Kampf mit den Rechtgläubigen gegen die Gottlosigkeit, unterstützt nicht nur die gemeinsame Front, sondern fällt sogar in den Rücken, wodurch er Gegensätze in die Reihen der gegen den Unglauben kämpfenden Rechtgläubigen hineinträgt, was durch viele Tatsachen bewiesen werden kann. An Stelle der uns vom Herrn gebotenen Liebe wird hier Feindschaft in die Reihen der Christen hineingetragen. Die Bevölkerung wird gegen die Geistlichkeit aufgehetzt. Die Geistlichkeit wird mit Schimpfworten bedacht, die in den Zeilen unseres Schreibens nicht wiedergegeben werden können.« Die Priester konstatieren weiter, daß die Uneinigkeit bis in die einzelnen Familien hineingetragen werde und daß es eine Irreführung bedeute, wenn die Weise des Kampfes gegen die orthodoxe Kirche von den verantwortlichen Evangeliumschristen abgeleugnet werde.[33]

Der eifrige, durch das Land eilende, Proselyten machende Evangelische ist ein in der orthodoxen Polemik häufig gezeichnetes Bild. Es entspricht den starken Missionsvorstellungen, die sowohl durch Oncken im südrussischen Baptismus geprägt als auch durch Prochanov ständig propagiert wurden. Frühzeitig stellten Vertreter der Orthodoxie diese missionarischen Aktivitäten, den unermüdlichen Einsatz evangelischer Gläubigen, die dabei zutagetretende List der evan-

---

[33] Schreiben im Auftrag der 22 versammelten Geistlichen an die SEUR über D. Lars Wollmer, hier in deutscher Übersetzung aus der Zeit – in: SM Eingänge 1932–1936.
Der Äußerung der Priester waren zahlreiche Beschwernisse auf beiden Seiten vorausgegangen. Die Antwort der schwedischen Missionsgesellschaft zeichnet noch einmal die Geschichte der orthodox-protestantischen Beziehungen in Rußland nach. Dann heißt es: »Unser Mitarbeiter Bruder Vogel hat zugegeben, daß da und dort Evangeliums-Christen in diesem Punkte in fleischlichem Eifer gefehlt und die der Glaubensüberzeugung pravoslavischer Christen schuldige Achtung und christliche Liebe verletzt haben. Er selbst betont, daß er sich persönlich hier keiner Schuld bewußt sei. Im Gegenteil ermahnt er immer wieder die Glieder seiner Gemeinde mit Ernst, sich aller Lieblosigkeit und jeden Richtgeistes im Verkehr mit Angehörigen der Pravoslavischen Kirche zu enthalten . . .« Es folgt der Hinweis auf orthodoxe Fehlhandlungen: ». . . Ja, es kommt sogar vor, daß Betrunkene sich zu Wächtern der Pravoslavie aufwerfen und mit Schlägen die Sektierer bekehren wollen.« Oskar Schabert, der Leiter der Baltischen Rußlandarbeit, hatte an Werner, den Vorsitzenden der SEUR, am 19. 3. 1935 im Zusammenhang geschrieben: »Wenn Herr Vogel . . . zugibt, daß unter den Evangeliumschristen viele recht intolerant sind, so stimmt das, auch nach den Beobachtungen, die wir gemacht und über die wir klagen . . .« – SM Eingänge 1932–1936.

gelischen Sendboten fest. All dies wurde als eine Gefährdung des kirchlichen und politischen Lebens dargestellt. In einem der Berichte heißt es, daß sich in den Kasernen von Tiflis, vor allem in den Zeiten der Abwesenheit der Offiziere, Kolporteure herumtrieben, die nicht nur Bibeln, sondern auch spezielle sektantische Schriften bei den Soldaten absetzten.[34] Angaben über die Beeinflussung von Soldaten, die in größeren Städten ihre Dienstpflicht ableisteten, dort mit evangelischen Predigern in Berührung kamen und, für die evangelische Sache gewonnen, als Sendboten in ihre Dörfer zurückkehrten, werden von Bischof Aleksij in seinen »Materialien« bestätigt. Der von ihm aufgenommene Bericht des Ortsgeistlichen im Dorf Vasil'kovka, Pavlogradskij Uezd, Gouv. Ekaterinoslav erwähnt die missionarische Tätigkeit des Paškovec Dimitrij Maljarenko. Dieser hatte in Petersburg gedient und von dort evangelische Literatur mitgebracht.[35] Die Zahl der Evangelischen hier war durch seinen Einsatz auf 38 Männer und 38 Frauen angewachsen.[36] Auch im Hirtenbrief des Char'kover Erzbischofs ist der Hinweis enthalten, auf die Verbreiter der Štunda besonders achtzugeben. Unter ihnen werden die Tagelöhner genannt, die von den deutschen Bauernhöfen und Gütern in ihre Dörfer heimkehrten, als Berufsgruppen werden ausdrücklich noch Soldaten, Schreiber, Eisenbahnbedienstete und Kolporteure genannt.[37]

Den sichtbarsten Ausdruck der spannungsreichen Beziehungen zwischen Protestanten und Orthodoxen bot das Verhalten der Evangelischen gegenüber der Reliquienverehrung und den Ikonen. Stefanovič, selbst Russe, der lange in der bulgarischen Armee gedient , als Hauptmann seinen Abschied genommen hatte und zur evangelistischen Tätigkeit nach Rußland zurückgekehrt war, berichtet ganz unbefangen, daß er im Kiever Höhlenkloster während der Besichtigung der Höhlengänge mit einem Taschenmesser eine »heilige Mumie« untersucht habe. Er fand eine mit Stroh ausgestopfte Puppe in Mönchsgewändern.[38] In einem von ihm übermittelten Bericht »Leidensgeschichte eines Stundisten« berichtet dessen Autor, ein ehema-

---

[34] Pastyr vom 30. 4. 1886, wiedergegeben bei Anonymus, Die russischen Sektierer S. 30/31.
[35] Aleksij, Materialy, Nr. 295 S. 447ff., hier vor allem S. 448/449.
[36] ebenda S. 449.
[37] Anonymus, Die russischen Sektierer S. 37.
[38] A.I. Stefanowitsch, Aus der Arbeit unter den Stundisten S. 26 Anm. Der Vorfall spielte sich im November 1901 ab. »Ich ging mit einigen unserer Stundistenbrüder in das Kiewo-Petschersk-Kloster, und während die Brüder mit dem uns begleitenden Mönch abseits sich unterhielten, untersuchte ich eine jener Mumien . . .«

liger Mönch, daß ihm schon als Mönch Zweifel an der Verehrung der Reliquien gekommen seien: »Ich deutete an, daß es doch vielleicht dem Gesetze Gottes nicht entspräche, wenn wir diesen vielleicht unechten Reliquien nicht nur selbst dienten, sondern auch das Volk in dem Glauben an die Echtheit dieser Mumien und die Wohlgefälligkeit dieses Reliquiendienstes erhielten.« Er erhielt darauf von einem anderen Mönch, wie er berichtet, nur eine zynische Antwort. In einem Gespräch mit anderen Mönchen klang die gleiche Frage an, als man im Kloster Restaurierungen an den Reliquien vornahm. »Fürchtet ihr euch nicht vor dem Zorne Gottes, wenn ihr diese Strohpuppen als Heilige betrachtet? Einer von ihnen antwortete mir darauf: ›Unsere Mumien sind heilig, nicht an und für sich, sondern durch den Dienst der Heiligen Kirche an ihnen.‹« Im folgenden geht der Bericht ausführlich auf die Auswechslung zerfallener Leichname, die Wiederherstellung von Körperteilen, den Guß von Wachsmasken und den Weihegottesdienst für wiederhergerichtete Reliquien ein.[39]

Diese zuweilen extreme Auffassung gegenüber dem Reliquienkult blieb nicht auf einzelne, durch besondere Erlebnisse bestimmte Evangelische beschränkt. Der Reliquienkult galt vielen als der Ausdruck des Unglaubens in der orthodoxen Kirche. Als Anfang der zwanziger Jahre durch Kommissionen des Staates die Öffnung von Gräbern und Sarkophagen von Heiligen vorgenommen wurde, um dem orthodoxen Volk augenfällig Irrglauben und verwerfliches Handeln der orthodoxen Kirche und ihrer Oberen zu beweisen, konnten diese Maßnahmen in ihrem Vollzug die Billigung evangelischer Christen finden, ohne daß es gleich schon zu einer kritischen Auseinandersetzung mit der hinter den Maßnahmen stehenden Grundhaltung gekommen wäre. Von Michail Timošenko stammt aus jenen Tagen eine Äußerung. In einem Artikel, »Die Bewegung des Wassers« – gemeint ist die Taufbewegung, die viele in die evangelischen Gemeinden hineinführte –, heißt es: »Als ersten Schlag gegen den Unglauben in der orthodoxen Kirche muß man die Lüftung des Schleiers der in Geheimnissen eingehüllten Reliquien (Überreste Verstorbener) bezeichnen, welche der Welt die lächerlichen Seiten des verbrecherischen Tuns zeigte, sowie, welcher Mutwille mit den heiligen Gefühlen des vertrauenden Volkes getrieben wurde . . .«[40]

---

[39] Christophilos, Leidensgeschichte eines Stundisten S. 7–11.
[40] Das vierseitige Manuskript mit handschriftlichen Verbesserungen ist in sehr ungefügigem Deutsch geschrieben. Es ist nicht zu ermitteln, ob die Übersetzung ins Deutsche von Timošenko selbst stammt. –Archiv Nepraš. – Vgl. auch Marcinkovs-

Das neue Leben, von dem sich neu Erweckte und Neugetaufte erfüllt wußten, bestimmte sie vielfach zu radikaler Ablehnung des Vergangenen und zu sichtbaren Handlungen, die gleichsam Zeichencharakter hatten. Neben dem Ablegen der Brustkreuze gehörte auch die Entfernung der Ikonen aus den Häusern zu diesen Zeichen. Der Vollzug beider Handlungen durch einzelne hatte eine ähnliche Bedeutung wie der Empfang des Abendmahls in beiderlei Gestalt durch Gemeinden im Zeitalter der Reformation, er bedeutete den Umbruch. »In der allerletzten Zeit – dies ist in der Mitte der zwanziger Jahre gesprochen – hat die Bekehrung zum Stundismus z.B. im Odessaer Gouvernement einen geradezu elementaren Charakter angenommen. ›In einer ganzen Reihe von Dörfern sind alle Bewohner Mann für Mann zum Fluß gezogen, haben ihre Kreuze von sich geworfen . . . und sich taufen lassen.‹«[41] In einem der Selbstberichte um die Jahrhundertwende heißt es: »Gottes Wort überführte uns, daß wir nunmehr die heiligen Bilder nicht mehr anbeten[42] dürften; meine Frau wollte dieselben auch sofort entfernen, doch ich beredete sie, noch ein wenig zu warten. Jedoch zu Ostern weißte meine Frau das Haus mit Kalk und trug die Bilder der Heiligen hinaus; sie wollte nichts mehr mit ihnen zu tun haben, nachdem das Haus rein und weiß war.«[43]

Ein Bericht des Mennoniten Cornelius Martens, der schon vor dem Ersten Weltkrieg unter Russen evangelisiert hatte, gibt in vermutlich stilisierter Form den Gang einer Verhandlung vor einem orthodoxen Priester wieder, bei der ein evangelisch gewordener Russe als Zeuge vernommen wurde. Dieser wurde gefragt: »Wo hast du aber alle

kij, Gotterleben S. 61 mit Kurzangaben über die innerorthodoxe Diskussion anläßlich der Öffnung von Särgen, ferner die Angaben über den Prozeß gegen den Abt Jonas, den Oberprokurator A.B. Samarin im Winter 1919/20, S. 93ff.
Auch Dalton, Der Stundismus in Rußland, erwähnt Fälle von Beschädigung der Ikonen durch Stundisten, S. 36, S. 41.

[41] W. Jack, Wiedergabe in Auszügen und Kommentierung des Artikels von Belolikov im Boten des Heiligen Synod der russisch-orthodoxen Kirche – vgl. S. 514, Anm. 32.

[42] Es ist nicht zu ermitteln, ob es im russischen Originaltext »anbeten« oder »verehren« geheißen hat. Zwar ist von der orthodoxen Theologie immer die Verehrung der Bilder betont worden, im Volksverständnis aber waren die Unterscheidungen zur Anbetung nicht bewußt, es wurde auch seitens der Kirche zu wenig Mühe auf die exakte Unterscheidung beim Kirchenvolk verwandt.

[43] A. I. Stefanowitsch, Aus der Arbeit unter den Stundisten S. 22. An anderer Stelle hier heißt es: »Der Missionar fragte mich: ›Warum hast du die heiligen Bilder weggebracht und willst sie nicht mehr anbeten?‹ – ›Ich bin ein Maler und kann mir diese selbst malen, darum rechne ich es mir als große Dummheit an, wenn ich diese anbete,‹ antwortete ich. Für diese Antwort verurteilte mich der Amtsvorsteher zu 15 Rutenschlägen, und ließ diese Strafe auch sofort durch die Zuhörer vollziehen.«

deine Heiligenbilder gelassen?« Seine Antwort lautete: »Als ich erst Frieden fand . . . las ich Apostelgeschichte 17 und Jesaja 44 und Psalm 46. Dort steht, daß die Götter, mit Menschenhänden gemacht, mit Mäulern, die nicht reden, die Ohren haben und nicht hören, mir nie helfen können, sondern mich immer tiefer fallen lassen. Sie waren mir nutzlos, ich nahm sie alle von der Wand und sagte: ›Ihr könnt keine Fürsprecher für mich sein, denn ich habe nun einen Fürsprecher, der mich gefunden hat, Christus‹. Ich stellte sie weg.« Befragt, was er dann nun mit den Ikonen gemacht habe, antwortete der Zeuge: ». . . Da sie doch nur aus Holz sind und weiter nichts, nahm ich sie, wie Jesaja sagt, machte die Ofentür weit auf und verbrannte sie. Und sie konnten nicht einmal ihre eigene Seele retten. Weg mit dem Kram!«[44]

Der Bericht ist eindrücklich. Es unterliegt keinem Zeifel, daß er in seiner ausdrücklichen Beziehung auf biblische Texte ein Exempel für viele Begebenheiten gleicher oder ähnlicher Art ist. Das Aufgreifen alttestamentlicher Aussagen über Götzenbilder, der Nachvollzug der typologisch vorgebildeten Prophetenhandlung erscheinen wichtig. Auch Vladimir Bonč-Bruevič bestätigt summarisch diese Tatsache, daß Reliquien und Ikonen die Orthodoxie in der Sicht des russischen Protestantismus auf die Seite des Heidentums rückten.[45] Für den orthodoxen Betrachter mußten die damit verbundenen Vorgänge eine ganz andere Dimension haben. Margaritov erwähnt Bezeichnungen und Handlungen als Beispiel der tiefen Feindseligkeit gegen den orthodoxen Glauben. Tragkreuze würden von den Evangelischen Zeichen des Antichrist genannt, ihre Träger Arme, Verlorene, Toren, Götzendiener.[46] Die Ikonen erhielten von ihnen die Bezeichnung Idole. Er führt summarisch auf, daß die Sektierer ihnen die Augen ausstechen, sie werfen sie auf den Dachboden oder auch in den Straßenstaub. Oft machten sie auch aus mehreren Ikonen Bänke zum Sitzen, fertigten aus ihnen Deckel für Töpfe an und stellten sie in Gärten an Stelle von Vogelscheuchen auf.[47]

Die Orthodoxie mußte sich anläßlich solcher Geschehnisse, auch wenn sie nur vereinzelt auftraten und ihre Häufigkeit stark übertrieben wurde, vor einem neuen ikonoklastischen Geschehen befindlich sehen. Mit Evangelischen anderen Volkstums ohne irgendwelche Be-

[44] C. Martens, Unter dem Kreuz S. 34.
[45] VI. Bonč-Bruevič, Sektantstvo S. 300/301.
[46] Margaritov S. 183.
[47] ebenda S. 183.

ziehung zur Orthodoxie mochte man auskommen. Bis auf die Bilder-
stürme des Reformationsjahrhunderts hatte es in deren Bereich keine
Bilder gegeben, die verbrannt oder zerstört worden wären. Anders
war die Sachlage bei Stundisten, Baptisten oder Evangeliumschristen, die aus der Orthodoxie herausgetreten waren. Für beide Seiten
war dies eine Herausforderung. Die orthodoxen Theologen mußten
dabei der Streitigkeiten des 8. und 9. Jahrhunderts eingedenk sein, in
denen die Orthodoxie einen so langwierigen und opferreichen Kampf
für die Verehrung der Bilder geführt und in denen sie ihr Selbstbewußtsein gewonnen hatte. Der neue Ikonoklasmus war dazu angetan, schnell und entschieden Abwehrmaßnahmen in Gang zu setzen.
Auf evangelischer Seite war die Auseinandersetzung auch typisiert.
Was unorganisiert vielerorten Widerspruch am orthodoxen Leben
hervorgerufen hatte, konnte in Gruppen der evangelischen Bewegung sich gleichsam kanalisieren. Jarcev, ein atheistischer Beobachter
des Bundes der Evangeliumschristen Ende der zwanziger Jahre,
führte sogar eine unverkennbare Popularität des Bundes auf den
Kampf seiner Glieder gegen orthodoxe Gebräuche zurück.[48] Dem
entsprach evangeliumschristliche Selbstaussage. Die Gemeinde in
der Stadt Ostaškov berichtete über ihre Tätigkeit: »Die örtliche Geistlichkeit stemmt sich auf die verzweifeltste Weise entgegen und verbietet unter der Gefahr der ewigen Verdammnis, unsere Versammlungen zu besuchen. Sie verbreitete die abgeschmacktesten Gerüchte
und dergleichen mehr.«[49]

---

[48] Jarcev, S. 15.
[49] Bericht aus der Stadt Ostaškov in: Christianin 6/1924 S. 42.
  Es heißt hier weiter: »Sie erwarten den Gouvernementsmissionar Florenskij, welcher sich anschickt, die ›Evangelischen‹ (Evangelisty) zu vernichten.«
  In einem Predigerbericht aus Zentralrußland heißt es, daß Bewohner eines Dorfes,
  in dem sich auch ein Priester befand, den Prediger aufgefordert hätten: »Bleibe bei
  uns und predige uns das Evangelium. Wir werden Dir unsere Kirche geben und fünf
  dazu, und Du sollst unser Prediger sein.« – I. St. Prochanov, A New Religious Reformation in Russia S. 5.

3. Orthodoxe Abwehr des Protestantismus

Das Auftreten zunächst vereinzelter Evangelischer mit Schwerpunkt in der Ukraine, dann im Kaukasus und im Petersburger Raum, schließlich die Entstehung ganzer Gemeinden mit Kontakten untereinander hatte die orthodoxe Kirche vor die nicht leichte Aufgabe gestellt, alle damit verbundenen Erscheinungen wahrzunehmen, evangelische Äußerungen und evangelisches gemeindliches Leben einzuordnen und Maßnahmen der Abwehr zu entwickeln. Diese Aufgabe war umso schwieriger, als sich die Kirche selbst in einem umfangreichen Prozeß der Umbildung und Reformen befand, zudem ständig Verluste unter den Angehörigen der Intelligencija erlitt und die kirchlichen Organe bei ihren Wahrnehmungen zunächst auf Berichte mancher ungeeigneter Priester angewiesen waren. Eine nicht unwesentliche behindernde Rolle bei der Steuerung des kirchlichen Einsatzes gegen das neue Sektierertum spielte auch die Tatsache, daß sehr häufig die Bischöfe ihre Eparchien durch angeordnete Versetzungen wechseln mußten. Dadurch war auf bischöflicher Ebene keine Stetigkeit bei der Durchführung der Analysen und Entscheidungen gegeben. Die Unsicherheit, ja offensichtliche Fehler in manchen Berichten über Evangelische verdeutlichen diese Sachlage; die unzulängliche Eingliederung von Personen in Sachgruppen, das unzureichende Verständnis für Motive und Entwicklungen im Protestantismus aller Ausprägungen sind zumindest in den letzten Jahrzehnten des 19. Jahrhunderts evident. Dabei hat es auch schon in dieser Zeit nicht an Arbeiten gefehlt, auf die dieses pauschale Urteil nicht zutrifft. Die Werke des Bischofs Aleksij gehören zu denen, die von einem gewissenhaften Studium der Dokumente zeugen. Ihm wird in einer Besprechung des »Baptist« bestätigt, daß seine Arbeiten sehr viel höher als manche anderen zuvor abfällig beurteilten stünden.[1] Aber auch ihm wird die Frage vorgehalten, wie er an eine Reihe von Quellenmaterialien gelangt sei, die nicht auf Dauer konfisziert worden waren.[2] Dies war ein Hinweis darauf, daß von staatlichen Stellen vorübergehend beschlagnahmtes Material kirchlichen orthodoxen Stellen überstellt worden war.[3]

[1] Baptist 9/1908 S. 23–27. Dieser Aufsatz von V. V. Ivanov behandelt Aleksijs Arbeit »Vnutrennaja organizacija južnorusskich neobaptistov (stundistov tože)«.
Aleksijs Arbeiten haben ihren Rang durch die zahlreichen Quellenaussagen und - Dokumente, die er gesammelt und wiedergegeben hat.
[2] ebenda S. 23.
[3] Entsprechende Vorwürfe sind gegen Roždestvenskij mit seiner Arbeit »Južnoruss-

Die Erfassung des Protestantismus, die theologische, literarische
und publizistische Auseinandersetzung mit ihm waren belastet durch
die enge Verbindung, in der staatliche und kirchliche Behörden miteinander standen. Das Verständnis, allein für alle Russen sprechen zu
sollen, die Beschwörung der politisch-weltanschaulichen Einheit war
wenig geeignet, zunächst ein klares Bild der Gravamina zu bieten, die
Stundisten, Baptisten, Evangeliumschristen bewogen hatten. Um die
Wende des Jahrhunderts, stärker noch in der Zeit bis zum Weltkrieg
trat die Auseinandersetzung in ein anderes Stadium. Bereits 1891
hatte eine durch Pobedonoscev einberufene Konferenz von in der Bekämpfung des Sektentums Verantwortlichen auf eine neue Art der
Abwehr der Sektanten gedrängt. Das Institut der Missionare, d.h. in
der Bekämpfung des Sektentums ausgebildeter Geistlicher, die jeder
Diözese zur Verfügung stehen sollten, sollte die neue Abwehr bestimmen. Ihre Arbeit vollzog sich mit Schwerpunkt in den durch
stundistische Ausbreitung gefährdet erscheinenden Diözesen. Über
die Hälfte der Diözesen erschien nach Meinung der Konferenzteilnehmer bereits durch protestantische Mission infiziert.[4] Die Folge
der vorgesehenen Maßnahmen war neben der Verschärfung der gesetzlichen und strafrechtlichen Ausführungsbestimmungen gegen
Sektanten auch eine exaktere Erfassung dessen, was Protestanten einerseits zusammenband, andererseits aber unterschied. Es erschien
eine ganze Reihe von konfessionskundlichen Arbeiten zum Handge-
brauch der Priester im Lande. Diese Arbeiten unterrichteten gewiß
nicht ohne starke Tendenz über Glaubensfragen, skizzierten die Ent-

kij stundizm« erhoben worden. Dem an der Konferenz von 1884 in Petersburg teilnehmenden Vasilij G. Pavlov war bei der Abschiebung aus der Stadt durch die Polizei sein Tagebuch fortgenommen worden. Später wurde dieses Tagebuch, das er
nicht zurück erhielt, von dem Priester Roždestvenskij in seiner Arbeit benutzt. Vgl.
Pavlov in »Pravda o baptistach« – in: Baptist 44/1911 S. 346. Pavlov führt die Einschaltung der Petersburger Polizeibehörden anläßlich der Konferenz von 1884 auf
die Denunziation des Ortspriesters von Novo-Vasil'evka zurück – ebenda S. 346. Im
folgenden Teil der Arbeit von Pavlov finden sich weitere Angaben über staatlich-
kirchliche Zusammenarbeit, vor allem im Hinblick auf den Exarchen Pavel von Gru-
sien – 45/1911 S. 353–357, siehe ferner auch 46/1911 S. 36ff.
[4] Von den auf der Konferenz im August 1891 vertretenen 41 Diözesen wurden bereits
28 als durch stundistische Propaganda verseucht bezeichnet. Vgl. auch Verbrei-
tungsangaben bei Plotnikov S. 58ff. Danach hatte die Paškovščina Vorstöße in die
Gouvernements Moskau, Nižnyj Novgorod und Tambov, vor allem durch die Aktivität von Paškov, gerichtet. Graf Bobrinskij hatte im Gouvernement Tula, die Familie Gagarin ebenda, die Familie Čertkov im Raume Voronež, Graf Korff in den Gouvernements Kiev, Poltava, Char'kov, Ekaterinoslav gewirkt. Vgl. auch D. Skovor-
cov, Paškovcy v Tverskoj guv., Tver 1903.

wicklung einzelner Gruppen im Sektantstvo und stellten in oft vereinfachter Form Wesensmerkmale dieser Gruppen heraus.

Zu den Handbüchern[5] gesellte sich die Unterrichtung, wie sie in der Zeitschrift »Missionerskoe obozrenie« vorgenommen wurde. Sie stellte die laufende Beobachtung sicher und verband das Wirken der Missionare vor Ort mit den Möglichkeiten zu theologischer Auswertung. Die politischen Veränderungen nach 1905 bedeuteten dabei einen weiteren Einschnitt für die orthodoxe Praxis gegenüber den Sektanten. Mehr als zuvor war man nunmehr genötigt, auch wenn der Staat noch seine Kräfte zur Bekämpfung des Sektierertums darbot, sich doch verstärkt um eine theologisch praktische Auseinandersetzung, um Ansätze einer Diskussion zu bemühen.

Die Veränderungen von den 6oer Jahren an bis zum Vorabend des Weltkriegs sind durch eine Reihe von Momenten gekennzeichnet. Die oft pauschalierenden Bezeichnungen, die in der orthodoxen Kirche und in der Öffentlichkeit für den Protestantismus und seine Gruppierungen in Rußland gebraucht worden waren, wichen in der Folge dank exakterer Beobachtung genaueren Bestimmungen. Dies hing mit der Wahrnehmung der in das Bewußtsein tretenden Unterschiede im vielfältigen Erscheinungsbild des Protestantismus zusammen und mit der Aufgabe, vor die sich das Institut der inneren Mission in den Diözesen zur Bekämpfung des Sektantstvo gesetzt sah, zielgerecht den Gegner zu erfassen, mit dem man es jeweils vor Ort oder in einer Region zu tun hatte. Die russische Gewohnheit, Sacherscheinungen zu personalisieren, war für weite Kreise in der Kirche bislang ein Hindernis zur genauen Erfassung der Erscheinungen gewesen. In St. Petersburg war Lord Radstock aufgetreten; alles, was man zu Recht oder Unrecht mit seinem Tun zusammenbrachte, wurde als »Radstockizm« bezeichnet. Die von Paškov Beeinflußten, die sehr unterschiedliche Entwicklungen nahmen, blieben bei dieser Personalisierung die Paškovcy, auch nachdem Paškov schon lange das Land hatte verlassen müssen und 1902 in Paris gestorben war. »Kargelovcy« war eine andere der umlaufenden Bezeichnungen. Unter dem Sachbegriff »Stundizm« wurde zeitweilig alles vom Petersburger Protestantismus bis zum Baptismus des Südens subsumiert, wobei dieser Begriff in starkem Maße emotional aufgeladen war. Wer sich nicht weiter informierte, konnte leicht bei diesen Bezeichnungen

---

[5] Zu diesen gehören die hier im Literaturverzeichnis aufgeführten Arbeiten von Anderson, Aleksij, Margaritov, Plotnikov, Roždestvenskij.

stehen bleiben, die den Besonderheiten der einzelnen Gruppen nicht gerecht wurden. Es trug allerdings – dies sei auch vermerkt – nicht zur Klärung flüchtiger orthodoxer Beobachter bei, daß die einzelnen Gemeinden und protestantischen Gruppen etwa bis zum Jahre 1910 wechselnde Bezeichnungen für sich selbst verwandten.

Die Erfassung des Protestantismus in Südrußland, seinem augenfälligsten Entstehungsraum, war zunächst vorangegangen. Über die literarische Aufnahme der Geschehnisse der siebziger Jahre in Petersburg hinaus erfolgte dann auch die Bestandsaufnahme des hauptstädtischen Protestantismus und seiner Auswirkungen.[6] Ausführliche Berichte in der »Missionerskoe obozrenie« erscheinen aufschlußreich. Einige von ihnen waren von Agnija Dvinskaja verfaßt. Im Jahre 1899 schrieb sie über Gebets-[7] und Missionsversammlungen[8] in Petersburg. Die Berichte zeugen von guter Beobachtung der Vorgänge. Baron Nikolaj erscheint als Dolmetscher für den »Deduška«, Großväterchen genannten Prediger[9]; ehrfurchtsvoll wird von den Anwesenden das Erscheinen der »Dame« erwartet, vermutlich der Fürstin Lieven, die die Petersburger evangelischen Kreise betreute.[10] Andere Arbeiten der gleichen Verfasserin behandelten »Die Taufe bei den hauptstädtischen Paškovcy«[11] und »Aus meiner privaten Polemik mit den hauptstädtischen Paškovcy«[12]. Neben eingehenden Arbeiten dieser Art erschienen auch zahlreiche kleinere Berichte. In einem dieser wurde der Selbtmord eines baptistischen Predigers behandelt[13], andernorts gaben Skandale Anlaß, baptistischem Anspruch das Fehlverhalten von Baptisten gegenüberzustellen.[14] Spannungen innerhalb der evangelischen Gemeinde in Ekaterinodar wurden als Verfallserscheinungen im Protestantismus charakterisiert.[15] Andererseits erfolgten Meldungen über erhöhte Aktivitäten im protestanti-

---

[6] Anderson S. 440 gab eine Charakteristik der Paškovščina. Sie stellt »eine reale Größe« dar, »eine Sekte, die mit großem Einfluß sich auf den Norden auswirkt.« Das geistige Format der zu ihr Gehörigen gibt der Gruppe Beweglichkeit, Aufgeschlossenheit für gesellschaftliche Fragen. »Und dies ist kein geringes Plus für ihre Lebensfähigkeit.«

[7] M.O. 1899 I S. 112–125.

[8] ebenda S. 242–249.

[9] Hier »Benkir'« genannt, wohl eine Fehlschreibung an Stelle von »Baedeker«.

[10] M.O. 1899 I S. 242–249.

[11] M.O. 1902 I S. 294–302.

[12] M.O. 1902 II S. 491–499.

[13] M.O. 1903 S. 949/950.

[14] M.O. 9/10 1912 S. 569ff.

[15] M.O. 11/1912 S. 698.

schen Lager. Über lebhafte missionarische Tätigkeit der Evangeliumschristen in der Eparchie Nižnyj Novgorod wird 1912 berichtet.[16]
Auch andere eingehende Angaben über das regionale Auftreten von
Sektierern fehlen nicht; für die Eparchie von Kostroma wurden im
Jahre 1916 99 Evangeliumschristen, 279 Baptisten, 17 Neumolokanen genannt, daneben noch eine unbestimmte Zahl anderer Sektierer
erwähnt.[17] Im ersten Jahr des Weltkriegs wurde trotz einschränken-
der Maßnahmen auf allen Lebensgebieten Bautätigkeit in Dörfern
zur Herrichtung von Bethäusern konstatiert; Baptisten kamen nach
diesen Angaben in ganzen Gruppen zur Propagierung ihres Glaubens
in von ihnen bisher noch nicht erfaßte Dörfer[18], Evangeliumschristen
nutzten die Kriegszeit in gleicher Weise.[19]

Die genannten Titel und Angaben sind nur ein Bruchteil dessen,
was an Kenntnissen über den Protestantismus im orthodoxen Bereich
vermittelt wurde. Ein Großteil solcher Publikationen waren Traktate,
auch kurze Artikel in Kirchen- und Eparchiezeitungen. In einem Aufsatz des »Baptist« ist ihre Charakterisierung scharf, aber wohl treffend durchgeführt, wenn es von ihnen in der Gegenüberstellung zur
bereits genannten Arbeit des Bischof Aleksij heißt: »Gewöhnlich sind
solche Arbeiten auf den Kampf mit dem Sektentum ausgerichtet, erfüllt von einem Geist des unversöhnlichen Hasses, oft sind sie, mit
der Prätention der Unvoreingenommenheit, erfüllt von tückischen
Gedanken; so reden sie über Leben und Lehre der Sektanten und er-
finden dabei unerhörte Geschichten. Sie werden mit der unverhohle-
nen Absicht produziert, in der orthodoxen Bevölkerung den Haß gegen die ruchlosen Anhänger der Štunda zu erregen.«[20]

V. V. Ivanov hatte bereits zum Ausdruck gebracht, daß es auch
eine andere Art orthodoxer Darstellung gebe. Gewiß waren die Arbeiten, die dazu einzuordnen sind, nicht wert- und vorurteilsfrei,
aber sie entsprachen doch der Aufgabe, daß man mehr über den anderen in Erfahrung zu bringen suchte. Ein Beispiel dafür ist ein Aufsatz
aus dem Jahre 1907, in dem die schnelle Folge protestantischer Konferenzen und damit gesteigerte organisatorische Bemühungen mit Be-
sorgnis registriert werden, dieser Aufsatz »Za pervyj god veroispo-
vednoj svobody v Rossij«[21] konstatiert die Entwicklung der Aktivitä-

[16] M.O. 10/1912 S. 453.
[17] M.O. 7/8 1916 S. (343).
[18] M.O. 1/1915, Übersicht Sektantstvo v 1914 godu S. 107–116.
[19] M.O. 1/1916 S. 131ff.
[20] V.V. Ivanov in: Baptist 9/1908 S. 23.
[21] M.O. 1907 S. 240ff.

ten der evangelischen Bünde nach etwas über einem Jahr des Inkrafttretens der staatlichen Bestimmungen für die Sektierer; in dieser Zeit hatten 10 Kongresse auf Reichsebene bzw. für Großregionen stattgefunden.[22]

Neben die Erfassung der Praxis und Aktivitäten des Sektantstvo traten andere Arbeiten, die sich um die innere Entwicklung der aus der Štunda herausgewachsenen Gruppierungen bemühte. Hier ist N. Čepurins »Obzor sektantskoj literatury« aus dem Jahre 1914 zu nennen. Diese Arbeit zeugt von dem gewachsenen Unterscheidungsvermögen, der Fähigkeit, innere Spannungen im russischen Protestantismus deuten zu können und sie in Beziehung zur theologischen Entwicklung des Weltprotestantismus und insbesondere im Weltbaptismus zu setzen. Diese Art der Erfassung entsprach der Nötigung, daß man dem Protestantismus nach 1905, auch wenn die Versuche dazu nicht abließen, nicht mehr mit den Gewaltmitteln der Aera Pobedonoscevs zu begegnen vermochte. Die von der Kirche beauftragten Spezialarbeiter bei der Bekämpfung des Sektentums – Čepurin als Missionar-Priester gehörte dazu – hatten sich theologisch mit ihren Gegnern auseinanderzusetzen. Es bedurfte immer mehr der Differenzierung. Dafür zeugt ein Aufsatz, der in der angesehenen theologischen Zeitschrift der Kiever Akademie »Vera i razum« erschien, die Auseinandersetzung des Archimandriten Arsenij mit der Predigtlehre Prochanovs »Der sektantische ›Professor‹ der Homiletik«.[23] Der Titel macht den polemischen Charakter der Ausführungen über Prochanovs »Kratkoe učenie o propovedi« deutlich.[24] Aber immerhin bedurfte es dazu der Auseinandersetzung mit dem Werk des Gegners. Prochanov hatte im Eingang seiner Predigtlehre seine Beurteilung der religiösen Lage, der religiösen Not des russischen Volkes kurz umrissen. Arsenij äußerte sich dazu abschließend: »Aber bis zum tie-

---

[22] Dabei werden der Kongreß der »Stundo-Baptisten« in Astrachan am 25./26. 10. 1906 genannt, ferner Kongresse in Tambov, Rostov n/D, Pavlograd (Gouv. Poltava), am 2. 12. 1906 in Kiev, Ostern 1906 in Boguslav (Kanevskij uezd), Anfang 1907 in Petersburg. Am 6. 12. 1905 trat die Konfoederation der Adventisten in Aleksandrov, ebenso eine am 28. 10. in Svjatošino, einem Vorort von Kiev, in der zweiten Septemberhälfte in Kiev, im Winter 1906 in Sidorovka (Kanevskij uezd) zusammen – M.O. S. 247/248.
Nach dem Verständnis des Aufsatzes – S. 248 – vereinigten sich am 31. 5. 1906 in Rostov n/D alle Stundo-Baptisten, aber auch Mennoniten, Paškovcy, Christen des evangelischen Glaubens zu einem allgemeinen Bund »Evangelische Christen-Baptisten«. Vgl. hierzu die Anklagen Dej Mazaevs gegen die Petersburger, die auch an dem Kongreß teilgenommen hatten – hier S. 116ff.
[23] Vera i razum 1/1912 S. 3–12.
[24] St. Petersburg 1911.

fen Zusammenbruch des gläubigen, orthodoxen, heiligen Rußlands ist es noch weit, darüber mögen sich weder Prochanov noch seine Pioniere Sorgen machen. Ihnen wird es nicht passieren, daß sie die Totenfeier des Sturzes der Rechtgläubigkeit in Rußland halten werden.«[25]

Diese Worte, fünf Jahre vor dem Ende des alten Rußlands gesprochen, kennzeichnen das Feld der Auseinandersetzungen zwischen Orthodoxie und Protestantismus. Das, was an theologischer Erfassung betrieben wurde, galt dem Kennenlernen des Gegners um seiner besseren Bekämpfung willen. Was von orthodoxer wie von protestantischer Seite geschah, war nicht eine Begegnung zueinander, sondern das Gewinnen besserer Kampfpositionen. Dem dienten auch offizielle Disputationen und Gesprächsabende, die nach dem Jahre 1905 zwischen Orthodoxen und Evangelischen durchgeführt wurden. Als Herausforderer zu diesen religiösen Streitgesprächen traten gewöhnlich die Missionare der Eparchien auf. Die religiöse Disputation hatte in Rußland eine alte Tradition, bei ihr waren bereits Formen des antiken Disputs mitprägend gewesen. Alljährlich fanden in Moskau Disputationen zwischen Orthodoxen und Altgläubigen statt, Veranstaltungen, die immer viele Hörer anzogen. Die Zeitschrift »Baptist« berichtet in verschiedenen Aufsätzen und Artikeln über Disputationen in den Jahren 1909, 1910. Solche Disputationen wurden eingehend vorbereitet und verbindliche Regeln im einzelnen aufgestellt. So kamen in Stavropol am 13. 1. 1910 im Hause des Protoierej Nikolskij drei orthodoxe Missionare und vier Baptisten zur Vorbereitung einer Disputreihe zusammen. Das bei dieser Zusammenkunft entwickelte Programm wurde bis in die Einzelheiten hinein durch die Unterschriften der Beteiligten verbindlich gemacht. Im Falle der Stavropoler Disputation war die nachfolgende thematische Folge vorgesehen: 1) Über unsere Rettung in Jesus Christus. 2) Über die Kindertaufe im Zusammenhang mit der Erbsünde. 3) Über die Austeilung des heiligen Abendmahls. Jeder Diskussionsteilnehmer sollte viermal das Recht zum Sprechen erhalten, jeder Beitrag nur bis zu 15 Minuten dauern. Sogar der Ablauf und der Beginn der Beiträge waren geordnet.[26] Verbitternde und spöttische Reden sollten nicht zu-

---

[25] Vera i razum 1/1912 S. 11/12.
[26] Baptist 27/1910 S. 213ff.
Am 14. 1. 1910 fand die erste Disputation gemäß dem o.a. Programm statt. Der Berichterstatter vermerkt, »daß Gott mit uns war.« Am 15. und 16. Januar fanden die weiteren Dispute statt, und zwar in der orthodoxen Sophienkirche. »Das Publikum verhielt sich gut.« – Ebenda S. 214.

gelassen werden.[27] In Verbindung mit solchen Disputationen wurden auch Rüstversammlungen der evangelischen Gemeinden durchgeführt, um sich auf die Aussprachen allgemein besser vorbereiten zu können. Es war nichts Ungewöhnliches, daß anläßlich des ersten Bundeskongresses der Evangeliumschristen einer der Missionarspriester, Dimitrij Ivanovič Bogoljubov, sich an den Bund der Evangeliumschristen mit der Aufforderung wandte, einen öffentlichen Disput über Glaubensfragen und Glaubenswahrheiten durchzuführen. Prochanov antwortete für den Kongreß auf diese Aufforderung; er lehnte die vorgeschlagene Disputation ab. Zugleich lenkte er die Aufmerksamkeit des Herausforderers auf die spürbaren Erfolge des Atheismus und des Materialismus im russischen Volke und wies ihn auf die dabei auftretenden Aufgaben hin. Die Teilnehmer des Kongresses seien außerdem zur Erfüllung ihres umfassenden Programms nicht aus weit entfernten Orten Rußlands nach St. Petersburg gekommen, um Disputationen mit anderen Konfessionen durchzuführen: ». . . wir halten es für verwerflich, mit den Vertretern anderer christlicher Kirchen auf eine Plattform nur zum Zweck irgendwelcher Wortstreite zu treten. Im gegenwärtigen Zeitpunkt gibt es soviel geistliche Arbeit unter uns, daß wir es nicht nötig haben, miteinander zu streiten. Wir sollten vielmehr Hand in Hand in der Sache der Verkündigung des lebendigen Christus und an der sittlichen Erneuerung unseres Vaterlandes wirken, wozu wir Sie herzlich einladen.«[28]

Hier klingen Gedanken an, die auch für die in den ersten zwanziger Jahren durchgeführten Dispute und Diskussionen zwischen Atheisten und Gläubigen verschiedener Kirchen und Gemeinschaften, die an die Traditionen der Dispute anknüpften, Bedeutung gewinnen sollten. Prochanov lehnte den Disput ab, weil er nicht dialogisch zur Verständigung führen, sondern intellektuell die andere Seite überwinden wollte. Wie vor 1914 die orthodoxen Missionare, unterstützt von Behördenstellen, die Gelegenheit zur Konfrontation suchten, so hielten es die atheistischen Agitatoren ein Jahrzehnt später mit glei-

---

[27] Ein anderer Bericht im Baptist gibt den Verlauf einer Disputation im Dongebiet wieder. Dort war in einem Ort eine Abendmahlsfeier der Baptisten, die sich auf Kreisebene versammelten, die Teilnehmerzahl war groß. Der orthodoxe Ortspriester hatte dieserhalb einen Missionar angefordert. Nach Auffassung der baptistischen Teilnehmer des Disputs mit dem telegraphisch herbeigerufenen Missionar Arkad'ev hatte sich dieser nicht korrekt verhalten, sein Verhalten wurde als spöttisch charakterisiert. – Baptist 31/1910 S. 245–247.

[28] B.L. 1 2/1909 S. 17/18. Derselbe Bogoljubov trat auch in einer andernorts mit Baptisten stattfindenden Diskussion auf – Baptist 20/1909 S. 15/16.

cher Unterstützung nicht anders. Für beide Weisen der Disputation, die orthodoxe und später die atheistische gilt, daß sie nicht die Früchte zeitigten, die ihre Befürworter erwartet hatten. Sie blieben in der Polemik stecken, waren allenfalls ein interessantes intellektuelles Streitgespräch, sie waren belastet durch die Unterstützung, die ihnen die jeweiligen Behörden angedeihen ließen. Bei einer Überschätzung des Intellekts, auch einer Überschätzung des Aufnahmevermögens der Hörer war es zudem häufig der Fall, daß das schlichte Zeugnis eines einfachen evangelischen Christen für die Masse der Teilnehmer überzeugender als alles rationale, polemische Argumentieren war.

In den anhaltenden Auseinandersetzungen erwuchsen den Evangelischen Hilfen von einer Seite, von der es nicht zu erwarten gewesen war. Es handelte sich um Vladimir Bonč-Bruevič und seinen Kreis, der sich mit der Bestandsaufnahme des Sektentums in Rußland und dessen sozialer und politischer Bedeutung befaßte. Bonč-Bruevič durchbrach frühzeitig das Schema, daß der Protestantismus religiösrationalistisch einzuordnen sei. Er wies vielmehr auf dessen, wie er es nannte, »mystische«, d.h. religiös-gefühlsmäßige Grundlegung hin. Damit korrigierte er an einem wesentlichen Punkte ein orthodoxes Fehlurteil.[29] Angesichts der großen Bedeutung, die Bonč-Bruevič für die Urteilsbildung hatte, wurden ihm aus protestantischen Kreisen Darlegungen und Dokumente für seine Veröffentlichungen zugeleitet. Dies ist aus seinen Arbeiten und Einzelhinweisen besonders im ersten Jahrzehnt des 20. Jahrhunderts ersichtlich.[30] Die politisch oppositionellen Kräfte hatten die Bedeutung des Protestantismus für das politische und gesellschaftliche Leben Rußlands erkannt und bemühten sich wie ihre politischen Gegner um eine Auswertung.

Das im ersten Jahrzehnt des Jahrhunderts bei überwiegend negativen Vorzeichen gezeichnete Bild der Orthodoxie vom Protestantismus war noch in vieler Hinsicht unklar. Diese Unklarheit wird immer wieder in Benennungen protestantischer Gruppen sichtbar, in der unzutreffenden Einordnung von hervortretenden Personen. Im zweiten Jahrzehnt gewinnt das Bild, das die Orthodoxie vom Protestantismus hatte, klarere Züge. Das vielbenutzte kirchengeschichtliche Handbuch von Petr Smirnov »Istorija christianskoj pravoslavnoj cerkvi«, 1912 bereits in seiner 27. Auflage erschienen, vermerkt: »Die Stundisten verwerfen Feiertage und Fasten, die durch die recht-

---

[29] Bonč-Bruevič hatte bereits 1901 in der Presledovanie baptistov S. VI diesem Gedanken Ausdruck gegeben.
[30] Vgl. hier im Literaturverzeichnis Angaben zu VI. Bonč-Bruevič.

gläubige Kirche gehalten werden, die Verehrung der heiligen Ikonen und Reliquien, die Anrufung der Heiligen, das Gebet für die Verstorbenen. Sie lehnen die heilige Überlieferung ab und sie lassen sich sogar auf das Gedankengut des Sozialismus und Kommunismus ein.«[31] Die Erforschung des Protestantismus in dieser Zeit diente immer der besseren Zurüstung der ihn Bekämpfenden. Es hatte sich ein gleicher Vorgang vollzogen, wie ihn einige Jahrzehnte zuvor die Erfassung der Quellen des Altgläubigentums durch Subbotin und seine Mitarbeiter dargestellt hatte.

Die Linien des russischen Protestantismus werden bis hin zu Philipp Jakob Spener hin ausgezogen.[32] Das Gefüge kirchlicher Denominationen auf baptistischer Grundlage in England und Amerika wird wahrgenommen.[33] Die Wege vom Darbysmus, von den Plymouth-Brüdern über Lord Radstock hin zur Petersburger Erweckung werden deutlich, wie die des baptistischen Einflusses auf Mennoniten-Brüder und Stundisten in Südrußland. Die alte und die neue Štunda wird unterschieden, die neue Štunda wird als vom Baptismus bestimmt angesehen.[34] Die Angaben zum Geschichtsablauf werden präziser. Die Paškovcy und Kargelevcy, Prochanov an ihrer Spitze, werden als obščie Baptistiy, als allgemeine, freie Baptisten verstanden, während nach Auffassung Čepurins die Baptisten selbst die Evangeliumschristen als Nachfolger der durch Radstock propagierten Vorstellungen der Plymouth-Brüder ansehen.[35] Die geringfügigen Unterschiede bei fast völlig gleichem Brauchtum hinderten beide Gruppen nicht daran, einander zu befehden.[36] Auf die internen Streitigkeiten wird sehr geachtet, waren sie doch den Orthodoxen eine Bestätigung ihrer Grundthese, daß Abfall von der Orthodoxie Spaltung und Zersetzung bedeute. Aber es wird auch festgestellt, daß sich die Paškovcy den Stundo-Baptisten in letzter Zeit angenähert hätten. Dies wird nach Čepurins Auffassung in der Teilnahme und der Haltung der Evangeliumschristen am gemeinsamen Kongreß des Sektantstvo 1907 in Petersburg sichtbar. Auch das größere Verständnis, das die Evange-

---

[31] P. Smirnov, Istorija S. 257. Über den Stundismus insgesamt unterrichten hier S. 256–262, dabei über Paškovcy S. 258/259, über die Baptisten S. 259–261, über die Adventisten der verbleibende Teil S. 261. Prochanov wird nicht erwähnt. Die Tolstoianer werden S. 262 charakterisiert.

[32] Plotnikov S. 43.

[33] Čepurin S. 14.

[34] Plotnikov S. 45.

[35] Čepurin S. 15.

[36] ebenda S. 15.

liumschristen dem Amt des Presbyters entgegenbringen, spricht dafür. Dies alles veranlaßt Plotnikov, fortan von Stundo-Paškovcy zu sprechen.[37] Die Beobachtung der Entwicklung in den beiden Bünden wird von seiten der orthodoxen Experten aufmerksam durchgeführt. Čepurin spricht in diesem Zusammenhang von den beiden Zaren der widerstreitenden Bünde, Mazaev auf der einen, Prochanov auf der anderen Seite.[38]

[37] Plotnikov S. 62.
[38] Čepurin S. 33.

4. Äußerungen Prochanovs

Vor diesem Hintergrund ist Prochanovs Stellung zu sehen und müssen seine die protestantisch-orthodoxe Auseinandersetzung und Begegnung weiterführenden Aktionen verstanden werden. Dabei wird zu beachten sein, daß Prochanovs Äußerungen über die Orthodoxie im alten Rußland vielfach aus später Zeit stammen – seine Autobiographie erschien 1933, gerade sie enthält viele Angaben. In dieser Zeit überwog bei ihm das Verständnis, daß Kontakte zur Orthodoxie erfolglos gewesen waren. Deshalb überwiegen die negativen Äußerungen. Anders war dies noch in den ersten zwanziger Jahren, als Prochanov dazu angesetzt hatte, durch einen Vorstoß in die Reihen der einander bekämpfenden Gruppen in der orthodoxen Kirche die Sache der »russischen Reformation« voranzubringen. Wenn in den Äußerungen Prochanovs, zumal aus dem Jahre 1922, aber noch darüber hinaus bis etwa 1928, der Wunsch vernehmbar wird, mit der Orthodoxie zu einem neuen Verstehen zu gelangen, so hat Prochanov dabei grundsätzliche Bedenken gegen die Orthodoxie nicht überwunden. Sie waren nur um seiner Zielsetzung willen zurückgetreten.

Prochanovs Verhältnis zur Orthodoxie war durch seine Herkunft aus einer Familie von Verfolgten des orthodoxen, zaristischen Systems bestimmt. Dem jungen Prochanov erzählten seine im elterlichen Haushalt lebende Großmutter und deren Schwester von ihren Verfolgungen und ihren Haftzeiten, als sie noch im Gouvernement Saratov gelebt hatten.[1] Der Gymnasiast Prochanov erlebte es, wie auch die Mitschüler ihn zuweilen als Sektierer beschimpften, ihm vorwarfen, daß er Molokane sei, und ihn zu prügeln versuchten.[2] Dies hatte nur die Wirkung, daß er in seiner eigenen Haltung bestärkt

---

[1] I.S. Prochanov, In the Cauldron of Russia S. 35. Es heißt weiter: »Mein Vater erzählte mir die Geschichte von seinem Leben als junges Waisenkind. Beide Großmütter (die Schwester der Großmutter ist ebenfalls als Großmutter bezeichnet – W.K.) erzählten bewegende Geschichten von den Leiden der Molokanen im Gebiet von Saratov . . . Diese Gedanken, daß hier Menschen waren, die aufrecht und unschuldig wie Engel lebten und doch bittere Verfolgungen durch die Hand schlechter Leute erfuhren, ergriffen meinen Geist und bewegten mein Herz. Meine alten Großmütter, welche in ihrer Jugend Gefängnishaft erlitten hatten, schienen mir ›heilige Frauen‹ zu sein, die auf keinen Fall fähig waren, Unrechtes zu tun. Diese Erzählung über religiöse Verfolgungen übten einen besonders starken Eindruck auf mich aus, weil sie mit den Vorstellungen meines eigenen Verständnisses als Junge zusammentrafen.«

[2] ebenda S. 35.

wurde: »Ich fühlte instinktiv, daß solche Verfolgungen, wenngleich sie auch unbedeutend waren, mich zu einem Gliede dieser heiligen Schar machten, welche für Christus und für den Glauben litt. Um meinen Bruder Aleksandr zu trösten, pflegte ich dann zu sagen: ›Wir haben nichts zu befürchten, Sascha, wir stehen höher, als sie es sind.‹«[3] Prochanovs Reaktionen auf Verfolgungen und Leiden entsprechen ganz der Weise, wie sie vielfältig in der russischen Theologie- und Geistesgeschichte deutlich geworden ist: Der Leidende, der Märtyrer hat durch Leiden und Martyrium eine höhere Qualität in seinem Menschsein gewonnen, er rückt in die Sphäre der Heiligkeit. Dieses Verständnis konnte sich, losgelöst von den religiösen Schemata, noch auf Gefangene, Deportierte auf dem Wege zur Verbannung und auf die »Passlosen« erstrecken.

Berichte der Älteren und frühe Erfahrungen bestimmten so das Urteil Prochanovs über die Ausprägung orthodoxer Frömmigkeit, die Institution der Kirche und ihre Hierarchie. Er empfand die Statik der Orthodoxie gegenüber der Dynamik der Entwicklung in allen Lebensbereichen des Volkes. »Während viele Veränderungen im politischen, ökonomischen, industriellen und pädagogischen Leben des russischen Volkes im Laufe von tausend Jahren eingetreten sind, blieb sein religiöser Zustand unverändert.«[4] Veränderungen traten nur im Regiment der Kirche und des Staates über die Kirche ein. Der Vorstellung, daß das gesamte System der Kirche unverändert bleiben müsse, weil es unveränderbar sei, stellte Prochanov gegenüber: Es »wurde zunehmend evident, daß ›Stagnation‹ die Situation der griechisch-orthodoxen Kirche beschrieb.«[5]

Prochanov hat diesem Gedanken noch stärker Ausdruck gegeben. Dem positiv verstandenen Impuls großer reformatorischer Bewegungen in den Kirchen des Westens, mit den Namen Wiclifs, Hus', Luthers und anderer umrissen, stand in Rußland gegenüber, daß es von einer entsprechenden Bewegung allzeit unberührt geblieben sei. Die Entstehung des Raskol, die Entwicklung des Altgläubigentums werden von Prochanov durchaus nicht als eine solche Entsprechung

[3] ebenda S. 35.
[4] Vgl. dazu die Heiligenvita der Brüder Boris und Gleb, die besondere Stellung, die im allgemeinen Verständnis die »strastoterpcy«, die Gewalt-Erdulder erlangten. Vgl. dazu Iwan Kologriwow, Das andere Rußland, München 1958 S. 25ff., ferner G.P. Fedotov, The Russian Religious Mind, Vol. I, Chapter IV Russian Kenoticism S. 94ff.
[5] I.S. Prochanov, In the Cauldron S. 15.

verstanden. Jahrhunderte hindurch habe es keine Erweckung, keine geistliche Bewegung gegeben, auch eine religiöse Literatur wurde nicht geschaffen. »Es gab keinen religiösen Fortschritt, es gab vielmehr Stagnation, die sogar in ein Prinzip verwandelt wurde. Es wurde gelehrt . . . daß sich die Kirche nicht ändern könne, daß ihre Traditionen und Praktiken ebenso unveränderlich waren, wie ihr Gründer selbst. Die moralische und geistliche Lage des Volkes konnte sich dabei nicht verändern und entwickeln, so wurden die breiten Massen fortgesetzt demoralisiert.«[6] In dem vom zehnten Allunionskongreß 1926 verabschiedeten Auferstehungsruf, einem Aufruf an die Weltchristenheit, sind die gleichen Gedanken theologisch-heilsgeschichtlich formuliert. Die Lage der Gemeinde Gottes im Alten Bunde, die Ursachen ihres Versagens sind durch vier Momente bestimmt. Die Gemeinde hat die göttliche Offenbarung in der Schrift mißachtet, sie hat sich Menschen ausgeliefert. Zum andern: Ihre Zeremonien, die keine Verankerung im Glauben hatten, und ihre religiösen Aktivitäten, welche den Kern des Menschen nicht erreichten, waren der Todfeind gesunden geistlichen Lebens. Drittens: Der Formalismus im kirchlichen Leben erlangte auf Grund dessen eine unheilvolle Macht; er diente praktisch nicht mehr der Förderung eines persönlichen geistlichen Lebens, sondern dessen Auslöschung. Schließlich viertens: Die praktische Seite des geistlichen Lebens, die Sorge für die Witwen und Waisen, d.h. die gesamte soziale Seite kirchlicher Existenz geriet in Vergessenheit oder wurde mißachtet. Der von Prochanov inaugurierte Auferstehungsruf bezieht diese Situation der alten Gemeinde auf die Notlage aller Kirchen in der Welt. Sie sind wegen des Eindringens dieser Nöte nicht in der Lage, den Kampf mit dem Unglauben zu bestehen.[7] Prochanov und der Kongreß hatten, auch wenn sie graduelle Unterschiede in den Kirchen sahen, dabei vor allem die Orthodoxie vor Augen. Auf die Frage, wie es zu dem Abgehen von einem geordneten und dem Evangelium gemäßen Zustand hatte kommen können, hat Prochanov auch einige historisch-kritische Auskünfte gegeben. So wiederholt er die oft gegebene Auskunft, daß die besondere Situation der Kirche in Rußland im Zusammenhang mit der Geschichte des Landes als eines Bollwerks Europas gegenüber dem Barbarismus Asiens zu sehen sei. Der politische Kampf habe Kräfte absorbiert, religiöse Fragen wurden dementspre-

[6] ebenda S. 16.
[7] ebenda S. 261ff., hier vor allem S. 262/263.

chend ausgeklammert. Neben dieser gewiß unzulänglichen Antwort gibt Prochanov noch eine andere: Alle Entscheidungen, alle personalen Berufungen, so sagt er, erfolgten nur von oben nach unten, bis hin zum einzelnen Priester – unbeschadet der Wünsche oder des Willens der einzelnen Gemeinden. »Es gab kein Recht der lokalen Selbstbestimmung in der orthodoxen Kirche.«[8] Dieses Urteil ist durch das andere Kirchen- und Gemeindeverständnis bestimmt, des Rechtes und der Hoheit der einzelnen Gemeinde, ihrer Vollmacht auch im Hinblick auf Leitungsorgane aufgrund freier Zusammenschlüsse.

Das Gegenbild der äußerlich bedeutenden Stellung der Kirche war ihre innere Verarmung, ihr Mangel an Lehre, an Wortverkündigung, die religiöse Ignoranz der breiten orthodoxen Masse.[9] Die religiösen Existenzbedingungen waren tragisch, es gab keine Spur von Aufhellung, von Erleuchtung, welche durch Erziehung und durch religiöse Belehrung eintreten. Die »Kirche lehrte das Volk, daß der Zar weit und Gott sehr hoch war, daß dieser ein gestrenger Richter war, und daß niemand sich ihm unmittelbar nähern konnte, sondern daß dies durch die Priester und durch die Heiligen erfolgen müsse. Die Wahrheit, daß Gott Liebe ist, wurde niemals erläutert . . .« So wurde das Volk in einer furchtsamen Haltung belassen. Die allgemeine Lehre der Kirche war, daß man, um Gott zu gefallen, ein Übriges tun müsse, Pilgerfahrten, Enthaltung von Nahrung und Kleidung, Opfer für die Kirche. »Die Kirche lehrte, daß der Mensch gerechtfertigt und gerettet wird durch seine Werke, aber sie lehrte auch zur gleichen Zeit, daß niemand auf Erden wissen könne, ob er gerettet sei. Rechtfertigung durch den Glauben, das Heil durch Christi Tod am Kreuz, die Reinigung von Sünden durch das Blut Jesu Christi, die geistliche Wiedergeburt, die unmittelbare Vergebung der Sünde durch Gott, das Werk des Heiligen Geistes in den Herzen der Menschen, all dies war absolut vergessen und unbekannt.«[10] Die orthodoxe Kirche, so schließt Prochanov diesen Überblick, vergaß und verlor das ganze Evangelium, die Quelle der Freude und des Lebens, und ließ ihre Angehörigen in der Dunkelheit eines hoffnungslosen Lebens

---

[8] ebenda S. 17.
[9] Prochanov führt hier als Beispiel die oft zitierte Geschichte vom Streitgespräch zweier orthodoxer Bauern an, von denen der eine Christus, der andere den heiligen Nikolaj für größer hält. Vgl. W. Kahle, Die orthodoxe Kirche des Ostens im Spiegel der deutschen evangelischen Kirchenzeitungen während der zweiten Hälfte des 19. Jahrhunderts – in: ZRGG 1959 S. 219–241, hier S. 227.
[10] I.S. Prochanov, In the Cauldron S. 24.

oder eines geistigen Pessimismus anhaltender Furcht. Es gab kein Heil, es gab keine Ewigkeit.«[11] Alle anderen Gruppen und religiösen Gemeinschaften im russischen Volk waren ebenso ohne Hoffnung. »Es war Nacht, tiefe, dunkle Nacht.«[12] Diese Ausführungen Prochanovs beziehen sich auf die orthodoxe Kirche bis zu den sechziger Jahren des 19. Jahrhunderts. Aber die von ihm vorgenommene Charakteristik des Pessimismus, der Hoffnungslosigkeit reicht über diesen Zeitraum hinaus, der in Rußland vorherrschende Zug des Pessimismus wurde durch die Orthodoxie nur noch verstärkt. Sogar die Musik der orthodoxen Kirche nennt Prochanov traurig.[13]

Über die folgenden Jahrzehnte orthodoxen kirchlichen Lebens äußert sich Prochanov, daß es nach wie vor die Unterwerfung der kirchlichen Autorität unter die Staatsmacht gegeben habe, den Mangel an geistlichem Wesen, die Vorherrschaft des Ritualismus, ja, selbst Züge eines Fetischismus in den Volksmassen.[14] Die Tatsache, daß der allerheiligste dirigierende Synod ein Organ des Staates war, bewirkte, daß alle staatlichen Entscheidungen auch innerlich die Institution der Kirche bestimmten. »Bischöfe und Priester fühlten und handelten nicht als Hirten der Seelen, sondern wie Staatsbeamte, hin bis zum Agentendienst für die Regierung. Aufgrund ihrer Position mußten sie über alle Aktionen, Intentionen oder auch nur über die, die der Regierung unfreundlich gesonnen waren, berichten, soweit sie etwas über geheime Meinungen von Bürgern in ihren Gemeinden erfahren konnten.«[15] An anderer Stelle betont Prochanov erneut, daß die Verbindung von Staat und Kirche in Rußland die Kirche ihrer Freiheit beraubte, sie versklavte und zugleich demoralisierte. »Ich beobachtete die Bedingungen dieses Zustandes und wurde mehr und mehr davon überzeugt, daß die Verbindung von Kirche und Staat in Rußland nicht nur nicht schriftgemäß war, sondern in stärkstem Maße auch schädlich, sowohl für die Kirche als auch für den Staat. Die Kirche war versklavt und der Klerus war mit Politik beschäftigt. Sie waren um ihre eigentlichen Pflichten gebracht, die der geistlichen Bildung des Volkes. Der Staat bereitete auf diese Weise die atheistischen und ma-

[11] ebenda S. 24.
[12] ebenda S. 25.
[13] ebenda S. 144. »Die griechisch-orthodoxe Musik war wunderschön, aber voller Trauer (sad). Das war fast natürlich, weil ihre Religion ausgesprochen pessimistisch war.«
[14] ebenda S. 82.
[15] ebenda S. 18.

terialistischen Elemente, welche beide, Kirche und Staat, zerstören sollten, gleichsam zu.«[16]

Diese Situation hatte sich nach seiner Auffassung in der Aera Pobodonescevs noch verschärft. Die Gründung der orthodoxen Inland-Mission in dieser Zeit wird als der Versuch gewertet, mit weiteren als den bisherigen staatlichen und kirchlichen Mitteln gegen Andersgläubige, vor allem gegen die aus den Reihen der Orthodoxie hervorgegangenen Evangelischen, einzuschreiten. Ihre Missionare machten sich vielfach regelrecht zu »Polizeiagenten«.[17] Diese Beziehung von Kirche und Staat hat Prochanov besonders betroffen gemacht, verständlich daher, daß er auch noch Vorgänge des Jahres 1921, in denen ein orthodoxer Priester als Zuträger der Polizeiorgane auftrat, eingehend darstellt. Prochanovs Gefangennahme anläßlich der Jugendkonferenz in Tver 1921 stand im Zusammenhang mit den Angaben eines orthodoxen Priesters über ihn, dessen Name nur mit dem Anfangsbuchstaben »V.« genannt wird. Dieser arbeitete im Dienst der staatlichen Sicherheitsorgane, er hatte die Jugendkonferenz unter ihrem Leiter Prochanov als eine konterrevolutionäre Aktion denunziert.[18] Prochanov knüpft an diese Aussagen keine weitere Erklärung an, doch wird deutlich, daß er das Verhalten dieses den sovetischen Organen in die Hand arbeitenden Priesters nicht als einen isolierten Fall sah, sondern als ein Handeln gemäß vielfachem Vorkommen vor 1917.

Für den durch Herkunft, Erziehung und bestimmende eigene Erfahrungen geprägten Prochanov ergab sich mit der Veränderung der Situation nach 1905 kein neues Bild der Orthodoxie. Die Veränderungen aber erlaubten es ihm, zu Kontakten und zu Versuchen einer Zusammenarbeit zu gelangen. Diese beschränkte sich ganz konkret auf die Möglichkeit von Bibeldrucken, für die der Heilige Synod nach

[16] ebenda S. 133.
[17] ebenda S. 83. Nach dem Namen eines dieser Missionare ›Skvorcov‹ (soviel wie Star) wurde es unter evangelischen Christen üblich, Verfolgungen und Durchsuchungen in den achtziger und neunziger Jahren mit dem Ausdruck »Die Stare kommen« einander anzukündigen. Ebenda S. 83 vgl. ferner S. 133.
[18] Es handelt sich nicht um eine Vermutung Prochanovs. Er berichtet nämlich weiter, daß dieser Priester V., nachdem sich die Haltlosigkeit seiner Vorwürfe herausgestellt hatte, selbst verhaftet wurde. Prochanov und die anderen freigelassenen Mithäftlinge verfaßten eine Bittschrift an die Behörden, den Priester freizulassen, da sie ihm nichts nachtrügen. Die mündliche Antwort der Behörden lautete: »Es ist sehr ordentlich von Ihnen, daß Sie diese Bitte äußern; aber es wird ebenso gut sein, wenn er ein klein wenig im Gefängnis ist. Wir hörten später, daß er im Gefängnis genau die gleiche Zeit festgesetzt wurde . . . (wie Prochanov und seine Mitarbeiter sie dort verbracht hatten).« – In the Cauldron S. 210ff.

wie vor zuständig blieb und an denen Orthodoxe wie auch Evangelische gleichermaßen interessiert sein konnten oder waren. Prochanov berichtet aus der Zeit um 1911, daß er an den Synod herangetreten war und diesen um den Druck einer umfangreichen Auflage von Bibeln gebeten hatte. Auf seine Bitte hin erhielt er keine persönliche Antwort. Es wurde ihm vielmehr nur eine Kirchenzeitung zugesandt. In ihr war ein offener Brief des Erzbischofs Antonij (Chrapovickij)[19] veröffentlicht, des Inhalts, daß die evangelischen Christen Häretiker seien, daß sie vom westlichen Protestantismus und dessen Fehlentwicklung infiziert seien und die heilige Tradition verwürfen; über Prochanovs Anliegen, Bibelausgaben, war in dem Brief nichts verlautet.[20] Prochanov berichtet, daß er auf diesen Brief ausführlich mit einem Angriff gegen das Traditionsverständnis der Orthodoxie geantwortet habe. Er führte die Schwäche der orthodoxen – wie auch der katholischen – Position in den gegenwärtigen Auseinandersetzungen auf dieses Traditionsbeharren zurück. Dabei verwies er auf die Schriftstelle Offb. Joh. 3,1–3, auf das Sendschreiben an die Gemeinde von Laodicäa, daß die Kirche den Namen habe, daß sie lebe und doch tot sei.[21] Die Warnung, die sich nach seinen Worten auch in seinem Schreiben fand, daß die orthodoxe Kirche über sich selbst das Gericht heraufführe, wird von Prochanov im Rückblick als eine erfüllte Prophezeiung verstanden.[22] Sieben Jahre später erfolgte die Trennung der Kirche vom Staat, begannen zunächst spontan, dann immer systematischer die Spannungen, die für die Kirche so folgenschwer endeten.

Die veränderte politische Lage nach der Revolution, die innerhalb der orthodoxen Kirche in den folgenden Jahren auftretenden Spaltungen nötigten Freunde wie Feinde dieser Kirche zur genauen Erfassung ihres jeweiligen Status. Prochanovs Äußerungen über die Orthodoxie erschienen dementsprechend auch im ersten Jahrzehnt der

---

[19] Nachmalig der leitende Bischof der aus der Karlowitzer Synode hervorgegangenen Kirche der Bischöfe außer Landes, die jetzt ihren Sitz in Jordanville/New York USA hat.

[20] I.S. Prochanov, In the Cauldron S. 163/164.

[21] ebenda. – Die besondere Erwähnung dieses Schreibens macht deutlich, welche Bedeutung Prochanov auch noch später dieser Auseinandersetzung beigemessen hat. Text und Exegese von Offb. Joh. 3,1ff. spielen im ekklesiologischen Verständnis der Evangeliumschristen/Baptisten noch heute eine besondere Rolle. Ein Großteil der Auseinandersetzungen zwischen dem Allunionsrat in Moskau und der Gruppe der Initiativniki, später des Rats der Kirchen, ist von diesem unter dem Vorzeichen dieser Bibelstelle geführt worden.

[22] ebenda S. 165.

Sovetherrschaft viel differenzierter. Der junge Prochanov hatte einmal in der Zeit seines ersten Aufenthalts in Petersburg bei einem Treffen von Evangelischen das Wort ergriffen und dabei prophezeit: »Es werden Tage kommen, in denen wir in den Kirchen und Kathedralen der griechisch-orthodoxen Kirche predigen werden.«[23] Die Prophezeiung hatte sich in den Jahren nach dem Bürgerkrieg tatsächlich erfüllt, sicherlich auf andere Weise, als Prochanov es sich damals vorgestellt hatte. Ungenutzte orthodoxe Kirchen standen zur Verfügung.

Das Ziel der Evangeliumschristen, die große nationale religiöse Reformation, schien in greifbare Nähe gerückt zu sein, wenn man auf die orthodoxen Gruppen und den schnellen Zerfall der Kirche in den ersten zwanziger Jahren blickte. Diese Sachlage führte Prochanov auch zu dem Versuch neuer Kontakte.

Zu der notwendigen Bestandsaufnahme gehörte die Feststellung der Stimmungen und Unterschiede. Die Trennung der Kirche vom Staat war nach Prochanovs Auffassung von der Mehrheit des orthodoxen Klerus mit Unzufriedenheit aufgenommen worden. Eine Minderheit, zu der die aufgeklärten Glieder des Klerus gehörten, verstand das Dekret vom Januar 1918 in seinem Grundsatz richtig und billigte es. Die Unterschiede zwischen den verschiedenen orthodoxen Richtungen stellten sich Prochanov wie folgt dar: Diese Gruppen alle »unterschieden sich in der Lehre sehr wenig von der alten griechisch-orthodoxen Kirche. Sie waren sogar ängstlich bei der Erwähnung des Wortes ›Reform‹. Offensichtlich zielten sie auf irgendetwas hin, was ihnen selbst nicht ganz klar war. Ich fühlte, daß es an der Zeit war, den Leitern dieser progressiven Teile in der griechisch-orthodoxen Kirche ein lebendiges Wort zu sagen.«[24]

Das Ergebnis dieser Planung war ein Sendschreiben, der sogenannte ›Evangeliumsruf‹ (Evangel'skij klič). Prochanov war es gelungen, die staatliche Druckerlaubnis für diesen Aufruf zu erhalten. Der Evangeliumsruf wurde 1922 in 100000 Exemplaren an die Leitenden der verschiedenen orthodoxen Reformgruppen sowie an die Priester im ganzen Land versandt.[25] Der Aufruf bestand aus drei Teilen. Im

[23] ebenda.
[24] ebenda S. 210ff.; vgl. ferner Johannes Chrysostomos, Kirchengeschichte Rußlands der neuesten Zeit Bd. I München/Salzburg 1965; Robert Stupperich, Živaja cerkov – in: Kirche im Osten Jahrbuch 3/1960 S. 72–103; Roman Rössler, Kirche und Revolution in Rußland Köln/Wien 1969.
[25] Der »Evangel'skij klič«, als »Sendschreiben an die Oberste Kirchliche Verwaltung der Orthodoxen Kirche und an die Gruppe ›Lebendige Kirche‹« ausgewiesen, ist ein

ersten Teil wurde ein Wort der Vergebung und Versöhnung gesprochen. Dann folgte der umfangreiche Hauptteil, eine Belehrung und Ermahnung, das zu beachten, was für die innere Neuordnung, für eine grundlegende Reform der orthodoxen Kirche notwendig sei – alles in allem eine ausführliche Darlegung evangelischer Prinzipien und evangeliumschristlicher Lehransichten und Forderungen. Im abschließenden Teil des Evangeliumsrufs wurden schließlich Gebetsversammlungen in Moskau und Petrograd angekündigt, als Exempel und Anregung für gemeinschaftliche Veranstaltungen aller Kirchen an anderen Orten; dabei solle um die Hilfe Gottes für die Durchführung und das Gelingen der großen Reformation im russischen Volk gebetet werden.

Der Evangeliumsruf ist in mehrfacher Hinsicht aufschlußreich. Zum einem macht er das evangeliumschristliche Verständnis der Orthodoxie in den frühen zwanziger Jahren deutlich.[26] Er zeigt ein bemerkenswertes Ignorieren der Traditionen, des Lehrguts der Orthodoxie. Es ist ein Mißverständnis, von der Orthodoxie gleichsam durch synodalen Beschluß das Aufgeben ihres Sakramentsverständnisses, ihrer Hierarchie- und Amtstheologie, dazu die Preisgabe des kanonischen Rechts erwarten zu wollen. Zum andern aber verdeutlicht der Evangeliumsruf, auch im Zusammenhang der weiterhin erfolgenden Kontakte Prochanovs mit Vertretern orthodoxer Gruppen,[27] die innere Unruhe und die Ratlosigkeit der Orthodoxie. Der in ihr sichtbar gewordenen Krise war es zuzuschreiben, daß sie so, wie es im Evangeliumsruf geschah, angesprochen werden konnte.

Großversammlungen fanden daraufhin in Petrograd und in Moskau am 2. November 1922 statt. Der erste Eindruck dieser Veranstaltungen, an denen auch Vertreter der Lutherischen Kirche teilnahmen, war nach Prochanovs Worten recht groß.[28] Auch in anderen Orten ist es zu Begegnungen verschiedener Kirchengemeinden gekommen. Der Fortgang der Bemühungen entsprach jedoch nicht dem spektakulären Beginn einer gemeinsamen Arbeit. Es kam zwar zu näheren Kontakten mit der einen oder anderen Gruppe, darunter mit

zweites Mal im: Evengel'ski sovetnik 1927, S. 129–135 zum Druck gelangt.
Vgl. W. Kahle, Der »Evangelische Ruf« des Bundes der Evangeliumschristen – ein Dokument protestantisch-orthodoxer Begegnung, siehe hier Lit.-Verz.

[26] Der Wiederabdruck 1927, verbunden mit der von Prochanov gehaltenen Rede auf dem orthodoxen Kongreß, macht die zu der Zeit noch gültigen Positionen deutlich.

[27] Den Versammlungen, die angeregt wurden, waren Besuche Prochanovs bei »Metropolit Antonin, bei dem Priester Krasnickij, Kalinovskij und anderen« vorausgegangen – Prochanov, A New Religious Reformation in Russia S. 7.

[28] Prochanov, Cauldron S. 214.

der der »Kirche der Erneuerer«, vor allem mit derem leitenden Bischof, dem Metropoliten Antonin von Moskau.[29] Auch zu den Kongressen der verschiedenen orthodoxen Gruppen, die 1923 einsetzten, erhielt Prochanov Einladungen. Er besuchte den am 15. März 1923 nach Moskau einberufenen Kongreß der »Alten apostolischen Kirche« unter Vedenskijs Leitung.[30]

Hier hielt er am 16. März vor dem Plenum eine über ein Grußwort hinausgehende Rede.[31] In ihr verglich er orthodoxes und evangelisches Kirchentum mit den verschiedenen Söhnen eines Vaters. Die einen Söhne beschließen, das Haus des Vaters zu reparieren; die anderen aber beschließen, es nicht bei Veränderungen zu belassen, sondern das Haus von Grund auf völlig neu zu bauen. Beides ist, so Prochanov, auf seine Weise gut und des Einsatzes wert, entscheidend aber ist, welche Baumaterialien im einen wie im anderen Fall Verwendung finden, ob es sich um altersschwaches Material oder um festes Holz handelt. Von der Konferenz erhielt Prochanov auf seine Bitte noch die Genehmigung, einen von ihm erarbeiteten Aufruf an die Kirchen der Welt, »Stimme aus dem Osten«, zu verlesen.

Auch hier gelang kein Durchbruch. Die guten persönlichen Beziehungen, von denen Prochanov im Blick auf den Metropoliten Antonin noch später sprach, führten auch nicht zu den von ihm erhofften Zielen.[32] Prochanov berichtet jedoch, daß sich von jener Zeit des Winters 1922/1923 an die Haltung aller orthodoxen Gruppen gegenüber den Evangeliumschristen gewandelt habe und daß mehr Priester als zuvor die Motive verstünden, die der Haltung der Evangeliumschristen zugrundelagen.[33]

---

[29] Über den Metropoliten Antonin, der sich von der engeren »Lebendigen Kirche« gelöst hatte und die Gruppe der »Wiedergeburt« gebildet hatte, gehen die Urteile auseinander, von Zustimmung bis zur Behauptung geistiger Störungen. Positiv äußert sich Marcinkovskij, Gotterleben S. 283: »Ein eigenartiger, strenger Mann . . . meiner Meinung nach ist er aber gerade, aufrichtig und ehrlich.«

[30] Marcinkovskij, Gotterleben S. 284 erwähnt Prochanovs Teilnahme an der die Kirchenversammlung von 1923 vorbereitenden Konferenz.

[31] Wiedergabe dieser als historisch bezeichneten Rede in: Evangel'skij sovetnik 1927 S. 120–128.

[32] Antonin starb 1926. Prochanov, Cauldron S. 230 erwähnt, daß Antonin bestimmt habe, die St. Peter- und Paul-Kirche in Moskau für die Gottesdienste der Evangeliumschristen zur Verfügung zu stellen. In den Jahren 1927, 1928 hat Prochanov, wenn er nicht in dem alten Sretenskij-Kloster Gottesdienst hielt, mehrfach in dieser Kirche, »der Gabe des Metropoliten Antonin an unsere evangeliumschristliche Bewegung« gepredigt.

[33] In späterer Sicht – A New Religious Reformation in Russia S. 7 – stellte Prochanov seine Intentionen in jener Zeit dar. Nach einem kurzen Überblick über die Vorstellungen der »Lebendigen Kirche«, der »Alten Apostolischen Kirche«, der »Kirche

Dies war nicht wenig, aber es war doch nicht das, was Prochanov und der Bund mit ihm erwartet hatten. Die Initiativen, die 1922 in Richtung auf die orthodoxe Kirche hin ergriffen worden waren, müssen im Zusammenhang mit den um diese Zeit bereits sich als ergebnislos erwiesenen Bemühungen um eine Einigung der Bünde der Evangeliumschristen und Baptisten gesehen werden. So wie dieses Ziel nicht erreicht werden konnte, blieben die Anstrengungen auch in Richtung auf die orthodoxen Gruppen hin letztlich vergeblich. Dieses im ganzen enttäuschende Ergebnis ist auf mehrere Ursachen zurückzuführen. Eine ist bereits in den Worten Prochanovs angeklungen, daß die einzelnen orthodoxen Gruppen selbst nicht genau wußten, wohin sie steuern wollten. Dem Reformwillen in der lebendigen Kirche, in der alten apostolischen Kirche, in der Kirche der Erneuerung entsprach nicht eine hinreichend theologisch vertiefte Konzeption. Prochanov hat in seinem Referat vor deutschen Baptisten 1924 einiges über die Motive der einzelnen Gruppen gesagt, ohne daß seine summarischen Angaben sehr bestimmt wären. Aber die Angaben, aus dem kurzen Abstand zu der Herausgabe des Evangeliumsrufs und den großen Versammlungen gesprochen, sind für die Begründung seiner Kontakte hilfreich. Zur Forderung der Regierung an die orthodoxe Kirche auf Auslieferung der Kirchengüter heißt es ohne kritische Äußerung: »Die rechtgläubige Geistlichkeit mit Patriarch Tichon an der Spitze wollte sich unter diesen Erlaß nicht beugen. Die Partei der Erneuerer mit Vedenskij an der Spitze erschien bei Tichon und erklärte, daß sie seine Politik nicht gut heiße und der Patriarch von der Leitung zurückzutreten habe. Die Leitung der Kirche wurde durch eine andere, zeitliche ersetzt, und sofort gruppierte sich eine Menge von neuen Kirchenparteien und Strömungen um sie.«[34] Prochanov beschreibt einige von ihnen: »Die Lebendige Kirche, an der Spitze mit dem Oberpriester Krasnickij unternahm manche Neuerung, wesentlich war aber nur, daß die Witwer in der Reihe der Priester zu einer neuen Heirat und die Hierarchen überhaupt zu heiraten berechtigt sind. Das gefiel vielen so gut, daß sehr viele zu dieser Partei übertraten. Aber der Metropolit Antonin sagte: ›Nicht also, die Füh-

der Erneuerung« äußert er sich: »Aber sie waren unfähig, ihre Organisationen mit dem ursprünglichen Evangeliumsgut, welches allein die toten Formen der bisherigen Kirche zum Leben hätte führen können, zu erfüllen.« Dies habe ihn zu seinen Schritten im Herbst 1922 veranlaßt.

[34] Manuskript des Vortrags von Prochanov vom 6. 4. 1924, übersetzt durch C. Füllbrandt S. 9 – Archiv Nepraš.

rer der Kirche müssen ein Beispiel der Enthaltsamkeit sein, und darum muß der Zölibat der Hierarchen unangetastet bleiben!‹ Er begründete eine neue Gruppe der Wiedergeburt, aber wahre Wiedergeburt war hier wenig zu finden. Endlich die dritte Gruppe; die Altapostolischen mit Professor Vedenskij an der Spitze. Dieser gelang es, einige sympathische Neueinführungen zu bewirken: 1. die russische Sprache bei den Gottesdiensten; 2. hörte sie auf, sich nach den Bestimmungen der allgemeinen Kirchenversammlung zu richten und stellte 3. die Heilige Schrift über den Kanon usw.[35] In der ersten Zeit, als diese Gruppe ins Leben gerufen wurde, entstand eine fruchtbare Hochflut des kirchlichen Lebens, die sich auf all die anderen Richtungen auswirkte.«[36]

Die einzelnen Gruppen werden hier von Prochanov seiner Hörerschaft nach dem Maßstab ihrer Reformfreudigkeit vorgestellt. Als die anregendste Gruppe erscheint nach seinen Worten die von Vedenskij. Aber für eine religiös interessierte Öffentlichkeit wurde sehr bald deutlich, wie die einzelnen Reformgruppen die Gunst der Behörden zu gewinnen suchten und von diesen zur Spaltung der Gesamtkirche und zur Bekämpfung ihres konservativen Teils benutzt wurden. Die zuerst schwache Patriarchatskirche, die sich nicht an den von Prochanov erhofften Kontakten beteiligt hatte, wurde allgemach bei schwindendem Einfluß aller anderen Gruppen stärker, nachdem sich die ersten Wogen um die Bedeutung der Reformgruppen geglättet hatten. Damit ist ein weiterer Grund für das Scheitern der Kontakte von 1922 angesprochen: Die konservativen Kräfte in der Kirche verstanden es, trotz ihrer Schwächung, Orthodoxe gegen die von Prochanov gewünschten Kontakte zu mobilisieren. Nach mehrfachen Berichten hatten sie es auch verstanden, staatliche Stellen gegen Prochanov einzunehmen. Als Prochanov im Frühjahr 1923 verhaftet wurde, spielten bei den Verhören Fragen nach dem Sendschreiben und den Versammlungen vom Herbst des Vorjahres eine Rolle. »Dein Reich komme«, im allgemeinen gut unterrichtet, erwähnt 1927 die Konferenzen zur Herstellung der christlichen Einheit 1922 im Zusammenhang damit, daß konservative orthodoxe Kräfte die politische Polizei dagegen eingenommen hätten.[37]

Es bleibt im einzelnen undeutlich, was Prochanov 1922 eigentlich

---

[35] Mit »Kanon« im Übersetzungstext ist wohl der Gesamtkanon der gültigen Grundlagen gemeint: Kirchenrecht und Tradition.
[36] Manuskript S. 9.
[37] Dein Reich komme 1927 S. 53.

bezweckt hatte. Seine Schritte konnten nicht bedeuten, daß er den Bund der Evangeliumschristen in bestehende oder sich entwickelnde orthodoxe Gruppen hätte zurückführen wollen. Der Evangeliumsruf und die folgenden Schritte waren vielmehr die Einleitung zu einer großen missionarischen Aktion der Evangeliumschristen unter dem Vorzeichen der Reformation des gesamten Volkes. So kommt es auch in einem Kurzbericht über die Ziele der Bemühungen zum Ausdruck. Den großen Zusammenkünften vom November 1922 war die Aufgabe gestellt, zu beten »für 1) eine allgemeine geistliche Erweckung des russischen Volkes, 2) die Verwirklichung christlicher Ideale im russischen Leben und 3) die Vereinigung aller Ströme der geistlichen Erweckung in einen großen Strom der russischen Reformation.«[38] Für die orthodoxen Gruppen, untereinander in heftigen Auseinandersetzungen begriffen, mußte letztlich das von Prochanov angesteuerte Ziel wie die Aufforderung zur Selbstauflösung erscheinen. Die zunehmenden Schwierigkeiten aller Kirchen, die sich stärker abzeichnende Isolierung von Diözesen und Gemeinden ohne einen Führungsmittelpunkt ließen es darüber hinaus nicht mehr dazu kommen, daß auf dem Weg spektakulärer Geschehnisse und symbolträchtiger Begegnungen neue Verbindungen oekumenischen Charakters geschaffen werden konnten. Das Mißtrauen der Orthodoxen, gleich welchen Lagers, war schwer zu überwinden.

Der Auferstehungsruf, der vom Zehnten Kongreß 1926 angenommen wurde, bestätigte auch dieses Mißtrauen der Orthodoxen. Trotz ökumenischer Zielsetzung war die Abgrenzung gegenüber orthodoxem Denken und Brauchtum deutlich. Zum evangeliumschristlichen Verständnis gehört nach dem Auferstehungsruf »mit zwingender Notwendigkeit, daß man auch alle toten Elemente aus dem Bestand und den Formen der Kirche und deren Glaubensleben ausscheidet. Dazu gehören:

a) Die Verehrung dinglicher Gegenstände, wie Heiligenbilder, Reliquien usw., denn diese steht im Widerspruch mit der Grundlehre Christi von der Anbetung Gottes im Geist und in der Wahrheit.[39]

b) Die Mittlerschaft der Jungfrau Maria und der gestorbenen Heiligen

---

[38] Maschinenschriftliche Mitteilung »About the Russian Reformation«, Unterschrift: Council of All-Russian Evangelical Christian Union, handschriftlich: Prokhanoff, ohne Zeitangabe, vermutlich 1923.

[39] Der Auferstehungsruf findet sich in einer mit Prochanov abgesprochenen von Walter Jack vorgenommenen Übersetzung in: Dein Reich komme, Nr. 5/1934 S. 113–132, hier S. 120/121. Sowohl hier als auch in den folgenden Anmerkungen sind Bibelstellen zitiert – Joh. 4,24.

zwischen Gott und Mensch, da wir nur die alleinige Mittlerschaft Jesu Christi anzuerkennen vermögen;[40]

c) Die Entfernung aller Zeremonien und Bräuche, die in der Heiligen Schrift keine Begründung finden;

d) Die Ablehnung einer Hierarchie, der in der Kirche weder Macht noch Recht zusteht;

e) Die Verwerfung einer Sakramentenlehre, in der bei ihrer Vollziehung eine Verwandlung der Materie gelehrt wird. Die Wassertaufe wird anerkannt als symbolische Handlung des der Sünde Gestorben- und der Gerechtigkeit Auferstandenseins. Sie ist ein Glaubensschritt des Gehorsams gegen Gott, dem eine bewußte Bekehrung vorangegangen sein muß.[41] Ebenso wird auch das Abendmahl als eine symbolische Handlung angesehen, bei der die Gemeinde sich im Gedenken an den Tod des Herrn vereinigt.«[42]

Diese Absagen an orthodoxe Vorstellungen verdeutlichen, daß die Kontakte des Jahres 1922 missionarischer Art gewesen waren.[43] Der gleiche Auferstehungsruf spricht zwar von dem ökumenischen Charakter des Bundes der Evangeliumschristen: Die »triumphierende Kirche der Vollendung (wird sich) aus Geistern der Gerechten von allen Völkern, Stämmen und Konfessionen zusammensetzen.« Auf dieser Basis wird das Verhältnis zur orthodoxen Kirche bestimmt: »Durch dieses prinzipielle Bekenntnis zur Gesamtkirche Jesu Christi wird auch unsere Stellung zu der in Rußland herrschenden Pravoslavie, der griechisch-orthodoxen Staatskirche bestimmt. Als die Evangeliumsbewegung in Rußland begann, konnte der Gedanke auftauchen, ob man nicht seine ganze Tätigkeit auf die Ausbesserung der alten Kirche, auf die Durchführung einiger Reformen und Ablehnung unbiblischer Überlieferungen richten solle. Aber eine rein äußerliche Veränderung der religiösen Formen und ein teilweiser Umbau der Kirche entsprach weder unserer Erkenntnis noch Sehnsucht. Auch wäre solch ein Reformwerk in jener Zeit undurchführbar gewesen, weil damals in der Staatskirche jede Voraussetzung dazu fehlte. Man-

---

[40] 1. Tim. 2,5.
[41] Matth. 16,16; 1. Petr. 3,21.
[42] 1. Kor. 10,16ff.; 1. Kor. 11,24ff.
[43] Prochanov hatte als geladener Gast bei der Sitzung der Altapostolischen Kirche zur Vorbereitung des Konzils Wünsche für den Verlauf der Zusammenkunft ausgesprochen und ein freies Gebet gesprochen. Marcinkovskij, Gotterleben S. 285 berichtet über die gleiche Konferenz: »Einer von den alten Evangeliumschristen, der gleichfalls zugegen war, sagte mir in der Pause: ›Auch das ist schon gut, daß die Kirchen in Bewegung kommen, wie es Hesekiel im Gesicht geschaut hat‹.«

ches Urteil über die Staatskirche und manche Erscheinungen innerhalb unserer Bewegung sind nur aus der damaligen Lage zu begreifen und aus der Not der Zeit heraus geboren.«[44]

Diese letzten Bemerkungen erscheinen wie eine Korrektur früherer polemischer evangelischer Aussagen über die russische Kirche im zaristischen System. Für die Zukunft des Verhältnisses der Evangeliumschristen zur Orthodoxie gilt: »Wenn gegenwärtig auch in der Pravoslavischen Kirche da und dort sich schwächere und stärkere Bestrebungen zur Reformation hin zeigen, z.B. Liturgie in der Volkssprache, gelegentlich auch Predigt des Wortes Gottes, sittliche Hebung der Gemeindeglieder, Erfüllung symbolischer Formen mit neuem Geiste und bewußter Sehnsucht nach Gott, so wollen wir solche Erscheinungen, in soweit sie Zeichen geistlichen Erwachens sind, mit Freuden begrüßen und neidlos unterstützen.«[45] Die Kontakte und Geschehnisse des Jahres 1922 werden diesen Aussagen entsprechend gewertet als »ein Akt der Sympathie und Unterstützung unsererseits« für die orthodoxe Kirche. In diesem Zusammenhang auch wendet sich der »Auferstehungsruf« gegen jeden »Richtgeist gegenüber anderen Kirchen«. Es wird die Bereitschaft ausgesprochen, »Gebets-, und wo es möglich ist, auch Arbeitsgemeinschaft mit all den verschiedenen Zweigen der Gesamtkirche auf Erden zu pflegen.«[46]

Neben diesen abgeschirmten Aussagen des Auferstehungsrufs, an denen außer Prochanov sicherlich auch der Führungskreis des Bundes der Evangeliumschristen mitgewirkt hat, stehen andere sehr persönliche Äußerungen Prochanovs, die zwei Jahre später getan wurden. Auf der Fahrt nach Toronto zum Weltkongreß der Baptisten hatte Prochanov 1928 mit Walter Jack sein eingehendes Gespräch über die Gesamtlage. Jack hatte ihn nach der Entwicklung der orthodoxen Kirche gefragt. Prochanov erwiderte: »Die orthodoxe Kirche? – Von ihr ist nicht viel zu sagen. Da ist alles beim alten, so wie es war. Von Reformation ist nichts zu sehen, ja, nicht einmal von wesentlichen Reformen. Ein Bischof hat kürzlich mal gesagt: ›Bei den Evangeliumschristen versteht das dümmste Mitglied mehr von Wiedergeburt als bei uns ein Erzbischof oder Metropolit.‹ Übrigens, das Volk hält treu zur Kirche, hauptsächlich in den Städten, während es die Reformkirchen völlig ablehnt. Diese: die lebendige Kirche, die Kirche der Erneuerung und die altapostolische Kirche haben sich zum sogenannten

[44] Dein Reich komme 5/1934 S. 127.
[45] ebenda S. 127.
[46] Dein Reich komme 5/1934 S. 128.

Heiligen Synod zusammengeschlossen, – nicht ›Allerheiligster‹, wie der alte hieß.« Jack schaltete sich hier ein: »Das will heißen, an ihrer Spitze steht wieder eine Oberbehörde mit enger Fühlung zur Regierung wie im alten Rußland, während die eigentliche Pravoslavische Kirche einen Patriarchen haben will, bemerkte ich, – so ist es, bestätigte Ivan Stepanovič.«[47]

Gegenüber den Äußerungen im Auferstehungsruf, noch deutlicher im Gegensatz zum Vortrag von 1924, sind die Äußerungen hier zurückhaltender geworden. War damals von Gruppen die Rede, von denen die Patriarchatskirche unter Tichon nur eine bildete, an deren Einstellung Prochanov auch nicht sehr interessiert war, so wird hier von dieser als der Kirche gesprochen. Die anderen Gruppierungen erhalten die Bezeichnung Reformkirchen, von denen sich immer weitere Teile der Bevölkerung lösten. Die Zeit einer offenen Begegnung evangelischer Christen mit der Orthodoxie war zu kurz, als daß über erste grundsätzliche Bereitschaft zum Verstehen hinaus Wesentliches sich hätte verändern können. Auch das Jahr 1917 mit seinem tiefgreifenden äußeren Wandel hatte durchaus noch keine Veränderung bisheriger und oft beanstandeter Praxis gebracht. Noch 1933 hob Prochanov in seiner Biographie hervor, daß es Nachstellungen von seiten maßgeblicher Orthodoxer in den Kontaktjahren 1922, 1923 gegeben hatte. Selbst von solchen, die mit ihm an dem Kongreß der Alten Apostolischen Kirche teilgenommen hatten, seien an die Regierung ungünstige Berichte über die Evangeliumschristen gesandt worden, »die dann auch zu einer systematischen und sorgfältigen Durchsuchung in unseren Häusern und den Plätzen unserer Arbeit führten.«[48] Hinter den vordergründig erscheinenden Akten »der Sympathie und Unterstützung unsererseits« stand nach wie vor das Ringen um den russischen Menschen. Die Bemühungen um die umfassende evangelische Reformation Rußlands fand ihren bezeichnenden Ausdruck in den großen Versammlungen anläßlich der Visitationsreisen Prochanovs im Jahre 1927. Damals besuchte er auch Kiev. Hier »fand ein riesiges Meeting unter freiem Himmel statt, nicht weit entfernt von dem Ort, wo viele Jahrhunderte vorher unter dem Großfürsten Vladimir die erste Taufe des russischen Volkes in die Christenheit hinein stattgefunden hatte.«[49] Der typologische Charakter dieser Veranstaltung in der Wiedergabe durch Prochanov ist nicht zu

---

[47] Gesprächsbericht Jack/Prochanov Manuskript S. 12 – SM.
[48] Prochanov, Cauldron S. 217.
[49] ebenda S. 230.

überhören. An anderer Stelle hatte Prochanov von Vladikavkaz als der Stadt seiner doppelten Geburt gesprochen, »denn hier«, so sagte er, »wurde ich geboren und hier fand ich Jesus Christus und wurde erneut geboren.«[50] Das Meeting in Kiev entsprach dem Verständnis der Notwendigkeit einer zweiten Taufe Rußlands nach der ersten Taufe des russischen Volkes im Dnepr.[51]

Prochanovs Urteile über die Orthodoxie erscheinen mancherorts verkürzt. Was er dem amerikanischen Leser seiner Autobiographie über Aktivitäten beziehungsweise über den Mangel an Aktivitäten der orthodoxen Kirche darstellte, trifft in der apodiktischen Form, daß nichts geschehen sei, nicht zu. In allen Sparten des orthodoxen kirchlichen Lebens, von der Diakonie bis zur Mission und Evangelisation, waren Bruderschaften und andere Vereinigungen in der Kirche tätig geworden. Deshalb kann nicht von einem Vakuum – nach Prochanovs Worten – gesprochen werden. Etwas anderes ist es freilich, wenn der Umfang dieser Aktivitäten an den Möglichkeiten der Gesamtkirche gemessen wird. Dann war orthodoxer Einsatz durchaus unzulänglich und konnte in seinen Relationen nicht gegenüber dem der Evangelischen bestehen.

Zu einem anderen, hier nicht zu behandelnden, vielmehr nur anzudeutenden Fragenbereich gehören die Einflüsse, die die evangelische Bewegung auf die Orthodoxie ausgeübt hat. Diese Einflüsse liegen nicht im Bereich der Dogmatik, sondern in dem der Praxis. Die orthodoxe Kirche sah sich genötigt, neben Zwangsmaßnahmen und der Zurhilfenahme der Mittel des Staates auch andere Formen der Auseinandersetzung zu entwickeln oder doch solche schon früher geübten Möglichkeiten aufs neue zu beleben. Dazu gehört das Institut der Missionare wie eine apologetische Auseinandersetzung zwischen dem dogmatischen Gut der Kirche und den Anliegen und Monita des Protestantismus. In Einzelheiten ist solche Einflußnahme in der Auseinandersetzung spürbar. So fand am 22. September 1909 in St. Petersburg eine orthodoxe Veranstaltung statt, die als Disputabend orthodoxer Missionare mit Evangeliumschristen angekündigt worden war.[52] Durch den die Versammlung eröffnenden orthodoxen Geistlichen wurde den fast 2000 Anwesenden zu Beginn vorgeschlagen, das Glaubensbekenntnis zu singen. Dies geschah auch; in den Berichtsworten ist es als eine Demonstration gegenüber der am Vorabend er-

[50] ebenda S. 232.
[51] ebenda S. 232.
[52] Vgl. hier S. 528.

folgten feierlichen Eröffnung des Kongresses der Evangeliumschristen verstanden worden, bei der von den dort Versammelten das apostolische Glaubensbekenntnis gesungen worden war.[53] Dies ist ein Einzelfall des gegenseitigen Achthabens aufeinander. Auf die Dauer wirksamer und nachhaltiger aber war die Nötigung, vor der orthodoxe Priester und Missionare angesichts der Betonung der Predigt und der Schriftauslegung im Protestantismus standen. Evangelische Äußerungen heben dann auch die Vertiefung biblischer Kenntnisse und häufigere Predigten orthodoxer Geistlicher seit 1905/1906 hervor.[54]

Die Auseinandersetzung der Evangeliumschristen und insbesondere Prochanovs mit der Orthodoxie muß im historischen Ablauf der orthodox-evangelischen Gesamtbegegnung in Rußland gesehen werden. Prochanov und seine Mitstreiter gehörten der zweiten Generation evangelischer Christen an, die noch unter staatlichem und kirchlichem Druck herangewachsen waren und auch in späterer Zeit, in der Schwächung der Orthodoxie nach der Revolution, noch von ihren frühen Erfahrungen geprägt waren. Dies bestimmte die Gebrochenheit des Urteils auf der einen, der missionarischen Bemühung auf der anderen Seite. Ein Bericht Prochanovs anläßlich des Besuchs der evangeliumschristlichen Gemeinden in Polen 1930 tut dar, welche Gravamina vor allem hinsichtlich des Verhaltens orthodoxer Priester in Polen bestanden.[55] Im geistlichen Testament von 1934 forderte Prochanov für den Fall, daß Rußlands Türen sich öffnen würden, die Bildung eines umfassenden Missionswerks, das den Druck von Bibeln und geistlicher Literatur, die Gründung von Bibelschulen, die Aussendung von Predigern in alle Teile des Landes vorzusehen habe. Dabei heißt es, daß sich diese Arbeit in zwei Richtungen zu bewegen habe: Zum einen muß die Verkündigung des Evangeliums in allem Volke und der Aufbau evangelischer Gemeinden aus wiedergeborenen Seelen erfolgen; zum andern muß eine Unterstützung der dem Evangelium gemäßen Reformation inmitten der orthodoxen Kirchen erfolgen.[56]

Entsprechend den numerischen Verhältnissen der Religionszugehörigkeit in Rußland und der Sovetunion nahmen die Äußerungen

[53] Baptist 20/1909 S. 14.
[54] ebenda.
[55] I. St. Prochanov, Meine Reise nach Polen – in: Dein Reich komme 6/7 1930 S. 152/153.
[56] E.V. 1–12/1936 S. 61.

der Evangeliumschristen und Prochanovs, sieht man von der Auseinandersetzung mit anderen evangelischen Gruppierungen ab, den größten Raum ein. Sehr viel seltener sind Äußerungen über andere Kirchen und über gesonderte Gruppen und Sekten. Im Christianin von 1924 hat eine Mitteilung eines Armeniers aus Tiflis über die armenische Geistlichkeit Aufnahme gefunden. Sie entspricht den vielfach gegen russisch-orthodoxe Priester vorgebrachten Bedenken: ». . . Die armenische Geistlichkeit versteckt das Licht des Evangeliums unter einem Gefäß der Ausbeutung, und auf diese Weise verschließen sich ihre geistlichen Augen, angefangen vom Katholikos bis zum einfachen Priester. Und die Blinden führen andere Blinde.«[57] Diese Aussage ist sicherlich aus den Spannungen erwachsen, die sich anläßlich der Gründung einer armenischen evangeliumschristlichen Gemeinde ergeben hatten.

Zahlreicher sind Äußerungen über gesonderte Gruppen, Sekten oder über den Raskol. Jack hatte in seinem Gespräch mit Prochanov 1928 in Berlin auch nach dem Ergehen dieser religiösen Gruppen gefragt, zunächst nach dem der Altgläubigen. Prochanovs Antwort lautete: »Sie schlafen.« – »Und die Molokanen?« – »Desgleichen.« – »Und die evangelischen Molokanen, was machen sie?« – »Sie sind munter und werden sich wohl unserem Bunde anschließen.«[58] – Die Äußerungen über die Pfingstgemeinden haben hier schon Erwähnung gefunden.[59] Über die Adventisten heißt es: »So hat der Führer der Adventisten es verboten, in unseren Gemeinden Proselyten zu machen.«[60] Auffällig erscheint die Kühle der Äußerungen über die Molokanen, aus deren Reihen Prochanovs Familie hervorgegangen war. Biblisches Gut, vor allem aus dem Alten Testament, ist unter ihnen in Kraft, aber »die biblische Lehre von der Errettung wird von den Molokanen nicht klar verstanden.« »Die Bibel ist (ihnen) der Führer in den Fragen der Errettung der Seele; keine Rituale, keine Ikonen, keine toten Körper der Heiligen, die verehrt werden; kein Fasten, keine Kirchen. Der Gottesdienst muß im Geist und in der

---

[57] Christianin 6/1924 S. 40/41.
[58] Jack bemerkt hier: »Diese letzte Bemerkung interessierte mich ganz besonders, denn das war diejenige Gruppe des Stundismus, unter der ich einmal 1906 meinen Dienst in Rußland begonnen habe. Aus meiner Korrespondenz mit verschiedenen führenden Brüdern wußte ich, daß unter ihnen Leben herrscht, obwohl sie an Ausdehnung mit dem Bunde der Evangeliumschristen oder dem der Baptisten längst nicht verglichen werden können.«
[59] Vgl. hier S. 257.
[60] Gesprächsbericht Jack/Prochanov Manuskript S. 12/13.

Wahrheit vollzogen werden. Das Tun guter Werke und die Erringung von Tugenden sind die Hauptaufgabe eines Christen und der alleinige Weg zur Rettung . . . Sie alle enthalten sich vom Genuß des Schweinefleisches; einige von ihnen halten den Samstag als einen Ruhetag anstatt des Sonntags.« Dies gehört zu den nur spärlichen Aussagen über die Molokanen. Auch das Werk seines Bruders Aleksandr, der sich bis zu seinem frühen Tode um eine Neubelebung der Kräfte des Molokanentums bemüht hatte und Herausgeber eines Blattes für eine molokanische Reform, »Duchovnyj Christianin«, gewesen war, wird von Ivan Stepanovič nicht erwähnt in der Übersicht, die er den amerikanischen Lesern gegeben hat.[61] Die Kürze dieser Stellungnahmen ist umso bemerkenswerter, als zu Beginn des Jahrhunderts maßgebende Baptisten, allen voran Dej Mazaev, um die Gewinnung des Molokanentums für den Baptismus sich erheblich gemüht hatten.[62]

Kurz werden auch Duchoborcy und Chlysty von Prochanov charakterisiert. Die Duchoborcy hatte er in seiner Betreuungsarbeit auf Zypern eingehend kennengelernt, Gemeinden der Duchoborcy in Amerika und Kanada hatte er noch während seiner großen Reise 1925/1926 besucht. Sein Urteil knüpft an die amerikanischen Lesern bekannt gewordenen Exaltationen unter den kanadischen Duchoborcy an – die Weigerung von Eltern, ihre Kinder in Schulen zu schicken, die Praxis einiger von ihnen, sich in der Öffentlichkeit völlig zu entkleiden oder sich selbst statt Zugvieh vor den Pflug zu spannen.[63] Sie, wie Molokanen und Chlysty in ihrem ekstatischen Ver-

---

[61] Vgl. hier S. 211.
[62] Prochanov unterschied sich in seiner Haltung zu den Molokanen von der Mazaevs. Bei diesem und damit bei der von ihm eine Zeitlang bestimmten Leitung des Bundes der Baptisten war immer das Bestreben sichtbar, die Molokanen für das baptistische Lager zu gewinnen. Mazaev hat sehr viel Kraft darauf verwandt; im ganzen waren seine Bemühungen nicht erfolgreich gewesen. Eine Reihe von Aufsätzen, Worten an die Molokanen im »Baptist«, legt von diesem Bemühen Zeugnis ab, auch von dem Widerstand, den die Molokanen diesen Versuchen entgegen setzten. Die bittere Klage wird ausgesprochen, daß das Blatt der Molokanen, der »Duchovnyj Christianin« in jeder Folge Gift gegen die Baptisten versprühe – Baptist 5/1907, S. 18. An anderer Stelle – Baptist 37/1910 S. 291 – wird der Herausgeber des »Duchovnyj Christianin«, Aleksandr Prochanov, als ein vollkommen ungläubiger Mensch bezeichnet. Vergleiche ferner Baptist 4/1909 S. 14, Balaševskij s'ezd; Baptist 37/1910 S. 290ff. Molokantstvo; Baptist 23/1911 S. 178ff., ferner Nr. 24,25,26,27; Perepiska baptista s Molokaninom.
Prochanov hat sich nicht wie Mazaev in diese Auseinandersetzung hineinbegeben. Offenbar erschien ihm das Bemühen Mazaevs von vornherein erfolglos zu sein, es bedeutete zudem eine einseitige Ausrichtung auf eine bestimmte Gruppe.
[63] I. St. Prochanov, In the Cauldron S. 22.

halten, trifft der Vorwurf, daß sie weitgehend in derselben Bewußt-seinslage wie in der zweiten Hälfte des vergangenen Jahrhunderts geblieben seien. »Es ist wahr, daß in gewisser Hinsicht diese Sekten dem orthodoxen Volk überlegen waren, aber da sie für Erziehung und intellektuelle Aufklärung (dies scheint eine Schwäche zu sein, die ihnen allen gemein ist) nicht aufgeschlossen waren, konnten sie sich nicht entwickeln und begannen folgerichtig zu verarmen.«[64] Auch die Altgläubigen hatten nach Prochanovs Urteil eine höhere Moral als die Masse der Orthodoxen. Aber »ihr religiöser Fanatismus und ihre Ignoranz machten diesen Vorteil wett und führten sie dazu, sich vom Lichte der Bildung, der europäischen Kultur und von anderen erzieherischen Bewegungen abzuwenden.«[65] Für die aus der Orthodoxie hervorgegangenen Gruppen, Chlysty, Judaisierende und Skopcy, gilt, daß sie noch schlimmer als die orthodoxe Kirche sind und als Beispiele des Verfalls zu gelten haben: »Der Mensch, der sich entschließt, ein dunkles Haus zu verlassen und der sich dann selbst überlassen bleibt, steht immer in der Gefahr, in einen Abgrund von Irrtümern zu stürzen, der noch viel gefährlicher ist.«[66] Verschiedentlich werden von Prochanov und anderen Evangeliumschristen in Berichten über missionarische Erfolge Chlysty und andere Sektierer erwähnt, die man für evangeliumschristliche Gemeinden gewonnen hatte. Der Sinn solcher Einzelangaben ist darin zu erblicken, daß man dartun wollte, keine Gruppe im russischen Volk und den anderen Völkern und Nationen des Landes sei für die evangeliumschristliche Reformation unerreichbar. Bemerkenswert erscheint bei den kurzen Angaben über russische Einzelgruppen und Sekten die Betonung des mangelnden Verhältnisses zu Kultur und Bildung. Prochanov und seine Freunde stehen dabei im Gefolge der liberalen Kritik am Leben des russischen Volkes in der zweiten Hälfte des 19. Jahrhunderts.

[64] ebenda S. 23.
[65] ebenda S. 19/20.
[66] ebenda S. 22.

VIII. Prochanov im Spiegel von Selbstaussagen und Urteilen von Gegnern und Freunden

Prochanovs Verhältnis zu seiner Umwelt ist ersichtlich spannungsvoll verlaufen. Mit ihm ist im religiösen Leben seines Volkes ein neues Element hervorgetreten, ungleich gegenüber vorhandenen: neben dem Typus des Hierarchen, des Starec, des eigenwilligen Sektierers im orthodoxen Feld und Umfeld, neben dem evangelischen Frommen piestistischer Prägung und dem Evangelisten trat in Prochanov der schöpferische Organisator auf den Plan. Das Ungewohnte an Prochanovs Auftreten und Wirken wurde durch seine hohe Intelligenz und seine Geschmeidigkeit in den Auseinandersetzungen vermehrt. Die leitenden Baptisten seiner Zeit waren Gestalten im Bund der Baptisten, sie waren nicht Personifizierung ihres Bundes. Auch ein Mann wie Dej Mazaev hatte es trotz seiner starken Persönlichkeit nicht vermocht, seine Vorstellungen durchzusetzen. Bei Prochanov war es anders, lange Zeiten hindurch konnte er ausschließlich für den Bund, für seinen Bund, sprechen, so daß sein Wort als verbindlich aufgenommen wurde. Auch seine Mitarbeiter, mochten sie im Einzelfalle zunächst anderer Meinung sein, fanden sich immer wieder zur Zusammenarbeit mit ihm bereit. Wie er der Gründer des Bundes gewesen war, so hatte er auch das letzte Wort; nach seinem Fortgang aus der Sovetunion wurde in schwierigen Fällen sein Rat noch aus der Ferne eingeholt.

Die organistorische Bestimmtheit des Bundes durch Prochanov gab dann auch immer wieder Anlass zur Feststellung dieser Sachlage und zu kritischen Rückfragen von außen her. Der marxistische Kritiker Jarcev hat in seiner Arbeit über den Bund der Evangeliumschristen sehr deutlich hervorgehoben, daß es sich beim Bund um eine straffe, zentral ausgerichtete Organisation gehandelt habe, bemerkenswert angesichts der Zersplitterung und Auflösung anderer Organisationen zur gleichen Zeit in der Sovetunion. In der späteren atheistischen Polemik ist ein Nachklang dieser Vorstellungen zu finden, wenn einer der Mitarbeiter im Bund als «der Gehilfe des berüchtigten Prochanov» bezeichnet wird.[1] Jarcev deutete Prochanovs Wirken als eine

---

[1] Bezbožnik 20. 7. 1931 Nr. 39 (369): Das Sektierertum färbt sich um, zitiert nach: Dein Reich komme 9/1931 S. 295.

Verbindung des Ingenieurs-Technologen nach seiner Ausbildung mit dem Kadetten nach seiner politischen Überzeugung.[2] Weiter erscheint Prochanov als derjenige, der unklare Verbindungen zum Ausland, vor allem nach den USA unterhielt. Dem Leser von Angaben, daß er Dollars für seinen Bund beschafft habe, dem Betrachter des Bildes, das ihn auf der Überfahrt nach Amerika zeigt, wird die Vorstellung des gefährlichen politischen Tuns suggeriert.[3]

Nicht nur die marxistischen Kritiker, auch andere haben die autoritäre Stellung Prochanovs und deren Bedeutung für die Entwicklung des späteren Bundes der Evangeliumschristen/Baptisten wahrgenommen: »Nach der Satzung sind Ortsgemeinden selbständig, doch weist die Organisation des Bundes bischöfliche Merkmale auf – das Erbe Prochanovs.«[4]

Prochanovs Verhalten in den verschiedenen Auseinandersetzungen um den Weg des Bundes der Evangeliumschristen und zur Erlangung der Einheit mußte andere oftmals irritieren. Waldemar Gutsche meinte bei aller Würdigung der Bedeutung Prochanovs, daß er zuweilen sehr wahrnehmbar die Propaganda geliebt habe.[5] Dabei hat er Prochanov keineswegs seine große Bedeutung für das Werk der evangelischen Bewegung in Rußland und der Sovetunion abgesprochen. Bemerkenswert erscheint auch eine Äußerung Pavlovs des Älteren, die ein Ohrenzeuge überliefert hat. Danach hat Pavlov einmal Prochanov mit den Worten angesprochen: »Du bist ein guter Christ, aber ein schlechter Baptist.«[6] Offensichtlich fiel dies Wort in einer offenen und freundlichen Begegnung. Es läßt jedoch etwas verspüren von der Irritation, in der andere im Bund der Baptisten, die Prochanov nicht so gut kannten und so nicht mit ihm sprechen konnten, gestanden haben, wenn sie über neue Aktionen des Vorsitzenden der Evangeliumschristen etwas hörten. Ihre Einstellung mochte dadurch erschwert werden, daß Prochanov seinerseits auf Polemiken nicht öffentlich einging und somit immer wieder dem Gegner die Möglichkeit verwehrte, in einer Eskalation weiter gegeneinander aufzutreten. Es war nicht nur taktisches Gespür, das es Prochanov verwehrte, in den Stil vielfach anzutreffender heftiger Polemik im evangelischen Lager zu verfallen. In dieser seiner Haltung ist ganz offensichtlich

[2] Jarcev 4, Aufl. S. 42.
[3] ebenda S. 38ff.
[4] Wilhelm Hörmann, Noch eine Predigt – in: Die Gemeinde, 29. 6. 1975 Nr. 26 S. 7/8. hier S. 8.
[5] In einem Brief an den Verfasser.
[6] Svensson, Bilder fran Ryssland, Nr. 2, 1917, S. 42.

auch eine Grundüberzeugung seines Wesens sichtbar und kräftig geworden. Marcinkovskij hat diese Bestimmtheit Prochanovs aufzuzeigen versucht, als er nach Prochanovs Tod seinen Gedenkaufsatz in der Evángel'skaja vera schrieb und Prochanovs Wesen mit dessen eigenen Worten aus den »Gusli« deutete:

>»Ich bin Dein Erwerb
> Seele und Leib gehört alles Dir.
> Nimm für immer in Deinen Dienst
> das Herz, nimm alles.«[7]

Der zeitliche Abstand hat Konturen verändert, in denen Freunde und Gegner Prochanov einst erblickten. Es hat Stunden im Leben dieses Mannes gegeben, die für ihn besonders bewegend waren. Dazu gehörten die Tage des baptistischen Weltkongresses in Toronto 1928. Er hatte dort viel Ablehnung erfahren. Auf der Rückkehr von Amerika nach Europa im Oktober des Jahres war es still um ihn. Am 28. Oktober 1928 entstanden auf der Fahrt durch die Nordsee die nachfolgenden Zeilen:

Schweige!
»Und Jesus schwieg.« Matth. 26,63.

1. O schweig, wenn Christi Feinde
Dich, den Unschuldigen kränken,
Wenn harte Lippen verleumderisches Gift
In ihren Urteilen über dich ergießen.
Chor: Zu seiner Zeit zeuge
Zur anderen Zeit schweige!
Der Herr schenke uns Gnade
Weislich in der Welt zu wandeln.
2. Als der Haufe der Feinde lärmte
Und tobte um den Heiland her
Und eine Wolke von Verleumdungen blitzte,
Schwieg der Mund unseres Meisters.
3. So hat die Ungerechtigkeit aller feindlichen Kränkungen
Der Herr mit Schweigen überwunden;
Und sein Vorbild hat uns dasselbe gelehrt,
Viel besser als alle mahnenden Worte.

[7] Gusli 193, vgl. E.V. 1–12/1936 S. 5.

4. Schweig, wenn deine Seele Bitterkeit erfüllt
In Bezug auf Menschen, die dich kränkten.
Wenn der Zorn gegen den Bruder in dir brennt,
So rede nicht! Bete vielmehr!

0 2 1 7 5. Halte auch keine unnützen Reden,
Und wirf die Perlen nicht umher,
Sondern warte, bis dein Wort hat Vollmacht,
Weil Gottes Geist dann durch dich spricht.[8]

Persönliche Erfahrungen sind in sein Glaubensleben eingebettet. In allem wird sehr konkret Nachfolge Christi spürbar. Der Vergleich mit Paul Gerhardt, mit dessen persönlichen Erfahrungen in Brandenburg, deren Ausdruck in seinem Glaubens- und Trostliedern, erscheint angebracht.

Gleiche Gedanken hat sechs Jahre später Prochanov erneut geäußert, ein Zeichen, daß die Fragen nicht abgeschlossen worden waren. In den Novembertagen 1934 in New York setzte Prochanov sein Testament auf und entwarf die Ordnung für den Weltbund der Evangeliumschristen. In diesen Tagen äußerte er sich auch »über die Verleumdung«. Zwischen der Fahrt durch die Nordsee 1928 und den Novembertagen 1934 lagen Jahre herber Enttäuschung bei dem Versuch des Aufbaus einer neuen Organisation, hatten kritische Fragen seiner Freunde seinen Weg und einzelne seiner Maßnahmen begleitet, waren die Spannungen zu bisherigen baptistischen Gefährten nicht abgebaut worden. Nicht ohne Schuld hat Prochanov im Kreis seiner Freunde in den letzten Jahren seines Lebens oft einen zwiespältigen Eindruck gemacht. Sowohl von Jakob Kroeker in Wernigerode wie von dem Leiter der SEUR, Werner, hatte er kritische Worte und Ratschläge entgegennehmen müssen. Werner hatte sich sogar genötigt gesehen, die »Weisheit« in manchen der Schritte Prochanovs zu vermissen und verschiedene seiner Maßnahmen als gefährlich, Urteile als Fehlurteile zu bezeichnen. Werner war nicht der Faszination erlegen, die so manche im Umgang mit Prochanov bestimmt hatte. Als Prochanov Werner geschrieben hatte: »Mehr Vertrauen, mehr

---

[8] Das vorliegende Exemplar in deutscher Übersetzung stammt mit aller Wahrscheinlichkeit von Walter Jack. Das Exemplar trägt noch die Nachschrift: »28. Okt. 1928, auf dem Oceandampfer in der Nordsee oder dem ›Deutschen Meere‹.« SM Ausgänge 1928–1933.
Eine weitere veränderte Übersetzung im Druck findet sich in: Auferstehungslieder, Wernigerode o.J., Lied 9 S. 13, 14.

Glauben und mehr Aktivität in der Hilfe für uns!« – hatte Werner geantwortet, daß es keinen größeren Zerstörer des Vertrauens gebe, als die kommunistischen Autoritäten in der SSSR. Dies sei der Grund, »warum einige von uns in der Nacht schlaflos daliegen – weil die Verantwortung über die Verfügung von Opfergaben so unendlich schwierig ist.«[9]

Nicht die Worte Kroekers, auch nicht Werners harte Kritik an seinen Wegen und Urteilen hatten Prochanov zu den Äußerungen über die »Verleumdung« bewogen. Aber vielleicht hat doch das Unverständnis, auf das er vermehrt zu stoßen glaubte, die Empfindung, in einer Welt von Menschen leben zu müssen, die sich nicht vorbehaltlos der Sache hingaben, wie er sie sah, seine Gesamtsicht verdunkelt. Die Worte »Über die Verleumdung« stellen eine Auseinandersetzung mit den Gerüchten über ihn, mit den Mißverständnissen über den von ihm begangenen Weg dar. Man spürt ihnen ab, daß Prochanov in den vergangenen Jahren durch vieles getroffen worden war, was er in seiner großen Zeit im ersten Viertel des Jahrhunderts hatte von sich weisen können.

Er nennt einige der gegen ihn gerichteten falschen Behauptungen und Verleumdungen. Viele schließen einander aus, sowohl ein Zeichen, daß die entstellenden Aussagen von den verschiedensten Seiten her kamen, als auch dafür, daß er die Aufmerksamkeit vieler in allen Ländern immer wieder auf sich gezogen hat. Zu den Verleumdungen gehörte nach Prochanovs Aussagen auch die, daß er sich der Orthodoxie angenähert habe. Seine Ausreise über Finnland ins Ausland 1895 war ebenso Gegenstand verleumderischer Bemerkungen gewesen. Falschaussagen hatten auch den privaten Bereich nicht ausgespart, so die, daß seine Frau Jüdin gewesen sei, bis hin zu der anderen, daß er bereits gestorben sei. Verleumdungen nennt er die Angaben bolschewistischer Zeitungen, daß er ein gefährlicher Konterrevolutionär sei, ebenso andere Behauptungen, welche in religiösen Gruppen umliefen, daß er Bolschewik sei. Zu den Verleumdungen im dogmatischen Bereich rechnet Prochanov Behauptungen von Gegnern des Baptismus, daß er eine zu enge Beziehung zum Baptismus habe, umgekehrt die von baptistischer Seite, daß er den Tod des Baptismus wolle. In diesem Zusammenhang weist er entschieden die Behauptung zurück, jemals das Wort vom Hinwegschreiten über den Leichnam des Baptismus gesprochen zu haben.

[9] Werner an Prochanov, Briefe 1930 – SM Ausgänge 1930.

Prochanov konstatiert schließlich, daß Verleumdung zur Existenz aller biblischen Gestalten gehört habe, als ein Teil des Kreuzes, das sie zu tragen hatten. Geordnetes Tun und der Erfolg stehen nach seiner Auffassung in einem festen Verhältnis zu aufkommenden Verleumdungen, je größer jene, um so zahlreicher sind diese. Die Lösung dieser Spannung erblickt Prochanov in der Weise, wie Christus auf die falschen Aussagen der gegen ihn aufgestellten Zeugen reagiert hatte, daß er schwieg. Wie im Liede von 1928 ist hier wieder der Hinweis auf das Schweigen enthalten.[10]

Die Enttäuschung und die Bitterkeit, die in seinem Wort über die Verleumdung spürbar sind, haben sicherlich nicht die letzten Lebensjahre Prochanovs entscheidend bestimmt. Er hatte in den Jahren von 1928 an sich unablässig gemüht, er hatte die Bundesarbeit weitergetrieben. Sie legt von seinem in die Zukunft gerichteten Willen Zeugnis ab. Freilich wird in der Arbeit dieser Zeit spürbar, daß Planung und Wille nicht mehr, wie es früher bei ihm war, in einem rechten Verhältnis zu den Gegebenheiten und Möglichkeiten standen. Prochanovs in New York erschienene Biographie ist ganz von dem Optimismus getragen, der immer in seinem Leben spürbar war. Diese Biographie zur Unterrichtung amerikanischer Leser erscheint nur als Kurzfassung dessen, was einem russischen Leser zu sagen gewesen wäre. Als Prochanov seine Biographie »In the Cauldron of Russia« Anfang 1933 veröffentlichte, war er 63 Jahre alt, hinreichend, um die Linien seines Lebens vor Augen zu haben und Wesentliches vom Unwesentlichen abheben zu können. Die Lektüre dieser Lebensbeschreibung ist zunächst für die Feststellung wichtig, was ihm selbst zu berichten bemerkenswert erschien. Die Biographie ist eine Folge einzelner Szenen und Berichte, denen ein erklärender und vertiefender Charakter fehlt. Die Niederschrift hat auch nicht die Gestalt eines Tagebuches; sie ist, wie so vieles aus Prochanovs Feder, missionarischer Aufruf, dazu in einer Lebenswelt, die so ganz anders als seine russische Heimat war.

Die Leser werden nicht in die umfangreichen Auseinandersetzungen eingeführt, die die Geschichte des ostslavischen Protestantismus geprägt haben. Nur beiläufig und undeutlich klingen so wichtige Fra-

---

[10] E.V. 1–12/1936 S. 63–64.
 In E.V. 1936 S. 26 werden weitere Angaben über feindselige Benennungen Prochanovs erwähnt. Prochanov sei als Überläufer (perebežčik) als Verräter (izmennik) bezeichnet worden, »sie genierten sich nicht, gegen ihn in geistlichen Blättern sehr polemische Aufsätze zu richten.«

genkreise wie die der Verbindungen und Spannungen innerhalb der evangelischen Gruppierungen an. Ebenso wenig erscheint das bedeutsame Thema der Militärdienstpflicht. Ein Überblick über die 33 teilweise nur sehr kurzen Abschnitte auf insgesamt 270 Buchseiten ergibt als Schwerpunkte der Darstellung Prochanovs das Werk der Ausbreitung und der missionarischen Ausstrahlung der Gemeinden der Evangeliumschristen. Prochanovs Anteil tritt dabei nicht hervor. Innerhalb seiner Darstellung werden einige Zeitabschnitte besonders breit entfaltet, die Schilderung seiner Haft 1920 in Tver ist umfangreich. Dabei ist diese Zeit nicht als Leidenszeit, sondern als Zeit der Bewährung gesehen, als ein Abschnitt der Siegesgeschichte der evangelischen Botschaft, ganz im Sinne großer Vorlagen in Darstellungen christlicher Gestalten.

Durchgehend im Buch tritt der starke missionarische Zug hervor. Mission und Ausbreitung erscheinen nicht als eine Verpflichtung über einen christlichen Normalstatus hinaus, sie werden vielmehr unreflektiert als christliche Existenz, als selbstverständliche und notwendige Aktion charakterisiert. Es ist möglich, daß dieser Tenor Grund dafür ist, daß so wenig von den schwierigen Verhandlungen innerhalb des evangelischen Lagers sichtbar wird. Prochanov hat die Möglichkeit nicht genutzt, um seinen Weg vor kritischen Lesern darzulegen. Auch dies mag darauf hinweisen, daß er nicht an einen Überblick über Vergangenes, sondern an eine Darlegung der Voraussetzung weiteren Tuns gedacht hat. Dem entspricht auch, was im Vorwort ausgesprochen ist. Prochanov hatte oft die Bitte gehört, er möchte seine Biographie niederschreiben. Nicht diese Bitte hat ihn zur Ausführung bewogen, sondern der Wunsch, daß die Niederschrift für die Reformationsbewegung hilfreich sein möchte. Die Autobiographie wird zur werbenden Missionsschrift, zum Bericht der Taten Gottes mit Menschen und gegen alle Hemmnisse. Der zweite Grund zur Niederschrift der Daten seines Lebens ist in einer Ökumenik der Glaubenserfahrungen zu erblicken: »Vielleicht mag auch die Geschichte meines Lebens andere in Zeiten der Unrast, der Verfolgung und der Unterdrückung ebenso, wie wir sie erlitten haben, zu ermutigen. Die noch nicht erfüllten Prophezeiungen im Worte Gottes zeigen an, daß solche Zeiten den Menschen in aller Welt bevorstehen.«[11]

Prochanovs Autobiographie enthält auf dem Titelblatt neben Titel-

---

[11] Prochanov, Cauldron S. 7.

und Verfasserangabe die Worte: »The Life of an Optimist in the Land of Pessimism«. Dies könnte ein Zusatz des Verlags zu dem von Prochanov selbstgewählten Titel »Im Schmelztiegel Rußlands« sein. Aber der Herausgeber des Buchs war die von Prochanov auf seiner Reise 1925/26 gegründete All-Russian Evangelical Christian Union in New York. »Das Leben eines Optimisten im Lande des Pessimismus« ist dementsprechend eine ganz persönliche Aussage Prochanovs. Darauf weist auch die Einleitung zum Buch hin, die er als »Meine Botschaft an die Menschen unserer Tage« deklariert. Diese Botschaft spricht gleichfalls die Betonung des optimistischen Denkens im Leben und Werk Prochanovs aus.

Man wird diese Haltung und ihre Betonung auch vor dem Hintergrund der Zeit zu sehen haben, in der das Buch erschien. Die amerikanische Wirtschaftskrise, 1929 sichtbar geworden, hatte sich auf die gesamte Weltwirtschaft ausgewirkt. Es war die Zeit, während der in der Sovetunion der Kampf gegen die sogenannten religiösen Überreste auf ihren Höhepunkt gelangte. In Deutschland, wo sich Prochanov in den Jahren seit 1928 weitgehend aufgehalten und wo er manche genauen Kenntnisse der kulturellen und wirtschaftlichen Situation erlangt hatte, wurde die Lage als drückend empfunden. In den Ländern Ost- und Mitteleuropas, in denen sich Prochanov bei seinen Reisen der kleinen Gemeinden von verstreuten Evangeliumschristen angenommen hatte, war die wirtschaftliche Lage fast noch drückender. In dieser Zeit stellte Prochanov seinen Optimismus dem früheren Pessimismus seines Heimatlandes sowie dem Pessimismus westlicher Kulturphilosophen gegenüber. Hätte er Zeit, bemerkte er, dann würde er zeigen, daß dieser Pessimismus der Zeit das Ergebnis des Pessimismus der Vergangenheit sei und auch der Vater des Pessimismus der Zukunft werden könne. Diesen verschiedenen Formen stellt Prochanov seine eigene Sicht gegenüber: »Die intellektuelle und spirituale Situation des größeren Teiles der Menschheit ist reiner Pessimismus, er wächst und wächst von Tag zu Tag und allerorten . . . Meine Autobiographie ist die Beschreibung des Lebens eines Optimisten, der aus den Tiefen des Pessimismus durch die mächtige und gnädige Hand dessen gerettet wurde, der gesagt hat: ›Seid getrost, ich habe die Welt überwunden‹ – Evgl. Joh. 16,33.« Prochanov fährt fort, daß das russische Volk unter dem alten Regime Schweres erduldet hatte, daß noch neue Prüfungen über es hinweggehen. »Vom menschlichen Gesichtspunkt würde Pessimismus bei all denen, die in Rußland gelebt haben, vollauf gerechtfertigt sein.« Gegen diese Aussage aber stellt Prochanov seine Erfahrungen, die er als Glaubensoptimismus bezeichnet. Es klingt wie eine Kritik an solchen, die ihn mit Vorbehalten in den vergangenen Jahren begleitet hatten, wenn er sagt: »Unglücklicherweise gibt es Pessimisten selbst unter den christlichen Gläubigen – dies ist das unnatürlichste Phänomen in der Welt. Die Lehre Jesu Christi ist ein reiner, kristallklarer Optimismus. Wie kann sein Jünger ein Pessimist sein?«[12]

Prochanovs Betonung dieses Glaubensoptimismus' führt zurück auf das Geschehnis des versuchten Selbstmords im Jahre 1886 und seine damalige Auseinandersetzung mit dem Pessimismus Schopenhauers. Er hatte den Bericht darüber mit den Worten beschlossen – gesperrt gedruckt: »Seit diesem Tag ist der hervorstechendste Zug meines Lebens immer ein reiner Optimismus des Glaubens gewesen, er ist es noch bis auf diesen Tag.«[13] Dies bestätigt, was Prochanov als das Wesentliche seiner Konversion ansah, die Überwindung eines intellektualistischen Nihilismus durch eine feste Glaubensposition und eine aus dieser hervorgehende Aktivität des Lebens. Hierbei ist an die verschiedenen Formen nihilistischer Äußerungen in Rußland während der zweiten Hälfte des 19. Jahrhunderts zu denken, von Turgenevs »Väter und Söhne« bis hin zu den tatenlosen Helden russischer realistischer Schauspiele. Damit wird auch sichtbar, daß der Vorgang der Konversion Prochanovs nicht nur in allgemein christlicher Typologie zu deuten ist. Er hat vielmehr stärkste Bezüge zu den konkreten Fragen der russischen Intelligenz jener Jahre.

Walter Jack hat in dem von Prochanov betonten Glaubensoptimismus nicht nur eine persönliche Eigentümlichkeit wahrgenommen, sondern ihn als einen Ausdruck ostslavischen Denkens in seiner historischen Entwicklung verstanden. Die dunklen Erfahrungen der Russen unter der Mongolenherrschaft, in der so lange anhaltenden Leibeigenschaft großer Volksmassen und unter einem autokratischen System haben seiner Meinung nach das Denken weiter Volkskreise gleichsam in einer Abwehrbewegung gegen das umgebende Dunkel in eine umso lichtere Vorstellung von der Zukunft gewiesen. Jack greift dabei zustimmend Eduard Steinwands Äußerung auf, »daß der Russe den Konjunktiv für den Indikativ nimmt, oder, wie man auch sagen kann, ständig mit dem Futurum konjugiert.« Das Bild der Zukunft, die Vision eines industrialisierten, hochentwickelten Landes,

[12] ebenda S. 42–47.
[13] ebenda S. 47. Vgl. auch S. 152, S. 153, ebenso S. 259, wo er erneut vom »Slogan seines Lebens«, dem Optimismus des Glaubens spricht.

erfüllt von glücklichen Menschen, in den der Revolution folgenden Jahren und erneut verstärkt in der Zeit der ersten Fünfjahrespläne sind Ausdruck dieses Denkens. »Bei Prochanov und unseren russischen Evangeliumsbrüdern ist dieser Hang zum Unwirklichen geläutert durch Christus und sein Evangelium. Der schwankende Boden des Fantasierens ist gefestigt durch die Realität eines lebendigen Glaubens, der Gott Großes, ja Größtes zutraut.«[14]

Es hat sich bei dem allem nicht um eine Ideologie des Optimismus und der Hoffnung gehandelt. Prochanovs Vorstellungen wirkten wie in sein persönliches Leben auch sehr konkret in die Lebensäußerungen des Bundes ein. Der deutsche Beobachter des I. Kongresses der Evangeliumschristen, Pastor Ernst Klein, hat darüber berichtet. Er empfand bei den Sitzungen der Kongreßteilnehmer entgegen dem verbreiteten Pessimismus, dem Zug völliger Hoffnungslosigkeit – »wer aber noch nicht ganz seinen Tatendrang ertötet hat, der übt Kritik, er reißt nieder, er ergeht sich in Tadel und Schelten« – die Atmosphäre des Kongresses, von der Sicht in die Zukunft und von aufbauender Arbeit bestimmt.[15]

An vielen Stellen und in vielen Äußerungen klingt Prochanovs Selbstbewußtsein von prophetischer Geprägtheit an. Als er Walter Jack gegenüber seine Pläne für die Siedlung Sonnenstadt entwickelte und dann von den »herrlichen Perspektiven« und »großartigen Projekten« gesprochen hatte, fuhr er fort: »Ihr werdet staunen und euch mit uns freuen.« Daran schloß er jedoch gleich an: »Wenn Ihr aber nicht einsehen werdet, wie ernst und entscheidungsvoll die jetzige Zeit ist, wenn das Evangelium nicht siegen wird in Rußland,. . . dann werden nicht wir kommen, sondern – fügte er leise hinzu – dann werden die anderen kommen. Und dann wehe Euch! Gott sendet mich, wie einstmals den Propheten Jona mit der Botschaft nach Ninive: ›Wenn Ihr nicht werdet Buße tun, so wird das Babel eurer westlichen Kultur in drei Tagen untergehen. Aber das Evangelium wird siegen‹«, fügte er mit Überzeugung hinzu.

Prochanov schloß diesen Worten im Gespräch noch einmal die Aufforderung zur Hilfe an: »Aber jetzt müßt Ihr treu für uns einstehen und uns helfen, damit wir feste Wurzel schlagen. Noch zehn Jahre, dann werden wir so stark sein, daß wir nicht nur ohne fremde

---

[14] Bemerkungen zu den Besprechungen im russischen Ausschuß auf Kasteel Hemmen am 14./15. Juni 1933 – SM, Jack 1930–33.
[15] P.E. Althausen/Steglitz, Der erste Kongreß russischer evangelischer Christen – in: Der christliche Orient 1909 S. 83–84.

Hilfe da stehen können – nein, dann kommen wir und helfen euch! –
Unsere Prediger und Boten werden kommen und euch das Evangelium verkündigen, denn hier bei euch im Westen schläft ja alles. Ihr
werdet munter werden, und Gott wird uns alle segnen.«[16] Prochanovs Worte und Zeitangaben sind nicht zur Realisierung gekommen.
Es ist leicht, ihm daraus einen Vorwurf zu machen. Wichtiger als das
Konstatieren des Nichteintreffens seiner Erwartungen erscheint es
jedoch, die Grundlagen dieses Bewußtseins zu erfassen. Prochanov
muß in prophetischen Kategorien gemessen werden.

Er hat mit seinen Aussagen oftmals gegen alle Wahrscheinlichkeit
Recht behalten. Er hat zugleich mit seinen Äußerungen manch einen
seiner Freunde und auch Kritiker vor den Kopf gestoßen. Man mag
seiner Autobiographie vorwerfen, daß sie die Sache des Evangeliums
zuweilen sehr stark mit dem Gang und der Sache seines Lebens
gleichsetzt. Das ändert nichts daran, daß die Kritiker und Freunde
immer in einem besonderen Verhältnis zu ihm gestanden haben, er
strahlte eine Faszination aus, die nicht kühl und unbeteiligt ließ, sei
es in der Zustimmung, sei es in der Ablehnung. Die Beziehung der
Sache des Evangeliums zu seiner Person in seiner Biographie ist nicht
die Egozentriertheit eines kontaktlosen Menschen, sie spricht vielmehr die bleibende Bindung Prochanovs an die Sache aus, der er sich
verschrieben hatte und in der er aufging. Sein Ich stand immer im
Dienst der Vision des evangelischen Lebens in Rußland. Das erklärt
es auch, weshalb sowohl in der Autobiographie als auch in anderen
vorhandenen Äußerungen über seinen Weg und seine Auseinandersetzungen so wenig Reizbarkeit und Selbstrechtfertigung anzutreffen
sind. Wo eine introvertierte Ichbezogenheit am Werk gewesen wäre,
wären Entschuldigung, Selbstrechtfertigung und Anklage verständlich gewesen. Statt dessen bleiben Gegensätze unausgesprochen, sie
werden nicht einmal in ihren Konturen sichtbar. Dies verbietet es,
einseitig psychologische Maßstäbe anzuwenden. Seine Biographie
wollte nichts anderes als eine Information und eine Werbeschrift für
den endlichen Siegesweg des Evangeliums in seinem Lande sein, ein
Versuch, das Verständnis für die Wege einer russischen Reformation
anderen zu erschließen. Die Prochanov oft vorgeworfene Gleichsetzung der Sache mit seiner Person muß im Gesamtgefüge der Gestalten und der Geschichte des ostslavischen Protestantismus gesehen
werden. An der Sache waren in seinem Bunde viele andere beteiligt,

---

[16] Gesprächsbericht Jack/Prochanov Manuskript S. 15.

für die er der Lehrer und geistliche Vater war. Außerhalb des Bundes der Evangeliumchristen gab es, zumal unter den Baptisten, sehr viel treuen Einsatz und Bemühen um die Sache. Doch waren die Verhältnisse der Leitung des zentralen Bundes der Baptisten und in den Regionalbünden aufgrund vielfältiger Auseinandersetzungen nicht dazu angetan, Prochanovs Selbstverständnis von der Bedeutung seines Wirkens in Frage zu stellen.

Nach über dreißigjähriger Bekanntschaft und wiederholten Begegnungen in den verschiedensten Lebenslagen und an unterschiedlichen Orten gab Marcinkovskij nach Prochanovs Tod eine Charakteristik des Verstorbenen. Am Anfang steht auch hier die Aussage, daß man schon bei einer kurzen Begegnung etwas vom Zauber des geistigen Antlitzes von Prochanov verspürt habe. Marcinkovskij sieht wohl zu Recht die innere Verbindung von Prochanovs kirchlichem Wirken mit seiner beruflichen Existenz. Nach der Hinwendung 1886, nach dem Anschluß an die Gruppe der Evangelischen in Vladikavkaz bestimmte ihn die aus dem Geschehen der Taufe und der Zugehörigkeit zu einer Gemeinschaft erwachsene Verpflichtung: »Er machte sich ohne umzuschauen daran, aufzubauen, zusammenzufügen, er tauchte in die geradezu unersättliche Begier zum Aufbau hinein und widmete sich der Technologie der Seele. Von daher rührt sein Bedürfnis, Seelen aus dem Chaos zum Frieden mit Gott zu bringen, Seelen eine zur anderen in einer Gemeinde zu vereinigen, Gemeinden wiederum in eine größere Organisation zu führen.«[17]

Marcinkovskij weist auf einen anderen bemerkenswerten Punkt im Verhalten Prochanovs hin – dessen eigenen Weg bei der Bewältigung eines der Hauptprobleme der russischen Intelligencija, die Überwindung des Grabens zwischen der Intelligencija und dem Volk. Er beließ es nicht bei diesem Graben, wie manche, die auf der einen Seite stehen blieben. Er überwand den Graben, indem er unermüdlich im Hingang, in der Belehrung und im Aufruf der Volksmassen einen eigenen Beitrag zur Verständigung der Gruppen leistete. Das erscheint deshalb bedenkenswert, weil Marcinkovskij in seiner Tätigkeit als Lehrer, als Ethiker und Universitätslehrer vor den gleichen Fragen gestanden hatte und auf seine Weise wie Prochanov eine Antwort auf die Frage nach der Verpflichtung der Intelligenz gegeben hat. Die Überwindung des Grabens war alles andere als herablassende Leutseligkeit; Marcinkovskij betont, daß Prochanov sich selbst als allerer-

[17] E.V. 1–12/1936 S. 5.

ster an einen Satz seiner Predigtlehre gehalten habe, daß »der acht-
jährige Vanja« hinten in der Gemeinde von einer Predigt etwas verstehen müsse; wenn dies der Fall sei, hätten die anderen älteren auch
einen Gewinn gehabt.[18]

Die persönliche Nähe Židkovs[19] zu Prochanov und das Amt, das er
bis zu seiner Verhaftung ausübte, bestimmten seine Äußerungen, als
er von der Erkrankung Prochanovs und schließlich von seinem Tode
erfuhr. Židkov begnügte sich nicht mit dem Ausdruck offizieller
Teilnahme, er brachte auch das, was ihn persönlich bewegte, zum
Ausdruck. Von Moskau telegraphierte er nach Berlin: »Tief betrübt
über die Krankheit des teuren Bruders Ivan Stepanovič. Sprechen unser Mitgefühl aus. Erhoffen herzlich Wiederherstellung.«[20] Nach der
Todesnachricht traf aus Moskau das Telegramm des Rats des Bundes,
wieder von der Hand Židkovs, ein: »In der Tiefe unserer Seele über
den Heimgang des teuren Bruders Ivan Stepanovič Prochanov betrübt. Wir ergeben uns in den höchsten Willen. Können zu Beiset-
zungsfeiern nicht kommen. Gebt Mitteilung über Tag der Beisetzung. An dem teuren Sarge trösten wir uns mit den Worten der
Briefe an die Hebräer 13,7, Judas 25.«[21]

Die Zitierung des Hebräerworts weist aus, daß Prochanov für die
Leitenden des Bundes der Lehrer des Worts geblieben war, eine Beispielgestalt persönlichen Lebens und der Verkündigung. Ein weiteres
Telegramm des Rats, wieder aus der Hand Židkovs, lautet: »Still
beugen wir unsere Häupter am Sarge des teuren und unvergeßlichen
Bruders Ivan Stepanovič Prochanov. Wir weinen und wir sind betrübt
gemeinsam mit allen, die ihn liebhaben. Leiblich abwesend, nehmen
wir mit dem Herzen und mit unseren Gedanken an seiner Beisetzung
teil. Wir trösten uns mit den Worten Joh. 14,18, Hebr. 13,7, Jud.
25.«[22] Der Wortlaut von Joh. 14,18 »Ich werde Euch nicht Waisen
sein lassen, ich komme zu euch«, läßt die Vorstellung solcher anklingen, die ihren geistlichen Vater verloren haben und auf den gemeinsamen Herrn schauen. Kuznecov berichtet in seinem Gedenkaufsatz
von den Tagen, als er die Nachricht vom Tode Prochanovs erhielt:
»Bis heute erinnere ich mich an einen der kalten Tage im Anfang des
Jahres 1936, als in unser Haus die Trauernachricht vom Ableben Ivan

[18] ebenda S. 6.
[19] A. Karev, Jakov Ivanovič Židkov – in: B.V. 1/1967 S. 51–54.
[20] E.V. 1–12/1936 S. 58.
[21] ebenda S. 58.
[22] E.V. 1–12/1936 S. 59.

Stepanovič Prochanovs gebracht wurde. Ich ging aus dem Hause und weinte lange.«[23]

Ein Jahr später trat Ivan P. Kolesnikov an Prochanovs Grab auf dem Dreifaltigkeitsfriedhof. Er berichtete darüber und äußerte sich zusammenfassend: »Die weltumgreifende Evangeliumsbewegung hat ihren hervorragenden, erfahrenen, standhaften und im Glauben festen Führer verloren, einen größeren hat es in unseren Reihen nicht gegeben.«[24] Die Äußerungen dieser Evangeliumschristen in der Sovetunion und im Ausland sind aufschlußreich für ihr Verhältnis zu dem Gründer und langjährigen Leiter ihres Bundes. Židkovs und des Rats Telegramme machen zudem deutlich, daß der Inhalt, der so vieles an Verbundenheit und Ehrerbietung gegenüber Prochanov zum Ausdruck brachte, 1935 keine Beanstandung von seiten der sovetischen Behörden gefunden hatte. Auch spätere Aussagen über das Verhältnis der Leitenden im Bunde zu Prochanov, die ebenso von großer Achtung erfüllt sind, konnten zum Druck gelangen. Aleksandr Karev sprach in seinem Nachruf für Židkov von der gesegneten Zusammenarbeit, die Židkov und Prochanov lange Jahre an entscheidender Stelle geübt hatten. Offensichtlich hat auch der Fortgang Prochanovs aus der Sovetunion die Gemeinden nicht gegen ihn eingenommen, wie es aus manchen kurzen Angaben erscheinen könnte. Prochanovs Verbindungen zu seinen Freunden in der Sovetunion waren nach 1928 erhalten geblieben. Es ist offenbar auch kein Druck der Behörden erfolgt, daß die noch amtierenden Organe des Bundes sich von ihm hätten lossagen müssen. Die Wahl Židkovs 1931 zum Präsidenten des Bundes entsprach den Notwendigkeiten der Sachlage; die Neuordnung war zugleich mit der Verleihung der Würde des Ehrenpräsidenten für Prochanov verbunden gewesen.

In den ersten Jahrgängen des neu entstandenen Bratskij Vestnik finden sich zahlreiche Aufsätze von Prochanov sowie Äußerungen über ihn.[25] Sie machen deutlich, daß es zehn Jahre nach Prochanovs Tode eine erneute und vertiefte Beschäftigung mit den Anliegen des verstorbenen Gründers des Bundes der Evangeliumschristen und des

---

[23] G. A. Kuznecov, Ivan Stepanovič Prochanov – in: B.V. 2/1969 S. 64–66, hier S. 66.
[24] I. P. Kolesnikov – in: Zeitschrift »Solnce« – 7–9/1940 S. 28.
[25] Zu diesen Aufsätzen gehören:
Cisla Odin odna, odno (Betrachtung zu Ps. 89,12) – B.V. 1/1946 S. 26. – Letztes Ostergrußwort von Prochanov 1935 – B.V. 2/1946 S. 5. – Predigt: Der abgewälzte Stein B.V. 2/1946 S. 6–10. – Poroki propovednikov B.V. 5/1946 S. 47–50. Nach den Angaben handelt es sich um eine Bearbeitung eines Prochanov'chen Textes. Kačestva propovednika – in: B.V. 4/1946 S. 18–21.

Lehrers gegeben hat. Dies stand im Zusammenhang mit der Tatsache, daß eine Reihe seiner engsten Mitarbeiter leitende Positionen im neuen, vereinigten Bund eingenommen hatte. Die Häufung von Aufsätzen und Äußerungen weist ebenso darauf hin, daß Prochanov für die staatlichen Stellen und die von ihnen beauftragten Zensurorgane keine persona ingrata war. Es ist allerdings festzustellen, daß die letzten Lebensjahre nach seinem Fortgang aus der Sovetunion nur kurz gestreift oder auch nicht erwähnt werden.

Michail Akimovič Orlov berichtete 1947 über eine Visitationsreise in den Kaukasus: »Am letzten Tag des Jahres 1946 kam ich in die für die Gläubigen unserer Heimat so bedeutsame Stadt Dzaugziku (früher Vladikavkaz). In dieser Stadt wurde der uns allen so werte Bruder Ivan Stepanovič Prochanov geboren, hier verbrachte er seine Kindheit und Jugend. Bei dem Hause, wo er geboren war und gelebt hat, am Ufer des wilden Terekflusses, ließen wir uns mit dem Bruder Kornauchov[26] photographieren.«[27]

Aleksandr Karev besuchte nach langer Zeit – wohl 1946 – erstmalig wieder Leningrad. Er berichtet, daß er zu dem Haus ging, »wo ich als junger Mann die evangelischen Versammlungen besucht habe. Ich erinnere mich der Prediger, welche dort wirkten, unter ihnen des teuren Leiters der evangelischen Bewegung, Ivan Stepanovič Prochanov.«[28] Bei einem Besuch des Dorfes Volosjanki in der Karpatoukraine, früher zur Tschechoslovakei gehörig gewesen, fand Karev im Bethaus der dortigen Gemeinde ein Bild Prochanovs. Am nächsten Tag entdeckte er dort auch noch das Gedenkheft der Evangel'skaja vera für Prochanov.[29] Er las es durch und vermerkte dazu: »Das Herz zog sich vor Schmerz und Kummer bei der Lektüre des Berichts über den Tod und die Beisetzung des Bruders Ivan Stepanovič Prochanov zusammen.«[30]

Aleksandr Karev hat seinem Lehrer einen weiteren Aufsatz unter besonderer Berücksichtigung seines menschlichen Bildes gewidmet. Auch hier ist von den letzten Jahren seines Aufenthalts im Ausland nicht die Rede. Es bleibt der Eindruck, den Prochanov auf Karev gemacht hat, die Erinnerung an seine heldenhafte Seele (voistine boga-

---

[26] Kornauchov war Bevollmächtigter des Bundes im Nordkaukasus; vgl. B.V. 6/1946 S. 39–42.
[27] B.V. 1/1947 S. 49.
[28] B.V. 2/1947 S. 33.
[29] E.V. 1–12/1936.
[30] B.V. 2/1946 S. 38.

tyrskuju dušu), seine reckenhafte Gestalt, seine titanische Arbeits-kraft und seine Friedensliebe (miroljubie).[31] Diese Äußerungen über Prochanov sind in einem Abstand von mehr als zehn Jahren nach sei-nem Tode oder mehr als fünfzehn Jahre nach der letzten Begegnung dieser Männer entstanden. In diesem Zeitraum waren sie alle durch Erschütterung und Nöte hindurchgeschritten. Es waren Zeiten gewe-sen, in denen sie gelernt hatten, Wichtiges von Unwichtigem zu un-terscheiden. Was ihnen in der Begegnung mit und in der Erinnerung an Prochanov geblieben war, was sie auch freimütig aussprachen, er-scheint bedeutsam genug. Selbst die Besonnenen unter Prochanovs Gegnern haben nicht bestritten, daß hinter allem für sie Unklaren in seinem Handeln und in seinen Entscheidungen eine feste Bestimmt-heit lag. Es hatte Wechsel in seinen Ansichten gegeben. Er hatte zu verschiedenen Zeiten auch unterschiedlich taktiert. Dies alles war vordergründig gewesen. Es hatte auch manche Veränderung in sei-nen theologisch-kirchenpolitischen Äußerungen gegeben, erkennbar in seiner unterschiedlichen Einstellung zu den anderen reformatori-schen Kirchen. Hinter dem allem aber blieb seine Beziehung zu Chri-stus bestehen. Wesentliches an Prochanov wird in einer seiner schön-sten Hymnen, die er geschaffen, sichtbar – »Nach Golgatha.« Jeder Vers hebt an: »Nach Golgatha, Bruder, blick auf«, um mit der Auf-forderung zu schließen: »Fall nieder vor Ihm!«[32]

Schon vorher, nicht erst mit der Veröffentlichung der Äußerungen des Gedenkens, hatte Prochanov seinen festen Platz in der Geschichte des Gesamtbundes erhalten. Die Spannungen zwischen Evangeli-umschristen und Baptisten, an denen er seinen Teil gehabt hatte, sind zurückgetreten, sie sind neuen Spannungen gewichen. Prochanovs Worte am Ende seines Lebens, in denen er alle um Vergebung für das gebeten hat, was in seinem Handeln nicht recht gewesen war, seine dabei ausgesprochene Hoffnung, daß es allendlich doch zu einer Eini-gung mit den Baptisten kommen möchte, haben in der nachfolgenden Generation den Weg dazu frei gemacht, daß Prochanov, von allen be-stätigt, zu den Vätern des gemeinsamen evangelischen Erbes gehört. So zeichnete ihn auch das Gedenkheft des Bratskij Vestnik zum hun-dertjährigen Bestehen der evangelischen Bewegung unter den Ost-slaven im Jahre 1967. Neben den Bildern von Paškov, Korff, Rad-stock, Voronin, Kargel, Friedrich Wilhelm Baedeker, neben Pavlov ist auch ganzseitig Prochanovs Bild wiedergegeben.[33]

[31] B.V. 4/1967 S. 67.

Die Betonung der besonderen Eigenschaften und Gaben Prochanovs macht deutlich, daß er immer wieder von seiner überragenden Persönlichkeit her verstanden worden ist. Er hatte mehr als fünf Talente, mehr Gaben als andere nach Kuznecovs Worten erhalten.[34] Nach der Generation der Väter des neunzehnten Jahrhunderts erscheint Prochanov als der Sänger und Dichter[35], als der Prediger, als der Organisator, dem es bei seiner Begabung und in seiner Schaffenskraft gelungen war, sich stärker als andere zu profilieren und einem Großteil der evangelischen Bewegung seine Prägung zu verleihen.

Die Berliner Gemeinde der Evangeliumschristen hat Prochanov den Grabstein gesetzt. Als Schriftwort hatte sie Philipper 1,27 gewählt. Dies bezog sich auf den Teil des Schriftwortes, den Prochanov als das Leitwort seines Lebens viele Male betont und auch anderen zugerufen hat – einmütig für den Evangeliumsglauben zu kämpfen. In diesem Worte hat sich Prochanov nach seiner Bestimmung selbst erfaßt. Er hatte dieses Wort auch in Form eines Liedes als Gruß dem II. Kongreß des Bundes der Evangeliumschristen zugerufen:

Za Evangel'skuju veru,	Für den Evangeliumsglauben
Za Christa my postoim;	und für Christus kämpfen wir.
Sleduja Ego primeru,	Nichts soll uns sein Vorbild rauben!
Vse vperëd, vperëd za nim!	Vorwärts! Sein ist das Panier!
Družnoj, radostnoj semeju,	Einig, einig als die Glieder
Kak odin Ego narod,	seines Stamms, Ihm untertan,
Odnim serdcem i dušoju	Singt dem Herren neue Lieder!
Za Christom vperëd, vperëd.[36]	Vorwärts, Brüder, himmelan![37]

Schon zu Lebzeiten hat eine Legendenbildung über ihn eingesetzt. Sie nahm ihren Ausgang bei Geschehnissen, die Prochanov ihm Nahestehenden erzählt haben mochte und die später in Äußerungen und Gedenkartikeln anläßlich der Jubiläen seines Lebens und Wirkens ihren Niederschlag fanden. Walter Jack hat einen dieser Berichte aus

[32] Gusli Nr. 39, vgl. Auferstehungslieder Nr. 2 S. 3.
[33] B.V. 4/1967 S. 59.
[34] B.V. 2/1969 S. 65.
[35] Dies betont Židkov. Er nennt Prochanov den »innigen (sladkij) Sänger unserer Bruderschaft, der Hunderte von geistlichen Hymnen schuf.« – B.V. 4/1947 S. 27.
[36] Timpany Nr. 72 mit dem Vermerk »Posvjaščaetsja 2-mu Vserossijskomu s'ezdu Evangel'skich Christian«.
[37] Auferstehungslieder Nr. 5 S. 7–8. Das Lied enthält im russischen Original wie in der deutschen Übersetzung fünf Verse.

der »Utrennjaja zvezda«[38] zu einem kurzen Aufsatz verarbeitet »Ivan Stepanovič Prochanov, sein Leben und sein Wirken«.[39] Er berichtet, daß der junge Prochanov am Terekufer einen Vogel geschossen habe. Er stürzte zu dem niederfallenden Tier hin, war über dessen Tod erschüttert, wollte es wieder zum Leben erwecken und weinte, weil es nicht gelang. Tagelang hielt seine Betroffenheit an. Daraus erwuchs der Entschluß, in seinem Leben nicht wieder zur Waffe zu greifen.[40] Eine andere Begebenheit hat einen Traum Prochanovs zum Inhalt: Er sah Christus auf der Treppe im Stadtpark von Vladikavkaz stehen. Der Platz davor war mit Menschen gefüllt. Christus streute Geld aus, die Münzen strömten Prochanov zu, aber sie blieben nicht in seinem Geldbeutel, sondern gingen von ihm aus weiter zu den anderen – »Er bleibt arm und macht die anderen reich«. Prochanov habe die Folgerung daraus gezogen, in der Hand des Herrn Werkzeug für andere zu sein.

Eine weitere legendarische Aussage findet sich in einem Bericht, der erst vor einigen Jahren gegeben worden ist, wahrscheinlich aber schon älter ist[41]: Lenin habe während seiner schweren Erkrankung vor seinem Tode 1924 Prochanov zu sich rufen lassen, damit dieser mit ihm bete. Diese Legende trägt die Züge der Heiligenlegende der alten Kirche in der Zuordnung von Ekklesia und Imperium. Die Zusammenführung beider Gestalten – beide vom Erzähler der Legende als herausragend gesehen – bringt ein Doppeltes zum Ausdruck. Das eine ist das gesellschaftspolitische Anliegen Prochanovs, die Öffnung der christlichen Gemeinde hin zu den Fragen und Aufgaben der politischen Welt; das andere ist der Respekt vor der Person dessen, der Prochanov gerufen hatte, im Glauben an die Wandelbarkeit und Wandlungsfähigkeit der Menschen und Mächte. In dieser Sinngebung ist die Legende Hinweis auf die offenen Fragen der Existenz christlicher Gemeinden in der sovetischen Gesellschaft.

Prochanovs Wirken wurde 1922 von seinen Freunden unter einem vierfachen Gesichtspunkt verstanden, er wurde als der Dichter, der Prediger, der Prophet, der Reformator gesehen.[42] Dies war die erste Gesamtwürdigung Prochanovs in einer beträchtlichen Weite der

[38] Utr. zvezda 6–7–8 1922.
[39] Manuskript – SM.
[40] Im Jahre 1922 berichtet, ist diese Erzählung wahrscheinlich im Zusammenhang der Auseinandersetzungen um den Militärdienst zu sehen.
[41] Nach dem Bericht eines Reisenden in der Sovetunion, dem Verfasser 1971 mitgeteilt.
[42] Utr. zvezda 6–7–8/1922 S. 7–14.

Aussage. Das Gedenkheft der Evangel'skaja vera nach seinem Tode setzte diese Bemühungen fort, es fügte die Dimensionen des Vaters und Lehrers hinzu.[43] Im Gesamtfeld dieser Aussagen liegen die Aufgaben einer notwendigen weiteren Bestandsaufnahme und Erfassung dessen, was mit Prochanovs Wirken und mit den Wegen des ostslavischen Protestantismus verbunden ist.

---

[43] Es gibt auch Ansätze einer Gegenlegende, die wahrscheinlich auf dem Gipfel der innerevangelischen Auseinandersetzung entstanden ist: Prochanov soll auf einer Fahrt durch den Kaukasus nach der Rückkehr von einer Feier durch sein Verhalten einen Unfall mit dem Wagen und den Tod seines Begleiters herbeigeführt haben.

ARCHIV- UND LITERATURVERZEICHNIS

Archive

Gutsche, W., Aufzeichnungen Cleveland/Ohio USA
The General Conference Mennonite Church, Bethel College, Historical Library North Newton/Kansas USA
Archiv der deutschen Mennoniten-Gemeinden Weyerhof/Pfalz
Nepraš, M., Archivmaterialien Ashford/Conn. USA
Theologisches Seminar des Bundes der schwedischen Baptisten Bromma/Schweden
Slaviska Missionen Bromma/Schweden – SM

Literatur

Aleksij Episkop, Religiozno-racionalističeskoe dviženie na juge Rossij vo vtoroj polovine XIX-go st Kazan' 1909
Aleksij Episkop, Materialy dlja istorij religioznago-racionalističeskago dviženija na juge Rossij vo vtoroj polovine XIX-go st. Kazan' 1908
Amburger, Erik, Geschichte des Protestantismus in Rußland, Stuttgart 1961
Anikeev, F., Evangel'skie Christiane o sebe samich – in: Antireligioznik 2/1927 S. 20–27.
Anderson, Vladimir, Staro obrjadčestvo i sektantstvo, St. Petersburg o.J.
Andrienko (Vorozova), L.A., Ateist leninskoj školy – Žizn' i ateističeskaja dejatelnost' P. A. Krasikova – Moskau 1976
Arens, Ilmar, Baptisten am Peipus-See – in: Digest des Ostens 11. Jhrg. 1968 Nr. 2. (Februar) S. 90 – 92
Arsenij Archimandrit, Sektantskij 'professor' gomiletiki – Sonderdruck aus: Vera i Razum Nr. 1/1912 Kiev
Assur, W. W., Rußland und das Christentum, Wernigerode 1928

Baptist, Zeitschrift 1907 – 1915, 1925 – 1928 Rostov n/D, Odessa, Moskau
Balalaeva, Nina Mich., Istorija religioznogo sektantstva na Dal'nem Vostoke SSSR (1859 – 1936), Autoreferat einer Kandidatenarbeit, Moskau 1971
Balalaeva, Nina Mich., Antisovetskaja dejatel'nost' Amurskirch religioznych sekt (Nojabr' 1922 – 1924 godu) – in: Učenye zapiski tom 28, čast 1 (serija istoričeskaja), Chabarovskij gosudarstvennyj pedagogičeskij institut, Chabarovsk 1970 S. 3 – 29.
Balalaeva, Nina Mich., Konterrevoljucionnaja dejatel'nost zarubežnych christianskich missij na Dal'nem Vostoke (1919 – 1922) – in: Dal'nyj Vostok 10/1970, Chabarovsk 1970 S. 139 – 144.
The Baptist Times, London 1935
Baptist Ukrainy, Duchovno-nravstvennyj žurnal, Char'kov 1926 – 1928
The Baptist World, versch. Jhrge. Washington
The Baptist World Congress – Reports and Minutes
– The Baptist World Congress London July 11–19 1905
– Second Baptist World Congress Philadelphia/Pa July 1911, Philadelphia 1911
– Third Baptist World Congress Stockholm July 21–27 1923, London 1923

– Fourth Baptist World Congress Toronto July 1928, London 1928
– Fifth Baptist World Congress Berlin August 4–10 1934, London 1934
Berner, J., Das Wehen der Winde Gottes in Rußland, Bamberg 1930
Bezbožnik, antireligiöse Zeitschrift versch. Jahrgge.
Blane, Andrew Q., The Relations between the Russian Protestant Sects and the State
    1900–1921, Dissertation Duke University New York 1964 (Maschinenschrift).
Blane, Andrew Q., Protestant Sectarians in the First Year of Soviet Rule – in: Richard
    H. Marshall jr., Aspects of Religion in the Soviet Union 1917–1967, The University
    of Chicago Press, Chicago and London 1971, S. 301–322.
Blagovestnik, Zeitschrift Hrsgb. Robert Fetler Vladivostok 1919ff.
Blumit, O., Sentenced to Sibiria, Wheaton/Illinois 1943
Blumenau, R., Klassovoe lico evangelizma, Moskau 1930
Bogdanovič, Savva, Beseda missionera so štundistom o nevozmožnosti ravenstva lju-
    dej meždu soboju v imuščestvennom i vo vsjakom drugom otnošenij, 2. Aufl. Kiev
    1908
Bogojavlenskij, I., Pravoslavnoe protivosektantskoe rukovodstvo, Tallinn 1930
Bogoljubov, D. I., Missionerskija besedy s Štundo-Baptistami, 3. Aufl. St. Petersburg
    1910
Bonč-Bruevič, Vladimir D., Presledovanie Baptistov, evangel'skoj sekty, Christchurch
    Hants/England 1902
Bonč-Bruevič, Vladimir D., Značenie sektantstva dlja sovremennoj Rossij, Genf 1902
Bonč-Bruevič, Vladimir D., Iz mira sektantov, Moskau 1912
Bonč-Bruevič, Vladimir D., Artikel »Baptisty« – in: Enciklopedičeskij slovar' »Gra-
    nat« Bd. 4, 7. Ausgabe, 11. Stereotipnoe izdanie Sp. 602–612.
Bonč-Bruevič, Vladimir D., Izbrannye ateističeskie proizvedenija, Moskau 1973
Bondar, S. D., Sovremennoe sostojanie russkogo baptizma, S. Petersburg 1911
Bondar, S. D., Sekta mennonitov v Rossii, Petrograd 1916
Bourdeaux, Michael, Religious Ferment in Russia, London 1968
Brandenburg, Hans, Christen im Schatten der Macht, Wuppertal 1974
Bratskij Vestnik, Zeitschrift des Bundes der Evangeliumschristen-Baptisten 1945ff.
Brooks, Jesse W., (Edit.) Good News for Russia, Chicago 1918
Butkevič, T. U., Obzor' russkich sekt i ich tolkov, Char'kov 1910
Byford, Chas. T., Peasants and Prophets, 3. Edit. London 1914
Byford, Chas. T., The Soul of Russia, London o.J.
Byström, J., Sadd och Skörd, Stockholm 1916

Christianin, Zeitschrift des Bundes der Evangeliumschristen, Hrsgb. I. St. Prochanov
    St. Petersburg 1906ff.
Christlicher Familien-Kalender, Hrsgb. H. J. Braun Halbstadt 1909ff.
Christophilos, Ein Blatt aus der Geschichte des Stundismus in Rußland, Hefte zum
    Christlichen Orient Nr. 6 Berlin 1904
Christophilos, Leidensgeschichte eines Stundisten, Hefte zum Christlichen Orient Nr.
    8 Berlin 1905
Christophilos, Bekenntnisse eines Stundisten, Hefte zum Christlichen Orient Nr. 9
    Berlin 1905
Čepurin, N., Obzor' sektantskoj literatury St. Petersburg 1914

Dalton, Hermann, Der Stundismus in Rußland, Gütersloh 1896

Dalton, Hermann, Evangelische Strömungen in der russischen Kirche der Gegenwart, Heilbronn 1881

Dein Reich komme, Mitteilungsblatt des Missionsbundes Licht im Osten, Wernigerode, Korntal 1921ff.

Demidov, Vasilij, Otpoved' sektantu V. F. Marcinkovskomu – in: Pravoslavnyj put', Jahrbuch 1950 S. 124–135, Jordanville/N.Y. 1959

Der russische Missionsfreund, Mitteilungsblatt des deutschen Zweiges der Fetler'schen Russischen Missionsgesellschaft Berlin 1921ff.

Der Hausfreund, Blatt der deutschen Baptisten in Rußland, Lódž versch. Jhrge.

Detskij Sad', Biblisches Kinderbüchlein, St. Petersburg 1911

Domasovec, G., Naris istorij ukrajns'koj evangel'sko-baptistskoj cerkvi, Irvington/Toronto 1967

Drug, Zeitschrift April 1917 – Dezember 1919 Hrsgb. Vasilij Andreevič Fetler

Dück, N., Die Sektanten und der sozialistische Aufbau, Char'kov 1930

Düring, Elis, Slaviska Missionen – Kort redogörelse Stockholm o. J. Manuskript 4 S.

Durasoff, Steve, The Russian Protestants – Evangelicals in the Soviet Union 1944–1964, Rutherford/USA 1964

Džensen, B. B., Ogni v puti, Chicago 1968

Ediger, Heinrich (Hrsgb.), Beschlüsse der von den geistlichen und anderen Vertretern der Mennonitengemeinden Rußlands abgehaltenen Konferenzen für die Jahre 1879–1913, Berdjansk 1914

Efimov, P. A., O preodolenii baptizma v SSSR v 1923–1929 g. in: Ežegodnik muzeja istorii religii i ateizma VI/1962 S. 160–169

Efimov, A. I., U Adventistov, Tientsin o.J.

Encyclopedia of Southern Baptists I/II, Nashville/Tennessee 1958

Epp, Frank H., Mennonites in the Soviet Union – in: Richard H. Marshall jr., Aspects of Religion in the Soviet Union 1917–1967, The University of Chicago Press, Chicago and London 1971, S. 285–299.

Evangelical Alliance – British Organization Annual Reports 1870–1910, London entspr. J.

Evangelical Baptist Herald – Official Organ of the English Branch of Russian-Ukrainian Evangelical Baptist Union USA, Freehold/USA N.Y.

Evangel'skij klič – Offenes Sendschreiben an die Oberste Kirchliche Verwaltung der Orthodoxen Kirche und an die Gruppe: »Lebendige Kirche« – in: Evangel'skij sovetnik 1927 S. 129–135.

Evangel'skaja Vera, Zeitschrift der Evangeliumchristen im Ausland, Hrsgb. I. St. Prochanov u. Nachfolger New York, Berlin, Tallinn 1931–1940

Evangel'skij Vestnik, Zeitschrift des Slavj. Evangel'skoe Obščestvo, Chikago/Ill., versch. Jahrge.

Evangel'skoe Slovo, Zeitschrift des Vsemirnyj Sojuz Evangel'skich Christian, Chikago/Ill., 1941ff.

Ezrin, G. I., Gosudarstvo i religija, Moskau 1974

Fedorenko, F., Sekty, ich vera i dela, Moskau 1965

Fetler, Robert, Aus der Geschichte von »Dom Evangelija« in Petrograd – in: Der Missionsfreund 1934, versch. Folgen S. 10ff., S. 19ff., S. 27ff., S. 41ff.

Fetler, Robert, als Hrsgb., siehe hier Blagovestnik

Fetler, Robert, als Hrsgb., siehe hier Drug

Fetler, Wilhelm (Hrsgb.) Der Missionsfreund

Fetler, Wilhelm (Hrsgb.) Der Freund Rußlands, Zeitschrift 1922

Fetler, Wilhelm (V.A.) Svoboda sovesti i veroterpimosti, St. Petersburg 1910

Filiminov, E. G., Tradicii religioznogo liberalizma v sovremennom baptizme – in: Voprosy naučnogo ateizma, Vyp. 2, Moskau 1966 S. 243–269

Filiminov, E. G., Baptizm i gumanizm, Moskau 1968

Fletcher, William C., Protestant Influences on the Outlook of the Soviet Citizen Today – In: William C. Fletcher/Antony J. Strover (Edit.), Religion and the Search for New Ideals in the USSR, New York/London 1967 S. 62–82

Franks, J. D., All Soviet Council of Evangelical Christians and Baptists – In: Encyklopedia of Southern Baptists I. 34–35

Friedensstimme, Zeitschrift der Mennoniten-Brüder-Bruderschaft, 1903ff. im Ausland, 1905ff. Halbstadt/Taurien

Friesen, P. M., Die Alt-Evangelische Mennonitische Bruderschaft in Rußland (1798–1910) 1911

Füllbrandt, K., List'ja dereva žizni, Odessa 1913

Gažos, V. F., Evoljucija religioznogo sektantstva v Moldavii, Kišinev 1975.

Giduljanov, P. V., Cerkov i gosudarstvo po zakonodatel'stvu RSFSR, Moskau 1923

Gillén, C. W., Tidsbilder och Minnen fran Ryssland, Uppsala 1913

Goossen, H. H., Adolf Reimer, ein treuer Bote Jesu Christi unter Deutschen und Russen, Yarrow/B.C. Canada o.J.

Gost', Baptistische Zeitschrift in St. Petersburg, Hrsgb. V. A. Fetler., I. V. Nepraš u.a., St. Petersburg 1912ff.

Geldbach, Erich, Christliche Versammlung und Heilsgeschichte bei John Nelson Darby, Wuppertal 1971

Gordon, C. D., Tichija besedy o služenij, St. Peterburg 1911

Gosudarstvennoe soveščanie – in: Archiv Oktjabr'skoj Revoljutii, Moskau/Leningrad 1930

Gudjons, Herbert, Evangelisch-reformatorische Bewegungen in Rußland, Hamburg 1933, Manuskript

Gutsche, W., Wspomnienia Misyjne o poczatkach Baptizmu w Polsce, Cleveland/Ohio 1970 Manuskript

Gutsche, W., Westliche Quellen des russischen Stundismus, Kassel 2. Aufl. 1957

Gutsche, W., Religion und Evangelium in Sowjetrußland zwischen zwei Weltkriegen, Kassel 1959

Hammer und Pflug – Wochenblatt für die Krimer deutschen Kolonisten, Simferopol Jahrg. 1922

Harder, Bernhard, Russische Blätter Heft 1, Wernigerode 1928

Heard, Albert F., The Russian Church and Russian Dissent, London 1887

Heier, Edmund, Religious Schism in the Russian Aristocracy 1860–1900, Radstockism and Pashkovism, The Hague 1970

Hoijer, N. F., Forty Years in Russia – in: Brooks, Jesse N., Good News for Russia, Chikago/Ill., 1918 S. 159–168

Hornbacher, E., Hundert Jahre deutscher Baptismus in Rußland Herford 1971, Manuskript S. 97

Hughey, J. D., The Baptist Seminary of Rüschlikon – in: The Baptist Quarterly 1963–1964, S. 65–77

Hughey, J. D., Die Baptisten – in Kirchen der Welt, Nr. 11, Stuttgart 1964.

Ispovedanie very Christian Baptistov, (Hrsgb.) N. V. Odincov, Moskau 1928

Jack, Walter, Auf Evangeliumsfahrten durch Polen – in: Dein Reich komme 1931 S. 138–147, 170–182
Jack, Walter, Ein Bibelkursus bei den russischen Brüdern, Wernigerode 1920
Jack, Walter, Evangelische Strömungen im russischen Volke, Wernigerode 1920
Jarcev, A., Sekta evangel'skich christian 2. Aufl., Moskau 1928 u. 4. Aufl. 1931
Jarčuk, T. (Hrsgb.) Prozri, Zeitschrift lutherischer Ukrainer, Stanislovo 1931 und 1932
Jaroslavskij, Em., Na antireligioznom fronte, Moskau 1925
Jasevič-Borodaevskaja, V. I., Bor'ba za veru, St. Petersburg 1912
Jubilee of the Evangelical Alliance – Proceedings of the Tenth International Conference June/July 1896, London 1897

Kahle, W., Geschichte der evangelisch-lutherischen Gemeinden in der Sovetunion 1917–1938, Leiden 1974
Kahle, W., Renovatio und Reformatio im ostslavischen Protestantismus 1917–1929 – in: Festschrift für Winfried Zeller, Traditio – Krisis – Renovatio aus theologischer Sicht S. 394–406, Marburg/Lahn 1976
Kahle, W., Der Protestantismus in Rußland und in der Sovetunion vor den Fragen der Glaubens- und Gewissensfreiheit – in: Lorenz Hein (Hrsgb.), Festschrift für Peter Meinhold, Die Einheit der Kirche, Dimensionen ihrer Heiligkeit, Katholizität und Apostolizität, Wiesbaden 1977 S. 169–191
Kahle, W., Der »Evangelische Ruf« des Bundes der Evangeliumschristen – ein Dokument protestantisch-orthodoxer Begegnung, – in: Zeitschrift für Religions- und Geistesgeschichte, Leiden/Köln 1977 S. 305–324
Kahle, W., Wege und Prägungen des ostslavischen Protestantismus – in: Jahrbuch Kirche im Osten, Bd. 21/22 – 1978/79
Kaliničeva Z. V., Social'naja suščnost' baptizma 1917–1929gg., Leningrad 1972.
Kal'nev, Michael A., Obličenie lžeučenija russkich sektantov-racionalistich, 2. Aufl. Odessa 1914
Kandidov, B., Cerkov i spionaž, Moskau 1940
Karev, Aleksandr V., Russkoe evangl'sko-baptistskoe dviženie – in: Bratskij Vestnik 3/1957 S. 5–51; 4/1957 S. 5–39
Karev, Aleksandr V., Svetskij obraz I. St. P. (Prochanova) – in: Bratskij Vestnik 2/1969 S. 66–68
Karev, Aleksandr V., The Russian Evangelical Baptist Movement or Under his Cross in Soviet Russia; Translation by P. Lomen, Evansville/Indiana, hektographiert o.J. 186 p. + 7. p Appendix; Übersetzung der von Karev in erster Stelle angezeigten Arbeit
Karev, Aleksandr V., Jubilejnyj doklad general'nogo sekretaja VSECHB A. V. Kareva v svjazu so 100-letnej godovščinoj bratstva evangel'skich Christian-Baptistov v SSSR – in: B. V. 4/1967 S. 8–21.
Kargel, Ivan Venjaminovič, V kakom ty otnošenij k duchu sjatomu, St. Peterburg 1912, Neuaufl. o.J. Korntal mit Kurzbiographie Kargels von N. I. Pejsti
Kargel, Ivan Venjaminovič, Zwischen den Enden der Erde, Wernigerode 1928
Kargel, Ivan Venjaminovič, Christos osvjaščenie naše, Korntal o.J.
Kargel, Ivan Venjaminovič, Ein Besuch in Jerusalem und Umgebung – in: Christliches

Jahrbuch zur Belehrung und Unterhaltung, Prišib Jahrg. 1902 S. 3–126
Kausanskij, Pavel, Ideologija i dejatel'nost' christianskich sekt, Kemerovo 1965
Keller, Samuel, Das Salz der Erde, Leipzig 1895 – Pseudonym: Ernst Schrill
Klein, Ernst Ferdinand, Russische Reisetage – Hefte zum Christlichen Orient, Heft 4,
    Berlin 1909
Klibanov, A. I., Iz mira religioznogo sektantstva, Moskau 1974.
Klibanov, A. I., Sektantstvo v prošlom i nastojaščem – in: Voprosy istorii religii i
    ateizma IX/1960 S. 9–34.
Klibanov, A. I., Istorija religioznogo sektantstva v Rossii, Moskau 1965
Klibanov, A. I., Mitrochin, L. N., Krizisnye javlenija v sovremennom baptizme, Mos-
    kau 1967
Klimenko, Michael, Anfänge des Baptismus in Südrußland, Dissert. Erlangen 1957
Kmeta, Ivan A., With Christ in America, Winnipeg/Canada 1948
Kmeta, Ivan A., Kreščenie vzroslych do 1860 goda na Ukraine ne bylo – in: 100-letnyj
    jubilej evangel'skich christian baptistov (v SSSR i rassejanii) – 1967–1967 Stoletie
    Evangel'skich Baptistov, Ashford/Conn. 1967, S. 56ff.
Kolesnikov, I. P., Žizneopisanie Ivana St. Prochanova – in: Solnce Jahrg. 1940 S.
    16–18, S. 29–32
Kolesnikov, I. P., Dobroe vospominanie vmesto venca – in: Solnce 7–9/1940 S. 30
Kommitténs för Evangelisk Mission i Ryssland, Verksamhet 1903–1913, Stockholm
    1914
Korff, Modest M., Am Zarenhof 4. Aufl. Gießen 1956
Kovnackij, Evgenij PavloviC, Gost' v sobstvennom dome, 2. Aufl. Groznyj 1975
Koznickij, P. A., Voprosy o proizcho. Južno-russk. stundizma iz našej literature – in:
    Missionerskoe obozrenie Nr. 11/1908
Krasikov, P. A., Proletarskaja i burżuaznaja sovest' – in: Revoljucija i cerkov
    9–12/1920 S. 1–14.
Krasikov, P. A., Na cerkovnom fronte (1918–1923) Moskau 1923.
Krest'janinov, V. F., Mennonity – Biblioteka ›sovremennye religii‹, Moskau 1967
Kroeker, Abraham, Bilder aus Sowjetrußland, 1930
Kroeker, Abraham, Meine Flucht 5. Aufl. 1930
Kroeker, Abraham, u. Kroeker, Jakob (Hrsgb.), Christliches Jahrbuch zur Belehrung
    und Unterhaltung versch. Jahrge. 1908ff., Spät bei Simferopol
Kroeker, Jakob, Die Sehnsucht des Ostens 2. Aufl. Bad Homburg 1920
Kroeker, Jakob, Unsere Mitarbeit im Reiche Gottes. – Aus dem Dienst des Missions-
    bundes »Licht im Osten« – in: Dein Reich komme 1931 S. 195–210
Kroeker, Maria, Jakob Kroeker – ein reiches Leben, Wüstenrot 1949
Kupsch, Eduard, Geschichte der Baptisten in Polen 1852–1932, Zdunska Wola 1932
Kuznezov, G. A., I. St. Prochanov – in: Bratskij Vestnik 2/1969, S. 64–66

Langenskjöld, Greta, Paul Nicolaj, Helsingfors 1921.
Latimer, Robert Sloan, Dr. Baedeker and his Apostolic Work in Russia, London 1907.
Latimer, Robert Sloan, Ein Bote des Königs (deutsche Übersetzung des vorhergehen-
    den) Berlin 1907.
Latimer, Robert Sloan, Under three Tsars, London 1909.
Latimer, Robert Sloan, With Christ in Russia, London 1910.
Lehmann, Joseph, Geschichte der deutschen Baptisten Bd. I/II Hamburg 1896.
Levitin-Krasnov, Anatolij, Böse Jahre, Luzern/München 1977
Lepsius, H. (Hrsgb.), Der christliche Orient, Monatsschrift, 1902ff.

Ljalina, G. S., Liberal'no buržuaznoe tečenie v Baptizme (1905–1917gg.) – in: Voprosy naučnogo ateizma vp. I., Moskau 1966 S. 312–340

Ljalina, G. S., Socialno-istoričeskie i idejnye predposylki krizisa v sovremennom evangel'skom Christianstve-Baptizme 1917–1941gg. – Autoreferat einer Kandidatenarbeit in den historischen Wissenschaften, Moskau 1972

Ljalina, G. S. (Hrsgb.), Kritika religioznogo sektantstva, Moskau 1974

Lieven, Sofija Pavlovna, Na zare evangel'skogo dviženia v Rossii – in: Prizyv Nr. 181–189 Paris o.J. (1965?)

Lieven, Sofija Pavlovna, Duchovnoe probuždenie v Rossii, Korntal 1967

Lieven, Sofija Pavlovna, Eine Saat, die reife Frucht brachte, Basel 1952 (deutsche Übersetzung des vorhergehenden)

Ljus i Öster, Zeitschrift der SEUR, Stockholm versch. Jahrge.

Luckey, Hans, Die baptistische Lehre von der Taufe, als Manuskript vervielfältigt, Hamburg 1956/1970, Oncken-Archiv

Luckey, Hans, J. G. Oncken und die Anfänge des deutschen Baptismus, Kassel 1934

Luckey, Hans, Die Entstehungsgeschichte des Baptismus und der Brüderbewegung – in: Die Gemeinde, Nr. 28,29,30/1975, S. 5–6, 6–9, 7–8. – Ursprünglich Amtsblatt des Bundes Evangelisch-Freikirchlicher Gemeinden Nr. 7, 8/1943

Mac Caig, A., Grace Astounding in Bolshevik Russia, London 1929

Majak, Zeitschrift, illustriertes Journal für Kinder älteren und mittleren Alters, St. Petersburg 1911ff.

Majak, hektogr. russ. Zeitschrift, hrsgb. von Mennonitenbrüdern, 1920ff.

Majak, Zeitschrift der slavischen Baptisten in Polen, Hrsgb. W. Gutsche, Lodž versch. Jahrge.

Margaritov, S. D., Istorija russkich mističeskich i racionalističeskich sekt, 3. Aufl. Simferopol 1910

Martens, C., Unter dem Kreuz, 2. Aufl. Wernigerode 1929

Marcinkovskij, V. F./Marzinkowskij, Wl. Ph., Gotterleben in Sowjet-Rußland, Wernigerode 1927

Marcinkovskij, V. F./Marzinkowskij, Wl. Ph., Zapiski verujuščego, Prag 1929 (die später erschienene Originalausgabe der vorhergehenden Übersetzung)

Marcinkovskij, V. F./Marzinkowskij, Wl. Ph., Christus und der russische Student, Wernigerode 1937

Marcinkovskij, V. F./Marzinkowskij, Wl. Ph., Der kommende Christus, Selbstverlag, Auslieferung durch Missionsbund »Licht im Osten« Wernigerode 1935

Marcinkovskij, V. F./Marzinkowskij, Wl. Ph., Smysl stradanija, 2. Aufl., New York 1955

Marcinkovskij, V. F./Marzinkowskij, Wl. Ph., Nauka i religija, 3. Aufl. New York 1955

Maščenko, S. T., Osobennosti vnutriobščinnych otnošenij evangel'skich christianbaptistov, Autoreferat einer Kandidatenarbeit, Moskau 1971

Mazaev, Dej I. (Hrsgb), Pesni russkich Christian, o.O. 1907.

Mc Cullagh, Francis, The Bolshevik Persecution of Christianity, London 1924

Meddelanden fran Missionsfältet – Årsberättelse öfver Kommitténs för evangelisk Mission i Ryssland, Stockholm 1912, 1913, 1915.

Mel'junov, S. P., Staroobrjadskija i sektantskija obščiny (Zakon 17 Oktj. 1906 g.), Moskau 1907.

Mennonite Encyclopedia, Scottdale/Pennsylv. 1956–1959.

Mennonitische Blätter, versch. Jahrge.

Minutes – Fifth Annual Session of the Russian Mission, Methodist Episcopal Church, South Charbin 11. 10. 1926

Missionerskoe obozrenie, St. Peterburg 1899ff., versch. Jahrge.

Mitteilungen aus der Bibelschule, Wiedenest/Rhld. Nov. 1924 – Nov. 1931

Mitrochin, P. N. ,u.a. Nekotorye černy sovremennogo baptizma – in: Voprosy filosofii 1964 Nr. 2.

Mitrochin, L. N., Baptizm – Biblioteka »Sovremennye religii«, Moskau 1966, 2. Aufl. Moskau 1974.

Mitrochin, L. N., Čelovek v baptistskoj obščine – in: Voprosy filosofii 1968 Nr. 8

Mitteilungen der Christlichen Traktatgesellschaft zu Kassel über »Die Russen-Mission«, Kassel 3. 6. 1920.

Motorin, I., Populjarnyj biblejsko-bogoslovskij slovar', Char'kov 1927

Motorin, I. I., Toržestvo edinstva verujuščich – in: B. V. 1/1964 S. 21–25

Motorin, J., Kratkij biblejskij ukazatel' – in: Nastol'nyj kalendar' 1928 S. 158–184, zunächst erschienen im »Evangelist«

Müller, Johannes, Evangelische Mission in Sowjetrußland, Wernigerode 1935

Müller, Johannes, Wie sie ihres Glaubens leben, Metzingen/Württ. 1963

Müller, Ludolf, Russischer Geist und evangelisches Christentum, Witten/Ruhr 1951

Nastol'nyj kalendar' – Evangel'skij sovetnik na 1927god, Char'kov

Nastol'nyj kalendar' – Evangel'skij sovetnik na 1928god. Leningrad 1928.

Neatby, William Blair, A History of the Plymouth Brethren, London 1902.

Nekrassov, Nikolai Al., Gedichte und Poeme, 2 Bde., Berlin/Weimar 1965.

Nemcy i Stundobaptizm – in: Russkoe obozrenie 1897 S. 818–864.

Nicolaj, Paul, Možet-li sovremennyj obrazovannyj mysljaščij čelovek verit' v Božestvo Jesusa Christa, Spezialausgabe Berlin o.J. nach der Petersburger Ausgabe.

Nicolaj, Paul, Bibelstudien – Philipperbrief (in schwedischer Sprache), Borga 1918.

Nicolaj, Paul, Dagbok 1918, unveröffentlichtes Manuskript Universitätsbibliothek Helsinki SLS 445 : I

Novotny, Josef, What a Czech thinks of Russia – in: The Baptist Quarterly 1924–1925, S. 159–165.

Nyström, Erik, Biblejskij enciklopedičeskij slovar' dlja doma i školy. Übersetzt nach der 4. Aufl. Stockholm 1896 aus dem Schwedischen in das Russische von Joh. Svensson, Hrsgb. Hilma Düring, Stockholm 1969.

Odincov, N. V. (Hrsgb.), Ispovedanie very christian-baptistov, Moskau 1928.

Orleanskij, N., Zakon o religioznych obedineniach RSFSR i deistvujuščie zakony, instrukcii s otdelnymi kommentarijami, Moskau 1930

Otčët, 4-go Vserossijskago S'ezda Evangel'skich Christian 18–25. Maja 1917, Petrograd 1917.

Otčët Pjatogo vserossijskogo s'ezda' Christianskoj molodeži v Petrograde 3.–6. 1. 1918, Petrograd Raduga 1918.

Pavlov, P. V., Političeskie trebovanija baptistov – in: Slovo istiny 1/1917 S. 2ff.

Pavlov, V. G., Pravda o baptistach – in: Baptist 1911, mehrere Folgen, Nr. 42 beginnend

Pavlov, V. G., Za viru, Toronto/Chikago 1960

Pavlov, V. G., Baptistskoj katechisis, o.J.

Pavlov, V. G., Vospominanija ssyl'nago – in: Bonč – Bruevič, Materialy K istorij i izuceniju russkago sektantstra Vyp. I, St. Petersburg 1908 S. 1–24

Persic, M. M., Zakonodatel'stvo Oktjabr'skoj revoljucii o svobode sovesti – in: Voprosy istorii religii i ateizma V/1958 Moskau, S. 50–63

Persic, M. M., K istorii otdelenija cerkvi ot gosudarstva i školy ot cerkvi v SSSR – in: Voprosy istorii religii i ateizma V/1958 Moskau, S. 3–49

Persic, M. M., Otdelenie cerkvi ot gosudarstva i školy ot cerkvi v SSSR, Moskau 1958

Petrus, K., Religious communes in the USSR – NJ Research Programme of the USSR, New York 1953

Pjatidesjatiletie russko-ukrainskogo sojuza evangel'skich christian baptistov v SŠA, Ashford/Conn. 1969

Plotnikov, K., Istorija i obličenie russkogo sektantstva, 1916

Pries, George David, Mennonite Brethren Religious Thinking – Magisterarbeit University Wichita/Kansas June 1958, Manuskript.

Pritzkau, J., Geschichte der Baptisten in Süd-Rußland, Odessa 1914.

Prochanov, Aleksandr Stepanovič, Zakon Božij Vetchago Zaveta ili vvedenie v Vetchij Zavet', St. Petersburg 1911.

Prochanov, Ivan Stepanovič (Hrsgb.), Duchovnye Pesni, Lodz 1924, Izdanie »Kompas«.

Prochanov, Ivan Stepanovič, Zakon i Vera, St. Peterburg 1910.

Prochanov, Ivan Stepanovič, Kratkoe učenie o propovedi, St. Peterburg 1911, Neuaufl. Korntal o.J.

Prochanov, Ivan Stepanovič, Erfolge des Evangeliums in Rußland, Wernigerode 1929.

Prochanov, Ivan Stepanovič, In the Cauldron of Russia, New York 1933.

Prochanov, Ivan Stepanovič, Was könnt ihr für Rußland tun? – Verteilheft 8 S., Wernigerode o.J. (1929).

Prochanov, Ivan Stepanovič, Atheism or the Gospel in Russia – Which?, New York 1933.

Prochanov, Ivan Stepanovič, Auferstehungslieder, Wernigerode o.J. (1934).

Prochanov, Ivan Stepanovič, Izloženie evangel'skoj very ili veroučenie Evangel'skich Christian, Berlin 1935.

Prochanov, Ivan Stepanovič, Kačestva propovednika – in: Bratskij Vestnik 4/1946 S. 18–21.

Prochanov, Ivan Stepanovič, Poroki propovednikov – in: B. V. 5/1946 S. 47–50.

Prochanov, Ivan Stepanovič, Čisla odin, odna, odno (Predigt zu Psalm 84,12) – in: B.V. 1/1946 S. 26–31.

Prochanov, Ivan Stepanovič, Letztes Ostergrußwort an die Gemeinden: 1935 – in: B.V. 2/1946 S. 5.

Prochanov, Ivan Stepanovič, Otvalennyj kamen'« – in: B.V. 2/1946 S. 6–10.

Prochanov, Ivan Stepanovič, Petr Chel'cickij – in: B.V. 2/1948 S. 62–67.

Prochanov, Ivan Stepanovič, Triumph of the Gospel in the Heart of Russia, New York 1928.

Prochanov, Ivan Stepanovič, Ot kresta k vencu ili stradanie, kak put' k pobede i slave – in: E.V. 13/Okt. 1933 S. 7–16.

Prochanov, Ivan Stepanovič, A New Religions Reformation in Russia, New York 1925

Prochanov, Ivan Stepanivič (Hrsgb.), The Gospel in Russia, Zeitschrift versch. Jahrgg.

Prochanov, Vasilij Stepanovič, Vospominanija ob Aleksandre St. Prochanove – in: Solnce 10–12/1939 u. 1–3/1940

Prochanov, Vasilij Stepanovič, Kratkoe vospominanie o rodnom brate Ivane St. Prochanove – in: Solnce 4–6/1940

Prochanov, Vasilij Stepanovič (Hrsgb.), Solnce, Zeitschrift, Los Angeles/Calif., Jahrgg. 1938–1940

Protokoll der Konferenz der Süd-Russischen Vereinigung der Baptisten-Gemeinden vom 19.–20. 5. 1906 in Alt-Danzig, Riga 1906.

Protokoll der Konferenz der Süd-Russischen Vereinigung der Baptisten-Gemeinden vom 11.–14. 5. 1907 in Neu-Danzig, Riga 1907.

Protokoll der Konferenz der Süd-Russischen Vereinigung der Baptisten-Gemeinden 19. und 20. 5. 1908 in Güldendorf, Riga 1908.

Protokoll der 8. Unionskonferenz. . . Gemeinden der Baptisten-Union in Rußland vom 3. bis 5. 9. 1909 zu Neudorf, Riga 1909.

Protokoly 2-go Vserossijskogo s'ezda Evangel'skich Christian 28. 12. 1910–4. 1. 1911, Petersburg 1911

Prugavin, A. S., Religioznye otščepency (Očerki sovremennago sektantstva), St. Petersburg 1904.

Prugavin, A. S., Raskol i sektantstvo v russkoj narodnoj žizni, Moskau 1905.

Putincev, F. M., Sektantstvo i religioznaja propaganda, Moskau 1928.

Putincev, F. M., Političeskaja rol' sektantstva, Moskau 1928.

Putincev, F. M., Kabal'noe bratstvo sektantov, Moskau/Leningrad 1931.

Putincev, F. M., Političeskaja rol' i taktika sekt, Moskau 1935.

Putincev, F. M., O svobode sovesti v SSSR, Moskau 1937.

Putincev, F. M., Vybory v sovety i razoblačenie popovščiny, Moskau 1938.

Putincev, F. M., Klassovaja suščnost' sektantskich teorij i praktiki – in: Antireligioznik 1/1926 S. 34–55

Radkey, Oliver Henry, The Election to the Russian Constituent Assembly of 1917, Harvard University Press. Cambridge 1950

Redern, von H., Die Hand am Pflug – Das Lebensbild von Baron Paul Nikolay, Schwerin/Meckl. 1925

Referaty pročitannye v den godovogo sobranija SPb Christ. Kružkov studentov i kursistov 29. 1. 1906 – St. Peterburg 1909; 28. 1. 1907, 1908.

Reimarus, A., Sektantstvo v 1917g. – in: Antireligioznik 5/1930 S. 14–18.

Revoljucija i cerkov, Zeitschrift, Moskau 1919ff.

Roždestvenskij, A., Armija spasenija, Sonderdruck aus Missionerskoe Obozrenie, Kiev 1899.

Roždestvenskij, A., Južnorusskij stundizm, St. Peterburg 1889.

Rushbrooke, James Henry, The Baptist Movement in the Continent of Europe, London 1923.

Rushbrooke, James Henry, Some Chapters of European Baptist History, London 1929.

Rushbrooke, James Henry, Vasili Pavlov: A Russian Baptist Pioneer – in: The Baptist Quarterly 1932–1933 S. 361–367.

Rushbrooke, James Henry, Death of J. S. Prochanoff – in: The Baptist Times 1935 7. 11. S. 820/821.

Rushbrooke, James Henry, Baptists in the USSR. Some Fakts and Hopes, Nashville/Tennessee 1943

Russkie Baptisty – 12. Dekabrja 1904 na pamjat. O svobode v religioznych uluždenijach 15. Maja 1905, Rostov n/D 1905.

Rybin, S. F., Trud i mirnaja žizn'. Istorija duchoborcev bez prikras, San Francisco 1952.

Šalov-Astakov, N. J., Real Russia from 1919 to 1932, New York 1932.

Šalov-Astakov, N. J., Christianity in Russia, New York 1941.

Sbornik duchovnych pesen Evangel'skich Christian Baptistov, Moskau 1968.

Scheibert, Peter (Hrsgb.), Die russischen politischen Parteien von 1905 bis 1917, Darmstadt 1972

Šeinman, Michael, Krestovyj pochod protiv SSSR, Moskau 1930.

Sejatel' istiny, Zeitschrift Hrsgb. I. V. Nepraš, später P. I. Davidjuk, Hartford/Conn. und Brooklyn/N.Y. Einzelhefte Jahrgänge 1928, 1929.

Sekta Paškovcev i razgovor pravoslavnogo s Paškovcem, St. Petersburg 1885.

Shakespeare, Geoffrey, The Persecution of Baptists in Russia – in: The Baptist Quarterly 1930–1931 S. 49–54.

Simfonija ili alfavitnyj ukazatel' k Svjaščennomu Pisaniju, 2. Aufl. Korntal 1970.

Skvorcov, V. M., Missionerskij sputnik, St. Peterburg 1903.

Skvorcov, V. M. (Hrsgb.), Dejanija 3-go Vserossijskago Missionerskago S'ezda v Kazani, Kiev 1897.

Slovo Istiny, Zeitschrift Hrsgb. V. G. Pavlov und M. D. Timošenko, versch. Jahrge. Moskau 1913ff.

Smith, A. B., Podnjataja Zavesa, Kiev 1914

Spangenberg, Peter, Theologie und Glaube bei Spurgeon, Gütersloh 1970

Stefanovič, Andreas Ivanowitsch, Aus der Arbeit unter den Stundisten, Hefte zum Christlichen Orient No. 3, 2. Aufl. Berlin 1903

Stefanovič, Andreas Ivanowitsch, Die Maljowantzi, Hefte zum Christlichen Orient No. 5 Berlin 1904

Stepnjak (Sergej Michailovič Kravčinskij), Russische Christenverfolgungen im Kaukasus, mit Vorwort von L. Tolstoj, Dresden/Leipzig 1896

1867–1967 Stoletie Evangel-skich Christian Baptistov, Ashford/Conn. 1967, mit Beiträgen von W. Gutsche und I. Kmeta

Straton, Hesbah, The Great Path of Suffering in the End of the Nineteenth Century.

Strel'bickij, I., Kratkij očerk stundizma svod tekstov napravlennych k ego obličeniju 3. Aufl. Odessa 1895.

Stupperich, Robert, Die russische Evangeliumsbewegung – in: Die Furche 20/1934 S. 136–149.

Stupperich, Robert, Russische Sekten, Wernigerode 1938.

Svensson, Johannes, De evangeliska kristnas konferens i. St. Petersburg den 28. jan. – 5. febr. 1907, Ekenäs 1907.

Svensson, Johannes, Učenie biblij o svjatom kreščenij, Moskau 1913

Svensson, Johannes, Bilder fran Ryssland Nr. 1 (1916), Nr. 2 (1917), Stockholm 1916 u. 1917.

Svensson, Johannes, Besedy o nekotorych važnych religioznych voprosach, Moskau 1913.

Svensson, Johannes, als Übersetzer von Erik Nyström siehe dort

Svet, – russische pfingstgemeindliche Zeitschrift, Tallinn 1933–1936.

Svetil'nik, – russische religiöse Zeitschrift, Kišinev 1933ff.

Szczesniak, Boleslaw, The Russian Revolution and Religion, University of Notre Dame Press, 1959

Sadd och skörd pa ryska tedar, Verlag SEUR Stockholm 1925

Terleckij, G., Sekta Paškovcev, St. Petersburg 1891.

Terleckij, G., Sekta Paškovcev – in: Pravoslavnoe Obozrenie 1899.

Tichomirov, B., Baptizm i ego političeskaja rol', Moskau/Leningrad 1929
Tichomirov, B., Sektanty v Krymi – in: Antireligioznik 10/1931 S. 55–60
Tichvinskij, Pavel, Razgovor pravoslavnogo s stundistom, 2. Aufl. Simferopol 1899
Timošenko, Michail D., V Narymskij kraj, Moskau 1917
Tjark, O. A., Cerkov – telo Christovo, Tolkovanie Poslanija k Efesjanam, Korntal o.J.
    (1970?)
Toews, A. A., Mennonitische Märtyrer, 2 Bde. Winnipeg 1949, 1954
Torbet, R. G., A History of the Baptists, Philadelphia/Pa 1969

Unionsstatistik der Baptisten-Gemeinden in Rußland 1901, Riga 1902
Unruh, A. H., Geschichte der Mennoniten-Brüdergemeinde, Winnipeg/Canada 1955
Unser Blatt – Christliche Monatsschrift herausgegeben im Auftrag der Allgemeinen
    Bundeskonferenz der Mennonitengemeinden in der SSSR in Moskau, Moskau
    1925–1928
anonym, Die Ursprünge des Stundismus, Hefte zum Christlichen Orient No. 2, Berlin
    1903
Usinskij, A., Veroučenie malorusskich stundistov 3. Auflg. Kiev 1886
Utrennjaja zvezda, 1910ff. als Wochenzeitung, nach Unterbrechung 1917–1922 unre-
    gelmäßiges Erscheinen, Petersburg

Vajnstejn, C., Sektantskoe dviženie v gorode Vladivostoke – in Antireligioznik
    7–8/1932 S. 37–44.
Vedenskij, Aleksandr, Borba s sektantstvom, Odessa 1914
Velikovič, L. N. und Redaktionskollegium, Religija i cerkov' v sovremennuju epochu,
    Moskau 1976.
Verbickij, I.K., Veroučenie Evangel'skich Christian priemljuščich detskoe svjatoe
    kreščenie, Moskau 1913
Vernost, Religiöse Zeitschrift Helsingfors/Revel Hrsgb. Aleksandr Dobrynin, 1927ff.
Vladykov, D. I., Rukovodstvo dlja besed' s Adventistami, Baptistami, Paškovcami, i
    drug, Achtyrka 1914
Voinstvujuščie bezbožie v SSSR za 15 let, Sbornik, Moskau 1932
Vostokov, E., Baptizm v Ivanovskoj Oblasti – in: Antireligioznik 10/1931 S. 47–54.
26-oj Vsesojuznyj s'ezd baptistov SSSR – Protokoly i materialy, 14.–18. 12. 1926 v
    Moskve, Hrsgb. N. V. Odincov für den Federativnyj sojuz baptistov SSSR, Moskau
    1927.

Warns, Johannes, Rußland und das Evangelium, Kassel 1920
West, W. M. S., Baptist Principles 4. Aufl. 1967, reprinted London 1969
Wegener, A., Aus der evangelischen Bewegung unter der akademischen Jugend Ruß-
    lands – in: Deutsch-evangelisch in Finnland 9/Folge 8, 1923 S. 63ff.
Wiens, J. J., Proischoždenie sekty »Adventistov sed'mogo dnja« ili Subbotnikov i ich
    lžeucenie, Neudruck nach der 4. Aufl., Paris o.J.
Wirth, Günther (Hrsgb.), Evangelische Christen in der Sowjetunion, Berlin 1955
Wöhrle, W., Die Freien evangelischen Gemeinden, Witten/Ruhr 1937
Wogau, W., Dück, N., Das Sektantentum, Char'kov 1929
Wrede, Henrik, Zwei Jahre durch Sibirien, Wernigerode 1927

Young, Pauline, The Pilgrims of Russian-town – Obščestvo duchovnych Christian
    prygunov v Amerike, New York 1967

Zapiski zasedanij plenuma soveta sojuza Baptistov SSSR 5.–12. Dekjab. 1925, Hrsgb. N. V. Odincov, Moskau 1926

Zapiski zasedanija 10-go Vsesojuznogo s'ezda Evangel'skich Christian v Leningrade, Leningrad 1927.

Zapko-Potapovič, L., Christove svitlo v Ukrajni – Istorija ukrajnskogo evangel'sko-baptistickago ruchu, Kniga perša, Winnipeg/Canada 1952

Zakonopoloženija kasajuščija baptistskago veroučenija v Rossii, Riga 1899

Zarin, P., Raskol sredi Baptistov i ego pričiny – in: Antireligioznik 1/1931 S. 12–15.

Zarin, P., Političeskij maskerad cerkovnikov i sektantov – in: Antireligioznik 10/1931 S. 9–16.

Židkov, Jakov Ivanovič, Na putjach edinstva – in: Bratskij Vestnik 3/1957 S. 52–68.

Zlobin, N. S., Sovremennyj baptizm i ego ideologija – in: Voprosy istorii religii i ateizma Bd. XI Akademija Nauk Moskau 1963.

PERSONENVERZEICHNIS

SACHVERZEICHNIS

ORTS- UND GEMEINDEVERZEICHNIS

597